WISSENSCHAFTLICHE BEITRÄGE
AUS DEM TECTUM VERLAG

Reihe Rechtswissenschaften

Band 115



Timo Lockemann

# Compliance in kommunalen Unternehmen

## Allgemeine Anforderungen und Besonderheiten in Kapitalgesellschaften

Tectum Verlag

Timo Lockemann

Compliance in kommunalen Unternehmen. Allgemeine Anforderungen
und Besonderheiten in Kapitalgesellschaften
Wissenschaftliche Beiträge aus dem Tectum Verlag:
Reihe: Rechtswissenschaften; Bd. 115

Zugl. Diss. Philipps-Universität Marburg 2018
ISBN: 978-3-8288-4145-1
E-Book: 978-3-8288-6996-7
ISSN: 1861-7875

Printed in Germany


Besuchen Sie uns im Internet
www.tectum-verlag.de

FSC www.fsc.org MIX Papier aus verantwortungsvollen Quellen FSC® C083411

**Bibliografische Informationen der Deutschen Nationalbibliothek**
Die Deutsche Nationalbibliothek verzeichnet diese Publikation in der Deutschen Nationalbibliografie; detaillierte bibliografische Angaben sind im Internet über http://dnb.d-nb.de abrufbar.

Wissenschaftliche Beiträge aus dem Tectum Verlag

Reihe Rechtswissenschaften

Meinen Eltern
Meinen Großeltern

# Vorwort

Die vorliegende Untersuchung wurde von der Rechtswissenschaftlichen Fakultät der Philipps-Universität Marburg im Januar 2018 als Dissertation angenommen.

Mein besonderer Dank gilt zunächst meinem Doktorvater, Herrn Professor Dr. Markus Roth, für seine Unterstützung und sein persönliches Engagement bei der Betreuung dieser Arbeit. Durch seine jederzeitige Diskussionsbereitschaft sowie seine Anmerkungen und Hinweise hat er entscheidend zum Gelingen dieser Arbeit beigetragen. Ebenfalls herzlich bedanken möchte ich mich bei Herrn Professor Dr. Michael Kling für die freundliche Übernahme und Erstellung des Zweitgutachtens.

Weiterhin danke ich der Konrad-Adenauer-Stiftung e.V., welche die Erstellung dieser Arbeit mit einem Promotionsstipendium gefördert hat.

Der größte Dank gilt jedoch meinen Eltern, die mich auf meinem bisherigen Lebensweg immer unterstützt und mir mein Studium sowie die Promotion erst ermöglicht haben. Durch ihren Rückhalt und ihren Zuspruch haben sie erheblichen Anteil am Erfolg dieser Arbeit. Ihnen und meinen Großeltern ist diese Arbeit gewidmet.

Marburg, im November 2018 Timo Lockemann

## Inhaltsübersicht

# Inhaltsverzeichnis

# Abkürzungsverzeichnis

| | |
|---|---|
| a.A. | andere Ansicht |
| a.F. | alte Fassung |
| Abs. | Absatz |
| AEUV | Vertrag über die Arbeitsweise der Europäischen Union |
| AfP | Zeitschrift für Medien- und Kommunikationsrecht |
| AG | Aktiengesellschaft |
| AG | Die Aktiengesellschaft (Zeitschrift) |
| AGG | Allgemeines Gleichbehandlungsgesetz |
| AktG | Aktiengesetz |
| Anh. | Anhang |
| AO | Abgabenordnung |
| AöR | Archiv des öffentlichen Rechts |
| Art. | Artikel |
| Aufl. | Auflage |
| BaFin | Bundesanstalt für Finanzdienstleistungsaufsicht |
| BAG | Bundesarbeitsgericht |
| BayVBl. | Bayrisches Verwaltungsblatt |
| BB | Betriebs-Berater |
| Bd. | Band |
| BDA | Bundesvereinigung der Deutschen Arbeitgeberverbände |
| BDI | Bundesverband der Deutschen Industrie |
| BDSG | Bundesdatenschutzgesetz |
| BFH | Bundesfinanzhof |
| BGB | Bürgerliches Gesetzbuch |
| BGBl. | Bundesgesetzblatt |
| BGH | Bundesgerichtshof |
| BHO | Bundeshaushaltsordnung |
| BilMoG | Gesetz zur Modernisierung des Bilanzrechts |
| BImSchG | Gesetz zum Schutz vor schädlichen Umwelteinwirkungen durch Luftverunreinigungen, Geräusche, Erschütterungen und ähnliche Vorgänge |
| BKR | Zeitschrift für Bank- und Kapitalmarktrecht |

| | |
|---|---|
| BbgPG | Brandenburgisches Pressegesetz |
| BR-Drucks. | Bundesrat Drucksache |
| BT-Drucks. | Bundestag Drucksache |
| BUJ | Bundesverband der Unternehmensjuristen |
| BVerfG | Bundesverfassungsgericht |
| BVerwG | Bundesverwaltungsgericht |
| bzw. | beziehungsweise |
| CCZ | Corporate Compliance Zeitschrift |
| CompAG | Compliance-Anreiz-Gesetz |
| DAI | Deutsches Aktieninstitut |
| DAV | Deutscher Anwaltverein |
| DB | Der Betrieb |
| DB | Deutsche Bahn |
| DCGK | Deutscher Corporate Governance Kodex |
| ders. | Derselbe |
| DICO | Deutsches Institut für Compliance e.V. |
| Diss. | Dissertation |
| DJT | Deutscher Juristentag |
| DÖV | Die öffentliche Verwaltung |
| DrittelbG | Drittelbeteiligungsgesetz |
| DStR | Deutsches Steuerrecht |
| DVBl | Deutsches Verwaltungsblatt |
| EU | Europäische Union |
| EuGH | Europäischer Gerichtshof |
| f. | folgende |
| ff. | fortfolgende |
| FS | Festschrift |
| gem. | gemäß |
| GewArch | Gewerbearchiv |
| GeldwäscheG | Geldwäschegesetz |
| GG | Grundgesetz |
| ggf. | gegebenenfalls |
| GmbH | Gesellschaft mit beschränkter Haftung |
| GmbHG | Gesetz betreffend die Gesellschaften mit beschränkter Haftung |

| | |
|---|---|
| GmbHR | GmbH-Rundschau |
| GWB | Gesetz gegen Wettbewerbsbeschränkungen |
| h.M. | herrschende Meinung |
| HessGO | Hessische Gemeindeordnung |
| HGB | Handelsgesetzbuch |
| HGrG | Haushaltsgrundsätzegesetz |
| HKWP | Handbuch der kommunalen Wissenschaft und Praxis |
| Hrsg. | Herausgeber |
| HVTG | Hessisches Vergabe- und Tariftreuegesetz |
| i.e.S. | im engeren Sinne |
| i.w.S. | im weiteren Sinne |
| i.S.d. | im Sinne des, im Sinne der |
| i.V.m. | in Verbindung mit |
| IDW | Institut der Wirtschaftsprüfer |
| JZ | JuristenZeitung |
| Kap. | Kapitel |
| KG | Kammergericht |
| KG | Kommanditgesellschaft |
| KommJur | Zeitschrift Kommunaljurist |
| KonTraG | Gesetz zur Kontrolle und Transparenz im Unternehmensbereich |
| KrW | Kreislaufwirtschaftsgesetz |
| KrW-/AbfG | Kreislaufwirtschafts- und Abfallgesetz |
| KVG | Kommunalverfassungsgesetz |
| KWG | Gesetz über das Kreditwesen |
| LG | Landgericht |
| LHO | Landeshaushaltsordnung |
| LKV | Landes- und Kommunalverwaltung |
| LSG | Landessozialgericht |
| LT-Drucks. | Landtag Drucksache |
| m.w.N. | mit weiteren Nachweisen |
| MAH | Münchener Anwalts-Handbuch |
| MDR | Monatsschrift für Deutsches Recht |
| MedR | Medizinrecht |
| MitbestG | Gesetz über die Mitbestimmung der Arbeitnehmer |

| | |
|---|---|
| MüKo | Münchener Kommentar |
| NdsVBl. | Niedersächsische Verwaltungsblätter |
| NJW | Neue Juristische Wochenschrift |
| NKomVG | Niedersächsisches Kommunalverfassungsgesetz |
| Nr. | Nummer |
| NStZ | Neue Zeitschrift für Strafrecht |
| NStZ-RR | Neue Zeitschrift für Strafrecht-Rechtsprechungsreport |
| NVwZ | Neue Zeitschrift für Verwaltungsrecht |
| NWVBl. | Nordrhein-Westfälische Verwaltungsblätter |
| NZA | Neue Zeitschrift für Arbeitsrecht |
| NZA-RR | Neue Zeitschrift für Arbeitsrecht Rechtsprechungsreport |
| NZG | Neue Zeitschrift für Gesellschaftsrecht |
| NZI | Neue Zeitschrift für das Recht der Insolvenz und Sanierung |
| o.ä. | oder ähnlich |
| öAT | Zeitschrift für das öffentliche Arbeits- und Tarifrecht |
| OECD | Organisation for Economic Co-operation and Development |
| OLG | Oberlandesgericht |
| OVG | Oberverwaltungsgericht |
| OWiG | Gesetz über Ordnungswidrigkeiten |
| PCGK | Public Corporate Governance Kodex |
| PwC | PricewaterhouseCoopers |
| RDG | Rechtsdepesche für das Gesundheitswesen |
| RegBegr. | Regierungsbegründung |
| RGBl. | Reichsgesetzblatt |
| RhPfVerfGH | Verfassungsgericht Rheinland-Pfalz |
| Rn. | Randnummer |
| Slg. | Amtliche Sammlung der Gerichtsentscheidungen des EuGH und des EuG |
| StGB | Strafgesetzbuch |
| u.a. | unter anderem |
| UMAG | Gesetz zur Unternehmensintegrität und Modernisierung des Anfechtungsrechts |
| UWG | Gesetz gegen den unlauteren Wettbewerb |
| VAG | Gesetz über die Beaufsichtigung der Versicherungsunternehmen |
| vgl. | vergleiche |

| | |
|---|---|
| VersR | Versicherungsrecht |
| VG | Verwaltungsgericht |
| VgV | Verordnung über die Vergabe öffentlicher Aufträge |
| VOB/A | Vergabe- und Vertragsordnung für Bauleistungen |
| VOF | Vergabeordnung für freiberufliche Dienstleistungen |
| VOL/A | Vergabe- und Vertragsordnung für Leistungen |
| Vorb. | Vorbemerkung |
| VR | Verwaltungsrundschau |
| VW | Volkswagen |
| wistra | Neue Zeitschrift für Wirtschafts-, Steuer- und Unternehmensstrafrecht |
| WiVerw | Zeitschrift für Wirtschaftsverwaltungsrecht |
| WM | Zeitschrift für Wirtschafts- und Bankrecht |
| WpDVerOV | Verordnung zur Konkretisierung der Verhaltensregeln und Organisationsanforderungen für Wertpapierdienstleistungsunternehmen |
| WpHG | Gesetz über den Wertpapierhandel |
| zfwu | Zeitschrift für Wirtschafts- und Unternehmensethik |
| ZGR | Zeitschrift für Unternehmens- und Gesellschaftsrecht |
| ZHR | Zeitschrift für das gesamte Handels- und Wirtschaftsrecht |
| Zif. | Ziffer |
| ZIP | Zeitschrift für Wirtschaftsrecht |
| ZIS | Neue Zeitschrift für Strafrechtsdogmatik |
| zit. | zitiert |
| ZRFC | Zeitschrift für Risk, Fraud & Compliance |
| ZUM | Zeitschrift für Urheber- und Medienrecht |
| ZWH | Zeitschrift für Wirtschaftsstrafrecht und Haftung im Unternehmen |

# Einleitung

Wie kaum ein anderes Thema in der Rechtswissenschaft zuvor hat sich Compliance innerhalb kürzester Zeit als Diskussionsgegenstand etabliert. Inzwischen existiert eine fast unüberschaubare Anzahl von Beiträgen im Schrifttum – Compliance hat es sogar zu zwei eigenen Zeitschriftentiteln geschafft.[1] Gleichzeitig dreht sich ein Teil der Diskussion noch immer um die Frage, ob Compliance lediglich eine „Binsenweisheit"[2], „unscharf"[3], der „alte Wein in neuen Schläuchen"[4], „schillernd"[5] oder bloß eine Sammlung von „Allgemeinplätzen"[6] ist. Das liegt nicht zuletzt daran, dass Urteile der Rechtsprechung zu den Organisationspflichten hinsichtlich Compliance noch immer rar gesät sind.[7] Zudem hat sich trotz der umfangreichen Diskussionen auch im Schrifttum zu kaum einem Compliance-Thema eine herrschende Ansicht, gar Einigkeit gebildet. Gleichwohl haben sich insbesondere bei den Fragen nach einer Compliance-Pflicht und einer möglichen Ausgestaltung von Compliance-Strukturen in den letzten Jahren Tendenzen herauskristallisiert. Ursächlich dafür waren aufsehenerregende Unternehmensskandale wie zuletzt bei Volkswagen, die bereits grundsätzliche Zweifel an der Wirksamkeit bestehender Organisationsstrukturen haben aufkommen lassen. Aber auch die Rechtsprechung vor allem im Fall „Siemens-Neubürger" oder geplante Gesetzesinitiativen wie die Reform des Ordnungswidrigkeitenrechts haben dazu geführt, dass die Compliance-Forschung wellenartig wieder angeschoben wurde.

---

1 Corporate Compliance Zeitschrift (CCZ); Der Compliance-Berater (CB).
2 *Schneider*, ZIP 2003, 645 (646); *ders.* NZG 2009, 1321 (1322).
3 *Paefgen*, WM 2016, 433 (434).
4 *Cauer/Haas/Jakob*, DB 2008, 2717.
5 *Paefgen*, WM 2016, 433 (434).
6 *Spindler*, WM 2008, 905 (905).
7 LG München I, NZG 2014, 345; BGH, NJW 2009, 3173; OLG Jena, NZG 2010, 226.

Erschwerend kommt jedoch hinzu, dass Compliance originär weder ein betriebswirtschaftliches, noch juristisches Fachthema ist. Dementsprechend sind die Ansätze im Schrifttum von einem unterschiedlichen Grundverständnis geprägt. Während die juristischen Ansichten in der Forderung umfangreicher Organisationspflichten überwiegend zurückhaltend agieren, hat sich in der Betriebswirtschaft ein Interesse an der Entwicklung einer zertifizierbaren Struktur von Compliance-Systemen gebildet. Dabei hat sich sowohl die betriebswirtschaftliche, als auch die rechtswissenschaftliche Forschung im Besonderen auf börsennotierte Großkonzerne beschränkt, eine Konkretisierung auf mittelständische oder explizit kommunale Unternehmen fand nur am Rande statt.

Angesichts dieser unterschiedlichen Grundverständnisse beschäftigt sich die Arbeit zunächst mit der Begrifflichkeit, der Herkunft und der Funktion von Compliance und ordnet diese in die Corporate Governance Systematik ein (Kap. 1, A), bevor die Besonderheiten kommunaler Unternehmen im Hinblick auf Compliance untersucht werden (Kap. 1, B). Anschließend geht es um die Frage, ob eine Pflicht zur Schaffung von Compliance-Strukturen besteht (Kap. 2). Dabei wird zunächst herausgearbeitet, ob aus gesellschaftsrechtlichen Vorgaben oder dem Ordnungswidrigkeitenrecht eine allgemeine Compliance-Pflicht abgeleitet werden kann. Die daraus resultierenden Ergebnisse werden sodann für kommunale Unternehmen konkretisiert, wobei insbesondere der Einfluss öffentlicher-rechtlicher Grundsätze auf die Unternehmensleitung eine Rolle spielt. Das letzte Kapitel der Arbeit untersucht die Compliance-Pflichten des Vorstandes und des Aufsichtsrates einer Aktiengesellschaft (Kap. 3, A) und nimmt vor allem die Verantwortung des Aufsichtsrates nach Rechtsverstößen in den Blickpunkt. Dabei sollen die Rechte und Pflichten des Aufsichtsrates anhand eines dreistufigen Aufbaus, der sich an den Schweregraden der Verstöße orientiert, verdeutlicht werden. Im letzten Schritt werden die Ergebnisse auf die GmbH übertragen (Kap. 3, B), wobei sich die Ausarbeitung auf die Unterschiede und Besonderheiten bei der GmbH beschränkt.

# Kapitel 1 Grundlagen

## A. Corporate Compliance

### I. Begriffsbestimmung

Viele Autoren haben sich in den letzten Jahren mit der Frage beschäftigt, was Compliance ist, oder viel mehr, was es sein sollte. Eine einheitliche Definition von Corporate Compliance hat sich dabei bislang weder in der Literatur, noch in der Praxis durchgesetzt.[8] Die Rechtsprechung hat sich bei der Konkretisierung ebenso zurückgehalten wie der Gesetzgeber. Erste Ansätze einer Definition finden sich allein im Kapitalmarktaufsichtsrecht[9], dem Versicherungsrecht[10] oder im Deutschen Corporate Governance Kodex[11]. Das bisherige Verständnis von Compliance beruht allerdings weitestgehend auf den Compliance-Anforderungen von Großunternehmen. Eine Konkretisierung des Compliance-Verständnisses für kommunale Unternehmen, die in der Regel als kleine oder mittlere Unternehmen einzustufen sind, [12] war bislang nicht Gegenstand der Untersuchungen.

---

[8] *Vetter*, FS Westphalen, 2010, S. 719 (721f); *Kremer/Klahold*, ZGR 2010, 113 (116); *Immenga*, FS Schwark, 2009, S. 199 (199); *Goette*, ZHR 175 (2011), 388 (390).

[9] § 25a Abs. 1 Nr. 3c KWG; § 33 Abs. 1 S. 2 Nr. 1 WpHG.

[10] § 29 VAG; ausführlich zur Compliance-Funktion im Versicherungsrecht *Reese/Ronge*, VersR 2011, 1217.

[11] DCGK, Zif. 4.1.3.

[12] Statistisches Bundesamt (2014), Jahresabschlussstatistik öffentlicher Fonds, Einrichtungen und Unternehmen, S. 310.

### 1. Compliance-Verständnis im engeren Sinne

Der aus der angloamerikanischen Rechts- und Wirtschaftsterminologie stammende Begriff Compliance leitet sich vom englischen Begriff „to comply“ (einhalten, befolgen) ab. Vom Wortstamm her bedeutet Compliance daher nichts anderes als die Einhaltung aller rechtlich verbindlichen Normen für das Unternehmen. Obwohl die Einhaltung von Recht und Gesetz Grundlage eines jeden unternehmerischen Handelns sein sollte, sieht die Rechtswirklichkeit anders aus. Die Folgen großer Unternehmensskandale der jüngeren Vergangenheit[13] haben die Rechtstreue in den Mittelpunkt der „Good-Governance-Diskussion“ gerückt[14] und die unternehmerischen Leitungsebenen für die positive Wirkung von Regeltreue sensibilisiert.[15] Es wäre jedoch falsch, in Compliance allein ein Synonym für die Einhaltung aller rechtlichen Vorschriften zu sehen und damit nur einen weiteren Anglizismus für Regeltreue zu schaffen.[16] Wurden Unternehmen und ihre Leitungsebenen doch schon lange früher für Rechtsverletzungen in Haftung genommen, während das Thema und der Begriff Compliance noch völlig unbekannt waren. Schneider hat diesen Gedankengang daher zu Recht als „Binsenweisheit“ bezeichnet.[17]

Weitergehend beschäftigt sich Compliance nicht allein mit der Frage welches Handeln „compliant“ ist, sondern wie durch organisatorische Maßnahmen Rechtstreue im Unternehmen hergestellt werden

---

13 Siehe nur die Manipulationen beim ADAC, die Abgasaffäre von VW, den Korruptionsskandal bei Siemens, aber auch die Kartellbußgelder i.H.v. von ca. 450 Mio. € gegen ThyssenKrupp oder i.H.v. 151 Mio. € gegen MAN; gesondert zu den Kartellbußgeldern: Kap. 1, B, VI, 2.

14 *Kremer*, FS Uwe H. Schneider, 2011, S. 701 (703).

15 *Kindler*, FS G. H. Roth, 2011, S. 367 (367f); wo insbesondere die intensivere Beobachtung durch die Öffentlichkeit und der Medien dazu beigetragen hat, vgl. *Bussmann/Salvenmoser*, CCZ 2008, 192 (193).

16 Noch heute gehen einige Autoren davon aus, dass unter Compliance nur die „Einhaltung aller zwingenden öffentlichen-rechtlichen Rechtsnormen verstanden wird“ und keine Organisationsstruktur, vgl. *Fuhrmann*, NZG 2016, 881 (881); *Lösler*, NZG 2005, 104 (104).

17 *Schneider*, ZIP 2003, 645 (646); *ders.* NZG 2009, 1321 (1322); *Koch*, in: Hüffer/Koch, AktG, § 76 Rn. 11; so auch *Hüffer*, FS G. H. Roth, 2011, S. 299 (301); *Spindler*, WM 2008, 905 (905); *Vetter*, FS Westphalen, 2010, S. 719 (721); *Habersack*, AG 2014, 1 (2).

kann.[18] Hinter dem Begriff Compliance verbergen sich daher alle Maßnahmen, die die Einhaltung von Recht und Gesetz gewährleisten sollen. Compliance charakterisiert sich im engeren Sinne dahingehend als die organisatorische Sicherstellung von Regeltreue im Unternehmen.[19] Im Hinblick auf die unternehmerische Gesamtverantwortung von Vorstand, Aufsichtsrat und Mitarbeitern kann Compliance verstanden werden als „die Gesamtheit aller Maßnahmen, um das rechtmäßige Verhalten der Unternehmen, Organmitglieder und der Mitarbeiter im Blick auf alle gesetzlichen Gebote und Verbote zu gewährleisten.“[20]

## 2. Compliance-Verständnis im weiteren Sinne

Die Ansätze einer Begriffsbestimmung von Compliance sind vielfältiger, als sie es auf den ersten Blick vermuten lassen. Dabei verschwimmen häufig die Grenzen zwischen dem rechtlich Notwendigen und dem unternehmerisch Zweckmäßigen.

---

18 Daher bringt es wenig Mehrwert, zwischen einer Compliance i.e.S. und einer Compliance i.w.S. unterscheiden, wobei Compliance i.e.S. letztendlich nur ein modernes Synonym für die Legalitätspflicht sein soll, so nämlich *Seibt/Cziupka*, AG 2015, 93 (93).

19 *Fleischer*, in: Spindler/Stilz, AktG, § 91 Rn. 47; *Hüffer*, FS G. H. Roth, 2011, S. 299 (299); *Kremer/Klahold*, ZGR 2010, 113 (117); *Kort*, GmbHR 2013, 566 (566); *Koch*, WM 2009, 1013 (1013); *Immenga*, FS Schwark, 2009, S. 199 (199); *Vetter*, FS Westphalen, 2010, S. 719 (721); *Hölters*, in: Hölters, AktG, § 91 Rn. 91; *Kort*, FS Hopt, 2010, S. 983 (983f); *Arnold*, ZGR 2014, 76 (77); *Koch*, in: Hüffer/Koch, AktG, § 76 Rn. 11; *Harbarth*, ZHR 179 (2015), 136 (138); *Steuber*, FS Hommelhoff, 2012, S. 1165 (1166); *Nietsch*, ZIP 2013, 1449 (1456); *Dreher*, FS Hüffer, 2010, S. 161 (169); *Goette*, ZHR 175 (2011), 388 (391); *Zöllner/Noack*, in: Baumbach/Hueck, GmbHG, § 35 Rn. 66; *Bürkle*, BB 2005, 565 (565); *Schaefer/Baumann*, NJW 2011, 3601 (3601); *Reichert/Ott*, NZG 2014, 241 (241); *Reese/Ronge*, VersR 2011, 1217 (1217); *Reichert*, FS Hoffmann-Becking, 2013, S. 943 (945); *Fleischer*, in: MüKo GmbHG, § 43 Rn. 142; *Winter*, FS Hüffer, 2010, S. 1103 (1104).

20 *Schneider*, ZIP 2003, 645 (646); so ähnlich auch *Reichert*, ZIS 2011, 113 (114); *ders.*, FS Hoffmann-Becking, 2013, S. 943 (945f); *Hüffer*, FS G. H. Roth, 2011, S. 299 (302f); *Harbarth*, ZHR 179 (2015), 136 (138); *Reichert/Ott*, NZG 2014, 241 (242).

In Deutschland wurde der Begriff erstmals 2007 im Deutschen Corporate Governance Kodex präzisiert.[21] Nach Ziffer 4.1.3 hat der Vorstand „für die Einhaltung der gesetzlichen Bestimmungen und der unternehmensinternen Richtlinien zu sorgen und wirkt auf deren Beachtung durch die Konzernunternehmen hin (Compliance).“ Während die organisatorischen Aspekte der Compliance zutreffend von der Definition erfasst werden, hat der DCGK mit der Aufnahme unternehmensinterner Richtlinien einen bis heute andauernden Diskurs zwar nicht begonnen, jedoch deutlich beeinflusst.[22] Währenddessen die Einhaltung von Gesetzen nämlich zweifelsfrei als Ursprung der Compliance-Diskussion bezeichnet werden kann, ist das entscheidende Kriterium bei der Suche nach einer Definition der von Compliance erfasste Überwachungsgegenstand. Dabei steht es außer Frage, dass die Einhaltung gesetzlicher Bestimmungen im Mittelpunkt der Compliance-Überwachung stehen muss.[23] Darüber hinaus ist es jedoch umstritten, wie weit der Überwachungsgegenstand von Compliance ausgedehnt werden kann oder sogar muss.

Die von der Definition des DCGK erfassten unternehmensinternen Richtlinien sind unumstritten ein wichtiger Bestandteil einer guten Unternehmenskultur und -führung[24] und daher überwiegend als Compliance-Gegenstand anerkannt.[25] Wenngleich Verstöße gegen interne Richtlinien in der Regel keine Außenwirkung begründen, haben sie als Bestandteil einer Unternehmenskultur dennoch entschei-

---

21 Im Folgenden abgekürzt als DCGK.

22 Kritisch dazu *Bachmann*, in: Kremer/Bachmann/Lutter/v.Werder, DCGK, Rn. 846, dass die Regierungskommission mit dem Wortlaut über das Ziel hinausgeschossen sei.

23 Vgl. Abbildung bei *Hülsberg/Engels*, ZWH 2011, 14 (17); *Harbarth*, ZHR 179 (2015), 136 (138); *Hüffer*, FS G. H. Roth, 2011, S. 299 (302).

24 Erfassen nach einer Umfrage von KPMG 83% der Compliance-Strukturen von Großkonzernen auch die Beachtung unternehmensinterner Regeln, vgl. *Hülsberg/Engels*, ZWH 2011, 14 (17).

25 Nur vereinzelt finden sich abweichende Ansichten, vgl. *Hüffer*, FS G. H. Roth, 2011, S. 299 (302), dass es „kein glücklicher Gedanke“ ist, Compliance mit der Einhaltung von unternehmensinternen Richtlinien zu verbinden. Hinsichtlich des fehlenden Gesetzescharakters von Unternehmensrichtlinien bestehe keine, der Legalitätspflicht vergleichbare, Bindungswirkung; ebenso *Harbarth*, ZHR 179 (2015), 136 (138).

denden Einfluss auf den Unternehmenserfolg.[26] Die Diskussion hat sich jedoch neben der Einhaltung von Gesetzen und unternehmensinternen Richtlinien noch auf weitere Bereiche ausgedehnt. So sollen nach Ansicht vieler Autoren neben vertraglichen Verpflichtungen auch Kodizes, Satzungen, Arbeitsanweisungen, Ethikrichtlinien oder vergleichbare Unternehmensvorgaben eine Beachtung in der Compliance-Struktur finden.[27] Selbst Gewohnheiten und Umgangsformen sollen potentielle Teile einer Compliance-Überwachung sein.[28] Die grundsätzliche Entwicklung geht dahin, dass die Einhaltung von gesellschaftspolitischen, kulturellen und sozialen Standards in den Vordergrund rückt und die rein juristische Betrachtung der Regeltreue zwar nicht in den Hintergrund verdrängt, sich jedoch als gleichberechtigter Partner emanzipiert.[29]

Dem Gedankengang angeschlossen ging auch der für die Wirtschaftsprüfung praxisrelevante IDW PS 980 zunächst davon aus, dass unter Compliance „die Einhaltung von Regeln, z.B. Gesetzen, vertragliche Verpflichtungen und interne Regelungen oder Richtlinien" zu verstehen ist.[30] Anders als im DCGK wurden damit auch individuell ausgestaltete vertragliche Regelungen in den Umfang von Compliance miteinbezogen.[31] In der Literatur wird diese Ansicht weitestgehend

---

[26] Zum Beitrag der Unternehmenskultur für eine effektive Compliance ausführlich unter: Kap. 1, A, VI, 3.

[27] *Küting/Busch*, DB 2009, 1361 (1364); *Merkt*, ZIP 2014, 1705 (1706); *Momsen*, ZIS 2011, 508 (508); *Bürkle*, BB 2007, 1797 (1798); *Poppe*, in: Görling/Inderst/Bannenberg, Compliance, S. 1; *Hauschka*, ZIP 2004, 877 (877f); *Vetter*, FS Westphalen, 2010, S. 719 (723); VKU, Compliance in kommunalen Unternehmen, S. 6; *Immenga*, FS Schwark, 2009, S. 199 (202), dass die Grundsätze der Geschäftsmoral berücksichtigt werden müssen.

[28] *Eisele/Faust*, in: Schimansky/Bunte/Lwowski, Bankrechts-Handbuch, § 109 Rn. 1.

[29] So auch *Klindt*, NJW 2006, 3399 (3399).

[30] Entwurf 2010, IDW EPS 980, S. 3 Rn. 5; in der heute gültigen Fassung des IDW PS 980 wurde die Ausweitung auf vertragliche Verpflichtungen gestrichen. Danach wird unter Compliance allein die Einhaltung von Regeln verstanden (gesetzliche Bestimmungen und unternehmensinterne Regelungen); vgl. auch VKU, Compliance in kommunalen Unternehmen, S. 6.

[31] So auch *Vetter*, FS Westphalen, 2010, S. 719 (723); *Otto/Fonk*, Der Gemeindehaushalt 2011, 225 (225f).

abgelehnt.[32] Zu groß sei der organisatorische Aufwand, um die Überwachung auf jegliche vertragliche Pflichten ausweiten zu können.[33] Die Compliance-Struktur würde in unverhältnismäßiger Weise anwachsen und im betriebswirtschaftlichen Denken der Praxis im Hinblick auf das Kosten- und Nutzenverhältnis an Legitimation verlieren. Ferner stellt nicht jeder vertragliche Verstoß eine Pflichtverletzung dar,[34] sondern kann unter Umständen durchaus im Gesellschaftsinteresse liegen.[35] Es sei Aufgabe des Vorstandes, zwischen „vertragsgemäßen und vertragswidrigem Verhalten abzuwägen“ und bei positiver Folge eine Pflichtverletzung in Kauf zu nehmen.[36] Trotz dieser Umstände lassen dennoch viele Unternehmen die vertraglichen Vereinbarungen von ihrer Compliance-Struktur überwachen.[37]

Darüber hinaus wurde die Begriffsbestimmung von Compliance lange Zeit mit einer inhaltlichen Zwecksetzung verknüpft und damit unnötig beschränkt. Die häufig mit der Compliance-Definition assoziierte Haftungsvermeidung ist daher zu Recht nur noch Bestandteil älterer Definitionsansätze in der Literatur.[38] Daneben wird Compliance auch als präventive Dokumentationspflicht missverstanden, deren Aufgabe es ist, „jederzeit die vollumfängliche Einhaltung aller für das Unternehmen in sämtlichen Tätigkeitsregionen relevanten Vorschriften dokumentiert sicherzustellen.“[39]

---

[32] *Bicker*, AG 2014, 8 (9); *Fleischer*, ZIP 2005, 141 (148); *Merkt*, ZIP 2014, 1705 (1706); *Horney/Kuhlmann*, CCZ 2010, 192 (193); *Habersack*, FS Uwe H. Schneider, 2011, S. 429 (436); *Spindler*, in: MüKo AktG, § 93 Rn. 88; BB-*Fett/Theusinger*, BB-Special 4/2010, 6 (7); *Bürgers/Israel*, in: Bürgers/Körber, AktG, § 93 Rn. 8; a.A.: *Pütz/Giertz/Thannisch*, CCZ 2015, 194 (194); *Bachmann*, in: VGR (Hrsg.), Gesellschaftsrecht in der Diskussion 2007, S. 69.

[33] So auch *Hauschka*, ZIP 2004, 877 (877), der deswegen empfiehlt, nur die vertraglich vereinbarten Qualitätsvorgaben der wichtigsten Kunden von Compliance erfassen zu lassen; siehe auch *Vetter*, FS Westphalen, 2010, S. 719 (723), der vertraglich vereinbarte Sozialstandards als Gegenstand von Compliance anerkennt.

[34] *Spindler*, in: MüKo AktG, § 93 Rn. 88; *Fleischer*, in: Spindler/Stilz, AktG, § 93 Rn. 33; *Fett/Theusinger*, BB-Special 4/2010, 6 (7).

[35] So auch *Fleischer*, in: Spindler/Stilz, AktG, § 93 Rn. 33; vgl. *Nietsch*, ZGR 2015, 631 (650).

[36] *Habersack*, FS Uwe H. Schneider, 2011, S. 429 (436).

[37] Vgl. Abbildung bei *Hülsberg/Engels*, ZWH 2011, 14 (17).

[38] Vgl. *Schneider*, ZIP 2003, 645 (646).

[39] *Klindt*, NJW 2006, 3399 (3399).

Die zuvor dargestellten Ansätze haben gezeigt, dass im Grundsatz die Compliance-Reichweite das zentrale Abgrenzungskriterium der unterschiedlichen Definitionsansätze ist. Die Beachtung nicht legislativer Normen und Pflichten kann indes nur dem Blickwinkel des jeweiligen Unternehmens entnommen werden. Eine rechtliche Verpflichtung zur Beachtung gesellschaftspolitischer Wünsche kann nicht begründet werden.[40] Wenn Compliance jedoch mehr sein soll als das bloße Postulat von Gesetzestreue, muss eine selbstverpflichtende Achtung nicht gesetzlicher Regelungen einen Platz in einer unternehmerischen Compliance-Struktur finden.[41]

### 3. Compliance-Verständnis für kommunale Unternehmen

Wenngleich keine gesetzliche Pflicht zur umfassenden Berücksichtigung nicht gesetzlicher Regelungen begründet werden kann, erzeugt Compliance nur dann einen vollständigen unternehmerischen Mehrwert, wenn alle für das Unternehmen relevanten Verbote und Gebote eingehalten werden. Die Identifizierung relevanter Vorgaben kann sich jedoch nur aus dem Blickwinkel des jeweiligen Unternehmens ergeben, so dass keine allgemeingültige Aussage zur Compliance-Reichweite getroffen werden kann. Für kommunale Unternehmen bedarf die Definition von Compliance daher einer weiteren Konkretisierung.[42] Im Gegensatz zur Privatwirtschaft haben kommunale Unternehmen neben den allgemeinen Gesetzen auch die politischen Entscheidungen der Gemeindevertretung zu befolgen. Zwar erfordern auch politische Entscheidungen zunächst eine Transformation in die Gesellschaft, so dass sie grundsätzlich auch von der bisherigen Definition erfasst sind, dennoch findet sich im Schrifttum der Ansatz, die Definition um das Merkmal der politischen Entscheidun-

---

[40] So *Meyer*, DB 2014, 1063 (1064), nach der es nur auf die Einhaltung von Gesetzen ankommen kann, weil „für das Recht außerrechtliche Regelwerke nicht von Bedeutung sind.“; ausführlich dazu: Kap. 1, A, III.

[41] Vgl. Basel Committee on Banking Supervison, Compliance and the compliance function in banks, S. 7, „these are likely to go beyond what is legally binding and embrace broader standards of integrity and ethical conduct”.

[42] So auch *Neufeld/Hitzelberger-Kijima*, öAT 2015, 23 (23).

gen zu ergänzen.[43] Danach ist Compliance die „Sicherstellung der rechtlichen und organisatorischen umfassenden Einhaltung aller maßgeblichen Gesetze, Normen und politischen Entscheidungen durch den öffentlich-rechtlichen Rechtsträger, seine Organe sowie sämtliche seiner Mitarbeiter.“[44] Nicht notwendig ist es hingegen, die Definition auf die Einhaltung des „öffentlichen Zwecks“ zu fokussieren.[45] Obwohl es sich bei dem verfassungsrechtlichen Merkmal des öffentlichen Zwecks um das zentrale Kriterium der kommunalen Wirtschaftstätigkeit handelt,[46] wird es bereits durch die gesetzlichen Gebote erfasst.

In der Bestimmung muss jedoch berücksichtigt werden, dass an die Integrität kommunaler Unternehmen und ihrer Vertreter eine hohe Erwartung gestellt wird.[47] In Folge ihrer Verpflichtung zur Förderung des Gemeinwohls und angesichts der Gefahr massiver Reputationsverluste kann sich kommunale Compliance nicht allein auf gesetzliche Regelkonformität beschränken, sondern muss neben der Legalität auch jederzeit die Legitimität ihres Handelns im Auge behalten. Zutreffend daher die Aussage, dass eine sich allein auf die juristische Betrachtung beziehende Compliance-Struktur „blind“ bzw. „bedeutungslos“ ist.[48] Die Beachtung selbstverpflichtender Vorgaben wird daher in der Regel im Unternehmensinteresse liegen. Angelehnt an die Definitionen von *Schneider*[49] wird der Arbeit daher das Verständnis zugrunde gelegt, dass unter Compliance alle Maßnahmen verstanden werden, die das rechtmäßige Verhalten der Unternehmen, Organmitglieder und der Mitarbeiter im Blick auf alle gesetzlichen Verbote und Gebote, freiwilliger Selbstverpflichtungen und politischer Entscheidungen gewährleisten sollen.

---

43 So *Neufeld/Hitzelberger-Kijima*, öAT 2015, 23 (23).

44 *Neufeld/Hitzelberger-Kijima*, öAT 2015, 23 (23).

45 Vgl. Landeshauptstadt Potsdam, Rahmenrichtlinie über einheitliche Mindeststandards für Compliance-Programme in den Unternehmen der Landeshauptstadt Potsdam, S. 2, die von einer Fokussierung von Compliance auf die Erfüllung des öffentlichen Zwecks sprechen, http://vv.potsdam.de/vv/produkte/173010100000009970.php.media/15330/Compliance-Richtlinie.pdf (Stand: 08.11.2018).

46 Vgl. Ausführungen an späterer Stelle: Kap. 1, B, III, 1.

47 Dazu ausführlich: Kap. 2, C, I, 2, d).

48 *Thielemann*, zfwu 2005, 31 (36).

49 *Schneider*, ZIP 2003, 645 (646).

## II. Entwicklung des Compliance-Verständnisses

Das heutige Verständnis von Compliance wurde durch verschiedene Entwicklungen und Gesetze geprägt, dessen Ursprung wohl im „Mutterland der Compliance“ USA liegt.[50] Zutreffender Weise wird es als „weiteres Beispiel des sog. Legal Transplant in das deutsche Gesellschaftsrecht“ bezeichnet.[51] Über die fachspezifischen Ursprünge von Compliance besteht dahingehend jedoch wenig Einigkeit. [52] *Eufinger* hat in seinem sehr ausführlichen Aufsatz zur Historie der Compliance die amerikanische Antitrust-Compliance der 60er Jahre als Grundstein von Compliance bezeichnet.[53] Als Folge des berühmten „Electric Cases“-Kartells und seiner wirtschaftlichen Auswirkungen wurde der präventiven Korruptionsvermeidung ein größerer Stellenwert eingeräumt,[54] die später im Jahre 1963 auch sprachlich erstmals als Compliance bezeichnet wurde.[55] Allerdings ist es schwierig, für das Bemühen um Regeltreue tatsächlich historische Anfänge herauszustellen, handelt es sich doch um eine eigentliche Selbstverständlichkeit. Angesichts dieser Schwierigkeiten sieht der überwiegende Teil der Literatur die Anfänge moderner Compliance im amerikanischen Finanzmarktbereich.[56] Dort beschrieb Compliance die Sicherstellung

---

50 *Fleischer*, CCZ 2008, 1 (1); *ders.*, NZG 2004, 1129 (1131); *Kremer/Klahold*, ZGR 2010, 113 (117); *Lösler*, NZG 2005, 104 (104); *Eufinger*, CCZ 2012, 21 (22); *Hüffer*, FS G. H. Roth, 2011, S. 299 (299); *Poppe*, in: Görling/Inderst/Bannenberg, Compliance, S. 21; *Moosmayer*, Compliance, Rn. 17; *Fleischer*, in: Spindler/Stilz, AktG, § 91 Rn. 51; *Unmuth*, AG 2017, 249 (250); *Harbarth*, ZHR 179 (2015), 136 (137); vgl. auch *Pape*, Corporate Compliance, S. 65ff.

51 *Kiethe*, GmbHR 2007, 393 (394); *Fleischer*, NZG 2004, 1129 (1131), bezeichnet Compliance als Rechtsimport.

52 Für eine ausführliche Darstellung der historischen Entwicklung von Compliance siehe *Eufinger*, CCZ 2012, 21; zuletzt auch *Unmuth*, AG 2017, 249 (250ff); ebenso *Harbarth/Brechtel*, ZIP 2016, 241 (242).

53 *Eufinger*, CCZ 2012, 21 (22).

54 *Unmuth*, AG 2017, 249 (250); *Eufinger*, CCZ 2012, 21 (22).

55 *Anderson*, Effective Antitrust Compliance Programs and Procedures, Business Lawyer (18) 1963, 739.

56 *Fleischer*, CCZ 2008, 1 (1); *ders.*, NZG 2004, 1129 (1131); *Vetter*, FS Westphalen, 2010, S. 719 (720); *Momsen*, ZIS 2011, 508 (508); *Fleischer*, in: Spindler/Stilz, AktG, § 91 Rn. 51; *Harbarth*, ZHR 179 (2015), 136 (137);

rechtmäßigen Handelns von Mitarbeitern in den risikobehafteten Bereichen der Banken.[57] Angelegt an diesen Ursprung war Compliance zunächst eine sektorspezifisch begrenzte Angelegenheit,[58] dessen Bedeutung auch in Deutschland zunächst nur im Kapitalmarktrecht Fuß fasste.[59] Angetrieben durch Unternehmensskandale, Gesetzesverschärfungen,[60] stärkere Regulierung[61] und erhöhter Strafzumessung[62] weitete sich der Gedanke von Compliance jedoch auch auf andere Themenfelder aus.[63] Folgerichtig vermögen die bereits zuvor dargestellten Ansätze einer zweck- oder branchenorientierten Compliance-Definition wenig zu überzeugen. Zu einseitig ist der Gedanke, Compliance z.B. allein mit der Vermeidung von Haftung oder Interessenskonflikten im Kartellrecht zu verbinden.[64]

Einen großen Beitrag zu dieser Entwicklung einer unternehmensweiten Compliance leisteten auch die verschärften amerikanischen Federal Sentencing Guidelines aus dem Jahre 2004, die neben der juristischen auch eine ethische Perspektive von Compliance begründeten. Das danach einzurichtende „Compliance & Ethics-Program"

---

*Hüffer*, FS G. H. Roth, 2011, S. 299 (300); *Reichert*, FS Hoffmann-Becking, 2013, S. 943 (945).

57 *Fleischer*, NZG 2004, 1129 (1131); *ders.*, CCZ 2008, 1 (1); *Kiethe*, GmbHR 2007, 393 (394).

58 So auch *Bürkle*, in: Bürkle/Hauschka, Compliance Officer, S. 3; *Hüffer*, FS G. H. Roth, 2011, S. 299 (300); *Reichert*, ZIS 2011, 113 (114); *ders.*, FS Hoffmann-Becking, 2013, S. 943 (945).

59 *Fleischer*, in: Spindler/Stilz, AktG, § 91 Rn. 51; *ders.*, CCZ 2008, 1 (1); siehe insbesondere § 33 Abs. 1 Nr. 1 WpHG; dazu ausführlich *Spindler*, in: MüKo AktG, § 91 Rn. 54f; zu den ersten kartellrechtlichen Entscheidungen hinsichtlich Organisationspflichten vgl. *Harbarth/Brechtel*, ZIP 2016, 241 (242).

60 Siehe Gesetz zur Bekämpfung der Korruption v. 13.08.1997, BGBl. I S. 2038f.

61 *Hüffer*, FS G. H. Roth, 2011, S. 299 (300).

62 LG München I im Korruptionsskandal von Siemens: Geldbuße i.H.v. 201 Mio. Euro, LG München I v. 4.10.2007 – 5 KLs 563 Js 45994/07; Geldbuße i.H.v. 395 Mio. Euro v. 15.12.2008; verschiedene Geldbußen der EU-Kartellbehörde: Intel 1,06 Mrd. Euro (2009), BASF 296,16 Mio. Euro (2001).

63 Im Besonderen das Kartellrecht und Korruptionsstrafrecht, *Fleischer*, in: Spindler/Stilz, AktG, § 91 Rn. 51; vgl. *Kremer/Klahold*, ZGR 2010, 113 (115f); *Mengel*, Compliance und Arbeitsrecht, S. 6; *Reichert*, FS Hoffmann-Becking, 2013, S. 943 (945); *Hüffer*, FS G. H. Roth, 2011, S. 299 (300); *Koch*, WM 2009, 1013 (1013).

64 Vgl. *Schneider*, ZIP 2003, 645 (646).

sollte eine Unternehmenskultur begründen, die für ethisches Verhalten und dem Selbstbekenntnis zu Recht und Gesetz sorgt, um strafrechtliches Verhalten bereits präventiv vermeiden zu können.[65] Wenn die Unternehmen eine solche Compliance-Struktur eingerichtet hatten, war es den Gerichten möglich, die Strafe im Hinblick auf Rechtsverstöße zu mildern.[66] Gleichzeitig konnte das Fehlen einer Compliance-Struktur jedoch auch zu einer Strafverschärfung führen.[67] Dieser anreizbasierte Ansatz zur Förderung von Compliance-Strukturen ist auch Grundlage rechtspolitischer Diskussionen in Deutschland.[68]

Das Ausdehnen auf nicht legislative Vorgaben führte auch in der deutschen Compliance-Forschung langsam zu dem Umdenken, dass die sektorspezifische Compliance durch einen umfassenden Ansatz unternehmensweiter Compliance ersetzt werden sollte[69] und die bisher vorherrschende Ansicht einer rein juristischen Organisationsstruktur[70] von einer werteorientierten Unternehmensführung abgelöst wird.[71] Dass Compliance auch in Deutschland inzwischen mehr ist als der berühmte „alte Wein in neuen Schläuchen" ist im Besonderen dem DCGK zu verdanken. Obwohl der Gedanke der organisatorischen

---

65 Federal Sentencing Guidlines 2004, Chapter 8 S. 476.

66 Federal Sentencing Guidlines 2004, Chapter 8 S. 476; zu den Anreizen damaliger Milderungsmöglichkeiten siehe *Paine*, Harvard Business Review 1994, 106 (110); dazu ausführlich *Hopson/Graham Koehler*, CCZ 2008, 208.

67 *Hauschka/Moosmayer/Lösler*, in: Hauschka/Moosmayer/Lösler, Corporate Compliance, § 1 Rn. 74.

68 Siehe Ausführungen unter: Kap. 1, A, VIII.

69 *Reichert*, FS Hoffmann-Becking, 2013, S. 943 (945); *Fleischer*, in: Spindler/Stilz, AktG, § 91 Rn. 51; *ders.*, CCZ 2008, 1 (1); *Bürkle*, in: Bürkle/Hauschka, Compliance Officer, S. 3 Rn. 7; *ders.*, BB 2007, 1797 (1798); *Krieger/Günther*, NZA 2010, 367 (367); *Hüffer*, FS G. H. Roth, 2011, S. 299 (300).

70 So noch immer *Meyer*, DB 2014, 1063 (1064); wohl auch *Fuhrmann*, NZG 2016, 881 (881f); siehe auch KPMG, Analyse des aktuellen Stands der Ausgestaltung von Compliance Management-Systemen in deutschen Unternehmen, Executive Summary, S. 5.

71 Basel Committee on Banking Supervison, Compliance and the compliance function in banks, S. 7; *Heißner/Benecke*, BB 2013, 2923 (2924); *Kiethe*, GmbHR 2007, 393 (394); *Wolf*, DStR 2006, 1995 (1995); *Reichert*, ZIS 2011, 113 (114); *Koch*, WM 2009, 1013 (1013).

Regeltreue bereits im Ursprungskodex enthalten war,[72] wurde erst mit Änderung des DCGK im Jahr 2007 „auf Grund der wachsenden öffentlichen Wahrnehmung der Bedeutung von Compliance“ beschlossen, die „Kodex-Regelung um die eigentlich selbstverständliche Verpflichtung zur Beachtung der unternehmensinternen Richtlinien zu erweitern und sie insgesamt als Compliance-Regelung zu bezeichnen.“[73] Dass die Kodexkommission erst nach der Aufnahme unternehmensinterner Richtlinien auch terminologisch von Compliance sprach, macht einmal mehr deutlich, dass Compliance mehr ist als die Aufrechterhaltung von gesetzlicher Legalität.[74] Spätestens mit der gesetzlichen Kodifizierung von Compliance 2014 im KWG und 2016 im VAG hatte sich Compliance als eigenständige Organisationsstruktur in Deutschland etabliert.[75] Mit den Änderungen am DCGK 2017 wurde zudem abermals verdeutlicht, dass sich die organisatorische Dimension von Compliance verallgemeinerungsfähig ausgeweitet hat.[76]

Sprachlich wird neben dem ursprünglichen Begriff inzwischen auch häufig der Begriff Corporate Compliance verwendet.[77] Teilweise wird der Zusatz interpretiert, dass Compliance in einen größeren Zusammenhang eingebettet werden soll.[78] Andere vertreten hingegen die Auffassung, dass nicht Corporate Compliance, sondern Compli-

---

[72] DCGK 2006, Zif. 4.1.3, „der Vorstand hat für die Einhaltung der gesetzlichen Bestimmungen zu sorgen und wirkt auf deren Beachtung durch die Konzernunternehmen hin.“

[73] *Cromme*, Ausführungen zum DCGK 2007, S. 6; seitdem heißt es: „Der Vorstand hat für die Einhaltung der gesetzlichen Bestimmungen und der unternehmensinternen Richtlinien zu sorgen und wirkt auf deren Beachtung durch die Konzernunternehmen hin (Compliance)“, DCGK 2007, Zif. 4.1.3.

[74] So auch *Kort*, GmbHR 2013, 566 (566).

[75] Vgl. § 25a Abs. 1 Nr. 3c KWG a.F., § 64a VAG.

[76] „Er soll für angemessene, an der Risikolage des Unternehmens ausgerichtete Maßnahmen (Compliance Management System) sorgen und deren Grundzüge offenlegen. Beschäftigten soll auf geeignete Weise die Möglichkeit eingeräumt werden, geschützt Hinweise auf Rechtsverstöße im Unternehmen zu geben; auch Dritten sollte diese Möglichkeit eingeräumt werden“, DCGK, Zif. 4.1.3.

[77] Statt vieler *Fleischer*, CCZ 2008, 1 (1).

[78] *Bürkle*, BB 2007, 1797 (1798); *ders.*, BB 2005, 565 (565); *Passarge*, NZI 2009, 86 (87); *Eisele/Faust*, in: Schimansky/Bunte/Lwowski, Bankrechts-Handbuch, § 109 Rn. 2; *Fleischer*, NZG 2004, 1129 (1131).

ance der Oberbegriff gesamtunternehmerischer Regeltreue ist.[79] Bei Corporate Compliance soll es sich demnach allein um die Einhaltung der im öffentlichen Interesse bestehenden handels- und gesellschaftsrechtlichen Bestimmungen handeln.[80] Andererseits kann die Übersetzung auch einfach darauf hindeuten, dass es sich um eine unternehmerische Compliance handelt.[81] Denn der Begriff Compliance ist nicht allein betriebswirtschaftlichen oder juristischen Ursprungs. Neben der oben beschriebenen Übersetzung von Compliance mit den Wörtern „einhalten“ und „befolgen“ finden sich in der Übersetzung von „to comply“ nämlich auch Begriffe wie „gehorchen“ oder „Folgsamkeit“. Im Hinblick auf diese Übersetzung kennt die Medizin Compliance als Synonym für die sogenannte Verordnungs- bzw. Therapietreue. Darunter versteht man die therapiegerechte Behandlung des Patienten, also ob der Patient die eingeleiteten Behandlungsmaßnahmen befolgt.[82] Dieser Gedanke der Patientencompliance hat inzwischen auch Niederschlag im Gesetz gefunden.[83] Im Unterschied zu der regulierten Regeltreue der juristischen Compliance-Ansicht enthält das medizinische Verständnis daher einen nicht zwingenden Ansatz. Daraus kann die Schlussfolgerung gezogen werden, dass Compliance nicht auf die juristische Sichtweise beschränkt ist, sondern als Gebot der Befolgung auch ein allgemein anwendbares Verhaltenskonzept darstellt.[84] Auch wenn es zunächst fernliegend erscheint, lässt sich das medizinische Verständnis der Eigenverantwortung auf die juristische Perspektive übertragen. Denn obwohl es sich zumindest bei der gesetzlichen

---

79 *Fuhrmann*, in: Fuhrmann/Linnerz/Pohlmann, Deutscher Corporate Governance Kodex, S. 249 Rn. 52.

80 *Fuhrmann*, in: Fuhrmann/Linnerz/Pohlmann, Deutscher Corporate Governance Kodex, S. 249 Rn. 52.

81 So wohl auch *Hüffer*, FS G. H. Roth, 2011, S. 299 (299), dass Corporate Compliance „enger“ ist.

82 *Kern*, in: Laufs/Kern, Handbuch des Arztrechts, § 74 Rn. 4; *Rotsch*, Criminal Compliance, Rn. 669ff.

83 § 630c Abs. 1; siehe zur Einführung auch BT-Drucks. 17/10488, S. 21, dessen Hintergrund der Partnerschaftsgedanke zwischen Patient und Behandelndem war; kritisch dazu *Jaeger*, Patientenrechtegesetz, § 630c Rn. 84, Formulierung sei banal und regelungsarm; *Thurn*, MedR 2013, 153 (154), „Norm für Kabarettisten“.

84 *Eufinger*, CCZ 2012, 21 (21); vgl. auch *Heuking/Coelln*, DÖV 2012, 827 (828).

Legalität um einen zwingenden Ansatz handelt, kann Compliance nur erfolgreich sein, wenn es auch aus einem freiwilligen Eigeninteresse heraus verfolgt wird. Nur eine selbstverpflichtende Ausweitung der Compliance-Reichweite auf andere Themenfelder kann einen vollständigen unternehmerischen Mehrwert schaffen. Ferner wird Compliance nur erfolgreich sein, wenn es von der Unternehmensleitung nicht nur plakatiert, sondern aktiv vorgelebt wird.[85] Der Ansatz der Federal Sentencing Guidelines und der rechtspolitischen Diskussionen in Deutschland, Compliance nicht zwingend vorzuschreiben, sondern nur als anreizbasierte Organisationsmöglichkeit aufzunehmen, unterstützt diese These.

In der Gesamtbetrachtung wird deutlich, dass das moderne Verständnis von Compliance weiterhin regelmäßiger Veränderung unterliegt und die Entwicklung bis heute nicht als abgeschlossen bezeichnet werden kann.[86] Es dreht sich bereits lange nicht mehr um die Frage, welches Handeln als „compliant" zu bezeichnen ist, sondern wie durch Handlung und Organisation Compliance hergestellt werden kann. Dabei sind die organisatorischen Anforderungen und die Begründung einer für Regeltreue sensibilisierten Unternehmenskultur in den Mittelpunkt der Compliance-Diskussion gerückt. Während sich das bisherige Verständnis von Compliance zunächst nur auf risikobehaftete Bereiche des Kartellrechts, Finanzrechts oder des Versicherungsrechts bezog, hat sich Compliance auf alle Unternehmensbereiche verallgemeinert. Gleichwohl natürlich eine besondere Fokussierung auf den jeweiligen Risikoschwerpunkten der Unternehmen liegen muss, ist es angeraten, alle Unternehmensrisiken in ihrer Bandbreite zu erfassen. Die Motivation hinter diesem Gedanken wird besonders im aktuellen „VW-Skandal" deutlich. Obwohl es sich bei dem betroffenen Rechtsgebiet des Umweltrechts zwar um ein bekanntes, jedoch bisher nicht zentrales Compliance-Thema handelte, hat der Verstoß erhebliche Schadensersatzansprüche, Sanktionszahlungen und irreparable Ansehensverluste zur Folge. Wenn es eine Manipulation an der Steuerungssoftware eines Motors bereits schafft, einen Groß-

---

85 *Moosmayer*, Compliance, Rn. 366ff.

86 *Schött*, JZ 2013, 771 (773), „Compliance ist und bleibt ein offener, empirischer und sich damit deutlich von präzisen gesellschaftsrechtlichen Vorstellungen entfernender subjektiv wertender und ökonomisch überlagerter Begriff."

konzern wie VW ins Wanken zu bringen, kann die besondere Bedeutung von Legalität im Unternehmen nicht hoch genug eingeschätzt werden. Der „VW-Skandal“ wird auch dazu führen, dass sich die Compliance-Kontrolle in Zukunft stärker auf das Innenleben des eigenen Unternehmens fokussieren wird und nicht wie bei den bisherigen Compliance-Bereichen des Kartellrechts oder der Korruption vor allem einen „bösen Dritten“ außerhalb des Unternehmens verortet. Darüber hinaus wird noch häufiger als bisher die Legitimität des Handelns in Frage gestellt werden, wenn auch dadurch nicht gegen Gesetzesrecht verstoßen wird. Selbst wenn, wie von VW behauptet,[87] die eingesetzte Steuerungssoftware nicht gegen geltendes europäisches Recht verstößt, wird daran deutlich, dass verwerfliches Handeln oder das Ausnutzen von rechtsfreien Lücken dennoch im Unternehmensinteresse zu verhindern ist. Dies hat zur Folge, dass sich Compliance noch weiter von seinem juristischen Verständnis entfernen wird und daran angeschlossen mehr als Konzept bzw. unternehmerische Strategie verstanden werden muss.[88] Bereits heute ist die Strategie der unternehmerischen Compliance, über rechtliche Verpflichtungen hinaus weitere Aufgabenfelder im Eigeninteresse zu übernehmen und dies in der Regel auch öffentlichkeitswirksam darzustellen, zumindest von den größeren Compliance-Strukturen adaptiert worden.[89]

---

[87] http://www.faz.net/aktuell/wirtschaft/vw-abgasskandal/abgasskandal-vw-will-nicht-gegen-recht-verstossen-haben-14511581.html (Stand: 08.11.2018).

[88] *Fleischer* bezeichnet Compliance daher zutreffend als „Gebot ökonomischer Klugheit“, *Fleischer*, BB 2008, 1070 (1072); *Hölters*, in: Hölters, AktG, § 93 Rn. 91; *Eisele/Faust*, in: Schimansky/Bunte/Lwowski, Bankrechts-Handbuch, § 109 Rn5; *Campos Nave/Bonenberger*, BB 2008, 734 (735), dass Compliance vielmehr unter „dem Gesichtspunkt der Verbesserung des eigenen Ratings sowie der Steigerung der eigenen Wettbewerbsfähigkeit“ zu betrachten ist.

[89] So schreibt Volkswagen: „Der Volkswagen Konzern fühlt sich seit jeher nicht nur an gesetzliche sowie interne Bestimmungen gebunden. Auch freiwillig eingegangene Verpflichtungen und ethische Grundsätze sehen wir als integralen Bestandteil unserer Unternehmenskultur und als Richtschnur, an der wir unsere Entscheidungen ausrichten.“; DB AG: „In unserer Geschäftstätigkeit befolgen wir das für uns anwendbare Recht, sowie geltende Richtlinien und Standards, vermeiden Interessenskonflikte und respektieren die Sitten, Traditionen und gesellschaftlichen Werte der Länder und Kulturkreise, in denen wir tätig sind.“ Evonik: „Der Begriff Compliance bezeichnet das regelkonforme Verhalten eines Unternehmens, seiner Organisationsmitglieder

Das Compliance-Verständnis wird sich noch weiter entwickeln, hin zu einem unternehmensweiten Verständnis von sozialer, ethischer und rechtlicher Regeltreue in allen Bereichen.[90] Dabei ist es wichtig, dass nicht nur die praktische, sondern auch die theoretische Verallgemeinerung von Compliance weiter fortschreiten wird. Eine homogene Betrachtung wird wichtig werden, um die bestehenden Unklarheiten und Differenzen zwischen den einzelnen Compliance-Anforderungen zu beseitigen.[91]

## III. Compliance und ethisches Handeln

Die unterschiedlichen Compliance-Definitionen und deren Entwicklungen haben gezeigt, dass Compliance inzwischen häufiger als umfassende, nicht allein auf Rechtsrisiken basierende Organisationsstruktur wahrgenommen wird. Die Unternehmen müssen aus ihrem speziellen Unternehmensinteresse heraus einen Schwerpunkt der Compliance setzen.[92] Schnell wurde die Compliance-Diskussion dabei mit der Einhaltung ethischer Grundsätze in Verbindung gebracht. Keineswegs verwunderlich, besteht doch angesichts vieler gesetzlicher Verbote und Gebote, die auf moralischen Grundsätzen beruhen, eine enge Verbindung von Ethik und Recht, die bereits eine lange Tradition hat.[93] Obwohl die Grenzen zwischen rechtlich Notwendigem und unternehmerisch Zweckmäßigem bereits zuvor schon schwer erkennbar waren, lässt die Hinzuziehung von Ethik in seiner

---

und seiner Mitarbeiter im Hinblick auf alle gesetzlichen Ge- und Verbote sowie unternehmensinternen Festlegungen. Darüber hinaus wollen wir die Übereinstimmung unseres unternehmerischen Handelns auch mit unseren Wertvorstellungen, mit Moral und Ethik gewährleisten."

90 So spricht auch der anerkannte Standard DIN ISO 19600 davon, dass durch Compliance sowohl die Berücksichtigung von Ethik, als auch von gesellschaftlichen Erwartungen zum Ausdruck gebracht werden kann, vgl. DIN ISO 19600, S. 4.

91 So auch *Reese/Ronge*, VersR 2011, 1217 (1219).

92 *Lorenz*, in: Romeike, Rechtliche Grundlagen des Risikomanagements, S. 13; *Bürkle*, BB 2007, 1797 (1798).

93 Zur rechtlichen Anknüpfung von Ethik und dem Verhältnis von Recht und Moral, vgl. *Vosskuhle*, FS R. Schmidt, 2006, S. 609 (609ff).

philosophischen und schwer bestimmbaren Dimension ein weiteres Spannungsfeld von Legalität und Legitimität entstehen. Vor dem Hintergrund der amerikanischen Sentencing Guidelines, die Strafmilderungen bei Compliance- & Ethik-Programmen vorsahen, und dem Sarbanes-Oxley Act, der zur Einführung einer Ethikrichtlinie (Code of Ethics) verpflichtet[94], wurde die Diskussion unter dem Stichwort „Integrity" zunächst in Amerika geführt und später auch in Deutschland adaptiert. Besonders hervorzuheben ist die Arbeit von *Paine*, die sich ausführlich mit den organisatorischen Maßnahmen amerikanischer Unternehmen und dem Zusammenspiel von „ethics", „integrity" und „Compliance" beschäftigt hat.[95] Sie kritisierte im Besonderen, dass rechtliches und ethisches Handeln nicht gleichgesetzt werden könne und dass die häufig implementierten „legal compliance"-Systeme die ethische Komplexität gar nicht erfassen könnten.[96] Dennoch liegen Ethik und Compliance grundsätzlich nah beieinander und beeinflussen sich wechselseitig.[97] Die Achtung ethischer Standards unterstützt die Compliance-Struktur in ihrer präventiven Wirkung, obwohl selbstverständlich keine rechtliche Verpflichtung zur Achtung ethischer Ziele begründet werden kann. Den Unternehmen ist es selbst vorbehalten, ethisches Handeln in ihren Compliance-Richtlinien oder ihrem Unternehmensleitbild aufzunehmen und vorzuleben.[98] In der Praxis sind diese Verhaltensrichtlinien[99] tatsächlich nur selten allein auf dem Bekenntnis zur Rechtstreue aufgebaut, sondern haben daneben noch moralische Grundsätze aufgestellt und im Hinblick auf konkrete Anlässe wie den Umgang mit Geschenken oder Interessenskonflikten in Handlungsalternativen verallgemei-

---

94 Sarbanes-Oxley Act, Sec. 406.

95 *Paine*, Harvard Business Review 1994, 106.

96 *Paine*, Harvard Business Review 1994, 106 (109).

97 Vgl. *Wieland*, CCZ 2008, 15 (17); *Paine*, Harvard Business Review 1994, 106 (109), „If it´s legal, it´s ethical"; *Seibert*, FS K. Schmidt, 2009, S. 1455 (1458f).

98 Zur Zulässigkeit und Reichweite von Ethik-Richtlinien, *Kock*, MDR 2006, 673; siehe auch *Seibt*, in: Schmidt/Lutter, AktG, § 76 Rn. 23, dass es dem Unternehmen selbst obliegt zu entscheiden, ob sie sich durch „ethisches Wertemanagement" über die gesetzlichen Anforderungen hinaus in der Förderung der Unternehmensreputation betätigen.

99 Häufig synonym auch als Code of Conduct, Verhaltenskodex, Unternehmensrichtlinie oder Compliance-Richtlinie bezeichnet.

nert.[100] Diese Annahme einer verstärkten Beachtung von Moral und Ethik wird auch durch die Studie „Analyse des aktuellen Stands der Ausgestaltung von Compliance Management-Systemen in deutschen Unternehmen“ von KPMG aus dem Jahr 2013 gestärkt. Darin heißt es, dass noch im Jahr 2011 „Compliance von Unternehmen vornehmlich als Legal Compliance“ wahrgenommen wurde und „zum damaligen Zeitpunkt nur 17 Prozent der befragten Unternehmen angaben, dass der Begriff Compliance auch eine ethische Dimension mit Bezug zu Werten und Moral beinhaltet (ethische Compliance).“[101] Bis zum Jahr 2013 „hat die Bedeutung eines wirksamen Zusammenspiels von Werte- und Kontrollorientierung sowohl in börsennotierten Unternehmen mit 91 Prozent als auch im Mittelstand mit 71 Prozent in der Zwischenzeit signifikant zugenommen.“[102]

Angesichts einer Vielzahl von Unternehmen, die ethische Verpflichtungen in ihre Verhaltensrichtlinien und Leitbilder mit aufgenommen haben, besteht zumindest eine faktische Notwendigkeit, das Verhältnis von Compliance und Ethik näher zu bestimmen. Der Hauptunterschied zur „legal compliance“ ist die Problematik, dass die grundsätzliche Erfassung ethischen Verhaltens in Compliance-Strukturen bereits an der Tatsache scheitert, dass ethisches Verhalten weder greifbar, noch messbar ist. Demzufolge nützt es nichts, ethische Grundsätze nur als Worthülsen oder wünschenswerte Motive begrifflich in die Verhaltensrichtlinien aufzunehmen. Viel mehr müssen konkrete Beispiele für ethisches oder unethisches Verhalten benannt werden.[103] Den Mitarbeitern muss die Verhaltensrichtlinie so konkret und anwendungsbezogen wie möglich gemacht werden,[104] damit sie

---

[100] *Oehmichen/Mandelkow*, in: Bürkle/Hauschka, Compliance Officer, S. 370; vgl. dazu den Code of Conduct von Siemens für ihre Lieferanten, https://w5.siemens.com/cms/supply-chain-management/en/supplier-at-siemens/download-center/Documents/code-of-conduct/CoC_German.pdf (Stand: 08.11.2018).

[101] KPMG, Analyse des aktuellen Stands der Ausgestaltung von Compliance Management-Systemen in deutschen Unternehmen, Executive Summary, S. 5.

[102] KPMG, Analyse des aktuellen Stands der Ausgestaltung von Compliance Management-Systemen in deutschen Unternehmen, Executive Summary, S. 5.

[103] Das können z.B. Sozialstandards („Fair-Trade“) oder andere Vorgaben („Zulieferer ohne Kinderarbeit“) sein.

[104] *Schulz/Galster*, in: Bürkle/Hauschka, Compliance Officer, S. 92; *Kremer/Klahold*, ZGR 2010, 113 (129); *Wolf*, DStR 2006, 1995 (1995);

einen Wertekompass bildet, an dem sich die Mitarbeiter bei kritischen Situationen orientieren können. Nur dann können Verhaltensweisen im Sinne von Compliance überprüfbar gemacht werden.

Die Einbeziehung von Ethik und Moral erfordert daher zunächst ein Umdenken und eine Reflexion der bestehenden Strukturen und Regeln.[105] Zur Verbesserung ihrer „good governance“ haben sich die Unternehmen durch die Erweiterung ihrer Verhaltensrichtlinien neue Angriffspunkte für öffentliche Diskurse geschaffen. Die Verabschiedung einer erweiterten Verhaltensrichtlinie macht es demzufolge notwendig, mit der Compliance-Struktur auch für deren Einhaltung im Unternehmen zu sorgen.[106] Angesichts der nur wenigen zulässigen Sanktionsmöglichkeiten bei Verstößen gegen Ethikrichtlinien muss allerdings ein Hauptaugenmerk auf die Entwicklung einer freiwilligen ethischen Handlungskultur im Unternehmen gelegt werden.[107]

Derweil darf die weite Verbreitung von Ethikrichtlinien nicht darüber hinwegtäuschen, dass sie wohl noch immer vornehmlich zur Reputationspflege in der Außendarstellung eingeführt werden.[108] Die Einführung von „hochtrabender Titel“ wie Ethikrichtlinie oder „Code of Conduct“ soll suggerieren, dass das Verhalten der Mitarbeiter und Organe „über jeden Zweifel erhaben ist.“[109] Unter dem Stichwort des „ethics pay“ wird die Ansicht vertreten, dass sozialverträgliches Handeln und die Förderung des Gemeinwohls wirtschaftlich rentabel ist und Einfluss auf den Unternehmenserfolg hat.[110]

---

*Rosbach*, CCZ 2008, 101 (103); *Schefold*, ZRFC 2012, 253 (255); *Merkt*, ZIP 2014, 1705 (1706).

105 *Leyk*, in: Hauschka/Moosmayer/Lösler, Corporate Compliance, § 12 Rn. 4; es soll nicht nur verwerfliches Handeln unterbunden werden, das dem Unternehmen unmittelbar schadet, sondern auch solches, das womöglich sogar vorteilhaft ist, vgl. dazu *Seibert*, FS K. Schmidt, 2009, S. 1455 (1458f).

106 *Schulz/Gaster*, in: Bürkle/Hauschka, Compliance Officer, S. 92f; *Reese/Ronge*, VersR 2011, 1217 (1224); *Heißner/Benecke*, BB 2013, 2923 (2924).

107 Verstöße gegen Ethikrichtlinien können zwar bei besonders schweren Fällen eine außerordentliche Kündigung rechtfertigen, im Regelfall wird jedoch nur eine fristgemäße Kündigung oder zumeist eine Abmahnung zulässig sein; zur Verfolgung von Verstößen gegen nicht gesetzliche Vorgaben, *Mengel*, CCZ 2008, 85 (88).

108 *Seibt*, in: Schmidt/Lutter, AktG, § 76 Rn. 23.

109 *Junker*, BB 2005, 602 (602).

110 *Schreyögg*, AG 2009, 758 (758); *Seibt*, in: Schmidt/Lutter, AktG, § 76 Rn. 23.

Einer besonderen Aufmerksamkeit bedarf die Diskussion bei der Betrachtung öffentlicher Unternehmen. Denn neben einer bereits allgemeinen erhöhten Erwartung an das ethische Verhalten von Unternehmen,[111] sind öffentliche Unternehmen noch einmal stärker von dieser Erwartungshaltung betroffen. Inzwischen nehmen Unternehmen eine gesellschaftspolitische Aufgabe wahr,[112] dessen Maßstab an öffentlichen Unternehmen noch strenger angelegt wird.[113] Wenngleich unethisches Handeln in der Regel zumeist im Konfliktfeld von Moral und persönlicher Gewinnerzielungsabsicht entsteht, letzteres jedoch bereits grundsätzlich kein primäres Merkmal öffentlicher Wirtschaftstätigkeit sein darf, ist es auch öffentlichen Unternehmen angeraten, ihr Handeln immer vor dem Hintergrund ethisch Vertretbarem auszurichten. Diesem Gedankengang hat sich etwa die Stadt Darmstadt angeschlossen und in ihren erlassenen Compliance-Richtlinien zwischen der ethischen Führungscompliance und juristischer Compliance unterschieden.[114] In „Verantwortung für das Ansehen des Stadtkonzerns“ sind Mitarbeiter und Führungskräfte an die niedergelegten Grundsätze sozialer, ökologischer und ökonomischer Standards gebunden.[115]

Zusammenfassend lässt sich sagen, dass ethische Grundsätze, das Leitbild des Unternehmens und moralisches Denken grundsätzlich im Handeln des Unternehmens gelebt und sichergestellt werden sollten, [116] wenngleich keine rechtliche Verpflichtung begründet werden

---

[111] *Habersack*, FS Uwe H. Schneider, 2011, S. 429 (435), spricht von einem „Allgemeininteresse an Regelbefolgung; *Altmeppen*, in: Roth/Altmeppen, GmbHG, § 43 Rn. 7; *Kiethe*, GmbHR 2007, 393 (393); *Görtz*, CCZ 2010, 127 (127); *Heißner/Benecke*, BB 2013, 2923 (2924).

[112] Dessen Diskussion um die Wahrnehmung gesellschaftspolitischer Aufgaben mit dem Terminus der „Corporate Social Responsibility“ bereits eine eigene Begrifflichkeit erhalten hat; dazu ausführlich *Mülbert*, AG 2009, 766; *vgl. Altmeppen*, in: Roth/Altmeppen, GmbHG, § 43 Rn. 8; *Schreyögg*, AG 2009, 758 (758ff).

[113] Siehe Ausführungen unter: Kap. 2, C, I, 2, d).

[114] Darmstadt, Compliance-Leitlinien, S. 10.

[115] Darmstadt, Compliance-Leitlinien, S. 10.

[116] *Bürkle*, in: Bürkle/Hauschka, Compliance Officer, S. 10; *Wolf*, DStR 2006, 1995 (1995f); *Kiethe*, GmbHR 2007, 393 (394); *Momsen*, ZIS 2011, 508 (508); *Kroker*, CCZ 2015, 120 (120f); *Poppe*, in: Görling/Inderst/Bannenberg, Compliance, S. 1; *Wieland*, CCZ 2008, 15 (17); vgl. dazu auch Basel

kann.[117] Dies gilt umso mehr, wenn kommunale Unternehmen als verlängerter Arm des Staates auftreten und damit eine erhöhte Erwartung an das legitime Handeln des Unternehmens begründen.

## IV. Die Schutzfunktion von Compliance

Die Einführung einer Compliance-Struktur kann angesichts verschiedener Unternehmensinteressen aus den unterschiedlichsten Motiven geschehen. Dennoch wurde mehrfach versucht, die Funktionen von Compliance zu verallgemeinern. Der bekannteste und wohl am meisten diskutierte Ansatz stammt von *Lösler*, der die Compliance-Funktion in eine Schutzfunktion, Beratungs- und Informationsfunktion, Überwachungsfunktion, Qualitätssicherungs- und Innovationsfunktion und eine Marketingfunktion unterteilt.[118] Obwohl *Löslers* Einteilung großen Widerhall im Schrifttum gefunden hat, werden auch andere Funktionseinteilungen rege diskutiert. Eine Ansicht unterteilt die Compliance-Funktion in eine Risikobegrenzungsfunktion, Informationsfunktion, Kontrollfunktion und eine Marketingfunktion.[119] Eine andere Ansicht unterscheidet zwischen der Verdeutlichungsfunktion, der Formalisierung- und Standardisierungsfunktion, der Konzept-

---

Committee on Banking Supervison, Compliance and the compliance function in banks, S. 7; OECD, Principles of Corporate Governance, S. 46f.

[117] *Paefgen*, WM 2016, 433 (435); *Fleischer*, in: Spindler/Stilz, AktG, § 93 Rn. 25; *Hölters*, in: Hölters, AktG, § 93 Rn. 70; *Bürgers/Israel*, in: Bürgers/Körber, AktG, § 93 Rn. 7; *Reese/Ronge*, VersR 2011, 1217 (1224); *Bachmann*, in: Kremer/Bachmann/Lutter/v.Werder, DCGK, Rn. 816; a.A. wohl *Wolf*, DStR 2006, 1995 (1995).

[118] *Lösler*, NZG 2005, 104 (104ff); *ders*., WM 2007, 676 (677); dem angeschlossen auch *Reese/Ronge*, VersR 2011, 1217 (1219); kritisch dazu *Casper*, FS K. Schmidt, 2009, S. 199 (202), dass es sich dabei um Funktionen des Controllings bzw. der Innenrevision und der Compliance handelt.

[119] *Bergmoser/Theusinger/Gushurst*, BB-Special 5/2008, 1 (2); siehe auch *Berstein/Klein*, CCZ 2014, 284 (284), die neben den oben genannten Funktionen Compliance noch eine Deeskalationsfunktion und eine Interessenvertretungsfunktion zuschreiben, ihre Auswahl jedoch nicht weitergehend begründen.

funktion, der Optimierungsfunktion, der Transparenzfunktion, der Präventionsfunktion und der Stabilisierungsfunktion.[120]

Bei der Betrachtung der unterschiedlichen Ansätze wird schnell klar, dass sich die Zwecke von Compliance nur schwer verallgemeinern lassen. Die Funktionen werden nämlich nicht nur von den konkreten Unternehmensinteressen, sondern bereits übergeordnet durch die grundsätzliche Unternehmensbranche beeinflusst. So basiert der Ansatz von *Lösler* im Schwerpunkt auf den besonderen Voraussetzungen einer Compliance-Funktion im Finanzmarktrecht. Das bedeutet indes nicht, dass die funktionelle Bestimmung von Compliance keine gemeinsame Basis haben kann. Die Reduzierung von Haftungsrisiken und der damit einhergehende Schutz des Unternehmens vor materiellen und immateriellen Schäden wird unabhängig von der Unternehmensbranche die Grundfunktion einer Compliance-Struktur bleiben. Sie entspringt dem Ursprung des Compliance-Gedankens und wird daher zu Recht als wichtigste Compliance-Funktion bezeichnet.[121] Darüber hinausgehende Funktionen können sich durch die unterschiedlichen Schwerpunkte und die konkreten Perspektiven interner und externer Interessen ergeben,[122] unterstützen die Schutzfunktion letztendlich jedoch nur in ihrer Wirksamkeit.[123]

Angesichts der besonderen Bedeutung ist es angebracht, die Schutzfunktion und deren Adressaten einer genaueren Betrachtung zu unterziehen. Im Hinblick auf die grundsätzliche Ausrichtung im Unternehmensinteresse[124] dient eine Compliance-Struktur vornehmlich der Verhinderung zivilrechtlicher Ersatzansprüche oder Unter-

[120] *Stober*, in: Stober/Ohrtmann, Compliance, S. 14.

[121] *Lösler*, NZG 2005, 104 (104); *Poppe*, in: Görling/Inderst/Bannenberg, Compliance, S. 11; *Krieger/Günther, NZA 2010, 337* (337); *Lösler*, WM 2007, 676 (677); *Ost*, FS W.-H. Roth, 2015, S. 413 (414); *Bergmoser/ Theusinger/Gushurst*, BB-Special 5/2008, 1 (2); *Habersack*, AG 2014, 1 (2); *Bachmann*, in: Kremer/Bachmann/Lutter/v.Werder, DCGK, Rn. 826; allerdings erschöpft sich Compliance nicht in der Schutzfunktion einer Schadensabwendung, sondern soll auch die Rechtsverstöße unterbinden, die keinen Schaden verursachen oder sogar nützlich sind, vgl. *Verse*, ZHR 175 (2011), 401 (405).

[122] Vgl. hierzu auch den Ansatz der Mehrdimensionalität von *Bergmoser/ Theusinger/Gushurst*, BB-Special 5/2008, 1 (2).

[123] So auch *Ehrler*, Compliance in Universalbanken, S. 113.

[124] *Kort*, FS G. H. Roth, 2011, S. 407 (411).

nehmensbußgelder gegen das Unternehmen.[125] Zudem werden mittelbare Folgeschäden wie innerbetriebliche Konflikte und Reputationsverluste vermieden. Gerade das Ausmaß von Reputationsverlusten darf bei der Beurteilung einer Notwendigkeit von Compliance-Strukturen nicht unterschätzt werden. Die Aufarbeitung von Vertrauensverlusten bei Kunden und Investoren kann durchaus einen höheren Schaden verursachen, als die kumulierten Kosten von internen Untersuchungen, Schadensersatz und Prozesskosten.[126] Insbesondere in den letzten Jahren wird die Wahrnehmung von Unternehmen nicht nur über den wirtschaftlichen Erfolg, sondern auch über gesellschaftspolitische Maximen definiert. Die Verhinderung von Rechtsverstößen hat sich dabei als essentiell erwiesen.[127] Dies gilt im Besonderen für öffentliche Unternehmen, die im Spannungsfeld zwischen betriebswirtschaftlicher Erwartung und gesellschaftspolitischer Daseinsvorsorge einem besonderen Erwartungshorizont ausgesetzt sind. Gerade in Geschäftsbereichen mit sensibler Kundenbindung wie der kommunalen Gesundheitsversorgung sind die Aufrechterhaltung und der Schutz vor Vertrauensverlusten eine unabdingbare Voraussetzung für den Unternehmenserfolg. [128] Erschwerend kommt hinzu, dass Rechtsverstöße der öffentlichen Hand zumeist sensibler verfolgt und daher mitunter deutlicher in der Öffentlichkeit debattiert und kritisiert werden.[129] Angesichts der Bindung an Gemeinwohlinteressen stehen kommunale Unternehmen nämlich unter besonderer Beobachtung der

[125] *Vetter*, FS Westphalen, 2010, S. 719 (721f); *Kremer/Klahold*, ZGR 2010, 113 (117); *Habersack*, AG 2014, 1 (2); *Schorn*, in: Hauschka/Moosmayer/Lösler, Corporate Compliance, § 13 Rn. 23; *Kiethe*, GmbHR 2007, 393 (394); *Wolf*, DStR 2006, 1995 (1995); *Winter*, FS Hüffer, 2010, S. 1103 (1106); *Bachmann*, in: Kremer/Bachmann/Lutter/v.Werder, DCGK, Rn. 826; *Hölters*, in: Hölters, AktG, § 91 Rn. 91.

[126] So auch *Cromme/Claassen*, in: Hommelhoff/Hopt/v.Werder, Handbuch Corporate Governance, S. 615; *Bicker*, AG 2012, 542 (542).

[127] *Spindler*, WM 2008, 905 (905).

[128] *Ziemann*, KU Gesundheitsmanagement, 40 (40f).

[129] Siehe die zuletzt großen Diskussionen um Stuttgart 21, Nürburgring, Flughafen Berlin-Brandenburg oder die Hamburger Elbphilharmonie; so auch *Nagelschmitz/Ohl*, in: Wecker/Ohl, Compliance in der Unternehmerpraxis, S. 270; *Bussmann/Salvenmoser*, CCZ 2008, 192 (193), dass Wirtschaftskriminalität im Allgemeinen inzwischen ein „öffentliches Thema“ ist.

Allgemeinheit.[130] Zum einen werden auch Verstöße von privatrechtlich organisierten Gesellschaftsformen als Verschwendung öffentlicher Mittel aufgefasst, [131] zum anderen wird gerade von den öffentlichen Organen bzw. dessen Vertretern die Rechtstreue erwartet.

Neben dem Unternehmen werden von Compliance jedoch auch die Mitarbeiter und Organe vor Ersatzansprüchen geschützt,[132] gleichwohl die Schutzfunktion in ihrer Terminologie nicht missverstanden werden darf. Keineswegs handelt es sich um einen umfassenden Individualschutz. Trotz aller Anstrengungen ist es auch der besten Compliance-Struktur nicht möglich, jedweden Rechtsverstoß zu verhindern. In dem Fall ermöglicht es die Schutzfunktion jedoch, dass sich die Geschäftsführung bzw. der betroffene Mitarbeiter bei ordnungsgemäßer Compliance exkulpieren kann. Angesichts einer gestiegenen Regelungsdichte und daraus resultierenden Haftungsrisiken handelt es sich bei Compliance daher auch um den dokumentierten Nachweis eigener Regeltreue. Der Verstoß selbst wird dadurch jedoch nicht aus dem Unternehmen verschwinden, sondern nur auf eine andere Ebene verlagert. Eine Haftungsverlagerung kann indes die gleichen wirtschaftlichen Schäden zur Folge haben, unabhängig auf welcher Unternehmensebene der Verstoß stattfindet. Die Unterbindung von Rechtsverstößen geschieht daher im Hinblick auf nachteilige Folgen in erster Linie im Interesse des Unternehmens und nicht der Mitarbeiter.

Obwohl Compliance im Grunde nach nicht auf den Schutz externer Interessen gerichtet ist,[133] werden sie als logische Konsequenz der Vermeidung von Rechtsverstößen ebenfalls mitgeschützt.[134] Dies gilt vor allem für Kunden, Investoren und Lieferanten, die von Rechtsver-

---

[130] *Merkt*, FS Priester, 2007, S. 467 (469); *Nagelschmitz/Ohl*, in: Wecker/Ohl, Compliance in der Unternehmerpraxis, S. 270.

[131] *Gundlach/Frenzel/Schmidt*, LKV 2001, 246 (246); *Nagelschmitz/Ohl*, in: Wecker/Ohl, Compliance in der Unternehmerpraxis, S. 270; *Merkt*, FS Priester, 2007, S. 467 (469); VG Regensburg, LKV 2005, 365 (369).

[132] *Kremer/Klahold*, ZGR 2010, 113 (117); *Hüffer*, FS G. H. Roth, 2011, S. 299 (301).

[133] *Kort*, FS Hopt, 2010, S. 983 (985); *ders.*, FS G. H. Roth, 2011, S. 407 (409); *Hemeling*, ZHR 175 (2011), 368 (385).

[134] So auch *Illing/Umnuß*, CCZ 2009, 1 (3), *Hauschka*, in: VGR (Hrsg.), Gesellschaftsrecht in der Diskussion 2007, S. 52.

stößen erheblich betroffen sein können.[135] Ein darüber hinausgehender Schutz der Allgemeinheit findet nur beiläufig statt. Anders ist die Situation bei kommunalen Unternehmen zu bewerten. Die öffentliche Hand muss ihre Compliance zwar ebenso vornehmlich am Unternehmensinteresse ausrichten,[136] die Schutzgüter der zumindest lokal betroffenen Bevölkerung werden jedoch vom Unternehmensinteresse[137] erfasst und dürfen auch vor dem Hintergrund ihrer unmittelbaren Grundrechtsverpflichtung[138] nicht außer Acht gelassen werden. Anders als in privaten Unternehmen begründet Compliance im öffentlich-rechtlichen Handlungsraum daher auch eine Schutzfunktion gegenüber Dritten.[139] Dass ein solcher Drittschutz-Gedanke Compliance nicht fremd ist zeigt das Versicherungs- oder Bankenrecht, bei denen aufgrund ihres besonderen öffentlichen Stellenwertes ein drittschützendes Interesse an der ordnungsgemäßen Unternehmensstruktur vertreten wird.[140]

Zu kurz gefasst wäre es jedoch, die Schutzfunktion allein auf die Erkennung und nachträgliche Unterbindung von Rechtsverstößen zu beschränken. Vielmehr soll Compliance ein haftungsbegründendes Verhalten gar nicht erst entstehen lassen. Aus diesem Grund ist es wichtig, bereits frühzeitig durch Schulungen die Mitarbeiter für Regeltreue zu sensibilisieren.[141] Mitarbeiter und Organe können sich nur an die Regelwerke halten, die ihnen bekannt oder überhaupt in

[135] Siehe nur die aktuellen Klagen von Anlegern gegen VW wegen mutmaßlicher Verletzungen ihrer Meldepflichten im „VW-Skandal".

[136] *Kort*, FS Hopt, 2010, S. 983 (985); vgl. *Seibt*, in: Schmidt/Lutter, AktG, § 76 Rn. 23, dass Gemeinwohlinteressen generell eine Berücksichtigung im Unternehmensinteresse finden können.

[137] *Habersack*, FS Uwe H. Schneider, 2011, S. 429 (435), spricht zutreffend von einem „Allgemeininteresse an Regeltreue".

[138] Kommunale Unternehmen sind trotz Privatrechtsform grundrechtsgebunden. Keine „Flucht ins Privatrecht", dazu ausführlich unter: Kap. 1, B, V.

[139] *Hauschka*, in: VGR (Hrsg.), Gesellschaftsrecht in der Diskussion 2007, S.52.

[140] *Kort*, FS Hopt, 2010, S. 983 (985); *Illing/Umnuß*, CCZ 2009, 1 (3); *Hauschka*, in: VGR (Hrsg.), Gesellschaftsrecht in der Diskussion 2007, S. 52; *Habersack*, FS Uwe H. Schneider, 2011, S. 429 (435).

[141] *Kremer/Klahold*, ZGR 2010, 113 (127).

ihrer Auslegung oder Komplexität verständlich sind.[142] Daran wird deutlich, dass Compliance nicht allein der Erkennung vorsätzlich begangener Verstöße, sondern auch zur Begrenzung von fahrlässigen bzw. in Unwissenheit begangenen Verstößen dient. Ebenfalls endet die schützende Wirkung von Compliance nicht mit der Prävention, sondern kann auch nach Eintritt eines Rechtsverstoßes noch zu einer Haftungsmilderung führen.[143] Obwohl von der Möglichkeit bisher selten Gebrauch gemacht wird und es daher noch keine gefestigte Rechtsprechung zur haftungsmildernden Wirkung von Compliance-Strukturen gibt,[144] soll es nach Ansicht des Gesetzgebers bereits heute möglich sein, eine Compliance-Struktur als unternehmensbezogenen Gegenstand bei der Bußgeldbemessung zu berücksichtigen.[145]

## V. Compliance als Instrument guter Unternehmensführung

Die Diskussion um gute Unternehmensführung ist keineswegs eine europäische Erfindung. Seit Jahren wird die Diskussion um Corporate Governance insbesondere in den USA geführt.[146] Leicht konnte dabei die Vermutung aufkommen, dass öffentliche Unternehmen in der Corporate Governance Debatte vergessen wurden. Wurden sie bis zur

---

142 *Kremer/Klahold*, ZGR 2010, 113 (117); *Eisele/Faust,* in: Schimansky/Bunte/Lwowski, Bankrechts-Handbuch, § 109 Rn. 4; *Lösler*, NZG 2005, 104 (105); *Poppe*, in: Görling/Inderst/Bannenberg, Compliance, S. 11.

143 Zur haftungsmildernden Berücksichtigung von Compliance-Strukturen im Kartellrecht, *Ost*, FS W.-H. Roth, 2015, S. 413 (416ff); *Habersack*, AG 2014, 1 (2); BGH, Urteil vom 09. Mai 2017 – 1 StR 265/16 – Rn. 118, juris.

144 *Kremer/Klahold*, ZGR 2010, 113 (139); zuletzt jedoch BGH, Urteil vom 09. Mai 2017 – 1 StR 265/16 – Rn. 118, juris, das eine Berücksichtigung von Compliance-Strukturen bei der Strafbemessung von § 30 OWiG ausdrücklich fordert.

145 So der Gesetzgeber, vgl. BT-Drucks. 17/11053, S. 21, der daher auf eine ausdrückliche haftungsmildernde Verankerung von Compliance in §§ 30, 130 OWiG verzichtet hat; auch das Bundeskartellamt spricht auf seiner Homepage davon, dass Compliance „entscheidend zur Bußgeldvermeidung oder – minderung“ beitragen kann, vgl. http://www.bundeskartellamt.de/DE/Kartellverbot/kartellverbot_node.html (Stand: 08.11.2018).

146 Ausführlich zur Corporate Governance Debatte m.w.N. *Claussen*, FS Priester, 2007, S. 41 (43f).

Verabschiedung des Public Corporate Governance Kodex des Bundes im Jahr 2009 doch in keinem der Governance Gesetze oder Kodizes auch nur erwähnt.[147] Das bedeutete nicht zwangsläufig, dass der Gesetzgeber keinen Wert auf eine gute Unternehmensführung in seinen eigenen Unternehmensstrukturen legte, viel mehr durften sich die für die Privatwirtschaft entwickelten Gesetze und Kodizes zu sehr von der Struktur und Erwartung öffentlicher Unternehmen unterschieden haben.[148] Aus der Perspektive der öffentlichen Unternehmen nimmt Corporate Governance nämlich eine andere Rolle ein als in der Privatwirtschaft. Während die Gewinnmaximierung zumeist höchstes Gebot privatunternehmerischer Tätigkeit ist, unterliegen Unternehmen der öffentlichen Hand anderen Grundvoraussetzungen.[149] Sie erfüllen Gemeinwohlaufgaben und dürfen daher die Gewinnerzielung nicht als primäres Merkmal ihrer Wirtschaftstätigkeit haben.[150] Nicht selten wird dadurch fälschlicher Weise angenommen, dass die Gewinnerzielung in öffentlichen Unternehmen generell unzulässig ist. Ganz im Gegenteil spricht der Gesetzgeber in § 121 Abs. 8 HessGO jedoch ausdrücklich davon, dass kommunale Unternehmen einen Haushaltsüberschuss erwirtschaften sollen. Allerdings nur unter der Prämisse, dass der Überschuss mit dem öffentlichen Zweck in Einklang zu bringen ist und er sich damit nur als ein nützliches Nebenprodukt der öffentlichen Aufgabe darstellt. Vielleicht deswegen vermeidet der Gesetzgeber daher die Terminologie des Gewinns und bezeichnet ihn als „Überschuss" oder „Ertrag". Allerdings handelt es sich bei der Gewinnerzielungsabsicht nicht um das einzige Trennungsmerkmal von privatwirtschaftlicher und öffentlicher Wirtschaftstätigkeit. Ergänzend zu den allgemeinen Regelungen haben öffentliche und insbesondere kommunale Unternehmen noch die jeweiligen Gemeindeordnungen der Bundesländer oder bundesgesetzlichen Haushaltsvorschriften in ihre Gesellschaftsorganisation und -leitung mit einzubeziehen. Gerade im Hinblick auf das Zusammenspiel von Gesellschaftern, Geschäftsführung und Aufsichtsorgan haben die kommu-

[147] So auch *Gasteyer*, in: Semler/v.Schenk, Der Aufsichtsrat, Exkurs 3, Rn. 11.

[148] *Schneider*, AG 2005, 493 (494); *Budäus/Hilgers*, in: Hommelhoff/Hopt/v.Werder, Handbuch Corporate Governance, S. 892f.

[149] *Schneider*, AG 2005, 493 (494); *Zieglmeier*, ZGR 2007, 144 (163); VG Regensburg, LKV 2005, 365 (370).

[150] BVerfG, NJW 1982, 2173 (2175).

nalrechtlichen Vorschriften einen erheblichen Einfluss, die die Anwendung allgemeiner gesellschaftsrechtlicher Grundsätze erschweren. Auch im Hinblick auf die Rechtsform und die Unternehmensbranche wird die Liberalität kommunaler Wirtschaftstätigkeit eingeschränkt.[151] Nachteilig kommt hinzu, dass es keine einheitliche Bundesgesetzgebung gibt, sondern die einzelnen Gemeindeordnungen nicht nur sprachlich, sondern auch inhaltlich erheblich voneinander abweichen. Daher hat es auch die Einführung eines Public Corporate Governance Kodex nicht geschafft, einen umfassenden homogenen Ansatz zu begründen, der die Lücke einer verantwortungsvollen Steuerung und Kontrolle öffentlicher Unternehmen schließt.[152]

Trotz dieser Hindernisse kann die Übertragung privatwirtschaftlicher Grundsätze guter Unternehmensführung auf öffentliche Unternehmensstrukturen nicht per se ausgeschlossen werden. Insbesondere in den Bereichen, in denen die Gewinnerzielung und -maximierung nur ein nützliches Nebenprodukt sein sollte, in der Realität jedoch faktischer Wille und notwendige Unternehmensstrategie ist, wird sich die Unternehmenssteuerung nur wenig unterscheiden. Zu diesem Bereich zählt vor allem die kommunale Energieversorgung, die kommunale Abfallwirtschaft aber auch die kommunale Krankenhauslandschaft.[153]

Als unabdingbares Instrument[154] und „kleine Schwester"[155] guter Corporate Governance verfolgt Compliance einen gemeinsamen, zumindest verwandten Ansatz zur besseren Steuerung und Kontrolle

---

151 Ausführlich dazu: Kap. 1, B, II.

152 Vgl. *Merkt*, FS Priester, 2007, S. 467 (469); dazu auch an späterer Stelle: Kap. 2, C, I, c), bb).

153 Während der Gewinn der Energieversorger nicht selten in den Haushalt der Städte und Gemeinden zurückfließt, dient der Gewinn kommunaler Krankenhäuser in der Regel zur Refinanzierung notwendiger Investitionsmaßnahmen, vgl. Institut für den öffentlichen Sektor (2013), Gewinnausschüttungen von Stadtwerken, S. 16ff.

154 *Fleischer*, NZG 2004, 1129 (1131); *Koch*, in: Hüffer/Koch, AktG, § 76 Rn. 37; *Reichert*, FS Hoffmann-Becking, 2013, S. 943 (946); *Küting/Busch*, DB 2009, 1361 (1367); *Cromme*, Ausführung anlässlich 6. Konferenz Deutscher Corporate Governance Kodex, S. 6, der die besondere Bedeutung von Compliance als Teil guter Corporate Governance hervorhebt; *Kremer*, FS Uwe H. Schneider, 2011, S. 701 (702).

155 *Hüffer*, FS G. H. Roth, 2011, S. 299 (299).

des Unternehmens.[156] Dabei war lange Zeit umstritten, welche Beziehung zwischen Corporate Governance und Compliance besteht. Teile der Literatur differenzieren anhand der unterschiedlichen Perspektive von Corporate Governance und Compliance. Während Corporate Governance den Blick aus der Sicht eines unternehmensexternen Regulierers auf das Unternehmen wirft, gehe die Blickrichtung von Compliance vom regulierten Unternehmen aus.[157] Andere nehmen keine subjektive, sondern eine objektive Trennung vor. Während Corporate Governance als Steuerungsinstrument vornehmlich die Verhaltensebene betrachte, nimmt Compliance die Konsequenzen rechtswidrigen Verhaltens in den Mittelpunkt und „beschäftigt sich insofern mit den Zusammenhängen zwischen Verhaltensebene und Rechtsfolgenebene."[158] Nur ganz selten werden Corporate Governance und Compliance indes als zwei separate, nicht zusammenhängende Begriffe nebeneinander verwendet. Wenngleich wenige der großen Dax-Konzerne gerne von „Corporate Governance und Compliance" sprechen, soll damit keine funktionelle Trennung ausgedrückt werden, sondern nur die stärker werdende Fokussierung auf Compliance zum Ausdruck kommen. Auch hinsichtlich ihres historischen Ursprungs haben Corporate Governance und Compliance gemein, dass sie sich zunächst auf dem anglo-amerikanischen Kapitalmarkt entwickelt und dort eine eigenständige Bedeutung gewonnen haben.[159] Erst danach wurden sie als allgemeines und eigenständiges Instrument für „die zweckmäßige rechtliche Strukturierung der obersten Leitungsorgane" wahrgenommen.[160] Mit der Aufnahme von Compliance in den DCGK hat die Regierungskommission die bisher geführte Diskussion entschärft. Nur wenn ein Unternehmen die geltenden Gesetze und Regeln beachtet, kann es sich langfristig am Markt etablieren und behaupten. Nicht zuletzt durch seine Aufgabe in der Schnittstelle zwischen Risikomanagement und Controlling kann Compliance nicht isoliert

---

[156] *Kort*, NZG 2008, 81 (81f); *Fleischer*, CCZ 2008, 1 (1).

[157] *Hauschka/Moosmayer/Lösler*, in: Hauschka/Moosmayer/Lösler, Corporate Compliance, § 1 Rn. 4.

[158] *Sonder*, VR 2014, 229 (229).

[159] *Hüffer*, FS G. H. Roth, 2011, S. 299 (299); *Schneider*, DB 2000, 2413 (2413).

[160] *Schneider*, DB 2000, 2413 (2413).

vom Rest des Unternehmens betrachtet werden.[161] Compliance ist somit ein Instrument und ein „wichtiger Baustein zur ordnungsgemäßen Corporate Governance",[162] gleichwohl es sich nicht im Corporate Governance Begriff erschöpft.[163]

## VI. Die Mindestanforderung von Compliance

Die theoretische Bestimmung von Compliance ist ausreichend behandelt und abgeschlossen. Dennoch stellt sich zu Recht die Frage: Was ist nun Compliance? Die bisherige Untersuchung hat deutlich gemacht, dass es kein allgemeingültiges Compliance-Konzept gibt.[164] Der Unterschied zwischen z.B. einer börsennotierten AG und einer kommunalen GmbH ist so groß und vielfältig, dass nur schwer ein gemeinsamer Nenner gefunden werden kann. Daher wird in der Literatur angemerkt, dass das bisherige Verständnis von Compliance angesichts seiner Konzeption für große Unternehmen nur schwer für kleinere Unternehmen umzusetzen ist.[165] Dem ist insoweit zuzustimmen, dass es keine „fertige" Organisationsform oder betriebswirtschaftliche Kennzahlen für die erfolgreiche Implementierung von Compliance-Strukturen gibt. Dies hat zur Folge, dass die Unternehmensführung regelmäßig vor der Frage steht, welche Strukturen zur Erfüllung ihrer obliegenden Sorgfaltspflicht erforderlich sind.[166] Die geänderte Fassung des Deutschen Corporate Governance Kodex spricht insofern auch davon, dass für „angemessene" Compliance-

---

[161] *Küting/Busch*, DB 2009, 1361 (1366); *Spindler*, in: MüKo AktG, § 91 Rn. 56; *Campos Nave/Bonenberger*, BB 2008, 734 (735f).

[162] *Campos Nave/Bonenberger*, BB 2008, 734 (735).

[163] So auch *Koch*, in: Hüffer/Koch, AktG, § 76 Rn. 37; *Cromme*, Ausführung anlässlich 6. Konferenz Deutscher Corporate Governance Kodex, S. 6; *Fleischer*, CCZ 2008, 1 (1); so auch *Küting/Busch*, DB 2009, 1361 (1367), „Compliance betrachtet einen inhaltlich begrenzten Teilaspekt der Corporate Governance"; so auch *Hüffer*, FS G. H. Roth, 2011, S. 299 (299).

[164] *Vetter*, FS Westphalen, 2010, S. 719 (725); *Sünner*, CCZ 2015, 2 (2).

[165] *Berstein/Klein*, CCZ 2014, 284 (286f).

[166] *Withus*, CCZ 2015, 139 (139); *Böttcher*, NZG 2011, 1054 (1054); *Willems*, ZIS 2015, 40 (45).

Strukturen zu sorgen ist.[167] Welche Compliance-Strukturen jedoch als rechtlich „angemessen“ bezeichnet werden können, lässt der DCGK unbeantwortet. Dies soll im Folgenden untersucht werden.

### 1. Vorbemerkung

Im Hinblick auf die Unterschiede in den Unternehmensstrukturen muss man sich zunächst von dem Gedanken lösen, eine allgemeingültige Compliance-Struktur entwickeln zu können. Die Ausgestaltung der Compliance-Strukturen liegt allein in der Verantwortung der Geschäftsführung und ist von vielen Faktoren wie dem vorrangigen Unternehmensinteresse, der Branche, den Compliance-Zielen, möglichen Verdachtsmomenten der Vergangenheit und der Größe des Unternehmens abhängig. Der Geschäftsführung muss bei der Implementierung ein deutlicher Ermessensspielraum bleiben. Dennoch ist es möglich, einen gemeinsamen Nenner zu finden, auf dem eine Compliance-Struktur basieren kann. Dabei macht es keinen Unterschied, ob es sich um ein Unternehmen mit 50, 500 oder 5000 Mitarbeitern handelt – die Grundsätze bleiben die Gleichen.

Viele Autoren und Verbände haben in den letzten Jahren versucht, die komplexen Compliance-Strukturen herunterzubrechen und in Grundsätzen zu verallgemeinern.[168] In Deutschland hat sich insbesondere der vom Institut der Wirtschaftsprüfer im Jahr 2011 entwickelte Prüfungsstandard IDW PS 980[169] durchsetzen können.[170] Die Intention des Prüfungsstandards war es, den Wirtschaftsprüfern eine einheitliche Überprüfung der rechtlichen Angemessenheit und Wirksamkeit von Compliance-Systemen im Rahmen der Abschlussprüfung zu

---

[167] DCGK, Zif. 4.1.3.

[168] Institut der Wirtschaftsprüfer, IDW PS 980, S. 5ff; *v.Busekist/Hein*, CCZ 2012, 41; *Hauschka*, in: VGR (Hrsg.), Gesellschaftsrecht in der Diskussion 2007, S. 57f; *Poppe*, in: Görling/Inderst/Bannenberg, Compliance, S. 24; ISO 19600; COSO II; Hamburger Compliance-Zertifikat, dazu *Passarge/Graf*, CCZ 2014, 119; *Schneider*, ZGR 1996, 225 (231); *Bürkle*, BB 2005, 565 (565ff); *Böttcher*, NZG 2011, 1054 (1054); BaFin zu den Mindestanforderungen an die Compliance (MaComp), ausführlich dazu *Schäfer*, BKR 2011, 187.

[169] Institut der Wirtschaftsprüfer, IDW PS 980.

[170] *Fleischer*, in: Spindler/Stilz, AktG, § 91 Rn. 62; *Sünner*, CCZ 2015, 2 (3); zur Rechtsnatur des IDW PS 980 *Böttcher*, NZG 2011, 1054 (1055).

erleichtern. Dabei war es notwendig, zunächst ein „Sollobjekt" für eine geeignete und angemessene Compliance-Struktur zu entwickeln.[171]

Daneben hat sich vor allem der erst 2014 veröffentlichte ISO 19600[172] als internationaler Standard für Compliance-Management-Systeme etabliert.[173] Es ist die erste Norm, die sich trotz unterschiedlicher Compliance-Regelungen auch auf internationaler Ebene durchsetzen konnte. Das Grundverständnis des ISO 19600 weicht jedoch grundlegend vom IDW PS 980 ab. Der ISO 19600 dient keiner nachträglichen Angemessenheitsprüfung, sondern macht Vorgaben zur effektiven und wirksamen Implementierung einer Compliance-Struktur. Er betrachtet die Implementierung aus der Sicht des Unternehmens und nicht aus der eines externen Regulierers oder Prüfers.[174] Der Standard macht keine festen Vorgaben, sondern überlässt es den Unternehmen selbst, in welchem Umfang sie von den umfassenden Handlungs- und Maßnahmenvorschlägen Gebrauch machen. Ferner geht der ISO 19600 im Vergleich zu dem sehr allgemein gehaltenen IDW PS 980 deutlicher auf einzelne Compliance-Maßnahmen ein,[175] so dass er insgesamt als umfangreicher bezeichnet werden kann. Dabei ist es von Vorteil, dass die Konzeption des ISO 19600 nicht auf einer einzelnen Rechtsform oder Branche beruht, sondern er für alle Branchen und unabhängig von Trägerschaft oder Rechtsform zur Anwendung kommen soll.[176]

Das unterschiedliche Grundverständnis führt indes nicht dazu, dass ISO 19600 und IDW PS 980 nicht kompatibel sind. Ganz im Gegenteil kann der ISO 19600 im Hinblick auf die unternehmensinternen Schwerpunkte zur Konkretisierung der Compliance-Grundsätze des

---

171 *Withus/Kunz*, BB 2015, 685 (685).

172 DIN ISO 19600, Compliance-Managementsysteme – Leitlinien (ISO 19600:2014).

173 Ausführlich zum ISO 19600 für den Mittelstand, *Fissenewert*, NZG 2015, 1009 (1010ff).

174 So auch *Withus/Kunz*, BB 2015, 685 (685).

175 *Withus/Kunz*, BB 2015, 685 (686); *Gelhausen/Wermelt*, CCZ 2010, 208 (211); *Withus*, CCZ 2015, 139 (142); *Moosmayer*, Compliance, Rn. 300.

176 DIN ISO 19600, S. 7.

IDW PS 980 herangezogen werden.[177] Mit dem Verhältnis von IDW PS 980 und ISO 19600 hat sich auch der Arbeitskreis „Prüfungsfragen und betriebswirtschaftliche Fragen zu Governance, Risk und Compliance (GRC)“ des Instituts der Wirtschaftsprüfer auseinandergesetzt.[178] Auch er kommt zu der Ansicht, dass der ISO 19600 und der IDW PS nicht im Widerspruch zueinander stehen, sondern sich als Rahmenkonzepte ergänzen.[179] Eine Compliance-Struktur nach ISO 19600 wird daher regelmäßig auch einer Prüfung nach IDW PS 980 standhalten.

Im Hinblick auf die Ausgangsfrage eignen sich grundsätzlich beide Standards, um die Mindestanforderung einer Compliance-Struktur darzustellen. Angesichts des enormen Stellenwertes in Deutschland und der übersichtlichen Darstellbarkeit stehen jedoch die sieben Compliance-Grundsätze des IDW PS 980 im Mittelpunkt der folgenden Prüfung. Eine über Grundsätze hinausgehende Darstellung einzelner Maßnahmen wie es der ISO 19600 vornimmt kann erst im zweiten Schritt vorgenommen werden. Die Einteilung in sieben Unterpunkte ist derweil nicht aus der Luft gegriffen, sondern orientiert sich an den internationalen Rahmenwerken des Committee of Sponsoring Organizations of the Threadway Comission (COSO) zu internen Kontroll- und Risikomanagementsystemen.[180] Die Stufentrennung soll indes nicht bedeuten, dass zwischen den einzelnen Grundsätzen eine scharfe Trennlinie gezogen werden kann. Sie beeinflussen und überschneiden sich in vielen Punkten gegenseitig[181] und können je nach Unternehmen unterschiedlich stark ausgeprägt sein.[182]

---

177 So auch *Schmidt*, in: Hauschka/Moosmayer/Lösler, Corporate Compliance, § 45 Rn. 118; *Schmidt/Wermelt/Eibelshäuser*, CCZ 2015, 18 (18).

178 Institut der Wirtschaftsprüfer, Berichterstattung über Sitzung des Arbeitskreises „Prüfungsfragen und betriebswirtschaftliche Fragen zu Governance, Risk und Compliance (GRC)“ am 08.12.2014.

179 Institut der Wirtschaftsprüfer, Berichterstattung über Sitzung des Arbeitskreises „Prüfungsfragen und betriebswirtschaftliche Fragen zu Governance, Risk und Compliance (GRC)“ am 08.12.2014, S. 1.

180 *Spindler*, in: MüKo AktG, § 91 Rn. 61; *Withus/Kunz*, BB 2015, 685 (686).

181 *Schmidt*, in: Hauschka/Moosmayer/Lösler, Corporate Compliance, § 45 Rn. 117; *Schmidt/Wermelt/Eibelshäuser*, CCZ 2015, 18 (18).

182 *Schmidt*, in: Hauschka/Moosmayer/Lösler, Corporate Compliance, § 45 Rn. 118.

## 2. Die rechtliche Betrachtung betriebswirtschaftlicher Standards

Bereits auf den ersten Blick fällt auf, dass sich die Suche nach rechtlichen Mindestanforderungen für Compliance-Strukturen allein auf nicht gesetzliche Normierungen beschränkt. Zu Recht wird daher behauptet, „Compliance ist zwar im Markt, aber noch nicht im Recht.“[183] Dabei stellt sich zunächst die Frage, ob sich nicht gesetzliche Vorgaben überhaupt eignen, um rechtliche Mindestanforderungen zu beschreiben. Während dieser Gedanke in anderen Bereichen fremd erscheint, kann Compliance durchaus als Sonderfall bezeichnet werden. Außerhalb branchenspezifischer Sondernormen wird das Wort „Compliance“ nämlich in keinem Gesetzestext erwähnt. Allein der DCGK, der zwar ebenfalls keinen Gesetzescharakter hat,[184] jedoch noch am ehesten legislative Wirkung erzeugt, ist die bisher dominierende Compliance-Norm in Deutschland. In Anbetracht dieser Herleitung erscheint der Gedanke nicht mehr ganz so fremd, betriebswirtschaftliche Vorgaben auch als rechtliche Standards ansehen zu können. In der Literatur wird die Ansicht vertreten, die Rechtswissenschaft sollte den zum „Scheitern verurteilten Versuch“ unterlassen rechtliche Mindeststandards für Compliance zu entwickeln und stattdessen auf die „Regieanweisungen“ der Betriebswirtschaft zurückgreifen.[185] Es ist jedoch nicht ohne weiteres möglich, aus den betriebswirtschaftlichen Standards vorbehaltslos rechtliche Pflichten abzuleiten. Zutreffend daher der Kommentar von *Kallmeyer*: „Zur Ableitung von Rechtspflichten aus Erkenntnissen der Betriebswirtschaftslehre bedarf es weitergehender rechtlicher Begründungen. Die Betriebswirtschaftslehre spielt für den Rechtswissenschaftler nur eine unterstützende Rolle.“[186]

Die Notwendigkeit dieser Diskussion ist derweil hausgemacht. Der nationale Prüfungsstandard IDW PS 980 wurde nicht entwickelt, um als „Best-Practice“ Beispiel für Compliance zu dienen, gar eine rechtliche Lücke zu füllen.[187] Er wurde jedoch aus der Not heraus

[183] *Bussmann/Salvenmoser/Jeker*, CCZ 2016, 235 (240).

[184] *Hopt/Roth*, in: Großkommentar AktG, § 93 Rn. 34.

[185] *Kort*, FS Hopt, 2010, S. 983 (985); ähnlich zur Ausgestaltung eines Risikomanagementsystems, vgl. *Claussen/Korth*, FS Lutter, 2000, S. 327 (331f).

[186] *Kallmeyer*, ZGR 1993, 104 (107).

[187] So auch *Withus/Kunz*, BB 2015, 685 (686); *Withus*, CCZ 2015, 139 (142).

mangels rechtlicher Alternativen als „Best-Practice“ Compliance herangezogen[188] und hat die rechtliche Lücke inzwischen zumindest verkleinert.[189] Angesichts der fehlenden Gesetzgebungskompetenz des IDW haben sich daneben noch unzählige weitere Standards entwickelt, mit dem Versuch, Mindestanforderungen einer Compliance-Struktur darzustellen.[190] Diese unzähligen nationalen und internationalen Standards haben zu einer Zerstückelung der Compliance-Strukturen und zu einem monetär begründeten Zertifizierungswettbewerb von Wirtschaftsprüfern und Kanzleien geführt.[191]

Eine besondere Beachtung erhielt das Thema Ende 2016 durch den Entwurf der Kodexänderungen am DCGK.[192] Der für Compliance zu sorgende Vorstand sollte verpflichtet werden, zum Zwecke der Compliance „ein angemessenes, an der Risikolage des Unternehmens ausgerichtetes Compliance Management System“ einzurichten. Obwohl die Regierungskommission mit der Ergänzung nur von einem „Hinweis auf die Rechtslage“ spricht,[193] hätten viele Unternehmen vor der Frage gestanden, welche Strukturen angemessen i.S.d. DCGK sind. Dieser Sorge ist wohl auch die Regierungskommission gefolgt und hat die Terminologie in der abschließenden Fassung entschärft. Inzwischen wird nur noch gefordert, dass für angemessene, an der Risikolage des Unternehmens ausgerichtete Maßnahmen gesorgt werden soll, wobei ein Compliance-Management-System eine solche

---

188 Zutreffend *Fleischer*, NZG 2014, 321 (325), dass in der Unternehmenspraxis der Bedarf für eine standardisierte Prüfung besteht; *ders*., in: Spindler/Stilz, AktG, § 91 Rn. 62.

189 So wohl auch *Nietsch,* ZGR 2015, 631 (659); *Sünner*, CCZ 2015, 2 (3); *Krieger/Sailer-Coceani*, in: *Schmidt/Lutter*, AktG, § 93 Rn. 8; dies wird am deutlichsten an den Mindestanforderungen an die Compliance-Funktion der BaFin erkennbar, die unzweifelhaft überwiegende Teile der inhaltlichen IDW Prüfung übernommen haben, vgl. BaFin, Rundschreiben 4/2010 Mindestanforderungen an die Compliance-Funktion und die weiteren Verhaltens-, Organisations- und Transparenzpflichten nach §§ 31 ff. WpHG (MaComp).

190 Statt vieler vgl. Übersicht bei *Schmidt*, in: Hauschka/Moosmayer/Lösler, Corporate Compliance, § 45 Rn. 21.

191 Kritisch dazu *Schött*, JZ 2013, 771 (773).

192 Änderungsvorschläge der Regierungskommission Deutscher Corporate Governance Kodex v. 13.10.2016, Zif. 4.1.3.

193 Erläuterung der Änderungsvorschläge zum DCGK 2017, S. 3.

Maßnahme darstellen kann.[194] Spätestens mit der Forderung einer angemessenen Compliance-Struktur ist der Gesetzgeber jedoch gefordert, ein einheitliches Grundverständnis von Compliance und seiner Struktur zu entwickeln.[195] Bisher hat er es geschafft, Compliance über die Hintertür zu forcieren, ohne dabei ein konkretes Pflichtenheft beschreiben zu müssen. Wenngleich die rechtliche Beurteilung einer Compliance-Pflicht bis heute umstritten ist, ist durch das „Siemens-Neubürger"-Urteil oder die Implementierung von Compliance im DCGK zumindest eine faktische Pflicht für die Unternehmensleitung eingetreten, sich mit Compliance zu beschäftigen.

Inhaltlich macht der DCGK indes nur die Vorgabe, dass das Compliance-Management-System Mitarbeitern und Dritten ermöglichen muss, Fehlverhalten im Unternehmen melden zu können (Whisterblowersystem).[196] Übrige Mindestanforderungen lässt der Kodex offen. Es muss jedoch möglich sein, darüber hinaus zumindest im Hinblick auf die Mindestausgestaltung von Compliance ein Grundgerüst zu erstellen.[197] Es würde wenig Sinn machen, zunächst faktisch-regulierend zur Compliance zu verpflichten und danach die Unternehmen bei der Implementierung solcher Strukturen alleine zu lassen.[198] Wenn nicht der Gesetzgeber zu einer Konkretisierung der Compliance-Standards gelangt, muss die Wissenschaft in Zukunft noch stärker versuchen, einheitliche Mindestanforderungen zu entwickeln. Vor dem Hintergrund der derzeitigen Rechtslage sind die Unternehmen angehalten, sich bei der Implementierung ihrer Compliance-Struktur an den aktuellen Standards auszurichten. Der IDW PS 980 und die ISO 19600 sind zwar keine Standards die als Passform zur Ausgestaltung der Compliance-Struktur herangezogen werden sollten,[199] mangels besserer Alternativen jedoch gute Möglichkeiten

---

194 DCGK, Zif. 4.1.3.

195 a.A. *Kort*, FS Hopt, 2010, S. 983 (985).

196 Erläuterung der Änderungsvorschläge zum DCGK 2017, S. 4.

197 *Bussmann/Salvenmoser/Jeker*, CCZ 2016, 235 (240); *v.Busekist/Hein*, CCZ 2012, 41 (42).

198 So auch *Withus*, CCZ 2015, 139 (140).

199 *Nietsch*, ZGR 2015, 631 (660); *Dreher/Hoffmann*, ZGR 2016, 445 (453f); *Kort*, in: Großkommentar AktG, § 91 Rn. 138; *Withus*, CCZ 2015, 139 (142); *Paefgen*, WM 2016, 433 (438); *Rieder/Jerg*, CCZ 2010, 201 (204); anders

darstellen, um einen umfangreichen Überblick über die bisher entwickelten Compliance-Voraussetzungen zu erhalten.[200] Gleichwohl sich aus keinem der o.g. Standards eine verbindliche Wirkung ableiten lässt, der in jedem Fall zu einer „Enthaftung" der Geschäftsleitung führt,[201] werden der IDW PS 980 und der ISO 19600 zur Konkretisierung unbestimmter Rechtsbegriffe von den Gerichten herangezogen.[202] Solange die Unternehmen bei der Ausgestaltung ihrer Compliance-Strukturen auf den IDW PS 980 oder ISO 19600 zurückgreifen und ihren jeweiligen Compliance-Schwerpunkten anpassen, wird ihnen nur schwer eine Sorgfaltspflichtverletzung anzulasten sein.[203] Zumindest wird davon auszugehen sein, dass sie sich aufgrund ausreichender Informationslage im Ermessensspielraum der Business Judgment Rule befinden.[204] Der IDW PS 980 spricht insofern selbst davon, dass der Prüfungsstandard dem „objektiven Nachweis der ermessensfehlerfreien Ausübung" dienen kann.[205]

---

sehen das *Sünner*, CCZ 2015, 2 (3); wohl auch *v.Busekist/Hein*, CCZ 2012, 41 (46).

200 So auch *Fleischer*, in: Spindler/Stilz, AktG, § 91 Rn. 62; *Spindler*, in: MüKo AktG, § 91 Rn. 64.

201 *Paefgen*, WM 2016, 433 (438); *ders.*, AG 2014, 554 (558); *Kort*, in: Großkommentar AktG, § 91 Rn. 138; *Böttcher*, NZG 2011, 1054 (1056ff); *Schneider*, in: Scholz, GmbHG, § 43 Rn. 96b; *Fleischer*, in: Spindler/Stilz, AktG, § 91 Rn. 62; *Sünner*, CCZ 2015, 2 (3); *Rieder/Jerg*, CCZ 2010, 201 (204); *Nietsch*, ZGR 2015, 631 (660); *Spindler*, in: MüKo AktG, § 91 Rn. 33; *Fleischer*, NZG 2014, 321 (325); *Dreher/Hoffmann*, ZGR 2016, 445 (453f); *Hoffmann/Schieffer*, NZG 2017, 401 (404).

202 *Moosmayer*, Compliance, Rn. 300; *Gelhausen/Wermelt*, CCZ 2010, 208 (210); *Böttcher*, NZG 2011, 1054 (1056); *Fleischer*, in: Spindler/Stilz, AktG, § 91 Rn. 62; vgl. auch AG Duisburg, DB 1994, 466 (467); zur richterlichen Willensbildung mit Hilfe von Standards, *Withus*, CCZ 2015, 139 (142); *v.Busekist/Hein*, CCZ 2012, 41 (45); am Beispiel des Risikomanagementsystems und des IDW PS 340, *Spindler*, in: MüKo AktG, § 91 Rn. 33.

203 *Fleischer*, NZG 2014, 321 (325), dass der IDW PS 980 helfen kann, eine ermessensfehlerfreie Ausübung der Organisationspflichten nachzuweisen.

204 *v.Busekist/Hein*, CCZ 2012, 41 (42); *Fleischer*, NZG 2014, 321 (325); *Gelhausen/Wermelt*, CCZ 2010, 208 (210); *Withus*, CCZ 2015, 139 (141); *Böttcher*, NZG 2011, 1054 (1057); *Paefgen*, WM 2016, 433 (438), spricht insoweit von einem Indiz.

205 IDW PS 980, S. 2; dass der IDW PS 980 damit Rechtswirkung für sich in Anspruch nimmt, wird kritisch betrachtet, vgl. *Dreher/Hoffmann*, ZGR 2016,

### 3. Compliance-Kultur

Die Wirkung einer Compliance-Kultur hat bereits bei der Untersuchung der ethischen Compliance eine erste Würdigung erhalten. Die Compliance-Kultur ist, wie es der Name bereits ausdrückt, nur schwer betriebswirtschaftlich bzw. juristisch-normativ zu erfassen, bildet jedoch die Grundlage einer wirksamen und effektiven Compliance-Struktur.[206] Die Compliance-Kultur basiert nicht auf Unternehmenskennzahlen, sondern ist durch eine Werteorientierung geprägt. Das Bekenntnis zu einem rechtstreuen Verhalten im Unternehmen bildet die Grundlage einer funktionierenden Compliance-Struktur und ist unabhängig von Unternehmensgröße oder Rechtsform. Im Gegensatz zu allen anderen Grundsätzen lässt sich die Compliance-Kultur daher im gleichen Umfang verallgemeinern. Als wichtigstes Instrument zur Schaffung einer Compliance-Kultur hat sich das „Tone from the top"-Prinzip bewährt. Danach muss die Kultur der Regeltreue und Integrität von der Führungsebene vorgelebt werden.[207] Sie stehen in der Verantwortung, die Unternehmenswerte zu vermitteln und gleichzeitig ihr eigenes Handeln an diesen Unternehmenswerten auszurichten.[208] Die Vermittlung werteorientierter Grundsätze erfolgt in der Regel durch

---

445 (454); der DIN ISO 19600 Standard nimmt zwar keine Rechtswirkung in Anspruch, geht jedoch auch davon aus, das Gesamtmanagement hinsichtlich der Compliance-Pflichten unterstützen zu können, vgl. DIN ISO 19600, S. 6.

206 IDW PS 980, S. 5; *Fissenewert*, NZG 2015, 1009 (1010); *Schmidt*, in: Hauschka/Moosmayer/Lösler, Corporate Compliance, § 45 Rn. 25ff; *Kremer/Klahold*, ZGR 2010, 113 (123); *Schmidt/Wermelt/Eibelshäuser*, CCZ 2015, 18 (19); *Poppe*, in: Görling/Inderst/Bannenberg, Compliance, S. 24; *Schefold*, ZRCF 2012, 253 (253); *Görtz*, CCZ 2010, 127 (130); *Böttcher*, NZG 2011, 1054 (1055); *v.Busekist/Hein*, CCZ 2012, 41 (45); BaFin, Rundschreiben 4/2010 Mindestanforderungen an die Compliance-Funktion und die weiteren Verhaltens-, Organisations- und Transparenzpflichten nach §§ 31 ff. WpHG (MaComp), BT 1.1.5.

207 IDW PS 980, S. 5; DIN ISO 19600, S. 15; *Arnold*, ZGR 2014, 76 (79); *Fleischer*, in: Spindler/Stilz, AktG, § 91 Rn. 55; *Hoffmann/Schieffer*, NZG 2017, 401 (406); *Kremer/Klahold*, ZGR 2010, 113 (123); *Reichert*, FS Hoffmann-Becking, 2013, S. 943 (947); *Schmidt/Wermelt/Eibelshäuser*, CCZ 2015, 18 (19); *Schröder*, CCZ 2015, 63 (64); *Bicker*, AG 2012, 542 (546).

208 Ausführlich zu den Pflichten der Unternehmensführung hinsichtlich des „Ton from the Top"-Prinzips, DIN ISO 19600, S. 15; *Reichert*, FS Hoffmann-Becking, 2013, S. 943 (947).

„Commitments“ oder den Erlass von Verhaltensrichtlinien.[209] Mit Erlass der Richtlinie ist die Geschäftsleitung jedoch nicht von ihrer Führungsrolle entbunden, sondern sie muss die Einhaltung regelmäßig fördern und fordern. So hat das OLG Düsseldorf in einem kartellrechtlichen Fall zutreffend festgestellt: „Wäre die Einhaltung kartellrechtlicher Vorschriften von dem Betroffenen (...) ausdrücklich und regelmäßig thematisiert sowie kontrolliert worden, hätte der Zeuge allein dadurch ein Bewusstsein dafür entwickeln können, dass Verstöße gegen kartellrechtliche Bestimmungen der Unternehmenskultur widersprechen und dem Unternehmenswohl entgegenstehen.“[210] Mitarbeitern muss vermittelt werden, dass die Compliance-Kultur dem Unternehmensinteresse dient und damit einen unternehmerischen Mehrwert schafft.[211] Zu häufig sind in der Vergangenheit Regelverstöße ermöglicht oder nicht unterbunden worden, nur weil sich die Leitungsebene nicht mit voller Ernsthaftigkeit um die Einhaltung der Regeltreue bemüht hat.[212] Auch im Fall VW gab es nach bisherigen Erkenntnissen einen Mitarbeiter, der die Konzernspitze, zumindest jedoch seinen direkten Vorgesetzten, frühzeitig über die rechtlichen Risiken der eingesetzten Steuerungssoftware in Kenntnis gesetzt hat.[213] Wäre dem Hinweis im Sinne einer wirksamen Compliance-Struktur konsequent nachgegangen worden, müsste der „VW-Skandal“ im Nachhinein vielleicht anders bewertet werden müssen. Um einem solchen Verhalten entgegenzuwirken und die Informationsbereitschaft zu fördern werden zum Teil auch anreizbasierte Hinweisgebersysteme eingesetzt. Dabei wird nicht nur das regeltreue Verhalten, sondern auch die Meldung von Regelverstößen bei einer Beförderung berücksichtigt.[214] Wenngleich regeltreues Verhalten

---

209 *Kremer/Klahold*, ZGR 2010, 113 (123); *Kort*, FS G. H. Roth, 2011, S. 407 (411); *Bicker*, AG 2012, 542 (546); *Reichert*, FS Hoffmann-Becking, 2013, S. 943 (947); *Fleischer*, in: Spindler/Stilz, AktG, § 91 Rn. 55.

210 OLG Düsseldorf, Urt. v. 5.05.2006 – Az. VI-2 Kart 5+6/05 OWi, Rn. 59.

211 „Blumige“ und nicht vorgelebte Commitments sind unzureichend, vgl. *Kort*, FS G. H. Roth, 2011, S. 407 (411).

212 *v.Busekist/Hein*, CCZ 2012, 41 (45).

213 Vgl. http://www.tagesspiegel.de/wirtschaft/abgasskandal-bei-volkswagen-vw-manager-sollen-schon-frueh-von-mogel-software-gewusst-haben/12376216.html (Stand: 08.11.2018).

214 IDW PS 980, S. 20; *v.Busekist/Hein*, CCZ 2012, 41 (46); *Poppe*, in: Görling/Inderst/Bannenberg, Compliance, S. 24.

honoriert werden sollte, ist die Belohnung von Hinweisgebern keine zielführende Maßnahme. Es besteht die Gefahr, dass der Unternehmenskultur durch ein gefördertes Denunziantentum mehr geschadet als geholfen wird. Eine gute Unternehmenskultur sollte auch ohne persönliche Vorteile dazu ermutigen, bei Verdachtsmomenten oder konkreten Regelverstößen den Vorgesetzten zu informieren. Daraus resultiert die Pflicht der Unternehmensleitung, eine solche Anlaufstelle überhaupt zu schaffen. Der DCGK spricht insofern davon, dass Beschäftigten und Dritten auf geeignete Weise die Möglichkeit eingeräumt werden soll, „geschützt Hinweise auf Fehlverhalten im Unternehmen zu geben."[215] Diese häufig auch als Whistleblowersystem bezeichnete Anlaufstelle sollte anonym ausgestaltet werden.[216] Verdachtsmomente gegen Vorgesetzte oder zu Unrecht gemeldete Verstöße dürfen keine Auswirkungen auf das Arbeitsverhältnis des Hinweisgebers haben. Der DCGK geht sogar noch weiter und räumt Dritten das Recht ein, über das Hinweisgebersystem auf Fehlverhalten im Unternehmen aufmerksam machen zu können.[217] Mit der Einrichtung einer Hinweisgeberstelle geht es meistens einher, auch eine personelle Compliance-Zuständigkeit zu schaffen. Die Ernennung eines Compliance-Beauftragten oder die Schaffung einer Compliance-Funktion im Vorstand verdeutlicht die Ernsthaftigkeit des Themas.[218]

### 4. Compliance-Ziele

Die Festlegung von Compliance-Zielen fällt in den Verantwortungsbereich der Geschäftsleitung und orientiert sich an den Unternehmensinteressen.[219] Die Geschäftsleitung muss entscheiden, aus welchen Gründen sie eine Compliance-Struktur aufbauen und welche

---

215 DCGK, Zif. 4.1.3.

216 Ausführlich zum Whistleblowing *Kremer/Klahold*, ZGR 2010, 113 (133f).

217 DCGK, Zif. 4.1.3.

218 Vgl. BaFin, Rundschreiben 4/2010 Mindestanforderungen an die Compliance-Funktion und die weiteren Verhaltens-, Organisations- und Transparenzpflichten nach §§ 31 ff. WpHG (MaComp), BT 1.1.4.; *v.Busekist/Hein*, CCZ 2012, 41 (46).

219 IDW PS 980, S. 21; DIN ISO 19600, S. 16; *Schefold*, ZRFC 2012, 253 (253); *Görtz*, CCZ 2010, 127 (130).

Ziele sie damit erreichen möchte.[220] Dabei geht es in der ersten Bestandsaufnahme noch nicht darum die zu überwachenden Rechtsgebiete oder Teilbereiche im Unternehmen detailliert festzulegen, sondern sich nur einen Überblick über die Ziele, die Zielerreichungsgrade und deren Messbarkeit zu verschaffen. Dazu ist es zunächst erforderlich, sich im Rahmen einer Risikoanalyse einen Überblick über die risikobehafteten Unternehmensbereiche zu verschaffen.[221] Danach müssen anhand der Risikoanalyse Schwerpunkte für die Compliance-Überwachung ausgemacht werden.[222] Eine gleichmäßige Überwachung des gesamten Unternehmens ist zwar juristisch wünschenswert, betriebswirtschaftlich jedoch nicht darstellbar. Die Compliance-Zielsetzung dient demnach als Begrenzungsfunktion, sie hilft Ressourcen einzusparen und eine bestmögliche Nutzung der zu Verfügung stehenden Mittel zu gewährleisten.[223] Auf Grundlage dieser Analyse muss entschieden werden, inwiefern auch nicht legislative Vorgaben wie gesellschaftspolitische Erwartungen oder Verträge mit Kunden und Lieferanten eine Beachtung finden sollten.

### 5. Compliance-Risiken

Die Betrachtung der Compliance-Risiken schließt aufbauend an die erste Risikoanalyse der Compliance-Ziele an. Es müssen alle Risikofelder überprüft werden, die den Compliance-Zielen entgegenstehen könnten.[224] In der Analyse müssen konkrete Aspekte der

---

220 Ausführlich zu den unterschiedlichen Motiven der Compliance-Ziele *Schefold*, ZRFC 2012, 253 (253ff); *Nietsch*, ZGR 2015, 631 (658); *Kremer/Klahold*, ZGR 2010, 113 (121).

221 So auch *Schmidt*, in: Hauschka/Moosmayer/Lösler, Corporate Compliance, § 45 Rn. 29; *Nietsch*, ZGR 2015, 631 (658).

222 *Schmidt/Wermelt/Eibelshäuser*, CCZ 2015, 18 (19); *Schefold*, ZRFC 2012, 253 (253).

223 *Hölters*, in: Hölters, AktG, § 91 Rn. 99.

224 *Schmidt*, in: Hauschka/Moosmayer/Lösler, Corporate Compliance, § 45 Rn. 31ff; *Fleischer*, in: Spindler/Stilz, AktG, § 91 Rn. 55; *Schmidt/Wermelt/Eibelshäuser*, CCZ 2015, 18 (19); *Hoffmann/Schieffer*, NZG 2017, 401 (404); *Seibt/Cziupka*, AG 2015, 93 (97); BaFin, Rundschreiben 4/2010 Mindestanforderungen an die Compliance-Funktion und die weiteren Verhaltens-, Organisations- und Transparenzpflichten nach §§ 31 ff. WpHG (MaComp), BT 1.2.1.1.1.

Unternehmenstätigkeit berücksichtigt werden. Nach Ansicht des IDW PS 980 sind dies unter anderem die Änderungen im wirtschaftlichen und rechtlichen Umfeld, Personalveränderungen, überdurchschnittliches Unternehmenswachstum, neue Technologien, neue oder atypische Geschäftsfelder oder Produkte, Umstrukturierungen, Orte der Geschäftstätigkeit und Expansion in neue Märkte.[225] Daneben muss den Bereichen eine besondere Aufmerksamkeit gelten, in denen es in der Vergangenheit zu Rechtsverstößen oder häufigen Verdachtsmomenten gekommen ist.[226] Dazu erscheint es erforderlich, einen Prozessablauf zur systematischen Risikoerkennung, der Risikokommunikation und zur Analyse der Eintrittswahrscheinlichkeit und deren Folgen zu entwickeln.[227] Der regelmäßige Austausch mit den Mitarbeitern in Form von Interviews und Workshops ist unerlässlich.[228] Die Risikoerkennung ist kein einmaliger Vorgang, sondern sie muss regelmäßig die Veränderungen im Marktumfeld und im Unternehmen berücksichtigen und analysieren. Der Prozessablauf bildet die Grundlage für die später zu entwickelnde Compliance-Struktur.[229]

### 6. Compliance-Programm

Das Compliance-Programm umfasst alle Maßnahmen und Grundsätze, die die Einhaltung von Regeltreue im Unternehmen gewähren sollen. Dabei geht es weniger um die organisatorische Struktur, als um den materiellen Gehalt der Maßnahmen. Die zentrale Vorgabe an das Compliance-Programm ist die präventive Verhinderung von bevorstehenden und die Aufklärung und Reaktion auf bereits stattgefundene Rechtsverstöße.[230] Dieser Dreiklang bildet das Grundgerüst jeder

---

[225] IDW PS 980, S. 21.
[226] *Hoffmann/Schieffer*, NZG 2017, 401 (404).
[227] IDW PS 980, S. 6.
[228] *Görtz*, CCZ 2010, 127 (131).
[229] *Görtz*, CCZ 2010, 127 (131); ausführlich zur Risikoanalyse *v.Busekist/Hein*, CCZ 2012, 86.
[230] *Kort*, in: Großkommentar AktG, § 91 Rn. 147; *Habersack*, AG 2014, 1 (3); *Fleischer*, NZG 2014, 321 (324); *Hölters*, in: Hölters, AktG, § 91 Rn. 99; *Seibt/Cziupka*, AG 2015, 93 (94); *Reichert*, FS Hoffmann-Becking, 2013, S. 943 (944).

Compliance-Struktur.[231] Alle Compliance-Maßnahmen lassen sich in die drei Bereiche aufteilen. Weitere wichtige Bausteine des Compliance-Programms sind die bereits dargestellte Einrichtung eines Hinweisgebersystems[232] und der Erlass von Verhaltens- bzw. Compliance-Richtlinien[233]. Ferner soll eine genaue Dokumentation des Compliance-Programms eine personenunabhängige Wirksamkeit gewährleisten.[234] Nach Ansicht des IDW PS 980 werden noch die folgenden Maßnahmen vom Compliance-Programm erfasst: Die Funktionstrennung, Berechtigungskonzepte, Genehmigungsverfahren und Unterschriftsregelungen, Vorkehrungen zum Vermögensschutz und andere Sicherheitskontrollen, unabhängige Gegenkontrollen (4-Augen-Prinzip) und Job-Rotationen.[235]

### 7. Compliance-Organisation

Die Compliance-Organisation beschränkt sich allein auf die organisatorische Compliance-Struktur und unterteilt sich in eine personelle und organisatorische Komponente. Zu der personellen Komponente gehört die Verteilung von Zuständigkeiten und Kompetenzen, beispielsweise die Ernennung eines Compliance-Beauftragten oder die personelle Besetzung einer Compliance-Struktur insgesamt.[236] Die Beauftragten sollten unabhängig und fachlich geeignet sein, um Compliance-Verstöße im Unternehmen erkennen und deren Verfolgung auch durchsetzen zu können. Sie sind mit solchen Mitteln und Kompetenzen auszustatten, die sie für die effektive Ausübung ihrer Compliance-Aufgabe benötigen.[237]

---

[231] *Schockenhoff*, NZG 2015, 409 (409); *Seibt/Cziupka*, AG 2015, 93 (94); *Hölters*, in: Hölters, AktG, § 91 Rn. 99; *Fleischer*, NZG 2014, 321 (324); *ders.*, in: Spindler/Stilz, AktG, § 91 Rn. 55; *Habersack*, AG 2014, 1 (3).

[232] DCGK, Zif. 4.1.3.

[233] *Fleischer*, in: Spindler/Stilz, AktG, § 91 Rn. 55.

[234] IDW PS 980, S. 6.

[235] IDW PS 980, S. 22.

[236] *Bürkle*, BB 2005, 565 (565); LG München I, NZG 2014, 345 (347); *Fleischer*, in: Spindler/Stilz, AktG, § 91 Rn. 55.

[237] *Fleischer*, in: Spindler/Stilz, AktG, § 91 Rn. 55; *Kremer/Klahold*, ZGR 2010, 113 (125); *Görtz*, CCZ 2010, 127 (131).

Daneben ist die Geschäftsführung verpflichtet, geeignete Organisationsstrukturen im Unternehmen zu schaffen. Eine umfangreiche Compliance-Struktur oder eine eigene Fachabteilung im Unternehmen können aufgrund der Größe des Unternehmens oder häufiger Rechtsverstöße in der Vergangenheit angebracht sein. Daneben muss die Compliance-Organisation an bestehende Strukturen im Unternehmen anknüpfen. Eine enge Verknüpfung mit den internen Kontrollsystemen oder dem Risikomanagement schont durch viele Synergieeffekte nicht nur Ressourcen, sondern trägt darüber hinaus im Austausch der Fachbereiche zu einer effektiven Compliance-Organisation bei.[238]

### 8. Compliance-Kommunikation

Die Compliance-Kommunikation geht eng mit der Compliance-Kultur einher und ist die Grundlage für die Wirksamkeit und Akzeptanz von Compliance-Strukturen im Unternehmen. Die Mitarbeiter müssen nicht nur über den Sinn und Zweck der Compliance-Strukturen informiert werden, sondern auch über die personelle Compliance-Zuständigkeit im Unternehmen. Darüber hinaus müssen die Mitarbeiter über ihre eigene Rolle in der Compliance-Kommunikation aufgeklärt werden. Dazu gehört vor allem die Information, wie und insbesondere an wen Rechtsverstöße im Unternehmen gemeldet werden können.[239]

Neben der Organisation ist es elementar, dass die zu beachtenden Regeln den Mitarbeitern verständlich kommuniziert werden. Regelmäßig müssen sie über Gesetzesänderungen oder rechtliche Risiken in den einzelnen Teilbereichen des Unternehmens informiert werden.[240] Die Art und Weise der Kommunikation steht dabei im Ermessen des Vorstandes,[241] wenngleich sich Compliance-Handbücher und Mitar-

---

[238] IDW PS 980, S. 22; *Schefold*, ZRFC 2012, 253 (253); *Görtz*, CCZ 2010, 127 (131).

[239] IDW PS 980, S. 6; *Bürkle*, BB 2005, 565 (566); *Kremer/Klahold*, ZGR 2010, 113 (128); *Görtz*, CCZ 2010, 127 (131).

[240] *Kort*, in: Großkommentar AktG, § 91 Rn. 148; *Bürkle*, BB 2005, 565 (566); *Seibt/Cziupka*, AG 2015, 93 (97); *Kremer/Klahold*, ZGR 2010, 113 (129).

[241] *Fleischer*, in: Spindler/Stilz, AktG, § 91 Rn. 55.

beiterschulungen besonders anbieten.[242] Auch bietet es sich an, einheitliche Berichtspflichten und Berichtswege festzulegen, die bei Compliance-Risiken, Verdachtsfällen oder erkannten Verstößen eingehalten werden müssen.[243] In der regelmäßigen Kommunikation mit den Mitarbeitern und dem Austausch über Ergebnisse der Risikoanalysen oder Prozessabläufe können zusätzliche Hinweise zur Verbesserung der Compliance-Effektivität entstehen.[244]

### 9. Compliance-Überwachung und Verbesserung

Die Compliance-Überwachung dient – anders als vielleicht zunächst vermutet – nicht der Erkennung von Rechtsverstößen, sondern überwacht die Compliance-Maßnahmen in ihrer Wirksamkeit und Angemessenheit.[245] Werden auf Grund von Rechtsverstößen oder Hinweisen Schwachstellen in der Compliance-Struktur entdeckt, müssen sie den Verantwortlichen mitgeteilt und von diesen abgestellt werden.[246] Zusätzliche Kontrollen oder die vertiefte Schulung der Mitarbeiter in den betroffenen Teilbereichen des Unternehmens können wirksame Abhilfemaßnahmen sein. Die regelmäßige Betrachtung dient der Aufrechterhaltung von Angemessenheit und Wirksamkeit der Compliance-Struktur. Dazu ist es hilfreich, den Aufbau der Compliance-Strukturen und die Einhaltung aller maßgeblichen Rechtsvorschriften zu dokumentieren.[247] Die Überwachung der Compliance-Struktur sollte von einer unabhängigen Stelle, in der

---

[242] IDW PS 980, S. 23; *Kremer/Klahold*, ZGR 2010, 113 (129); *Kort*, in: Großkommentar AktG, § 91 Rn. 145; *Görtz*, CCZ 2010, 127 (131); *Bicker*, AG 2012, 542 (546); *Seibt/Cziupka*, AG 2015, 93 (97); *Schmidt*, in: Hauschka/Moosmayer/Lösler, Corporate Compliance, § 45 Rn. 49.

[243] IDW PS 980, S. 23; so auch *Kremer/Klahold*, ZGR 2010, 113 (138); *Kort*, in: Großkommentar AktG, § 91 Rn. 148.

[244] *Schmidt/Wermelt/Eibelshäuser*, CCZ 2015, 18 (19); Siemens z.B. verbreitet durch einen jährlichen Kommunikationsplan Compliance-Themen auch auf nachfolgende Mitarbeiterebenen, vgl. *Moosmayer*, Compliance, Rn. 367.

[245] BaFin, Rundschreiben 4/2010 Mindestanforderungen an die Compliance-Funktion und die weiteren Verhaltens-, Organisations- und Transparenzpflichten nach §§ 31 ff. WpHG (MaComp), BT 1.2.1.1.

[246] IDW PS 980, S. 7; vgl. LG München I, NZG 2014, 345 (347).

[247] *Schmidt*, in: Hauschka/Moosmayer/Lösler, Corporate Compliance, § 45 Rn. 50; IDW PS 980, S. 6f.

Praxis häufig der internen Revision, durchgeführt werden.[248] Der IDW PS 980 nennt weiterhin folgende Aspekte der Compliance-Überwachung: Die Festlegung der Zuständigkeiten für die Compliance-Überwachung, Entwicklung eines Überwachungsplans, Bereitstellung von ausreichend erfahrenen Ressourcen für die Durchführung der Überwachungsmaßnahmen, die Bestimmung der Berichtswege für die Ergebnisse der Überwachungsmaßnahmen und die Auswertung der Berichte durch die zuständige Stelle.[249]

## VII. Rechtsprechung zu Compliance

In den letzten Jahren ist das Thema Compliance vor allem in Wellen diskutiert worden. Aufsehen erregende Urteile nach Regelverstößen haben die Diskussion um die Notwendigkeit von Compliance-Strukturen regelmäßig neu entflammen lassen. Dabei stechen zwei Urteile hervor, die die Compliance-Forschung im Allgemeinen und gerade im Hinblick auf öffentliche Unternehmen einer intensiven Debatte ausgesetzt und beeinflusst haben. Angesichts der Bedeutung und ihrer Rolle in der späteren Untersuchung ist eine grundlegende Darstellung der Urteile angebracht.

### 1. Der Fall „Siemens-Neubürger"[250]

Im Zuge des Korruptionsskandals der Siemens AG hatte sich im Unternehmen ein System schwarzer Kassen entwickelt, mit dessen Geldern ausländische Amtsträger bestochen und einhergehend Aufträge an die Siemens AG vergeben wurden.[251] Zum Zeitpunkt dieser

---

248 IDW PS 980, S. 23; *Schmidt*, in: Hauschka/Moosmayer/Lösler, Corporate Compliance, § 45 Rn. 51; *Görtz*, CCZ 2010, 127 (131); BaFin, Rundschreiben 4/2010 Mindestanforderungen an die Compliance-Funktion und die weiteren Verhaltens-, Organisations- und Transparenzpflichten nach §§ 31 ff. WpHG (MaComp), BT 1.3.3.2.2.

249 IDW PS 980, S. 23.

250 LG München I, NZG 2014, 345.

251 Ausführlich zum Siemens Korruptionsskandal *Kindler*, FS G. H. Roth, 2011, S. 367 (368ff).

schwarzen Kassen hatte die Siemens AG eine Compliance-Struktur eingerichtet. Diese konnte die Schmiergeldzahlungen jedoch weder verhindern noch rechtzeitig aufdecken oder präventive Maßnahmen zur Verhinderung zukünftiger rechtswidriger Zahlungen ergreifen. Während mit den anderen Vorstandsmitgliedern im Hinblick auf eine mögliche Pflichtverletzung ein Vergleich geschlossen werden konnte, lehnte der damalige Finanzvorstand Neubürger eine außergerichtliche Einigung ab. Der Aufsichtsrat nahm ihn daraufhin wegen Verletzung seiner Sorgfaltspflichten in Anspruch und klagte auf Schadensersatz. Das Landgericht München schloss sich der Klage der Siemens AG an und gab ihr in vollem Umfang statt. Gestützt wurde das Urteil vornehmlich auf die Legalitätspflicht des Vorstandes, aus der neben dem Verbot rechtswidrigen Verhaltens auch die Organisationspflicht abgeleitet wird, die Geschäftstätigkeit des Unternehmens so zu überwachen, dass keine Gesetzesverstöße stattfinden. Nach Ansicht des Gerichts wird dieser Organisationspflicht bei einer bestehenden Gefährdungslage nur dann genüge getan, wenn der Vorstand eine „auf Schadensprävention und Risikokontrolle angelegte Compliance-Organisation einrichtet.“[252] Zwar hatte die Siemens AG eine Compliance-Organisation eingerichtet, allerdings war diese wirkungslos. Neubürger hätte für eine wirksame Compliance-Struktur sorgen und diese auch in seiner Wirksamkeit kontrollieren müssen.

Das Urteil des LG München I hatte weitreichende Auswirkungen auf die Compliance-Praxis. Zum ersten Mal wurde ein Manager wegen mangelhafter Compliance zu Schadensersatz verurteilt. Obwohl Neubürger Rechtsmittel einlegte und sich im Nachhinein mit der Siemens AG auf einen Vergleich i.H.v. 2,5 Mio. Euro einigte,[253] hatte das zunächst angedrohte Strafmaß von 15 Mio. Euro tatkräftig dazu beigetragen, dass sich Vorstände und Geschäftsführer angesichts ihrer persönlichen Haftungsrisiken vermehrt mit der Implementierung von Compliance-Strukturen beschäftigt haben. Es war zudem das erste deutsche Gericht, das sich ausführlich mit dem Erfordernis von

---

[252] LG München I, NZG 2014, 345 (346).

[253] Das Urteil im Fall „Siemens-Neubürger“ wurde auch deshalb so öffentlichkeitswirksam debattiert, weil es ein tragisches Ende fand. Nur acht Tage später, nachdem die Aktionäre der Siemens AG dem Vergleich i.H.v. 2,5 Mio. EUR zustimmten, nahm sich Heinz-Joachim Neubürger das Leben.

Compliance und der Schaffung einer Compliance-Struktur auseinandersetzen musste. Zwar handelt es sich bei der Siemens AG um ein weltweit operierendes Unternehmen, nichtsdestotrotz erwuchs aus dem Urteil die Frage, ob sich die Grundsätze des Urteils auch auf andere Rechtsformen und Größenordnungen übertragen lassen.

## 2. Der Fall „Berliner Stadtreinigung"[254]

Der Angeklagte W war bei den Berliner Stadtreinigungsbetrieben (BSR) als Volljurist, Leiter der Rechtsabteilung und zeitweise auch als Leiter der Innenrevision tätig. Infolge eines Berechnungsfehlers bei der Tarifermittlung der Entgelte für die Straßenreinigung wurden den Anwohnern erhöhte Entgelte in Rechnung gestellt. W war zum Zeitpunkt des Berechnungsfehlers Leiter der für die Berechnung zuständigen Projektgruppe. Trotz Kenntnis des Berechnungsfehlers wurde dieser in der Folgezeit von ihm nicht korrigiert.

Bei der nächsten Neuberechnung der Tarifbestimmungen war W nicht mehr Teil der Projektgruppe. Als inzwischen ernannter Leiter Innenrevision nahm W jedoch unregelmäßig an den Sitzungen teil. Eine Behebung des Berechnungsfehlers durch die neue Projektgruppe wurde durch Weisung des früheren Mitangeklagten G verhindert. Bei der Abstimmung über die neuen Tarifbestimmungen nahm W als Protokollant an der Aufsichtsratssitzung teil. Er informierte weder seinen direkten Vorgesetzten im Vorstand noch den Aufsichtsrat über den Berechnungsfehler. Auf Grundlage des Berechnungsfehlers entstand den Eigentümern der Anliegergrundstücke ein Schaden von insgesamt 23 Mio. Euro.

Der Angeklagte wurde wegen Beihilfe durch Unterlassen zum Betrug verurteilt. Als Leiter der Projektgruppe hatte er Kenntnis von dem Berechnungsfehler und hätte in der Folgezeit dessen Behebung verlangen müssen. Das Landgericht ist insbesondere der Frage nachgegangen, ob dem Angeklagten in seiner beruflichen Stellung die Pflicht traf, Rechtsverstöße im Unternehmen aufzudecken und zu verhindern. Diese Aufgabe hat das Landgericht allgemeinhin als Compliance bzw. Compliance-Officer bezeichnet. Dessen Aufgaben-

[254] BGH, NJW 2009, 3173.

gebiet ist die „Verhinderung von Rechtsverstößen, insbesondere auch von Straftaten, die aus dem Unternehmen heraus begangen werden und diesem erhebliche Nachteile durch Haftungsrisiken oder Ansehensverlust bringen können.“[255] Der Compliance-Officer habe als Folge seiner gegenüber der Unternehmensleitung übernommenen Aufgabe grundsätzlich eine Garantenpflicht, Rechtsverstöße zu unterbinden. Das Landgericht hat festgestellt, dass der Angeklagte als Leiter der Innenrevision keinen dahingehenden Pflichtenkreis übernommen hat und seine Position im Unternehmen trotz überschneidender Aufgabengebiete nicht mit dem eines Compliance-Officers vergleichbar war. Im konkreten Fall bestand allerdings die Besonderheit, dass es sich bei den BSR um ein öffentlich-rechtliches Unternehmen handelte und sich die unterlassene Richtigstellung des Berechnungsfehlers auf einen hoheitlichen Bereich des Unternehmens bezog. Nach Ansicht des Gerichts habe die BSR anders als private Unternehmen nicht nur reine Gewinnerzielungsabsicht, sondern den Gesetzesvollzug als Hauptaufgabe des Unternehmens. Das Handeln in gesetzeskonformer Weise sei Kernstück des unternehmerischen Handelns. Als Leiter der Innenrevision habe ihn daher eine Garantenpflicht i.S.d. § 13 Abs. 1 StGB getroffen.

Die Entscheidung des BGH hat in der Compliance-Forschung hohe Wellen geschlagen, allerdings nicht hinsichtlich der besonderen Verantwortung öffentlicher Unternehmen, sondern vor allem wegen der Feststellungen zur Garantenpflicht eines Compliance-Officers. In dem Fall hatte sich zum ersten Mal ein deutsches Gericht mit der strafbaren Verantwortung eines Compliance-Officers auseinandersetzen müssen. Außerhalb der eigentlichen Entscheidungsbegründung hat der BGH im Rahmen eines obiter dictums festgestellt, dass den Compliance-Officer regelmäßig eine strafrechtliche Garantenpflicht treffen wird. Die Entscheidung hat damit den Verantwortungskreis des Compliance-Officers auf Unterlassungsdelikte ausgeweitet. Dementsprechend wurde das Urteil in der Praxis mit großem Interesse und deutlicher Kritik aufgenommen.[256] Daneben hat der BGH in seiner

---

[255] BGH, NJW 2009, 3173 (3175).

[256] *Schneider/Gottschaldt*, ZIS 2011, 573; *Hüffer*, FS G. H. Roth, 2011, S. 299 (305f); *Rieble*, CCZ 2010, 1; *Krüger*, ZIS 2011, 1; *Mittelsdorf*, ZIS 2011, 123 (126); *Rübenstahl*, NZG 2009, 1341; *Lackhoff/Schulz*, CCZ 2010, 81.

Entscheidung fast beiläufig eine Aussage getroffen, die für die vorliegende Arbeit eine bedeutende Rolle spielt. Unternehmen in öffentlich-rechtlicher Trägerschaft und deren Mitarbeitern unterliegen einem strengeren Legalitätsmaßstab als derer privater Unternehmen. Ob die Begründung des BGH haltbar ist und welche Auswirkung eine solche Annahme auf die Compliance-Struktur hätte, wird an späterer Stelle untersucht.

## VIII. Rechtspolitische Entwicklung

Die bisherige Untersuchung hat gezeigt, dass Compliance bereits eine große Entwicklung hinter sich hat. Anders als im amerikanischen Recht, dass mit den Sentencing Guidelines bereits früh einen gesetzlichen Anreiz zur Implementierung von Compliance-Strukturen geschaffen hatte, ist dem deutschen Recht eine gesetzliche Regulierung von Compliance noch fremd. Es gibt weder feste Vorgaben, noch einen den Sentencing Guidelines oder UK Bribery Act vergleichbaren Anreiz, mit Hilfe von Compliance-Strukturen Strafen zu vermeiden oder zu mildern. Nicht erst seit der „Siemens-Neubürger" Entscheidung hat die Debatte um Compliance jedoch auch in der deutschen Gesetzgebung neue Fahrt aufgenommen. Bereits am Koalitionsvertrag von CDU/CSU und SPD zur 18. Legislaturperiode wird deutlich, dass den typischen Compliance-Risiken eine verstärkte Aufmerksamkeit gilt.[257] Auch die bereits verabschiedeten Gesetze zur Bekämpfung von Korruption im Gesundheitswesen[258] und das allgemeine Gesetz zur Bekämpfung der Korruption[259] zeigen das erhöhte Interesse des Gesetzgebers vor allem im Bereich der Korruptionsdelikte. Auf Anfrage aus dem Bundestag, inwiefern Compliance auch für kleine und mittlere Unternehmen in Betracht kommen kann, antwortete die Bundesregierung, dass zur Verhinderung von Rechtsverstößen Compliance-Systeme „grundsätzlich auch für kleinere und mittlere

[257] Koalitionsvertrag, 18. Legislaturperiode, Bekämpfung von Steuerhinterziehung und Geldwäsche (S. 45), Prüfung eines Unternehmensstrafrechts (S. 101).
[258] BR-Drucks. 360/15.
[259] BT-Drucks. 18/4350.

Unternehmen ein Instrument sein" können.[260] Ferner wird von der Bundesregierung derzeit geprüft, ob eine Förderung von Compliance durch Änderung rechtlicher Rahmenbedingungen in Betracht kommen kann.[261] Der aktuelle Fall rund um die Volkswagen AG wird die angeschobene Debatte sicherlich weiter beschleunigen.[262] Über die bereits dargestellten Absichten der Bundesregierung gibt es noch weitere Vorschläge zur Implementierung von Compliance im deutschen Recht.

### 1. Einführung eines Unternehmensstrafrechts

Die Koalition hat in ihrem Koalitionsvertrag der 18. Legislaturperiode bekräftigt, eine Verschärfung des Unternehmensstrafrechts zu prüfen.[263] Ein Entwurf der Bundesregierung ist jedoch in der abgelaufenen Legislaturperiode nicht vorgelegt worden. Daneben haben sich noch andere Autoren, Verbände und Bundesländer mit der Einführung eines Unternehmensstrafrechts beschäftigt. Der dahingehend vorgelegte „Entwurf eines Gesetzes zur Einführung der strafrechtlichen Verantwortlichkeit von Unternehmen und sonstigen Verbänden" des Landes Nordrhein-Westfalen ist der wohl am weitgehendste Reformvorschlag.[264] Das von Justizminister Thomas Kutschaty vorgestellte Modell enthält ein Unternehmensstrafrecht auf Grundlage eines Verbandsstrafgesetzbuches.[265] Zukünftig sollen nicht nur wie bisher natürliche Personen bestraft werden können, sondern auch Unternehmen. Der Entwurf kritisiert die bisher fehlende Anreizwirkung zur

---

260 BT-Drucks. 18/2187, S. 3.

261 BT-Drucks. 18/2187, S. 3.

262 Vgl. nur Antrag im Bundestag von Bündnis 90/Grünen, BT-Drucks. 18/10038, S. 3, die die Bundesregierung auffordern, einen Gesetzesentwurf vorzulegen, der „die Implementation wirksamer Compliance-Systeme sowie unternehmensinterner wie externer Whistleblowingsysteme" fördert.

263 „Wir brauchen konkrete und nachvollziehbare Zumessungsregeln für Unternehmensbußen. Wir prüfen ein Unternehmensstrafrecht für multinationale Konzerne", Koalitionsvertrag, 18. Legislaturperiode, S. 101; vgl. BT-Drucks. 18/2187, S. 2.

264 Abrufbar unter: http://www.jm.nrw.de/JM/jumiko/beschluesse/2013/herbstkonferenz13/TOP_II_5_Gesetzentwurf.pdf (Stand: 08.11.2018); im Folgenden: Gesetzesentwurf NRW.

265 Ausführlich dazu *Grützner*, CCZ 2015, 56.

Einrichtung einer Compliance-Struktur.[266] Der neu entwickelte § 5 Abs. 1 VerbStrG soll daher die Möglichkeit vorsehen, dass von einer Strafe abgesehen werden kann, wenn geeignete organisatorische Maßnahmen, insbesondere Compliance-Systeme, zur Vermeidung zukünftiger Verstöße eingerichtet wurden.[267] Obwohl Compliance-Strukturen auch nach derzeitigem Recht bei der Bußgeldbemessung eine mildernde Haftungswirkung haben können, wird zutreffend angemerkt, dass von diesem Recht in der Gerichtspraxis bisher kaum Gebrauch gemacht wird.[268] Insgesamt stehen Literatur[269] und Verbände[270] dem Entwurf sehr kritisch gegenüber, wenngleich die Forderung nach einer anreizbasierten Compliance-Förderung zumeist davon ausgenommen ist.[271] Nach Ansicht der Literatur und Verbände sind die vorgeschlagenen Sanktionen zu weitgehend und begründen damit grundsätzliche verfassungsrechtliche Zweifel.[272] Zudem wird die kriminalpolitische Notwendigkeit zur Einführung eines Unternehmensstrafrechts generell in Frage gestellt.[273] Eine haftungsmildernde Wirkung von Compliance-Strukturen könne sich auch durch eine Reform des Ordnungswidrigkeitenrechts herbeiführen lassen.[274] Einer

---

266 Gesetzesentwurf NRW, S. 2.

267 Gesetzesentwurf NRW, S. 9f, 54.

268 Gesetzesentwurf NRW, S. 54.

269 *Schünemann*, ZIS 2014, 1; *Grützner*, CCZ 2015, 56 (59f); *Hoven*, ZIS 2014, 19; *Beulke/Moosmayer*, CCZ 2014, 146; *Willems*, ZIS 2015, 40; *Hein*, CCZ 2014, 75; *Hauschka*, CCZ 2014, 165; *Leipold*, NJW-Spezial 2013, 696.

270 Deutscher Anwaltsverein, Stellungnahme 54/2013; Bundesverband der Deutschen Industrie & Bundesvereinigung der Deutschen Arbeitgeberverbände (BDI & BDA), Stellungnahme zum Entwurf eines Gesetzes zur Einführung der strafrechtlichen Verantwortlichkeit von Unternehmen und sonstigen Verbänden; Deutsches Aktieninstitut (DAI), Gegen die Einführung eines Unternehmensstrafrechts (im Folgenden: DAI, Unternehmensstrafrecht).

271 *Willems*, ZIS 2015, 40 (45); *Grützner*, CCZ 2015, 56 (60); Bedenken hat *Schünemann*, ZIS 2014, 1 (7ff); *Beulke/Moosmayer*, CCZ 2014, 146 (147); *Hauschka*, CCZ 2014, 165 (165f).

272 *Grützner*, CCZ 2015, 56 (59); DAI, Unternehmensstrafrecht, S. 2f; *Leipold*, NJW-Spezial 2013, 696 (696); *Schünemann*, ZIS 2014, 1 (17f).

273 *Grützner*, CCZ 2015, 56 (59); DAI, Unternehmensstrafrecht, S. 2f; *Leipold*, NJW-Spezial 2013, 696 (696); *Schünemann*, ZIS 2014, 1 (17f).

274 Wobei es de lege lata bereits heute als Strafmilderungsgrund in Frage kommen soll, vgl. BT-Drucks. 17/11053, S. 21; jedoch von dieser Praxis kaum

weitreichenden Einführung eines Unternehmensstrafrechts bedarf es dazu nicht.[275] Entgegen der Ankündigung des Justizministers ist der Entwurf des Unternehmensstrafrechts aber bis heute noch nicht in den Bundesrat eingebracht worden.[276] Der Fall VW könnte dem Thema neuen Schub geben.[277]

## 2. Reform des Ordnungswidrigkeitengesetzes

Angesichts der Ankündigung des Nordrhein-Westfälischen Justizministers, den Entwurf zur Einführung eines Unternehmensstrafrechts in den Bundesrat einzubringen, hat der Bundesverband der Unternehmensjuristen (im folgenden BUJ genannt) und der Passauer Strafrechtsprofessor Dr. Werner Beulke der Bundesregierung einen abweichenden Vorschlag zur Verbesserung unternehmensstrafrechtlicher Sanktionierung unterbreitet.[278] Nach Ansicht des BUJ bestehen keine Zweifel, dass die bisherigen Sanktionsmöglichkeiten gegen Wirtschaftskriminalität in Deutschland unzureichend sind.[279] Zur Verbesserung wird jedoch keine umfassende Einführung eines Unternehmensstrafrechts benötigt, sondern nur eine Reform des Ordnungswidrigkeitenrechts.[280] Im Mittelpunkt des Gegenentwurfs

---

Gebrauch gemacht wird, so *Kremer/Klahold*, ZGR 2010, 113 (139); zuletzt jedoch BGH, Urteil vom 09. Mai 2017 – 1 StR 265/16 – Rn. 118, juris.

275 *Willems*, ZIS 2015, 40 (45).

276 Auf persönliche Anfrage teilte das Justizministerium NRW mit: „Im Koalitionsvertag des Bundes ist vereinbart worden, dass Möglichkeiten geprüft werden sollen, in Deutschland ein Unternehmensstrafrecht zumindest für multinationale Konzerne einzuführen. Das Bundesministerium der Justiz und für Verbraucherschutz hat den Prüfauftrag inzwischen aufgegriffen. Bundesjustizminister Maas hat angekündigt, die Prüfung ergebnisoffen vorzunehmen und einen eigenen Gesetzentwurf vorzulegen. Vor diesem Hintergrund hat Herr Minister Kutschaty entschieden, die Initiative Nordrhein-Westfalens zunächst nicht in den Bundesrat einzubringen, sondern abzuwarten, ob der Bundesminister der Justiz und für Verbraucherschutz unseren Vorschlag ganz oder in Teilen aufgreifen wird.“

277 Vgl. Anfrage im Bundestag von Bündnis 90/Grünen, BT-Drucks. 18/10038.

278 BUJ, Gesetzgebungsvorschlag für eine Änderung der §§ 30, 130 des Ordnungswidrigkeitengesetzes (OWiG), im Folgenden: BUJ, Gesetzgebungsvorschlag.

279 BUJ, Gesetzgebungsvorschlag, S. 5.

280 *Grützner*, CCZ 2015, 56 (60).

steht die anreizbasierte Implementierung eines Compliance-Systems.[281] So soll der neu zu fassende § 30 Abs. 7 n.F. OWiG einen sanktionsrechtlichen Milderungsgrund erhalten, wenn trotz funktionierender Compliance-Mechanismen ein Rechtsverstoß begangen wurde.[282] Ferner soll es die Möglichkeit einer am Vergaberecht angelehnten Selbstreinigung geben.[283] Ziel dieses gesetzlichen Minderungsgrundes ist die Honorierung ernsthafter Compliance-Bemühungen von Unternehmen.[284]

Die Anforderung an eine solche Struktur soll in § 130 Abs. 1 n.F. OWiG durch zusätzliche inhaltliche Vorgaben konkretisiert werden. Neben den bereits bisher in § 130 Abs. 1 OWiG genannten Voraussetzungen der sorgsamen Kontrolle und Auswahl von Mitarbeitern und Aufsichtspersonen sollen regelmäßige Risikoanalysen, der Erlass von Compliance-Richtlinien, die Schulung von Mitarbeitern, die Implementierung eines „Whistle-Blowing"-Systems sowie die verpflichtende Aufklärung und Ahndung von Rechtsverstößen Grundvoraussetzung eines Compliance-Systems sein.[285] Der Vorschlag des BUJ würde nicht nur eine anreizbasierte Compliance-Struktur schaffen, sondern zum ersten Mal im deutschen Recht die Mindestanforderungen an Compliance näher konkretisieren. Der Gegenentwurf des BUJ wurde, auch wegen der nur geringeren Eingriffe, von der Literatur weitestgehend positiv aufgenommen.[286]

### 3. Compliance-Anreiz-Gesetz

Der Kritik an dem Entwurf des Gesetzes zur Einführung eines Unternehmensstrafrechts hat sich auch das im Jahr 2012 gegründete DICO – Deutsches Institut für Compliance e.V. angeschlossen. Mit dem Vorschlag zur Schaffung eines Compliance-Anreiz-Gesetzes (CompAG) könnten die von Nordrhein-Westfalen verfolgten Ziele mit

[281] Ausführlich dazu *Beulke/Moosmayer*, CCZ 2014, 146 (148ff); vgl. auch *Grützner*, CCZ 2015, 56 (60ff).
[282] BUJ, Gesetzgebungsvorschlag, S. 8.
[283] BUJ, Gesetzgebungsvorschlag, S. 8.
[284] BUJ, Gesetzgebungsvorschlag, S. 12.
[285] Ausführlich dazu BUJ, Gesetzgebungsvorschlag, S. 20f.
[286] *Grützner*, CCZ 2015, 56 (62).

nur geringen Änderungen an den bestehenden gesetzlichen Regelungen verfolgt werden.[287] Im Allgemeinen deckt sich der Vorschlag des DICO mit den Forderungen des BUJ.[288] Es soll ein abgestuftes Sanktionssystem eingeführt werden, dass bei ernsthaftem und nachhaltigem Bemühen um ausreichende Compliance eine Strafe abgemildert oder von ihr abgesehen werden kann.[289]

## 4. Ausblick

Ohne näher auf die Argumente für oder gegen die Einführung eines Unternehmensstrafrechts eingehen zu wollen, machen die Reformvorschläge doch deutlich, dass Compliance in der Unternehmensrealität angekommen ist. Sie zeigen aber auch, wie sehr eine gesetzliche Fixierung von Compliance fehlt. Die bisherige Compliance-Rechtsprechung hat noch zu keiner Rechtssicherheit für die Unternehmen geführt. Ganz im Gegenteil, die bisherigen Compliance-Anstrengungen resultieren vor allem aus der Haftungsangst des zumindest diskussionswürdigen „Siemens-Neubürger"-Urteils. Für Unternehmen besteht daher weiterhin die Rechtsunsicherheit, ob ihre Compliance-Struktur trotz aller Anstrengungen den Anforderungen genügt. Der Gesetzgeber ist gefordert hier Klarheit zu schaffen. Die Vorschläge des BUJ und des DICO geben einen ersten Einblick, wie eine anreizbasierte Compliance-Struktur aussehen könnte und welchen Compliance-Mindeststandards sie genügen müssten.

In der Gesamtbetrachtung aller Initiativen fällt auf, dass ein Großteil der Reformbestrebungen in den letzten Jahren entwickelt wurde. Die bisherigen Anstrengungen des Gesetzgebers verdeutlichen ebenso, dass Compliance noch stärker in den Mittelpunkt rücken wird.[290] Spätestens wenn das vollständige Ausmaß des Schadens im „Fall VW" erkennbar ist, wird auch die Politik das Thema Compliance erneut auf das Tableau heben. Dies wird dazu führen, dass

[287] DICO, CompAG, S. 2, abrufbar unter: http://www.dico-ev.de/wp-content/uploads/2016/10/CompAG_21_07_2014.pdf (Stand: 08.11.2018).
[288] So auch *Peukert/Altenburg*, BB 2015, 2822 (2822).
[289] DICO, CompAG, S. 2.
[290] Koalitionsvertrag, 18. Legislaturperiode, Bekämpfung von Steuerhinterziehung und Geldwäsche (S. 45), Prüfung eines Unternehmensstrafrechts (S. 101).

Compliance nicht nur in der Realität angekommen ist, sondern zeitnah auch in deutschen Gesetzestexten Einzug finden wird.

# B. Besondere Compliance-Anforderungen kommunaler Unternehmen

## I. Der Trend zum kommunalen Unternehmen

Die wirtschaftliche Betätigung der öffentlichen Hand ist kein neues Phänomen. Bereits in der preußischen Städteordnung von 1808 ging das preußische OVG davon aus, dass Gemeinden in allen Bereichen tätig werden konnten, welche „die Wohlfahrt des Ganzen, die materiellen Interessen und die geistige Entwicklung der Einzelnen" fördern."[291] Erst Anfang des 19. Jahrhunderts wurde der kommunalen Wirtschaft ein größerer, autonomer Spielraum eingeräumt. Ursächlich dafür war die mit der Einführung der Gemeindeordnung im Jahr 1935 einhergehende Möglichkeit zur Gründung von Eigenbetrieben. Die vermeintlichen Vorteile einer solchen Gestaltungsmöglichkeit haben dazu geführt, dass die Anzahl kommunaler Unternehmen stetig und gerade in den letzten Jahrzehnten noch einmal deutlich zugenommen hat. Während im Jahr 2000 noch 10.909 Unternehmen in kommunaler Hand waren, stieg der Anteil kommunal geführter Unternehmen bis ins Jahr 2011 um 23,3% auf 13.447.[292] Damit machen kommunale Unternehmen rund 90% aller öffentlichen Unternehmen aus.[293] Unterstützt wird diese Tendenz auch von den Umsatzerlösen, die sich in der gleichen Zeit von 131 Mrd. Euro auf 267 Mrd. Euro mehr als verdoppelt haben.[294]

---

291 *Cronauge/Westermann*, Kommunale Unternehmen, Rn. 20; zeitgleich kann die preußische Städteordnung als Beginn moderner Selbstverwaltung gesehen werden, dazu *Vogelgesang/Lübking/Jahn*, Kommunale Selbstverwaltung, Rn. 25f; vgl. auch *Nierhaus*, in: Sachs, GG, Art. 28 Rn. 32.

292 Monopolkommission, Hauptgutachten Monopolkommission 2012/2013, Kapitel V S. 439.

293 Statistisches Bundesamt (2014): Jahresabschlussstatistik öffentlicher Fonds, Einrichtungen und Unternehmen, S. 309.

294 Inflationsbereinigt ergibt dies eine Steigerung von annähernd 70%, Monopolkommission, Hauptgutachten Monopolkommission 2012/2013, Kapitel V S. 439.

Der Vergleich der kommunalen Wirtschaftstätigkeit untereinander ist mitunter schwierig, denn seit jeher ist der kommunale Wirtschaftsmarkt von Liberalität und einem großen Mix aus unterschiedlichen Unternehmensfeldern und Rechtsformen geprägt.[295] Er ist gekennzeichnet durch einen mannigfaltigen Branchenmix, der häufig über den typischen Kernbereich kommunaler Daseinsvorsorge hinausgeht.[296] So hat beispielsweise die Stadt Mühlheim am Main mittels ihrer Wohnungsbaugesellschaft zeitweise ein Nagelstudio und zwei Gaststätten betrieben, während eine andere Kommune einen privatisierten Gartenbaubetrieb unterhielt.[297] Aber auch große Unternehmen wie die Berliner Verkehrsbetriebe (BVG)[298] oder die Fraport AG[299] sind vollständig oder anteilig in kommunaler Hand.

Die Gründe für die wirtschaftliche Ausweitung sind derweil hausgemacht. Zum einen bietet die Ausgliederung kommunaler Aufgaben vielfältige Möglichkeiten der direkten und im Vergleich zur Verwaltungsarbeit unkomplizierteren Steuerung, auf die jedoch an späterer Stelle noch ausführlich eingegangen werden soll.[300] Zum anderen versuchen die Kommunen angesichts knapper Kassen mit der Ausgliederung neue Aufgabenfelder zu erschließen, um mögliche Defizite kommunaler Pflichtaufgaben ausgleichen zu können.[301] Nur folgerichtig wird der kommunalwirtschaftlichen Erweiterung daher immer häufiger Kritik entgegengebracht. Die Ausweitung kommunaler Aufgabenfelder gefährde Arbeitsplätze und sei eine Gefahr für

---

295 *Cronauge*, Der Gemeindehaushalt 1998, 131 (132).

296 Siehe Übersicht bei *Katz*, Kommunale Wirtschaft, S. 14.

297 Dazu OLG Hamm, NJW 1998, 3504 (3504f).

298 Anstalt des öffentlichen Rechts, knapp 12.000 Mitarbeiter, Jahresumsatz 2016: 1,19 Mrd. EUR.

299 Aktiengesellschaft, knapp 22.000 Mitarbeiter, Jahresumsatz 2016: 2,58 Mrd. EUR.

300 *Erle/Becker*, NZG 1999, 58 (58); dazu *Hennecke*, in: Wurzl/Schraml/Becker, Rechtspraxis der kommunalen Unternehmen, S. 3f; vgl. *Ehlers*, JZ 1990, 1089 (1090).

301 Zur Finanzausstattung als Grund neuer kommunaler Aufgabenerschließung siehe *Hennecke*, in: Wurzl/Schraml/Becker, Rechtspraxis der kommunalen Unternehmen, S. 2f; *Ewer*, FS Hellwig, 2010, S. 475 (484); auch *Cronauge*, Der Gemeindehaushalt 1998, 131 (132); *Hösch*, DÖV 2000, 393 (393); *Held*, WiVerw 1998, 264 (264); *Erle/Becker*, NZG 1999, 58 (58).

Wachstum und Beschäftigung mittelständischer Strukturen.[302] Zugleich werde die Kommune durch die komplexen Beteiligungsstrukturen zu einem vom Bürger und der politischen Vertretung kaum durchschaubaren Konzern aufgebläht.

## II. Rechtsformen

Eine Besonderheit der kommunalen Wirtschaft ist die liberale Rechtsformauswahl. Als Ausfluss der kommunalen Selbstverwaltung aus Art. 28 Abs. 2 GG kann sich die Kommune sowohl in öffentlich-rechtlicher, als auch in privater Rechtsform organisieren.[303] Gleichwohl einige Stimmen die Begründung der Wahlfreiheit kritisch betrachten,[304] ist sie von Literatur[305] und Rechtsprechung[306] zumindest im Bereich der Leistungsverwaltung unstrittig anerkannt. Der BGH führt in seiner „Löschwasser-Entscheidung" von 1984 dazu aus, dass allein die verbindliche Verpflichtung zur Nutzung einer öffentlichen Rechtsform oder die Tätigkeit in einem Über- und Unterordnungsverhältnis, eine Ausnahme von der Rechtsformfreiheit begründen kann.[307] Polizei und Gerichtsbarkeit, die ihre Aufgaben nicht auf „bürgerlich-rechtlicher Grundlage und in einem Verhältnis der Gleichordnung" ausüben können, sind daher von der Nutzung privatrechtlicher Organisationsformen ausgegrenzt.[308] Nur in wenigen Bereichen kennt das öffentliche Recht gesetzlich festgeschriebene Organisationsformen, die ihnen zum Beispiel die Anstalt des öffentlichen Rechts als einzig zulässige Rechtsform für kommunale Sparkassen vorschreiben.[309]

---

302 *Hill*, BB 1997, 425 (427); *Ewer*, FS Hellwig, 2010, S. 475 (484).

303 *Altmeppen*, NJW 2003, 2561 (2561).

304 *Ehlers*, Verwaltung in Privatrechtsform, S. 66ff, der im Besonderen auf die fehlende Bemühung zur Herleitung der Wahlfreiheit abstellt und die simple Berufung auf Tradition oder die bessere Eignung des Privatrechts ablehnt; *ders.*, JZ 1990, 1089 (1094).

305 *Mehde*, in: Maunz/Dürig, GG, Art. 28 Abs. 2 Rn. 94; *Schmidt/Kneip*, HGO, § 122 Rn. 1; *Dreier*, in: Dreier, GG, Art. 28 Rn. 125.

306 BGH, NJW 1963, 40 (40f).

307 BGH, NJW 1985, 197 (198); BGH, NJW 1963, 40 (40).

308 BGH, NJW 1953, 778 (779).

309 Vgl. § 2 SpkG NW.

Allerdings bringt die Rechtsformliberalität nicht nur Vorteile mit sich, sondern stellt die Kommune auch vor die große Herausforderung, dass deren Vertreter durch die verschiedenen Gesellschaftsformen mit einer großen Masse an unterschiedlichen Anforderungen und Organisationsstrukturen konfrontiert werden. Bei der Beteiligungsverwaltung muss daher besonderen Wert darauf gelegt werden, die Mitarbeiter, die Vertreter in den Organen, aber auch die übrigen politischen Organe über die Anforderungen der unterschiedlichen Rechtsformen zu unterrichten.

### 1. Rechtsform als Steuerungselement

#### a) Entwicklung

Einhergehend zum grundsätzlichen Trend, Aufgaben aus dem kommunalen Kernhaushalt auszulagern, hat sich zusätzlich die Entwicklung gefestigt, Aufgaben häufiger in privater als in öffentlich-rechtlicher Rechtsform zu organisieren.[310] Leider existieren nur wenige Untersuchungen oder Statistiken, die sich mit der prozentualen Verteilung der Rechtsformen kommunaler Unternehmen beschäftigen. Erschwerend kommt hinzu, dass sich diese in ihrer Datengrundlage nur auf Teilbereiche beschränken und nicht die Gesamtheit aller kommunalen Unternehmen erfassen. Gleichwohl ihre Analyse daher nicht vollumfänglich auf die Gesamtheit aller kommunalen Unternehmen projiziert werden kann, so geben sie doch einen annähernden Überblick. Aus der Statistik des Verbands kommunaler Unternehmen e.V. (VKU) geht hervor, dass im Jahr 1952 noch 94,5% der kommunalen Unternehmen in Form eines Eigenbetriebes organisiert waren, während es 2002 nur noch knapp 25% waren.[311] Gleichzeitig konnte der Anteil der GmbH im selben Zeitraum von 3,1% auf 62,2% schlagartig zulegen. Die Aktiengesellschaft mit 5,6%, die Anstalt

---

[310] *Altmeppen*, NJW 2003, 2561 (2561); *ders.*, FS Uwe H. Schneider, 2011, S. 1 (1); *Spannowsky*, ZGR 1996, 400 (400f); *Bäcker*, FS Schwark, 2009, S. 101 (101); zu den Gründen für die Nutzung privater Rechtsformen siehe den ausführlichen Beitrag von *Erbguth/Stollmann*, DÖV 1993, 798 (801ff).

[311] Verband kommunaler Unternehmen e.V. (VKU), abgedruckt in: Katz, Kommunale Wirtschaft, S. 17.

öffentlichen Rechts mit 2,5% und der Zweckverband mit 4,7% spielen nur eine untergeordnete Rolle.

In einer empirischen Analyse aus 2003 wurde die prozentuale Verteilung von Rechtsformen kommunaler Unternehmen erneut untersucht. Danach waren 73,4% der Unternehmen als GmbH, 9,2 % als Eigenbetriebe oder eigenbetriebsähnliche Unternehmen und 4,9% als Aktiengesellschaft organisiert. Die restlichen knappen 9% verteilen sich auf Genossenschaften, Vereine, Stiftungen und Anstalten.[312]

Die doch stark abweichenden Unterschiede in den Zahlen des VKU und der empirischen Untersuchung können vor allem auf eine unterschiedliche Anzahl von Datensätzen zurückgeführt werden. Während in den Daten des VKU nur Mitgliedsunternehmen erfasst sind, wurden in der empirischen Untersuchung mehr als doppelt so viele Unternehmen ausgewertet. In dem VKU sind indes sehr wahrscheinlich nur solche Unternehmen organisiert, die sich aus dem Zusammenschluss kommunaler Unternehmen einen Vorteil erhoffen und damit wahrscheinlich einem bestimmten wettbewerbsdominierenden Markt angehören.

Daneben existieren neuerdings noch die Auswertungen des Statistischen Bundesamtes, die jedoch keine Rückschlüsse auf die Vergangenheit zulassen und daher kein sinnvolles Vergleichsobjekt liefern. Danach waren 2011 57,7% der kommunalen Unternehmen als GmbH, 3,6% als KG, 1,4% als AG, 26% als Eigenbetrieb und knapp 2% als Anstalt des öffentlichen Rechts organisiert.[313]

Auch ohne die Zahlen daher in letzter Konsequenz analysieren zu können, erscheint es deutlich, dass die privaten Rechtsformen ein immer beliebteres Organisationsmodell sind und insbesondere die GmbH die dominierende Gesellschaftsform darstellt.[314] Sollte dem Wunsch von Literatur und kommunaler Praxis nicht entsprochen werden, eine in der Flexibilität und autonomen Handlungsstruktur der

[312] *Edeling/Richard und Mitarbeiter*, abgedruckt in: Edeling/Stölting/Wagner, Öffentliche Unternehmen zwischen Privatwirtschaft und öffentlicher Verwaltung, S. 23.

[313] Vgl. Tabelle1, Statistisches Bundesamt (2014): Jahresabschlussstatistik öffentlicher Fonds, Einrichtungen und Unternehmen, S. 311.

[314] Im Vergleich zu den übrigen Kapitalgesellschaften ist die GmbH aber auch außerhalb öffentlicher Beteiligungen die dominierende Rechtsform, vgl. *Hüffer*, FS Hopt, 2010, S. 901 (902).

GmbH vergleichbare öffentlich-rechtliche Rechtsform zu entwickeln,[315] wird dieser Trend zur formellen Privatisierung auch in Zukunft weiter anhalten.[316]

## b) Gründe für die Verbreitung privater Rechtsformen

Die Ursachen für die Verbreitung privater Rechtsformen sind vielfältig und lassen sich nur mit einem Blick auf die Historie gänzlich erklären. Zunächst als ein bloßes Symbol für die Wettbewerbsfähigkeit öffentlicher Industriebeteiligungen verwandt, hat sich die formelle Privatisierung in den 1990er Jahren darüber hinaus auch auf typische Staatsaufgaben ausgedehnt.[317] Heute ist die EU-Kommission mit ihrer liberalen Ansicht, zuletzt sichtbar an der Diskussion zur Markteröffnung der Wasserversorgung in EU-Mitgliedstaaten, Motor der Privatisierungsdebatte auch in Bereichen der Daseinsvorsorge.[318]

Aus Sicht der öffentlichen Träger habe die Nutzung privater Rechtsformen unverzichtbare Vorteile:[319] „Wettbewerbsvorteile, unternehmerische Kompetenz, Flexibilität, kostengünstige, kurze und schnelle Handlungswege, keine Entscheidungshemmnisse durch Hineinregieren wirtschaftsunkundiger kommunaler Kollegialorgane, keine staatsaufsichtliche Gängelung etc.“[320] Geprägt werden diese

---

[315] *Hellermann*, in: Hoppe/Uechtritz/Heck, Handbuch kommunale Unternehmen, S. 159 Rn. 63.

[316] So auch *Altmeppen*, NJW 2003, 2561 (2562).

[317] *Scheele*, in: Blanke/Fedder, Privatisierung, S. 75 Rn. 17.

[318] Deren Interventionen im Bereich der Daseinsvorsorge werden von den Bürgern, wie zuletzt bei der Wasserversorgung, zumeist kritisch beäugt; so auch *Papier*, DVBl 2003, 686 (690); zu den Auswirkungen des EU-Rechts auf den Wettbewerb in der Daseinsvorsorge, *Moraing*, WiVerw 1998, 233 (235ff).

[319] *Erle/Becker*, NZG 1999, 58 (58); *Altmeppen*, NJW 2003, 2561 (2562); siehe dazu auch den ausführlichen Beitrag von *Ehlers*, Verwaltung in Privatrechtsform, S. 293ff, der viele der Vorteile für die Nutzung privatrechtlicher Rechtsformen als nicht stichhaltig ansieht.

[320] *Knemeyer*, in: Kirchgäßner/Knemeyer/Schulz, Das Kommunalunternehmen, S. 5; *Merkt*, FS Priester, 2007, S. 467 (469), spricht etwas überspitzt davon, dass mit der Privatisierung „die Möglichkeit zur hierarchischen Steuerung und Kontrolle öffentlicher Unternehmen durch das öffentlich-rechtliche Rechtsregime“ entfallen ist; *Spannowsky*, ZGR 1996, 400 (402), spricht von einer „größeren wirtschaftlichen Beweglichkeit“.

Vorteile insbesondere durch eine „Umgehungs- und Vermeidungsstrategie“ kommunalrechtlicher Nachteile.[321] Die privatrechtliche Organisation garantiere einen autonomen Handlungsspielraum gegenüber politischer Intervention oder Abhängigkeit.[322] Im Vergleich zum Eigenbetrieb oder verwaltungsinternen Strukturen verliere die Politik an direkten Weisungs- und Eingriffsbefugnissen.[323] Steuerliche Vorteile, die leichtere Handhabung gegenüber der Kommunalaufsicht und die Umgehung haushaltsrechtlicher Bindungen werden als weitere Gründe für die Auslagerung in private Rechtsformen genannt.[324]

## 2. Öffentlich-rechtliche Rechtsformen

Klassische Beispiele der Kommunalwirtschaft in öffentlich-rechtlicher Rechtsform sind der Eigenbetrieb und der Regiebetrieb.[325] Insbesondere die Eigenbetriebe waren zum Zeitpunkt früherer Ausgliederungsentwicklungen eine häufig genutzte Struktur. In einzelnen Bundesländern wird der Eigenbetrieb bei der Wasser- oder Abfallwirtschaft sogar den übrigen Rechtsformen vorgezogen.[326] Darüber hinaus bekommen die Kommunen neuerdings die Möglichkeit, ihre Aufgaben in der Rechtsform einer Anstalt des öffentlichen Rechts auszu-

---

321 *Schoch*, DVBl 1994, 962 (973); *Spannowsky*, ZGR 1996, 400 (402); ähnlich *Altmeppen*, NJW 2003, 2561 (2562); VG Regensburg, LKV 2005, 365 (373), spricht von einer drohenden Aushebelung öffentlich-rechtlicher Bindungen.

322 So auch *Altmeppen*, NJW 2003, 2561 (2562); *Edeling/Stölting/Wagner*, Öffentliche Unternehmen zwischen Privatwirtschaft und öffentlicher Verwaltung, S. 23; *Schoch*, DÖV 1993, 377 (381); *ders.*, DVBl 1994, 962 (973); *Gundlach/Frenzel/Schmidt*, LKV 2001, 246 (246).

323 *Erle/Becker*, NZG 1999, 58 (58); *Ehlers*, JZ 1990, 1089 (1092); *Altmeppen*, NJW 2003, 2561 (2562).

324 *Gasteyer*, in: Semler/v.Schenk, Der Aufsichtsrat, Exkurs 3, Rn. 3; *Ehlers*, JZ 1990, 1089 (1092).

325 Ausführlich zu den Besonderheiten von Eigenbetrieb und Regiebetrieb *Hellermann*, in: Hoppe/Uechtritz/Heck, Handbuch kommunale Unternehmen, S. 144 Rn. 22ff; *Altmeppen*, NJW 2003, 2561 (2561), nennt den Regiebetrieb im Vergleich zur GmbH „unmodern“.

326 Vgl. § 86 Abs. 2 S. 2 GemO RLP.

üben.[327] Anders als bei den privatrechtlichen Gesellschaftsformen ist die Begründung, Ausgestaltung und Ermächtigung zur Nutzung öffentlich-rechtlicher Gesellschaftsformen Aufgabe der Landesgesetzgebung. Daher war die gerne als Kommunalunternehmen bezeichnete Rechtsform anfangs nur in wenigen Bundesländern zulässig. Zunächst 1995 in Bayern eingeführt, haben seitdem Rheinland-Pfalz, Nordrhein-Westfalen, Sachsen-Anhalt, Schleswig-Holstein, Niedersachsen, Brandenburg, Mecklenburg-Vorpommern, Hessen und Thüringen nachgezogen und die Anstalt öffentlichen Rechts in ihre Kommunalverfassung aufgenommen. In allen übrigen Bundesländern ist die Anstalt öffentlichen Rechts nicht zulässig. Trotz ihrer funktionellen und organisatorischen Stellung zwischen Eigenbetrieb und GmbH[328] hat die Anstalt öffentlichen Rechts die GmbH oder den Eigenbetrieb noch nicht in ihrer Vorreiterrolle ablösen können.

Einen allgemeinen Vorrang der öffentlich-rechtlichen Rechtsform vor der privaten Rechtsform lässt sich indes nicht begründen. Verfassungsrechtlich besteht eine „Gleichwertigkeit der öffentlich-rechtlichen und privatrechtlichen Organisationsformen."[329] Dennoch haben einige Bundesländer von ihren Gesetzgebungskompetenzen Gebrauch gemacht und einen gesetzlichen Vorrang der öffentlich-rechtlichen Rechtsform festgelegt. So darf beispielsweise in Sachsen-Anhalt ein Unternehmen in Rechtsform des Privatrechts nur gegründet werden, wenn der öffentliche Zweck des Unternehmens nicht ebenso durch einen Zweckverband, einen Eigenbetrieb oder eine Anstalt des öffentlichen Rechts erfüllt wird oder erfüllt werden kann.[330]

### 3. Private Rechtsformen

Die liberale Rechtsformfreiheit der Kommunen ist zwar Ausfluss ihres in Art. 28 Abs. 2 GG garantierten kommunalen Selbstverwaltungsrechts, die meisten Landesgesetzgeber haben jedoch von ihrer

---

[327] Ausführlich zu den Besonderheiten der Anstalt öffentlichen Rechts *Hellermann*, in: Hoppe/Uechtritz/Heck, Handbuch kommunale Unternehmen, S. 159 Rn. 63ff.

[328] So auch *Ehlers*, Gutachten 64. DJT 2002, E S. 106.

[329] *Altmeppen*, NJW 2003, 2561 (2561).

[330] § 129 KVG Sachsen-Anhalt.

aus Art. 70 Abs. 1 GG übertragenen Gesetzgebungskompetenz Gebrauch gemacht und die Auswahl möglicher Rechtsformen durch die Gemeindeordnungen eingeschränkt. Gleichwohl nur von wenigen Gemeindeordnungen eine generelle Nachrangigkeit privater Rechtsformen vorgeschrieben wird,[331] gehört es zu den Standardvorschriften aller Gemeindeordnungen, dass die Gründung oder Beteiligung an einem wirtschaftlichen Unternehmen nur zulässig ist, wenn die Haftung auf einen ihrer Leistungsfähigkeit entsprechenden Betrag begrenzt ist.[332] Im Hinblick auf diese Formulierung wird die Auswahl privatrechtlicher Rechtsformen auf die GmbH und die Aktiengesellschaft begrenzt.[333] Dass die GmbH von beiden Varianten mit weitem Abstand am verbreitetsten ist, ist wenig verwunderlich. Sie erlaubt es durch flexible Strukturen den gemeinderechtlichen Anforderungen am ehesten gerecht zu werden. Gerne wird in dem Zusammenhang auch von „signifikanten Anpassungsvorteilen“ gesprochen.[334] Die Aktiengesellschaft ist hingegen ein Ausnahmefall kommunaler Organisationsformen. Nicht nur wegen der komplexen Organisationsstruktur, sondern auch wegen der in den meisten Gemeindeordnungen festgelegten Nachrangigkeit der Aktiengesellschaft. So schreibt etwa die hessische Gemeindeordnung in § 122 Abs. 3 HessGO vor, dass die kommunale Erweiterung, Übernahme, Errichtung oder Beteiligung an einer Aktiengesellschaft nur zulässig ist, wenn der öffentliche Zweck des Unternehmens nicht ebenso gut in einer anderen Rechtsform erfüllt werden kann. Nach Ansicht des Gesetzgebers ist die Aktiengesellschaft, wegen der großen Unabhängigkeit des Vorstandes und des Aufsichtsrates, im Hinblick auf die kommunale Ingerenzpflicht in der Regel eine nicht geeignete Rechtsform.[335] Aufgrund der gesetzlichen Unabdingbarkeit, Aufgaben von Vorstand und Aufsichtsrat auf die

---

331 Vgl. § 129 KVG Sachsen-Anhalt.

332 § 122 Abs. 1 Nr. 2 HessGO.

333 Rein rechtlich gesehen kommen neben der AG und der GmbH auch die GmbH & Co. KG, der Verein, die Genossenschaft oder die Stiftung in Betracht. Alle haben jedoch strukturelle Nachteile, die sie für die kommunale Wirtschaftstätigkeit als ungeeignet erscheinen lassen. Folgerichtig spielen sie in der Praxis auch nur eine sehr untergeordnete Rolle.

334 *Keßler*, GmbHR 2000, 71 (71).

335 Hessen LT-Drucks. 16/2463, S. 61; *Huber/Fröhlich*, in: Großkommentar AktG, Vor §§ 394, 395 Rn. 33.

Hauptversammlung zu übertragen, sei die Aktiengesellschaft zumindest gegenüber der GmbH ungeeignet, um die kommunalen Steuerungsinteressen bestmöglich durchzusetzen.[336] Noch weiter geht die Gemeindeordnung Mecklenburg-Vorpommerns, die die Gründung einer Aktiengesellschaft grundsätzlich für unzulässig erklärt.[337] Allerdings wird kritisiert, dass sich in den gesetzlichen Regelungen das tiefe Misstrauen des Landesgesetzgebers gegenüber der kommunalen Selbstverwaltung ausdrückt.[338] Angesichts der Tatsache, dass nur wenige Bundesländer eine Nachrangigkeit der Aktiengesellschaft festgelegt haben,[339] wird die Notwendigkeit einer solchen Vorschrift im Schrifttum grundsätzlich in Frage gestellt.[340] Dass das Aktienrecht grundsätzlich auch für Beteiligungen der öffentlichen Hand ausgelegt ist, wird zudem an den Sondervorschriften der §§ 394, 395 AktG deutlich. Indes kann aus dem Sonderstatus der Aktiengesellschaft nicht der Schluss gezogen werden, dass sie in der kommunalen Wirtschaftstätigkeit eine unbedeutende Rolle spielt. Gerade bei größeren Gesellschaften wird der Anteil der Aktiengesellschaft deutlich zunehmen. Gleichwohl es keine Statistiken oder Analysen gibt, die sich explizit mit dem Zusammenhang von Umsatz und Rechtsform in der kommunalen Wirtschaftstätigkeit beschäftigen, lässt sich die These anhand der Daten des Statistischen Bundesamtes untermauern. Denn obwohl von den 9793 privatrechtlich organisierten öffentlichen Unternehmen im Jahr 2011 ca. 90% in der Rechtsform einer GmbH betrieben wurden, entfielen nur 64% der Umsatzerlöse auf die GmbH, während sich die übrigen 36% auf Aktiengesellschaft und KG verteilen.[341]

---

336 *Ehlers*, Gutachten 64. DJT 2002, E S. 148; *Neutz*, in: Wurzel/Schraml/Becker, Rechtspraxis der kommunalen Unternehmen, S. 97 Rn. 200; die vor allem auf die Tatsache abstellen, dass der Aktiengesellschaft ein der GmbH vergleichbares Weisungsrecht fremd ist.

337 § 68 Abs. 4 S. 2. KV M-V.

338 *Neutz*, in: Wurzel/Schraml/Becker, Rechtspraxis der kommunalen Unternehmen, S. 97 Rn. 201.

339 Andere Autoren sprechen stattdessen vom Vorrang der GmbH, vgl. *Huber/Fröhlich*, in: Großkommentar AktG, Vor §§ 394, 395 Rn. 33.

340 *Neutz*, in: Wurzel/Schraml/Becker, Rechtspraxis der kommunalen Unternehmen, S. 97 Rn. 201.

341 Eigene Berechnungen auf Grundlage der Daten, Statistisches Bundesamt, Statistisches Jahrbuch 2014, S. 267.

Im Ergebnis lässt sich sagen, dass trotz vielfältiger Gestaltungsmöglichkeiten die häufig anzutreffende Bezeichnung der Wahlfreiheit[342] der Kommunen über die Wirklichkeit hinwegtäuscht. Werden die Kommunen doch sowohl bei der Auswahl öffentlicher Rechtsformen, aber auch insbesondere bei den privaten Rechtsformen, durch die Haftungsbegrenzung oder der Nachrangigkeit der Aktiengesellschaft deutlich eingeschränkt.

## III. Das kommunale Schrankentrias

Die Zulässigkeit der kommunalen Wirtschaftstätigkeit ist nicht grenzenlos, sondern an bestimmte Voraussetzungen geknüpft. Die in den Gemeindeordnungen beschriebenen Zulassungsvoraussetzungen werden gemeinhin als „kommunale Schrankentrias" bezeichnet.[343] Trotz erheblicher Entwicklungen im Ausmaß der kommunalen Wirtschaftstätigkeit hat sich das Schrankentrias bis heute bewährt und nur wenig verändert. Bereits mit Einführung der Gemeindeordnung im Jahr 1935 wurde von § 67 DGO a.F. der öffentliche Zweck, die Leistungsfähigkeit und die Subsidiarität als Zulässigkeitsmerkmal kommunaler Wirtschaftstätigkeit vorausgesetzt.[344] Sinn und Zweck dieser Vorschriften sind zum einen der Schutz Dritter vor dem Wettbewerb mit der Kommune[345] und zum anderen der Schutz der Kommune vor wirtschaftlichen Risiken. Während das kommunale Schrankentrias in der Rechtswirklichkeit bisweilen der gerichtlichen Beurteilung weitestgehend entzogen war[346], sind die kommunalen Zulässigkeitsmerkmale in den letzten Jahren vermehrt Streitgegenstand vor

---

[342] Z.B. bei *Erbguth/Stollmann*, DÖV 1993, 798 (799).

[343] Statt vieler OVG Schleswig, NVwZ-RR 2014, 323 (323).

[344] Die deutsche Gemeindeordnung v. 30.01.1935, RGBl. I S. 49.

[345] Hessen LT-Drucks 16/2463, S. 59; zum Rechtsschutz privater Konkurrenz gegen die wirtschaftliche Betätigung der Gemeinden siehe ausführlichen Beitrag von *Jungkamp*, NVwZ 2010, 546; siehe auch *Hübschle*, GewArch 2000, 186.

[346] *Schmidt/Kneip*, HGO, § 121 Rn. 3.

Gerichten.[347] Besonders hervorzuheben ist dabei das Urteil des OVG Schleswig, dass die Diskussion um die gerichtliche Kontrolle der Zulässigkeitsmerkmale neu angefacht hat.[348] Die Zulassungsvoraussetzungen des Schrankentrias sind je nach Bundesland unterschiedlich stark ausgeprägt und erschweren daher einen rechtlichen Vergleich. Darüber hinaus verhindern sie einen vergleichbaren Wettbewerb der kommunalen Unternehmen untereinander.[349]

### 1. Öffentliche Zweck

Die Erfüllung eines öffentlichen Zwecks ist Wesensmerkmal und konstitutive Legitimationsgrundlage zugleich für die kommunale Wirtschaftstätigkeit.[350] Sie eröffnet und begrenzt die Zulässigkeit kommunaler Wirtschaftstätigkeit und muss auch während des Betriebs eines Unternehmens jederzeit im Blick gehalten werden.[351] Die in den jeweiligen Gemeindeordnungen festgehaltene Bindung an den öffentlichen Zweck ist eine verfassungsrechtliche Vorgabe.[352] Dahingehend spricht § 121 Abs. 1 HessGO davon, dass der öffentliche Zweck die wirtschaftliche Betätigung der Kommune „rechtfertigen“ muss.[353] Angesichts dieser Bedeutung muss die Erfüllung des öffentlichen Zweckes in den überwiegenden Bundesländern auch im Gesell-

---

[347] OVG Magdeburg, NVwZ-RR 2009, 347; NdsOVG, DÖV 2008, 1008; OVG Schleswig, NordÖR 2013, 528; OVG NRW, DVBl 2008, 919; OLG Hamm, JZ 1998, 576.

[348] OVG Schleswig, NordÖR 2013, 528.

[349] Kritisch dazu *Reck*, DVBl 2009, 1546.

[350] *Spannowsky*, ZGR 1996, 400 (406); *Schön*, ZGR 1996, 429 (435); *Stern*, BayVBl. 1962, 129 (130); OVG Schleswig, NordÖR 2013, 528 (532); VG Regensburg, LKV 2005, 365 (370); *Neutz*, in: Wurzel/Schraml/Becker, Rechtspraxis der kommunalen Unternehmen, S. 72; *Geerlings*, NWVBl. 2008, 90 (91).

[351] Damit bildet der öffentliche Zweck auch eine äußere Grenze, in der sich der Vorstand unternehmerisch betätigen darf, vgl. *Fleischer*, in: Spindler/Stilz, AktG, § 93 Rn. 21.

[352] *Jarass*, DÖV 2002, 489 (491).

[353] So auch VG Regensburg, LKV 2005, 365 (370); in einigen Gemeindeordnungen muss der öffentliche Zweck die Betätigung „erfordern“, vgl. § 107 GemO NRW.

schaftsvertrag, der Satzung oder sonstigen Organisationsstatuten festgehalten werden.[354]

Auswirkungen auf Compliance hat der öffentliche Zweck insbesondere durch die Bindungsfunktion an die Organe und Entscheidungsträger.[355] Öffentliche Interessen werden so über das Unternehmensinteresse ein Bestandteil der Unternehmenspolitik. Es muss nach den Gesichtspunkten des Gemeinwohlinteresses entschieden und gehandelt werden.[356] Es kommt jedoch nicht darauf an jede einzelne Handlung, sondern nur das Unternehmen in seinem Unternehmensgegenstand und seiner Unternehmenspolitik dem öffentlichen Zweck auszurichten.[357] Dabei genügt es nicht, dass das Unternehmen nur grundsätzlich zur Erfüllung öffentlicher Zwecke geeignet ist, sondern es muss die Wirtschaftstätigkeit in seiner konkreten Ausübung rechtfertigen.[358]

Die Bestimmung des öffentlichen Zwecks stellt die Praxis hingegen regelmäßig vor große Probleme. So wird der öffentliche Zweck weder legaldefiniert, noch kann er abschließend numerisch festgehalten werden, soll jedoch einer uneingeschränkten Kontrolle unterliegen.[359]

a) Sozialpolitisches Korrektiv

Nach überwiegender Ansicht der Literatur liegt ein öffentlicher Zweck vor, wenn die unternehmerische Tätigkeit eine im öffentlichen Interesse liegende Zielsetzung hat, „also die Wahrnehmung einer sozial-, gemeinwohl- und damit einwohnernützigen Aufgabe".[360] Im

---

[354] § 108 Abs. 1 Nr. 7 GemO NRW.

[355] *Erle/Becker*, NZG 1999, 58 (58).

[356] *Kratz*, Kommunale Wirtschaft, S. 22; *Stern/Püttner*, Die Gemeindewirtschaft, S. 73.

[357] *Lange*, NVwZ 2014, 616 (617); *Kratz*, Kommunale Wirtschaft, S. 22.

[358] *Lange*, Kommunalrecht, Kapitel 14 Rn. 89.

[359] OVG Schleswig, NVwZ-RR 2014, 323 (323).

[360] *Neutz*, in: Wurzel/Schraml/Becker, Rechtspraxis der kommunalen Unternehmen, S. 72 Rn. 104; *Geerlings*, NWVBl. 2008, 90 (91); *Katz*, Kommunale Wirtschaft, S. 26; *Lange*, NVwZ 2014, 616 (617); *Cronauge/Westermann*, Kommunale Unternehmen, Rn. 393; *Moraing*, Der Gemeindehaushalt 1998, 223 (224).

allgemeinen Verständnis werden davon typische Tätigkeiten der Daseinsvorsorge erfasst.[361] Obwohl der Begriff der Daseinsvorsorge regelmäßig zur Abgrenzung kommunaler Wirtschaftstätigkeit[362], zur Zurechnung schlicht-hoheitlichem Verwaltungshandelns[363] oder generell in der Literatur als vermeintlich rechtlicher Begriff benutzt wird[364], handelt es sich bei dem Begriff jedoch lediglich um ein politisches Leitbild, allenfalls um einen soziologischen Begriff.[365] Der öffentliche Zweck erfasst daher auch Maßnahmen, die über die Daseinsvorsorge hinausgehen.[366] Erforderlich ist lediglich die Zweckrichtung einer gemeinwohlfördernden Leistungserbringung,[367] die auch außerhalb der Daseinsvorsorge möglich ist. Die rein auf Gewinnerzielung beabsichtigte unternehmerische Tätigkeit der Gemeinde stellt derweil nach überwiegender Ansicht keine Erfüllung öffentlicher Interessen dar.[368]

b) Wirtschaftspolitisches Korrektiv

Nach einer Ansicht im Schrifttum erfordert der öffentliche Zweck die „Festlegung der öffentlichen Hand auf Gemeinwohlbelange.“[369] In

---

361 So auch *Hösch*, DÖV 2000, 393 (393).

362 VGH Mannheim, NVwZ-RR 2013, 328 (329ff); OVG Schleswig, NordÖR 2013, 528 (532); vgl Art. 87 GemO Bayern.

363 BGH, NJW 1985, 197 (198); *Mehde*, in: Maunz/Dürig, GG, Art. 28 Abs. 2 Rn. 92.

364 Statt vieler vgl. *Papier*, DVBL 2003, 686.

365 *Schink*, NVwZ 2002, 129 (132); *Weidemann*, DVBl 2000, 1571 (1577); *Hill*, BB 1997, 425 (427), *Pielow*, Grundstrukturen öffentlicher Versorgung, S. 394.

366 BVerwG, DB 1972, 1332 (1333); *Moraing*, Der Gemeindehaushalt 1998, 223 (224); *ders.*, WiVerw 1998, 233 (252); *Cronauge/Westermann*, Kommunale Unternehmen, Rn. 393; *Cronauge*, Der Gemeindehaushalt 1998, 131 (133); *Neutz*, in: Wurzel/Schraml/Becker, Rechtspraxis der kommunalen Unternehmen, S. 73 Rn. 104; OVG Schleswig, NordÖR 2013, 528 (532).

367 *Kratz*, Kommunale Wirtschaft, S. 26; OVG NRW, DVBl 2008, 919 (921); OVG Schleswig, NordÖR 2013, 528 (532).

368 *Lange*, Kommunalrecht, Kapitel 14 Rn. 75; *Cronauge/Westermann*, Kommunale Unternehmen, Rn. 393; darf allerdings ein erheblicher Nebenaspekt sein, vgl. BVerwG, *DB 1972*, 1332 (1332f); *Moraing*, Der Gemeindehaushalt 1998, 223 (224); OVG NRW, DVBl 2008, 919 (921); *Hösch*, DÖV 2000, 393 (401).

369 *Ehlers*, JZ 1990, 1089 (1091).

Folge eines weiten Ermessensspielraums bei der Festlegung des öffentlichen Zwecks sei ein abschließender Tätigkeitenkatalog nicht möglich. Neben Versorgungszielen oder Aufgaben des Umweltschutzes sollen sich daher auch wirtschaftspolitische Ziele unter dem öffentlichen Zweck subsumieren lassen. Dies hätte zur Folge, dass sich der öffentliche Zweck eines öffentlichen Unternehmens auch durch die regulierende Wirkung oder seine wirtschaftspolitische Notwendigkeit rechtfertigen ließe. Gleichwohl die unzureichende Präzision dieser Begriffsbestimmung und die damit verbundene Gefahr der „Versickerung" erkannt werden,[370] wird auf eine weitergehende Konkretisierung verzichtet.

c) Kommunalpolitisches Korrektiv

Eine weitere Ansicht im Schrifttum versteht unter Maßnahmen des öffentlichen Zweckes solche, die der „Verbesserung der örtlichen Infrastruktur, der Wirtschaftsförderung, der Wettbewerbssicherung, der Arbeitsplatzsicherung oder der Gewährleistung (...) der Versorgung der Bevölkerung" dienen.[371] Die Gemeinwohlbestimmung und Einordnung sei jedoch den Kommunalorganen überlassen, denen in ihrer Entscheidung ein weiter Ermessensspielraum bleibt.[372] Dies hat zur Folge, dass die Gemeinwohlbestimmung der gerichtlichen Kontrolle weitestgehend entzogen sei.[373] Anderenfalls müsste das Gericht bei der Gemeinwohlbestimmung neben rechtlichen, auch kommunalpolitische Gründe in Erwägung ziehen und damit politische Entscheidungen korrigieren.[374] Die Ansicht der Literatur steht derweil nicht alleine, sondern basiert auf der Vorstellung des Bundesverwaltungsgerichts, dass der öffentliche Zweck eng mit der Gemeinwohlförderung verbunden ist. Danach obliegt die Bestimmung des Gemeinwohls den Kommunalorganen und wird durch regionale, wirtschaftliche und subjektive Bedürfnisse der Einwohner beeinflusst.[375] Angesichts

---

[370] *Ehlers*, JZ 1990, 1089 (1091).
[371] *Moraing*, WiVerw 1998, 232 (252).
[372] *Moraing*, WiVerw 1998, 232 (253).
[373] *Moraing*, WiVerw 1998, 232 (254).
[374] *Moraing*, WiVerw 1998, 232 (254).
[375] BVerwG, DB 1972, 1332 (1333).

dieser unzähligen Faktoren soll es sich „um eine Frage sachgerechter Kommunalpolitik“ handeln, die „in starkem Maße von Zweckmäßigkeitsüberlegungen bestimmt wird“ und demzufolge einer gerichtlichen Kontrolle weitestgehend entzogen sei.[376]

d) Funktionelles Korrektiv

Nach einer anderen Ansicht ist der öffentliche Zweck nichts anderes als ein Synonym für Gemeinwohl, öffentliches Interesse, Wohl der Allgemeinheit oder öffentlicher Bedürfnisse.[377] In seiner Funktion als Zulässigkeitsvoraussetzung wird dem öffentlichen Zweck jedoch eine funktionelle Aufgabe zuteil. Die inhaltliche Bedeutung erschließt sich jedoch erst aus einer subjektiven Perspektive, die an die Wertmaßstäbe der lokalen Bevölkerung anlehnt und den Kommunalorganen in Folge der divergierenden Interessen eine inhaltliche Einschätzungsprärogative ermöglicht. Die Gerichte sind bei ihrer Kontrolle auf die Feststellung beschränkt, ob eine Gemeinwohlförderung von vornherein unmöglich sei. Eine eigene Gemeinwohlbestimmung sollen sie nicht vornehmen dürfen. Vor diesem Hintergrund werden unter den öffentlichen Zweck alle Tätigkeiten subsumiert, die nach rechtsbewusster Auffassung dem Gemeinwohl der Einwohnerschaft dient.[378]

e) Zwischenergebnis

Als Legitimationsgrundlage kommunaler Wirtschaftstätigkeit bedarf der öffentliche Zweck einer genauen Bestimmung. Unzureichend ist es, allein auf die wandelnden Bedürfnisse der Bevölkerung und die damit verbundene Schwierigkeit der Begriffsbestimmung hinzuweisen, gleichwohl sich die Subsumierung von Tätigkeiten unter dem Begriff des öffentlichen Zwecks zutreffender Weise als schwierig erweist. Keineswegs kann jedoch davon gesprochen werden, dass die Begriffsbestimmung allein eine Frage sachgerechter Kommunalpolitik ist [379] oder sogar der gerichtlichen Überprüfung entzogen ist.[380] Der

---

[376] BVerwG, DB 1972, 1332 (1333).
[377] *Schmidt-Jortzig*, in: Püttner (Hrsg.), HKWP Band 5, S. 57.
[378] *Schmidt-Jortzig*, in: Püttner (Hrsg.), HKWP Band 5, S. 58.
[379] BVerwG, DB 1972, 1332 (1333); *Moraing*, WiVerw 1998, 232 (254).

öffentliche Zweck entfaltet seine Wirkung als Legitimationsgrundlage nämlich gerade in seiner drittschützenden Wirkung gegenüber Privaten.[381] Gleichwohl der Kommune ein weiter Ermessensspielraum zukommt, muss der öffentliche Zweck daher im Verhältnis von Staat zu Bürger überprüfbar bleiben.[382] Anderenfalls wäre den unternehmerischen Tätigkeiten der Kommunen kaum Grenzen gesetzt, was sicherlich nicht der historischen Intention des Gesetzgebers entspricht, der das Verhältnis und das funktionierende Nebeneinander von privatrechtlicher und staatlicher Wirtschaft regulieren wollte. [383] In Anbetracht dieser Zielsetzung müssen im öffentlichen Zweck auch immer Subsidiaritätsaspekte eine Rolle spielen,[384] die „als ein umfassender, objektiv notwendiger Hebel zur Niedrighaltung wirtschaftlicher Aktivitäten im Interesse der eigentlichen kommunalen Aufgabenverwirklichung, der Rationalität und Sparsamkeit öffentlichen Haushaltsgebarens sowie einer Schonung der Privatwirtschaft" dienen.[385] Der Subsidiaritätsgedanke ist allerdings weit davon entfernt, eine grundsätzliche wirtschaftliche Vorrangstellung der Privaten begründen zu können.[386]

Eine rechtliche Beurteilung des öffentlichen Zweckes bleibt indes schwierig. Wenig erkenntnisbringend ist es, den öffentlichen Zweck inhaltsgleich durch weitere unbestimmte Rechtsbegriffe wie der „Gemeinwohlförderung" oder dem „öffentlichen Interesse" zu ersetzen. Es müssen Kriterien entwickelt werden, an denen sich die Auslegung des öffentlichen Zweckes orientieren kann. Dazu gehören z.B. die regionalen Besonderheiten, die finanziellen Möglichkeiten der Gemeinde oder die Bedürfnisse der Bevölkerung.[387] Die Einordnung

---

380 So zutreffend auch OVG Schleswig, NordÖR 2013, 528 (532).

381 *Held*, WiVerw 1998, 264 (277); *Lange*, NVwZ 2014, 616 (616); *Stern*, BayVBl. 1961, 129 (130).

382 So auch OVG NRW, DVBl 2008, 919 (922); *Hösch*, DÖV 2000, 393 (400); OVG Schleswig, NordÖR 2013, 528 (532ff).

383 So auch *Lange*, NVwZ 2014, 616 (616).

384 NRW LT-Drucks. 12/3730, S. 105; *Schmidt-Jortzig*, in: Püttner (Hrsg.), HKWP Band 5, S. 61; wohl auch *Stern/Püttner*, Die Gemeindewirtschaft, S. 73.

385 *Schmidt-Jortzig*, in: Püttner (Hrsg.), HKWP Band 5, S. 61.

386 So nämlich *Hösch*, DÖV 2000, 393 (400ff), nach dem erst ein „unzureichendes Marktergebnis" die kommunale Wirtschaftstätigkeit legitimiert.

387 BVerwG, DB 1972, 1332 (1333).

der Tätigkeiten in „sozial-, gemeinwohl- und damit einwohnernützige Aufgaben", wie es überwiegende Teile der Literatur vornehmen, bringt jedoch nur wenig praktischen Mehrwert. Letzten Endes bleibt den Kommunen bei der Bestimmung daher ein weiter Ermessensspielraum, der, wie an der ausufernden kommunalen Wirtschaftstätigkeit erkennbar ist, regelmäßig ausgenutzt wird. Die örtlichen Rahmenbedingungen und subjektiven Bedürfnisse konkretisieren im Einzelfall den öffentlichen Zweck und sind daher nur schwer gerichtlich überprüfbar.[388] Die Gerichte können die Plausibilität der kommunalen Rechtfertigung überprüfen, jedoch keine eigene Gemeinwohlbestimmung festlegen.[389] Daher konnten bisher zumeist nur grobe und offensichtliche Ermessensabwägungsfehler festgestellt werden.[390] Dass den Kommunen ein Ermessensspielraum im Rahmen ihres Selbstverwaltungsrechts zustehen muss, bleibt freilich unbestritten. Dennoch ist es unbefriedigend, dass sich die öffentliche Zweckerfüllung in der Regel einer gerichtlichen Überprüfung entziehen kann. Zielführender wäre es die Kommunen zu verpflichten, im Gesellschaftsvertrag präzise und umfassend festzulegen, aus welchen Gründen die jeweilige Betätigung von einem öffentlichen Zweck legitimiert wird. Die grobe Beschreibung des Unternehmensgegenstandes, z.B. „Die Lieferung von Strom" oder die „ambulante und stationäre medizinische Behandlung von Patienten" müsste dann einer gerichtlichen Überprüfung standhalten und könnte gegebenenfalls den öffentlichen Zweck nicht mehr rechtfertigen. De lege lata fordern leider nur wenige Bundesländer, dass der öffentliche Zweck im Gesellschaftsvertrag festgelegt wird.[391]

Angesichts dieser dargestellten Schwierigkeiten verwundert es nicht, dass die Zulässigkeitsvoraussetzung des öffentlichen Zwecks

---

388 *Stern/Püttner*, Die Gemeindewirtschaft, S. 72; *Cronauge/Westermann*, Kommunale Unternehmen, Rn. 248; *Neutz*, in: Wurzel/Schraml/Becker, Rechtspraxis der kommunalen Unternehmen, S. 78 Rn. 123; BVerwG, DB 1972, 1332 (1333); *Held*, WiVerw 1998, 264 (270); *Geerlings*, NWVBl. 2008, 90 (91); OVG NRW, DVBl 2008, 919 (922).

389 *Moraing*, Der Gemeindehaushalt 1998, 223 (225); *Cronauge*, Der Gemeindehaushalt 1998, 131 (134); OVG NRW, DVBl 2008, 919 (922).

390 OVG Schleswig, NordÖR 2013, 528 (532).

391 Statt vieler § 129 Abs. 1 Nr. 2 KVG Sachsen-Anhalt.

von der Literatur in Frage gestellt wird.[392] Ohne im Rahmen der Arbeit umfassende eigene Konkretisierungsmöglichkeiten entwickeln zu können und wollen, ist doch *Köttgens* Hinweis von 1929 an den Gesetzgeber noch heute aktueller denn je: „Öffentliches Interesse ist etwas, (...) das wie Proteus hundertfach die Gestalt wechselt, während wir es betrachten. Es in einer definierten Formel, die auf alle Fälle anwendbar wäre, zu begreifen, ist unmöglich."[393]

## 2. Leistungsfähigkeit der Gemeinde

Um die Gemeinden vor einer wirtschaftlichen Überforderung zu bewahren, wurde die „Relationsklausel" der Leistungsfähigkeit als „Ausdruck einer haushaltsrechtlichen Begrenzung des Handlungsspielraums der Gemeinde" geschaffen.[394] Nach ihr muss die wirtschaftliche Betätigung der Gemeinde nach Art und Umfang in einem angemessenen Verhältnis zur Leistungsfähigkeit und zum voraussichtlichen Bedarf der Gemeinde stehen.[395] Die schützende Funktion dieser Vorschrift soll erhebliche finanzielle Risiken, die möglicherweise aus Zuschüssen des Haushalts ausgeglichen werden müssen, vermeiden.[396] Neben einer finanziellen soll die Kommune aber auch vor einer sachlichen oder personellen Überforderung geschützt werden.[397] Es ist daher unzutreffend, allein auf die regelmäßige Ausgestaltung kommunaler Unternehmen als Kapitalgesellschaft und der damit ausgeschlossenen Insolvenzabwendungspflicht oder Durchgriffshaftung zu verweisen und so das Merkmal der Leistungsfähigkeit als funktionslos zu bezeichnen.[398] Indes ergibt sich aus der Formulierung der Leistungsfähigkeit in § 121 Abs. 1 Nr. 2 HessGO keine inhaltliche Neue-

---

392 *Held*, WiVerw 1998, 264 (278).

393 *Köttgen*, VVdStrL 1929 Band 6, 105 (116f).

394 *Hösch*, DÖV 2000, 393 (402); OVG Schleswig, NordÖR 2013, 528 (534).

395 § 121 Abs. 1 Nr. 2 HessGO.

396 *Katz*, Kommunale Wirtschaft, S. 30; *Faber*, DVBl 2003, 761 (763); OVG Schleswig, NordÖR 2013, 528 (532); *Engelhardt*, in: Schneider/Dreßler, HGO, § 121 Rn. 26.

397 *Engelhardt*, in: Schneider/Dreßler, HGO, § 121 Rn. 26; *Neutz*, in: Wurzel/Schraml/Becker, Rechtspraxis der kommunalen Unternehmen, S. 79 Rn. 127; *Hösch*, DÖV 2000, 393 (402).

398 So *Reck*, DVBl 2009, 1546 (1550).

rung, sondern nur eine Wiederholung haushaltsrechtlicher Grundsätze,[399] dessen Ursprung sich bereits im öffentlichen Zweck wiederfindet.[400]

Im Hinblick auf Compliance spielt die Leistungsfähigkeit der Gemeinde eine untergeordnete Rolle. Zum einen wird sie bereits vom Wirtschaftlichkeitsgrundsatz erfasst und zum anderen ist sie angesichts der kommunalen Selbstverwaltung mit eigenem Beurteilungsspielraum ausgestattet und daher nur schwer überprüfbar.[401] Nur in den seltensten Fällen, in denen offenkundig ein Ermittlungsdefizit oder Abwägungsausfall stattgefunden hat, wird eine Leistungsunfähigkeit festgestellt werden können.[402] Insgesamt ist die gerichtliche Überprüfung der Leistungsfähigkeit eine seltene Ausnahme, dient sie doch in erster Linie als Selbstschutz der Gemeinde und entfaltet keine gerichtlich angreifbare Außenwirkung gegenüber Wettbewerbern.[403]

### 3. Subsidiaritätsgrundsatz

Dritte Voraussetzung des kommunalen Schrankentrias ist der Subsidiaritätsgrundsatz bzw. die Subsidiaritätsklausel. Er begrenzt die Gemeinde auf die wirtschaftlichen Tätigkeiten, dessen Zweck nicht ebenso gut und wirtschaftlich durch einen privaten Dritten erfüllt wird oder werden kann.[404] Im Verhältnis zu privaten Dritten wird der kommunalen Wirtschaftstätigkeit eine Grenze gesetzt, während sie gleichzeitig in den Wettbewerb eingeordnet wird.[405] Die Kommunen sollen auf die Erfüllung ihrer öffentlichen Aufgabe beschränkt werden

---

399 *Hoppe/Uechtritz/Reck*, Handbuch kommunale Unternehmen, § 4 Rn. 13; *Engelhardt*, in: Schneider/Dreßler, HGO, § 121 Rn. 26.

400 *Hösch*, DÖV 2000, 393 (402); *Schmidt-Jortzig*, in: Püttner (Hrsg.), HKWP Band 5, 50 (59).

401 *Katz*, Kommunale Wirtschaft, S. 31; *Moraing*, Der Gemeindehaushalt 1998, 223 (227); *ders.*, WiVerw 1998, 233 (260).

402 *Schmidt-Jortzig*, in: Püttner (Hrsg.), HKWP Band 5, 50 (59); *Neutz*, in: Wurzel/Schraml/Becker, Rechtspraxis der kommunalen Unternehmen, S. 79 Rn. 128.

403 *Faber*, DVBl 2003, 761 (763); *Ehlers*, Verwaltung in Privatrechtsform, S. 100.

404 § 121 Abs. 1 Nr. 3 HessGO.

405 *Cronauge/Westermann*, Kommunale Unternehmen, Rn. 250; *Pogoda*, LKV 2012, 159 (159); *Schmidt-Jortzig*, HKWP Band 5, 50 (60).

und auf einen „ungehemmten“ Wettbewerb zu Lasten Privater verzichten.[406]

Nicht alle Bundesländer haben den Subsidiaritätsgedanken in ihrer Gemeindeordnung verankert.[407] Der Verzicht bedeutet allerdings nicht, dass keine Subsidiaritätsaspekte zu berücksichtigen sind. Als verfassungsrechtliches Merkmal müssen Subsidiaritätsgedanken bereits bei der Auslegung des öffentlichen Zweckes ihren Niederschlag gefunden haben.[408] Einen grundsätzlichen Vorrang der Privatwirtschaft kann der Subsidiaritätsgrundsatz jedoch nicht begründen.[409] Dennoch nimmt sie als einzige kommunalrechtliche Voraussetzung direkten Bezug auf die wirtschaftliche Tätigkeit von Privaten und ist in Folge dieser Wertung Ursprung unzähliger Diskussionen und Prozesse über die drittschützende Wirkung dieser Klausel.[410]

a) Subsidiaritätsklausel

In den Gemeindeordnungen wird zwischen der einfachen Subsidiaritätsklausel und der „echten“ bzw. „verschärften“ bzw. „qualifizierten“ Subsidiaritätsklausel unterschieden. Die einfache Subsidiaritätsklausel, auch Funktionssperre genannt,[411] verlangt, dass der öffentliche Zweck nicht besser und wirtschaftlicher von einem Privaten erfüllt werden kann.[412] Eine qualitativ vergleichbare wirtschaftliche Tätigkeit von privater und öffentlicher Hand ist zulässig. Als Ver-

---

406 *Katz*, Kommunale Wirtschaft, S. 31; *Schmidt-Jortzig*, in: Püttner (Hrsg.), HKWP Band 5, 50 (60); Hessen LT-Drucks. 16/2463, S. 32, S. 59.

407 Siehe § 107 GO NRW.

408 *Hösch*, DÖV 2000, 392 (402); *Faber*, DVBl 2003, 761 (764); *Dünchheim/Schöne*, DVBl 2009, 146 (149); OLG Hamm, JZ 1998, 576 (578).

409 *Cronauge*, Der Gemeindehaushalt 1998, 131 (132); *Moraing*, WiVerw 1998, 233 (260).

410 Vgl. zur drittschützenden Wirkung der Subsidiaritätsklausel *Mann*, DVBl 2009, 817 (817ff); *Roling*, NVwZ 2009, 226 (227ff); *ders.*, NdsVBl. 2009, 10 (13f); OVG Magdeburg, NVwZ-RR 2009, 347; NdsOVG, DÖV 2008, 1008.

411 Kritisch zum Begriff der „einfachen Subsidiaritätsklausel *Moraing*, WiVerw 1998, 233 (260); *Schmidt-Jortzig*, in: Püttner (Hrsg.), HKWP Band 5, 50 (60); *Katz*, Kommunale Wirtschaft, S. 31.

412 So in § 107 Abs. 1 Nr. 3 GemO NRW.

gleichskriterien können insbesondere die Qualität der Leistung, die Zuverlässigkeit sowie soziale Aspekte berücksichtigt werden.[413]

Nur geringfügig im Wortlaut verändert, entfaltet die verschärfte Subsidiaritätsklausel einen großen Diskussionsbedarf. Nach ihr ist eine wirtschaftliche Betätigung nur dann zulässig, wenn der Zweck nicht ebenso gut und wirtschaftlich durch einen privaten Dritten erfüllt wird oder erfüllt werden kann.[414] Dies bedeutet, dass eine öffentliche Wirtschaftstätigkeit nur zulässig ist, wenn sie besser und wirtschaftlicher als von einem Privaten durchgeführt werden kann. Eine wirtschaftliche Vergleichbarkeit wie bei der einfachen Subsidiaritätsklausel ist demnach nicht ausreichend. Die echte Subsidiaritätsklausel begründet damit eine Nachrangigkeit der wirtschaftlichen Betätigung von Kommunen bei vergleichbarer Tätigkeit. Die Kommunen werden dadurch in ihrem Handlungsspielraum beschnitten und tragen zusätzlich die Beweislast, dass ihre wirtschaftliche Betätigung den Anforderungen der verschärften Subsidiaritätsklausel genügt.[415] Diese Begrenzung des kommunalen Selbstverwaltungsrechts wird bis heute rege diskutiert.[416] Dabei handelt es sich bei der Einführung einer echten Subsidiaritätsklausel zumeist um eine ordnungs- bzw. wirtschaftspolitische Entscheidung des Gesetzgebers, um eine ausufernde kommunale Wirtschaftstätigkeit einzuschränken und die privatwirtschaftlichen Anbieter zu schützen.[417] Die Erfahrung mit der expandierten kommunalen Wirtschaft habe nämlich gezeigt, dass die „zahnlose"[418] Subsidiaritätsklausel nicht die gewollte Lenkungswirkung besaß.

---

413 Hessen LT-Drucks. 16/2463, S. 32.

414 So in § 121 Abs. 1 Nr. 1 HessGO.

415 *Neutz*, in: Wurzel/Schraml/Becker, Rechtspraxis der kommunalen Unternehmen, S. 81 Rn. 138; *Roling*, NVwZ 2009, 226 (227); *Berghäuser/Gelbe*, KommJur 2012, 47 (47); *Katz*, Kommunale Wirtschaft, S. 31; *Reck*, DVBl 2009, 1546 (1550).

416 Dazu Urteil des RhPfVerfGH, NVwZ 2002, 801, das sich in einem Normenkontrollverfahren mit der Verfassungsmäßigkeit der verschärften Subsidiaritätsklausel beschäftigten musste. Das RhPfVerfGH stellte fest, dass die Gemeinden zwar in ihrem Schutzbereich der kommunalen Selbstverwaltung beschränkt werden, ihnen jedoch ein ausreichender Kernbereich des Selbstverwaltungsrechts erhalten bliebe; *Mehde*, in: Maunz/Dürig, GG, Art. 28 Abs. 2 Rn. 94; a.A. *Moraing*, WiVerw 1998, 233 (250f).

417 *Roling*, NVwZ 2009, 226 (227); *Pogoda*, LKV 2012, 159 (159).

418 *Schoch*, DVBl 1994, 962 (972).

Eine besondere Bedeutung erhält die Vorschrift dadurch, dass sie nach Ansicht des Gesetzgebers eine Schutzwirkung gegenüber Dritten entfaltet, so dass diese bei einer möglichen Beeinträchtigung ihrer Interessen durch eine subsidiär rechtswidrig erbrachte Leistung der Kommune auf dem Verwaltungsrechtsweg ihre Rechte geltend machen können.[419] Allerdings obliegt auch hier die inhaltliche Ausgestaltung der Bestimmung einer weiten Einschätzungsprärogative der Kommune und ist daher nur schwer gerichtlich zu überprüfen.[420] Je wichtiger die kommunale Leistung für die Bevölkerung ist, desto weiter wird das Gericht einem Ermessensspielraum zustimmen müssen.[421] Aus diesem Grund wird die Subsidiaritätsklausel daher häufig als zu unbestimmt, nicht mehr zeitgemäß oder „zahnlos" umschrieben.[422]

b) Subsidiarität als Marktversagen

An dieser Stelle sei noch angemerkt, dass eine Mindermeinung der Literatur noch weiter geht und den Subsidiaritätsgedanken auf ein notwendiges Marktversagen ausweitet.[423] Danach sollen sich Kommunen nur wirtschaftlich betätigen dürfen, „wenn ein privater Markt nicht aufgebaut werden kann oder nur unzureichende Marktergebnisse hervorbringt, die Bürger aber der Leistung im Hinblick auf eine grundrechtsgerechte Lebensgestaltung bedürfen".[424] Ein unzureichen-

---

419 Hessen LT-Drucks. 16/2463, S. 59; a.A. OVG Magdeburg, NVwZ-RR 2009, 347; im Übrigen ist die Diskussion um die drittschützende Wirkung der Subsidiaritätsklausel umstritten. Eine Behandlung der Diskussion im vollen Umfang ist im Rahmen dieser Arbeit nicht möglich.

420 Hessen LT-Drucks. 16/2463, S. 32; zu den Anhaltspunkten der Bestimmung *Cronauge/Westermann*, Kommunale Unternehmen, Rn. 250; *Schmidt-Jortzig*, in: Püttner (Hrsg.), HKWP Band 5, 50 (61f); *Engelhardt*, in: Schneider/ Dreßler, HGO, § 121 Rn. 31.

421 *Mann*, DVBl 2009, 817 (818).

422 So *Moraing*, Der Gemeindehaushalt 1998, 223 (227), der die Beurteilung einer wirtschaftlichen Tätigkeit nicht der Rechtsaufsicht, sondern dem Markt überlassen will; *Schoch*, DVBl 1994, 962 (972); *Reck*, DVBl, 2009, 1546 (1551), der die Subsidiaritätsklauseln für kommunale Wettbewerbsunternehmen abschaffen möchte.

423 *Schwintowski*, FS Kirchner, 2014, S. 559 (564f); *Hösch*, DÖV 2000, 393 (400).

424 *Hösch*, DÖV 2000, 393 (400).

des Marktergebnis sei anzunehmen, wenn „gesellschaftlich erwünschte Güter von Privaten entweder gar nicht oder nur unzureichend angeboten werden“ könnten.[425] Das Bestehen eines funktionierenden Marktes hätte demnach die Unzulässigkeit der kommunalen Wirtschaftstätigkeit in dem bestimmten Sektor zur Folge.

Diese Argumentation vermag jedoch aus vielfältigen Gründen nicht zu überzeugen. Zunächst stellt sich die Frage, an welchen Faktoren unzureichende Marktergebnisse ausgemacht werden sollen und ob kurzfristiges Marktversagen bereits ein aktives Handeln des Staates legitimiert. Darüber hinaus wird verkannt, dass die „grundrechtsgerechte Lebensgestaltung“ kein Weniger, sondern ein Mehr von Wettbewerb und Angebot bedarf. Die wirtschaftliche Aktivität der Kommunen muss sich insbesondere auf die Bereiche erstrecken, die für die Grundbedürfnisse der Bevölkerung notwendig sind. Ein Ausschluss von funktionierenden Märkten würde jedoch bedeuten, dass zum Zeitpunkt eines Marktversagens Privater kein parallel funktionierender staatlich generierter Markt besteht. Aus diesem Grund müssen gerade lebensnotwendige Bereiche, trotz funktionierender Märkte, der kommunalen Wirtschaftstätigkeit offen stehen.[426]

## IV. Compliance-Anforderung an die Ausgestaltung der kommunalen Wirtschaftstätigkeit

Neben dem kommunalen Schrankentrias wurden von Literatur und Rechtsprechung noch weitere Voraussetzungen für die kommunale Wirtschaftstätigkeit entwickelt, die in unterschiedlich starker Ausprägung auch Einzug in die meisten Gemeindeordnungen gefunden haben. Während Teile der Literatur diese unter dem Oberbegriff des „öffentlichen Zwecks“ subsumieren,[427] werden sie zur besseren Übersicht im Folgenden separat diskutiert.

---

[425] *Hösch*, DÖV 2000, 393 (400).
[426] So auch *Mann*, DVBl 2009, 817 (818).
[427] *Katz*, Kommunale Wirtschaft, S. 24.

### 1. Ingerenzpflicht

Die im Hinblick auf die Arbeit bedeutendste Voraussetzung kommunaler Wirtschaftstätigkeit ist die sogenannte Ingerenzpflicht. Unter ihr wird die kommunalrechtliche Pflicht der öffentlichen Hand verstanden, jederzeit auf ein von ihr geführtes, privatrechtlich organisiertes Unternehmen so einwirken zu können, dass die Wahrung der besonderen öffentlichen Voraussetzungen sichergestellt wird. [428] Jede Handlung des Staates, auch in Privatrechtsform, muss letzten Endes i.S.d. Demokratiegebotes auf das Volk zurückführbar sein.[429] Zur Erfüllung dieser Vorgabe sind zunächst die Kommunalorgane und deren demokratisch gewählte Vertreter zuständig.[430] Damit sie ihrer Aufgabe nachkommen können muss sichergestellt werden, dass die Kommune auch in einer privatrechtlichen Ausgestaltung weiterhin angemessene Einfluss- und Lenkungsmöglichkeiten erhält.[431] Dazu gehören insbesondere umfassende Beteiligungs-, Mitsprache- und Kontrollrechte.[432] Obwohl die Ingerenzpflicht bereits im öffentlichen Zweck seinen Ursprung findet und daher auch ohne gesetzliche Normierung ihre Wirkung entfalten würde,[433] ist sie von den überwiegenden Bundesländern in die Gemeindeordnung aufgenommen worden. So verlangt beispielsweise § 122 Abs. 1 Nr. 2 HGO, das die Kommune einen angemessenen Einfluss im Aufsichtsrat oder einem entsprechenden Überwachungsorgan erhält. Der Einfluss ist demnach nicht auf die Unternehmensleitung beschränkt, sondern umfasst

---

428 Ausführlich zur Ausgestaltung der Ingerenzpflicht *Spannowsky*, ZGR 1996, 400 (413ff); *Fleischer*, MüKo GmbHG, § 1 Rn. 23f; *Erle/Becker*, NZG 1999, 58 (58f); *Ehlers*, Verwaltung in Privatrechtsform, S. 131; *Mehde*, in: Maunz/Dürig, GG, Art. 28 Abs. 2 Rn. 37; *Schneider/Dreßler*, HGO, § 122 S. 13; *Katz*, Kommunale Wirtschaft, S. 60; *Altmeppen*, NJW 2003, 2561 (2563); *Oebbecke*, in: Hoppe/Uechtritz, Reck, Handbuch kommunale Unternehmen, S. 234.

429 BVerfG, DVBl 2003, 923 (924); *Spannowsky*, ZGR 1996, 400 (412); *Held*, WiVerw 1998, 264 (271); *Gurlit*, NZG 2012, 249 (253); *Erle/Becker*, NZG 1999, 58 (59); daneben lässt sich die Ingerenzpflicht dem Rechts- und Sozialstaatsgebot sowie dem kommunalen Selbstverwaltungsrecht entnehmen, vgl. *Ehlers*, Verwaltung in Privatrechtsform, S. 129.

430 *Schneider/Dreßler*, HGO, § 122 S. 13.

431 *Zieglmeier*, ZGR 2007, 144 (161).

432 OVG NRW, DÖV 2002, 917 (918); *Schneider/Dreßler*, HGO, § 122 S. 13.

433 *Schneider/Dreßler*, HGO, § 122 S. 13.

insbesondere die Überwachungsmöglichkeiten der Kommune.[434] Die Ingerenzpflicht bildet daher ein Spannungsfeld zwischen demokratischem Legitimationsbedürfnis und gesellschaftsrechtlicher Gestaltungsfreiheit.

Umstritten ist, nach welchen Kriterien sich das Merkmal des angemessenen Einflusses bemisst. Die Forderung nach einer festen prozentualen Mindestbeteiligung hat bisher keinen großen Widerhall gefunden.[435] Was im Einzelfall angemessen ist muss anhand der Größenordnung des Unternehmens und dessen Bedeutung für die Kommune bestimmt werden.[436] Dies bedeutet nicht, dass für die Kommune nur eine mehrheitsbestimmende Rolle im Überwachungsorgan zulässig ist. Bei Minderheitsbeteiligungen kann die Anzahl der kommunalen Vertreter im Überwachungsorgan prozentual zu ihrer Beteiligung beschränkt werden.[437] Vielfach wird darauf aufmerksam gemacht, dass bei Minderheitsbeteiligungen auch Einflussmöglichkeiten „die gegen Null" tendieren für die Ingerenzpflicht ausreichend sind.[438] Dem ist insofern zuzustimmen, dass die Forderung nach einer quantitativen Mehrheit im Überwachungsorgan trotz deutlicher Minderheitsbeteiligung unrealistisch und in der Regel nicht zu realisieren ist. Dennoch bleibt die Kommune auch bei Minderheitsbeteiligung zur Durchsetzung ihrer Interessen verpflichtet. Für den Fall stehen ihr ein Vielfaches an Möglichkeiten auch außerhalb der personellen Einflussnahme zur Verfügung. Wichtige Unternehmensentscheidungen können an qualifizierte Mehrheiten oder Sperrminoritäten geknüpft werden.[439] Darüber hinaus können „Vetorechte,

---

[434] *Gurlit*, NZG 2012, 249 (253).

[435] Vgl. *Schneider/Dreßler*, HGO, § 122 S. 14.

[436] *Lutter/Krieger/Verse*, Rechte und Pflichten des Aufsichtsrats, Rn. 1423; *Neutz*, in: Wurzel/Schraml/Becker, Rechtspraxis der kommunalen Unternehmen, S. 95; *Oebbecke*, in: Hoppe/Uechtritz, Reck, Handbuch kommunale Unternehmen, S. 235.

[437] *Lutter/Krieger/Verse*, Rechte und Pflichten des Aufsichtsrats, Rn. 1423; *Altmeppen*, NJW 2003, 2561 (2563); *Cronauge/Westermann*, Kommunale Unternehmen, Rn. 255; *Neutz*, in: Wurzel/Schraml/Becker, Rechtspraxis der kommunalen Unternehmen, S. 95; *Schneider/Dreßler*, HGO, § 122 S. 13.

[438] *Schneider/Dreßler*, HGO, § 122 S. 14.

[439] *Oebbecke*, in: Hoppe/Uechtritz, Reck, Handbuch kommunale Unternehmen, S. 235; *Schneider/Dreßler*, HGO, § 122 S. 14; *Ehlers* spricht insoweit von

Mehrfachstimmrechte oder Stimmbindungsverträge“ den kommunalen Einfluss sichern[440] und die Festlegung des gemeinwohlorientierten Unternehmensgegenstandes in der Satzung den öffentlichen Zweck gewährleisten.[441] Die Schaffung eines Beteiligungsmanagements mit ergänzendem Informationsaustausch und effektivem Berichtswesen kann ebenso der demokratischen Legitimationssicherung dienen.[442] Wird bei Minderheitsbeteiligungen ohne personellen Einfluss im Überwachungsorgan nicht von den zuvor genannten Einflussmöglichkeiten Gebrauch gemacht, ist die Beteiligung der Kommune grundsätzlich unzulässig. Die kommunale Einflusssicherung beschränkt sich indes nicht nur auf den laufenden Betrieb, sondern soll auch im Falle einer Auflösung oder Insolvenz die kommunalen Interessen wahren. Dies kann in Gestalt von Rekommunalisierungsklauseln oder Vorverkaufsrechten festgehalten werden.[443]

Generell lässt sich sagen, dass die Möglichkeit der Einflussnahme umso höher und ausgeprägter sein muss, je wichtiger die Entscheidung für die Ausrichtung der Unternehmensstrategie oder die haushaltsrechtliche Auswirkung ist.[444] Zur Gewährleistung der demokratischen Legitimationskette muss jedoch ein Mindestmaß von sachlich-inhaltlicher oder personeller Einflussmaßnahme vorhanden sein,[445] die im Übrigen einer geringen Einschätzungsprärogative der Kommune überlassen ist.[446]

Im Hinblick auf Compliance spielt die Sicherstellung kommunalen Einflusses eine große Rolle. Unproblematisch gestaltet sich die Erfüllung der Ingerenzpflicht in kommunalen Eigengesellschaften in öffentlich-rechtlicher Rechtsform. Anders verhält es sich, wenn die öffentliche Hand selbst oder mittels einer Beteiligung in privatrechtli-

---

einem kommunalen „Letztentscheidungsrecht“, vgl. *Ehlers*, Verwaltung in Privatrechtsform, S. 131.

440 *Schneider/Dreßler*, HGO, § 122 S. 14; *Oebbecke*, in: Hoppe/Uechtritz, Reck, Handbuch kommunale Unternehmen, S. 235

441 *Katz*, Kommunale Wirtschaft, S. 61.

442 *Katz*, Kommunale Wirtschaft, S. 60.

443 *Schneider/Dreßler*, HGO, § 122 S. 14.

444 *Katz*, Kommunale Wirtschaft, S. 61.

445 So auch BVerfG, DVBl 2003, 923 (925).

446 *Oebbecke*, in: Hoppe/Uechtritz, Reck, Handbuch kommunale Unternehmen, S. 235; *Schneider/Dreßler*, HGO, § 122 S. 13.

cher Form tätig wird. In dem Fall sind sowohl die Sicherstellung der notwendigen Ingerenz, als auch ihre Auswirkung auf die Aufsichtsorgane mit Problemen behaftet.[447]

## 2. Gebietsgrundsatz

Nicht in jedem Bundesland unmittelbar im Gesetz verankert, ist der Gebietsgrundsatz (Territorialprinzip) als Zulassungsvoraussetzung kommunaler Wirtschaftstätigkeit zwar anerkannt, in seinem Ausmaß jedoch umstritten.[448] Danach verfolgen Tätigkeiten von Kommunen außerhalb ihres eigenen Wirkungskreises keinen öffentlichen Zweck und sind demnach grundsätzlich unzulässig.[449] Davon unberührt bleibt die interkommunale Zusammenarbeit, die zwangsläufig den eigenen Wirkungskreis übergeht.[450]

Das Territorialprinzip wird jedoch vornehmlich von kommunaler Seite in Frage gestellt; eine räumliche Ausweitung, gar Abschaffung territorialer Wirtschaftsgrenzen für kommunale Unternehmen wird regelmäßig diskutiert.[451] Zuletzt waren insbesondere die erweiterten Möglichkeiten und wettbewerbsbedingten Notwendigkeiten der kommunalen Energieerzeugung Motor der Diskussion. Angesichts dieser Situation soll der Gebietsgrundsatz in Wettbewerbsmärkten seine Berechtigung verloren haben.[452] Ferner wurde der Wunsch zur räumlichen Ausweitung von wirtschaftlich unter Druck geratenen Unternehmen geäußert, um mit der Erschließung neuer Märkte ihr Unternehmen stabilisieren zu können.[453] Vor dem Hintergrund der

---

447 Siehe dazu: Kap. 3, A, II, 4, c).

448 *Ehlers*, NVWBl. 2000, 1 (5f); ablehnend *Moraing*, Der Gemeindehaushalt 1998, 223 (227f); insbesondere ist umstritten, nach welchen Kriterien sich der Wirkungskreis bemisst, siehe dazu *Ehlers*, NVWBl. 2000, 1 (5); BVerfG, NVwZ 1989, 347 – Rastede Entscheidung.

449 *Katz*, Kommunale Wirtschaft, S. 57; *Lux*, NWVBl. 2000, 7 (9f); *Dreier*, in: Dreier, GG, Art. 28 Rn. 126.

450 *Hösch*, DÖV 2000, 393 (403); *Dreier*, in: Dreier, GG, Art. 28 Rn. 128; *Ehlers*, NVWBl. 2000, 1 (6).

451 Vgl. für und wider bei *Henneke*, DVBl 1998, 685 (695ff); *Reck*, DVBl, 2009, 1546 (1551).

452 *Reck*, DVBl, 2009, 1546 (1551).

453 *Katz*, Kommunale Wirtschaft, S. 28.

marktwirtschaftlichen Notwendigkeiten sind die Landesgesetzgeber in der Vergangenheit immer häufiger vom Gebietsgrundsatz abgewichen und haben bestimmte Tätigkeiten, teils unter strengen Voraussetzungen, per Gesetz von der Gebietsrestriktion ausgenommen.[454] In Hessen ist eine Tätigkeit außerhalb des Gemeindegebiets nach § 121 Abs. 5 HessGO zulässig, wenn die Voraussetzungen des § 121 Abs. 1 HessGO vorliegen und die berechtigten Interessen der betroffenen kommunalen Gebietskörperschaft gewahrt sind. Darüber hinaus gestattet Nordrhein-Westfalen unter Genehmigungsvorbehalt sogar eine wirtschaftliche Aktivität der Kommunen auf ausländischen Märkten.[455]

Sowohl die Befürworter, als auch die Gegner der Abschaffung des Gebietsgrundsatzes verkennen, dass eine lokale Verankerung bereits vom öffentlichen Zweck vorausgesetzt wird. Die befürchtete räumliche Ausweitung auf das gesamte Bundesgebiet wäre daher auch nach Abschaffung des Gebietsgrundsatzes unzulässig. Ein solches Szenario ist im Übrigen, trotz Lockerung der meisten Gemeindeordnungen, auch über Jahre danach noch nicht eingetreten.[456] Eine zu enge Beschränkung der kommunalen Wirtschaft ist daher wenig zielführend. Veränderte Rahmenbedingungen und mehr Wettbewerb erfordern die Möglichkeit einer räumlichen Ausweitung, wenngleich unter strengen Voraussetzungen.[457] Anderenfalls würden die Kommunen in unverhältnismäßiger Weise benachteiligt, was die wirtschaftlichen Möglichkeiten und die Nachhaltigkeit kommunaler Wirtschaftszweige erheblich schwächen und damit die kommunale Wirtschaftstätigkeit gerade in wettbewerbsdominierenden Märkten in Frage stellen würde.

---

[454] Vgl. nur Gesetzesbegründung Hessen LT-Drucks. 16/2463, S. 32.

[455] § 107a Abs. 3 GemO NRW.

[456] Wie von *Ehlers* befürchtet, vgl. *Ehlers*, NWVBl. 2000, 1 (5f).

[457] So auch *Katz*, Kommunale Wirtschaft, S. 29; vgl. die berechtigten Interessen der betroffenen Gebietskörperschaft als Zulässigkeitsmerkmal bei *Dünchheim/ Schöne*, DVBl 2009, 146 (153); anders *Moraing*, WiVerw 1998, 233 (245), der den Bezug auf örtliche Gemeinwohlbelange als ausreichend ansieht.

### 3. Haftungsgrundsatz

Bei der Auswahl einer geeigneten Rechtsform für die kommunale Wirtschaftstätigkeit müssen die Kommunen darauf achten, dass die Haftung für die Kommune auf einen bestimmten Betrag begrenzt wird. Eine Rechtsform mit unbegrenzter Haftung ist unzulässig. Mit dieser Vorgabe sollen die Kommunen vor wirtschaftlichen Verlusten geschützt und etwaige Risiken kalkulierbar werden. Einige Bundesländer haben den Haftungsgrundsatz insofern in die Gemeindeordnungen mit aufgenommen, als dass sie Rechtsformen mit unbegrenzter Haftung für die öffentlichen Träger nicht zulassen.[458] Fälschlicherweise wird der Haftungsgrundsatz zu oft auf die Beschränkung der Rechtsformliberalität beschränkt. Darüber hinausgehend begründet er die Pflicht, auch während der Gründung oder dem weiteren Betrieb alle möglichen Szenarien zu vermeiden, die eine unbegrenzte Haftung auslösen können.[459] Dazu zählen vor allem die fehlende Eintragung in das Handelsregister und der Haftungsdurchgriff bei bewusster Vermögensverschiebung. Der Haftungsgrundsatz dient damit auch dem besonderen öffentlichen Interesse an der Aufrechterhaltung des Unternehmensgegenstandes.[460]

## V. Grundrechtsbindung kommunaler Unternehmen

Nicht selten wird als Gegenargument zur Compliance-Struktur in öffentlichen Unternehmen angeführt, dass kommunale Gesellschaften per se an die Grundrechte und damit an Recht und Gesetz gebunden sind.[461] Eine Notwendigkeit für die Schaffung von Compliance-Strukturen bestehe somit nicht. Ohne auf diese Argumentation an dieser Stelle bereits eingehen zu wollen, hätte die Grundrechtsbindung kommunaler Unternehmen doch einen weiteren, wenngleich nur geringen Wettbewerbsnachteil. Sie müssten in ihren Entscheidungen

[458] Vgl. § 122 Abs. 1 Nr. 2 HessGO.

[459] *Oebbecke*, in: Hoppe/Uechtritz/Heck, Handbuch kommunale Unternehmen, S. 232 Rn. 49.

[460] *Merkt*, FS Priester, 2007, S. 467 (469).

[461] So wohl *Stober*, in: Stober/Ohrtmann, Compliance, S. 15.

den Grundrechtsschutz derart zugrunde legen, dass „verbindliche Entscheidungen durch legitime Gemeinwohlzwecke am Maßstab der Grundrechte und des Verhältnismäßigkeitsgrundsatzes" zu rechtfertigen sind.[462] Darüber hinaus könnten sie selbst in Zivilverfahren gegenüber Dritten keine Grundrechte geltend machen.[463] Eine Grundrechtsbindung würde sich daher auch im Außenverhältnis auf die Beziehung zu Kunden, aber auch zu privaten Wettbewerbern auswirken.[464] Eine darüber hinausgehende Beschränkung des wirtschaftlichen Handlungsspielraums wäre jedoch nicht von der Grundrechtsbindung begründet.[465]

Unter dem Begriff der unmittelbaren Drittwirkung wird seit langem diskutiert, ob die Grundrechte nicht nur im Verhältnis von Staat zu Privaten, sondern auch zwischen Privaten unmittelbare Anwendung finden. Der Streit kann indes dahinstehen, wenn nicht nur der dahinterstehende Träger, sondern auch das kommunale Unternehmen selbst unmittelbar durch die Grundrechte gebunden ist.

### 1. Grundrechtsbindung kommunaler Eigengesellschaften

Unter dem Begriff der Fiskalgeltung der Grundrechte wird der Streit über die Bindung des Staates an die Grundrechte bei nicht hoheitlichem Handeln seit Jahrzehnten kontrovers diskutiert. Ausgangspunkt ist Art. 1 Abs. 3 GG, nach dem die Gesetzgebung, die vollziehende Gewalt und die Rechtsprechung an die Grundrechte gebunden sind. Eine Bindung öffentlicher Unternehmen an die Grundrechte liegt dem Wortlaut nach demnach nur vor, wenn sie ein Teil der vollziehenden Gewalt sind.[466]

Für Unternehmen in öffentlich-rechtlicher Rechtsform ist es zweifelsfrei anerkannt, dass die Grundrechtsbindung nicht nur den Träger

---

462 BVerfG, NJW 2011, 1201 (1203).
463 BVerfG, NJW 2011, 1201 (1203).
464 *Ehlers*, in: Wurzel/Schraml/Becker, Rechtspraxis der kommunalen Unternehmen, S. 41.
465 BVerfG, NJW 2011, 1201 (1203).
466 Wobei diese logische Konsequenz Kritik hervorruft, vgl. *Bettermann*, FS Ernst E. Hirsch, 1968, 2 (19f).

der Gesellschaft sondern auch das Unternehmen als solches erfasst.[467] Die Frage der Grundrechtsbindung stellt sich vor allem dann, wenn sich die Gebietskörperschaften einer privaten Rechtsform bedienen und darüber hinaus noch private Träger am Unternehmen beteiligt sind. Die sogenannte Lehre vom Verwaltungsprivatrecht stellt in der Frage der Grundrechtsbindung staatlichen Handelns in privater Rechtsform darauf ab, ob sie unmittelbar öffentliche Aufgaben erfüllt.[468] Wird dies bejaht, sollen die Grundrechte auf das privatwirtschaftliche Handeln des Staates vollumfänglich zur Anwendung kommen.[469] Während die Erfüllung öffentlicher Aufgaben unabhängig der Rechtsform daher immer grundrechtsgebunden wäre, sei die wirtschaftliche Betätigung der Kommunen von einer umfassenden Grundrechtsverpflichtung ausgenommen.[470] Als „niedrigste Stufe einer öffentlichen-rechtlichen Bindung" wären die Kommunen dann nur an das Willkürverbot gebunden[471] bzw. einem allgemeinen Vertrauensschutz unterworfen.[472] Angesichts der Organisationsreform der Deutschen Bahn und der damit zusammenhängenden Grundgesetzänderung[473] wird darüber hinaus noch die Ansicht vertreten, dass es im Ermessen der öffentlichen Hand liegen soll, sich durch Reorganisation der Grundrechtsbindung zu entziehen.[474] So habe sich der Gesetzgeber durch die verfassungsrechtliche Verankerung des wirtschaftlichen Charakters der Deutschen Bahn AG in Art. 87e Abs. 3 S. 1 GG der Grundrechtsbindung entledigt.[475]

---

[467] *Jarass*, in: Jarass/Pieroth, GG, Art. 19 Rn. 24; *Gurlit*, NZG 2012, 249 (251); *Dreier*, in: Dreier, GG, Art. 1 Abs. 3 Rn. 70, *Herdegen*, in: Maunz/Dürig, GG Kommentar, Art. 1 Abs. 3 Rn. 51.

[468] BGH, NJW 1959, 431; *Püttner*, Die öffentlichen Unternehmen, S. 107; *Jarass*, in: Jarass/Pieroth, GG, Art. 1 Rn. 38; *Katz*, Kommunale Wirtschaft, S. 223.

[469] Zum Verwaltungsprivatrecht einer Anstalt öffentlichen Rechts, BVerfG, NJW 2010, 1439 (1439f).

[470] *Püttner*, Die öffentlichen Unternehmen, S. 108.

[471] Weitergehend *Jochum*, NVwZ 2005, 779 (781).

[472] *Püttner*, Die öffentlichen Unternehmen, S. 107.

[473] Gesetz zur Änderung des Grundgesetzes v. 20. Dezember 1993, BGBl. I S. 2089.

[474] LG Hamburg, ZUM-RD 2009, 215 (216).

[475] Das Unternehmen ist demnach allein nach erwerbs- und wettbewerbswirtschaftlichen Grundsätzen zu führen und wird daher vom Gesetzgeber zum

Letzten Endes darf sich die öffentliche Hand jedoch nicht dadurch den „Restriktionen“ des Grundgesetzes entziehen können, in dem sie sich privatrechtlich organisiert. Dieses Verbot der sog. „Flucht ins Privatrecht“ ist ein allgemein anerkanntes Prinzip öffentlicher Reorganisation.[476] Hinsichtlich der Lehre vom Verwaltungsprivatrecht und der Differenzierung zwischen der Art der Tätigkeit stellt sich das grundsätzliche Problem, nach welchen Kriterien zwischen den Haupttätigkeiten und Annextätigkeiten öffentlicher Unternehmen unterschieden werden soll.[477] In der Konsequenz müsste sich die Haupttätigkeit am Grundrechtsschutz messen, während die restlichen Aktivitäten von einer Bindung ausgenommen sind. Nur selten wird es jedoch möglich sein, angesichts überschneidender Aufgabenfelder eine scharfe Trennlinie zwischen Annex- und Haupttätigkeit ziehen zu können. Zudem wird die wirtschaftliche Betätigung der öffentlichen Hand allein durch den Gemeinwohlauftrag und die Erfüllung eines öffentlichen Zwecks legitimiert. Aufgaben außerhalb der Erfüllung eines öffentlichen Zwecks sind daher grundsätzlich unzulässig. Ebenfalls ist es schwer vorstellbar, dass sich der Gesetzgeber, auch durch verfassungsrechtliche Verankerung, seiner Grundrechtsbindung i.S.d. Art. 1 Abs. 3 entziehen kann. Vielmehr lässt sich die Grundgesetzänderung auch dahingehend interpretieren, dass die Festlegung einer erwerbswirtschaftlichen Betätigung der DB in Art. 87e Abs. 3 S. 1 GG lediglich von einer Grundrechtsbindung im Verhältnis von Unternehmen und Staat befreit und darüber hinaus das Unternehmen im Verhältnis zu Privaten an die Grundrechte gebunden ist.[478]

Unternehmen, die vollständig im Eigentum der öffentlichen Hand stehen, sind daher umfassend an die Grundrechte gebunden.[479] Sie

---

privaten Rechtssubjekt erklärt, vgl. *Herdegen*, in: Maunz/Dürig, GG, Art. 1 Abs. 3 Rn. 97.

[476] BVerfG, NJW 2011, 1201 (1202); *Dreier*, in: Dreier, GG, Art. 1 Abs. 3 Rn. 69; VG Regensburg, LKV 2005, 365 (370).

[477] So auch *Dreier*, in: Dreier, GG, Art. 1 Abs. 3 Rn. 68.

[478] *Herdegen*, in: Maunz/Dürig, GG, Art. 1 Abs. 3 Rn. 97; *Jochum*, NVwZ 2005, 779 (781).

[479] BVerfG, NJW 2011, 1201 (1202); *Dreier*, in: Dreier, GG, Art. 1 Abs. 3 Rn. 70; *Herdegen*, in: Maunz/Dürig, GG, Art. 1 Abs. 3 Rn. 96; *Otting/Ohler/Olgemöller*, in: Hoppe/Uechtritz/Reck, Handbuch kommunale Unternehmen, S. 666; *Held*, WiVerw 1998, 264 (267); *v.Arnauld*, DÖV 1998, 437 (444).

sind in ihrer wirtschaftlichen Betätigung insbesondere an den Grundsatz der Verhältnismäßigkeit, den Gleichheitsgrundsatz und das Willkürverbot gebunden.[480]

### 2. Beherrschender Einfluss als Grundrechtsbegründung

Es stellt sich die Frage, welche Auswirkung eine privatrechtliche Beteiligung an einem Unternehmen der öffentlichen Hand auf die Grundrechtsbindung des Unternehmens hat. Über Jahre war die Grundrechtsbindung gemischt-wirtschaftlicher Unternehmen in Folge fehlender Entscheidungen von BVerfG oder BVerwG umstritten.[481]

Eine Ansicht verneint eine Grundrechtsbindung gemischt-wirtschaftlicher Unternehmen, trotz dominierender öffentlicher Hand und nur geringfügiger Beteiligung privater Dritter.[482] Der hinter der Gesellschaft stehende öffentliche Träger sei jedoch grundrechtsgebunden und müsste seinen Einfluss dazu nutzen, den Anspruch auf grundrechtskonforme Behandlung von Betroffenen der gemischt-wirtschaftlichen Unternehmen sicherzustellen.[483] Eine andere Ansicht beschränkt die Grundrechtsbindung gemischt-wirtschaftlicher Unternehmen auf den unmittelbaren Tätigkeitsbereich zur Erfüllung öffentlicher Zwecke.[484] Allein die staatliche Beteiligung begründet noch keine Grundrechtsbindung des Unternehmens.[485]

Umfassend mit der Grundrechtsbindung von gemischt-wirtschaftlichen Unternehmen hatte sich das BVerfG in seinem „Fraport-Urteil" beschäftigt.[486] Das BVerfG stellte fest, dass die Nutzung zivilrechtlicher Rechtsformen der öffentlichen Hand keine Flucht ins Privatrecht gewähre und öffentliche Unternehmen sich nicht der Grundrechtsbindung entziehen können.[487] Unzureichend sei es, die Grundrechtsbindung nur für den dahinterstehenden Träger und

---

480 *Jochum*, NVwZ 2005, 779 (780).
481 LG Hamburg, ZUM-RD 2009, 215 (216).
482 Vgl. *Ehlers*, in: Wurzel/Schraml/Becker, Rechtspraxis der kommunalen Unternehmen, S. 41; *Püttner*, Die öffentlichen Unternehmen, S. 119.
483 *Püttner*, Die öffentlichen Unternehmen, S. 120.
484 *Herdegen*, in: Maunz/Dürig, GG, Art. 1 Abs. 3 Rn. 96.
485 *Herdegen*, in: Maunz/Dürig, GG, Art. 1 Abs. 3 Rn. 96.
486 BVerfG, NJW 2011, 1201.
487 BVerfG, NJW 2011, 1201 (1202).

nicht für das Unternehmen selbst anzuerkennen.[488] Die Einwirkungsrechte zur Gewährleistung einer grundrechtsgerechten Behandlung zu nutzen sei einerseits „vielfach nicht durchsetzbar“ und andererseits „vom Verfahren und Zeitaufwand her zu schwerfällig, um einen effektiven Grundrechtsschutz zu gewährleisten.“[489]

Eine Grundrechtsverpflichtung soll jedoch nur angenommen werden, wenn das Unternehmen von der öffentlichen Hand beherrscht wird. Eine herrschende Stellung wird grundsätzlich angenommen, wenn der öffentliche Träger mehr als 50% der Gesellschafteranteile hält.[490] Nur vereinzelt wird im Schrifttum eine abweichende Meinung vertreten. So soll erst von einer staatlichen Beherrschung gesprochen werden können, wenn die öffentliche Hand alle Entscheidungen treffen kann, beispielsweise eine Satzungsänderung (§ 179 AktG) oder die Erhöhung des Stammkapitals (§ 182 AktG), die eine Dreiviertel Mehrheit benötigen.[491] Angesichts dieser Voraussetzung sei eine beherrschende Stellung und eine Grundrechtsbindung kommunaler Unternehmen nur bei einer 75% Beteiligung der öffentlichen Hand gegeben. Einzeln wird zudem gefordert, dass „die öffentlichen Anteilseigentümer ihre addierten Anteile am Grundkapital einer rechtlich verbindlichen Koordination ihrer Einflusspotentiale unterworfen haben oder sonst ein Interessengleichlauf sichergestellt ist.“[492] Einzelne öffentliche Träger, die in ihrer Addition eine Mehrheit an der Gesellschaft halten, seien demnach nicht automatisch auch zur gleichlaufenden Zielsetzung verpflichtet, was der Grundrechtsbindung entgegenstehen kann.

Im Ergebnis lässt sich festhalten, dass die Argumentation des BVerfG in der „Fraport-Entscheidung“ überzeugt. Dem haben sich die Rechtsprechung und die weit überwiegende Literatur angeschlossen.[493] Zudem belastet die Grundrechtsbindung die Privatrechtsträger

---

488 BVerfG, NJW 2011, 1201 (1203).

489 So auch *v.Arnauld*, DÖV 1998, 437 (444); BVerfG, NJW 2011, 1201 (1203).

490 So auch LG Hamburg, ZUM-RD 2009, 215 (216); *Gurlit*, NZG 2012, 249 (253); BVerfG, NJW 2011, 1201 (1203).

491 *v.Arnauld*, DÖV 1998, 437 (445).

492 BVerfG, NJW 2011, 1201 (1209).

493 LG Hamburg, ZUM-RD 2009, 215 (216); *Gurlit*, NZG 2012, 249 (253); *Otting/Ohler/Olgemöller*, in: Hoppe/Uechtritz/Reck, Handbuch kommunale

indes nicht im Übermaß. Ihnen steht es frei, sich am Unternehmen zu beteiligen und sich ebenso bei veränderten Mehrheitsanteilen von seinen Anteilen zu trennen.[494]

## VI. Besondere Compliance-Risiken kommunaler Unternehmen

Ohne im Rahmen der Arbeit eine umfassende Darstellung kommunaler Compliance-Risiken geben zu können, ist es dennoch sinnvoll, zumindest die Schwerpunkte der Rechtsrisiken kommunaler Unternehmen zu erörtern. Neben den allgemeinen gesellschaftsrechtlichen und strafrechtlichen Vorgaben haben öffentliche Unternehmen darüber hinaus auch Vorschriften des Gemeindehaushaltsrechts, des europäischen Beihilferechts, verschärfter Korruptionsstrafzumessung und dem des Vergaberechts zu beachten.

### 1. Korruption

#### a) Korruption als primäres Compliance-Risiko

Die Vermeidung von Korruptionsdelikten dürfte das bisher zentralste Compliance-Risiko der öffentlichen Hand sein. Der Erlass von Korruptionsrichtlinien ist sowohl in der Verwaltung, als auch in öffentlichen Unternehmen angesichts verschiedener rechtlicher Unsicherheiten insbesondere bei Fragen des Sponsorings oder der Annahme von Geschenken weit verbreitet.[495] Während zunächst vielleicht vermutet wird, dass die öffentliche Verwaltung und ihre Gesellschaften nur wenig von Korruptionsdelikten betroffen sind, sieht die Rechtswirklichkeit anders aus. So hat eine Studie der Martin-

---

Unternehmen, S. 666; *Held*, WiVerw 1998, 264 (267); VG Regensburg, LKV 2005, 365 (370).

494 So auch BVerfG, NJW 2011, 1201 (1203).

495 Ausführlich zu den gesetzlichen und satzungsrechtlichen Grenzen von Sponsoring in Kapitalgesellschaften der öffentlichen Hand *Säcker*, BB 2009, 282; *Adenauer/Merk*, NZG 2013, 1251.

Luther-Universität Halle-Wittenberg und PwC zur Kriminalität im öffentlichen Sektor ergeben, dass beinahe jede dritte Behörde im Zeitraum 2008-2010 von mindestens einer strafbaren Korruptionshandlung betroffen war und knapp 44% von zumindest konkreten Verdachtsfällen berichten konnten.[496]

Dabei beschränken sich die Korruptionsaffären nicht nur auf die Geschäftsführung, sondern erfassen auch die kommunalen Vertreter in den Aufsichtsorganen. Als Beispiel seien nur die vom Energiekonzern E-ON bezahlten Luxusreisen kommunaler Aufsichtsräte im Jahr 2006 genannt, die neben strafrechtlicher Verfolgung auch ein mediales Echo ausgelöst haben.[497] Eine besondere Brisanz erhält das Thema mit der Frage, ob Mitarbeiter öffentlicher Unternehmen Amtsträger i.S.d. § 11 Abs. 1 Nr. 2 StGB sind und in Folge dessen vom höheren Strafmaß der Amtsträgerdelikte betroffen wären.

### b) Kommunale Unternehmen als „sonstige Stelle"

Amtsträger i.S.d. § 11 Abs. 1 Nr. 2 lit.c StGB ist, wer dazu bestellt ist, bei oder im Auftrag einer Behörde oder sonstigen Stelle Aufgaben der öffentlichen Verwaltung wahrzunehmen. Unter sonstige Stellen sind „behördenähnliche Institutionen zu verstehen, die zwar keine Behörden im organisatorischen Sinne sind, aber rechtlich befugt sind, bei der Ausführung von Gesetzen und zur Erfüllung öffentlicher Aufgaben mitzuwirken."[498] Die Rechtsform ist insoweit unerheblich.[499] Nach ständiger Rechtsprechung lassen sich kommunale Unternehmen in privater Rechtsform zu den „sonstigen Stellen" zählen, wenn „bei ihnen Merkmale vorliegen, die eine Gleichstellung rechtfertigen."[500] Eine Gleichstellung ist insbesondere dann gerechtfertigt, wenn sie unmittelbar öffentliche Aufgaben wahrnehmen und

---

[496] Martin-Luther-Universität Halle-Wittenberg/PwC AG, Kriminalität im öffentlichen Sektor 2010 – Auf der Spur von Korruption & Co.

[497] www.focus.de/politik/deutschland/korruptions-ratsherren-gekauft_aid_214367.html (Stand: 08.11.2018).

[498] BGH, NJW 2004, 693 (693); BGH, NJW 2011, 1374 (1375).

[499] Vgl. Gesetzesentwurf zum Korruptionsbekämpfungsgesetz BT-Drucks. 13/5584, S. 12; BGH, NJW 1998, 1874 (1875); *Eser/Hecker*, in: Schönke/Schröder, StGB, § 11 Rn. 21; BGH, NStZ 2006, 628 (629f).

[500] BGH, NJW 2004, 693 (693); BGH, NJW 1999, 2378 (2378).

darüber hinaus einem solchen kommunalen Einfluss unterliegen, dass sie als verlängerter Arm des Staates auftreten.[501] Ob ein kommunales Unternehmen als „sonstige Stelle" zu qualifizieren ist, ist demnach im Einzelfall abzuwägen.[502]

Die Erfüllung öffentlicher Aufgaben ist anzunehmen, wenn das Unternehmen Leistungen erbringt, die typischerweise der staatlichen Leistungserbringung vorbehalten sind.[503] Dabei muss auf die konkrete Maßnahme und nicht den übergeordneten Unternehmenszweck abgestellt werden.[504] In die Abwägung ist miteinzubeziehen, ob das Unternehmen auf einem Wettbewerbsmarkt tätig wird oder ob es finanzielle staatliche Förderungen erhält.[505] Die wirtschaftliche Betätigung außerhalb typischer staatlicher Leistungen begründet kein Gleichstellungsmerkmal.[506]

Weiterhin muss das Unternehmen einem solchen staatlichen Einfluss unterstehen, dass es nach Außen als verlängerter Arm des Staates erkennbar ist. Die gesellschaftsrechtliche Mehrheit soll indes noch keine Garantie für eine effektive Einflusssicherung gewährleisten.[507]

---

501 BGH, NJW 1998, 1874 (1876); BGH, NJW 2004, 693 (693); BGH, NJW 1999, 2378 (2378).

502 Einordnung als sonstige Stelle: BGH, NJW 2004, 693 – Energieversorger; OLG Karlsruhe, NJW 1983, 352 – Kreiskrankenhaus; BGH, NJW 1998, 1874 – Deutsche Gesellschaft für Technische Zusammenarbeit (GTZ); OLG Düsseldorf, NStZ 2008, 459 – Rheinbahn AG; BGH, NStZ 2006, 628 – Stadtwerke AG; BGH, NJW 2001, 3062 – Treuhand Liegenschaftsgesellschaft mbH; BGH, NJW 2011, 1374 – Bahn Netz-AG; BGH, NStZ 2007, 211 – Müllentsorgung (RSAG); keine Einordnung als sonstige Stelle: BGH, NJW 1999, 2378 – Flughafen Frankfurt–Main Aktiengesellschaft (FAG); BGH, NJW 2001, 2102 – Blutspendedienst; BGH, NJW 2004, 3129 – DB AG.

503 *Eser/Hecker*, in: Schönke/Schröder, StGB, § 11 Rn. 21; BGH, NJW 2004, 693 (693); BGH, NJW 2001, 2102 (2104); BGH, NJW 1999, 2378 (2378); BGH, NJW 2011, 1374 (1375).

504 BGH, NJW 2001, 2102 (2104).

505 BGH, NJW 2011, 1374 (1375); OLG Düsseldorf, NStZ 2008, 459 (460); vgl. Bedenken des BGH bei der Einordnung der DB AG als „sonstige Stelle", BGH, NJW 2004, 3129 (3131f).

506 *Eser/Hecker*, in: Schönke/Schröder, StGB, § 11 Rn. 21; *Radtke*, in: MüKo StGB, § 11 Rn. 71; *Heger*, in: Lackner/Kühl, StGB, § 11 Rn. 9a; *Saliger*, in: Kindhäuser/Neumann/Paeffgen, StGB, § 11 Rn. 41.

507 BGH, NJW 2004, 693 (694); *Szesny/Brockhaus*, NStZ 2007, 624 (625); im Gegenzug soll eine Minderheitsbeteiligung der öffentlichen Hand trotz Sperr-

Trotz Mehrheitsbesitz der öffentlichen Hand kann eine Gleichstellung abgelehnt werden, wenn der Beteiligte Private einen wesentlichen Einfluss auf die unternehmerischen Entscheidungen treffen kann.[508] In dem Fall begründet das Letztentscheidungsrecht, beispielsweise in Form einer Sperrminorität, einen beherrschenden Einfluss des Privaten, so dass das Unternehmen nicht als verlängerter Arm des Staates auftreten kann.[509] Vielmehr muss das Unternehmen durch eine organisatorische Einbindung der Behörde zugerechnet werden[510] und für einen Außenstehenden als öffentliches Unternehmen erkennbar sein.[511] Daher ist selbst bei einer 100% Beteiligung der Kommune eine Einzelfallabwägung unerlässlich.[512]

c) Amtsträgerstellung kommunaler Aufsichtsratsmitglieder

Die überwiegende Ansicht des Schrifttums hat sich dem Verständnis des BGH angeschlossen, nach dem kommunale Mandatsträger grundsätzlich keine Amtsträger i.S.d. StGB sind.[513] Nur in Ausnahmefällen, wenn sie mit Verwaltungsaufgaben betreut werden, die über ihre eigentliche Aufgabe als Mandatsträger in der kommunalen

---

minorität einen steuernden Einfluss ausschließen, *Saliger*, in: Kindhäuser/Neumann/Paeffgen, StGB, § 11 Rn. 42a.

508 BGH, Urteil vom 2.12.2005 - 5 StR 268/05 = BeckRS 2006, 00784; vgl. *Radtke*, in: MüKo StGB, § 11 Rn. 81, der die Anforderung an eine staatliche Steuerung als zu überhöht ansieht und zudem die Erkennbarkeit des Unternehmens als verlängerter Arm des Staates in seiner Begrifflichkeit als zu unscharf kritisiert.

509 BGH, Urteil vom 2.12.2005 - 5 StR 268/05 = BeckRS 2006, 00784; vgl. *Saliger*, in: Kindhäuser/Neumann/Paeffgen, StGB, § 11 Rn. 41, der aus diesem Grund die realen gesellschaftsrechtlichen Einflussmöglichkeiten als maßgebliches Kriterium ansieht.

510 Die Zurechnung kann durch einen längerfristigen Vertrag, durch einen Betrauungsakt oder gesetzliche Regelung erfolgen, vgl. BGH, NJW 1999, 2378 (2378); BGH, NJW 2001, 2002 (2104); BGH, NJW 2011, 1375 (1375).

511 OLG Düsseldorf, NStZ 2008, 459 (459); BGH, NJW 2007, 2932 (2934); BGH, NJW 2007, 211 (212); *Szesny/Brockhaus*, NStZ 2007, 624 (625); kritisch dazu *Saliger*, in: Kindhäuser/Neumann/Paeffgen, StGB, § 11 Rn. 41.

512 *Szesny/Brockhaus*, NStZ 2007, 624 (625).

513 Vgl. BGH, NJW 2006, 2050; *Deiters*, NStZ 2003, 453 (457f); *Feinendegen*, NJW 2006, 2014 (2015); *Dahs/Müssig*, NStZ 2006, 191 (192f); wohl auch *Korte*, in: MüKo StGB, § 331, Rn. 43.

Vertretung hinausgehen, können kommunale Mandatsträger die Amtsträgereigenschaft erfüllen.[514] Nur wenige Stimmen bejahen hingegen eine grundsätzliche Amtsträgereigenschaft kommunaler Mandatsträger.[515] Als Organ der Willensbildung nehmen sie konkrete Verwaltungsaufgaben wahr und seien deshalb nicht mit Bundes- oder Landtagsabgeordneten zu vergleichen, die angesichts ihrer Gesetzgebungskompetenzen vom Amtsträgerbegriff des § 11 Abs. 1 Nr. 2 StGB ausgeschlossen sind. [516] Sie argumentieren ferner, dass die fehlende Amtsträgerstellung zur Folge hätte, dass städtische Mitarbeiter dem erhöhten Strafmaß von Amtsträgern unterliegen würden, während kommunale Mandatsträger, die über die grundsätzliche Auftragsvergabe entscheiden, sich einer Strafbarkeit nach §§ 331ff. StGB entziehen könnten.[517]

Der letztgenannten Auffassung ist nur insoweit zuzustimmen, dass die Ausnahme kommunaler Mandatsträger von der Amtsträgereigenschaft bis dato einen rechtsfreien Raum begründete.[518] Allerdings hat der Gesetzgeber wie erwartet die Rechtslücke geschlossen und Mandatsträger, die bisher bei der Wahrnehmung ihres Mandats von einer Korruptionsstrafbarkeit ausgeschlossen waren, von der Neuregelung des § 108 Abs. 3 Nr. 1 StGB erfassen lassen.[519] Aber auch ohne die Gesetzesänderung vermag die Argumentation der herrschenden Ansicht zu überzeugen. Die Amtsträgereigenschaft i.S.d. § 11 Abs. 1 Nr. 2 StGB wird durch ein Über-/Unterverhältnis von Staat und Amtsträger begründet. Auch § 11 Abs. 1 Nr. 2 lit.c StGB spricht insoweit von „in deren Auftrag“ und bildet damit keine Ausnahme. Kommunale Mandatsträger hingegen üben ein freies Mandat aus und lassen sich nicht in die organisatorischen Verwaltungsstrukturen einordnen.[520] Fehlt es an diesem Über-/Unterverhältnis, nehmen sie

---

514 BGH, NJW 2006, 2050 (2052); *Eser/Hecker*, in: Schönke/Schröder, StGB, § 11 Rn. 22; *Deiters*, NStZ 2003, 453 (458); so auch BT-Drucks. 18/476, S. 8.

515 LG Köln, NStZ-RR 2003, 364; LG Krefeld, NJW 1994, 2036.

516 LG Krefeld, NJW 1994, 2036 (2037).

517 LG Köln, NStZ-RR 2003, 364 (364f); erledigt durch Neuregelung in § 108e Abs. 3 Nr. 1 StGB.

518 So auch *Feinendegen*, NJW 2006, 2014 (2105).

519 Vgl. BT-Drucks. 18/476, S. 8.

520 BGH, NJW 2006, 2050 (2053).

keine Aufgaben der öffentlichen Verwaltung wahr und sind dementsprechend keine Amtsträger i.S.d. StGB.

Ein anderes Bild ergibt sich jedoch, wenn der Mandatsträger über seine originäre Tätigkeit als Gemeindevertreter noch weitere Aufgaben übernimmt. Bereits der BGH hat im Urteil des „Wuppertaler Korruptionsskandals“ darauf hingewiesen, dass ein Mitglied der Gemeindevertretung, das in ein anderes Gremium, beispielsweise in den Aufsichtsrat eines kommunal beherrschten Unternehmens, entsendet oder gewählt wird, mit Verwaltungsaufgaben betreut wird, die über ihre eigentliche Aufgabe als Mandatsträger in der kommunalen Vertretung hinausgehen.[521] Daher wird überwiegend die Ansicht vertreten, dass eine Amtsträgereigenschaft begründet wird, wenn die Mandatsträger eine Tätigkeit als Aufsichtsratsmitglied eines kommunalen Unternehmens aufnehmen.[522]

Gegen die pauschale Begründung einer Amtsträgerschaft durch Entsendung oder Wahl in einen Aufsichtsrat kommunaler Unternehmen hat sich dennoch Widerstand erhoben. Mit der Ausübung des Aufsichtsratsmandats könne nicht gänzlich auf die Wahrnehmung öffentlicher Aufgaben der Verwaltung geschlossen werden. Die Überwachung der Geschäftsführung sei eine gesellschaftsrechtliche Vorgabe, die weder von öffentlichen Vorgaben bestimmt sei, noch durch eine mögliche Weisungsabhängigkeit des Aufsichtsratsmitglieds tangiert werde.[523] Entscheidendes Kriterium für die Entscheidung sei daher der Unternehmensgegenstand. Nimmt das Unternehmen Aufgaben typischer staatlicher Leistungserbringung wahr, ist das Aufsichtsratsmitglied nicht nur verpflichtet die gesellschaftsrechtlichen Vorgaben zu wahren, sondern darüber hinaus mit den gesellschaftsrechtlich zulässigen Mitteln auf die Erfüllung des Unternehmensgegenstandes hinzuwirken.[524] Vor dem Hintergrund der Rechtsprechung des BGH, dass nicht mehr von einer staatlichen Leistungserbringung gesprochen werden kann, wenn der Träger die Erfüllung der Aufgabe auch anteilig einem Privaten überlässt, wird geschlossen,

---

[521] BGH, NJW 2006, 2050 (2054).

[522] *Feinendegen*, NJW 2006, 2014 (2015); BGH, NStZ 2006, 628 (629f); *Eser/Hecker*, in: Schönke/Schröder, StGB, § 11 Rn. 22; BGH, NJW 2006, 2050 (2054); OLG Stuttgart, NJW 2003, 228 (229).

[523] *Szesny/Brockhaus*, NStZ 2007, 624 (626).

[524] *Szesny/Brockhaus*, NStZ 2007, 624 (626).

dass die strengen Kriterien zur Bestimmung des „verlängerten Arms" der Kommune auch für den Unternehmensgegenstand und damit für die Begründung der Amtsträgereigenschaft eines Aufsichtsratsmitglieds gelten muss.[525] Die Mindermeinung verkennt jedoch, dass die kommunalen Aufsichtsratsmitglieder auch bei einer Minderheitsbeteiligung verpflichtet sind, die Interessen der Kommune und insbesondere die Erfüllung des öffentlichen Zwecks zu wahren. Eine Betätigung außerhalb dieser Bedingung ist bereits von vornherein, trotz Minderheitsbeteiligung, unzulässig. Daher wird der herrschenden Ansicht gefolgt, dass kommunale Vertreter im Aufsichtsrat Amtsträger i.S.d. StGB sind.

#### d) Amtsträgerstellung kommunaler Mitarbeiter

Offen ist noch die Frage, ob der Maßstab der Amtsträgereigenschaft auch auf Mitarbeiter und leitende Angestellte bzw. Geschäftsführer kommunaler Unternehmen anzulegen ist.

Sinn und Zweck der verschärften Vorschriften der §§ 331ff. StGB ist es, „das Vertrauen der Allgemeinheit in die Integrität von Trägern staatlicher Funktionen" zu schützen.[526] Dabei macht es in der Außenwirkung keinen Unterschied, ob es sich um eine staatliche Behörde oder ein privatrechtliches Unternehmen handelt, das als verlängerter Arm des Staates auftritt.[527] Angesichts dieser teleologischen Auslegung ist eine Amtsträgereigenschaft umso eher anzunehmen, je wichtiger die Stellung des Mitarbeiters im Unternehmen ist und ein Korruptionsdelikt daher die Integrität staatlichen Ansehens schaden könnte.[528] Vor diesem Hintergrund werden nach Ansicht der Rechtsprechung Geschäftsleiter kommunaler Unternehmen, die als „sonstige Stelle" eingestuft werden, von der Amtsträgereigenschaft erfasst.[529] Ein der Zurechnung „sonstiger Stellen" vergleichbarer Betrauungsakt

---

[525] *Szesny/Brockhaus*, NStZ 2007, 624 (626).

[526] BGH, NJW 1998, 1874 (1876); OLG Düsseldorf, NStZ 2008, 459 (459).

[527] Darüber hinaus ist ebenfalls die Art der Leistungsabwicklung unerheblich, *Eser/Hecker*, in: Schönke/Schröder, StGB, § 11 Rn. 21.

[528] So auch OLG Düsseldorf, NStZ 2008, 459 (459).

[529] BGH, NJW 2004, 693 (695); BGH, NJW 2007, 211; BGH, NStZ 2006, 628 (630).

ist nicht notwendig.[530] Es ist ausreichend, wenn der Mitarbeiter von der besonderen Stellung des Unternehmens und der damit verbundenen Erfüllung öffentlicher Aufgaben zumindest hätte Kenntnis haben müssen.[531] Dies ist bei einem Geschäftsleiter zweifelsfrei der Fall. Weniger eindeutig ist dies hingegen bei der Einstufung von Mitarbeitern. Während bei leitenden Mitarbeitern eine Amtsträgereigenschaft noch häufig anerkannt wird,[532] wird bei einfachen Mitarbeitern die Wahrnehmung einer öffentlichen Aufgabe regelmäßig abzulehnen sein. Dies entspricht auch der Intention der Amtsträgerstellung der §§ 331ff StGB, das Vertrauen in die staatliche Autorität zu schützen. Denn im Gegensatz zu einem Geschäftsführer vertritt der nicht leitende Mitarbeiter das Unternehmen nicht gegenüber der Öffentlichkeit. Daher verursachen Korruptionsdelikte nicht leitender Mitarbeiter kaum dem Verschulden eines Geschäftsleiters vergleichbare Schäden an der staatlichen Integrität. Der Zweck des erhöhten Strafmaßes der §§ 331ff StGB, die Integrität des Staates und seiner Institutionen zu schützen, muss also bei der Prüfung einer Amtsträgereigenschaft seine Berücksichtigung finden.[533] Angesichts dieser Tatsache wird die Amtsträgerstellung nicht leitender Mitarbeiter ein Sonderfall bleiben.

### 2. Kartellrecht

Angesichts erheblicher Geldbußen nach Kartellrechtsverstößen ist das Kartellrecht eines der ersten und bis heute wichtigsten Risikofelder der Compliance. Verstöße gegen das Kartellrecht waren die Grundlage erheblicher, zum Teil existenzgefährdender Kartellrechtsstrafen der Vergangenheit. Zuletzt verhängte die EU-Kommission gegen vier Lastwagenhersteller wegen Preisabsprachen eine Geldbuße von annähernd 3 Milliarden Euro. Allein gegen den deutschen Daimler-Konzern wurde eine Strafe in Höhe von 1 Milliarde Euro ver-

---

530 BGH, NJW 1998, 1874 (1877); BGH, NJW 2011, 1374 (1377).

531 BGH, NJW 2011, 1374 (1377).

532 OLG Karlsruhe, NJW 1983, 352 – Chefarzt; BGH, NJW 1998, 1874 (1877) – Kaufmännische Angestellte; BGH, NJW 2011, 1374 (1377) – Niederlassungsleiter; OLG Düsseldorf, NStZ 2008, 459 – kaufmännischer Vorstand.

533 So auch OLG Düsseldorf, NStZ 2008, 459 (459); BGH, NJW 2007, 2932 (2934).

hängt.[534] Obwohl die großen Kartellrechtsverfahren zuletzt vermehrt durch die EU-Kommission angestoßen wurden, hat auch das Bundeskartellamt regelmäßig Verfahren eingeleitet. Insgesamt verhängte das Bundeskartellamt im Jahr 2015 wegen verbotener Absprachen Bußgelder in Höhe von rund 208 Millionen Euro gegen 45 Unternehmen und 24 Privatpersonen.[535]

Während die großen Kartellrechtsverfahren der jüngsten Vergangenheit in der Regel mit großen Konzernen assoziiert werden, spielt das Kartellrecht auch für die kommunale Wirtschaft eine nicht zu unterschätzende Rolle. In § 185 Abs. 1 GWB wird nämlich ausdrücklich darauf Bezug genommen, dass die Kartellrechtsvorschriften auch auf Unternehmen anzuwenden sind, die ganz oder teilweise im Eigentum der öffentlichen Hand stehen. Vereinbarungen zwischen Unternehmen, Beschlüsse von Unternehmensvereinigungen und aufeinander abgestimmte Verhaltensweisen, die eine Verhinderung, Einschränkung oder Verfälschung des Wettbewerbs bezwecken oder bewirken, sind daher auch in der kommunalen Wirtschaft verboten.[536] Aufgrund ihrer Tätigkeit in regulierten, zum Teil nicht liberalisierten Märkten, wird vor allem die marktmissbräuchliche Stellung einiger kommunaler Aufgabengebiete in den Blickpunkt der Kartellämter genommen. Insbesondere in der Versorgungsbranche für Strom, Wasser, Fernwärme und Gas gehen die Kartellbehörden vielfach von einer marktbeherrschenden Stellung aus.[537] Die Ausnutzung einer marktbeherrschenden Stellung ist grundsätzlich verboten und kann Unterlassungs- bzw. Schadensersatzansprüche des Beeinträchtigten

---

534 Vgl. ausführliche Statistik der verhängten Kartellrechtsstrafen der EU-Kommission, http://ec.europa.eu/competition/cartels/statistics/statistics.pdf (Stand: 08.11.2018).

535 Siehe Bundeskartellamt, Jahresbericht Bundeskartellamt 2015, S. 39; im Jahr 2014 waren es sogar Bußgelder in Höhe von 1.117 Milliarden Euro, Bundeskartellamt, Jahresbericht Bundeskartellamt 2014, S. 39.

536 § 1 GWB; eine dementsprechende Definition des Kartellverbots findet sich auch in Art. 101 AEUV.

537 So auch *Otto/Fonk*, CCZ 2012, 161 (165); bis zur Neuregelung des § 185 Abs. 1 GWB war es unklar, ob auch öffentlich-rechtliche Gebühren einer kartellrechtlichen Prüfung unterzogen werden können. § 185 Abs. 1 GWB stellt inzwischen klar, dass auf öffentlich-rechtliche Gebühren und Beiträge das verbotene Verhalten marktbeherrschender Stellung gem. § 19 GWB keine Anwendung findet.

nach sich ziehen. Eine solches missbräuchliches Verhalten liegt beispielsweise vor, wenn sich ein Unternehmen im Bereich der Stromversorgung weigert, Konkurrenten gegen ein angemessenes Entgelt Zugang zur Versorgungsinfrastruktur zu gewähren[538] oder die kommunale Energieversorgung im nicht liberalisierten Wassermarkt einhergehend mit ihrer Monopolstellung erhöhte Versorgungsentgelte nimmt.[539] Eine solche Konstellation wurde vom BGH bereits zum Nachteil eines kommunalen Unternehmens entschieden.[540] Das betroffene Unternehmen, mit einer kommunalen Mehrheitsbeteiligung, wurde von der Landeskartellbehörde verpflichtet, ihre Wasserversorgungspreise an vergleichbare Unternehmen anzupassen.

Angesichts dieser Risiken hat die Einrichtung einer effektiven Compliance-Struktur sowohl zur Bußgeldvermeidung, aber auch zur Bußgeldminderung im Kartellrecht eine besondere Bedeutung. Dahingehend weist auch das Bundeskartellamt auf seiner Homepage ausdrücklich darauf hin, dass Compliance „entscheidend zur Bußgeldvermeidung oder –minderung" beitragen kann.[541]

### 3. Vergaberecht

Jährlich vergibt die öffentliche Hand Aufträge in Millionenhöhe an private Unternehmen. Vor dem Hintergrund dieses bedeutsamen Wirtschaftszweiges wurde die Auftragsvergabe der öffentlichen Hand im Vergaberecht, häufig auch als öffentliches Auftrags- und Beschaffungswesen bezeichnet, geregelt. Sinn und Zweck war es, einen diskriminierungsfreien Wettbewerb zu schaffen und die öffentlichen Mittel bestmöglich zu nutzen. Für den öffentlichen Auftraggeber ist die Durchdringung des Vergaberechts allerdings nicht leicht. Es gibt kein umfassendes Vergaberechtsgesetz, sondern es setzt sich aus verschiedenen Regelungen in unterschiedlichen Gesetzen aus deut-

[538] § 19 Abs. 1 Nr. 4 GWB.

[539] BGH, NJW 2010, 2573; BGH, NJW 2012, 1150.

[540] BGH, NJW 2010, 2573; vgl. dazu auch *Breuer*, NVwZ 2009, 1249.

[541] https://www.bundeskartellamt.de/DE/Kartellverbot/kartellverbot_node.html (Stand: 08.11.2018); zur bußgeldmildernden Wirkung bei eingerichteten Compliance-Strukturen siehe *Brauneck*, CCZ 2016, 107; vgl. auch *Eufinger*, CCZ 2016, 209 (211ff).

schem und europäischem Recht zusammen. Erschwerend kommt hinzu, dass das Vergaberecht durch häufige Gesetzesänderungen, zuletzt mit der Umsetzung der europäischen Vergaberechtsreform, ein sehr volatiles Rechtsgebiet ist.

Der öffentliche Auftraggeber wird oberhalb der sogenannten EU-Schwellenwerte verpflichtet, die Auftragsvergabe öffentlich auszuschreiben.[542] Die EU-Schwellenwerte betragen seit dem 1. Januar 2016 für Liefer- und Dienstleistungen 209.000 € und für Bauleistungen 5.225.000 €.[543] Die Höhe der Schwellenwerte wird i.d.R. alle zwei Jahre überprüft und ggf. angepasst. Im Rahmen dieser öffentlichen Ausschreibung müssen bestimmte Fristen und formelle Anforderungen eingehalten werden. Kommunale Unternehmen werden durch die Vorschrift des § 99 Nr. 2 GWB vom persönlichen Anwendungsbereich der Vergabepflicht erfasst, die überwiegend der Umsetzung der EU-Vergaberichtlinie entspricht. Erforderlich ist es, dass die juristische Person des privaten Rechts zu dem Zweck gegründet wurde, eine im Allgemeininteresse liegende Aufgabe nichtgewerblicher Art zu erfüllen und dafür von der Gebietskörperschaft durch Beteiligung oder auf sonstige Weise finanziert wird.[544] Darüber hinaus muss die Gebietskörperschaft die Überwachungsaufgabe über die Unternehmensleitung innehaben oder mehr als die Hälfte des geschäftsführenden oder des Aufsichtsorgans von der Gebietskörperschaft bestimmt worden sein. Die Auslegung des unbestimmten Rechtsbegriffs der im „Allgemeininteresse liegende Aufgabe nicht gewerblicher Art“ bereitet auch an dieser Stelle Probleme in der Abgrenzung von Tätigkeiten gewerblicher Natur.[545] Alle Kriterien sind eng mit der staatlichen Hand verbunden und sind angesichts der Gefahr staatlicher Einflussnahme auf die Auftragsvergabe funktionell auszulegen.[546] Auf der deutschen Umsetzung beruht indes die Aufnahme juristischer

---

542 §§ 97ff. GWB i.V.m. VgV, VOB/A, VOL/A, VOF.

543 Vgl. § 106 Abs. 2 GWB.

544 Zum Begriff der öffentlichen Finanzierung siehe EuGH, Urt. v. 12.09.2013 – RS- C-526/11 = NZBau 2013, 717 (719).

545 Statt vieler vgl. *Tomerius*, NVwZ 2000, 727 (729ff).

546 EuGH, Urt. v. 17.12.1998 – Rs. C-353/96, Slg. 1998 I-8565 (8593); EuGH, Urt. v. 12.09.2013 – Rs. C-526/11 = NZBau 2013, 717 (719); *Dreher*, in: Immenga/Mestmäcker, Wettbewerbsrecht, § 98 Rn. 23; *Pünder*, in: Pünder/Schellenberg, Vergaberecht, § 98 Rn. 1.

Personen des Privatrechts in die Vorschrift des § 99 Nr. 2 GWB. Der EuGH hat jedoch bereits festgestellt, dass nur die drei Tatbestandsmerkmale der Rechtspersönlichkeit, der besonderen Erfüllungsaufgabe und der staatliche Einfluss den Anwendungsbereich des öffentlichen Auftraggebers begründen und die privatrechtliche Organisation kein Ausschlusskriterium darstellt.[547]

Des Weiteren sind die kommunalen Unternehmen auch unterhalb der EU-Schwellenwerte nicht von einer vergaberechtlichen Regulation befreit. Die meisten Bundesländer haben in Tariftreue- und Vergabegesetzen den sog. „Unterschwellenbereich" erfasst und verpflichten die Unternehmen zur Beachtung ökonomischer, sozialer und ökologischer Aspekte.[548] Daneben muss die Kommune die haushaltsrechtlichen und landesrechtlichen Vorgaben beachten. So fallen Vergaben unterhalb der Schwellenwerte zwar nicht unter das europäische Vergaberecht, dennoch bleibt es der Kommune angesichts ihrer Grundrechtsbindung und dem Gleichheitsgrundsatz des Art.1 Abs. 3 GG verwehrt, das Verfahren und die Auswahl willkürlich zu bestimmen.[549] Gute Erfahrungen aus der Vergangenheit oder die lokale Verankerung eines Unternehmens sind zwar naheliegende Argumente, die jedoch im Rahmen der zulässigen Vergabe keine Rolle spielen dürfen. Angesichts dieser in der Regel besonderen Nähe zu ortsansässigen Unternehmen bieten kommunale Unternehmen eine große vergaberechtliche Angriffsfläche. Vergaberechtsverstöße können Schadensersatzansprüche betroffener Konkurrenten begründen, es droht die Rückforderung von nationalen und europäischen Zuschüssen und auch ein strafrechtlicher Verdacht im Bereich der Korruptionsdelikte kann entstehen. Gleichwohl eine umfassendere Darstellung aller Risiken im Rahmen dieser Arbeit leider nicht möglich ist,[550] so wurde

---

[547] EuGH, Urt. v. 13.1.2005 – Rs. C-84/03 = NZBau 2005, 232 (232); darüber hinaus ist im Rahmen der Arbeit keine ausführliche Ausarbeitung der drei Zulassungsvoraussetzungen möglich. Zur Vertiefung statt vieler, *Dreher*, in: Immenga/Mestmäcker, Wettbewerbsrecht, § 98 Rn. 66ff.

[548] Statt vieler vgl. § 2 HVTG.

[549] BGH, NJW 2006, 3701 (3703); vgl. Ausführungen: Kap.1, B, V.

[550] Eine besondere Beachtung verdienen die „Inhouse-Vergaben", die interkommunale Zusammenarbeit und die Konzessionsvergabe; zur möglichen Rechtsfolge bei Vergabeverstößen siehe LG Saarbrücken, NZBau 2016, 116.

deutlich, dass das Vergaberecht einer besonderen Beobachtung durch die Compliance-Struktur bedarf.

# Kapitel 2
# Compliance-Pflicht in kommunalen Unternehmen

Die bisherigen Ausführungen haben deutlich gemacht, dass das relativ junge Thema Compliance noch mit vielen rechtlichen Unsicherheiten behaftet ist. Dies gilt auch für die wohl dringendste Frage, ob eine allgemeine Pflicht zur Schaffung von Compliance-Strukturen besteht. Bis heute besteht weder Einigkeit über die rechtliche Verortung von Compliance, noch ob aus der jeweiligen Verortung eine allgemeine Pflicht zur Einführung von Compliance-Strukturen abgeleitet werden kann. Mit dem Ziel der Einhaltung und Beachtung von geltendem Recht und Gesetz stellt Compliance zunächst eine Selbstverständlichkeit dar, so dass sich die Rechtsgrundlage eigentlich aus der Natur der Sache ergeben müsste. Die Verpflichtung zum gesetzestreuen Verhalten wäre auch ohne eine gesetzliche Grundlage unbestritten. Compliance ist jedoch mehr als nur die reine Gesetzestreue, sondern beschäftigt sich vorrangig mit der Frage, ob für die Erwartung an ein rechtmäßiges Verhalten eine organisatorische Struktur im Sinne einer Organisationspflicht notwendig ist.

Während international tätige Unternehmen zumeist aus US-amerikanischen Normen zur Compliance verpflichtet werden,[551] ist die Rechtslage für in Deutschland tätige Unternehmen noch nicht abschließend geklärt. Die bisherige Diskussion hat sich dabei vorrangig auf börsennotierte Unternehmen beschränkt. Die Strukturen des Mittelstandes oder öffentlicher Unternehmen wurden nur am Rande mit einbezogen,[552] in der Regel wurden sie sträflich vernachlässigt. Obwohl die Diskussion um Compliance-Strukturen in öffentlichen Unternehmen an Fahrt aufgenommen hat,[553] wurde der Einfluss des öffentlichen Rechts auf Compliance noch nicht umfassend gewürdigt.

---

[551] Im Besonderen der Sarbanes Oxley Act, vgl. *Hölters*, in: Hölters, AktG, § 93 Rn. 93; *Immenga*, FS Schwark, 2009, S. 199 (205ff).

[552] *Fissenewert*, Compliance für den Mittelstand, S. 11ff; *Merkt*, ZIP 2014, 1705.

[553] *Stober/Ohrtmann*, Compliance, S. 1ff; *Passarge*, NVwZ 2015, 252; *Willbert*, CCZ 2015, 213; *Burgi*, CCZ 2010, 41.

Die folgende Untersuchung soll die bestehende Lücke schließen und eine konkrete Antwort darauf geben, ob kommunale Unternehmen zur Compliance verpflichtet sind.

# A. Branchenspezifische Compliance-Pflicht

Die Regelung einer branchenspezifischen Compliance-Pflicht ist die erste und bisher einzige gesetzliche Compliance-Grundlage in Deutschland. Vergleichbar mit der US-amerikanischen Entwicklung hat Compliance auch hier zunächst in den Bereichen Fuß gefasst, denen ein besonderes öffentliches Interesse galt und die dementsprechend bereits einer hohen externen Regulierung unterlagen. Neben der Versicherungswirtschaft, der Abfallwirtschaft und der chemisch-pharmazeutischen Industrie bestehen gesonderte Compliance-Anforderungen vor allem für am Kapitalmarkt tätige Unternehmen.[554] Börsennotierte Unternehmen müssen nach § 33 Abs. 1 Nr. 1 WpHG sicherstellen, dass das Unternehmen selbst und seine Mitarbeiter den „Verpflichtungen dieses Gesetzes nachkommen, wobei insbesondere eine dauerhafte und wirksame Compliance-Funktion einzurichten ist." Zur näheren Ausgestaltung der Compliance-Funktion hat das Bundesfinanzministerium die Verordnung zur Konkretisierung der Verhaltensregeln und Organisationsanforderungen für Wertpapierdienstleistungs-unternehmen (WpDVerOV) erlassen.[555] Danach muss die Compliance-Funktion auf ihre Angemessenheit sowie Wirksamkeit der Grundsätze, Vorkehrungen und Maßnahmen zur Fehlervermeidung regelmäßig überwacht und bewertet werden (§ 12 Abs. 3 Nr. 1 WpDVerOV). Darüber hinaus muss nach § 12 Abs. 4 S. 1 WpDVerOV ein Compliance-Beauftragter ernannt werden, der sowohl für die Aufrechterhaltung der Compliance-Funktion, sowie für die notwendigen Berichte an die Aufsichtsorgane und Geschäftsführer des

[554] Versicherungswirtschaft § 29 Abs. 1, 2 VAG; Abfallwirtschaft § 58 Abs. 2 KrWG; Kapitalmarkt Unternehmen § 33 Abs. 1 Nr. 1 WpHG.

[555] Wertpapierdienstleistungs-Verhaltens- und Organisationsverordnung v. 20. Juli 2007, BGBl. I S. 1432.

Unternehmens zuständig ist. Zudem ist der Compliance-Beauftragte in seiner Funktion nach § 12 Abs. 3 Nr. 2 WpDVerOV verpflichtet, den Mitarbeitern sowohl unterstützend als auch beratend bei Compliance-Fragen zur Seite zu stehen.

Es stellt sich die Frage, ob es neben den zuvor dargestellten Sondervorschriften noch weitere Compliance-Regelungen gibt, die den Anwendungsbereich kommunaler Unternehmen betreffen. Im Hinblick auf die Mannigfaltigkeit kommunaler Wirtschaftstätigkeit ist es jedoch nicht möglich, alle Wirtschaftsbereiche kommunaler Unternehmen auf ihre branchenspezifische Compliance-Pflicht zu untersuchen. Die Untersuchung beschränkt sich daher im Folgenden auf die klassischen Aufgabenfelder kommunaler Wirtschaftstätigkeit.

## I. Compliance im kommunalen Krankenhaus

Nicht nur wegen seines begrifflichen Ursprungs auch in der Medizin ist Compliance in den Blickpunkt aktueller Diskussionen im Gesundheitswesen gerückt. Der Gesetzgeber hat mit dem Gesetz zur Bekämpfung von Korruption im Gesundheitswesen eine jahrelange Diskussion beendet und das Gesundheitswesen einem verschärften Korruptionsrisiko unterworfen.[556] Neben der Korruption ist das Krankenhauswesen einer Fülle weiterer rechtlicher Risiken unterworfen. Komplizierte Abrechnungsmethoden, sensible Bereiche des Datenschutzes oder die Gefahr von Gesundheitsschäden durch mangelnde Hygiene sind nur wenige Beispiele, die den Unternehmensalltag in Krankenhäusern prägen. Gepaart mit den Anforderungen moderner Medizin und dem stetigen Wettbewerbsdruck im hart umkämpften, oft defizitären Krankenhausmarkt entsteht ein großes Feld von Compliance-Risiken. Nicht verwunderlich ist es daher, dass Regelverstöße in Krankenhäusern zuletzt häufiger öffentlichkeitswirksam debattiert wurden.[557] Die Fachliteratur fordert indes seit langem eine verstärkte Nutzung von Compliance-Strukturen in Krankenhäu-

---

[556] Gesetz zur Bekämpfung von Korruption im Gesundheitswesen v. 30.05.2016, BGBl. I S. 1254.

[557] Statt vieler siehe strafrechtliche Bewertung des Transplantationsskandals bei *Rissing-van Saan*, NStZ 2014, 233.

sern.[558] Auch der Gesetzgeber hat in Folge des hohen Risikoprofils die Organisationspflichten im Gesundheitswesen konkretisiert. Mit dem Gesetz zur Verbesserung der Rechte von Patientinnen und Patienten vom 20. Februar 2013 wurden Krankenhäuser zum ersten Mal verpflichtet, ein geeignetes Risikomanagement zu implementieren.[559] Der im Rahmen des Patientenrechtegesetz in Kraft getretene § 137 Abs. 1d SGB V a.F. schrieb vor, dass der gemeinsame Bundesausschuss, das oberste Beschlussgremium der gemeinsamen Selbstverwaltung der Ärzte, Zahnärzte, Psychotherapeuten, Krankenhäuser und Krankenkassen in Deutschland, in seinen Richtlinien Mindeststandards für Risikomanagement und Fehlermeldesysteme in Krankenhäusern festlegt. Die daraufhin erlassene Richtlinie über die grundsätzlichen Anforderungen an ein einrichtungsinternes Qualitätsmanagement für die nach § 108 SGB V zugelassenen Krankenhäuser konkretisierte die Vorgaben insoweit, dass die Schaffung von „aufbau- und ablauforganisatorischer Rahmenbedingungen" die Grundvoraussetzung für ein klinisches Risikomanagement ist.[560] Dazu gehört nach § 5 Abs. 1 der Richtlinie die Pflicht der Unternehmensführung, Risiken zu identifizieren, zu analysieren und eine präventive Strategie zur Vermeidung von Fehlern festzulegen. Ferner sollen Ansprechpartner für das klinische Risikomanagement im Krankenhaus festgelegt und ein anonymisiertes Fehlermeldesystem geschaffen werden, was letztendlich dem in einer Compliance-Struktur regelmäßig vorkommenden „Whistleblowing" entspricht. Diese Richtlinie ist mit Inkrafttreten der neuen sektorübergreifenden Qualitätsmanagement-Richtlinie am 16.11.2016 außer Kraft getreten. An der Aufrechterhaltung des klinischen Risikomanagements wird jedoch festgehalten.[561]

---

558 *Weber*, in: Schmola/Rapp, Compliance, Governance und Risikomanagement im Krankenhaus, S. 3; *Janssen*, RDG 2010, 116 (119); *Naue/Ohlen/Klahn u.a.*, Das Krankenhaus 2012, 234; *Engels*, in: Stober/Ohrtmann, Compliance, S. 406; *Schuster/Rapp*, in: Schmola/Rapp, Compliance, Governance und Risikomanagement im Krankenhaus, S. 25; *Jahn/Krekeler/Kreuser*, Das Krankenhaus 2008, 486 (487).

559 Gesetz zur Verbesserung der Rechte von Patientinnen und Patienten v. 20.02.2013, BGBl. I S. 277.

560 Richtlinie des Gemeinsamen Bundesausschusses über die grundsätzlichen Anforderungen an ein einrichtungsinternes Qualitätsmanagement für nach § 108 SGB V zugelassene Krankenhäuser (KQM-RL), S. 5.

561 Vgl. § 1 Teil B, Qualitätsmanagement-Richtlinie (QM-RL).

Dem Wortlaut nach werden die Krankenhäuser nur zur Einrichtung eines organisatorischen Risikomanagementsystems verpflichtet. Die Festlegung einer personellen Zuständigkeit, die Einführung eines Whistleblowersystems und die Verantwortung der Geschäftsleitung zur Schaffung einer Unternehmenskultur im Sinne des „Tone-from-the-top“ lassen sich dennoch mit den Grundsätzen einer Compliance-Struktur vergleichen. Trotz dieser Überschneidungen kann aus der Richtlinie keine Pflicht zur Einrichtung von Compliance-Strukturen abgeleitet werden. Die Qualitätsmanagement-Richtlinie hat sich zum Ziel gesetzt, die Behandlungsqualität der Patienten zu verbessern und das betriebliche Qualitätsmanagement zu optimieren. Das klinische Risikomanagement konzentriert sich auf die Verbesserung von Betriebsabläufen und nicht auf die präventive Verhinderung von Rechtsverstößen.[562] Compliance erfasst zwar auch betriebswirtschaftliche Aspekte, verfolgt jedoch einen weitergehenden Ansatz als das klinische Risikomanagement. Wenngleich die geforderten aufbau- und ablauforganisatorischen Rahmenbedingungen zwar in Teilen denen einer Compliance-Struktur entsprechen, kann daraus nicht auf den Willen des Gesetzgebers zur Einrichtung einer umfassenden Compliance-Struktur im Dreiklang von Prävention, Aufklärung und Sanktion geschlossen werden.[563] Eine branchenspezifische Verpflichtung zur Einrichtung von Compliance-Strukturen besteht daher im Gesundheitswesen nicht. Im Hinblick auf das gesteigerte Risikoprofil und das allgemeine öffentliche Interesse an einem regeltreuen Krankenhausmarkt wird jedoch davon auszugehen sein, dass der Gesetzgeber seinen eingeschlagenen Weg fortführen wird und in naher Zukunft zu einer Compliance-Pflicht für Krankenhäuser fortentwickelt.

## II. Compliance in der kommunalen Abfallwirtschaft

Die Abfallwirtschaft ist ein unübersichtliches Rechtsgebiet, das durch eine Vielzahl nationaler und europäischer Normen einem

---

[562] Ausführlich zum klinischen Risikomanagement *Engels*, in: Stober/Ohrtmann, Compliance, S. 407f.

[563] So auch *Engels*, in: Stober/Ohrtmann, Compliance, S. 408.

besonders hohen Rechtsrisiko unterworfen ist.[564] Im Hinblick auf eine mögliche Compliance-Pflicht ist vor allem das Kreislaufwirtschafts- und Abfallrecht zu nennen. Danach hat der Betreiber einer genehmigungsbedürftigen Anlage gem. § 58 Abs. 2 KrWG der zuständigen Behörde mitzuteilen, auf welche Weise sichergestellt ist, dass die Vorschriften und Anordnungen, die der Vermeidung, Verwertung und umweltverträglichen Beseitigung von Abfällen dienen, beim Betrieb beachtet werden. Besteht das vertretungsberechtigte Organ einer Kapitalgesellschaft ferner aus mehreren Mitgliedern, ist nach § 58 Abs. 1 S. 1 KrWG der zuständigen Behörde anzuzeigen, wer von ihnen für die Pflicht zur Einhaltung der Vorschriften zuständig ist. Die Gesamtverantwortung des vertretungsberechtigten Organs bleibt von der Benennung eines Zuständigen unberührt.[565] Vergleichbar mit der Funktion des Compliance-Beauftragten wird das Unternehmen somit zur Feststellung einer personellen Zuständigkeit verpflichtet.

Wenngleich die Nähe zu den Grundsätzen einer Compliance-Struktur nicht abzustreiten ist, lässt sich aus der o.g. Vorschrift keine unmittelbare Verpflichtung zur Einrichtung von Compliance-Strukturen ableiten.[566] Den Betreibern ist es freigestellt, auf welchem Wege sie für die Einhaltung der Vorschriften und Anordnungen sorgen. Nur bei entsprechendem Risikopotential, wenn Compliance die einzige Möglichkeit zur Sicherstellung regeltreuen Verhaltens ist, wird § 58 Abs. 1 KrWG eine solche Struktur erfordern. Angesichts dessen wird aus § 58 Abs. 1 KrWG häufig eine mittelbare Verpflichtung zur Einrichtung von Compliance-Strukturen abgeleitet.[567] Eine dem Wortlaut entsprechende Norm findet sich zudem in § 52b BImSchG, aus dem im Schrifttum ebenfalls häufig eine mittelbare Compliance-Pflicht abgeleitet wird.[568]

---

[564] Zur Übersicht über den Rechtsrahmen der Abfallwirtschaft siehe Verband kommunaler Unternehmen (VKU), Compliance in kommunalen Unternehmen, S. 54.

[565] Vgl. § 58 Abs. 1 S. 2 KrWG.

[566] So auch *Meßerschmidt*, in: Stober/Ohrtmann, Compliance, S. 681f.

[567] *Oexle/Lammers*, in: Hauschka/Moosmayer/Lösler, Corporate Compliance, § 52 Rn. 53.

[568] *Schneider*, ZGR 1996, 225 (229); *Meyer*, DB 2014, 1063 (1064).

# B. Allgemeine Compliance-Pflicht

Es wurde deutlich, dass es keine spezialgesetzliche Verpflichtung zur Einrichtung einer Compliance-Struktur in den typischen kommunalen Wirtschaftsbereichen gibt. Teile der Literatur gehen jedoch davon aus, dass die zuvor dargestellten Sondervorschriften zumindest eine Ausstrahlungswirkung auf andere Unternehmen haben können.[569] Daneben soll es möglich sein, aus den haushaltsrechtlichen Vorschriften eine Organisationspflicht zu begründen.

## I. Pflichten aus analoger Anwendung spezialgesetzlicher Normen

Eine Verpflichtung zur Compliance ergibt sich für kommunale Unternehmen wie festgestellt aus keiner spezialgesetzlichen Vorschrift. *Schneider* hat in seinem viel beachteten Aufsatz eine allgemeine Pflicht zur Vorhaltung einer Compliance-Struktur aus einer analogen Anwendung gesellschaftsrechtlicher, spezialgesetzlicher und strafrechtlicher Normen angenommen.[570] Danach lassen sich die Grundgedanken und die Zielsetzung der bestehenden öffentlich-rechtlichen Organisationspflichten im Wege einer rechtsanalogischen Anwendung übertragen. Mittelbar aus § 130 Abs. 1 OWiG und Spezialvorschriften wie § 52a Abs. 2 BImSchG, § 53 KrW-/AbfG und § 14 Abs. 2 GeldwäscheG begründe diese Übertragung eine allgemeine Organisationspflicht zur Einrichtung von Compliance-Strukturen für alle Gesellschaftsformen.[571] *Schneiders* Vorstellung basiert auf der Annahme, dass sich der Grundgedanke der Einzelvorschriften verallgemeinern lässt. Die spezialgesetzlichen Vorschriften seien nur „Ausdruck einer allgemeinen Verpflichtung zu einem legal manage-

---

569 Zur grundsätzlichen Ausstrahlungswirkung des Aufsichtsrechts auf das Aktienrecht siehe *Dreher*, ZGR 2010, 496 (501ff).

570 *Schneider*, ZIP 2003, 645 (648f); *ders.*, ZGR 1996, 225 (230).

571 *Schneider*, ZIP 2003, 645 (648); *ders.*, ZGR 1996, 225 (230); wohl auch *Kümpel*, Bank- und Kapitalmarktrecht, S. 2191.

ment.“[572] Er geht jedoch fälschlicherweise davon aus, dass hinter den Spezialvorschriften der Grundgedanke einer allgemeinen Verpflichtung zur Gesetzestreue steht. Die Beachtung von Recht und Gesetz bedarf aber keines gesetzlichen Postulats in einer Spezialvorschrift, sondern ergibt sich bereits aus der Natur der Sache. Hinter den Spezialvorschriften steht viel mehr der Gedanke, dass in regulierten Branchen von öffentlichem Interesse eine besondere Verpflichtung zur organisatorischen Sicherstellung von Regeltreue erforderlich ist. Eine über die von den Einzelvorschriften geregelten Gefährdungsbereiche hinausgehende organisatorische Sicherstellung der Regeltreue ist gerade nicht Gedanke der Normen.[573] Der Wille des Gesetzgebers wäre zu weit ausgelegt, um außerhalb der branchenspezifischen Sondervorschriften eine allgemeine Organisationspflicht zu begründen. Auch die von *Fleischer* bereits früher beschriebene „Schrittmacherfunktion“ [574] des Wirtschaftsaufsichtsrechts für das Gesellschaftsrecht kann nicht ohne weiteres zu einer allgemeinen Übertragung wirtschaftsaufsichtsrechtlicher Regelungen führen. Zutreffender Weise können die Regelungen jedoch zur Konkretisierung der Anforderungen an die Compliance-Struktur herangezogen werden,[575] eine darüber hinausgehende analoge Anwendung der Spezialvorschriften ohne Rücksicht auf die branchenspezifischen Besonderheiten wird allerdings zu Recht abgelehnt.[576]

---

572 *Schneider*, ZGR 1996, 225 (230).

573 *Bachmann*, in: VGR (Hrsg.), Gesellschaftsrecht in der Diskussion 2007, S. 74, spricht insofern jedoch von verwandten Gedankengängen; ebenfalls *Fleischer*, NZG 2014, 321 (325); *Kremer/Klahold*, ZGR 2010, 113 (119).

574 *Fleischer*, ZIP 2003, 1 (10); siehe auch *Preußner*, NZG 2004, 57 (57ff), der den Gedanken einer aufsichtsrechtlichen Schrittmacherfunktion insbesondere im Risikomanagement anerkennt.

575 *Illing*, CCZ 2009, 1 (3); *Kort*, in: Großkommentar AktG, § 91 Rn. 132a; vgl. VG Frankfurt, AG 2005, 264 (265); *Koch*, in: Hüffer/Koch, AktG, § 91 Rn. 9; *Fleischer*, in: Spindler/Stilz, AktG, § 91 Rn. 43.

576 *Hopt/Roth*, in: Großkommentar AktG, § 93 Rn. 186; *Fleischer*, NZG 2014, 321 (322); *Kort*, in: Großkommentar AktG, § 91 Rn. 132a; *ders.*, FS Hopt, 2010, S. 983 (995); *Bachmann*, in: VGR (Hrsg.), Gesellschaftsrecht in der Diskussion 2007, S. 74f; *Verse*, ZHR 175 (2011), 401 (403); *Harbarth*, ZHR 179 (2015), 136 (139); *Vetter*, FS Westphalen, 2010, S. 719 (728); *Spindler*, WM 2008, 905 (906); *ders.*, in: MüKo AktG, § 76 Rn. 64; *Hüffer*, FS G. H. Roth, 2011, S. 299 (304); *Kremer/Klahold*, ZGR 2010, 113 (119); *Merkt*, ZIP 2014, 1705 (1707); *Koch*, in: Hüffer/Koch, AktG, § 76 Rn. 14; *Fleischer*, in:

## II. Compliance im Haushaltsgrundsätzegesetz

An einigen Stellen in der Literatur wird die Ansicht vertreten, dass eine Compliance-Pflicht für öffentliche Unternehmen aus § 53 HGrG abgeleitet werden kann.[577] Danach kann eine Gebietskörperschaft, wenn sie alleine oder zusammen mit anderen kommunalen Gesellschaftern die Mehrheit der Anteile eines Unternehmens in einer Rechtsform des privaten Rechts hält, verlangen, dass das Unternehmen im Rahmen der Abschlussprüfung auch die Ordnungsmäßigkeit der Geschäftsführung prüfen lässt. Im Gegensatz zu privatrechtlichen Trägern werden den Gebietskörperschaften durch den § 53 Abs. 1 HGrG daher im Hinblick auf das besondere öffentliche Interesse an dem Erhalt öffentlichen Vermögens erweiterte Prüfungs- und Informationsrechte erteilt,[578] die über die Erfordernisse der Abschlussprüfung nach § 317 HGB hinausgehen. Der Gesetzgeber wollte angesichts der eingesetzten öffentlichen Mittel sicherstellen, dass eine höhere Kontrolle der staatlichen Beteiligung ausgeübt werden kann.[579] Um dem Regelungseingriff in das Gesellschaftsrecht gerecht zu werden, hielt es der Gesetzgeber ferner für sachdienlich, diese Informationsrechte in die für Bund und Länder unmittelbar geltenden

---

Spindler/Stilz, AktG, § 91 Rn. 50; *Meyer*, DB 2014, 1063 (1064); *Bicker*, AG 2012, 542 (544); *Illing*, CCZ 2009, 1 (3); mit Bezugnahme auf die branchenspezifischen Regelungen *Bürkle*, BB 2005, 565 (567f); siehe auch *Lösler*, Compliance im Wertpapierdienstleistungskonzern, S. 124.

577 *Ziemann*, KU Gesundheitsmanagement 2012, S. 40; vgl. auch *Reichert*, ZIS 2011, 114 (115); wohl auch *Ensch*, ZUM 2012, 16 (17); vgl. auch *Brieger*, DB 2001, 2566 (2466ff), der aus der Vorschrift des § 53 HGrG die Pflicht zur Einrichtung eines Risikomanagementsystems ableitet.

578 *Huber/Fröhlich*, in: Großkommentar AktG, Anh. §§ 53, 54 HGrG Rn. 3; *Koch*, in: Hüffer/Koch, AktG, § 394 Rn. 5; *Hüffer*, FS Hopt, 2010, S. 901 (908); *Wernsmann*, in: Gröpl, BHO/LHO, Vorb. zu § 66ff. Rn. 3; *Schmidt-Aßmann/Ulmer*, BB 1988 Beilage 13, 1 (11); *Loitz*, BB 1997, 1835 (1835).

579 *v.Lewinski/Burbat*, Haushaltsgrundsätzegesetz, § 53 Rn. 1; *Will*, DÖV 2002, 319 (322); *Koch*, in: Hüffer/Koch, AktG, § 394 Rn. 5; *Schürnbrand*, in: MüKo AktG, Vor. § 394 Rn. 1; *Huber/Fröhlich*, in: Großkommentar AktG, Anh. §§ 53, 54 HGrG Rn. 3; *Wernsmann*, in: Gröpl, BHO/LHO, Vorb. zu § 66ff. Rn. 5; *Eibelshäuser/Nowak*, in: Heuer/Engels/Eibelshäuser, Kommentar zum Haushaltsrecht, § 53 HGrG Rn. 17.

Vorschriften aufzunehmen.[580] Überwiegend wird die Vorschrift des § 53 HGrG von der Literatur daher als gesellschaftsrechtliche Regelung verstanden, die in die allgemeinen Grundsätze des Gesellschaftsrechts eingreift.[581] Zumindest handelt es sich um eine Vorschrift mit „materiell aktienrechtlichen Charakter."[582] Allerdings spricht § 53 Abs. 1 HGrG insofern nur von der Möglichkeit einer erweiterten Prüfung. Dem Wortlaut nach ist die Kommune nicht zur Ausübung dieser Möglichkeit verpflichtet. Diese Formulierung wird jedoch durch die meisten Regelungen der Landesgesetzgebung praktisch ausgehebelt.[583] Hessische Gemeinden werden z.B. nach § 123 Abs. 1 Nr. 1 HessGO verpflichtet, bei Beteiligungen an privatrechtlichen Unternehmen in dem vom § 53 Abs. 1 HGrG beschriebenen Umfang von den erweiterten Rechten aus § 53 Abs. 1 HGrG Gebrauch zu machen.[584] Teilweise wird sogar davon ausgegangen, dass die Formulierung nur die gesellschaftsrechtliche Zulässigkeit einer Sonderprüfung statuiert und nur in Ausnahmefällen auf die erweiterten Prüfungsrechte i.S.d. § 53 HGrG verzichtet werden darf.[585]

Obwohl die Fürsprecher einer Compliance-Herleitung aus § 53 HGrG den konkreten Anknüpfungspunkt in der Vorschrift offen lassen, kommt sachlogisch nur die Prüfung der Ordnungsmäßigkeit der Geschäftsführung nach § 53 Abs. 1 Nr. 1 HGrG in Betracht. Weil das Haushaltsgrundsätzegesetz die konkrete Ausgestaltung dieser Prüfung unbeantwortet gelassen hat, wurde der mit der Haushaltsreform von 1969 eingeführte unbestimmte Rechtsbegriff der Ordnungsmäßigkeit in der Folgezeit mehrfach näher konkretisiert. Zutref-

---

580 BT-Drucks. 5/3040, S. 58; *Nöhrbaß,* in: Piduch, Bundeshaushaltsrecht, Vor § 66 BHO Rn. 6.

581 *Huber/Fröhlich*, in: Großkommentar AktG, Anh. §§ 53, 54 HGrG Rn. 5.

582 *Hüffer*, FS Hopt, 2010, S. 901 (908).

583 Auch ohne landesgesetzliche Vorgaben ist davon auszugehen, „dass das in § 53 Abs. 1 HGrG formal eingeräumte Ermessen regelmäßig „auf Null" reduziert wird", vgl. *Huber/Fröhlich*, in: Großkommentar AktG, Anh. §§ 53, 54 HGrG Rn. 17f.

584 Für weitere landesgesetzliche Regelungen vgl. *Loitz*, BB 1997, 1835 (1835).

585 Vgl. *Huber/Fröhlich*, in: Großkommentar AktG, Anh. §§ 53, 54 HGrG Rn. 18; *Wernsmann*, in: Gröpl, BHO/LHO, Vorb. zu § 66ff. Rn. 15; *Eibelshäuser/ Nowak*, in: Heuer/Engels/Eibelshäuser, Kommentar zum Haushaltsrecht, § 53 HGrG Rn. 13; *Nöhrbaß,* in: Piduch, Bundeshaushaltsrecht, vor § 66 BHO Rn. 6.

fend kann hier von keiner allumfassenden Überprüfung der Geschäftsführertätigkeit gesprochen werden.[586] Vielmehr handelt es sich um eine Ordnungsmäßigkeitsprüfung, wie sie im Rahmen der Anlage zur Verwaltungsvorschrift Nr. 2 zu § 68 VV-BHO konkretisiert wurde.[587] Danach orientiert sich der Ordnungsmäßigkeitsmaßstab des Geschäftsführerhandelns an der Sorgfalt eines ordentlichen und gewissenhaften Geschäftsleiters i.S.d. § 93 Abs. 1 S. 1 AktG bzw. § 43 Abs. 1 GmbHG.[588] Der Prüfer hat zu untersuchen, ob die Geschäfte der Gesellschaft in „Übereinstimmung mit den Gesetzen, der Satzung, den Beschlüssen oder Haupt- oder Gesellschafterversammlung, des Aufsichtsrats und seiner Ausschüsse sowie der Geschäftsordnung für den Vorstand geführt worden sind."[589] Eine umfassende Kontrolle aller Handlungen wird nicht gefordert, nur die Prüfung wesentlicher Unternehmensentscheidungen. Darüber hinaus ist zu prüfen, ob „durch geeignete organisatorische Vorkehrungen sichergestellt ist, dass die Geschäftsführungsentscheidungen ordnungsgemäß getroffen" wurden.[590]

Für die Praxis wurde die erweiterte Prüfung durch einen Fragenkatalog des Instituts der Wirtschaftsprüfer näher bestimmt.[591] Fragenkreis Nummer 7 beschäftigt sich mit den Übereinstimmungen der Rechtsgeschäfte und Maßnahmen mit Gesetz, Satzung, Geschäftsordnung, Geschäftsanweisungen und bindenden Weisungen des Überwa-

---

586 *Schürnbrand*, in: MüKo AktG, Vor. § 394 Rn. 65; *Schmidt-Aßmann/Ulmer*, BB 1988 Beilage 13, 1 (11); *Neumann*, LKV 2002, 493 (494); *Eibelshäuser/ Nowak*, in: Heuer/Engels/Eibelshäuser, Kommentar zum Haushaltsrecht, § 53 HGrG Rn. 19.

587 *Nöhrbaß,* in: Piduch, Bundeshaushaltsrecht, Vor § 66 BHO, Rn. 7; vgl. auch Anlage zur VV Nr. 2 zu § 68 BHO; so auch *Schürnbrand*, in: MüKo AktG, Vor. § 394 Rn. 64.

588 Anlage zur VV Nr. 2 zu § 68 BHO; so auch *Huber/Fröhlich*, in: Großkommentar AktG, Anh. §§ 53, 54 HGrG Rn. 19; ausführlich zum Prüfungsmaßstab *Loitz*, BB 1997, 1835 (1838ff); *Wernsmann*, in: Gröpl, BHO/LHO, Vorb. zu § 66ff. Rn. 16; *Eibelshäuser/Nowak*, in: Heuer/ Engels/Eibelshäuser, Kommentar zum Haushaltsrecht, § 53 HGrG Rn. 19; *Nöhrbaß,* in: Piduch, Bundeshaushaltsrecht, § 68 BHO Rn. 2.

589 Anlage zur VV Nr. 2 zu § 68 BHO.

590 Anlage zur VV Nr. 2 zu § 68 BHO.

591 Institut der Wirtschaftsprüfer, Prüfungsstandard 720 (im Folgenden: IDW PS 720).

chungsorgans. Zudem wird auch an anderer Stelle die Einhaltung von gesetzlichen Vorgaben thematisiert, zum Beispiel ob sich Anhaltspunkte für eindeutige Verstöße gegen Vergaberegelungen ergeben haben[592] oder ob die Geschäftsleitung Vorkehrungen zur Korruptionsprävention ergriffen und dokumentiert hat.[593] Ferner untersucht Fragenkreis 4 in Anlehnung an § 91 Abs. 2 AktG, ob „Maßnahmen ergriffen wurden mit denen bestandsgefährdende Risiken rechtzeitig erkannt werden können."

Ganz unzweifelhaft wird von § 53 HGrG und dessen Konkretisierungen der Grundgedanke von Compliance erfasst.[594] Allerdings kann aus diesem Grundgedanken keine allgemeine Compliance-Pflicht abgeleitet werden. Bei dem Prüfungsrecht des § 53 HGrG handelt es sich nämlich lediglich um eine vergangenheitsbezogene Kontrolle,[595] die dahingehend nur schwerlich eine eigene Organisationspflicht begründen kann, dessen Sinn und Zweck vor allem der präventive Einfluss auf die Sicherstellung der Ordnungsmäßigkeit ist. Angesichts der inhaltlichen Konkretisierung erscheint eine Herleitung aus § 53 HGrG derweil auch gar nicht notwendig. Wenn sich die Betrachtung der Ordnungsmäßigkeit i.S.d. § 53 Abs. 1 Nr. 1 HGrG an dem Sorgfaltsmaßstab eines ordentlichen und gewissenhaften Geschäftsleiters orientieren muss, kann eine Organisationspflicht auch nur aus dieser Sorgfalt abzuleiten sein. Gleichwohl § 53 HGrG dem Grundverständnis von Compliance ähnelt und im Rahmen der Ordnungsmäßigkeitsprüfung durchaus eine Prüfung der Compliance-Struktur beinhalten kann, lässt sich aus dem Prüfungsrecht nach § 53 HGrG keine Compliance-Pflicht ableiten. Es würde auch ferner dem Sinn und Zweck des Gesetzgebers widersprechen, der nur einen minimalintensiven Eingriff in das Gesellschaftsrecht vornehmen wollte. Darüber hinausgehende Pflichten und Rechte wollte er nicht begründen.

---

592 IDW PS 720, Fragenkreis 9a.

593 IDW PS 720, Fragenkreis 2c.

594 *Bergmoser/Theusinger/Guthorst*, BB Special 5/2008, 1 (4).

595 *Huber/Fröhlich*, in: Großkommentar AktG, Anh. §§ 53, 54 HGrG Rn. 19; *Koch*, in: Hüffer/Koch, AktG, § 394 Rn. 10.

# C. Gesellschaftsrechtliche Compliance-Pflicht

Das Gesellschaftsrecht wird am häufigsten zur Begründung einer Compliance-Pflicht herangezogen, obwohl weder das AktG noch das GmbHG unmittelbare Aussagen über die Reichweite von Compliance-Organisationspflichten treffen. Als normativer Ansatzpunkt einer gesellschaftsrechtlichen Compliance-Pflicht wird vor allem auf die Sorgfaltspflichten des Geschäftsleiters i.S.d. §§ 93 Abs. 1 AktG, § 43 Abs. 1 GmbHG oder die Pflicht zur Risikofrüherkennung gem. § 91 Abs. 2 AktG abgestellt. Einer gesellschaftsrechtlichen Herleitung hat sich auch das Landgericht München in seinem bereits dargestellten „Siemens-Neubürger"-Urteil angeschlossen, jedoch die konkrete Entscheidung über die dogmatische Rechtsgrundlage offen gelassen.[596]

Oft wird dabei vergessen, dass der Streit um die Rechtsgrundlage von Compliance nicht nur theoretischer Natur ist.[597] Eine rechtliche Verortung innerhalb des § 91 Abs. 2 AktG hätte zur Folge, dass Compliance als Teil des Risikofrüherkennungssystems auch der erweiterten Jahresabschlussprüfung nach § 317 Abs. 4 HGB zu Grunde gelegt werden müsste. Die Entscheidung hat darüber hinaus auch Auswirkungen auf die Übertragbarkeit von Compliance auf andere Rechtsformen, eine dem § 91 Abs. 2 AktG vergleichbare Vorschrift ist dem GmbHG nämlich fremd.

## I. Aktiengesellschaft

### 1. Risikofrüherkennungssystem

Im Zuge großer betriebswirtschaftlicher Schadensfälle hat sich auch der Gesetzgeber mit der Risikofrüherkennung beschäftigt. Das

[596] LG München I, NZG 2014, 345 (346).
[597] Vgl. auch *Fleischer*, NZG 2014, 321 (322).

im Rahmen des KonTraG[598] in § 91 Abs. 2 AktG normierte Risikofrüherkennungssystem ist jedoch keine Neuerung des Gesetzgebers. Vielmehr wurde nur eine aus der Praxis übliche Organisationsform zur Konkretisierung und Klarstellung in den Gesetzestext aufgenommen.[599] Zutreffend spricht die Gesetzesbegründung daher lediglich von einer „gesetzlichen Hervorhebung der allgemeinen Leitungsaufgabe des Vorstandes gem. § 76 AktG."[600] Die Pflicht zur Risikofrüherkennung ist daher nur Teil der allgemeinen Pflicht des Vorstandes, das Unternehmen ordnungsgemäß zu führen und zu organisieren.[601] Im Rahmen dieser Leitungspflicht ist der Vorstand zur laufenden Überwachung und Kontrolle des Unternehmens verpflichtet. Der Gesetzgeber hat diese Pflicht in § 91 Abs. 2 AktG dahingehend konkretisiert, dass der Vorstand verpflichtet ist, geeignete Maßnahmen zu treffen, insbesondere ein Überwachungssystem einzurichten, damit den Fortbestand der Gesellschaft gefährdende Entwicklungen frühzeitig erkannt werden können. Ob aus dieser Organisationspflicht auch eine Compliance-Pflicht abgeleitet werden kann, ist umstritten.

a) Compliance als unmittelbare Pflicht

Ein Ansatz ist es, unmittelbar aus § 91 Abs. 2 AktG eine allgemeine Verpflichtung zur Schaffung von Compliance-Strukturen abzuleiten. Dem steht zunächst eindeutig der Wortlaut der Vorschrift entgegen, nachdem das Risikofrüherkennungssystems i.S.d. § 91 Abs. 2 AktG nur die Aufgabe hat, bestandsgefährdende Entwicklungen

---

598 Gesetz zur Kontrolle und Transparenz im Unternehmensbereich v. 27.04.1998, BGBl. I S. 786.

599 *Spindler*, in: MüKo AktG, § 91 Rn. 1; siehe insbesondere auch die Gesetzesbegründung zu § 91 Abs. 2 AktG, BT-Drucks. 13/9712, S. 2, wonach mit der Einführung „dabei überwiegend ohnehin gebotene und im Grunde selbstverständliche Pflichten der Unternehmensorganisation geregelt, die bei gut geführten und –kontrollierten Unternehmen schon jetzt erfüllt werden."; so auch *Lingemann/Wasmann*, BB 1998, 853 (859); *Preußner/Becker*, NZG 2002, 846 (847); *Krieger/Sailer-Coceani*, in: Schmidt/Lutter, AktG, § 91 Rn. 14; so auch *Zimmermann*, WM 2008, 433 (435); VG Frankfurt, AG 2005, 264 (265); *Claussen/Korth*, FS Lutter, 2000, S. 327 (329).

600 BT-Drucks. 13/9712, S. 15; so auch *Preußner/Becker*, NZG 2002, 846 (847); *Berg*, AG 2007, 271 (274).

601 *Spindler*, in: MüKo AktG, § 91 Rn. 18.

frühzeitig zu erkennen. Von frühzeitig kann gesprochen werden, wenn zum Zeitpunkt des Erkennens noch Sicherungsmaßnahmen zur Vermeidung bestandsgefährdender Entwicklungen getroffen werden können.[602] Bereits eingetretene oder realisierte Risiken werden demnach nicht von der Überwachungsfunktion des Risikofrüherkennungssystems erfasst. Die Zuständigkeit des Risikofrüherkennungssystems endet mit der Identifizierung und Analyse von Entwicklungen und ist nicht für die nachfolgenden Sanktions- und Behebungsmaßnahmen zuständig.[603] Compliance beschränkt sich hingegen nicht nur auf ihre präventive Funktion, sondern soll auch bereits stattgefundene Verstöße aufklären und sanktionieren.

Darüber hinaus werden vom Wortlaut des § 91 Abs. 2 AktG nur den Fortbestand der Gesellschaft gefährdende Entwicklungen berücksichtigt. Eine bestandsgefährdende Entwicklung kann angenommen werden, wenn das Insolvenzrisiko des Unternehmens erheblich gesteigert wird.[604] Zu diesen Entwicklungen gehören insbesondere Verstöße gegen Recht und Gesetz, die wesentliche Auswirkungen auf die wirtschaftliche Lage des Unternehmens haben können.[605] Weiter sind auch solche Risiken mit einzubeziehen, die zwar keine unmittelbare bestandsgefährdende Wirkung haben, jedoch im kumulativen Zusammenspiel mit anderen Risiken eine finanzielle Bedrohung des Unternehmens begründen können.[606] Im Gegensatz zum engen Wortlaut des § 91 Abs. 2 AktG erfasst Compliance jedoch auch solche Risiken, die die Gesellschaft nicht unmittelbar in ihrem Bestand

---

[602] BT-Drucks. 13/9712, S. 15; *Dauner-Lieb*, in: Henssler/Strohn, AktG, § 91 Rn. 7.

[603] *Spindler*, in: MüKo AktG, § 91 Rn. 28; *Kort*, in: Großkommentar AktG, § 91 Rn. 44.

[604] *Kort*, in: Großkommentar AktG, § 91 Rn. 35.

[605] BT-Drucks. 13/9712, S. 15; *Spindler*, in: MüKo AktG, § 91 Rn. 21; *Dauner-Lieb*, in: Henssler/Strohn, AktG, § 91 Rn. 7; *Bürgers/Israel*, in: Bürgers/Körbers, AktG, § 91 Rn. 9; *Krieger/Sailer-Coceani*, in: Schmidt/Lutter, AktG, § 91 Rn. 9; *Kort*, in: Großkommentar AktG, § 91 Rn. 30.

[606] *Oltmanns*, in: Heidel, AktG, § 91 Rn. 7; *Wolf*, DStR 2002, 1729 (1732); *Eggemann*, BB 2000, 503 (504); *Preußner/Becker*, NZG 2002, 846 (849); *Krieger/Sailer-Coceani*, in: Schmidt/Lutter, AktG, § 91 Rn. 9; wohl auch *Spindler*, in: MüKo AktG, § 91 Rn. 20.

gefährden.[607] Selbst bei Verstößen gegen strafbewehrte Vorschriften kann nicht per se von einer Bestandsgefährdung des Unternehmens ausgegangen werden,[608] obgleich es nicht auszuschließen ist, dass Rechtsverstöße eine solche Wirkung haben können.[609] Dies hat zur Folge, dass große Teile der Compliance-Risiken vom Wortlaut des § 91 Abs. 2 AktG nicht erfasst werden,[610] obwohl zwischen den Compliance-Risiken und den allgemeinen Unternehmensrisiken kein fundamentaler Unterschied besteht.[611] Denn ob ein Risiko letztendlich zu einer bestandsgefährdenden Entwicklung führt, dürfte in den meisten Fällen erst nach Schadenseintritt absehbar sein, so dass sich das Risikomanagementsystem zwar nicht mit allen, jedoch mit allen wesentlichen Risiken des Unternehmens beschäftigen muss.[612]

Trotz dieser Differenzen haben Compliance und die Risikofrüherkennung einen verwandten Überwachungsgegenstand[613] und im Hinblick auf die Zielsetzung der Schadensvermeidung zumindest auch einen vergleichbaren Grundgedanken.[614] Daraus kann jedoch nicht auf den Willen des Gesetzgebers geschlossen werden, in § 91 Abs. 2 AktG einen organisatorischen Compliance-Dreiklang von Verhinderung, Aufklärung und Sanktion begründen zu wollen. Die gesetzliche Aufnahme des Risikofrüherkennungssystems sollte nur einen betriebswirtschaftlich vorhandenen und juristisch anerkannten Standard normieren. Denn obwohl einige Gemeinsamkeiten bestehen, unter-

---

607 So auch *Hoffmann/Schieffer*, NZG 2017, 401 (403); *Kremer/Klahold*, ZGR 2010, 113 (120); *Koch*, WM 2009, 1013 (1014); *Merkt*, ZIP 2014, 1705 (1707); *Nietsch*, ZHR 180 (2016), 733 (740).

608 Vgl. *Fleischer*, NZG 2014, 321 (322).

609 *Harbarth*, ZHR 179 (2015), 136 (144).

610 *Kort*, in: Großkommentar AktG, § 91 Rn. 33; *Harbarth*, ZHR 179 (2015), 136 (144); *Hoffmann/Schieffer*, NZG 2017, 401 (403).

611 *Romeike*, Rechtliche Grundlagen des Risikomanagements, S. 15; *Hoffmann/Schieffer*, NZG 2017, 401 (403); *Passarge*, NZI 2009, 86 (89).

612 So auch *Liese*, BB-Special 2008, 17 (18); *Pietzke*, CCZ 2010, 45 (48); *Eggemann*, BB 2000, 503 (504); *Pahlke*, NJW 2002, 1680 (1682).

613 *Verse*, ZHR 175 (2011), 401 (403f), spricht davon, dass das Früherkennungssystem nach § 91 Abs. 2 AktG einen Teilausschnitt der Legalitätskontrolle erfasst.

614 *Kort*, in: Großkommentar AktG, § 91 Rn. 124; *ders.*, GmbHR 2013, 566 (570); *ders.*, NZG 2008, 81 (81ff); *ders.*, FS G. H. Roth, 2011, S. 407 (412); *Vetter*, FS Westphalen, 2010, S. 719 (727); so wohl auch *Bayer*, FS K. Schmidt, 2009, S. 85 (88).

scheiden sich Compliance und das Risikofrüherkennungssystem nicht nur in der terminologischen, sondern auch in der teleologischen Auslegung grundlegend. Während sich Compliance auf die organisatorische Sicherstellung von Regeltreue im Unternehmen konzentriert, ist das Risikofrüherkennungssystem ein Instrument zur Sicherstellung betriebswirtschaftlicher Ziele und zur Verhinderung betriebswirtschaftlicher Verluste. Die präventive Schutzfunktion von Compliance zielt in erster Linie darauf ab, Regelverstöße gar nicht erst entstehen zu lassen. Dies ist im Risikofrüherkennungssystem zwar eine beiläufige, jedoch keine primäre Aufgabe.[615] Denn im Gegensatz zur Regeltreue ist die Inkaufnahme von wirtschaftlichen Risiken unerlässlicher Bestandteil einer Unternehmensführung. Das Risikofrüherkennungssystem ist daher darauf ausgelegt nicht nur Risiken zu vermeiden, sondern sie auch zu identifizieren, überwachen und systematisch steuern zu können.[616]

Sinn und Zweck der Vorschrift, die enge Auslegung des Wortlautes und die dogmatische Entwicklung machen deutlich, dass aus § 91 Abs. 2 AktG keine unmittelbare Pflicht zur Einrichtung von Compliance-Strukturen abgeleitet werden kann.[617]

b) Compliance als mittelbare Pflicht

Wie dargestellt, begründet § 91 Abs. 2 AktG keine unmittelbare Pflicht zur Schaffung von Compliance-Strukturen. Ein anderes Bild ergibt sich jedoch, wenn Compliance nicht als eigenständige Organi-

---

[615] So auch *Goette*, ZHR 175 (2011), 388 (392), dass Compliance viel früher anzusetzen hat als das Früherkennungssystem.

[616] Vgl. *Eggemann*, BB 2000, 503 (503); *Kremer/Klahold*, ZGR 2010, 113 (120); *Pollanz*, DB 2001, 1317 (1317); *Kort*, in: Großkommentar AktG, § 91 Rn. 154, spricht insofern von einer „vorausschauenden Beobachtung wirtschaftlicher Risiken."

[617] *Kort*, in: Großkommentar AktG, § 91 Rn. 154; *Kremer/Klahold*, ZGR 2010, 113 (120); *Unmuth*, AG 2017, 249 (252); *Hölters*, in: Hölters, AktG, § 91 Rn. 94; *Kort*, FS G. H. Roth, 2011, S. 407 (412); *Winter*, FS Hüffer, 2010, S. 1103 (1104); *Fleischer*, NZG 2014, 321 (322); *Harbarth*, ZHR 179 (2015), 136 (144); *Verse*, ZHR 175 (2011), 401 (403); *Bicker*, AG 2012, 542 (543); anders sieht das *Dreher*, FS Hüffer, 2010, S. 161 (171); so wohl auch *Schaefer/Baumann*, NJW 2011, 3601 (3601).

sationspflicht, sondern als integraler Bestandteil eines umfassenden Risikomanagementsystems verstanden wird. In dem Fall könnte eine mittelbare Pflicht zur Einrichtung einer Compliance-Struktur bestehen, wenn aus § 91 Abs. 2 AktG die Pflicht zur Einrichtung eines umfassenden Risikomanagementsystems abgeleitet werden könnte.[618] Ob es sich bei Compliance um ein Bestandteil des Risikomanagementsystems handelt, ist umstritten.[619] Dafür spricht die rechtliche Einordnung des § 25a Abs. 1 S. 3. KWG, der die Compliance-Funktion dem Risikomanagement unterordnet. *Dreher* zieht daraus die Schlussfolgerung, dass Compliance ein notwendiger Bestandteil eines Risikomanagementsystems ist, sich in der Funktion jedoch nicht erschöpft, sondern darüber hinaus eine selbstständige Aufgabe erfüllt.[620] Die Beantwortung der Frage kann jedoch dahinstehen, wenn aus § 91 Abs. 2 AktG bereits keine Pflicht zur Einrichtung eines umfassenden Risikomanagementsystems abgeleitet werden kann.

aa) Betriebswirtschaftliche Ansicht

Die herrschende Literatur der Betriebswirtschaft vertritt die Auffassung, dass § 91 Abs. 2 AktG die dogmatische Grundlage zur Schaffung eines umfassenden Risikomanagementsystems darstellt.[621] Nach ihrer Ansicht bedurfte der unbestimmte Rechtsbegriff des Risikofrüherkennungssystems einer betriebswirtschaftlichen Konkre-

---

618 So auch *Hüffer*, FS G. H. Roth, 2011, S. 299 (304).

619 Zumindest soll es sich inhaltlich bei Compliance um kein neues Kontrollinstrument handeln, sondern allein um eine Weiterentwicklung des bestehenden unternehmerischen Risikomanagements, vgl. *Campos Nave/Bonenberger*, BB 2008, 723 (735).

620 *Dreher*, FS Hüffer, 2010, S. 161 (170); so auch *Rogall*, in: Karlsruher Kommentar OWiG, § 130 Rn. 57; *Lösler*, NZG 2005, 104 (105f); *Böcking/Gros*, FS Hommelhoff, 2012, S. 99 (105); *Immenga*, FS Schwark, 2009, S. 199 (200).

621 *Eggemann*, BB 2000, 503 (505); *Kromschröder/Lück*, DB 1998, 1573 (1573f); *Pauli/Albrecht*, CCZ 2014, 17 (18); *Füser/Gleißner/Meier*, DB 1999, 753; *Hahn/Weber/Friedrich*, BB 2000, 2620 (2622); *Lück*, DB 1998, 1925 (1925); *Kuhl/Nickel*, DB 1999, 133 (133); *Berg*, AG 2007, 271 (274ff); *Pollanz*, DB 2001, 1317 (1318); *Säcker*, NJW 2008, 3313 (3315).

tisierung.[622] Um der Aufgabe als präventives Kriseninstrument nachkommen zu können, muss sich das Risikomanagement mit allen Unternehmensrisiken auseinandersetzen. Die enge Auslegung des § 91 Abs. 2 AktG entziehe dem Risikomanagementsystem den wirtschaftlichen Nutzen und Mehrwert.[623] Folgerichtig muss sich das Risikomanagementsystem auch auf alle Unternehmensbereiche und deren Risiken erstrecken. Dies erfordert einen aufbauorganisatorischen Dreiklang des Risikomanagementsystems bestehend aus einem internen Überwachungssystem, Controlling und Frühwarnsystem.[624] Gestützt wird diese Auffassung auf die betriebliche Praxis[625] und auf die Gesetzesbegründung zu § 91 Abs. 2 AktG, in der es heißt, dass der Vorstand für „ein angemessenes Risikomanagement und für eine angemessene Revision zu sorgen hat."[626] Der Gesetzgeber habe hier bewusst vom Risikomanagement und nicht von Früherkennung gesprochen. Indes weicht nicht nur die Gesetzesbegründung, sondern auch der DCGK in seiner Terminologie vom engen Wortlaut des Risikofrüherkennungssystems ab. Danach hat der Vorstand für ein angemessenes Risikomanagement und Risikocontrolling im Unternehmen zu sorgen.[627] Zudem wird vertreten, dass auch der im Rahmen des BilMoG[628] eingeführte § 107 Abs. 3 S. 2 AktG dem Wortlaut nach die Anforderungen an das Risikofrüherkennungssystem erweitert hat.[629] Danach kann der Aufsichtsrat einen Prüfungsausschuss bestellen, der sich mit der Überwachung des Rechnungslegungsprozesses, der Wirksamkeit des internen Kontrollsystems, des Risikomanage-

[622] *Eggemann*, BB 2000, 503 (504); *Lück*, DB 1998, 8 (9); *ders.*, DB 1998, 1925 (1925).

[623] *Pauli/Albrecht*, CCZ 2014, 17 (18).

[624] *Lück*, DB 1998, 8 (9); vgl. die Grundsätze einer risikoorientierten Unternehmensüberwachung bei *Kromschröder/Lück*, DB 1998, 1573 (1574f); siehe auch *Preußner/Becker*, NZG 2002, 846 (848ff).

[625] Aus der Sicht der Wirtschaftsprüfung *Eggemann*, BB 2000, 503 (505ff).

[626] BT-Drucks. 13/9712, S. 15.

[627] DCGK, Zif. 4.1.4.

[628] Gesetz zur Modernisierung des Bilanzrechts (Bilanzrechtsmodernisierungsgesetz – BilMoG) v. 25.05.2009, BGBl. I S. 1102.

[629] *Spindler*, in: MüKo AktG, § 91 Rn. 22.

mentsystems und des internen Revisionssystems befasst.[630] Wenn der Prüfungsauftrag des Aufsichtsrates auch das Risikomanagementsystem erfasst, soll es im Umkehrschluss auch die Pflicht zur Einrichtung eines solchen Systems geben. Die Befürwortung eines weitreichenden Risikomanagementsystems auf Grundlage des § 91 Abs. 2 AktG ist derweil kein rein betriebswirtschaftliches Phänomen. Inzwischen haben sich dieser Meinung auch einige juristische Autoren angeschlossen und fordern ein umfassendes Überwachungssystem auf Basis des § 91 Abs. 2 AktG.[631]

bb) Juristische Ansicht

Im Gegensatz zur allgemeinen Auffassung der Betriebswirtschaftslehre umfasst § 91 Abs. 2 AktG nach herrschender juristischer Ansicht keine Verpflichtung zur Einrichtung eines umfassenden Risikomanagementsystems.[632] Der Wortlaut eines Frühwarnsystems zur Erken-

---

630 Angelehnt an die Formulierung des § 107 Abs. 3 S. 2 AktG erweitert der DCGK die Kompetenzen des Prüfungsausschusses auch auf Compliance, DCGK, Zif. 5.3.2.

631 *Nietsch*, ZHR 180 (2016), 733 (740); *Oltmanns*, in: Heidel, AktG, § 91 Rn. 6; *Preußner/Becker*, NZG 2002, 846 (848); *Spindler*, in: MüKo AktG, § 91 Rn. 22; *ders.*, WM 2008, 905 (906); *Pauli/Albrecht*, CCZ 2014, 17 (18); wohl auch *Berg*, AG 2007, 271 (275); ebenso *Passarge*, NZI 2009, 86 (89).

632 *Kort*, in: Großkommentar AktG, § 91 Rn. 55ff; *Bachmann*, in: VGR (Hrsg.), Gesellschaftsrecht in der Diskussion 2007, S. 73; *Koch*, WM 2009, 1013 (1014); *Bürgers/Israel*, in: Bürgers/Körbers, AktG, § 91 Rn. 12; *Dreher*, FS Hüffer, 2010, S. 161 (162); *Hüffer*, FS G. H. Roth, 2011, S. 299 (304); *Krieger/Sailer-Coceani*, in: Schmidt/Lutter, AktG, § 91 Rn. 14; *Immenga*, FS Schwark, 2009, S. 199 (200); *Kremer/Klahold*, ZGR 2010, 113 (120); *Vetter*, FS Westphalen, 2010, S. 719 (727); *Kindler*, FS G. H. Roth, 2011, S. 367 (370); *Ballwieser*, in: Hommelhoff/Hopt/v.Werder, Handbuch Corporate Governance, S. 451; *Koch*, in: Hüffer/Koch, AktG, § 76 Rn. 14; *Baums*, ZGR 2011, 218 (270ff); *Müller-Michaels*, in: Hölters, AktG, § 91 Rn. 10; *Blasche*, CCZ 2009, 62 (64); *Dauner-Lieb*, in: Henssler/Strohn, AktG, § 91 Rn. 9, *Spindler*, in: MüKo AktG, § 91 Rn. 31; vgl. auch LG München I, BB 2008, 2170 (2172): die zwar von einer engen Auslegung des § 91 Abs. 2 AktG ausgehen, aber über diese enge Auslegung hinaus fordern, dass „vom verantwortlichen Sachbearbeiter über die jeweiligen Hierarchieebenen bis hin zur Unternehmensleitung sämtliche relevante Stellen von vorhandenen Risiken

nung bestandsgefährdender Entwicklungen ist eng auszulegen.[633] Danach erweitert die Norm den Pflichtenkreis des Vorstandes zunächst dahingehend, dass er organisatorische Maßnahmen zu treffen hat, um nachteilige Entwicklungen im Unternehmen zu identifizieren. Entwicklungen sind nachteilige Prozesse oder Veränderungen, gerade keine Gefährdungs- oder Risikozustände.[634] Dazu gehört auch die Erfassung des Ist-Zustandes, eine Risikoanalyse und die Dokumentation der in Betracht kommenden Risiken.[635] Als zweite Stufe ist der Vorstand verpflichtet, Gegenmaßnahmen einzuleiten. Diese Pflicht leitet sich jedoch nicht aus § 91 Abs. 2 AktG, sondern aus der allgemeinen Sorgfaltspflicht des Vorstands aus §§ 76, 93 Abs. 1 S. 1 AktG ab.[636] Im dritten Schritt ist der Vorstand verpflichtet ein Überwachungssystem einzurichten, dass nicht der Risikoerkennung dient, sondern nur die Effektivität und Wirksamkeit der eingeleiteten Maßnahmen überwachen soll.[637] Gestützt wird diese Auffassung durch den Referentenentwurf des KonTraG, in dem es ursprünglich hieß, dass es die Aufgabe des Überwachungssystems sei, die „Einhaltung der nach Satz 2 zu treffenden Maßnahmen zu überwachen."[638] Ein dauerhaftes Risikoüberwachungssystem soll von der Norm daher nicht gefordert sein.[639] Für die Annahme spricht ferner die Terminologie des Gesetzgebers, der explizit die Erkennung von Entwicklungen und nicht Risiken erfassen wollte. Dabei habe er bewusst von „be-

---

Kenntnis erlangen, um die entsprechenden Maßnahmen zur Beherrschung dieser Risiken einleiten zu können"; anders *Spindler*, WM 2008, 905 (906).

633 *Immenga*, FS Schwark, 2009, S. 199 (200).

634 *Blasche*, CCZ 2009, 62 (63); *Immenga*, FS Schwark, 2009, S. 199 (200); *Kort*, in: Großkommentar AktG, § 91 Rn. 30.

635 *Müller-Michaels*, in: Hölters, AktG, § 91 Rn. 6.

636 *Kort*, in: Großkommentar AktG, § 91 Rn. 44; vgl. IDW PS 340, S. 2.

637 *Dauner-Lieb*, in: Henssler/Strohn, AktG, § 91 Rn. 9; *Krieger/Sailer-Coceani*, in: Schmidt/Lutter, AktG, § 91 Rn. 9; a.A.: *Spindler*, in: MüKo AktG, § 91 Rn. 20; *Koch*, in: Hüffer/Koch, AktG, § 91 Rn. 10; *Kort*, in: Großkommentar AktG, § 91 Rn. 22.

638 Referentenentwurf KonTraG, abgedruckt in ZIP 1996, 2129 (2131).

639 Wobei es durchaus begründbar ist, zu einem anderen Ergebnis zu kommen. Banal wäre es nämlich zu glauben, dass es für die Beachtung der vom Vorstand veranlassten Maßnahmen eine gesetzliche Regelung, geschweige denn eines organisatorischen Überwachungssystems bedarf, so auch *Passarge*, NZI 2009, 86 (89); zutreffend auch *Kort*, in: Großkommentar AktG, § 91 Rn. 28.

standsgefährdenden“ Entwicklungen gesprochen. Es sei nicht ersichtlich, dass der Gesetzgeber auch Rechtsverstöße unterhalb dieser Schwelle erfassen wollte. Nach herrschender juristischer Ansicht erfasst das Risikofrüherkennungssystem i.S.d. § 91 Abs. 2 AktG daher nur bestandsgefährdende Entwicklungen und keine normalen Unternehmensrisiken, weshalb die Annahme eines umfassenden Risikomanagementsystems abzulehnen ist.[640]

cc) Zwischenergebnis

Die unterschiedlichen Meinungen zum Umfang und Reichweite der Organisationspflicht aus § 91 Abs. 2 AktG sind durchaus nachvollziehbar. Ursächlich für die divergierenden Ansichten sind nicht zuletzt die unterschiedlichen fachspezifischen Vorstellungen von Risikomanagement, Controlling oder interner Revision in der betriebswirtschaftlichen und juristischen Literatur. Aber auch der Gesetzgeber hat durch die inkonsequente Wortwahl dazu beigetragen, dass ein Interpretationsspielraum überhaupt erst möglich wurde.

Zutreffend wird die Diskussion auf dem Umstand aufgebaut, dass es kein schablonenartiges Risikofrüherkennungssystem gibt.[641] Reichweite und Ausgestaltung solcher Systeme können im Einzelfall erheblich abweichen. Ob der Ausgestaltungsrahmen allerdings so weit reicht, dass auch ein umfassendes Risikomanagementsystem davon erfasst wird, erscheint fragwürdig. Zu den konkreten Voraussetzungen an die Mindestanforderung des § 91 Abs. 2 AktG schweigt das Aktiengesetz. Das Institut der Wirtschaftsprüfer hat im Rahmen der Abschlussprüfung nach § 317 Abs. 4 HGB den IDW PS 340 entwickelt, der die Vorgaben an das Risikofrüherkennungssystem konkretisiert hat. Trotz fehlender Gesetzgebungskompetenz kommt dem IDW und seinen Prüfungsstandards in der Praxis hohe Relevanz zu. Danach

---

[640] *Spindler*, in: MüKo AktG, § 91 Rn. 21; *ders.*, in: Fleischer, Handbuch des Vorstandsrechts, § 19 Rn. 9; *Theusinger/Liese*, NZG 2008, 289 (290); *Koch*, WM 2009, 1013 (1014); *Müller-Michaels*, in: Hölters, AktG, § 91 Rn. 6; *Dauner-Lieb*, in: Henssler/Strohn, AktG, § 91 Rn. 7; *Fleischer*, in: Spindler/Stilz, AktG, § 91 Rn. 31.

[641] *Spindler*, in: MüKo AktG, § 91 Rn. 16; *Vetter*, FS Westphalen, 2010, S. 719 (725).

gehören zu den Mindestanforderungen an ein Risikofrüherkennungssystem nach § 91 Abs. 2 AktG die Festlegung bestandsgefährdender Risikofelder, die Risikoerkennung und –analyse, die Zuordnung von Aufgaben und Verantwortung, die Einrichtung eines Überwachungssystems und die Dokumentation der eingeleiteten Maßnahmen.[642] Der IDW PS 340 spricht jedoch zu Recht davon, dass die Maßnahmen von einem umfassenden Risikomanagementsystem abzugrenzen sind.[643] Anders als in § 25a KWG oder § 26 VAG habe der Gesetzgeber in § 91 Abs. 2 AktG nämlich bewusst nicht von einem Risikomanagementsystem gesprochen. Obwohl die Änderungen des BilMoG zumindest missverständlich wirken, wird eine aus § 107 Abs. 3 S. 2 AktG abgeleitete Organisationspflicht zur Einrichtung eines umfassenden Risikomanagementsystems zu Recht abgelehnt.[644] § 107 AktG regelt nur die innere Ordnung des Aufsichtsrates und ermächtigt ihn, bei Bestehen eines Risikomanagementsystems dieses mit Hilfe eines Prüfungsausschusses zu überwachen. Eine aus dem fakultativen Prüfungscharakter der Norm abgeleitete Organisationspflicht des Vorstandes ist daher nicht erkennbar.[645] Dasselbe gilt für die Vorgaben des DCGK, die mit der Nutzung des Begriffs „Risikomanagement“ lediglich die aktuelle Gesetzeslage darstellen wollten und keine neue gesetzliche Organisationspflicht schaffen.[646]

Obwohl unter dem Begriff des Risikofrüherkennungssystems im betriebswirtschaftlichen Sinne durchaus ein umfassendes Risikoerkennungs- und Steuerungssystem verstanden werden kann, kann nicht ohne weiteres davon ausgegangen werden, dass diese betriebswirtschaftlichen Grundsätze auch dem § 91 Abs. 2 AktG zugrunde gelegt werden sollten. Daher ist die Pflicht zu Einrichtung einer Compliance-

---

642 IDW PS 340, S. 3ff.

643 IDW PS 340, S. 2f.

644 *Habersack*, in: MüKo AktG, § 107 Rn. 114; *Koch*, in: Hüffer/Koch, AktG, § 107 Rn. 25; *Kort*, in: Großkommentar AktG, § 91 Rn. 69ff; *Fleischer*, in: Spindler/Stilz, AktG, § 91 Rn. 35; a.A. *Spindler*, in: MüKo AktG, § 91 Rn. 22.

645 *Koch*, in: Hüffer/Koch, AktG, § 107 Rn. 25; *Offerhaus*, in: Schüppen/Schaub, MAH Aktienrecht, § 18 Rn. 19; so auch Regierungsbegründung zu § 107 AktG, BT-Drucks. 16/10067, S. 102.

646 So auch *Dreher*, FS Hüffer, 2010, S. 161 (163); dennoch muss zumindest kritisch hinterfragt werden, warum die Regierungskommission ohne Not von der Terminologie des § 91 Abs. 2 AktG abgewichen ist und sich in ihrer Formulierung wohl der Gesetzesbegründung des KonTraG angeschlossen hat.

Struktur aus § 91 Abs. 2 AktG selbst dann abzulehnen, wenn Compliance als Teil eines umfangreichen Risikomanagementsystems verstanden wird. Entgegen dem strengen und eindeutigen Wortlaut des § 91 Abs. 2 AktG ist ein anderslautender Wille des Gesetzgebers nicht ersichtlich und zudem inhaltlich in der Praxis in vielen Fällen organisatorisch weder darstellbar noch erforderlich.[647] So hängt die konkrete Ausgestaltung des Überwachungssystems von Größe, Art und Branche des Unternehmens ab. Jedes Unternehmen mit einem umfassenden Überwachungssystem zu „überfrachten“ kann daher nicht der richtige Ansatz sein.

Wenngleich einzelne Compliance-Verstöße auch Teil eines Risikomanagements sein können,[648] ändert dies nichts an der Tatsache, dass das Risikomanagement und Compliance trotz großer Überschneidungen voneinander getrennt organisiert bleiben müssen, auch um ihrer gegenseitigen Kontrollaufgabe gerecht zu werden.[649] Daher kann nach heutigem Stand aus § 91 Abs. 2 AktG weder eine mittelbare, noch unmittelbare Pflicht zur Einrichtung von Compliance-Strukturen abgeleitet werden.[650] Allerdings darf nicht vergessen werden, dass auch der § 91 Abs. 2 AktG einem stetigen Weiterentwicklungsprozess unterliegt. Wenngleich die Prognose von *Spindler*, der spätestens durch die Änderungen der Richtlinien 2006/43/EG und

---

647 OLG Celle, WM 2008, 1745 (1746); *Koch*, in: Hüffer/Koch, AktG, § 91 Rn. 5, spricht insofern zutreffend von organisatorischem Leerlauf.

648 Siehe auch *Spindler*, WM 2008, 905 (906): „Denn die Meidung von Sanktionen und Schäden infolge von Gesetzesverletzungen und Rechtsverstößen scheint sich wie selbstverständlich in das Gebäude eines Risikomanagementsystems einzufügen.“; *ders.*, in: MüKo AktG, § 91 Rn. 52; *Romeike*, Rechtliche Grundlagen des Risikomanagements, S. 15; *Bachmann*, in: VGR (Hrsg.), Gesellschaftsrecht in der Diskussion 2007, S. 72; so auch das LG München I, NZG 2014, 345 (346), nach dem der Vorstand bei einer entsprechenden Gefährdungslage einer aus § 91 Abs. 2 AktG begründeten Organisationspflicht nur dann genügt, „wenn er eine auf Schadensprävention und Risikokontrolle angelegte Compliance-Organisation einrichtet“; vgl. *Hauschka*, in: VGR (Hrsg.), Gesellschaftsrecht in der Diskussion 2007, S. 53; *Verse*, ZHR 175 (2011), 401 (403f), dass das Früherkennungssystem nach § 91 Abs. 2 AktG einen Teilausschnitt der Legalitätskontrolle erfasst.

649 So *Spindler*, in: MüKo AktG, § 91 Rn. 67; *Hölters*, in: Hölters, AktG, § 91 Rn. 97; *Dreher*, FS Hüffer, 2010, S. 161 (172).

650 *Bachmann*, in: VGR (Hrsg.), Gesellschaftsrecht in der Diskussion 2007, S. 72; *Fleischer*, NZG 2014, 321 (322); *Winter*, FS Hüffer, 2010, S. 1103 (1104).

2006/46/EG einen Wandel des § 91 Abs. 2 AktG hin zu einem umfassenden Risikomanagement sah,[651] bis heute nicht zutreffend war, so ist es nicht von der Hand zu weisen, dass die Entwicklung des § 91 Abs. 2 AktG in Literatur und Rechtsprechung eher zu einem Mehr, als zu einem Weniger an Risikomanagement tendiert.

### 2. Sorgfaltspflichten

Als zentralstes Gebot ihrer Tätigkeit haben die Vorstandsmitglieder nach § 93 Abs. 1 S. 1 AktG bei ihrer Geschäftsführung die Sorgfalt eines ordentlichen und gewissenhaften Geschäftsleiters anzuwenden. Grob umschrieben bedeutet dies zunächst nichts anderes, dass der Geschäftsleiter die Vorteile der Gesellschaft zu wahren und Schaden von ihr abzuwenden hat.[652] Die Schadensabwendungspflicht ist dabei nicht nur auf die Unterbindung von Schäden beschränkt, sondern hat auch präventiven Charakter.[653] Insofern wird der Vorschrift des § 93 Abs. 1 S. 1 AktG eine Doppelfunktion zugeschrieben, als das sie sowohl einen Sorgfaltsmaßstab, als auch einen Pflichtenkatalog begründet.[654] Aus diesem Pflichtenkatalog heraus wird § 93 Abs. 1 S. 1 AktG von großen Teilen der Literatur als Rechtsgrundlage einer Compliance-Struktur herangezogen.[655] Der Gedanke der Organisationspflichten ist dem § 93 Abs. 1 S. 1 AktG allerdings nicht fremd. So sind nicht wenige heute anerkannte und zum Teil gesetzlich fixierte Organisationspflichten aus dem Sorg-

---

[651] *Spindler*, WM 2008, 905 (906f); *ders.*, in: MüKo AktG, § 91 Rn. 22.

[652] *Hopt/Roth*, in: Großkommentar AktG, § 93 Rn. 5; BGH, NJW 2008, 2437 (2441).

[653] *Hopt/Roth*, in: Großkommentar AktG, § 93 Rn. 28; *Winter*, FS Hüffer, 2010, S. 1103 (1109f).

[654] *Krieger/Sailer-Coceani*, in: Schmidt/Lutter, AktG, § 93 Rn. 6; *Vetter*, FS Westphalen, 2010, S. 719 (727); *Bürgers/Israel*, in: Bürgers/Körber, AktG, § 93 Rn. 2; *Kindler*, FS G. H. Roth, 2011, S. 367 (368); *Hopt/Roth*, in: Großkommentar AktG, § 93 Rn. 43.

[655] *Fleischer*, NZG 2014, 321 (322); *v.Busekist/Hein*, CCZ 2012, 41 (43); *Bachmann*, in: VGR (Hrsg.), Gesellschaftsrecht in der Diskussion 2007, S. 74; *Reichert*, ZIS 2011, 113 (114f); *Merkt*, ZIP 2014, 1705 (1707); *ders.*, DB 2014, 2271 (2272); *Meyer*, DB 2014, 1063 (1064); *Hopt/Roth*, in: Großkommentar AktG, § 93 Rn. 186.

faltsmaßstab des § 93 Abs. 1 S. 1 AktG abgeleitet worden.[656] Zuletzt hat sich das Risikofrüherkennungssystem etabliert und in § 91 Abs. 2 AktG seine gesetzliche Konkretisierung gefunden.

Hinsichtlich einer allgemeinen Compliance-Pflicht lassen diese nur vage beschriebenen Anforderungen an das ordnungsgemäße Verhalten des Vorstandes jedoch keine verbindlichen Aussagen zu. Der Gesetzgeber hat die konkret erforderliche Sorgfalt vielmehr offen gelassen und die Konkretisierung der Literatur und Rechtsprechung überlassen.[657] In einzelnen Bereichen hat der Gesetzgeber die allgemeine Sorgfaltspflicht im Nachhinein durch gesetzliche Vorgaben konkretisiert. [658] Angesichts der Tatsache, dass den Vorstand einer Aktiengesellschaft in der Praxis unzählige Pflichten treffen, wäre eine abschließende Bestimmung der Verhaltenspflichten weder hilfreich noch möglich. Denn neben den allgemeinen Sorgfaltsmaßstäben bestimmt sich die ordentliche Sorgfalt vielmehr nach Zweck, Art, Größe, Bedeutung der Maßnahme und Situation des Unternehmens.[659] Dabei muss sich das Handeln immer am Unternehmensinteresse orientieren.[660] Der Sorgfaltsmaßstab kann zwar durch interne Unternehmensvorgaben konkretisiert werden, eine Beschränkung des Sorgfaltsmaßstabes ist allerdings ebenso wie eine Verschärfung nicht möglich.[661]

Im Folgenden soll untersucht werden, ob der Sorgfaltsmaßstab des Geschäftsleiters eines kommunalen Unternehmens die Einrichtung einer Compliance-Struktur erfordert. Aus der generalklauselartigen Sorgfaltsumschreibung können nämlich nach unternehmensspezifi-

---

656 Vgl. *Ballwieser*, in: Hommelhoff/Hopt/v.Werder, Handbuch Corporate Governance, S. 453.

657 *Hölters*, in: Hölters, AktG, § 93 Rn. 2.

658 *Fleischer*, in: Spindler/Stilz, AktG, § 93 Rn. 11; *Hölters*, in: Hölters, AktG, § 93 Rn. 28.

659 OLG Zweibrücken, NZG 1999, 506 (507); *Grigoleit/Tomasic*, in: Grigoleit, AktG, § 93 Rn. 37; so auch *Fleischer*, in: Spindler/Stilz, AktG, § 93 Rn. 33, der diese Konkretisierung von Verhaltenspflichten nicht zu Unrecht als volatil bezeichnet hat; *Reichert*, ZIS 2011, 113 (115).

660 *Hölters*, in: Hölters, AktG, § 93 Rn. 26.

661 *Koch*, in: Hüffer/Koch, AktG, § 93 Rn. 1; *Hölters*, in: Hölters, AktG, § 93 Rn. 12; *Hopt/Roth*, in: Großkommentar AktG, § 93 Rn. 48f.

scher Konkretisierung Einzelpflichten entstehen.[662] Dabei soll der allgemeine Sorgfaltsmaßstab anhand zahlreicher Bestimmungen branchenspezifisch konkretisiert werden.

### a) Legalitätspflicht

Nach der Ansicht vieler Autoren stützt sich die Argumentation für eine Compliance-Pflicht vornehmlich auf die aus der Sorgfaltspflicht des Vorstandes abgeleitete Legalitätspflicht.[663] Sie wird in der Literatur auch als „oberste Maxime"[664] oder „Kardinalpflicht" [665] des Vorstandes bezeichnet und hat durch die verstärkte Erwartungshaltung an Legalität und Legitimität der Unternehmen[666] in seiner Bedeutung noch einmal eine Aufwertung erhalten. Obwohl die Legalitätspflicht unstrittig anerkannt ist, stößt eine dogmatische Begründung der Legalitätspflicht zumindest in wenigen Teilen der Literatur auf terminologischen Widerstand.[667] Ohne bereits an dieser Stelle zu einem Ergebnis kommen zu wollen, liegen Compliance und die aus der Sorgfalt eines ordentlichen und gewissenhaften Geschäftsleiters hergeleitete Legalitätspflicht zweifelsfrei nah beieinander.[668] Die

---

662 *Dauner-Lieb*, in: Henssler/Strohn, AktG, § 93 Rn. 6; *Hölters*, in: Hölters, AktG, § 93 Rn. 13; *Koch*, in: Hüffer/Koch, AktG, § 93 Rn. 5; *Fleischer*, in: Spindler/Stilz, AktG, § 93 Rn. 41.

663 *Spindler*, in: MüKo AktG, § 91 Rn. 52; *Hopt/Roth*, in: Großkommentar AktG, § 93 Rn. 186; *Fleischer*, in: Spindler/Stilz, AktG, § 91 Rn. 47; *Habersack*, AG 2014, 1 (2); *Dauner-Lieb*, in: Henssler/Strohn, AktG, § 93 Rn. 7a; *Böttcher*, NZG 2011, 1054 (1054); *Fleischer*, NZG 2014, 321 (322); *Bicker*, AG 2012, 542 (543); *Lücke/Simon,* in: Saenger/Inhester, GmbHG, § 35 Rn. 66; *Reichert/Ott*, NZG 2014, 241 (241); *Immenga*, FS Schwark, 2009, S. 199 (199); *Verse*, ZHR 175 (2011), 401 (404); *Hoffmann/Schieffer*, NZG 2017, 401 (403); *Vetter*, FS Westphalen, 2010, S. 719 (728); wohl auch *Kort*, GmbHR 2013, 566 (566); *Winter*, FS Hüffer, 2010, S. 1103 (1104); *Krieger/Sailer-Coceani*, in: Schmidt/Lutter, AktG, § 93 Rn. 8.

664 *Baur/Holle*, AG 2017 (379 (379).

665 *Fleischer*, in: Spindler/Stilz, AktG, § 93 Rn. 14.

666 *Bussmann/Salvenmoser*, CCZ 2008, 192 (193).

667 Zur Herleitung einer Legalitätspflicht siehe ausführlichen Beitrag von *Holle*, Legalitätskontrolle, S. 45ff; ebenso *Habersack*, FS Uwe H. Schneider, 2011, S. 429 (432ff).

668 So *Goette*, ZHR 175 (2011), 388 (392), der Compliance als Schlagwort für die Wahrung und Durchsetzung des Legalitätsprinzips beschreibt; vgl. auch *Verse*,

Legalitätspflicht verpflichtet den Geschäftsführer zum gesetzestreuen Handeln.[669] Dazu gehört die Einhaltung aller Rechtsvorschriften des Straf-, Zivil- und Ordnungswidrigkeitenrechts, sowie der Rechtsform abhängigen gesellschaftsrechtlichen und gegebenenfalls aus Satzung und Geschäftsordnung entstehenden Pflichten.[670] Die Legalitätspflicht erfasst daher neben allen Normen im Außenverhältnis auch die allgemeinen Organpflichten im Innenverhältnis,[671] wobei eine Ansicht im Schrifttum davon ausgeht, dass nur die externe Legalitätspflicht einer dogmatischen Begründung bedarf.[672] Die Pflicht zur Einhaltung interner Regeln ergebe sich bereits aus der jeweiligen aktienrechtlichen Vorgabe, die weder eine terminologische Aufwertung, noch eines Rückgriffs auf die Sorgfaltspflicht bedarf.[673]

Im Hinblick auf Compliance ergibt sich ein dogmatischer Mehrwert erst mit der Annahme, dass diese Pflicht nicht bei dem eigenen Verhalten des Geschäftsführers endet, sondern darüber hinaus verlangt, dass der Geschäftsführer auch für die Gesetzestreue von seinen Mitarbeitern und Organen der Gesellschaft Sorge trägt.[674] Der BGH

---

ZHR 175 (2011), 401 (403), der Compliance als Legalitätskontrollpflicht bezeichnet; so auch *Reichert*, ZIS 2011, 113 (114); *Unmuth*, AG 2017, 249 (249); *Reichert/Ott*, NZG 2014, 241 (241), nennen Compliance eine Ausprägung des Legalitätsprinzips.

669 BGH, NJW 2012, 3439 (3440); BGH, NJW 2010, 3458 (3460); OLG Köln, AG 2013, 570 (571); LG München I, NZG 2014, 345 (346); *Hoffmann/Schieffer*, NZG 2017, 401 (402); *Vetter*, FS Westphalen, 2010, S. 719 (728); *Fleischer*, in: Spindler/Stilz, AktG, § 93 Rn. 14; *Seibt/Cziupka*, AG 2015, 93 (93); *Bürgers/Israel*, in: Bürgers/Körber, AktG, § 93 Rn. 7; *Klöhn*, in: Bork/Schäfer, GmbHG, § 43 Rn. 16; *Habersack*, FS Uwe H. Schneider, 2011, S. 429 (430); *Verse*, ZHR 175 (2011), 401 (403); *Hopt/Roth*, in: Großkommentar AktG, § 93 Rn. 74; *Bayer*, FS K. Schmidt, 2009, S. 85 (88); *Krieger/Sailer-Coceani*, in: Schmidt/Lutter, AktG, § 93 Rn. 7; *Bicker*, AG 2014, 8 (8); *ders.*, AG 2012, 542 (542); *Nietsch*, ZGR 2015, 631 (649); *ders.*, ZIP 2013, 1449 (1456).

670 *Reichert*, ZIS 2011, 113 (113); *ders.*, FS Hoffmann-Becking, 2013, S. 943 (945); *Arnold*, ZGR 2014, 76 (79).

671 *Hölters*, in: Hölters, AktG, § 93 Rn. 54ff; *Fleischer*, in: Spindler/Stilz, AktG, § 93 Rn. 14; *Spindler*, in: MüKo AktG, § 93 Rn. 73f; *Frodermann/Schäfer*, in: Henn/Frodermann/Jannott, Handbuch des Aktienrechts, S. 367.

672 *Holle*, Legalitätskontrolle, S. 44.

673 *Holle*, Legalitätskontrolle, S. 44.

674 *Nietsch*, ZGR 2015, 631 (649); *Hoffmann/Schieffer*, NZG 2017, 401 (402); *Winter*, FS Hüffer, 2010, S. 1103 (1108); *Fleischer*, BB 2008, 1070 (1071);

betont dazu, dass Vorstandsmitglieder ihre Sorgfaltspflichten nicht nur dann verletzen, wenn sie einzeln oder im gesamten Vorstand pflichtwidrig handeln, sondern auch dann, wenn sie pflichtwidrige Handlungen anderer Vorstandsmitglieder oder Mitarbeiter anregen oder nicht unterbinden.[675] Diese Aufgabe zur Schaffung rechtskonformen Verhaltens untergeordneter Ebenen wird häufig auch als Legalitätskontrollpflicht bezeichnet.[676] Gleichwohl die Pflicht zur Durchsetzung gesetzestreuen Verhaltens unbestritten ist, kann ein Geschäftsführer selbstverständlich nicht jedes rechtswidrige Handeln unterbinden. Zur Durchsetzung der Legalitätspflicht soll er jedoch die organisatorischen Rahmenbedingungen im Unternehmen schaffen um rechtswidriges Handeln bestmöglich zu vermeiden.[677] Den Geschäftsführer trifft daher nach allgemeiner Auffassung neben der Legalitätspflicht auch die Pflicht zur ordnungsgemäßen und effektiven Unternehmensorganisation,[678] die in einer organisierten Überwachungspflicht ihre Ausprägung finden kann. [679] Es stellt sich jedoch die Frage, ob aus dieser allgemeinen Verhaltens- und Organisationspflicht eine konkrete

---

*ders.*, NZG 2014, 321 (322); *ders.*, in: Spindler/Stilz, AktG, § 91 Rn. 47; *Reichert/Ott*, NZG 2014, 241 (242); *Koch*, in: Hüffer/Koch, AktG, § 93 Rn. 6; LG München I, NZG 2014, 345 (346); *Bürgers*, ZHR 179 (2015), 173 (176); *Verse*, ZHR 175 (2011), 401 (403); *Arnold*, ZGR 2014, 76 (79); *Bicker*, AG 2012, 542 (543); *Kindler*, FS G. H. Roth, 2011, S. 367 (368); *Bayer*, FS K. Schmidt, 2009, S. 85 (88); *Seibt/Cziupka*, AG 2015, 93 (94); *Grigoleit/Tomasic*, in: Grigoleit, AktG, § 93 Rn. 23; *Rieder/Falge,* in: Görling/Inderst/Bannenberg, Compliance, S. 14; BGH, NJW 1995, 326 (329).

675 BGH, NJW 2013, 1958 (1960).

676 Vgl. *Fleischer*, in: Spindler/Stilz, AktG, § 91 Rn. 50; *Holle*, Legalitätskontrolle, S. 1ff; *Bicker*, AG 2012, 542 (543); *Seibt/Cziupka*, AG 2015, 93 (94); *Grigoleit/Tomasic*, in: Grigoleit, AktG, § 93 Rn. 37; *Hoffmann/Schieffer*, NZG 2017, 401 (402); *Arnold*, ZGR 2014, 76 (79); *Fleischer*, NZG 2014, 321 (322).; *Verse*, ZHR 175 (2011), 401 (403); kritisch zum Begriff der Legalitätskontrolle *Harbarth*, ZHR 179 (2015), 136 (145), dass es sich nicht um die Kontrolle, sondern um die Durchsetzung von Legalität handelt und daher von einer Legalitätsdurchsetzungspflicht zu sprechen sei.

677 So auch LG München I, NZG 2014, 345 (346).

678 *Hopt/Roth*, in: Großkommentar AktG, § 93 Rn. 154f; *Buck-Heeb,* in: Gehrlein/Ekkenga/Simon, GmbHG, § 43 Rn. 16.

679 *Hopt/Roth*, in: Großkommentar AktG, § 93 Rn. 55; *Fleischer*, in: Spindler/Stilz, AktG, § 91 Rn. 50.

Organisationsvorgabe entstehen kann, die die Einrichtung von Compliance-Strukturen erfordert. Letztendlich ist sie nämlich nichts anderes, als die Verknüpfung der Legalitätskontrollpflicht mit der Organisationspflicht des Vorstandes.

In Teilen der Literatur wird diese Pflicht bejaht.[680] Aufgrund der wachsenden Fülle an Rechtsnormen und der drohenden Haftung bei Pflichtverletzungen könne einem möglichen Verstoß gegen die Sorgfaltspflicht nur durch die Einrichtung einer Compliance-Organisation entgegengewirkt werden.[681] Zumindest bei entsprechender Gefährdungslage ist davon auszugehen, dass der Vorstand seiner Organisationspflicht nur genügt, „wenn er eine auf Schadensprävention und Risikokontrolle angelegte Compliance-Organisation einrichtet."[682]

Dem wird entgegenhalten, dass nicht jede Gesellschaft ein solches Gefahrenpotential aufweist, das nur eine Compliance-Organisation die einzige Möglichkeit darstellt, um die Vermeidung von Gesetzesverstößen sicherzustellen.[683] Vielmehr ist auf die konkreten Umstände, die Branche, die Art und Größe des Unternehmens und mögliche Gefahrenpotentiale abzustellen.[684] Bei kleinen Gesellschaften mit niedrigem Gefahrenpotential lässt sich auch ohne Compliance regel-

---

680 *Krieger/Sailer-Coceani*, in: Schmidt/Lutter, AktG, § 93 Rn. 8; *Bachmann*, in: VGR (Hrsg.), Gesellschaftsrecht in der Diskussion 2007, S. 72; *Böttcher*, NZG 2011, 1054 (1054); *Goette*, ZHR 175 (2011), 388 (392); *Böcking/Gros*, FS Hommelhoff, 2012, S. 99 (105); *Rieder/Falge*, in: Görling/Inderst/Bannenberg, Compliance, S. 14; *Kremer/Klahold*, ZGR 2010, 113 (121).

681 *Bürkle*, BB 2005, 565 (569); *Kremer/Klahold*, ZGR 2010, 113 (121); so auch LG München I, NZG 2014, 345 (346), das eine konkrete Gefährdungslage als notwendige Voraussetzung für eine Compliance-Pflicht erachtet; *Bachmann*, in: VGR (Hrsg.), Gesellschaftsrecht in der Diskussion 2007, S. 72.

682 LG München I, NZG 2014, 345 (346); so auch *Fleischer*, in: Spindler/Stilz, AktG, § 91 Rn. 47; *Kremer/Klahold*, ZGR 2010, 113 (121); *Bicker*, AG 2012, 542 (543); *Winter*, FS Hüffer, 2010, S. 1103 (1105); *Seibt/Cziupka*, DB 2014, 1598 (1599); *Bayer*, FS K. Schmidt, 2009, S. 85 (89).

683 *Spindler*, in: MüKo AktG, § 91 Rn. 66.

684 *Hopt/Roth*, in: Großkommentar AktG, § 93 Rn. 74; *Seibt/Cziupka*, DB 2014, 1598 (1599); *Dauner-Lieb*, in: Henssler/Strohn, AktG, § 76 Rn. 7a; *Vetter*, FS Westphalen, 2010, S. 719 (728); *Spindler*, in: MüKo AktG, § 76 Rn. 64; *Kort*, in: Großkommentar AktG, § 91 Rn. 141; *Lücke/Simon*, in: Saenger/Inhester, GmbHG, § 35 Rn. 66; *Koch*, in: Hüffer/Koch, AktG, § 76 Rn. 14.

konformes Verhalten sicherstellen.[685] Ebenso kann nicht aus jeder Pflichtverletzung im Unternehmen auf das Fehlen einer Compliance-Struktur geschlossen werden.[686]

Zumindest eindeutig ist es, dass der dogmatische Ursprung von Compliance in der Legalitätspflicht zu verorten ist.[687] Dies gilt auch insoweit, dass Compliance nicht nur strafbewehrte Vorschriften im Außenverhältnis, sondern auch selbstverpflichtete Vorgaben aus dem Innenverhältnis erfassen soll. Es darf nämlich nicht vergessen werden, dass die Legalitätspflicht zwar der dogmatische Ausgangspunkt, jedoch nicht das Synonym von Compliance ist.[688] Die Legalitätspflicht ist ein Bestandteil von Compliance, Compliance erschöpft sich indes nicht im Legalitätsprinzip, sondern geht darüber hinaus.[689] Compliance kann sowohl im Überwachungsgegenstand als auch in den Maßnahmen von der Legalitätskontrolle abweichen, ohne dabei seinen rechtlichen Ursprung zu verlieren.[690]

Im Ergebnis nach der Frage einer Compliance-Pflicht vermag daher die letztgenannte Ansicht nicht nur aus praktischen Gründen zu überzeugen, obwohl die Legalitätspflicht im Einzelfall eine Compliance-Pflicht begründen kann. Denn die Unternehmensgröße, das Risikoprofil der Branche, Rechtsverstöße aus der Vergangenheit und weitere wirtschaftliche Kennzahlen können den Sorgfaltsmaßstab der Legalitätspflicht zu einer Compliance-Pflicht verdichten. Generell lässt sich sagen, umso größer das Unternehmen ist, je eher kann von einer Compliance-Pflicht ausgegangen werden. Gleichwohl Compliance und die Legalitätspflicht einen gemeinsamen Nenner haben, vielfach sogar Synonym verwandt werden, kann aus der Legalitätspflicht jedoch keine allgemeine Compliance-Pflicht abgeleitet werden. Das Legalitätsprinzip ist zwar die Grundlage zur Verpflichtung

---

[685] *Kort*, in: Großkommentar AktG, § 91 Rn. 139; *Hüffer*, FS G. H. Roth, 2011, S. 299 (304); *Bicker*, AG 2012, 542 (543); *Koch*, in: Hüffer/Koch, AktG, § 76 Rn. 14, der auch bei der Annahme einer Compliance-Pflicht in Großunternehmen Zurückhaltung fordert.

[686] *Rieder/Falge*, in: Görling/Inderst/Bannenberg, Compliance, S. 16.

[687] a.A. *Kort*, in: Großkommentar AktG, § 91 Rn. 123.

[688] a.A. wohl *Immenga*, FS Schwark, 2009, S. 199 (199).

[689] So auch *Vetter*, FS Westphalen, 2010, S. 719 (721).

[690] Hinsichtlich des Verhältnisses von Legalitätspflicht und Vertragsverletzungen siehe *Nietsch*, ZGR 2015, 631 (650).

rechtmäßigen Handelns, Compliance legt darüber hinausgehend jedoch organisatorische Grundsätze für die Sicherstellung des Legalitätsprinzips nieder.[691] Compliance ist also mehr als die Legalitätspflicht, zu der der Vorstand unzweifelhaft verpflichtet ist. Daher kann Compliance, das sich im Rahmen der Legalitätspflicht nicht erschöpft, nicht allgemeingültig verpflichtend übertragen werden.[692] Ein solches Vorgehen würde weder rechtlich noch praktisch überzeugen.

b) Ungeschriebene betriebswirtschaftliche Organisationsstandards

Es ist umstritten, welchen Einfluss betriebswirtschaftlich entwickelte Standards auf die Sorgfaltspflichten der Geschäftsführung haben. Nicht fern liegt der Gedanke, bei der Bemessung des Sorgfaltsmaßstabes auf den praktischen Vergleich eines objektiv handelnden Geschäftsführers zurückzugreifen.[693] Literatur und Praxis haben den Gedanken aufgenommen und rege diskutiert. [694] Auch der Deutsche Corporate Governance Kodex hat dieser Idee entsprochen und erklärt dazu in Ziffer 3.8: „Die Mitglieder von Vorstand und Aufsichtsrat beachten die Regeln ordnungsgemäßer Unternehmensführung." Weitere Ausführungen, was genau der DCGK unter den Regeln ordnungsgemäßer Unternehmensführung versteht, finden sich allerdings keine. Allein die Nennung solcher Regeln zeigt jedoch, dass die Regierungskommission mit den Vorgaben des DCGK keinen abschließenden Regelungskatalog aufstellen wollte, sondern dass es darüber hinaus noch weitere Gebote für eine gute Unternehmensführung gibt.[695] Dieser Gedanke ist dabei nicht nur auf Compliance begrenzt, sondern hat auch Auswirkungen auf andere Bereiche.[696]

---

691 *Reichert*, ZIS 2011, 113 (114).

692 Vgl. *Bachmann*, in: VGR (Hrsg.), Gesellschaftsrecht in der Diskussion 2007, S. 76, nachdem das Legalitätsprinzip zwar die Verhinderung aller Rechtsverstöße erfordert, den Wirkungsgehalt des Legalitätskontrollprinzips auf strafbewehrte Vorschriften und vorsätzlich begangene Verstöße begrenzt.

693 So auch *Loitz*, BB 1997, 1835 (1838).

694 Anstatt vieler siehe *v. Werder*, in: Kremer/Bachmann/Lutter/v.Werder, DCGK, Rn. 602.

695 *v. Werder*, in: Kremer/Bachmann/Lutter/v.Werder, DCGK, Rn. 601.

696 So wird im Hinblick auf das Erfordernis eines Risikofrüherkennungssystems nach § 91 Abs. 2 AktG vermutet, dass die Nutzung betriebswirtschaftlich

Das größte Problem bei der Frage nach dem Einfluss betriebswirtschaftlicher Organisationsstandards ist die Tatsache, dass es keinen abschließenden, allgemein anerkannten und niedergeschriebenen Katalog solcher Standards gibt.[697] In der Literatur haben sich über die Jahre aus den Grundsätzen der ordnungsgemäßen Unternehmensführung drei Fallgruppen herauskristallisiert. Die Grundsätze ordnungsgemäßer Überwachung (GoÜ), die Grundsätze ordnungsgemäßer Abschlussprüfung (GoA) und die Grundsätze ordnungsgemäßer Unternehmensleitung (GoU).[698] Obwohl diese Grundsätze eine Orientierung über Verhaltens- und Organisationspflichten der Geschäftsleiter geben können, begründet das Bestehen von betriebswirtschaftlichen Standards nach einhelliger h.M. keine normative Bindung.[699] Zwar entsteht durch die Anwendung betriebswirtschaftlicher Standards die Erwartung an ein haftungsentfallendes Handeln, das im Ergebnis jedoch nicht der Wirklichkeit entspricht.[700] Eine Befolgung

---

anerkannter Modelle zur gebotenen Risikoerkennung ausreiche, vgl. *Spindler*, in: MüKo AktG, § 93 Rn. 30.

697 *v. Werder*, in: Kremer/Bachmann/Lutter/v.Werder, DCGK, Rn. 602.

698 *v. Werder/Maly/Pohle/Woff*, DB 1998, 1193 (1193); *v. Werder*, in: Kremer/Bachmann/Lutter/v.Werder, DCGK, Rn. 602; *Fleischer*, in: MüKo GmbHG, § 43 Rn. 55; *Haas/Ziemons*, in: Michalski, GmbHG, § 43 Rn. 65; *Semler*, FS Peltzer, 2001, S. 489 (493f); zu den Grundsätzen ordnungsgemäßer Überwachung *Theisen*, AG 1995, 193 (200ff); teilweise wird die generelle Existenz übergreifender betriebswirtschaftlicher Standards bereits bestritten, vgl. *Spindler*, in: MüKo AktG, § 93 Rn. 30; so auch *v.Schenk*, NZG 2002, 64 (66): „Es gibt keine allgemeingültigen „Grundsätze ordnungsgemäßer Überwachung"; Versuche, aus betriebswirtschaftlicher Sicht solche Grundsätze aufzustellen, haben keinen ausreichenden Widerhall gefunden und sind als mit dem geltenden Recht unvereinbar abzulehnen."

699 *Kort*, in: Großkommentar AktG, § 91 Rn. 139; *Kallmeyer*, ZGR 1993, 104 (107); *v.Schenk*, NZG 2002, 64 (66); *Wiesner*, in: Münchener Handbuch des Gesellschaftsrechts, § 25 Rn. 6; *Semler*, Leitung und Überwachung der Aktiengesellschaft (1996), S. 54; beachte allerdings Einwand von *Koch*, in: Hüffer/Koch, AktG, § 76 Rn. 15; *Hopt/Roth*, Großkommentar AktG, § 93 Rn. 37; *Spindler*, in: MüKo AktG, § 93 Rn. 30; *Grigoleit/Tomasic*, in: Grigoleit, AktG, § 93 Rn. 4; *Wellhöfer*, in: Wellhöfer/Peltzer/Müller, Die Haftung von Vorstand, Aufsichtsrat, Wirtschaftsprüfer, § 2 Rn. 16; anders *Pahlke*, NJW 2002, 1680 (1683).

700 *Baums*, ZGR 2011, 218 (235); *Spindler*, in: MüKo AktG, § 93 Rn. 30; zutreffend *Semler*, Leitung und Überwachung der Aktiengesellschaft (1996),

dieser betriebswirtschaftlichen Standards kann daher weder eine Beweislastvermutung erzeugen, noch eine Haftung generell ausschließen.[701] Die betriebswirtschaftlichen Standards sollen an Hand von „Best-Practice"-Beispielen die Sorgfaltspflichten der Geschäftsleitung konkretisieren.[702] Eine allgemeine Übernahme betriebswirtschaftlicher Standards kann jedoch nur nach Abwägung und Anpassung auf das jeweilige Unternehmen, seiner Rechtsform und Besonderheiten gelingen.[703] Selbst der für die Wirtschaftsprüfer sehr relevante und daher in der Praxis gefestigte IDW PS 980 kann ebenso wenig eine normative bzw. enthaftende Wirkung erzeugen.[704] In der Praxis darf allerdings nicht vergessen werden, dass die Gerichte bei Rechtsverstößen die Verhaltenspflichten des Vorstandes zumindest an den betriebswirtschaftlichen Standards messen werden.[705] Mithin hat die Diskussion um ungeschriebene betriebswirtschaftliche Standards durch die Einführung von Corporate Governance Kodizes an Bedeutung verloren und kann durchaus als überholt bezeichnet werden.[706] Als geschriebener Organisationsstandard ist der DCGK nicht nur greifbarer, sondern hat große Teile der bisherigen betriebswirtschaftlichen Standards erfasst und aufgenommen.[707] Angesichts der Tatsache, dass sich die Wirkung betriebswirtschaftlicher Standards und deren

---

S. 55, dass die Beachtung solcher Grundsätze zur trügerischen Annahme verführt, dass der Aufsichtsrat seine Aufgaben erfüllt hat.

701 *Spindler*, AG 2013, 889 (891); *ders*., in: MüKo AktG, § 93 Rn. 30.

702 *Baums*, ZGR 2011, 218 (235); *Wolf*, DB 1998, 1193 (1193); *Fleischer*, in: MüKo GmbHG, § 43 Rn. 55; *Haas/Ziemons*, in: Michalski, GmbHG, § 43 Rn. 65.

703 *Wiesner*, in: Münchener Handbuch des Gesellschaftsrechts, § 25 Rn. 6; *Kallmeyer*, ZGR 1993, 104 (107); *Haas/Ziemons*, in: Michalski, GmbHG, § 43 Rn. 65.

704 Vgl. Ausführungen unter: Kap. 1, A, VI, 2; ausführlich dazu *Böttcher*, NZG 2011, 1054 (1056f); so auch *Koch*, in: Hüffer/Koch, AktG, § 76 Rn. 15; *Moosmayer*, NJW 2012, 3013 (3016); *Rieder/Jerg*, CCZ 2010, 201 (204f).

705 *Koch*, in: Hüffer/Koch, AktG, § 76 Rn. 15; BGH, DB 2002, 473 (473): „So ist eine Pflichtverletzung insbesondere dann gegeben, wenn das Vorstandsmitglied gegen die in dieser Branche anerkannten Erkenntnisse und Erfahrungsgrundsätze verstößt."; *Withus*, CCZ 2015, 139 (143); *Hopt/Roth*, Großkommentar AktG, § 93 Rn. 37.

706 *Hopt/Roth*, Großkommentar AktG, § 93 Rn. 37; *Scherer/Fruth*, CCZ 2015, 9 (15).

707 Vgl. nur *v.Werder*, in: Kremer/Bachmann/Lutter/v.Werder, DCGK, Rn. 602.

objektiver Verhaltensmaßstab nur im Zusammenspiel mit dem konkreten Unternehmen und seiner speziellen Situation ergeben kann,[708] ist eine uneingeschränkte Anwendungspflicht für kommunale Unternehmen, bei denen im Hinblick auf die Besonderheiten kommunaler Wirtschaftstätigkeit jedenfalls nicht von einer anerkannten Praxis gesprochen werden kann, grundsätzlich ausgeschlossen.

c) Public Corporate Governance Kodex

Der an den Vorstand angelegte Sorgfaltsmaßstab könnte durch den Public Corporate Governance Kodex des Bundes (im Folgenden: PCGK) konkretisiert werden. Grundlage des PCGK war der von der Regierungskommission „Corporate Governance – Unternehmensführung – Unternehmenskontrolle – Modernisierung des Aktienrechts" ausgearbeitete Deutsche Corporate Governance Kodex (im Folgenden: DCGK). Die im Jahr 2000 vom Bundeskanzler eingesetzte Regierungskommission hatte zum Auftrag, sich mit möglichen Defiziten deutscher Unternehmensführung und -kontrolle zu befassen.[709] In Anlehnung an den DCGK hat die Bundesregierung am 01.07.2009 den Public Corporate Governance Kodex verabschiedet.

aa) Compliance im PCGK

Der Public Corporate Governance Kodex nimmt an mehreren Stellen Bezug auf das Thema Compliance. Dabei war der Begriff Compliance in der Grundlage des PCGK, dem Deutschen Corporate Governance Kodex, bis ins Jahr 2007 gar nicht vorhanden. Der 2003 veröffentlichte DCGK sprach zunächst nur davon, dass der Vorstand für die Einhaltung der gesetzlichen Bestimmungen zu sorgen hat und auf deren Beachtung durch die Konzernunternehmen hinwirkt.[710] Eine Organisationspflicht zur konzernweiten Compliance wurde noch nicht angenommen, vielmehr hatte die Formulierung den Eindruck, dass

[708] *Kallmeyer*, ZGR 1993, 104 (107f); *Wiesner*, in: Münchener Handbuch des Gesellschaftsrechts, § 25 Rn. 6.
[709] BT-Drucks. 14/7515, S. 3.
[710] DCGK 2003, Zif. 4.1.3.

lediglich Selbstverständliches wiedergegeben wird.[711] Erst mit Aufnahme unternehmensinterner Richtlinien im Jahr 2007 wurde die dort beschriebene Regeltreue als Compliance bezeichnet:[712] „Der Vorstand hat für die Einhaltung der gesetzlichen Bestimmungen und der unternehmensinternen Richtlinien zu sorgen und wirkt auf deren Beachtung durch die Konzernunternehmen hin (Compliance).“[713] Der damalige Vorsitzende der Regierungskommission Deutscher Corporate Governance Kodex *Cromme* wies selbst bei der Einführung auf die wachsende Wahrnehmung und Bedeutung von Compliance hin.[714]

Eine entsprechende Vorschrift findet sich inzwischen auch im PCGK.[715] Weiterhin hat die Geschäftsleitung „das Überwachungsorgan regelmäßig, zeitnah und umfassend über alle für das Unternehmen relevanten Fragen der Planung, der Geschäftsentwicklung, der Risikolage, des Risikomanagements und der Compliance sowie über für das Unternehmen bedeutende Veränderungen des wirtschaftlichen Umfelds“ zu informieren.[716] Vorgaben an die notwendigen Organisationsstrukturen oder Maßnahmen trifft der PCGK hingegen nicht. Im Hinblick auf die Grundlage des PCGK wird jedoch eine Annäherung an den DCGK zu erwarten sein. In der geänderten aktuellen Version des DCGK heißt es nämlich inzwischen: Der Vorstand „soll für angemessene, an der Risikolage des Unternehmens ausgerichtete Maßnahmen (Compliance Management System) sorgen und deren Grundzüge offenlegen.“[717] Mitarbeitern und Dritten soll zudem auf geeignete Weise die Möglichkeit eingeräumt werden, geschützt Hinweise auf Fehlverhalten im Unternehmen zu geben.[718] Über die grundsätzliche Verpflichtung hinaus macht der DCGK damit auch

---

711 *Peltzer*, Deutsche Corporate Governance, S. 48.

712 DCGK 2007, Zif. 4.1.3.

713 DCGK, Zif. 4.1.3.

714 *Cromme*, Corporate Governance Report 2007, S. 28.

715 PCGK, Zif. 4.1.2.

716 PCGK, Zif. 3.1.3.

717 DCGK, Zif. 4.1.3.; der DCGK weicht damit von seiner bisherigen Linie und Zielsetzung ab, „das deutsche Corporate-Governance-System für den Anleger transparent und nachvollziehbar zu machen, ohne der Unternehmensführung durch eine auch nur beispielhafte Aufzählung erforderliche und wünschenswerte Flexibilität zu nehmen“, *Cromme*, Ausführung anlässlich 6. Konferenz Deutscher Corporate Governance Kodex, S. 7.

718 DCGK, Zif. 4.1.3.

erstmals Vorgaben hinsichtlich der konkreten Ausgestaltung einer Compliance-Struktur.

### bb) Kommunale Unternehmen als Adressat des PCGK

Das vornehmlich größte Problem des PCGK ist die fehlende Kompetenz des Bundes oder einer Dachorganisation zum Erlass eines einheitlich geltenden Governance Kodex für Unternehmen in kommunaler Trägerschaft. Der DCGK und der PCGK besitzen indes keinen Gesetzescharakter.[719] Daher existiert kein einheitlicher, für alle öffentlichen Unternehmen verbindlicher Governance Kodex. Naheliegend erscheint es daher zunächst zu überprüfen, ob der PCGK in seinen Grundzügen überhaupt auf kommunale Unternehmen anwendbar ist oder ob er zumindest zur Konkretisierung bzw. Ausgestaltung kommunaler Kodizes herangezogen werden kann. Der PCGK richtet sich an alle nicht vom DCGK erfassten Unternehmen in Mehrheitsbeteiligung des Bundes.[720] Während der DCGK den Unternehmensbegriff eng definiert und sich in seiner inhaltlichen und terminologischen Ausrichtung der börsennotierten Kapitalgesellschaften und dabei insbesondere der Aktiengesellschaft anpasst, geht der PCGK aufgrund der Vielfältigkeit öffentlicher Wirtschaftstätigkeit von einem weiten Unternehmensbegriff aus.[721] Angesichts der Tatsache, dass die öffentliche Wirtschaftstätigkeit zwar vornehmlich in Form der GmbH betrieben wird, sich jedoch nicht nur auf diese beschränkt, werden neben den Kapitalgesellschaften auch alle anderen juristischen Personen des Privatrechts und des öffentlichen Rechts vom PCGK

---

[719] *Fuhrmann*, in: Fuhrmann/Linnerz/Pohlmann, Deutscher Corporate Governance Kodex, S. 5; *Seibt*, AG 2002, 249 (250); *Hommelhoff/Schwab*, in: Hommelhoff/Hopt/v.Werder, Handbuch Corporate Governance, S. 77ff; vgl. auch LG München, ZIP 2008, 2360, dass sich mit der Rechtsnatur des DCGK beschäftigte und dessen Gesetzescharakteristik ablehnt; *Lutter*, in: Hommelhoff/Hopt/v.Werder, Handbuch Corporate Governance, S. 132.

[720] Demzufolge wird die Deutsche Bahn vom PCGK erfasst, während die Deutsche Telekom unter den Anwendungsbereich des DCGK fällt.

[721] *Hommelhoff*, FS Hommelhoff, 2012, S. 447 (451f); *Marsch-Barner*, FS Uwe H. Schneider, 2011, S. 771 (773).

erfasst.[722] Minderheitsbeteiligungen des Bundes wird die Anwendung des PCGK zudem empfohlen. Auch hier entspricht der PCGK in seinen Grundzügen dem DCGK, der sich nach seiner Präambel zwar an börsennotierte Unternehmen richtet,[723] seine Beachtung jedoch auch anderen Unternehmensformen empfiehlt.[724] Vom unmittelbaren Anwendungsbereich des PCGK wird demnach nur ein geringer Anteil von Unternehmen erfasst[725] und auch die Bundesländer, die bereits einen PCGK verabschiedet haben,[726] machen nur einen geringen Teil der öffentlichen Wirtschaftstätigkeit aus. Auf Grundlage des PCGK wurden in den letzten Jahren jedoch auch vermehrt Governance Kodizes auf kommunaler Ebene verabschiedet.[727] Der Erlass von kommunalen PCGK obliegt im Rahmen der kommunalen Selbstverwaltung den Kommunen. Obwohl die Problematik unzureichender Steuerungsstrukturen von Bund und Ländern nahezu äquivalent auf die Wirtschaftstätigkeit von Kommunen übertragbar ist, findet sich trotz dieser Tendenzen insgesamt nur selten ein Corporate Governance Kodex auf kommunaler Ebene. Soweit Governance-Strukturen bestehen, unterscheiden diese sich trotz erkennbarer Grundlage im Einzelnen enorm. Angesichts des nicht unerheblichen Wirtschaftsfaktors kommunaler Unternehmen begründet der fehlende flächendeckend-homogene Ansatz eines Governance Kodex die Gefahr, dass die Grundsätze guter und verantwortungsvoller Unternehmen nicht nur ungleichmäßig, sondern vor allem nur unzureichend angewandt werden. Gleichwohl der PCGK in seinen Grundzügen durchaus Grundlage eines kommunalen PCGK sein kann, vermag eine uneingeschränkte und änderungslose Übernahme nur wenig zu überzeugen.

---

722 *Marsch-Barner*, FS Uwe H. Schneider, 2011, S. 771 (773); *Hommelhoff*, FS Hommelhoff, 2012, S. 447 (452); a.A. *Schürnbrand*, in: MüKo AktG, Vorbemerkung zu §§ 53,54 HGrG Rn. 12, dass der PCGK für juristische Personen des öffentlichen Rechts nur eine Empfehlung darstellt.

723 DCGK, S. 2.

724 DCGK, S. 2.

725 Zum Stichtag 31.12.2013 war der Bund und seine Sondervermögen unmittelbar an 107 Unternehmen des öffentlichen und privaten Rechts beteiligt, siehe Beteiligungsbericht 2014, S. 11.

726 Bereits verabschiedet: Baden-Württemberg, Berlin, Brandenburg, Bremen, Hamburg, Nordrhein-Westfalen, Rheinland-Pfalz, Sachsen-Anhalt.

727 Eine Übersicht findet sich unter https://publicgovernance.de/html/de/2317.htm (Stand: 08.11.2018).

Zu deutlich ist der organisatorische Unterschied zwischen den zumeist großen Beteiligungen des Bundes und den deutlich kleineren Eigengesellschaften der Kommunen. Auch ist der PCGK nicht geeignet, die unterschiedlichen kommunalrechtlichen Vorgaben ausreichend zu würdigen. Obwohl der PCGK mit seinen allgemein geltenden Grundsätzen eine Ausstrahlungswirkung erzeugt, muss er im Hinblick auf die Diversität kommunaler Unternehmen an einigen Stellen eingeschränkt oder erweitert werden.[728]

Es stellt sich daher die Frage, welchen Einfluss der PCGK trotz fehlender Allgemeingültigkeit auf kommunale Unternehmen haben kann. Insofern ein kommunalrechtlicher Governance Kodex verabschiedet wurde oder die Vorgaben des PCGK in die Satzung, den Gesellschaftsvertrag, die Geschäftsordnung oder auf arbeitsrechtlichem Weg in das Unternehmen implementiert wurden, stellt ein Verstoß gegen diese Vorgaben zweifelsohne eine Pflichtverletzung nach § 93 Abs. 1 AktG dar.[729] Anders verhält es sich, wenn kein kommunaler Governance Kodex besteht. In den Fällen wird angesichts der nicht zwingenden Wirkung eine Heranziehung der Vorschriften des PCGK höchstens bei Auslegungsfragen unbestimmter Rechtsbegriffe möglich sein.

#### cc) Compliance als Wiedergabe geltenden Rechts

Die Vorgaben des PCGK verteilen sich auf drei unterschiedliche Regelungstypen. Neben der Wiedergabe geltenden Rechts beschreibt der PCGK nicht gesetzlich geregelte Organisations- und Verhaltensanforderungen in Form von Anregungen und Empfehlungen. Eine unmittelbare Anwendung der Vorschriften des PCGK erscheint

---

[728] So auch *Mühl-Jäckel*, LKV 2010, 209 (212); zumindest erhebt der Public Corporate Governance Kodex den Anspruch, ein Vorbild für Governance Kodizes der Länder und Kommunen zu sein, *Marsch-Barner*, FS Uwe H. Schneider, 2011, S. 771 (771).

[729] *Lutter*, in: Hommelhoff/Hopt/v.Werder, Handbuch Corporate Governance, S. 133; im Gegensatz dazu der DCGK und sein in § 161 AktG verankertes „Comply or explain"-Prinzip. Dessen Nichtbefolgung ist nicht rechtswidrig und begründet daher keine Sorgfaltspflichtverletzung nach § 93 Abs. 2 AktG, vgl. *Leyens*, Großkommentar AktG, § 161 Rn. 543ff.

unproblematisch, wenn nur die geltende Rechtslage wiedergegeben wird. Im Hinblick auf die bisherige Untersuchung ist dies zweifelhaft.

Der damalige Vorsitzende der Regierungskommission *Cromme* sprach in seinen Ausführungen anlässlich der 6. Konferenz Deutschen Corporate Governance Kodex im Jahr 2007 davon, dass die Implementierung von Compliance lediglich die geltende Gesetzeslage beschreibt.[730] Die Aufnahme in den DCGK hätte daher nur deklaratorischen Charakter. Es sei bereits jetzt die aktienrechtliche Vorstandspflicht, geeignete organisatorische Maßnahmen und Vorkehrungen zu treffen, um die Einhaltung unternehmensinterner und gesetzlicher Regelungen zu gewährleisten.[731] Diese wohl aus der aktienrechtlichen Leitungs- und Legalitätspflicht entnommene Organisationspflicht kann jedoch nicht zu einer rechtsformunabhängigen Pflicht führen. Vielmehr muss wie festgestellt eine Sorgfaltsbestimmung im Einzelfall erfolgen.

Im Übrigen kann der Streit dahinstehen, ob Zif. 4.1.3. des DCGK bzw. Zif. 4.1.2. des PCGK lediglich die Wiedergabe einer gesetzlichen Selbstverständlichkeit oder eine darüber hinausgehende Empfehlung sind. Selbst wenn bloß die geltende Gesetzeslage beschrieben wird, kann die Vorgabe des Kodex selbst keinen Regelungscharakter haben. Wenn keine aktienrechtliche Compliance-Pflicht besteht, ist die Vorgabe im Governance Kodex auch keine gesetzliche Selbstverständlichkeit, weswegen eine Compliance-Pflicht auch nicht aus dem Kodex hergeleitet werden kann. Falls eine Pflicht besteht, ist diese an die dogmatische Verortung einer solchen Pflicht geknüpft und würde insoweit nicht aus der Compliance-Vorgabe des Kodex hergeleitet werden.[732]

Noch deutlicher wird es, wenn explizit die Compliance-Vorgabe des PCGK betrachtet wird, der im Gegensatz zum DCGK nicht für eine einzelne Rechtsform ausgearbeitet wurde. So führt auch *Cromme* aus, dass es eine „aktienrechtliche Aufgabe des Vorstandes ist“

---

730 *Cromme*, Ausführung anlässlich 6. Konferenz Deutscher Corporate Governance Kodex, S. 6.

731 So auch *Bachmann*, in: Kremer/Bachmann/Lutter/v.Werder, DCGK, Rn. 811; *Cromme*, Ausführung anlässlich 6. Konferenz Deutscher Corporate Governance Kodex, S. 6.

732 So auch *Fuhrmann*, in: Fuhrmann/Linnerz/Pohlmann, Deutscher Corporate Governance Kodex, S. 248 Rn. 47.

geeignete Vorkehrungen für die Sicherstellung von Regeltreue herzustellen.[733] Eine solche Pflicht kann selbstverständlich nicht unisono auf alle anderen Kapitalgesellschaften und im Besonderen auf öffentliche Rechtsformen erstreckt werden. Mitnichten kann daher gesagt werden, dass Compliance im PCGK lediglich die geltende Gesetzeslage wiedergibt. In dem Fall gibt die Compliance-Klausel lediglich die Rechtsauffassung der Regierungskommission im Hinblick auf börsennotierte Aktiengesellschaften wieder.

#### dd) Kodex als betriebswirtschaftlicher „Best-Practice“ Standard

Wie bereits hingewiesen, haben ungeschriebene betriebswirtschaftliche Standards durch die vermehrte Einführung von Governance Kodizes an Bedeutung verloren.[734] Der DCGK war dahingehend der erste niedergeschriebene Grundsatz guter und verantwortungsvoller Unternehmensführung. Seine Aufgabe war es, die bestehenden gesetzlichen Regelungen und die darüber hinausgehenden Empfehlungen zu einem „Best-Practice“-Beispiel guter Unternehmensführung zusammenzuführen.[735] Die in Ziffer 3.8 des Deutschen Corporate Governance Kodex verankerte Aufforderung, dass die Mitglieder von Vorstand und Aufsichtsrat die Regeln ordnungsgemäßer Unternehmensführung beachten, entfachte die Diskussion um die Anwendung betriebswirtschaftlicher Standards derweil nur kurz neu. Hinter der Beschreibung ordnungsgemäßer Unternehmensführung versteckt sich letztendlich nur der Verhaltensmaßstab eines ordentlichen und gewissenhaften Geschäftsleiters aus § 93 Abs. 1 S. 1 AktG.[736] Angelehnt an den allgemeinen Sorgfaltsmaßstab des § 276 Abs. 2 BGB wird dieser durch die besonderen Anforderungen ordentlicher Unternehmensleitung konkretisiert.[737] Anders als im

---

[733] *Cromme*, Ausführung anlässlich 6. Konferenz Deutscher Corporate Governance Kodex, S. 6.

[734] Siehe dazu Ausführungen unter: Kap. 2, C, I, 2, b).

[735] BT-Drucks. 14/8769, S. 21; *Ulmer*, ZHR 166 (2002), 150 (166).

[736] *Barst/Halmer*, in: Fuhrmann/Linnerz/Pohlmann, Deutscher Corporate Governance Kodex, S. 195 Rn. 89.

[737] *Fleischer*, in: Spindler/Stilz, AktG, § 93 Rn. 10; Palandt, § 276, Rn. 10; vgl. *Saage*, DB 1973, 115 (118).

Strafrecht ermittelt sich der Sorgfaltsmaßstab nicht durch subjektive Fähigkeiten und Kenntnisse, sondern durch einen objektiv üblichen Verhaltensstandard in der konkreten Situation. Bei Ermittlung der erforderlichen Sorgfalt können die Ermittlungsgrundsätze von Sorgfaltsmaßstäben anderer Verkehrskreise berücksichtigt werden. Maßstab ist der in Betracht kommende Verkehrskreis und die einzelnen Handlungstypen.[738] Zur Bestimmung können zudem nicht gesetzliche, aber in dem Verkehrskreis anerkannte Regelungen herangezogen werden.[739] Es ist zu hinterfragen, ob der PCGK auch als allgemeiner Grundsatz guter Unternehmensführung anerkannt ist und daraus Verhaltenspflichten vergleichbar einer tatsächlichen Übung entstanden sind. Dabei muss nicht nur das Gesamtwerk des PCGK, sondern auch die einzelne Regelung betrachtet werden. Die Compliance-Vorgabe des PCGK müsste demnach nicht nur gewollte, sondern bereits praktisch angewandte Unternehmenspraxis sein.[740] Diese entsteht ähnlich wie der Handelsbrauch durch gleichmäßige, einheitliche und freiwillige Übung der beteiligten Kreise für einen längeren angemessenen Zeitraum. Die Ausübung über einen dauerhaften Zeitraum ist dabei ein besonders wichtiges Kriterium.[741] Während der DCGK nach Ansicht der Kodex-Kommission zum Zeitpunkt der Entwicklung noch kein allgemein akzeptierter Standard war,[742] ist es nicht ausgeschlossen, dass einzelne Vorgaben eines Tages als allgemeine Übung und damit als normative Notwendigkeit eingeordnet werden können. Allerdings mangelt es nach herrschender und zutreffender Ansicht auch 16 Jahre nach Einführung des DCGK am Erfordernis der langjährigen tatsächlichen Übung.[743] Es reicht also nicht aus, dass der DCGK Grundsätze guter Unternehmensführung nur postuliert, sondern sie müssen auch über Dauer gelebte Praxis sein. Insofern der PCGK bisher noch deutlich weniger Einfluss auf die

---

738 Palandt, § 276, Rn. 17.

739 Palandt, § 276, Rn. 18.

740 So auch *Grigoleit/Tomasic*, in: Grigoleit, AktG, § 93 Rn. 41.

741 *Roth*, in: Koller/Kindler/Roth/Morck, HGB, § 346 Rn. 4.

742 BT-Drucks. 14/8769, S. 21.

743 *Hommelhoff/Schwab*, in: Hommelhoff/Hopt/v.Werder, Handbuch Corporate Governance, S. 77f; *Berg/Stöcker*, WM 2002, 1569 (1576); *Seibt*, AG 2002, 249 (251); *Kort*, FS K. Schmidt, 2009, S. 945 (955).

Unternehmensstruktur als der DCGK genommen hat, ist dieser erst recht kein verbreiteter Standard.

ee) Kodex als Konkretisierungshilfe

Die bisherige Untersuchung hat gezeigt, dass der unmittelbare Einfluss des PCGK auf die rechtliche Verpflichtung zur Einrichtung einer Compliance-Struktur nur gering ist. Dies bedeutet nicht, dass ein abweichendes Verhalten von den Vorgaben des PCGK nicht gegen den Sorgfaltsmaßstab verstoßen kann. Allerdings ergibt sich eine solche Pflichtverletzung unmittelbar aus dem in § 93 Abs. 1 S. 1 AktG normierten Sorgfaltsmaßstab und nicht aus den Vorgaben des PCGK. Daraus kann jedoch auch nicht automatisch der Schluss gezogen werden, dass der PCGK gar keinen Einfluss auf die Verhaltenspflichten der Organe hat. Maßgeblich für die Bestimmung des Sorgfaltsmaßstabes ist das Handeln von einem pflichtbewussten, selbstständigen Leiter, als Treuhänder fremder Vermögensinteressen.[744] Eine abschließende Definition des Sorgfaltsumfangs wird kaum möglich sein, unterliegt sie doch auch einem ständigen Wandel durch die Rechtsprechung und der Praxis. Genau im Hinblick auf diesen stetigen Wandel und den Einfluss außerrechtlicher Faktoren wird der Einfluss des PCGK weiterhin kontrovers diskutiert. Im Besonderen stellt sich die Frage, ob der PCGK bei der richterlichen Würdigung zur Konkretisierung des Sorgfaltsmaßstabes herangezogen werden kann. Eine Konkretisierungswirkung kommt nur bei solchen Vorgaben in Betracht, die ihrem Wesen nach dazu geeignet sind, die Organisationsstruktur des Unternehmens zu verbessern und damit allgemeingültigen Grundsätzen entsprechen.[745] Dazu gehört sicherlich auch die Compliance-Struktur, die in ihrer Schutzfunktion keine fundamentale Unterscheidung zwischen börsennotierten und kommunalen Unternehmen braucht.

Die Auswirkungen der Governance Kodizes auf den Sorgfaltsmaßstab sind indes umstritten. Nur ein kleiner Teil der Literatur nimmt an, dass Governance Kodizes die Sorgfaltspflichten der Organmitglieder

[744] *Koch*, in: Hüffer/Koch, AktG, § 93 Rn. 6.
[745] *Berg/Stöcker*, WM 2002, 1569 (1575).

abschließend definieren und erweitern.[746] Andere Ansichten gehen davon aus, dass die Kodizes eine vergleichbare Wirkung wie DIN-Normen haben und für die Bestimmung der Sorgfaltspflicht herangezogen werden können.[747] Zur Ausfüllung unbestimmter Begriffe wie den „Allgemeinen anerkannten Regeln der Technik" werden DIN-Normen regelmäßig herangezogen, obwohl es ihnen ebenso an Gesetzesqualität fehlt.[748] Als weiteres Beispiel nicht normativer Regelwerke mit Konkretisierungsfunktion werden die Richtlinien des Spitzenverbandes der Banken genannt. Nach Ansicht des OLG Köln sind die Richtlinien aufgrund ihrer allgemeinen Üblichkeit anerkannt und beinhalten eine Definition der erforderlichen Sorgfaltspflicht im Giroverkehr.[749] Das OLG leitet aus der allgemeinen Üblichkeit der Richtlinien eine Beweislastumkehr her.[750] Daneben gibt es noch weitere vergleichbare Regelwerke, wie die FIS Regeln für Ski- und Snowboardfahrer[751] oder allgemein übliche Sportregeln[752], die zur Konkretisierung in ihrer Branche herangezogen werden.

Ein nicht unwesentlicher Teil der Literatur nimmt indes an, dass die Beachtung der Governance Kodizes zumindest eine Indizwirkung für sorgfaltsgemäßes Handeln erzeugt und die Beweislastregelung des § 93 Abs. 2 S. 2 AktG zugunsten der Gesellschaftsorgane umkehrt.[753] Angesichts der hoch dekorierten Regierungskommission, besetzt mit Spitzenfunktionären aus Wirtschaft und Politik, sei es naheliegend, dass die Gerichte die Empfehlungen des Kodex als praxisrelevanten Standard zur Konkretisierung heranziehen.[754] Die Anwendung des

---

[746] *Pielorz*, FS Metzeler, 2003, S. 167 (174); *Peltzer*, NZG 2002, 10 (12ff); ähnlich *Claussen/Bröcker*, DB 2002, 1199 (1205).

[747] Vgl. *Berg/Stöcker*, WM 2002, 1569 (1575); *Ulmer*, ZHR 166 (2002), 150 (167).

[748] Vgl. BGH, NJW-RR 2005, 386ff; BGH, NJW 2001, 2019 (2020); dazu ausführlich *Seibel*, NJW 2013, 3000.

[749] OLG Köln, NJW 1990, 2261 (2262).

[750] OLG Köln, NJW 1990, 2261 (2262).

[751] LG Bonn, NJW 2005, 1873.

[752] BGH, NJW 1972, 627.

[753] *Seibt*, AG 2002, 249 (251); *Lutter*, ZHR 166 (2002), 523 (542); *Schüppen*, ZIP 2002, 1269 (1270); abwägend *Berg/Stöcker*, WM 2002, 1569 (1576); anders *Hopt/Roth*, Großkommentar AktG, § 93 Rn. 34.

[754] *Schüppen*, ZIP 2002, 1269 (1270); *Lutter*, ZHR 166 (2002), 523 (542); *Ulmer*, ZHR 166 (2002), 150 (166).

Governance Kodex führe dementsprechend zu einem „Safe Haven“[755] bzw. erzeugt eine Indizwirkung für das sorgfaltsgemäße Handeln der Organe.[756] Im Umkehrschluss wird bei einem Verstoß gegen die Vorgaben des DCGK ein pflichtwidriges Verhalten angenommen werden können.[757] Dies gilt insbesondere für die Vorgaben, die die Unternehmensleitung und -überwachung betreffen.[758] Gestützt wird diese Auffassung durch ein Urteil des OLG Schleswig, nach der der Deutsche Corporate Governance Kodex durch die gesetzliche Verankerung in § 161 AktG auf die anderen Vorschriften des Aktienrechts zumindest zurückwirken muss.[759]

ff) Zwischenergebnis

Während die Gerichte in ihrer Urteilsfindung in der Regel auf eine umfangreiche Sammlung von Gerichtsurteilen zurückgreifen können, gibt es im Hinblick auf Compliance bisher nur wenige Urteile, die sich umfassend mit einer Organisationsverpflichtung beschäftigt haben. Daher erscheint es naheliegend, dass die Gerichte zur Füllung dieser Lücke im Besonderen auf Regelwerke allgemein anerkannter Praxis zurückgreifen.

Hinsichtlich des Vergleichs zu DIN-Normen und anderen Regelwerken haben die Kodizes gemein, dass sie ebenfalls selbstständig und ohne Gesetzgebungskompetenzen entwickelt wurden. Der deutschen Wirtschaft sollte die Möglichkeit gegeben werden, „in einem Akt der Selbstorganisation einen Corporate Governance-Kodex“ zu entwickeln.[760] Gleichwohl die Charakteristik vergleichbar ist, unterscheiden sich die o.g. Regelwerke von den Kodizes doch entscheidend. Während DIN-Normen oder FIS-Regeln den aktuellen Zustand an die Technik bzw. die aktuelle Erwartung an ein ordnungs-

755 *Seibt*, AG 2002, 249 (251).
756 *Pielorz*, FS Metzeler, 2003, S. 167 (174); *Lutter*, ZHR 166 (2002), 523 (542); *Schüppen*, ZIP 2002, 1269 (1270).
757 *Lutter*, ZHR 166 (2002), 523 (542); *Schüppen*, ZIP 2002, 1269 (1270).
758 *Ulmer*, ZHR 166 (2002), 150 (166); *Pielorz*, FS Metzeler, 2003, S. 167 (174).
759 OLG Schleswig, NZG 2003, 176 (179).
760 *Cromme*, Ausführung anlässlich der Veröffentlichung des Entwurfs DCGK 2001, S. 4.

gemäßes Verhalten beschreiben, versuchen die Governance Kodizes die Strukturen ordnungsgemäßer Unternehmensführung weiterzuentwickeln und geben neben normativen Standards auch darüber hinausgehende Empfehlungen und Anregungen.[761] Während DIN-Normen durchaus als statisch bezeichnet werden können, zeigt die aktuelle Diskussion um die konkretisierende Wirkung den dynamischen Charakter der Kodizes. Die außerhalb normativer Wiedergabe liegenden Vorgaben können somit nicht in der gleichen Wertigkeit zur Konkretisierung herangezogen werden, wie es in etwa DIN-Normen können. Gerade bei DIN-Normen handelt es sich um technische Angaben, die messbar, überprüfbar und damit vor allem in vergleichbarer Weise den aktuellen Stand der Technik wiedergeben und dessen Indizwirkung einen größeren Einfluss auf die Beweiswürdigung haben muss als abstrakte Verhaltensanforderungen,[762] gleichwohl auch die Einhaltung der DIN-Vorschriften einen Sorgfaltspflichtverstoß nicht ausschließen kann.[763]

Es ist dennoch nicht auszuschließen, dass bei der gerichtlichen Ermittlung von Sorgfaltspflichten der PCGK bzw. DCGK als Standard guter Unternehmensführung herangezogen wird.[764] Allerdings darf dabei nicht außer Acht gelassen werden, dass eine Konkretisierung keine abschließenden Verhaltensanforderungen begründen kann, sondern die Sorgfaltspflicht trotzdem am Einzelfall bestimmt werden muss.[765] Selbst wenn die Kodizes zur Konkretisierung der Sorgfaltspflichten kommunaler Unternehmensvorstände herangezogen werden, ergibt sich daher aus diesen keine allgemeingültige Verpflichtung zur Etablierung von Compliance-Strukturen. Der PCGK lässt den Unternehmen den notwendigen Freiraum, um flexibel zu reagieren und

---

761 So auch *Kort*, FS K. Schmidt, 2009, S. 945 (958).

762 *Weber-Rey/Buckel*, AG 2011, 845 (846).

763 *Kort*, FS K. Schmidt, 2009, S. 945 (959).

764 So auch *Hommelhoff/Schwab*, in: Hommelhoff/Hopt/v.Werder, Handbuch Corporate Governance, S. 78f.

765 BGH, NJW 2001, 2019 (2020); *Berg/Stöcker*, WM 2002, 1569 (1576); es besteht vor allem keine Bindungswirkung der Gerichte an den Kodex, vgl. *Hommelhoff/Schwab*, in: Hommelhoff/Hopt/v.Werder, Handbuch Corporate Governance, S. 79.

Compliance auf das jeweilige Risikopotential zu konkretisieren.[766] Er gibt weder konkrete Verhaltens- noch Organisationsstrukturen vor. Eine generelle Compliance-Verpflichtung abzuleiten wird daher zu Recht abgelehnt.[767] Angesichts der Tatsache, dass der Governance Kodex nicht für eine einzelne Branche, sondern für unternehmensübergreifende Leitungsstrukturen entwickelt wurde, ist die Möglichkeit einer sachlichen Abweichung nur folgerichtig und praktisch unabdingbar.[768] Die Aussage darf indes nicht missverstanden werden, dass Governance Kodizes gar keinen Einfluss auf die Sorgfaltspflichten der Geschäftsleiter haben können. So haben sie trotz fehlender verbindlicher Wirkung eine faktische Ausstrahlwirkung auf die Unternehmensorganisation.[769] Sie begründen keine Beweislastumkehr,[770] aber führen zumindest zu einem Rechtfertigungsdruck, warum von den Vorgaben der Governance abgewichen wurde.

Im Ergebnis lässt sich festhalten, dass Governance Kodizes zwar keine unmittelbare Wirkung erzeugen, jedoch im Hinblick auf die Auslegung unbestimmter Rechtsbegriffe von den Gerichten zur Konkretisierung herangezogen werden können.[771] Zudem zeigt der Blick in andere Länder, dass Governance Kodizes einen weitaus höheren Stellenwert einnehmen können. Während einige Governance-Vorgaben unmittelbar in Gesetzestext umgesetzt wurden, sind andere Regeln von der Rechtsprechung als Grundsätze ordnungsgemäßer Unternehmensführung deklariert worden und erzielen mittelbaren

766 *Bachmann*, in: Kremer/Bachmann/Lutter/v.Werder, DCGK, Rn. 811ff; so auch *Cromme*, Ausführung anlässlich 6. Konferenz Deutscher Corporate Governance Kodex, S. 7.

767 *Gößwein/Hohmann*, BB 2011, 963 (964).

768 So auch *Lutter*, ZHR 166 (2002), 523 (542).

769 *Bergmoser/Theusinger/Gushurst*, BB-Special 5/2008, 1 (5); OLG Schleswig, NZG 2003, 176 (179); *Lutter*, in: Hommelhoff/Hopt/v.Werder, Handbuch Corporate Governance, S. 133.

770 *Hopt/Roth*, in: Großkommentar AktG, § 93 Rn. 34.

771 *Fleischer*, in: Spindler/Stilz, AktG, § 93 Rn. 33; *Seibt*, AG 2002, 249 (250); *Lutter*, in: Hommelhoff/Hopt/v.Werder, Handbuch Corporate Governance, S. 133; *Grigoleit/Tomasic*, in: Grigoleit, AktG, § 93 Rn. 41; *Hommelhoff/Schwab*, in: Hommelhoff/Hopt/v.Werder, Handbuch Corporate Governance, S. 78f; wohl auch *Claussen/Bröcker*, DB 2002, 1199 (1205); a.A: *Buchta*, DStR 2003, 694 (695); *Koch*, in: Hüffer/Koch, AktG, § 161 Rn. 27; zurückhaltend: *Hopt/Roth*, in: Großkommentar AktG, § 93 Rn. 34.

Einfluss auf die Unternehmensorganisation.[772] Wenngleich die Verankerung von Governance Kodizes im deutschen Recht noch kein solches Niveau angenommen hat, werden Governance Kodizes in Zukunft auch hier im Hinblick auf die flexible Steuerung und Anpassung von allgemeinen Regeln guter Unternehmensführung eine stärkere Rolle einnehmen.

### d) Verschärfte Legalitätspflicht im öffentlichen Recht

Die bisherigen Ausführungen haben gezeigt, dass die Sorgfaltspflichten des Vorstandes durch unterschiedliche Faktoren beeinflusst werden. Es steht außer Zweifel, dass kommunale Unternehmen neben der Erfüllung des Gesellschaftszwecks auch die Regeln guter Unternehmensführung zu beachten haben. Im Gegensatz zu privaten Unternehmen unterliegen sie dabei jedoch immer dem öffentlichen Zweck, der ihren Handlungsrahmen auf die Erfüllung von Gemeinwohlbelange begrenzt. Es stellt sich die Frage, welchen Einfluss das öffentliche Recht und deren Grundsätze auf die Sorgfaltspflichten des Vorstandes haben.

#### aa) Öffentliche Schadensabwendungspflicht

Die Bestimmung des Sorgfaltsmaßstabes bemisst sich an der Frage, wie ein pflichtbewusster, selbstständiger Leiter, als Treuhänder fremder Vermögensinteressen verpflichtet ist zu handeln.[773] Als Treuhänder fremder Vermögensinteressen ist der Vorstand einerseits verpflichtet die Vorteile der Gesellschaft zu wahren und andererseits Schaden von ihr abzuwenden.[774] Der Gedanke der Schadensabwehr ist Compliance derweil nicht unbekannt. Ganz im Gegenteil, dient die Verhinderung oder frühzeitige Unterbindung von Rechtsverstößen doch vornehmlich dem Schutz vor unmittelbaren oder mittelbaren wirtschaftlichen Verlusten. Dabei nimmt die Schadensabwehrpflicht

---

[772] Vgl. *Wymeersch*, ZGR 2001, 294 (315).

[773] *Koch*, in: Hüffer/Koch, AktG, § 93 Rn. 6.

[774] *Eckert*, in: Wachter, AktG, § 93 Rn. 10; zur Vermögenstreuepflicht des Vorstandes einer AG siehe BGH, AG 2006, 110.

einen besonders hohen Stellenwert im öffentlichen Recht ein. Wie bereits festgestellt unterliegt der Vorstand einer Aktiengesellschaft als Treuhänder fremder Vermögensinteressen einer besonderen Sorgfaltsanforderung. [775] Der allgemeine Sorgfaltsmaßstab des § 276 Abs. 2 BGB wird in § 93 Abs. 1 S. 1 AktG im Hinblick auf die besonderen Anforderungen von Unternehmen konkretisiert[776] und letztendlich auch verschärft,[777] weil keine eigenen, sondern fremde Vermögensinteressen betroffen sind. Wird dieser Gedanke auf kommunale Unternehmen bzw. generell solche in öffentlich-rechtlicher Trägerschaft übertragen, müsste ein noch strengerer Sorgfaltsmaßstab angelegt werden. So handelt der Vorstand eines kommunalen Unternehmens nicht nur mit fremdem Unternehmensvermögen, sondern mit Ressourcen, die zumindest mittelbar der Allgemeinheit zuzurechnen sind. Die Nutzung öffentlicher Mittel hat zur Folge, dass die Geschäftsleitung nicht nur zu einem besonders sorgsamen Umgang mit den ihnen anvertrauten Mitteln, sondern im Hinblick auf den öffentlichen Zweck auch zur Erfüllung und Aufrechterhaltung des Unternehmensgegenstandes verpflichtet ist.[778] Zutreffend geht auch der IDW PS 720 davon aus, dass bei Unternehmen der öffentlichen Hand eine besondere Verpflichtung der Geschäftsleitung zum sorgsamen Umgang mit den ihnen anvertrauten Mitteln und zur Aufrechterhaltung der Funktionsfähigkeit des Unternehmens in öffentlicher Verantwortung besteht.[779] Bereits zum Volkswagenwerk-Privatisierungsgesetz führte das BVerfG aus, dass „die Organe des Bundes nicht von ihrer aus dem Dienst am Gemeinwohl folgenden selbstverständlichen Verpflichtung, bei einer Veräußerung öffentlichen Vermögens einen angemessenen Preis zu erstreben," also einer Verschleuderung öffentlicher Mittel, befreit sind.[780] Angesichts dieser Tatsache ist die kommunale Verwaltung, aber auch die kommunale Wirtschaftstätigkeit einer besonderen Regulierung unterworfen. Genannt seien beispielhaft nur die erweiterte Abschlussprüfung nach § 53 HGrG oder die Verpflichtung zur

[775] OLG Zweibrücken, NZG 1999, 506 (507).
[776] *Saage*, DB 1973, 115 (118); *Fleischer*, in: Spindler/Stilz, AktG, § 93 Rn. 10; Palandt, § 276 Rn. 10.
[777] *Saage*, DB 1973, 115 (118), spricht nur von „spezifiziert".
[778] *Merkt*, FS Priester, 2007, S. 467 (469).
[779] IDW PS 720 (2006), Nr. 2 Anm. 8.
[780] BVerfG, NJW 1961, 1107 (1108).

Erstellung und Veröffentlichung eines jährlichen Beteiligungsberichtes gem. § 123a HessGO. Der Staat sieht in Folge der eingesetzten öffentlichen Mittel einen erhöhten Kontrollbedarf bei der öffentlichrechtlichen Wirtschaftstätigkeit.[781] Im Hinblick auf das besondere öffentliche Interesse an dem Erhalt öffentlichen Vermögens wurden den öffentlichen Trägern mit den erweiterten Prüfungs- und Informationsrechten Sonderrechte erteilt,[782] die über die aktienrechtlichen Pflichtprüfungen hinausgehen.[783] Dem erhöhten Kontrollbedarf wurde zudem auch durch die aktienrechtlichen Sondervorschriften der §§ 394, 395 AktG Rechnung getragen.[784] Daneben gibt es noch weitere Bestimmungen, die das besondere öffentliche Interesse am Erhalt öffentlicher Mittel sicherstellen sollen.[785]

Bereits an den Zulässigkeitsvoraussetzungen kommunaler Wirtschaftstätigkeit wird deutlich, dass auf der Schadensabwendung bzw. der Schadensbegrenzung ein besonderer Stellenwert liegt. Bei der Auswahl einer geeigneten Rechtsform für die kommunale Wirtschaftstätigkeit müssen die Kommunen darauf achten, dass die Haftung für die Kommune auf einen bestimmten Betrag begrenzt wird. Eine Rechtsform mit unbegrenzter Haftung ist unzulässig. Diese Schadensbegrenzungspflicht endet jedoch nicht mit Gründung der Gesellschaft, sondern verpflichtet auch darüber hinausgehend, wäh-

---

[781] *v.Lewinski/Burbat*, Haushaltsgrundsätzegesetz, § 53 Rn. 1; *Koch*, in: Hüffer/Koch, AktG, § 394 Rn. 5; *Schürnbrand*, in: MüKo AktG, Vor. § 394 Rn. 1.

[782] *Wernsmann*, in: Gröpl, BHO/LHO, Vorb. zu § 66ff. Rn. 3; *Schmidt-Aßmann/Ulmer*, BB 1988 Beilage 13, 1 (11); *Loitz*, BB 1997, 1835 (1835).

[783] *Schmidt-Aßmann/Ulmer*, BB 1988 Beilage 13, 1 (6).

[784] Der Regierungsentwurf des BMJ ging zunächst noch weiter und wollte nicht nur eine Berichtspflicht gegenüber den kommunalen Vertretungsorganen festlegen, sondern es darüber hinaus ermöglichen, Sitzungen kommunaler Aufsichtsräte öffentlich stattfinden zu lassen, um so dem gesteigerten Transparenzsanforderungen gerecht zu werden, Referentenentwurf des Bundesministeriums der Justiz, Gesetz zur Änderung des Aktiengesetzes v. 02.11.2010, S. 22; ausführlich zu den §§ 394, 395 AktG an spätere Stelle unter: Kap. 3, A, II, 6.

[785] Vgl. *Stober*, in: Stober/Ohrtmann, Compliance, S. 14f.

rend des Betriebs alle möglichen Szenarien zu vermeiden, die eine Haftung auslösen können.[786]

Ferner hat der Vorstand sein Handeln an den aus der treuhänderischen Vermögensbetreuung abgeleiteten Grundsätzen der Wirtschaftlichkeit und Zweckmäßigkeit auszurichten.[787] Dazu gehört neben der selbstverständlichen Voraussetzung keine Gelder zu „verschwenden“[788] auch die Verpflichtung, entstandene Ansprüche der Gesellschaft einzufordern.[789] Diese treuhänderische Vermögenspflicht und der daraus abgeleitete Grundsatz der Sparsamkeit und Wirtschaftlichkeit sind elementare Bestandteile kommunaler Verwaltungs- und Wirtschaftstätigkeit.[790] Der Ursprung dieses Grundsatzes findet sich im Grundgesetz und hat seit der Haushaltsreform von 1969 Verfassungsrang.[791] Auch die Kommunalverfassung normiert in § 92 Abs. 2 HessGO das die Haushaltswirtschaft sparsam und wirtschaftlich zu führen ist. Entsprechende Vorschriften finden sich ferner in § 7 BHO und § 6 Abs. 1 HGrG. Weil die oben genannten Vorschriften nur gegenüber dem öffentlichen Träger eine unmittelbare Verpflichtung entfalten, ist es jedoch fraglich, inwiefern die kommunalrechtlichen Grundsätze auch auf die privatwirtschaftliche Betätigung der öffentlichen Hand übertragbar sind und ob sie einen dogmatischen Anknüpfungspunkt im Gesellschaftsrecht finden. Einen unmittelbaren Verweis dieser Grundsätze auf die wirtschaftliche Betätigung der Gemeinde findet sich in der hessischen Gemeindeordnung nicht. Ansätze finden sich in § 121 Abs. 1a S. 3 HessGO und § 121 Abs. 2 S. 2 HessGO. Anders als in anderen Vorschriften spricht die HessGO hier allerdings nur vom Grundsatz der Wirtschaftlichkeit.[792] Ferner

---

786 *Oebbecke*, in: Hoppe/Uechtritz/Heck, Handbuch kommunale Unternehmen, S. 232 Rn. 49.

787 *Krieger/Sailer-Coceani*; in: Schmidt/Lutter, AktG, § 93 Akt Rn. 10.

788 *Krieger/Sailer-Coceani*; in: Schmidt/Lutter, AktG, § 93 Akt Rn. 10; zur strafbaren Relevanz bei der „Verschwendung“ öffentlicher Mittel siehe *Neye*, NStZ 1981, 369.

789 *Krieger/Sailer-Coceani*; in: Schmidt/Lutter, AktG, § 93 Akt Rn. 10.

790 OLG Hamm, NStZ 1986, 119.

791 Siehe Art. 114 Abs. 2 S. 1 GG.

792 Anders Art. 95 BayGO; das Fehlen des Grundsatzes der Sparsamkeit hat derweil auf den Inhalt keine Auswirkung. Er ist Bestandteil des Grundsatzes der Wirtschaftlichkeit und ihm wird heute daher keine eigenständige

normiert § 122 Abs. 4 HessGO, dass bei einer unmittelbaren Beteiligung der Gemeinde an einem Unternehmen von mehr als 50% nach den Wirtschaftsgrundsätzen des § 121 Abs. 8 HessGO verfahren werden muss. Wirtschaftliche Unternehmen der Gemeinde sind daher in der Art zu führen, dass sie einen Überschuss für den Haushalt der Gemeinde abwerfen, soweit dies mit der Erfüllung des öffentlichen Zwecks in Einklang zu bringen ist. Eine unmittelbare Anwendung der Haushaltsgrundsätze für privatrechtlich organisierte Unternehmen in öffentlicher Hand erfolgt auf den ersten Blick dahingehend nicht. Allerdings wäre es widersprüchlich, die Haushaltsgrundsätze lediglich auf die Haushaltswirtschaft der Verwaltung zu beschränken und die privatwirtschaftliche Betätigung der Gemeinde auszugrenzen. Sinn und Zweck der Haushaltsgrundsätze ist der Schutz und die Sicherstellung der bestmöglichen Nutzung öffentlicher Mittel.[793] Wenn die Vorschriften der Wirtschaftlichkeit und Sparsamkeit dem Schutz öffentlicher Mittel dienen, müssen sie sich auch auf das Handeln der Gemeinde in jedweder Rechtsform auswirken. Schließlich handeln die Gemeinden auch in privatrechtlicher Ausgestaltung mit Mitteln der öffentlichen Hand und sollen bestenfalls, wenngleich subsidiär, dem Gemeindehaushalt noch Gewinne zurückführen.[794] Eine Beschränkung auf die Haushaltswirtschaft würde gerade vor dem Hintergrund der ausufernden Privatisierung und Auslagerung öffentlicher Aufgaben die Haushaltsvorschriften ad absurdum führen. Der Grundsatz der Wirtschaftlichkeit ist das Leitprinzip des gesamten Haushaltsrechts und muss den Staat in jeder Handlungsform binden.[795] Die Gemeinde muss bei ihrer wirtschaftlichen Betätigung daher die Haushaltsgrundsätze nicht nur beachten, sondern auf die Einhaltung dieser Grundsätze hinwirken.[796] Dieser Ansicht hat sich auch das OLG Hamm angeschlossen. Nach Ansicht des Gerichts können die Haushaltsgrundsätze nicht unmittelbar auf die Geschäftsleitung eines öffentlichen Unternehmens übertragen werden, müssen jedoch zumindest mittelbar bei

---

Bedeutung mehr zugemessen, vgl. v.*Lewinski/Burbat*, Haushaltsgrundsätzegesetz, § 6 Rn. 8.

793 v.*Lewinski/Burbat*, Haushaltsgrundsätzegesetz, § 6 Rn. 2.

794 § 121 Abs. 8 S. 1 HessGO.

795 v.*Lewinski/Burbat*, Haushaltsgrundsätzegesetz, § 6 Rn. 6.

796 So auch *Adenauer/Merk*, NZG 2013, 1251 (1255).

der Bemessung der Sorgfaltspflicht berücksichtigt werden.[797] Zutreffend weist das OLG Hamm damit darauf hin, dass es keinen Vorrang des öffentlichen Rechts vor dem Gesellschaftsrecht gibt und die Konkretisierung und Aufnahme öffentlicher Interessen nur im Rahmen des Gesellschaftsrechts möglich ist.[798] Die Anwendung der Haushaltsgrundsätze kann sich folgerichtig nicht aus gesellschaftsrechtlichen Vorschriften, sondern nur aus der Einbeziehung der Kommunalverfassungen ergeben. Als Bestandteil des Unternehmensinteresses sind sie jedoch bei der wirtschaftlichen Betätigung zu berücksichtigen. Sie konkretisieren die Sorgfaltspflicht dahingehend, dass der Geschäftsführer bei seinem Handeln die Sorgfalt eines ordentlichen, gewissenhaften und dem Gebot der Wirtschaftlichkeit und Sparsamkeit verpflichteten Geschäftsleiters anzuwenden hat.[799] Daran wird deutlich, dass sich die Pflichten des Geschäftsführers nicht nur aus der privatrechtlichen Struktur und wirtschaftlichen Unternehmensfaktoren ergeben, sondern darüber hinaus bei öffentlichen Unternehmen auch von den öffentlichen Grundsätzen konkretisiert werden können.[800] Aufgrund der Tatsache, dass die wirtschaftliche Betätigung der Kommunen in besonderer Weise den Haushaltsgrundsätzen unterworfen ist, verstößt ein Vorstandsmitglied gegen seine Vermögensbetreuungspflicht, wenn es gegen den Grundsatz der Wirtschaftlichkeit und Sparsamkeit handelt.[801]

Wenngleich sich Compliance im Gedanken der Schadensabwendung nicht erschöpft und seine Schutzfunktion nicht auf materielle

---

797 OLG Hamm, NStZ 1986, 119.

798 *Emmerich*, in: Emmerich/Habersack, Aktien- und GmbH-Konzernrecht, § 15 Rn. 27a.

799 Vgl. dazu OLG Jena, GmbHR, 813 (814); *Otto/Fonk*, Der Gemeindehaushalt 2011, 225 (232); vgl. auch *Adenauer/Merk*, NZG 2013, 1251 (1256).

800 OLG Hamm, NStZ 1986, 119; so auch VG Köln, Urt. v. 3. 2. 2009 – Az. 14K118808 14 K 1188/08, BeckRS 2010, 54137, nach dem die Grundsätze der Sparsamkeit und Wirtschaftlichkeit bei der Kostenkalkulation einer kommunalen Abfallentsorgungsgesellschaft miteinzubeziehen sind.

801 KG Berlin, Beschluss vom 04.11.2014 – 2 Ws 298/14 – 161 AR 16/14; so auch LSG Nordrhein-Westfalen, Urteil vom 29. Januar 2014 - Az. L 11 KR 399/12 KL, das zwei Vorstände einer Krankenkasse wegen einem Verstoß gegen die Grundsätze der Wirtschaftlichkeit und Sparsamkeit in Regress genommen hat; vgl. auch BVerfG, NJW 2010, 3209 (3217).

Verluste begrenzt ist,[802] ist der Schutz vor unmittelbaren oder mittelbaren wirtschaftlichen Verlusten ein Teil der Compliance-Funktion. Zumindest wird deutlich, dass in der kommunalen Wirtschaftstätigkeit ein besonderes Bedürfnis besteht, durch organisatorische Maßnahmen wirtschaftliche Verluste zu vermeiden.

bb) Legalität als öffentliches Selbstverständnis

Nicht nur im Hinblick auf den Erhalt öffentlicher Mittel und der Schadensabwendungspflicht werden kommunale Unternehmen einer besonderen Aufmerksamkeit unterworfen. Bereits die öffentliche Erwartung erfordert von der öffentlichen Hand eine Vorbildfunktion: Wenn sich der Staat nicht an Recht und Gesetz hält, wer sonst?[803] Dementsprechend nehmen die Verhinderung von Straftaten und im Besonderen die Korruptionsprävention einen hohen Stellenwert im öffentlichen Recht ein. Es finden sich eine Vielzahl von Geboten und Verboten, die eine korruptionsfreie öffentliche Verwaltung sicherstellen sollen.[804] Nach § 3 Abs. 2 TVöD dürfen Beschäftigte keine Belohnungen, Geschenke, Provisionen oder sonstige Vergünstigungen in Bezug auf ihre Tätigkeit annehmen. Eine entsprechende Vorschrift findet sich für Beamte in § 42 Abs. 1 BeamtStG. Weiterhin werden die Mitarbeiter der öffentlichen Verwaltung und von Teilen auch der der öffentlichen Unternehmen dem Amtsträgerbegriff unterworfen.[805] Dies hat zur Folge, dass die Mitarbeiter dem verschärften Strafmaßstab der Amtsträgerdelikte in §§ 331 ff. StGB unterliegen. Korruptionsprävention ist zudem grundsätzlich in besonderer Betrachtung des hessischen Landesgesetzgebers.[806] Mit Erlass des Hessischen Ministe-

[802] Sollen auch die Rechtsverstöße unterbunden werden, die keinen Schaden verursachen, vgl. *Verse*, ZHR 175 (2011), 401 (405).

[803] So auch *Meßerschmidt*, in: Stober/Ohrtmann, Compliance, S. 671; *Burgi*, CCZ 2010, 41 (42); *Sonder*, VR 2014, 229 (231); *Habersack*, FS Uwe H. Schneider, 2011, S. 429 (435), spricht zutreffend von einem „Allgemeininteresse an Regeltreue".

[804] *Auer*, in: Stober/Ohrtmann, Compliance, S. 209, spricht insofern von einem „Appell des Gesetzgebers"; *Heuking/Coelln*, DÖV 2012, 827 (828).

[805] Siehe Ausführungen unter: Kap. 1, B, VI, 1.

[806] Das Land Hessen ist derweil mit seiner Korruptionsbekämpfung keine Ausnahme. Sowohl der Bund als auch die meisten Länder haben Verwaltungs-

riums des Innern und für Sport ist zum 9. Juni 2015 die Verwaltungsvorschrift zur Korruptionsvermeidung in hessischen Kommunalverwaltungen in Kraft getreten, die einen strengeren Maßstab an die Korruptionsbemühungen der öffentlichen Verwaltung legt.[807] Daneben gibt es parallel noch die vergleichbare Verwaltungsvorschrift zur Korruptionsbekämpfung in der Landesverwaltung.[808] Darüber hinaus hat Nordrhein-Westfalen angegliedert an das Landeskriminalamt eine Korruptionshotline eingerichtet, die es Bürgern ermöglichen soll, Hinweise auf Korruptionsdelikte zu melden. Auf Grund der Tatsache, dass die Hinweisgeber sofort auf fachkundige Mitarbeiter treffen, die die Hinweise einer ersten strafrechtlichen Bewertung unterziehen können, haben auch schnell Kommunen von der Möglichkeit Gebrauch gemacht und die Hinweisgeberhotline als externes Whistleblowingsystem in ihre Compliance-Struktur aufgenommen.[809] Trotz dieser Bemühungen ist die Korruptionsanfälligkeit öffentlicher Behörden noch immer ausgesprochen hoch.[810]

Falsch wäre es allerdings, die Anstrengungen im Bereich der Korruptionsprävention misszuverstehen und das staatliche Bemühen auf Rechtstreue allein auf die Korruptionsdelikte zu begrenzen. Das gesamte öffentliche Recht ist von dem Gedanken der Regeltreue beherrscht. Schon Art. 20 Abs. 3 GG gibt vor, dass die vollziehende Gewalt an Recht und Gesetz gebunden ist. Wenngleich diese Vorgabe einer Selbstverständlichkeit gleicht, haben die Väter des Grundgeset-

---

vorschriften oder Gesetze zum Zwecke der Korruptionsprävention erlassen, vgl. *Heuking/Coelln*, DÖV 2012, 827 (831f).

807 Hess. StAnz. 2015, S. 630f, die Richtline erfasst allerdings keine privatwirtschaftlich organisierten Unternehmen in öffentlicher Trägerschaft.

808 Hess. StAnz. 2012, S. 676f.

809 So z.B. die Stadt Essen, „Mit der Einbindung der "Korruptionshotline" des Landeskriminalamtes NRW als externes Hinweisgebersystem geht die Stadt Essen weiter aktiv gegen Korruption vor. Diese Maßnahme ist eine von mehreren neuen Elementen im Compliance-Management-System der Stadt Essen“, https://www.essen.de/meldungen/pressemeldung_1023350.de.html (Stand: 08.11.2018).

810 Vgl. Ausführungen unter: Kap. 1, B, VI, 1, a); die Korruptionsanfälligkeit eines Marktes kann bei der Frage einer Compliance-Pflicht berücksichtigt werden, vgl. LG München I, NZG 2014, 345 (348), das im Fall Siemens von einem strengen Sorgfaltsmaßstab ausging, weil das Unternehmen auch in korruptionsanfälligen Ländern wie Nigeria tätig war.

zes die besondere Bedeutung der Rechtstreue für den Staat hervorgehoben. Auch an vielen anderen Stellen des Staatswesens wird die Bedeutung der Regeltreue erneut hervorgehoben. So wird von Beamten nach § 36 BeamtStG gefordert, Bedenken gegen die Rechtswidrigkeit dienstlicher Anordnungen unverzüglich auf dem Dienstweg geltend zu machen. Auch die zuvor schon beschriebene Sonderprüfung nach § 53 HGrG erfordert eine Überprüfung der Ordnungsmäßigkeit der Geschäftsführung, bei der vor allem die Übereinstimmung des Geschäftsführerhandelns mit Recht und Gesetz eine tragende Rolle spielt.

cc) Legalität als Unternehmensinteresse

Im Anschluss stellt sich die Frage, ob die Einhaltung von Recht und Gesetz nicht nur eine bloße Erwartung, sondern ein notwendiger Bestandteil des kommunalen Handelns ist. Rechtswidriges Handeln wäre demnach nicht nur pflichtwidrig, sondern würde dem Unternehmensinteresse zuwiderlaufen. Grundsätzlich ist der Geschäftsführer in seinem Handeln zunächst an das „Wohl des Unternehmens" gebunden.[811] Er hat sich in seiner Unternehmensleitung am Unternehmensziel, dem Unternehmenszweck und dem Unternehmensinteresse zu orientieren.[812] Das Unternehmensinteresse bildet sich dadurch zu einem normativen Verhaltensmaßstab für den Geschäftsführer aus und nimmt Einfluss auf die Konkretisierung der Sorgfaltspflichten des Vorstandes.[813] Das Unternehmensinteresse selbst „resultiert aus der angemessenen Aggregation der Einzelinteressen der verschiedenen Bezugsgruppen eines Unternehmens, wobei den Belangen der Anteilseigner ein besonderer Stellenwert zukommt."[814] Die im Rahmen der Unternehmensinteressenbestimmung häufig anzutreffende Diskus-

[811] *Hölters*, in: Hölters, AktG, § 93 Rn. 30.

[812] *Schneider,* in: Scholz, GmbHG, § 43 Rn. 64; *Seibt*, in: Schmidt/Lutter, AktG, § 76 Rn. 23.

[813] OLG Hamm, NStZ, 1986, 119; *Semler*, FS Hopt, 2010, S. 1391 (1393).

[814] *v.Werder/Wieczorek*, DB 2007, 297 (297); *v.Werder*, in: Hommelhoff/Hopt/v.Werder, Handbuch Corporate Governance, S. 333; vgl. auch *Semler*, FS Hopt, 2010, S. 1391 (1393ff); *Seibt*, in: Schmidt/Lutter, AktG, § 76 Rn. 23, spricht insofern von einem „Gewichtungsvorsprung der Aktionärsinteressen".

sion, ob der Geschäftsführer neben den Shareholderinteressen auch Stakeholderinteressen zu berücksichtigen hätte,[815] kann in diesem Fall dahinstehen. Anders als in privaten Unternehmen entfällt in öffentlichen Unternehmen „die Trennung zwischen einerseits den Interessen des eigenen Unternehmens und andererseits den Interessen außenstehender Dritter."[816] Danach sind bei der Bestimmung des Unternehmensinteresses nicht nur die Folgen von Rechtsverstößen auf das Unternehmen, sondern auch deren Auswirkungen auf die Rechte außenstehender Dritter zu berücksichtigen.[817] Selbst wenn bei der Bestimmung des Unternehmensinteresses allein auf die Interessen der Shareholder abgestellt würde, wären die Interessen Dritter vom öffentlichen Interesse der Gebietskörperschaft erfasst.[818] Vor dem Hintergrund der besonderen sozialen Bindung des öffentlichen Unternehmens geht eine Mindermeinung sogar davon aus, dass das Gesellschaftsinteresse gegebenenfalls sogar dem öffentlichen Interesse untergeordnet werden kann.[819]

In der kommunalen Wirtschaft nimmt das Unternehmensinteresse insofern eine besondere Rolle ein, dass es auf die Erfüllung eines öffentlichen Zweckes gerichtet sein muss. Die Erfüllung des öffentlichen Zwecks muss nicht nur in die Satzung aufgenommen werden, sondern das unternehmerische Handeln muss darauf ausgerichtet werden.[820] Die zuvor geschilderte öffentliche Schadensabwendungspflicht und das öffentliche Selbstverständnis an ein rechtstreues Verhalten der Verwaltung begründen die Annahme, dass die Beachtung von Recht und Gesetz nicht nur sekundäre, sondern primäre Ziele kommunaler Aufgabenerfüllung sind.

---

815 Statt vieler *Fleischer*, in: Hommelhoff/Hopt/v.Werder, Handbuch Corporate Governance, S. 185ff.

816 BGH, NJW 2009, 3173 (3175); so wohl auch Lutter/Krieger/Verse, Rechte und Pflichten des Aufsichtsrats, Rn. 1427.

817 Vgl. *Neufeld/Hitzelberger-Kijima*, öAT 2015, 23 (23); *Schneider*, AG 2005, 493 (494); *Seibt*, in: Schmidt/Lutter, AktG, § 76 Rn. 23, dass generell neben den besonderen Shareholderinteressen auch Gemeinwohlinteressen berücksichtigt werden können; anders wohl *Hemeling*, ZHR 175 (2011), 368 (385).

818 Vgl. *Schneider*, AG 2005, 493 (494).

819 *Altmeppen*, in: Roth/Altmeppen, GmbHG, § 43 Rn. 7.

820 Vgl. *Adenauer/Merk*, NZG 2013, 1251 (1254).

Dafür spricht auch die Ansicht des BGH im bereits dargestellten „Berliner Stadtreinigung"-Urteil.[821] Dem leitenden Mitarbeiter wurde vorgeworfen, sich durch Unterlassen der Beihilfe zum Betrug strafbar gemacht zu haben. Der BGH hatte festgestellt, dass der Angeklagte als Leiter der Innenrevision keinen dem Compliance-Officer vergleichbaren Pflichtenkreis übernommen hat, dessen Übernahme eine Garantenpflicht begründen könnte. Trotzdem wurde eine Garantenpflicht angenommen, da es sich bei den BSR um ein öffentlich-rechtliches Unternehmen handelte und sich die unterlassene Handlung auf einen hoheitlichen Bereich des Unternehmens bezog. Die BSR hatte anders als private Unternehmen nicht nur reine Gewinnerzielungsabsicht, sondern den Gesetzesvollzug als Hauptaufgabe des Unternehmens. Das Handeln in gesetzeskonformer Weise war Kernstück des unternehmerischen Handelns. Als Leiter der Innenrevision traf ihn daher eine Garantenpflicht i.S.d. § 13 Abs. 1 StGB.

Ein ähnlicher, wenngleich differenzierender Ansatz findet sich auch in der Literatur. Gleichwohl sich der Autor im Grundsatz der BGH Entscheidung anschließt, differenziert er zwischen der öffentlichen und der privatrechtlichen Ausgestaltung öffentlichen Handelns. Danach ist die Beachtung von Recht und Gesetz konstitutives Merkmal öffentlicher Verwaltung. Sie seien bereits „von Amts wegen gehalten, ausreichend organisatorische, funktionelle und personelle Vorkehrungen zu treffen, um dem Postulat der Rechtmäßigkeit des Verwaltungshandelns" gerecht zu werden.[822]

dd) Zwischenergebnis

Die Ausführungen haben gezeigt, dass der Gesetzgeber einen besonderen Wert auf den Schutz öffentlicher Mittel und das regeltreue Handeln der öffentlichen Hand legt. Daneben gibt es noch weitere Bestimmungen, die explizit auf die bessere Kontrolle und Steuerung kommunaler Unternehmen hinwirken sollen. Daraus lässt sich schließen, dass eine gute Unternehmensführung in kommunalen Unternehmen einen zumindest gleichwertigen, letztendlich wohl einen etwas

---

821 BGH, NJW 2009, 3171ff; siehe Ausführungen unter: Kap. 1, A, VII, 2.
822 *Stober*, in: Stober/Ohrtmann, Compliance, S. 15.

höher einzuschätzenden Stellenwert im Vergleich zu privat geführten Unternehmen besitzt.[823] Das gilt im Besonderen im Hinblick auf die Verhinderung von Rechtsverstößen bereits im Grundsatz: Während private Unternehmen alles tun dürfen, was ihnen nicht vom Gesetz her verboten ist, darf die öffentliche Hand nur das tun, wozu sie per Gesetz ermächtigt ist.

Obwohl das Urteil des BGH im Hinblick auf die ausufernde Annahme einer Garantenpflicht in der Kritik steht,[824] ist dem zentralen Kernpunkt des Urteils doch zuzustimmen. Das Legalitätsbedürfnis öffentlicher Unternehmen ist im höheren Maße zu berücksichtigen als es in privaten Unternehmen der Fall ist. Wenngleich sich die Sorgfaltsmaßbestimmung im Besonderen am Unternehmensinteresse orientiert, ist es fraglich, ob aus dem konkretisierten Sorgfaltsmaßstab eine Organisationspflicht zur Schaffung von Compliance-Strukturen begründet werden kann. Die Annahme einer Compliance-Pflicht für öffentliche Unternehmen würde zumindest den bisherigen Anstrengungen des Gesetzgebers gerecht werden, der nur in besonderen Wirtschaftszweigen, denen im öffentlichen Interesse eine besondere Aufmerksamkeit gilt, eine gesetzliche Organisationspflicht angenommen hat.[825] Die Compliance-Regulierung im BimSchG, VAG oder WpHG sollte keinen Gesellschafterinteressen dienen, sondern vornehmlich wichtige Interessen der Allgemeinheit oder besondere Individualinteressen schützen.[826] Dazu passt es, dass die öffentlichen Unternehmen im besonderen Maße die Interessen der Allgemeinheit zu berücksichtigen haben.

Im Schrifttum wird zudem von *Stober* die Ansicht vertreten, dass Compliance im öffentlichen Sektor keine Neuerung ist, sondern aufgrund der besonderen Bedeutung von Legalität bereits heute organisatorisch sichergestellt wird.[827] Daraus wird die Schlussfolgerung gezogen, dass Compliance als Organisationspflicht nur deklaratorischen Charakter für den öffentlichen Sektor hat. Die bisherigen

---

823 So auch *Preussner*, NZG 2005, 575 (576); *Merkt*, FS Priester, 2007, S. 467 (469).

824 Vgl. nur *Rösler*, WM 2011, 918.

825 *Habersack*, FS Uwe H. Schneider, 2011, S. 429 (435), spricht zutreffend von einem „Allgemeininteresse an Regeltreue“.

826 *Schneider*, ZGR 1996, 225 (228).

827 *Stober*, in: Stober/Ohrtmann, Compliance, S. 15.

Instrumente der internen Revision, der Rechnungsprüfung, eine Fach- und Rechtsaufsicht sowie die zuvor beschriebenen strafrechtlichen und disziplinarischen Vorschriften seien ausreichend genug, um Legalität im Unternehmen sicherzustellen.[828] Daher soll die Compliance-Funktion keinen inhaltlichen Mehrwert für die öffentliche Verwaltung mitbringen. Obwohl der Streit um die Notwendigkeit von Compliance in der öffentlichen Verwaltung im Rahmen dieser Arbeit grundsätzlich dahinstehen könnte, beeinflusst die These auch die zugrundeliegende Arbeit. Sie führt nämlich zu der weit verbreiteten Annahme, dass Compliance ein allein privatrechtliches Thema ist, dessen Bedeutung ansonsten nur gering ist. Der Autor hat zwar insofern Recht, dass die öffentliche Verwaltung mit zusätzlichen Instrumenten zur Kontrolle ausgestattet ist, er verkennt jedoch, dass diese in Anbetracht der Rechtswirklichkeit keine zufriedenstellenden Ergebnisse liefern konnten.[829] Das liegt auch daran, dass die Kontrollinstrumente zwar gewisse Schnittmengen mit einer Compliance-Struktur haben, eine umfassende Compliance-Kontrolle jedoch nicht ersetzen können.[830] Zutreffend dazu *Auer*: „Gerade für die öffentliche Hand mit ihrer besonderen öffentlich-rechtlichen Bindung an Recht und Gesetz und ihrer Grundrechtsbindung gilt der Appell des Gesetzgebers auf Befolgung seiner Regeln in besonderer Weise, so dass kein Grund ersichtlich ist, den öffentlichen Sektor vom Anwendungsbereich auszuschließen."[831] Vor dem Hintergrund der besonderen Bedeutung und der Bindung an Recht und Gesetz sollte Compliance im öffentlichen Sektor daher keinen kleineren, sondern größeren Stellenwert eingeräumt werden.[832]

Daran angeschlossen stellt sich jedoch zunächst die Frage, ob die strenge Legalitätsbindung des „BSR-Urteils" überhaupt die privatrechtliche Organisation der öffentlichen Hand erfasst oder ob sie sich

---

828 *Stober*, in: Stober/Ohrtmann, Compliance, S. 15; dazu auch Burgi, CCZ 2010, 41 (44).

829 Das wird auch an den stetigen Bemühungen des Landesgesetzgebers zur Korruptionsprävention erkenntlich.

830 *Heuking/Coelln*, DÖV 2012, 827 (832), die im Hinblick auf die bestehenden Instrumente von einer „de facto Compliance" sprechen.

831 *Auer*, in: Stober/Ohrtmann, Compliance, S. 209; vgl. auch *Sonder*, VR 2014, 229 (231).

832 So wohl auch *Meßerschmidt*, in: Stober/Ohrtmann, Compliance, S. 671.

auf die öffentlich-rechtliche Ausgestaltung beschränkt. Ursächlich für die Annahme des BGHs im „BSR-Urteil" war nämlich die Tatsache, dass die BSR in der Rechtsform einer Anstalt des öffentlichen Rechts betrieben wurde. Zudem wurde die Straßenreinigung des BSR gegenüber den Anliegern nach öffentlich-rechtlichen Gebührengrundsätzen abgerechnet. In beiden Fällen ergibt sich die besondere Bedeutung der Rechtstreue aus ihrer öffentlich-rechtlichen Rechtsform und Ausgestaltung ihrer Leistungserbringung. Der BGH hat insofern keine weitergehenden Aussagen getroffen, ob sich die Legalitätserwartung an öffentliches Handeln allein auf die öffentliche-rechtliche Ausgestaltung beschränkt. Die dargestellte Ansicht von *Stober* weist zwar auf die Bedeutung von Compliance für die Privatwirtschaft hin, lässt allerdings ebenfalls offen, ob die strengere Legalitätsbindung auch für das privatwirtschaftliche Handeln der öffentlichen Hand gilt. Entscheidendes Kriterium wird sein, ob die Legalitätserwartung an die öffentlich-rechtliche Rechtsform geknüpft ist oder sie sich bereits aus dem Handeln der Kommune sui generis ergibt. Für Letzteres spricht, dass sich die öffentliche Hand durch Rechtsformänderung nicht den Restriktionen des öffentlichen Rechts entziehen darf und sie sich bei ihrer Aufgabenerfüllung weiterhin an der Erfüllung eines öffentlichen Zwecks orientieren muss. Obwohl *Stober* die Frage offen lässt, spricht auch die Interpretation seiner Thesen für eine strengere Legalitätsbindung in öffentlichen Kapitalgesellschaften. Er erkennt die besondere Bedeutung von Compliance und Regeltreue in der öffentlichen Verwaltung, verneint die Notwendigkeit zur Schaffung von Compliance-Strukturen jedoch mit dem Hinweis auf die bereits bestehenden Kontrollinstrumente der öffentlichen Hand. Die privatrechtliche Ausgestaltung kommunaler Aufgaben hat jedoch zur Folge, dass das Unternehmen diesen Kontrollinstrumenten entzogen wird. Obwohl die Kommune weiterhin Träger der Gesellschaft bleibt, werden der Einfluss und die Kontrollmöglichkeiten der Rechtsaufsicht und der Kommune selbst deutlich geschmälert. Angesichts dieser fehlenden Instrumente sprechen viele Gründe dafür, den strengeren Legalitätsmaßstab unabhängig von der Rechtsform anzulegen. Dafür spricht auch, dass die bisherigen gesetzlichen Anstrengungen zur Vermeidung von Rechtsverstößen rechtsformunabhängig sind. Das kommunale Unternehmen bleibt auch in Privatrechtsform grundrechtsgebunden und die besonderen dienstrechtlichen Vorschriften des TVöD bleiben bestehen. Ferner werden leitende Mitarbeiter als Amtsträger qualifiziert, wodurch die besonderen Korruptionsdelikte der §§ 331ff. StGB weiterhin Anwendung finden können. Auch in der Außenwirkung werden öffentliche Unternehmen trotz privatrechtlicher Organisation grundsätzlich als Teil der öffentlichen Hand und damit als verlängerter Arm des Staates angesehen.

Zu Recht lässt sich daher sagen, dass die Beachtung von Recht und Gesetz nicht nur beiläufig erfolgen muss, sondern unabhängig von der Rechtsform in ihrem Charakter elementarer Bestandteil und Kernstück öffentlichen Handelns ist.[833] Die Aufrechterhaltung von Legalität ist nicht nur im Allgemeininteresse,[834] sondern in öffentlichen Unternehmen zudem Bestandteil des Unternehmensinteresses.[835] Dieser Grundsatz hat in der Einzelbetrachtung sicherlich nicht die Wirkung eine eigene Organisationspflicht zu begründen. Allerdings weisen sie darauf hin, dass an das Handeln kommunaler Unternehmen eine besondere Sorgfalt zu legen ist.[836] Zutreffend daher die Ansicht des Instituts der Wirtschaftsprüfer, dass zum Schutz der öffentlichen Mittel und zur Aufrechterhaltung der Funktionsfähigkeit des Unternehmens unabhängig von Größe, Rechtsform oder Risikopotenzial ein Mindestmaß an organisatorischer Risikoprävention bestehen muss.[837] Die Sorgfaltspflichten des Vorstandes eines kommunalen Unternehmens sind im Einzelfall strenger zu bemessen als in vergleichbaren Unternehmen der Privatwirtschaft. [838] Dies geht soweit, dass nur im Ausnahmefall davon auszugehen ist, dass keine Compliance-Struktur notwendig ist. Um dem besonderen Unternehmensinteresse gerecht zu

---

[833] BGH, NJW 2009, 3173 (3175); so auch *Stober*, in: Stober/Ohrtmann, Compliance, S. 15, der sogar davon ausgeht, dass die Beachtung des Rechts Hauptzweck der öffentlichen Verwaltung ist; *Gimnich*, in: Stober/Ohrtmann, Compliance, S. 395; *Heuking/Coelln*, DÖV 2012, 827 (828); *Ensch*, ZUM 2012, 16 (18); so wohl auch *Neufeld/Hitzelberger-Kijima*, öAT 2015, 23 (23); *Serr*, CCZ 2014, 269 (269).

[834] *Habersack*, FS Uwe H. Schneider, 2011, S. 429 (435); *Verse*, ZHR 175 (2011), 401 (406); anders *Hemeling*, ZHR 175 (2011), 368 (385).

[835] BGH, NJW 2009, 3173 (3175).

[836] So auch *Radtke*, GmbHR 2011, 813 (820); zusätzliche Verantwortungskreise bei Unternehmen der öffentlichen Hand sieht auch *Beisheim/Hecker*, KommJur 2015, 49 (53f).

[837] IDW PS 720 (2006), Nr. 2 Anm. 8.

[838] *Gimnich*, in: Stober/Ohrtmann, Compliance, S. 395.

werden und die fehlenden Kontrollinstrumente auszugleichen, wird eine Compliance-Struktur in der Regel unabdingbar sein.[839] Verschärfte Gesetzesanforderungen und das zum Teil inkompatible Zusammenspiel von öffentlichem Recht und Privatrecht begründet ein gegenüber der Privatwirtschaft verschärftes Risikopotential.[840] Dabei darf nicht verkannt werden, dass eine allgemeine Compliance-Pflicht ohne den Blick auf den Einzelfall keine praxistaugliche Lösung ist.[841] Es wird auch weiterhin kommunale Unternehmen geben, die auch ohne Compliance-Struktur das rechtmäßige Handeln der Organe und Mitarbeiter sicherstellen können. Daher wäre es in der Praxis eine unbefriedigende Lösung, auch kleinen Gesellschaften mit nur wenigen Mitarbeitern die gleichen Pflichten aufzubürden wie einem großen kommunalen Krankenhaus oder kommunalen Stadtwerken. Zusammenfassend lässt sich sagen, dass angesichts der strengeren Legalitätsbindung und dem daraus resultierenden strengeren Sorgfaltsmaßstab eine Pflicht zur Schaffung von Compliance-Strukturen in kommunalen Unternehmen besteht. Der im Einzelfall zu bestimmende Sorgfaltsmaßstab ermöglicht es jedoch, von dieser Pflicht im konkreten Fall begründet abzuweichen.

---

[839] So wohl auch *Passarge*, NVwZ 2015, 252 (252f).
[840] So auch *Burgi*, CCZ 2010, 41 (43).
[841] *Kort*, in: Großkommentar AktG, § 91 Rn. 139ff.

## II. Gesellschaft mit beschränkter Haftung

Zur Darstellung der Probleme um die Herleitung einer Compliance-Pflicht hat es sich angeboten, zunächst auf die Aktiengesellschaft zurückzugreifen. In der Realität öffentlicher Wirtschaftstätigkeit spielt indes die GmbH eine deutlich größere Rolle. Keineswegs soll der Streit um die gesellschaftsrechtliche Herleitung einer Compliance-Pflicht an dieser Stelle erneut ausführlich und damit doppelt diskutiert werden. Denn obwohl sich die Aktiengesellschaft und die GmbH im Besonderen in ihrer Komplexität deutlich unterscheiden, haben sie hinsichtlich der relevanten Compliance-Probleme große Schnittmengen. Im Folgenden widmet sich die Arbeit daher allen Besonderheiten der GmbH, die die Schlussfolgerungen zur Aktiengesellschaft ergänzen oder korrigieren. Im Übrigen kann das Gesagte zur aktienrechtlichen Compliance-Pflicht auf die GmbH übertragen werden.

### 1. Risikomanagement in der GmbH

Bei der Übertragung der aktienrechtlichen Problematik fällt auf, dass es keine § 91 Abs. 2 AktG vergleichbare Norm im GmbHG gibt. Inwiefern § 91 Abs. 2 AktG auch auf andere Rechtsformen übertragen werden kann, wird unterschiedlich bewertet.

Der Gesetzgeber spricht in seiner Gesetzesbegründung insofern von einer „Ausstrahlungswirkung" des neu geschaffenen § 91 Abs. 2 AktG auf den Pflichtenrahmen der GmbH.[842] Die Konsequenz dieser Ausstrahlungswirkung wird bisher unterschiedlich beurteilt und hat noch keine abschließende Wertung erhalten.

Teilweise wird angenommen, dass § 91 Abs. 2 AktG in analoger Anwendung auf die GmbH übertragbar ist.[843] Andere lehnen eine generelle Geltung des § 91 Abs. 2 AktG für die GmbH ab und begrenzen den Geltungsbereich auf große Kapitalgesellschaften i.S.d. § 267

[842] BT-Drucks 13/9712, S. 15; *Fleischer*, in: MüKo GmbHG, § 43 Rn. 61, spricht im Hinblick auf die Unbestimmtheit dieser Aussage von einer „wolkigen" Formulierung des Gesetzgebers.

[843] *Zöllner/Noack*, in: Baumbach/Hueck, GmbHG, § 35 Rn. 33; *Oetker*, in: Henssler/Strohn, GmbHG, § 35 Rn. 16; wohl auch *Haas/Ziemons*, in: Michalski, GmbHG, § 43 Rn. 65a.

Abs. 3 HGB.[844] Obwohl der Gesetzgeber von einer Ausstrahlungswirkung spricht, habe er bewusst auf die Implementierung eines Risikofrüherkennungssystems im GmbHG verzichtet, weshalb nicht von einer generellen Übertragbarkeit des § 91 Abs. 2 AktG auf die GmbH auszugehen ist.[845]

Die Frage nach der unmittelbaren oder analogen Anwendung des § 91 Abs. 2 AktG kann indes dahinstehen. Das Risikofrüherkennungssystem ist nichts anderes als eine gesetzliche Konkretisierung der allgemeinen Leitungs- und Sorgfaltspflicht.[846] Zutreffend spricht die Gesetzesbegründung daher nur von einer „gesetzlichen Hervorhebung der allgemeinen Leitungsaufgabe des Vorstandes gem. § 76 AktG."[847] Für eine Anwendung des § 91 Abs. 2 AktG besteht in der GmbH daher gar keine Notwendigkeit. Im Hinblick auf die unterschiedliche Komplexitätsstruktur hat der Gesetzgeber darauf verzichten wollen, den häufig kleineren GmbHs die gleichen Organisationspflichten wie der Aktiengesellschaft aufzuerlegen.[848] Daher kann die Pflicht zum Risikomanagement auch in der GmbH bereits aus der allgemeinen Leitungs- und Sorgfaltspflicht gem. § 43 Abs. 1 GmbHG entstehen und wird in seiner Ausgestaltung durch die bisherige Rechtsprechung des § 91 Abs. 2 AktG konkretisiert.[849]

### 2. Sorgfaltspflichten

Schwerpunkt der Compliance-Herleitung in der Aktiengesellschaft sind die aus § 93 Abs. 1 AktG abgeleiteten Sorgfaltspflichten des Geschäftsleiters. Im Gegensatz zum Risikofrüherkennungssystem existiert für die GmbH eine entsprechende Vorschrift im GmbHG. Die Geschäftsführer haben nach § 43 Abs. 1 GmbHG in den Angelegenheiten der Gesellschaft die Sorgfalt eines ordentlichen Geschäftsmannes anzuwenden. Obwohl sich die beiden Normen im Laufe der Zeit

---

[844] *Drygala/Drygala*, ZIP 2000, 297 (300ff).
[845] *Drygala/Drygala*, ZIP 2000, 297 (300).
[846] *Spindler*, in: MüKo AktG, § 91 Rn. 18.
[847] BT-Drucks. 13/9712 S. 15; *Preußner/Becker*, NZG 2002, 846 (847); *Berg*, AG 2007, 271 (274).
[848] BT-Drucks. 13/9712 S. 15.
[849] So auch *Altmeppen*, in: Roth/Altmeppen, GmbHG, § 43 Rn. 17; *ders.*, ZGR 1999, 291 (300f); *Fleischer*, in: MüKo GmbHG, § 43 Rn. 61.

in ihrem Wortlaut unterschiedlich entwickelt haben, gelten für den einzuhaltenden Sorgfaltsmaßstab dieselben Grundsätze.[850] Auch den Geschäftsführer der GmbH trifft eine strikte Legalitätspflicht, die in Intensität und Reichweite keine Unterschiede zur Aktiengesellschaft macht.[851] Darüber hinaus ist er auch zur angemessenen Unternehmensorganisation verpflichtet, wodurch die Schaffung einer Überwachungsstruktur notwendig sein kann.

Angesichts der zumeist überschaubareren Struktur der GmbH gegenüber der Aktiengesellschaft kann hinsichtlich einer Compliance-Pflicht kein strengerer Maßstab angelegt werden. Zumindest kann ebenfalls nicht ohne Einbeziehung der wirtschaftlichen Kennzahlen, der Branche und des Risikoprofils des Unternehmens von einer allgemeinen Compliance-Pflicht gesprochen werden. Die grundsätzlichen Erwägungen für die Herleitung einer Compliance-Pflicht aus den Sorgfaltspflichten des § 93 Abs. 2 AktG lassen sich daher über den Sorgfaltsbegriff des § 43 Abs. 2 GmbHG auf die GmbH übertragen. Es besteht keine allgemeine Pflicht zur Schaffung von Compliance-Strukturen in der GmbH, sie kann sich jedoch durch das Zusammenspiel einzelner Faktoren ergeben. Zusätzlich kann sich bei öffentlich-rechtlichen Trägern eine Pflicht durch den strengeren Legalitätsmaßstab öffentlicher Unternehmen ergeben, dessen Ausführungen ausnahmslos auf die GmbH übertragen werden können.[852]

## III. Compliance im „Konzern Kommune“

Das Konzernrecht und das Kommunalrecht haben auf den ersten Blick nur wenig miteinander zu tun. Auf den zweiten Blick wird deutlich, dass in Folge der formellen Privatisierungswelle konzernähn-

---

850 *Altmeppen*, in: Roth/Altmeppen, GmbHG, § 43 Rn. 3; OLG Celle, NZG 2000, 1178 (1179); OLG Koblenz, ZIP 2001, 871 (871); *Zöllner/Noack*, in: Baumbach/Hueck, GmbHG, § 43 Rn. 7; *Haas/Ziemons*, in: Michalski, GmbHG, § 43 Rn. 189; *Buck-Heeb*, in: Gehrlein/Ekkenga/Simon, GmbHG, § 43 Rn. 14; *Fleischer*, in: MüKo GmbHG, § 43 Rn. 5; *Oetker*, in: Henssler/Strohn, GmbHG, § 43 Rn. 15.

851 *Altmeppen*, in: Roth/Altmeppen, GmbHG, § 43 Rn. 6; *Oetker*, in: Henssler/Strohn, GmbHG, § 43 Rn. 23f.

852 Vgl. Ausführungen unter: Kap. 2, C, I, 2, d).

liche Strukturen auch in den Kommunen entstanden sind. Dabei stellt sich zunächst die Frage, inwiefern der Konzernbegriff der Privatwirtschaft mit der neuerdings meist als „Konzern Kommune“[853] oder „Konzern Stadt“[854] bezeichneten Beteiligungsstruktur vergleichbar ist.

Weniger aus der rechtswissenschaftlichen Notwendigkeit, sondern mehr aus eigenem Antrieb haben sich die ersten Städte mit dem Thema von Compliance im Konzern Kommune beschäftigt. Die Stadt Neuss hat Compliance-Richtlinien erlassen, um eine einheitliche Regelung im Konzern Stadt Neuss zu erreichen.[855] Die Stadt Essen überprüft nach mehrmaligen Regelverstößen, ob sie als Träger der Gesellschaften für eine einheitliche Compliance-Regelung zu sorgen hat[856] und die Stadt Duisburg hat bereits eine konzernweite Compliance-Stelle im Dezernat des Oberbürgermeisters angesiedelt.[857] Die Stadt Osnabrück hat zudem einen eigenen „Corporate Compliance Konzern Osnabrück“ aufgestellt[858] und die Stadt Schwerin nicht nur eine „Compliance-Beauftragte“ ernannt,[859] sondern auch noch eine „Richtlinie über einheitliche Standards für Compliance-Programme“ in ihren Unternehmen erlassen.[860]

Angesichts der Tatsache, dass die Kommunen selbst dem Konzernbegriff eine unterschiedliche Reichweite zusprechen, ist diese Selbstbezeichnung kein verlässlicher Anhaltspunkt über die konzernrechtliche Einordnung. Die Einordnung in das Konzernrecht ist derweil nicht nur theoretischer Natur, sondern hat auch eine praktische

---

853 *Flöther*, NVwZ 2014, 1497 (1498f).

854 Institut für den öffentlichen Sektor (2015), Stadtwerke in der Insolvenz: Der Konzern Kommune in der Krise, S. 7.

855 http://pvr.itk-rheinland.de/ratsinfo/neuss/14145/Vm9ybGFnZS5CRVQgMi0yMDE1/14/n/63054.doc (Stand: 08.11.2018).

856 Public Corporate Governance Kodex Stadt Essen, Zif. 4.1.; vgl. auch https://www.essen.de/meldungen/pressemeldung_861705.de.html (Stand: 08.11.2018).

857 http://www.rp-online.de/nrw/staedte/duisburg/stadt-neue-stelle-fuer-korruptionsvorbeugung-aid-1.3737102 (Stand: 08.11.2018).

858 Beteiligungsrichtlinie der Stadt Osnabrück, https://publicgovernance.de/media/Beteiligungsrichtlinie_Osnabrueck_2012.pdf (Stand: 08.11.2018).

859 http://www.schwerin-lokal.de/compliance-beauftragte-wird-staedtische-betriebe-begleiten/ (Stand: 08.11.2018).

860 Compliance-Richtlinie Stadt Schwerin, http://www.gbv-schwerin.de/files/gbv-schwerin/Dokumente/A-Mindest-Standard-Richtlinie.pdf (Stand: 08.11.2018).

Konsequenz für die Compliance-Struktur. In Teilen der Literatur wird nämlich die Ansicht vertreten, dass die Konzernobergesellschaft eine konzernweite Compliance-Pflicht trifft.[861]

### 1. Begriffsbestimmung

Seit Jahren verlagern Kommunen ihre Aufgaben auf selbstständige juristische Personen des öffentlichen und privaten Rechts aus. Sie agieren dabei auf so vielen unterschiedlichen Märkten, wie es kaum ein privatwirtschaftliches Unternehmen machen würde. Krankenhäuser, Schwimmbäder, Pflegeheime, Abfallentsorgung, Wohnungsbau und die Energieversorgung mit Wasser, Strom und Gas sind dabei nur ein kleiner Auszug gern ausgelagerter Aufgaben. Das hat zur Folge, dass ein großer Teil der kommunalen Tätigkeit außerhalb der eigentlichen Kernverwaltung ausgeübt wird und die Kommune Muttergesellschaft vieler verschiedener Tochtergesellschaften ist. Vor dem Hintergrund dieser Entwicklung hat sich in den letzten Jahren der Begriff des „Konzern Kommune" oder auch „Konzern Stadt" gebildet. Neben der Strukturveränderung sicherlich auch als gewünschtes politisches Leitbild kommunaler Tätigkeit.[862] Eine ganzheitliche Betrachtung der Kommune als Organ ist sicherlich zielführender, als eine Begrenzung der kommunalen Tätigkeit entweder auf die Leistungen der Kernverwaltung oder auf die der ausgegliederten Gesellschaften. Als Folge der Auslagerung kommunaler Aufgaben außerhalb der Kernverwaltung wurde der Überblick über die tatsächliche Leistungs- und Ertragsfähigkeit der Kommune deutlich eingeschränkt. Aufgrund dieser Entwicklung sind Städte und Gemeinden in Hessen seit 2015 verpflichtet, äquivalent zu dem Konzernabschluss einer Konzernobergesellschaft einen Gesamtabschluss aufzustellen.[863] Durch den kommunalen Gesamtabschluss soll wieder ein umfassender Einblick

861 Dazu später unter: Kap. 2, C, III, 3.

862 So *Flöther*, NVwZ 2014, 1497 (1498).

863 § 112 Abs. 5 S. 2 HessGO; andere Bundesländer: BW § 95a Abs. 1 GemO, BY 102a Abs. 1 GO, BR § 83 BbgKVerf, MV § 61 Abs. 1 KV M-V, NS § 128 Abs. 4 NKomVG, NRW § 50 Abs. 1 GemO, SL § 47 Abs. 2 Komm HVO, SA § 88a Abs. 1 SächsGemO, S-A § 108 Abs. 5 GO-LSA, SH § 95o Abs. 1 GO, TH § 20 Abs. 1 ThürKDG.

in die Vermögens-, Finanz- und Ertragslage des Konzerns Kommune entstehen.[864]

In der rechtlichen Betrachtung des Konzernbegriffs findet sich eine Definition des Konzerns in § 18 Abs. 1 S. 1 AktG. Danach bilden Unternehmen einen Konzern, wenn ein herrschendes und ein oder mehrere abhängige Unternehmen unter der einheitlichen Leitung des herrschenden Unternehmens zusammengefasst werden. § 17 Abs. 1 AktG führt weiterhin aus, dass das abhängige Unternehmen selbstständig sein muss, damit das herrschende Unternehmen unmittelbar oder mittelbar einen beherrschenden Einfluss ausüben kann. Zudem stellt § 17 Abs. 2 AktG die Vermutung auf, dass ein im Mehrbesitz stehendes Unternehmen von dem an ihm mit der Mehrheit beteiligten Unternehmen abhängig ist.

### 2. Anwendbarkeit des Konzernrechts

Es stellt sich zunächst die Frage, ob sich das allgemeine Konzernrecht überhaupt auf öffentlich-rechtliche Gebietskörperschaften übertragen lässt. Über das Aktiengesetz hinausgehende gesetzliche Konzernregelungen finden sich weder für die GmbH, noch für die Personengesellschaft oder explizit für kommunale Konzerne. Während die Rechtsprechung für die GmbH und die Personengesellschaften in Anlehnung an das Konzernrecht der AktG ein eigenständiges Konzernrecht entwickelt hat,[865] gibt es für den kommunalen Konzern noch keine abschließende Ansicht, ob und inwieweit das gesellschaftsrechtliche Konzernrecht auf kommunale Gesellschaften anwendbar ist.

#### a) Abschließende Regelung des öffentlichen Rechts

Nach einer Ansicht wird das Konzernrecht für Gesellschaften in öffentlich-rechtlicher Trägerschaft abgelehnt. Bewusst habe der Gesetzgeber mit der Formulierung der rechtlich selbstständigen

---

[864] Vgl. § 297 Abs. 3 HGB.

[865] *Verse*, in: Henssler/Strohn, GmbHG, Anhang § 13 Rn. 1ff; vgl. *Orth*, DStR 1994, 250 (250ff); *Hirschmann*, in: Hölters, AktG, § 15 Rn. 1, der in dem Fall vom „allgemeinen Konzernrecht“ spricht; BGH, NJW 1986, 188 (189).

Unternehmen in §§ 15 ff. AktG öffentliche Körperschaften ausgeklammert. Aus der Gesetzgebungsgeschichte und der Gesetzesformulierung würden sich keine Anhaltspunkte ergeben, dass der Gesetzgeber die juristische Person des öffentlichen Rechts unbewusst ausgeklammert hat und es sich somit um eine planwidrige Regelungslücke handelt.[866] Eine analoge Anwendung des Konzernrechts auf juristische Personen des öffentlichen Rechts wäre demnach nicht möglich. Die vom öffentlichen Recht gestellten Möglichkeiten zur Steuerung und Beteiligung privater Unternehmen sollen abschließend sein. Die Nutzung privatrechtlicher Rechtsformen führt nicht dazu, dass sich der Staat seiner öffentlich-rechtlichen Verpflichtungen entledigen kann. Er muss weiterhin seine öffentliche-rechtliche Verantwortung gegenüber den Tochtergesellschaften realisieren.[867] Durch diese Sonderstellung kann das Zivilrecht nicht allgemeingeltend auf die öffentlich-rechtliche Wirtschaftstätigkeit übertragen werden.[868]

Ferner soll die Schutzfunktion des Konzernrechts nicht allen Interessenskonflikten vorbeugen, sondern nur die daraus resultierenden negativen Einflussmöglichkeiten der herrschenden Gesellschaft unterbinden.[869] Zudem ist der Wille zur Durchsetzung öffentlicher Interessen kein wirtschaftlicher Interessenkonflikt, sondern nur notwendige Bedingung des nicht hoheitlichen Handelns der Kommune.[870] In der Konsequenz wäre die wirtschaftliche Tätigkeit kommunaler Unternehmen immer dem hoheitlichen Rahmen des öffentlichen Zweckes unterworfen und es könnte der für die Anwendung des Konzernrechts notwendige wirtschaftliche Interessenkonflikt nie vorliegen.[871]

### b) Öffentliche Hand als Unternehmen i.S.d. Konzernrechts

Im Zentrum der konzernrechtlichen Einordnung steht die Frage, ob die Kommune als Gebietskörperschaft herrschendes Unternehmen

866 So auch *Mutius/Nesselmüller*, NJW 1976, 1878 (1878f).
867 *Stober*, NJW 1984, 449 (455).
868 *Brohm*, NJW 1994, 281 (285).
869 *Borggräfe*, DB 1978, 1433 (1436).
870 *Borggräfe*, DB 1978, 1433 (1437).
871 *Borggräfe*, DB 1978, 1433 (1437).

i.S.d. Konzernrechts sein kann. Eine analoge Anwendung der konzernrechtlichen Vorschriften könnte dann unbeantwortet bleiben. Entgegen der oben dargestellten früheren herrschenden Ansicht ist die unmittelbare Anwendung der allgemeinen konzernrechtlichen Vorschriften für öffentlich-rechtliche Gebietskörperschaften heute überwiegend anerkannt.[872] Grundlage dieses Auffassungswandels war das „VEBA-Urteil" des BGH, in der sich das Gericht mit der Unternehmereigenschaft der Bundesrepublik Deutschland beschäftigen musste.[873] Sinn und Zweck des Konzernrechts ist der Schutz von Minderheitsaktionären vor fremdbestimmender Machtausübung.[874] Der Gedanke eines Interessenkonflikts einer öffentlichen-rechtlichen Gesellschaft lässt sich auf den Schutzzweck des allgemeinen Konzernrechts übertragen.[875] Im Fall öffentlich-rechtlicher Unternehmen ist anzunehmen, dass die Gebietskörperschaft neben dem Gesellschaftsinteresse auch das öffentliche bzw. politische Interesse in ihre Entscheidungen miteinfließen lässt.[876] Die Durchsetzung öffentlicher Interessen durch eine öffentliche Körperschaft ist dahingehend eine vergleichbare unternehmerische Fremdbeeinflussung.[877]

Inzwischen wird ohne Rücksicht auf die Gesellschaftsform die Unternehmenseigenschaft angenommen, wenn neben der Gesellschaftsbeteiligung noch andere wirtschaftliche Interessen bestehen, die die Sorge begründen, das Unternehmen könnte in seiner herrschenden Position seinen Einfluss zu einer für die Tochtergesellschaft negativen Entscheidung ausüben.[878] Dies ist regelmäßig der Fall, wenn das herrschende Unternehmen an weiteren Gesellschaften beteiligt ist und dort ihre Leitungsmacht ausüben kann.[879] Etwas anderes gilt nach neuerer Rechtsprechung für Obergesellschaften in

---

872 BGH, NJW 1978, 104 (104f); BGH, NJW 1997, 1855 (1856); BGH, NJW 2008, 1583 (1583f); *Hirschmann*, in: Hölters, AktG, § 15 Rn. 9; OLG Köln, AG 1978, 171 (172); OLG Hamburg, AG 1980, 163 (164).

873 BGH, NJW 1978, 104 (104); *Hirschmann*, in: Hölters, Aktiengesetz, § 15 Rn. 3.

874 *Raiser*, ZGR 1996, 458 (463); BGH, NJW 1978, 104 (104).

875 BGH, NJW 1997, 1855 (1856); BGH, NJW 1978, 104 (105).

876 BGH, NJW 1997, 1855 (1856).

877 *Würdinger,* NJW 1976, 613 (616).

878 BGH, NJW 1997, 1855 (1856); BGH, NJW 1978, 104 (104).

879 BGH, NJW 1997, 1855 (1856).

Form einer Körperschaft des öffentlichen Rechts. Sie werden auch ohne das ausdrückliche Verlangen einer Sorge über wirtschaftliche Widerinteressen schon dann als herrschendes Unternehmen angesehen, wenn sie ein privatrechtlich organisiertes Unternehmen beherrschen.[880]

c) Kommunales Unternehmen i.S.d. Konzernrechts

Eines der zentralen Argumente gegen die Übertragbarkeit konzernrechtlicher Vorschriften sind die Beteiligungsstrukturen der Unternehmen in den bereits zuvor angesprochenen Urteilen. Sowohl im VEBA-Urteil als auch im VW-Urteil hatte der Bund bzw. das Land Niedersachsen nur eine Minderheitsbeteiligung i.H.v. 43,7% bzw. 20%. Allerdings ist nicht anzunehmen, dass die Gerichte bei einer Mehrheitsbeteiligung der öffentlichen Hand zu einem anderen Ergebnis gekommen wären. Entscheidendes Kriterium ist nämlich nicht die formale Mehrheitsbeteiligung, sondern die Möglichkeit einer umfassenden, durchgehenden und gesellschaftsrechtlich abgesicherten Einflussnahme.[881]

Ferner wird angeführt, dass es sich bei den wirtschaftlichen Betätigungen in den o.g. Entscheidungen um keine Kernaufgabe der öffentlichen Verwaltung handelt. Das Wesen der Übertragbarkeit des allgemeinen Konzernrechts sei geprägt von der Beteiligung Privater am Unternehmen.[882] Ohne private Beteiligung am kommunalen Unternehmen bedarf es nach dieser Ansicht keinen Minderheitenschutz, da keine unterschiedlichen Aktionärsgruppen vorhanden sind. Dies gilt auch bei Beteiligungen von verschiedenen Gebietskörperschaften an einem Unternehmen.[883] Diese Auffassung hätte zur Folge, dass die allgemeinen konzernrechtlichen Vorschriften nicht auf kommunale Unternehmen ohne private Beteiligung übertragen werden könnten. Hinter dieser Auffassung steht jedoch der Leitgedanke des

---

880 BAG, AG 2011, 382 (383); BGH, NJW 1997, 1855 (1856); a.A. *Zöllner*, ZGR 1976, 1 (25), der eine einfache Beteiligung an nur einem Unternehmen als nicht ausreichend sieht.

881 BGH, NJW 1984, 1893 (1897).

882 *Danwitz*, AöR 1995, 595 (615).

883 *Danwitz*, AöR 1995, 595 (615).

Vorrangs des Gemeinderechts der Länder vor dem Gesellschaftsrecht des Bundes, vor dessen Hintergrund *Danwitz* ein eigenes Verwaltungsgesellschaftsrecht entwickeln wollte.[884] Diese Auffassung kann jedoch nicht überzeugen und wird überwiegend abgelehnt.[885] Vielmehr muss sich auch die Kommune bei der privatwirtschaftlichen Ausübung ihrer kommunalen Leistungsaufgabe den Anforderungen des Gesellschaftsrechts unterordnen und darf ihre verfassungsrechtliche Vorgabe der Verfolgung öffentlicher Zwecke nur im Rahmen der vom allgemeinen Zivilrecht zugelassenen Schranken ausüben.[886] Der dahingehende Vorrang des Gesellschaftsrechts ist mittlerweile anerkannt.

#### d) Zwischenergebnis

Nach der Rechtsprechung des BGH in seiner „VEBA-Entscheidung“ ist das Konzernrecht auf die wirtschaftliche Betätigung der Bundesrepublik Deutschland anwendbar. Mit der Frage einer grundsätzlichen Annahme des Konzernrechts auch für öffentlich-rechtliche Gebietskörperschaften musste sich der BGH bislang nicht auseinandersetzen.

Im allgemeinen Konzernrecht muss neben der herrschenden Beteiligung eine außerhalb der Gesellschaft liegende Interessenbindung hinzukommen, die die Gefahr begründet, dass das herrschende Unternehmen seinen Einfluss zum Nachteil der Gesellschaft geltend machen könnte.[887] Der BGH hat in seiner neueren Rechtsprechung diese zusätzliche Interessenbindung dahingehend konkretisiert, dass bei öffentlichen Unternehmen keine weitere wirtschaftliche Betätigung des herrschenden Unternehmens gefordert wird.[888] Ursächlich für diesen geänderten Unternehmensbegriff ist die Tatsache, dass öffentlich-rechtliche Unternehmen ihre Entscheidungen grundsätzlich

---

[884] *Danwitz*, AöR 1995, 595 (622ff).

[885] *Hüffer*, FS Hopt, 2010, S. 901 (902), m.w.N.; *Raiser*, ZGR 1996, 458 (462).

[886] *Emmerich*, in: Emmerich/Habersack, Aktien- und GmbH-Konzernrecht, § 15 Rn. 27; *Bayer*, in: MüKo AktG, § 15 Rn. 42; a.A.: *Brohm*, NJW 1994, 281 (285); *Danwitz*, AöR 1995, 595 (622ff).

[887] *Hirschmann*, in: Hölters, AktG, § 15 Rn. 5; BGH, NJW 1978, 104 (104); BGH, NJW 1997, 1855 (1856).

[888] BGH, NJW 1997, 1855 (1856); *Hirschmann*, in: Hölters, AktG, § 15 Rn. 9.

zwischen Gesellschaftsinteressen und den öffentlichen Interessen abwägen müssen, weswegen von vornherein ein Interessenkonflikt besteht.[889] Vor dem Hintergrund der Ingerenzpflicht kommunaler Gesellschaften besteht zudem die Möglichkeit der Einflussnahme kommunaler Mandatsträger. Deshalb besteht die zur Anwendung des Konzernrechts notwendige außerhalb liegende Interessensbindung auch ohne weitere Beteiligungen der öffentlichen Körperschaft.[890] In der Praxis wäre es auch gar nicht möglich, dass sich kommunale Unternehmen den Regeln des Wettbewerbs entziehen und zwischen privaten und öffentlichen Interessen eine Trennlinie ziehen.

Auch besteht eine der kommunalen Wirtschaftstätigkeit vorgeworfene Sonderstellung nicht in dem Umfang, dass die private und öffentliche unternehmerische Tätigkeit in einem gänzlichen Gegensatz zueinander stehen.[891] Die Sonderrolle kommunaler Wirtschaftstätigkeit besteht indes höchstens in der Weise, dass den Kommunen nicht ein größerer, sondern ein begrenzterer wirtschaftlicher Handlungsspielraum auferlegt wird.

Daher kann auch die Auffassung von *Danwitz* nicht überzeugen. Der Einwand kann jedoch nicht nur mit Hinweis auf den Art. 31 GG und den Geltungsvorrang des Bundesrechts abgelehnt werden. Die öffentliche Hand darf sich im gewissen Rahmen privatrechtlich organisieren. Wenn sie sich dieser Möglichkeit bedient, muss sie sich auch innerhalb des zivilrechtlichen Rahmens bewegen.[892]

Es wird dem abhängigen Unternehmen ferner egal sein, ob die ihm gegenüber begründete Gefahr der herrschenden Fremdbeeinflussung von öffentlichen Interessen oder übrigen Gesellschaftsinteressen geprägt ist.[893] Wird beispielsweise die Konsolidierung des Haushalts mit Mitteln der Gesellschaft vorangetrieben, stellt dies einen schädlichen Eingriff der herrschenden Gesellschaft in die abhängige Gesellschaft dar, dessen Eingriffscharakter von der öffentlichen-rechtlichen Obergesellschaft unberührt bleibt.[894] Insofern vermag auch der Einwand nicht zu überzeugen, dass die Konflikte zwischen öffentli-

---

[889] BGH, NJW 1997, 1855 (1856).
[890] *Zöllner*, ZGR 1976, 1 (28); *Raiser*, ZGR 1996, 458 (464).
[891] BGH, NJW 1978, 104 (105).
[892] *Sina*, AG 1991, 1 (5).
[893] BGH, NJW 1978, 104 (105), so auch BGH, NJW 1997, 1855 (1856).
[894] *Raiser*, ZGR 1996, 458 (464).

chen Interessen und Gesellschaftsinteressen aufgrund ihrer Sonderstellung keine außerhalb der Gesellschaft liegende Interessenbindung begründen können.[895] Der Konflikt zwischen öffentlichen und gesellschaftlichen Interessen stellt sich als ebenso gefährlich dar, wie der Konflikt zwischen verschiedenen wirtschaftlichen Gesellschaftsinteressen.[896] Speziell die kommunale Wirtschaftstätigkeit aus der Anwendung des Konzernrechts herauszuhalten würde dem Schutzzweck konzernrechtlicher Vorgaben unterlaufen.[897]

Auch aus praktischen Gründen würde es nur wenig Sinn machen, Gebietskörperschaften des öffentlichen Rechts vom Konzernrecht auszuschließen. Zu Recht würde sich die Frage stellen, warum die Stadt Frankfurt, die zum 31.12.2014 an 212 Gesellschaften direkt oder mit mindestens 20% beteiligt war, nicht mit einem Großkonzern vergleichbar sein sollte.[898] Insbesondere vor dem Hintergrund, dass diese Gesellschaften im Jahr 2013 eine Bilanzsumme von ca. 8,2 Mrd. € aufwiesen und ca. 14.000 Mitarbeiter beschäftigten.[899] Zu Recht hat die Rechtsprechung daher den Begriff des Unternehmens auf öffentlich-rechtliche Körperschaften ausgeweitet.

### 3. Konzernweite Compliance-Pflicht

Mit der Einordnung öffentlicher Unternehmen in die Struktur des Konzernrechts ist noch nichts über die Auswirkung auf die Compliance-Struktur im Konzern gesagt. Daran angeknüpft stellt sich die Frage, ob neben der Einzelgesellschaft auch eine konzernweite

---

[895] *Bayer*, in: MüKo AktG, § 15 Rn. 45.

[896] *Raiser*, ZGR 1996, 458 (464).

[897] *Raiser*, ZGR 1996, 458 (464).

[898] Auch kleine Gemeinden fallen unter das allgemeine Konzernrecht. Die Größe der Gemeinde ist grundsätzlich irrelevant für den Konzernbegriff, vgl. *Raiser*, ZGR 1996, 458 (464).

[899] Stadt Frankfurt, Beteiligungsbericht 2013, S. 24; die konzernähnlichen Strukturen werden besonders an den unzähligen Verflechtungen im Organigramm der Stadt Frankfurt deutlich, abzurufen unter: http://www.frankfurt.de/sixcms/media.php/738/3.%20Graphische%20Gesamt%C3%BCbersicht%20der%20Beteiligungen.pdf (Stand: 08.11.2018).

Sorgfaltspflicht zur Einführung einer Compliance-Struktur besteht.[900] Im Rahmen dieser Arbeit ist es leider nicht möglich, den vielschichtigen Streit um die Konzernleitungspflicht umfassend und vor allem abschließend zu diskutieren. Angesichts der wachsenden Bedeutung von Konzernstrukturen im öffentlichen Sektor erscheint zumindest eine kurze Darstellung der bestehenden Auffassungen und eines eigenen Ansatzes angebracht.[901]

Die Annahme einer konzernweiten Compliance-Pflicht setzt voraus, dass überhaupt die rechtliche Möglichkeit zur Implementierung einer Compliance-Struktur auch gegenüber den Tochtergesellschaften besteht. Zumindest im aktienrechtlichen Konzern erscheint diese Auffassung fragwürdig. Unproblematisch erscheint die Implementierung einer konzernweiten Compliance-Struktur bei Bestehen eines Beherrschungsvertrages. Das beherrschende Unternehmen wird nach § 308 AktG berechtigt, dem Vorstand der Tochtergesellschaft hinsichtlich der Leitung der Gesellschaften Weisungen zu erteilen. Allerdings ist es den Kommunen aufgrund gemeinderechtlicher Vorgaben nicht möglich, einen Beherrschungsvertrag abzuschließen. Gemäß § 302 Abs. 1 AktG wäre die Kommune zum vollständigen Verlustausgleich des beherrschten Unternehmens verpflichtet. Nach dem Haftungsgrundsatz der Kommunen kommen jedoch nur solche Gesellschaftsformen in Betracht, die in ihrer Haftung auf ein angemessenes Maß begrenzt sind.[902] Das Abschließen eines Beherrschungsvertrages ist für Kommunen daher unzulässig.[903] Wenn kein Beherrschungsvertrages möglich ist, kann es sich nur um einen faktischen Konzern handeln. In dem Fall darf das herrschende Unternehmen nach § 311 Abs. 1 AktG seinen Einfluss nicht dazu benutzen, eine abhängige Aktiengesellschaft zu veranlassen, ein für sie nachteiliges Rechtsgeschäft vorzunehmen oder Maßnahmen zu ihrem Nachteil zu treffen. Obwohl es durchaus fragwürdig erscheint, die Einfüh-

[900] *Reichert/Ott*, NZG 2014, 241 (241), Compliance sei ein „konzerndimensionales Konzept zur Rechtmäßigkeitsgewehr."

[901] Umfassend zu den Compliance-Pflichten im Konzern *Grundmeier*, Rechtspflicht zur Compliance im Konzern, S. 33ff; *Bicker*, AG 2012, 542 (548ff); *Verse*, ZHR 175 (2011), 401 (407ff).

[902] Siehe Ausführungen unter: Kap. 1, B, IV, 3.

[903] So auch *Koch*, in: Hüffer/Koch, AktG, § 394 Rn. 2c; gegen eine grundsätzliche Unzulässigkeit *Schürnbrand*, in: MüKo AktG, Vor. § 394 Rn. 46f.

rung einer Compliance-Struktur als nachteilige Maßnahme zu bezeichnen, ist zumindest nicht ausgeschlossen, dass der Wille der Konzerntochter besteht, die konzernweite Compliance-Struktur aufgrund inhaltlicher Bedenken oder dem Bestehen einer eigenen effektiveren Compliance-Struktur abzulehnen.[904] Auch der DCGK trägt in der Terminologie seiner Compliance-Definition dem Umstand Rechnung, dass dem herrschenden Unternehmen in seinem Konzernleitungsrecht Grenzen gesetzt sind. Danach hat der Vorstand für die Einhaltung der gesetzlichen Bestimmungen zu sorgen und wirkt auf deren Beachtung durch die Konzernunternehmen hin.[905] Er spricht ausdrücklich nicht davon, dass der Vorstand die konzernweite Compliance-Struktur durchzusetzen hat, sondern nur, das er im Rahmen seiner Möglichkeiten auf dessen Beachtung „hinwirken" soll.

Der Streit kann indes dahinstehen, wenn selbst bei der Annahme einer rechtlichen Möglichkeit zur Durchsetzung einer konzernweiten Compliance-Struktur keine solche Pflicht besteht. Im Ausgangspunkt dreht es sich um die Frage, ob sich die Leitungs- und Sorgfaltspflichten auch auf die Konzernunternehmen erstrecken oder nur das Einzelunternehmen erfassen. Ob der Vorstand der Konzernobergesellschaft sowohl der Konzernleitung aber auch den Tochtergesellschaften zur sorgfältigen Leitung verpflichtet ist, wird seit jeher unter dem Stichpunkt der Konzernleitungspflicht diskutiert.

Grundsätzlich gilt zwischen der Konzernobergesellschaft und den abhängigen Einzelgesellschaften das Trennungsprinzip.[906] Daraus folgert ein Teil der Literatur, dass der Vorstand der Konzernobergesellschaft nicht zur umfassenden Konzernleitung gegenüber der Tochtergesellschaft verpflichtet sein kann.[907] Es liegt demnach im Ermessen der Konzernobergesellschaft, ob und in welchem Ausmaß auf die Leitung der Konzerntochter eingewirkt wird.[908]

---

904 Vgl. *Kort*, in: Großkommentar AktG, § 91 Rn. 171; *Immenga*, FS Schwark, 2009, S. 199 (205).

905 DCGK, Zif. 4.1.3.

906 BGH, NJW 2007, 3285 (3287); *Fett/Theusinger*, BB-Special 4/2010, 6 (8).

907 *Kort*, in: Großkommentar AktG, § 91 Rn. 168; *Fett/Theusinger*, BB-Special 4/2010, 6 (8).

908 *Laubert*, in: Hölters, AktG, § 71 Rn. 51; *Fett/Theusinger*, BB-Special 4/2010, 6 (8).

Die inzwischen wohl herrschende Ansicht geht davon aus, dass sich die Leitungspflicht der Konzernobergesellschaft nicht nur auf die bloße Verwaltung der Beteiligungen beschränkt, sondern auch die Leitung des Konzernunternehmens einschließt.[909] Dazu gehört die Pflicht, wirtschaftliche Risiken frühzeitig zu erkennen und zu unterbinden.[910] Zur Befriedigung dieser Schadensabwehrpflicht muss die Konzernobergesellschaft allen mittelbar aus der Tochtergesellschaft entstehenden wirtschaftlichen Verlusten vorbeugen und mögliche Rechtsverstöße unterbinden.[911] Welchen Umfang diese Compliance-Pflichten haben und wie weit sie auch in den Tochtergesellschaften ausgeübt werden müssen, hängt dabei jedoch entscheidend von der Ausgestaltung des Konzerns und den daraus folgenden rechtlichen Möglichkeiten zur Implementierung ab.[912] Die Konzernleitungspflicht kann sich daher nur innerhalb der vom Gesellschaftsrecht gesetzten Grenzen bewegen. [913]

Obwohl beide Ansätze zu ähnlichen Ergebnissen kommen, ist der letzteren Ansicht zuzustimmen. Die wohl inzwischen herrschende Meinung differenziert im Hinblick auf die Konzernleitungspflicht zwischen der Pflicht gegenüber der Muttergesellschaft und der Tochtergesellschaft, wobei nur gegenüber der Muttergesellschaft eine Konzernleitungspflicht angenommen wird.[914] Die resultiert bereits aus ihrer Sorgfaltspflicht nicht nur Beteiligungsrechte auszuüben, sondern

---

909 *Fleischer*, CCZ 2008, 1 (3); *ders.*, in: Spindler/Stilz, AktG, § 76 Rn. 84; *Verse*, ZHR 175 (2011), 401 (407ff); *Bicker*, AG 2012, 542 (548); *ders.*, in: Bürkle/Hauschka, Compliance Officer, S. 269; *Spindler*, WM 2008, 905 (916).

910 *Fett/Theusinger*, BB-Special 4/2010, 6 (9).

911 *Schneider*, NZG 2009, 1321 (1324); *Verse*, ZHR 175 (2011), 401 (408).

912 *Bachmann*, in: VGR (Hrsg.), Gesellschaftsrecht in der Diskussion 2007, S. 95; *Fett/Gebauer,* FS Schwark, 2009, S. 375 (378); *Spindler*, WM 2008, 905 (916); *Bicker*, in: Bürkle/Hauschka, Compliance Officer, S. 270; *Verse*, ZHR 175 (2011), 401 (417f); *Immenga*, FS Schwark, 2009, S. 199 (205).

913 *Bachmann*, in: Kremer/Bachmann/Lutter/v.Werder, DCGK, Rn. 848; *Fett/ Gebauer,* FS Schwark, 2009, S. 375 (378); *Verse*, ZHR 175 (2011), 401 (417f).

914 *Fleischer*, in: Spindler/Stilz, AktG, § 76 Rn. 84; demgegenüber wird in der Beziehung zu der Tochtergesellschaft keine Konzernleitungspflicht angenommen, vgl. *Fleischer*, CCZ 2008, 1 (3); wobei die Differenzierung keinen Einfluss auf die Frage nach einer Konzernleitungspflicht nimmt. Die Annahme einer Verpflichtung auch gegenüber der Tochtergesellschaft hätte jedoch zur Folge, dass die Muttergesellschaft im Schadensfall in Anspruch genommen werden könnte, vgl. *Fett/Theusinger*, BB-Special 4/2010, 6 (10).

seiner Konzernverantwortung als Ganzes gerecht zu werden.[915] In der Praxis wäre es auch schwer vorstellbar, das Trennungsprinzip so eng auszulegen, dass die Muttergesellschaft gar keine Führungsverantwortung wahrnehmen kann. Dabei ist allerdings nicht von einer umfassenden, sondern nur von einer eingeschränkten Konzernleitungspflicht auszugehen, die von den konzernrechtlichen Einflussmöglichkeiten begrenzt wird.[916] Ein umfassendes Weisungsrecht zur Implementierung bestimmter Compliance-Strukturen oder Maßnahmen kann daher im faktischen Konzern nicht angenommen werden.[917] Im Verhältnis zur Muttergesellschaft kann die Konzernleitungsverantwortung schon deswegen angenommen werden, um mittelbar drohenden Schäden durch Rechtsverletzungen der Tochtergesellschaft vorzubeugen.[918] Insofern wird zutreffend von einer „konzernweiten Legalitätskontrolle“ gesprochen.[919] Die aus dem Eigeninteresse der Muttergesellschaft begründete Legalitätskontrolle kann jedoch nicht zu einer umfassenden Legalitätskontrollverantwortung auch gegenüber den Konzerntöchtern führen.[920] Sie bezieht sich nur auf die Verstöße, die eine unmittelbare Wirkung auf die Obergesellschaft haben und soll nicht die gesamte Compliance-Funktion innerhalb der Einzelgesellschaft ersetzen. Für eine umfassende konzernweite Compliance-Kontrolle besteht indes auch gar kein Bedarf. Die Konzernstrukturen entbinden die Tochtergesellschaften nicht von ihrer eigenen Verantwortung. Sie sind weiterhin zur Legalitätskontrolle ihres eigenen Unternehmens und ggf. zur Schaffung einer Compliance-Struktur verpflichtet, selbst wenn übergeordnete Konzernstrukturen bestehen.[921]

Ungeachtet der rechtlichen Verpflichtung zur konzernweiten Compliance-Struktur ist eine konzernweite Compliance aus faktischen

---

[915] *Fett/Theusinger*, BB-Special 4/2010, 6 (9); *Fleischer*, in: Spindler/Stilz, AktG, § 76 Rn. 84.

[916] Vgl. *Fleischer*, in: Spindler/Stilz, AktG, § 76 Rn. 86; *Kort*, in: Großkommentar AktG, § 91 Rn. 168.

[917] *Spindler*, WM 2008, 905 (916).

[918] *Verse*, ZHR 175 (2011), 401 (408).

[919] Zu den Instrumenten der konzernweiten Legalitätskontrolle, vgl. *Fleischer*, CCZ 2008, 1 (4ff); *Fett/Gebauer*, FS Schwark, 2009, S. 375 (377), dass es sich um eine „Konzernkontrollpflicht“ handelt; *Verse*, ZHR 175 (2011), 401 (407f).

[920] *Kort*, in: Großkommentar AktG, § 91 Rn. 167.

[921] *Spindler*, WM 2008, 905 (916).

Gründen empfehlenswert und entspricht daher der unternehmerischen Realität.[922] In ständiger Rechtsprechung des EuGH wird die Konzernobergesellschaft gesamtschuldnerisch in Haftung genommen, wenn sie als Muttergesellschaft eine wirtschaftliche Einheit bildet.[923] Bei einer alleinigen Trägerschaft wird diese wirtschaftliche Einheit vom EuGH vermutet.[924] Die Beweislast zur Entkräftung dieser Vermutung liegt beim Beklagten und wird sich in der Regel als sehr schwierig erweisen. Die Muttergesellschaft hat also ein originäres Eigeninteresse an der Rechtstreue ihrer Tochtergesellschaften. Unabhängig von der Tatsache, dass diese vom EuGH entwickelten Grundsätze zu einer verschuldensunabhängigen Erfolgshaftung der Konzernobergesellschaft führen, wird sich die Praxis der vom EuGH gefestigten Rechtsprechung anpassen müssen. Dazu kommt der Umstand, dass die Folgen von Rechtsverstößen einer Tochtergesellschaft nicht nur rechtlich, sondern im Besonderen durch Reputationsverluste auch wirtschaftlich der Muttergesellschaft zugerechnet werden.[925]

Zusammenfassend lässt sich sagen, dass keine Pflicht zur Einrichtung einer konzernweiten Compliance-Struktur besteht, eine solche mit den Tochtergesellschaften abgestimmte Struktur jedoch empfehlenswert erscheint.

---

922 So auch *Fett/Gebauer,* FS Schwark, 2009, S. 375 (378), dass das herrschende Unternehmen zwar keine Weisungsbefugnis hat, das Tochterunternehmen in der Regel jedoch aufgeschlossen gegenüber den Vorschlägen der Muttergesellschaft ist; *Kremer/Klahold*, ZGR 2010, 113 (117); vgl. *Immenga*, FS Schwark, 2009, S. 199 (205); *Verse*, ZHR 175 (2011), 401 (408).

923 Ausführlich dazu *Koch*, ZHR 171 (2007), 554 (557f).

924 EuGH, WM 2009, 2048 (2050).

925 *Verse*, ZHR 175 (2011), 401 (408).

# D. Compliance-Pflicht im Ordnungswidrigkeitenrecht

Neben der gesellschaftsrechtlichen Herleitung einer Compliance-Pflicht ist die Herleitung aus dem Ordnungswidrigkeitenrecht die am häufigsten vertretene These in der Literatur. *Moosmayer* geht sogar noch weiter und sagt, dass die Diskussion um die dogmatische Grundlage von Compliance von der Realität überholt ist.[926] Seiner Ansicht nach findet sich die rechtliche Grundlage einer allgemeinen Compliance-Pflicht unzweifelhaft in der Haftung des Unternehmens und seiner Aufsichtspflichtigen nach §§ 30, 130 Abs. 1 OWiG.[927] Danach handelt ein Betriebs- bzw. Unternehmensinhaber ordnungswidrig, wenn er vorsätzlich oder fahrlässig die Aufsichtsmaßnahmen unterlässt, die erforderlich sind, um in dem Betrieb oder Unternehmen Zuwiderhandlungen gegen Pflichten zu verhindern, die den Inhaber treffen und deren Verletzung mit Strafe oder Geldbuße bedroht ist. Öffentliche Unternehmen, allerdings nur insofern als das sie am Wirtschaftsleben teilnehmen, werden nach § 130 Abs. 2 OWiG ausdrücklich vom Unternehmensbegriff des § 130 Abs. 1 OWiG erfasst.[928] Dabei macht es keinen Unterschied, ob sich die öffentliche Hand einer öffentlich-rechtlichen oder privaten Rechtsform bedient. Entscheidendes Kriterium ist allein die öffentliche-rechtliche Trägerschaft.[929] Handelt es sich bei dem Inhaber des Unternehmens um eine juristische Person, kann zudem gegen diese nach § 30 Abs. 1 Nr. 1 OWiG eine Geldbuße verhängt werden.

Compliance und § 130 Abs. 1 OWiG sind in ihrem zugrunde liegenden Leitgedanken vergleichbar. Sinn und Zweck des § 130 Abs. 1

---

926 *Moosmayer*, Compliance, Rn. 10.

927 *Moosmayer*, Compliance, Rn. 10; so auch *Schneider*, ZIP 2003, 645 (648); *Wecker/Galla*, in: Wecker/van Laak, Compliance in der Unternehmerpraxis, S. 32; *Kort*, GmbHR 2013, 566 (568); zu einer „relativen" Rechtspflicht zur Einrichtung einer Compliance-Organisation kommt *Bachmann*, in: VGR (Hrsg.), Gesellschaftsrecht in der Diskussion, S. 70.

928 *Bohnert/Krenberger/Krumm*, OWiG, § 130 Rn. 5; *Rogall*, in: Karlsruher Kommentar OWiG, § 130 Rn. 30.

929 *Rogall*, in: Karlsruher Kommentar OWiG, § 130 Rn. 30.

OWiG ist das vorrangige Interesse der Allgemeinheit an einer organisatorischen Sicherstellung von Gefahrenvermeidung im Unternehmen, zu dem auch kriminelles Verhalten der Mitarbeiter zählt.[930] Darüber hinaus ist es unstrittig anerkannt, dass § 130 Abs. 1 OWiG als Sanktionsnorm für unzureichende Compliance-Maßnahmen herangezogen werden kann. Dies hat jedoch nicht automatisch zur Folge, dass daraus auch eine Organisationspflicht i.S.e. Compliance-Struktur abgeleitet werden kann. Eine solche Compliance-Verpflichtung könnte nur dann aus dem Ordnungswidrigkeitenrecht abgeleitet werden, wenn sich eine Compliance-Struktur als erforderliche Aufsichtsmaßnahme i.S.d. § 130 Abs. 1 OWiG darstellen würde. Derweil enthalten die §§ 30, 130 Abs. 1 OWiG keine konkreten Aussagen über die organisatorischen Mindestanforderungen der Aufsichtsmaßnahmen. Die Gerichte selbst haben allzu oft die fehlende Konkretisierung der Aufsichtsmaßnahmen in § 130 Abs. 1 OWiG moniert, sind allerdings auch nicht immer ihrer Aufgabe gerecht geworden, die Erwartungshaltung, die sie an den unbestimmten Rechtsbegriff der erforderlichen Aufsichtsmaßnahmen gelegt haben, zu definieren.[931] Dennoch haben sich im Laufe der Zeit Mindestanforderungen an § 130 Abs. 1 OWiG konkretisiert.[932] Ähnlich wie in der Diskussion um die Herleitung einer Compliance-Pflicht aus § 93 Abs. 1 Nr. 1 AktG ist das Hauptargument gegen eine allgemeine gesetzliche Verpflichtung, dass Art und Umfang der Aufsichtsmaßnahmen nicht allgemeingültig festgelegt werden können, sondern von Organisation, Art, Größe und Risikopotential des Unternehmens abhängen und der Grad der Aufsichtsmaßnahmen für jeden Einzelfall neu bestimmt werden muss.[933] Zudem hängen die Aufsichtsmaßnahmen von ihrer Erforderlichkeit und

930 BGH, NJW 1994, 1801 (1803).

931 *Bock*, ZIS 2009, 68 (73); *Rogall*, in: Karlsruher Kommentar OWiG, § 130 Rn. 43.

932 Siehe dazu Darstellung bei *Theusinger/Jung*, in: Römermann, MAH GmbH-Recht, § 24 Rn. 13f; *Rogall*, in: Karlsruher Kommentar OWiG, § 130 Rn. 42.

933 *Kremer/Klahold*, ZGR 2010, 113 (119); *Kort*, FS Hopt, 2010, S. 983 (995); OLG Düsseldorf, NStZ-RR 1999, 151 (151); OLG Zweibrücken, NStZ-RR 1998, 311 (311f); *Bock*, ZIS 2009, 68 (74); *Rogall*, in: Karlsruher Kommentar OWiG, § 130 Rn. 43.

Zumutbarkeit ab.[934] Der Betriebsinhaber kann daher bei der Auswahl zwischen verschiedenen Aufsichtsmaßnahmen diejenige mit der geringeren Belastung für das Unternehmen wählen.[935] Ferner schuldet das Unternehmen vor dem Hintergrund der Zumutbarkeit nicht jegliche mögliche organisatorische Aufsichtsmaßnahme.[936] Im Hinblick auf diese Einschränkung verpflichtet § 130 Abs. 1 OWiG explizit nicht zur Einrichtung eines Aufsichtssystems in einer bestimmten Form.[937] Die Aufsichtsmaßnahmen müssen lediglich geeignet sein, Pflichtverletzungen im Unternehmen vor dem Hintergrund der Zumutbarkeit bestmöglich zu unterbinden.[938]

Ferner wird das Ordnungswidrigkeitenrecht vor allem wegen der organisatorischen Ausweitung der Aufsichtsmaßnahmen als dogmatische Grundlage für eine Compliance-Pflicht abgelehnt.[939] Wenn Compliance umfassend verstanden werden soll, besteht es neben der reinen Aufsichtspflicht auch aus der Verpflichtung zur Aufklärung und Sanktion, welche dem Gedanken des § 130 Abs. 1 OWiG fremd sind.[940] Gegen eine Herleitung aus § 130 Abs. 1 OWiG spricht zudem die Tatsache, dass dieser nur straf- und bußgeldbewehrte Vorschriften erfasst.[941] Im weiten Verständnis von Compliance ist die Erfassung nicht strafbewehrter Verstöße und freiwilliger Selbstverpflichtungen ein elementarer Bestandteil. In der Realität darf allerdings nicht verkannt werden, dass fast ausschließlich alle Compliance-Verstöße in der Regel eine strafbewehrte Folge haben. Teilweise wird § 130 Abs. 1 OWiG dem Wortlaut nach sogar auf nur solche Maßnahmen beschränkt, die den „Inhaber als solches“

934 OLG Düsseldorf, NStZ-RR 1999, 151 (151); *Bock*, ZIS 2009, 68 (74); *Bohnert/Krenberger/Krumm*, OWiG, § 130 Rn. 20; *Kremer/Klahold*, ZGR 2010, 113 (119).

935 *Bohnert/Krenberger/Krumm*, OWiG, § 130 Rn. 21; *Rogall*, in: Karlsruher Kommentar OWiG, § 130 Rn. 50.

936 *Rogall*, in: Karlsruher Kommentar OWiG, § 130 Rn. 40; *Bachmann*, ZHR 180 (2016), 563 (565).

937 *Krebs/Eufinger/Jung*, CCZ 2011, 213 (215).

938 OLG Zweibrücken, NStZ-RR 1998, 311 (312).

939 *Meyer*, DB 2014, 1063 (1064).

940 a.A: *Theusinger/Jung*, in: Römermann, MAH GmbH-Recht, § 24 Rn. 75.

941 So auch *Bachmann*, in: VGR (Hrsg.), Gesellschaftsrecht in der Diskussion 2007, S. 71; *ders.*, ZHR 180 (2016), 563 (565); *Harbarth*, ZHR 179 (2015), 136 (140).

treffen.[942] Danach beziehen sich die erforderlichen Aufsichtsmaßnahmen nicht auf alle Vorschriften, sondern nur auf originäre Betriebsvorgaben wie das Steuerrecht oder Sozialabgaberecht.[943] Wenngleich die letztgenannte Ansicht zu Recht überwiegend abgelehnt wird und nach herrschender Ansicht § 130 Abs. 1 OWiG alle betriebsbezogenen Delikte erfasst,[944] vertritt die aus der Sorgfaltspflicht abgeleitete Legalitätspflicht einen umfassenderen Ansatz als die Organisationspflicht aus § 130 Abs. 1 OWiG. Zu den betriebsbezogenen Straftaten zählen im Besonderen nicht die Taten, die sich allein gegen das Unternehmen richten.[945] Compliance soll jedoch auch die Verstöße verhindern, die zwar keine Außenwirkung, dennoch einen wirtschaftlichen Schaden zur Folge haben oder das Betriebsklima stören können.

Zusammenfassend lässt sich feststellen, dass Compliance im Einzelfall eine geeignete Aufsichtsmaßnahme nach § 130 Abs. 1 OWiG sein kann.[946] Eine allgemeine Verpflichtung zur Schaffung von Compliance-Strukturen kann jedoch nicht aus der Vorschrift abgeleitet werden.[947]

---

[942] *Bachmann*, in: VGR (Hrsg.), Gesellschaftsrecht in der Diskussion 2007, S. 70f.

[943] *Bachmann*, in: VGR (Hrsg.), Gesellschaftsrecht in der Diskussion 2007, S. 71.

[944] *Bohnert/Krenberger/Krumm*, OWiG, § 130 Rn. 29f.

[945] *Rogall*, in: Karlsruher Kommentar OWiG, § 130 Rn. 99; *Bohnert/Krenberger/Krumm*, OWiG, § 130 Rn. 31.

[946] *Bock*, ZIS 2009, 68 (74); *Kort*, FS Hopt, 2010, S. 983 (995).

[947] *Kremer/Klahold*, ZGR 2010, 113 (119); *Kort*, FS Hopt, 2010, S. 983 (995); *Meyer*, DB 2014, 1063 (1064); *Rogall*, in: Karlsruher Kommentar OWiG, § 130 Rn. 40; *Harbarth*, ZHR 179 (2015), 136 (141).

# E. Schlussfolgerung

Auf den ersten Blick erscheint es verwunderlich, dass trotz der lang andauernden Diskussion um die Compliance-Pflicht noch keine herrschende Ansicht erkennbar ist. Noch erstaunlicher ist es, dass sich trotz unzähliger Literaturbeiträge nicht einmal eine Richtung, in der sich die Meinung zur allgemeinen Compliance-Pflicht bewegt, herauskristallisiert. Angeschoben durch das „Siemens-Neubürger"-Urteil sind mittlerweile zumindest vage Tendenzen erkennbar. Jedenfalls dürfte es relativ sicher sein, dass *Hauschka* seine Aussage aus dem Jahr 2004 nicht mehr aufrechterhält: „Selbst in Großbetrieben ist Compliance hierzulande noch kein gängiger Begriff, vom Mittelstand ganz abgesehen."[948]

Zunächst war es sinnvoll, sich einen Überblick über den bisherigen Meinungsstand zu verschaffen und sich zeitgleich mit der Frage auseinanderzusetzen, warum trotz der Fülle von Aufsätzen und Fachbüchern die Frage nach einer Compliance-Pflicht bis heute nicht abschließend geklärt ist. Datenschutz, Arbeitsrecht, Strafrecht, Gesellschaftsrecht, im aktuellen Fall auch das öffentliche Recht und viele weitere Rechtsfelder werden durch die Compliance-Struktur beeinflusst. Compliance ist jedoch nicht nur thematisch ein Schnittmengenthema. Auch in der Wissenschaft ist es nicht eindeutig, ob Compliance in vorderster Front ein betriebswirtschaftliches oder juristisches Thema ist.[949] Dementsprechend war es zunächst von Vorteil, die unterschiedlichen Meinungen nach ihrer Herkunft zu differenzieren. Nicht als Wertung, sondern um ein einheitliches Bild zu bekommen. Denn die betriebswirtschaftliche Compliance und die juristische Compliance basieren auf einem grundlegend unterschiedlichen Verständnis. Die Betriebswirtschaft beschäftigt sich mit der Frage der bestmöglichen, effektivsten und wirtschaftlichsten Compliance-Struktur. Die Rechtswissenschaft hält sich vornehmlich an der Frage auf, ob ein verpflichtender Mindeststandard von Compliance-Strukturen angenommen werden kann. In dem Fall ist das betriebs-

[948] So *Hauschka*, ZIP 2004, 877 (877).

[949] Ebenso *Böttcher*, NZG 2011, 1054 (1054); dass Compliance eine Kombination beider Wissenschaften ist; so auch *Hölters*, in: Hölters, AktG, § 91 Rn. 91.

wirtschaftlich Wünschenswerte nicht immer auch das juristisch Erforderliche.[950] Darüber hinaus unterscheiden sich beide Wissenschaften auch in der Nutzung inhaltlich differenzierender Begrifflichkeiten.[951] Während der Begriff „Compliance-System“ oder „Compliance-Management-System“ zwar kein rein betriebswirtschaftliches Phänomen ist, sondern auch häufig in juristischen Texten verwandt wird, geht die Betriebswirtschaft im Regelfall bei dem Begriff Compliance von einem festen organisatorischen Compliance-System aus. In den bisherigen Ausführungen zur Compliance-Pflicht und zu den Mindestanforderungen an eine Compliance-Struktur ist jedoch deutlich geworden, dass es oberhalb eines grundlegenden Compliance-Verständnisses keinen weiteren gemeinsamen Nenner geben kann. Die Annahme einer Compliance-Pflicht ist also auch davon abhängig, was unter Compliance verstanden wird. In der vorliegenden Arbeit ist deswegen auf die Verwendung des Begriffs „Compliance-System“ verzichtet worden, weil sie das Bestehen einer festen Compliance-Organisation assoziiert.[952] Konsequenterweise kann nur von Compliance-Strukturen gesprochen werden, die zwar einen gemeinsamen Mindestaufbau haben, in ihrer Reichweite, Umfang und Intensität jedoch nach oben offen sind.

Nicht vergessen werden darf, dass es sich bei Compliance trotz der immensen wissenschaftlichen Beiträge noch immer um ein relativ junges Thema handelt, dass sich auch auf wissenschaftlicher Ebene zunächst etablieren musste. Währenddessen hat sich Compliance nur langsam von einem Postulat der Regeltreue zu einer Organisationsstruktur entwickelt, weshalb Compliance inzwischen auch mehr ist als der berühmte „alte Wein in neuen Schläuchen.“ Angesichts dieser Entwicklung gehen im Besonderen viele ältere Aufsätze von einem anderen als dem heutigen Compliance-Verständnis aus. Während es

[950] Es bietet sich daher an, dass sich die juristische Perspektive auf das rechtliche Mindestmaß von Compliance beschränkt, während die Entwicklung einer effektiven Betriebsstruktur der Wirtschaftswissenschaft vorbehalten bleiben sollte; so auch *Hoffmann-Becking*, ZGR 1998, 497 (513).

[951] Kritisch daher *Schött*, JZ 2013, 771 (773), „Compliance ist und bleibt ein offener, empirischer und sich damit deutlich von präzisen gesellschaftsrechtlichen Vorstellungen entfernender subjektiv wertender und ökonomisch überlagerter Begriff.“

[952] Kritisch zum Systembegriff auch *Kort*, in: Großkommentar AktG, § 91 Rn. 29.

nach den Anfängen der Compliance-Diskussion in den 90er Jahren in der Folge deutlich ruhiger wurde, ist die Diskussion um Compliance in Deutschland durch die Reform des DCGK und dessen begriffliche Aufnahme von Compliance neu angeschoben worden. Daneben wurde eine branchenspezifische Rechtspflicht zu Compliance in § 25a Abs. 1 Nr. 3c KWG verortet. Im Gegensatz zu vielen anderen Organisationspflichten hatte Compliance damit eine gesetzliche Grundlage bekommen. Seit dem „Siemens-Neubürger-"Urteil ist die Diskussion um die Compliance-Pflicht vor allem durch die „Haftungsangst" der Geschäftsleiter erneut in den Mittelpunkt gerückt.

In der Untersuchung wurde deutlich, dass es vielschichtige Ansätze für die Begründung einer Compliance-Pflicht gibt. Während die meisten Autoren ihre Untersuchung zumeist mit dem schwammigen Verweis auf den Einzelfall offen lassen, sollte die vorliegende Untersuchung ein konkretes branchenspezifisches Ergebnis liefern. Die getroffenen Aussagen zur Herleitung einer Compliance-Pflicht sollen an dieser Stelle nicht wiederholt werden. Unzweifelhaft findet sich die dogmatische Verankerung von Compliance in den Sorgfaltspflichten der Geschäftsleiter wieder. Wenngleich sich der Schutzgedanke von Compliance immer weiter von der Legalität auch auf die Legitimität des Handelns ausweitet, ist der Legalitätsgedanke doch der unstrittige Ursprung. Sinnvoll ist es daher, die aus den Sorgfaltspflichten abgeleitete Legalitätskontrollpflicht mit der Organisations- und Überwachungsverantwortung der Geschäftsführung zu verbinden. Nicht nur aus inhaltlichen, sondern auch aus praktischen Erwägungen ist diese Ansicht vorzugswürdig. Für die Sorgfaltspflicht findet sich eine entsprechende Norm sowohl im Aktiengesetz als auch im GmbHG. Eine Übertragung des § 91 Abs. 2 AktG auf die GmbH erscheint zwar möglich, ist vor dem Hintergrund des gemeinsamen Ursprungs in der Sorgfaltspflicht jedoch unnötig. Während die Auffassung einer analogen Verallgemeinerung der branchenspezifischen Sondernormen weit hergeholt erscheint, ist der Herleitung aus § 130 Abs. 1 OWiG noch am ehesten zuzustimmen. Hier ist es durchaus vertretbar, auch zu einem anderen Ergebnis zu kommen.

Die dogmatische Verortung allein bringt allerdings noch keinen Erkenntnisgewinn über die Frage nach einer Compliance-Pflicht. Es darf nämlich nicht unterschlagen werden, dass die Annahme einer solchen Pflicht erheblich in das Organisationsermessen der Geschäftsführung eingreift und zeitgleich in der Praxis auch einen organisatorischen Mehraufwand mit sich bringt. Im Ergebnis hat die Verortung in den Sorgfaltspflichten zur Folge, dass auch die Auswirkungen einer Organisationsverpflichtung auf die GmbH berücksichtigt werden müssen. Gerade deswegen wird eine allgemeine Compliance-Pflicht (noch) abzulehnen sein. Obwohl immer mehr Autoren eine andere Auffassung vertreten, entspricht die Ablehnung einer Compliance-Pflicht wohl noch immer der herrschenden Literatur. Die Ablehnung einer allgemeinen Compliance-Pflicht bedeutet jedoch nicht, dass eine solche Pflicht nicht im Einzelfall bestehen kann. Die Unternehmensgröße, das Risikoprofil der Branche, die bisherige „Compliance-Vergangenheit" und weitere wirtschaftliche Kennzahlen können den Sorgfaltsmaßstab zu einer Compliance-Pflicht verdichten. Generell lässt sich sagen: umso größer das Unternehmen, je eher besteht eine Pflicht zu Compliance.[953] Diesem Umstand tragen auch fast alle Autoren Rechnung und gehen von einer „Nein, aber"-Pflicht aus. Obwohl die Überlegungen sinnvoll und stichhaltig sind, eröffnen sie ein weiteres Problemfeld, dass nur am Rande des Schrifttums deutlich wird und dessen Lösung eher philosophischer Natur ist: „Bei kleinen, gut überschaubaren Unternehmen mit geringer Risikoexposition werden institutionalisierte Compliance-Strukturen entbehrlich sein, nicht aber ein Minimum an Präventionsmaßnahmen."[954] Wobei wir wieder bei der Ausgangsfrage sind, ab welchem Maßnahmenumfang bereits von Compliance gesprochen werden kann.

An der Darstellung des Problems an der Aktiengesellschaft wurde deutlich, dass sich die bisherigen Untersuchungen in der Regel auf börsennotierte Großkonzerne bezogen haben. Dazu wurde treffend festgestellt, dass die Diskussion bisweilen die „Realstruktur des einzelnen Unternehmens" unberücksichtigt ließ. [955] Um der Realstruktur kommunaler Unternehmen Rechnung zu tragen, wurde bei der Sorgfaltsmaßbestimmung der Einfluss des öffentlichen Rechts auf die Verhaltens- und Organisationspflichten berücksichtigt. Dabei wurde deutlich, dass der Gedanke der Legalität bereits vor der „Erfindung" von Compliance eine wichtige Rolle gespielt hat. Schon in den

[953] So auch *Kremer/Klahold*, ZGR 2010, 113 (121).
[954] *v.Busekist/Hein*, CCZ 2012, 41 (43).
[955] *Kort*, GmbHR 2013, 566 (568).

historisch gewachsenen Strukturen ist die öffentliche Hand zur besonderen Achtung der Rechtmäßigkeit ihres Handelns verpflichtet. Das führt zu der Annahme, dass dieser strengere Sorgfaltsmaßstab auch an den Geschäftsführer eines öffentlichen Unternehmens anzulegen ist. Im Ergebnis ist durch die branchenbezogene Konkretisierung der Sorgfaltspflichten eine allgemeine Compliance-Pflicht für öffentliche Unternehmen anzunehmen. Wenngleich die Forderung nach mehr Regulierung nicht immer der richtige Weg sein kann, sind das öffentliche Recht und seine Institutionen generell einer hohen Regulierung unterworfen. Daraus kann nicht leichter auf eine zusätzliche Regulierung geschlossen werden, jedoch wird der Stellenwert der öffentlichen Institutionen und ihrer Aufgaben sichtbar. Dennoch muss dem Umstand Rechnung getragen werden, dass nicht jedes Unternehmen eine Compliance-Struktur benötigt. In der Tourismus-GmbH der Kommune mit nur wenigen Mitarbeitern wird es auch ohne Compliance-Strukturen möglich sein, Unternehmenslegalität herzustellen. Diesbezüglich ist es notwendig, in der Praxis von der allgemeinen Pflicht abweichen zu können. Auch aus der theoretischen Perspektive wäre ein solcher Eingriff in das Geschäftsleitungsermessen nur schwer begründbar. Obwohl diese „ja, aber“-Lösung einen Ermessensspielraum eröffnet, darf dessen Umfang nicht überbewertet werden. Die besondere Bedeutung von Rechtstreue im öffentlichen Recht erlaubt es nur im Ausnahmefall von dieser Pflicht abzuweichen.

# Kapitel 3
# Compliance-Pflichten der Organe

## A. Aktiengesellschaft

### I. Vorstand

#### 1. Compliance als Geschäftsleiterpflicht

Im dualistischen System des deutschen Aktienrechts nimmt der Vorstand die Leitungsfunktion des Unternehmens wahr. Zutreffend wird er auch als „Kontrollzentrum des Unternehmens“ bezeichnet.[956] Die allgemeine Leitungspflicht ist Kompetenzbeschreibung und –abgrenzung zugleich gegenüber dem Aufsichtsrat und der Hauptversammlung.[957] Ihm obliegt die originäre Leitungsaufgabe, das Unternehmen sowohl in der Strategie, der Strukturierung und der Kontrolle federführend zu lenken.[958] Aus der Kontroll- und Organisationsverantwortung heraus wird Compliance in den Zuständigkeitsbereich des Vorstandes verortet.[959] Zu Recht wird Compliance daher häufig als „Chefsache“ bezeichnet.[960]

---

956 *Martens*, FS Fleck, 1988, S. 191 (201); in Abgrenzung zu den Kompetenzen des Aufsichtsrates ist mit dem Begriff Kontrollzentrum selbstverständlich eine Führungs- und keine Überwachungskontrolle gemeint.

957 *Weber*, in: Hölters, AktG, § 76 Rn. 1.

958 *Weber*, in: Hölters, AktG, § 76 Rn. 10.

959 *Vetter*, FS Westphalen, 2010, S. 719 (726); *Kort*, in: Großkommentar AktG, § 91 Rn. 121; *ders.*, FS Hopt, 2010, S. 983 (983); *Fleischer*, in: Spindler/Stilz, AktG, § 91 Rn. 63; *Lutter*, FS Hüffer, 2010, 617 (618); *Bürgers*, ZHR 179 (2015), 173 (175); *Immenga*, FS Schwark, 2009, S. 199 (200); *Koch*, in: Hüffer/Koch, AktG, § 76 Rn. 12.

960 So *Fleischer*, CCZ 2008, 1 (1); *ders.*, NZG 2014, 321 (323); *Kremer/Klahold*, ZGR 2010, 113 (125); *Fuhrmann*, NZG 2016, 881 (881); *Lösler*, NZG 2005, 104 (107); *Vetter*, FS Westphalen, 2010, S. 719 (729f).

a) Compliance und Ermessen

In der bisherigen Untersuchung ging es häufig um die Frage, ob eine allgemeine Pflicht zu Compliance besteht. Dabei wurde deutlich, dass sowohl bei der Frage des „Ob" als auch des „Wie" von Compliance große rechtliche Unsicherheiten bestehen und dem Vorstand ein Beurteilungs- bzw. Ermessenspielraum bleibt. Im Falle kommunaler Unternehmen reduziert der strenge Legalitätsmaßstab den Ermessensspielraum jedoch auf Null, so dass kommunale Unternehmen grundsätzlich zur Einrichtung von Compliance-Strukturen verpflichtet sind. Davon unberührt bleibt die inhaltliche Ausgestaltung. Während in den Grundsätzen des IDW PS 980 ein kleinster gemeinsamer Nenner gefunden werden konnte, besteht darüber hinaus in der Ausgestaltung der Compliance-Struktur ein großer Ermessensspielraum, der Art, Größe und Situation des Unternehmens berücksichtigen muss.[961]

Obwohl Compliance zwar edlen Motiven folgt, ist die faktische Haftungsangst der Geschäftsleiter doch wohl der größte Motor der Compliance-Entwicklung in Deutschland. Sie müssen daher bei der Einrichtung, als auch bei der Ausgestaltung von Compliance unzählige Faktoren berücksichtigen, die die Compliance-Struktur beeinflussen. In der ex-post Betrachtung wird dabei häufig die Erkenntnis auftreten, dass einzelne Faktoren, Verdachtsmomente oder die grundsätzliche Unternehmenssituation falsch eingeschätzt wurden. Dabei wird es von entscheidender Rolle sein, ob sich das Vorstandsmitglied seiner Haftung nach § 93 Abs. 1 S. 2 AktG exkulpieren kann.

b) Haftungsbefreiender Ermessensspielraum

Nach § 93 Abs. 1 S. 2. AktG liegt eine Pflichtverletzung nicht vor, wenn das Vorstandsmitglied bei einer unternehmerischen Entscheidung vernünftigerweise annehmen durfte, auf der Grundlage angemessener Informationen zum Wohle der Gesellschaft zu handeln. Diese Übernahme der amerikanischen Business Judgment Rule in das deutsche Recht spielt im folgenden Teil der Arbeit eine wichtige Rolle. Immer dann, wenn eine mögliche Pflichtverletzung des Vorstandes im Raum steht, führt sie zu der Frage, ob sich der Vorstand

[961] *Kort*, in: Großkommentar AktG, § 91 Rn. 122.

aufgrund seiner angemessenen Informationsgrundlage seiner Haftung exkulpieren kann. Die deutsche Business Judgment Rule kann an dieser Stelle nicht umfassend in ihrer Entwicklung und Konzeption bearbeitet werden, bedarf zur Vollständigkeit jedoch einer kurzen Darstellung.

aa) Ursprung der Business Judgement Rule

Die Ursprünge der deutschen Business Judgment Rule finden sich, der Name deutet es bereits an, im angloamerikanischen Recht. Die Business Judgment Rule sollte dem board of directors einen unternehmerischen Handlungsspielraum gewähren, der vor gerichtlichen Eingriffen und einer gerichtlichen Überprüfung geschützt ist.[962] Sie trug dem Umstand Rechnung, dass nicht jeder entstandene Schaden im Wirtschaftsverkehr auf einer Pflichtverletzung des Vorstandes beruht. Vielmehr ist bei unternehmerischen Entscheidungen ein gewisses Maß an Risiko nicht zu vermeiden, gegebenenfalls sogar einkalkuliert. Eine Einschränkung dieses unternehmerischen Handlungsspielraums würde dem Grundsatz der freien Unternehmensleitung widersprechen.[963] Innerhalb dieses Rahmens sollte die Business Judgment Rule zu einem „Safe Harbor“ führen, in dem sich der Vorstand haftungsfrei bewegen kann. Im Hinblick auf das föderale Rechtssystem der USA, in denen die Bundesstaaten für das Gesellschaftsrecht zuständig sind, gibt es keine einheitliche Legaldefinition der amerikanischen Business Judgment Rule. Eine der am weit verbreitetsten Definitionen stammt aus den „Principles of Corporate Governance“ des „American Law Institute“:

„A director or officer who makes a business judgment in good faith fulfills the duty under this Section if the director or officer:

(1) is not interested in the subject of the business judgment;

(2) is informed with respect to the business judgment to the extent the director or officer reasonably believes to be appropriate under the circumstances;

[962] *Paefgen*, AG 2004, 245 (245).

[963] BGH, NJW 1997, 1926 (1928f).

(3) rationally believes that the business judgment is in the best interests of the corporation"[964]

In der rechtspraktischen Entwicklung war vor allem die Rechtsprechung des Delaware Supreme Court federführend. Diese führten zur Business Judgement Rule aus: „It is a presumption that in making a business decision the directors of a corporation acted on an informed basis, in good faith and in the honest belief that the action taken was in the best interests of the company."[965]

In Deutschland hat der BGH erstmals in der „ARAG/Garmenbeck"-Entscheidung die Grundzüge der Business Judgment Rule rechtswirksam anerkannt.[966] Danach wird eine Schadensersatzpflicht des Vorstandes erst begründet, wenn „die Grenzen, in denen sich ein von Verantwortungsbewusstsein getragenes, ausschließlich am Unternehmenswohl orientiertes, auf sorgfältiger Ermittlung der Entscheidungsgrundlagen beruhendes unternehmerisches Handeln bewegen muss, deutlich überschritten sind."[967] Die Grenze des unternehmerischen Ermessens wird erreicht, wenn „die Bereitschaft, unternehmerische Risiken einzugehen in unverantwortlicher Weise überspannt worden ist."[968] Der BGH bleibt damit seiner Linie treu, die aktienrechtliche Vorstandshaftung stets als Verhaltenshaftung und nicht als Erfolgshaftung anzusehen und dem Vorstand keinen zu engen Handlungsradius zu gewähren.[969] So hat der Gesetzgeber bereits in der Begründung zum AktG 1937 darauf hingewiesen, dass dem Vorstand durch eine zu strenge Haftung nicht „jeder Mut zur Tat genommen" wird.[970] Der Leitsatz des BGH orientiert sich an der damaligen US-amerikanischen Business Judgment Rule.

---

[964] Abgedruckt in: *Eisenberg*, An Overview of the Principles of Corporate Governance, 8-I-1993, S. 1281.

[965] *Aronson v. Lewis*, 473 A.2d (1984), 805 (812).

[966] Ausführlich dazu *Henze*, NJW 1998, 3309 (3311ff).

[967] BGH, NJW 1997, 1926 (1928).

[968] BGH, NJW 1997, 1926 (1928).

[969] *Fleischer*, in: Spindler/Stilz, AktG, § 93 Rn. 61.

[970] Amtliche Begründung zu § 84 AktG a.F., abgedruckt bei Klausing, Gesetz über Aktiengesellschaften und Kommanditgesellschaften (1937), S. 71; so auch *Spindler*, in: MüKo AktG, § 93 Rn. 36.

Nach Anerkennung durch Rechtsprechung[971] und Literatur[972] wurde die Business Judgment Rule durch Art. 1 Nr. 1a des Gesetzes zur Unternehmensintegrität und Modernisierung des Anfechtungsrechts (UMAG) in § 93 Abs. 1 S. 2 AktG gesetzlich normiert:[973] „Eine Pflichtverletzung liegt nicht vor, wenn das Vorstandsmitglied bei einer unternehmerischen Entscheidung vernünftigerweise annehmen durfte, auf der Grundlage angemessener Information zum Wohle der Gesellschaft zu handeln." Grundlage dieser Normierung war ein Vorschlag der Regierungskommission Corporate Governance und eines Beschlusses des 63. Deutschen Juristentages.[974] Die Kodifizierung hatte allenfalls Klarstellungsfunktion, war sie bis zur Einführung des § 93 Abs. 1 S. 2. AktG in der Rechtsprechung schon gelebte Praxis.[975]

### bb) Wirkung der Business Judgment Rule

Die Wirkung der Business Judgment Rule ist selbst in ihrem Ursprungsland nicht eindeutig geklärt. Nach Ansicht des American Law Institute gewährt die Business Judgment Rule dem Vorstand einen „Safe Harbour".[976] Allerdings trifft ihn die Beweislast, die Erfüllung der Voraussetzungen der Business Judgment Rule darzulegen. Der Delaware Supreme Court geht hingegen von der (widerlegbaren) Vermutung aus, dass die Entscheidung eines Geschäftsleiters grundsätzlich auf Grundlage ausreichender Informationen, in gutem Glauben und in der festen Überzeugung getroffen wurde, dass die Entscheidung dem Unternehmenswohl dient. Diese Beweislastumkehr

---

971 BGH, NJW 1997, 1926 (1928).

972 *Ulmer*, ZHR 163 (1999), 290 (299).

973 Gesetz zur Unternehmensintegrität und Modernisierung des Anfechtungsrechts (UMAG) v. 22.09.2005, BGBl. I S. 2802.

974 Begründung RegE BT-Drucks. 15/5092, S. 11.

975 *Dauner-Lieb*, in Henssler/Strohn, AktG, § 93 Rn. 18; *Hölters*, in: Hölters, Aktiengesetz, § 93 Rn. 29; *Spindler*, in: MüKo AktG, § 93 Rn. 36; *Koch*, in: Hüffer/Koch, AktG, § 93 Rn. 9.

976 "A director or officer who makes a business judgment in good faith fulfills the duty under this Section," *Eisenberg*, An Overview of the Principles of Corporate Governance, 8-I-1993, S. 1281.

führt dazu, dass der Kläger ein Verstoß entgegen der Vermutung begründen muss.[977]

In Deutschland wurde die Diskussion durch die gesetzliche Kodifizierung frühzeitig unterbunden. Die deutsche Business Judgment Rule hat sich dem American Law Institute angeschlossen und gewährt dem Vorstand einen haftungsfreien Raum.[978] Er trägt allerdings die Beweislast, dass alle Voraussetzungen der Business Judgment Rule erfüllt werden.[979] Hinsichtlich der dogmatischen Einordnung ist es allerdings umstritten, ob es sich um einen Tatbestandsauschluss,[980] eine unwiderlegbare Vermutung[981] oder eine Konkretisierung der Vorstandspflichten handelt[982].

cc) Verhältnis von Business Judgment Rule und Compliance

Nicht nur wegen ihres Ursprungs und ihrer vielen rechtlichen Ungewissheiten besteht zwischen der Business Judgment Rule und Compliance eine enge Verflechtung. Auch im Rahmen der Business Judgment Rule hat der Gesetzgeber einen besonderen Wert darauf gelegt, dass illegales Verhalten nicht geduldet wird.[983] Verstöße gegen gesetzliche, satzungsmäßige oder anstellungsvertragliche Pflichten sollen nämlich nicht von der Business Judgment Rule erfasst werden.[984] „Für illegales Verhalten“ soll es keinen haftungsbefreienden Tatbestand geben.[985] Auf die persönliche Legalitätspflicht des Vorstandes zum gesetzestreuen Verhalten findet die Business Judgment Rule demnach keine Anwendung.[986] Es wird daher zwischen unternehmerischen Entscheidungen und rechtlich gebundenen Entschei-

---

977 "The burden is on the party challenging the decision to establish facts rebutting the presumption", *Aronson v. Lewis*, 473 A.2d (1984), 805 (812).

978 *Hopt/Roth*, in: Großkommentar AktG, § 93 Rn. 61; *Hölters*, in: Hölters, AktG, § 93 Rn. 29; *Koch*, in: Hüffer/Koch, AktG, § 93 Rn. 14.

979 BGH, NZG 2011, 549 (550); Begründung RegE BT-Drucks. 15/5092, S. 12.

980 *Dauner-Lieb*, in: Henssler/Strohn, AktG, § 93 Rn. 19.

981 *Koch*, in: Hüffer/Koch, AktG, § 93 Rn. 14.

982 *Spindler*, in: MüKo AktG, § 93 Rn. 40.

983 Begründung RegE BT-Drucks. 15/5092, S. 11.

984 Begründung RegE BT-Drucks. 15/5092, S. 11.

985 Begründung RegE BT-Drucks. 15/5092, S. 11.

986 *Kort*, FS Hopt, 2010, S. 983 (991).

dungen differenziert, wobei Letztere nicht in den Anwendungsbereich der Business Judgment Rule kommen sollen. Im Kern geht es im Verhältnis zur Business Judgment Rule daher um die Frage, ob es sich bei Compliance um eine unternehmerische Entscheidung handelt.[987]

Teile der Literatur verneinen den Anwendungsbereich der Business Judgment Rule auf Compliance.[988] Selbst wenn dem Vorstand hinsichtlich der Ausgestaltung ein gewisser Ermessensspielraum eingeräumt werde, habe Compliance mit der Business Judgment Rule „nichts zu tun."[989] Dies wird vor allem mit dem Argument der Legalitätspflicht des Vorstandes begründet.[990] Sie verpflichtet den Vorstand zur Sicherstellung der Regeltreue sowohl im Innen- als auch im Außenverhältnis. Daraus schließen sie, dass Compliance grundsätzlich eine gebundene Entscheidung ist, die keinen Handlungsspielraum übrig lässt. Die Einführung einer Compliance-Struktur entspringt der gesellschaftsrechtlichen Organisationsverantwortung und sei folgerichtig einer Ermessensentscheidung des Vorstandes entzogen.[991] Ferner soll es die Business Judgment Rule gar nicht zur Aufgabe haben, das Vorstandsermessen abschließend zu erfassen. Insbesondere bei „solchen Pflichtaufgaben, die den Vorstand zwar grundsätzlich rechtlich binden, ihm aber einen Beurteilungsspielraum auf der Tatbestandsseite oder einen Ermessensspielraum auf der Rechtsfolgenseite einräumen", soll die Business Judgment Rule nicht zur Anwendung kommen.[992] Obwohl Gemeinsamkeiten mit einer unternehmerischen Entscheidung bestehen, müsste der Ermessensspielraum rechtlich unabhängig von der Business Judgment Rule bewertet werden.[993] Die Konzeption der Business Judgment Rule sei nämlich allein auf die gerichtlichen Bewertungsschwierigkeiten von wirt-

---

987 Umfassend dazu *Nietsch*, ZGR 2015, 631 (661ff).

988 *Holle*, AG 2011, 778 (786); *Habersack*, in: Lorenz, Karlsruher Forum 2009, S. 17f; *Koch*, in: Hüffer/Koch, § 93 Rn. 11; *Kort*, GmbHR 2013, 566 (572f); *Reichert/Ott*, NZG 2014, 241 (242); *Bicker*, AG 2014, 8 (9).

989 *Habersack*, in: Lorenz, Karlsruher Forum 2009, S. 17f.

990 *Kort*, in: Großkommentar AktG, § 91 Rn. 180; *ders.*, GmbHR 2013, 566 (572f); *Reichert/Ott*, NZG 2014, 241 (242); *Holle*, AG 2011, 778 (785).

991 *Kort*, GmbHR 2013, 566 (572f); *ders.*, in: Großkommentar AktG, § 91 Rn. 180.

992 *Koch*, in: Hüffer/Koch, § 93 Rn. 11.

993 *Koch*, in: Hüffer/Koch, § 93 Rn. 11; *Holle*, AG 2011, 778 (785).

schaftlichen Abwägungen bei Geschäftsführungsmaßnahmen zugeschnitten und nicht auf die Kontrolle von Organisationspflichten des Vorstandes.[994] Dies hat zur Folge, dass „allein durch den Nachweis einer angemessenen Informationsgrundlage und ein loyales Handeln zum Wohl der Gesellschaft nicht beantwortet werden" kann, ob „bestehende Beurteilungs- und Ermessensspielräume entsprechend den gesetzgeberischen Zielvorstellungen ausgefüllt worden sind."[995]

Die Rechtsprechung hat es im „Siemens-Neubürger"-Urteil derweil unbeantwortet gelassen, ob Compliance von der Business Judgment Rule erfasst wird.[996] Obwohl sie im Hinblick auf die Ausgestaltung einer Compliance-Struktur mit der Berücksichtigung von Art, Größe und Organisation des Unternehmens dem Vorstand zwar einen gewissen Handlungsspielraum einräumen,[997] ist es nicht eindeutig, ob es sich dabei um eine unternehmerische Entscheidung handeln soll.[998]

Ein überwiegender und immer größer werdender Teil der Literatur geht im Hinblick auf den weiten Handlungsspielraum des Vorstandes inzwischen davon aus, dass die Business Judgment Rule auf Compliance anwendbar ist.[999] Wenn sich eine gesetzliche Pflicht zur Compliance nur aus der Konkretisierung vieler verschiedener Faktoren ergeben kann, muss auch die Entscheidung für oder gegen eine Compliance-Struktur von der Business Judgment Rule erfasst wer-

---

994 *Holle*, AG 2011, 778 (784).

995 *Holle*, AG 2011, 778 (784).

996 LG München I, NZG 2014, 345.

997 LG München I, NZG 2014, 345 (347).

998 Zweifelnd *Nietsch*, ZGR 2015, 631 (640).

999 *Fleischer*, in: Spindler/Stilz, AktG, § 91 Rn. 56; *ders.*, AG 2003, 291 (293); *Bachmann*, in: VGR (Hrsg.), Gesellschaftsrecht in der Diskussion 2007, S. 85f; *ders.*, ZHR 177 (2013), 1 (8); *Seibt/Cziupka*, DB 2014, 1598 (1599); *Arnold*, ZGR 2014, 76 (82); *Hoffmann/Schieffer*, NZG 2017, 401 (403); *Bürkle*, BB 2005, 565 (568f); *Bachmann*, in: Kremer/Bachmann/Lutter/v.Werder, DCGK, Rn. 838; *Kort*, FS Hopt, 2010, S. 983 (991); *Kremer/Klahold*, ZGR 2010, 113 (121); *Spindler*, WM 2008, 905 (909); *Harbarth*, ZHR 179 (2015), 136 (152); *Hüffer*, FS G. H. Roth, 2011, S. 299 (305); *Pelz*, in: Hauschka/Moosmayer/Lösler, Corporate Compliance, § 5 Rn. 45; *Kort*, NZG 2008, 81 (81); *Bicker*, AG 2012, 542 (545); *Nietsch*, ZGR 2015, 631 (661ff); *Hopt/Roth*, in: Großkommentar AktG, § 93 Rn. 77; *Krieger/Sailer-Coceani*, in: Schmidt/Lutter, AktG, § 93 Rn. 8.

den.[1000] Das gilt im Besonderen für die ordnungsgemäße und angemessene Ausgestaltung der Compliance-Struktur, die sich nur am Einzelfall orientieren kann.[1001] Ansonsten würde außen vorgelassen, dass auch viele rechtlich gebundene Entscheidungen zunächst einem erheblichen Abwägungsrisiko unterliegen.[1002] Sie können sich ex-post als pflichtwidrig herausstellen, obwohl sie in der ex-ante Betrachtung auf einer in gutem Glauben und festen Überzeugung basierenden Entscheidung getroffen wurden. Dem steht auch nicht das enge Verhältnis von Compliance zu der Legalitätspflicht des Vorstandes entgegen. Zweifelsfrei darf der bewusste Verstoß gegen gebundene Entscheidungen nicht in den Genuss eines sicheren Hafens kommen.[1003] Compliance erschöpft sich jedoch nicht im Gedanken der Legalitätspflicht, sondern geht darüber hinaus und begründet eine eigene, über die Legalitätskontrolle gehende Organisationsstruktur.[1004]

Zutreffend macht es daher Sinn, auch bei rechtlich gebundenen Entscheidungen erneut zu differenzieren.[1005] Entscheidungen, die sich

---

1000 So auch *Bachmann*, in: VGR (Hrsg.), Gesellschaftsrecht in der Diskussion 2007, S. 85f; *Spindler*, WM 2008, 905 (909); *Harbarth*, ZHR 179 (2015), 136 (152).

1001 Vgl. LG München I, NZG 2014, 345 (347); *Immenga*, FS Schwark, 2009, S. 199 (202); *Spindler*, WM 2008, 905 (909); *Kort*, in: Großkommentar AktG, § 91 Rn. 181; *Harbarth*, ZHR 179 (2015), 136 (152); *Hüffer*, FS G. H. Roth, 2011, S. 299 (305).

1002 *Spindler*, in: MüKo AktG, § 93 Rn. 75; *Hopt*, FS W.-H. Roth, 2015, S. 225 (230); *Hopt/Roth*, in: Großkommentar AktG, § 93 Rn. 75.

1003 So auch *v.Falkenhausen*, NZG 2012, 644 (647).

1004 So auch *Vetter*, FS Westphalen, 2010, S. 719 (721); a.A. *Immenga*, FS Schwark, 2009, S. 199 (202), der Compliance und die Legalitätspflicht gleichsetzt und die Anwendung der Business Judgment Rule nur auf die Ausgestaltung und nicht auf die grundsätzliche Einführung einer Compliance-Struktur beschränkt.

1005 Dafür spricht auch die Begründung RegE BT-Drucks. 15/5092, S. 11, die zwar zunächst von rechtlich gebundenen Entscheidungen reden, wenig später jedoch den tatbestandlichen Beurteilungsspielraum als entscheidendes Abgrenzungskriterium zur unternehmerischen Entscheidungen ansehen; so auch *Kocher*, CCZ 2009, 215 (217ff); *Krieger/Sailer-Coceani*, in: Schmidt/Lutter, AktG, § 93 Rn. 16; *Hopt/Roth*, in: Großkommentar AktG, § 93 Rn. 75; so auch *Nietsch*, ZGR 2015, 631 (666), der zwischen anlassunabhängigen und anlassbezogenen Maßnahmen differenziert. Während anlassunabhängigen Maßnahmen ein weiter Ermessensspielraum zu gewähren ist, wird bei anlassbezogenen Maßnahmen, sprich nachfolgende Maßerst Mittels vieler Faktoren zu einer gebundenen Entscheidung verdichten, müssen auch der Business Judgment Rule unterfallen.[1006] Das gilt im Besonderen für solche Fälle, in denen die Pflicht nicht unmittelbar aus dem Gesetz entnommen werden kann[1007] und daher nicht eindeutig zu klären ist, ob die Entscheidung richtig oder falsch ist.[1008] Auch unklare Gesetzesformulierungen, unbestimmte Rechtsbegriffe oder sich widersprechende Urteile von Instanzgerichten können eine solche Rechtsunsicherheit begründen.[1009] Bei all diesen Fällen befindet sich der Vorstand in einer der unternehmerischen Entscheidung vergleichbaren Haftungssituation. Das gilt im Besonderen im Hinblick auf die Frage einer Compliance-Pflicht, die keineswegs als eindeutig bezeichnet werden kann. Ganz im Gegenteil, die Ausführungen zur Compliance-Pflicht haben gezeigt, dass weder Rechtsprechung noch Literatur zu einem einheitlichen Ergebnis kommen. Nichts anderes gilt für kommunale Unternehmen, dessen Organisationsermessen durch den strengeren Legalitätsmaßstab zwar auf Null reduziert wird, die bei sehr niedrigem Gefahrenpotential jedoch weiterhin von einer Compliance-Struktur absehen können.[1010] Bei ihnen ergibt sich die Pflicht zur Compliance nur aus dem Zusammenspiel vieler Faktoren, so dass von keiner eindeutigen Rechtslage zu sprechen ist.[1011] Für die Haftungssituation des Vorstandes macht es

---

nahmen von bereits aufgetretenen Compliance-Verstößen, der Ermessensspielraum zumindest erheblich eingeengt. Beide sollen jedoch grundsätzlich in den Genuss der Business Judgment Rule kommen.

1006 Zur dogmatischen Herleitung *Hopt/Roth*, in: Großkommentar AktG, § 93 Rn. 75.

1007 *Dauner-Lieb*, in Henssler/Strohn, AktG, § 93 Rn. 21, spricht daher zu Recht davon, dass nur bei „durch das Gesetz eindeutig vorgezeichnete Entscheidungen" von einer gebundenen Entscheidung gesprochen werden kann; *v.Falkenhausen*, NZG 2012, 644 (647); *Spindler*, in: MüKo, AktG, § 93 Rn. 45; *Nietsch*, ZGR 2015, 631 (654).

1008 *Sieg/Zeidler*, in: Hauschka/Moosmayer/Lösler, Corporate Compliance, § 3 Rn. 33; *Hopt*, FS W.-H. Roth, 2015, S. 225 (230).

1009 *Kocher*, CCZ 2009, 215 (217); *Nietsch*, ZGR 2015, 631 (654f).

1010 Vgl. Ausführungen unter: Kap. 2, C, I, 2, d).

1011 Anders wäre es selbstverständlich, wenn für kommunale Unternehmen de lege ferenda eine § 25a KWG entsprechende Norm existieren würde. In dem Fall könnte von keiner unklaren Rechtslage gesprochen werden, so dass sich der Vorstand sowohl bei der Einführung, als auch Ausgestaltung der Compliance-Struktur nicht auf die Business Judgment Rule berufen könnte.

daher keinen Unterschied, ob zwischen wirtschaftlichen Erwägungen oder den Einflüssen für eine Compliance-Pflicht abgewogen werden muss. Ob der Vorstand in den Fällen in den Genuss der Business Judgment Rule oder einer im Schrifttum geforderten Weiterentwicklung zu einer Legal Judgment Rule[1012] kommen soll, kann dahinstehen. Ein entsprechender Antrag auf dem 70. DJT 2014, in § 93 Abs. 1 S. 2 AktG statt „unternehmerischer Entscheidung" von „Entscheidungen unter Untersicherheit" zu sprechen hat keine Mehrheit gefunden.[1013] Es sei bereits de lege lata möglich, das Merkmal der unternehmerischen Entscheidung so auszulegen, dass auch rechtlich unsichere Entscheidungen erfasst werden.[1014]

## 2. Delegation von Compliance

Die Delegation von Aufgaben ist ein probates Mittel der effektiven Unternehmensführung. In der Rechtswirklichkeit wäre es auch nur schwer vorstellbar, wenn die Gesamtleitung eines Unternehmens nur durch die Geschäftsführung zu leisten wäre. Die Delegation ist jedoch mehr als die Herstellung effizienter Organisationsstrukturen, sondern auch ein gezieltes Mittel zur Haftungsreduzierung.[1015] Dabei muss zwischen der horizontalen Delegation innerhalb des Vorstandes, der vertikalen Delegation innerhalb des Unternehmens und der externen Delegation zu Dritten unterschieden werden. Die folgende Untersuchung geht der Frage nach, in welchem Ausmaß der Vorstand seine Compliance-Aufgaben delegieren kann.

---

1012 *Verse*, ZGR 2017, 174; *Bürkle*, VersR 2013, 792 (793); *Buck-Heeb*, BB 2013, 2247 (2251ff).

1013 Beschlüsse 70. DJT 2014, Abt. Wirtschaftsrecht, I, 4; *Hopt*, FS W.-H. Roth, 2015, S. 225 (229f).

1014 *Hopt*, FS W.-H. Roth, 2015, S. 225 (230).

1015 *Vetter*, FS Westphalen, 2010, S. 719 (731); *Bürgers*, ZHR 179 (2015), 173 (183).

a) Horizontal

Bereits in der effektiven Vorstandsorganisation spiegelt sich der Gedanke von Compliance wider. Nach der Empfehlung des Public Corporate Governance Kodex soll die Geschäftsleitung nämlich aus mindestens zwei Personen bestehen.[1016] Hintergrund dieser Empfehlung ist die Hoffnung, mit Hilfe des „Vier-Augen-Prinzips“ pflichtwidriges Handeln einzelner Geschäftsführungsmitglieder bereits frühzeitig erkennen zu können.[1017] Ist die Geschäftsführung auf zwei Personen ausgelegt gilt der Grundsatz der Gesamtzuständigkeit. Danach ist der mehrköpfige Vorstand nur gemeinschaftlich zur Geschäftsführung berechtigt.[1018] Von diesem dispositiven Grundsatz kann durch Satzung oder Geschäftsordnung abgewichen werden, um für das Unternehmen und seine Leitungsanforderungen flexiblere Strukturen zu schaffen.[1019]

Im Hinblick auf Compliance muss zwischen der Delegation von Gesamtzuständigkeit und Gesamtverantwortung unterschieden werden. Einzelne Leitungsaufgaben sind von ihrer Natur her nicht auf einzelne Vorstandsmitglieder übertragbar, sondern müssen in der Verantwortung des Gesamtvorstandes bleiben. [1020] Ein Ausschluss einzelner Vorstandsmitglieder von der Geschäftsführung ist ausgeschlossen,[1021] sie bleiben weiterhin für die Handlungen des Vorstandes

[1016] PCGK, Zif. 4.2.1.

[1017] Anmerkung zu PCGK, Zif. 4.2.1.

[1018] *Dauner-Lieb*, in: Henssler/Strohn, AktG, § 77 Rn. 3; *Spindler*, in: MüKo AktG, § 77 Rn. 1.

[1019] *Dauner-Lieb*, in: Henssler/Strohn, AktG, § 77 Rn. 3; zur Zuständigkeit und der Erlasskompetenz des Aufsichtsrates siehe Beitrag von *Hoffmann-Becking*, ZGR 1998, 497 (501f); PCGK, Zif. 4.2.2. empfiehlt eine Geschäftsordnung zur Regelung der Aufgabenbereiche innerhalb der Geschäftsleitung einzurichten.

[1020] So auch BGH, NJW 1997, 130, dass die Abführung von Sozialversicherungsbeiträgen zu den originären Aufgaben des Vorstandes gehört, dessen Gesamtverantwortung er sich nicht durch Delegation entledigen kann; *Hoffmann/Schieffer*, NZG 2017, 401 (405); *Bürgers*, ZHR 179 (2015), 173 (179).

[1021] *Hoffmann/Schieffer*, NZG 2017, 401 (405); *Spindler*, in: MüKo AktG, § 77 Rn. 1.

mitverantwortlich.[1022] Dieser Grundsatz der Gesamtverantwortung steht nicht zur Disposition und kann auch nicht delegiert werden.[1023] Darunter fallen vor allem die Aufgaben, zu denen der Vorstand explizit als Kollektivorgan durch das Aktiengesetz verpflichtet wird.[1024] In ihrem Ursprung einer aktienrechtlichen Legalitätspflicht richtet sich Compliance in erster Linie an den Vorstand. Allein er ist berechtigt und hat die Mittel, eine unternehmensweite Legalitätskontrolle aufzubauen. Daneben können aus § 76 Abs. 1 AktG abgeleitete Leitungsaufgaben nicht übertragen werden,[1025] zu denen unter anderem die Unternehmenskontrolle und Unternehmensorganisation zählen.[1026] Zu den Grundsätzen der Unternehmenskontrolle gehört auch die Frage, inwieweit Compliance-Strukturen zur Sicherstellung der Legalitätskontrolle notwendig sind.[1027] Dazu zählen neben der grundsätzlichen Abwägung für oder gegen Compliance-Strukturen auch die Entwicklung geeigneter Strukturen und Grundvoraussetzungen.[1028] Daher handelt es sich bei Compliance um eine zwingende Leitungsaufgabe der Geschäftsführung,[1029] deren Verantwortung dem-

---

1022 *Hoffmann-Becking*, ZGR 1998, 497 (506); *Fleischer*, in: Spindler/Stilz, AktG, § 91 Rn. 65.

1023 *Fleischer*, in: Spindler/Stilz, AktG, § 91 Rn. 64; so auch *Schmidt-Husson*, in: Hauschka/Moosmayer/Lösler, Corporate Compliance, § 6 Rn. 4ff; *v. Werder*, in: Kremer/Bachmann/Lutter/v.Werder, DCGK, Rn. 97.

1024 LG München I, NZG 2014, 345 (348); siehe Aufzählung bei *Ihrig/Schäfer*, Rechte und Pflichten des Vorstands, § 16 Rn. 418f; *Vedder*, in: Grigoleit, AktG, § 76 Rn. 5; *Spindler*, in: MüKo AktG, § 77 Rn. 32; *Koch*, in: Hüffer/Koch, AktG, § 77 Rn. 17; auch *Dreher*, FS Hopt, 2010, S. 517 (520).

1025 *Dreher*, FS Hopt, 2010, S. 517 (524); *Spindler*, WM 2008, 905 (906).

1026 *Vedder*, in: Grigoleit, AktG, § 76 Rn. 5; *Dauner-Lieb*, in: Henssler/Strohn, AktG, § 77 Rn. 10; *Dreher*, FS Hopt, 2010, S. 517 (520); *Hoffmann/Schieffer*, NZG 2017, 401 (405).

1027 *Koch*, in: Hüffer/Koch, AktG, § 76 Rn. 12.

1028 So auch *Fleischer*, NZG 2014, 321 (323); siehe auch LG München I, NZG 2014, 345 (348); *Fleischer*, in: Spindler/Stilz, AktG, § 91 Rn. 65.

1029 PCGK, Zif. 4.1.2.: „Die Geschäftsleitung hat für die Einhaltung der gesetzlichen Bestimmungen (...) zu sorgen; *Koch*, in: Hüffer/Koch, AktG, § 77 Rn. 18; *Kort*, FS Hopt, 2010, S. 983 (986); *Merkt*, ZIP 2014, 1705 (1711); *Fleischer*, in: Spindler/Stilz, AktG, § 91 Rn. 63; *ders.*, NZG 2014, 321 (323).

entsprechend nicht delegiert werden kann.[1030] Die strategische Ausrichtung und Grundsatzentscheidungen müssen weiterhin vom Gesamtvorstand getroffen werden.[1031]

Davon abzugrenzen ist die Compliance-Zuständigkeit. Hier darf der Vorstand die Compliance-Aufgabe an ein Vorstandsmitglied delegieren.[1032] Das für Compliance und die Unternehmensüberwachung zuständige Vorstandsmitglied dürfte in der Regel ein erhöhter Sorgfaltsmaßstab für die Compliance-Kontrolle treffen.[1033] Nicht missverstanden werden darf die Delegation dahin, dass die übrigen Vorstandsmitglieder vollumfänglich von der Compliance-Zuständigkeit befreit sind. Sie müssen in ihrem Ressort weiterhin für Legalität sorgen[1034] und können die Legalitätskontrolle nicht allein dem Compliance-Ressort überlassen.[1035] Das einzelne Vorstandsmitglied kann sich nicht bereits deshalb exkulpieren, weil der Verstoß in einem anderen Ressort stattgefunden hat.[1036] Obwohl abgeschwächt, gelten ihre Überwachungspflichten auch weiterhin den übrigen Ressorts.[1037]

---

1030 LG München I, NZG 2014, 345 (348); *Merkt*, ZIP 2014, 1705 (1711); *Kort*, FS Hopt, 2010, S. 983 (986); *ders.*, FS G. H. Roth, 2011, S. 407 (408); *Hopt/Roth*, Großkommentar AktG, § 93 Rn. 186; *Spindler*, WM 2008, 905 (909); *Bürgers*, ZHR 179 (2015), 173 (179); *Koch*, in: Hüffer/Koch, AktG, § 76 Rn. 12; *Hölters*, in: Hölters, AktG, § 91 Rn. 97; *Hoffmann/Schieffer*, NZG 2017, 401 (405); *Arnold*, ZGR 2014, 76 (80); *Fleischer*, NZG 2014, 321 (323).

1031 *Vetter*, FS Westphalen, 2010, S. 719 (730); *Merkt*, ZIP 2014, 1705 (1711); *Nietsch*, ZHR 180 (2016), 733 (742); *Bürgers*, ZHR 179 (2015), 173 (179).

1032 *Kort*, in: Großkommentar AktG, § 91 Rn. 127; *Arnold*, ZGR 2014, 76 (80); *Koch*, in: Hüffer/Koch, AktG, § 76 Rn. 12; *Spindler*, in: MüKo AktG, § 91 Rn. 68; *Hölters*, in: Hölters, AktG, § 91 Rn. 97.

1033 *Seibt*, in: Schmidt/Lutter, AktG, § 77 Rn. 18.

1034 OLG Köln, NZG 2001, 135 (136); *Fleischer*, in: Spindler/Stilz, AktG, § 77 Rn. 48; *Bürgers*, ZHR 179 (2015), 173 (180).

1035 So auch bereits BGH, NJW 1986, 54 (55); *Fleischer*, in: Spindler/Stilz, AktG, § 77 Rn. 48; *Arnold*, ZGR 2014, 76 (80); *Rodewald/Unger*, BB 2006, 113 (115); LG München I, NZG 2014, 345 (348); *Fleischer*, NZG 2014, 321 (323).

1036 LG München I, NZG 2014, 345 (348); *Kort*, FS Hopt, 2010, S. 983 (987).

1037 *Spindler*, in: MüKo AktG, § 91 Rn. 68; *Kort*, in: Großkommentar AktG, § 91 Rn. 129; *ders.*, FS Hopt, 2010, S. 983 (987); *Kremer/Klahold*, ZGR 2010, 113 (125); *Nietsch*, ZIP 2013, 1449 (1451); *Vetter*, FS Westphalen, 2010, S. 719 (730); *Gößwein/Hohmann*, BB 2011, 963 (965); *Fleischer*, NZG 2014, 321 (323); *ders.*, in: Spindler/Stilz, AktG, § 77 Rn. 52.

Die Überwachungsintensität gegenüber anderen Vorstandsressorts hängt dabei grundsätzlich von der konkreten Unternehmenssituation ab.[1038] Sie wird sich im Krisenfall oder anlassbezogen erhöhen,[1039] während die Vorstandsmitglieder ansonsten im operativen Tagesgeschäft auf das grundsätzlich pflichtgemäße Handeln der übrigen Ressortleiter vertrauen dürfen.[1040] Ohne konkrete Hinweise auf ein pflichtwidriges Verhalten in einem anderen Ressort darf ein Vorstandsmitglied keine erweiterten Überwachungspflichten ausüben.[1041] Bei schwerwiegenden Verstößen wird in der Regel von einem pflichtwidrigen Verhalten des Compliance-Zuständigen, zumindest jedoch von einem Organisationsversagen auszugehen sein, so dass die Delegation aufgehoben werden muss und das Prinzip der Gesamtzuständigkeit gilt.[1042]

Während zunächst ein großer Teil der Unternehmen die Compliance-Verantwortung gänzlich in der Gesamtverantwortung belassen hat,[1043] geht die Entwicklung eindeutig dahin, eigene Vorstandsressorts für Compliance zu schaffen. Ein solches Modell wird inzwischen auch von weiten Teilen der Literatur vertreten,[1044] obwohl einige Stimmen kritisieren, dass durch die Ressortzuständigkeit von Compliance dem Gedanken einer unternehmensweiten Compliance widersprochen wird.[1045] Die Einrichtung eigener Compliance-Ressorts hat insbesondere nach Fehlentwicklungen im Unternehmen stattgefunden, wobei allerdings häufig zu hinterfragen ist, ob die Neustrukturierung inhaltlichen Motiven oder eher der imagepflegenden Außenwirkung dienen sollte. Die Delegation von Compliance-Aufgaben auf ein Ressort kann jedoch auch Pflichtaufgabe sein, wenn sich nach Regel-

---

1038 *Bürgers*, ZHR 179 (2015), 173 (180); *Hoffmann/Schieffer*, NZG 2017, 401 (405); *Fleischer*, in: Spindler/Stilz, AktG, § 77 Rn. 51.

1039 *Koch*, in: Hüffer/Koch, AktG, § 77 Rn. 15; *Nietsch*, ZIP 2013, 1449 (1452); Fleischer, in: Spindler/Stilz, AktG, § 91 Rn. 65; *Bürgers*, ZHR 179 (2015), 173 (180).

1040 *Nietsch*, ZIP 2013, 1449 (1452); *Hoffmann/Schieffer*, NZG 2017, 401 (405).

1041 So auch OLG Köln, NZG 2001, 135 (136); vgl. *Fleischer*, in: Spindler/Stilz, AktG, § 77 Rn. 52ff.

1042 *Kiethe*, GmbHR 2007, 393 (397).

1043 So *Gößwein/Hohmann*, BB 2011, 963 (964).

1044 *Kremer/Klahold*, ZGR 2010, 113 (125); *Rodewald/Unger*, BB 2006, 113 (115); *Kiethe*, GmbHR 2007, 393 (397); *Hauschka*, NJW 2004, 257 (259).

1045 So *Gößwein/Hohmann*, BB 2011, 963 (965).

verstößen herausstellt, dass die bisherige Organisationsstruktur unzureichend ist.[1046] In diesem Fall muss der Vorstand über eine organisatorische Verbesserung der Compliance-Strukturen nachdenken. Teilweise wird eine abgestufte Compliance-Delegation bei großen Unternehmen als generell zwingend angesehen.[1047]

### b) Vertikal

Die vertikale Delegation der Compliance-Zuständigkeit ist üblich[1048] und wird zumeist personell auf einen Compliance-Officer übertragen.[1049] Teilweise wird die Schaffung eines Compliance-Officers gesetzlich vorausgesetzt.[1050] Im kommunalen Unternehmen terminologisch wohl als Compliance-Beauftragter verstanden, steht die personelle Bezeichnung einzelner Bereiche in der öffentlichen Verwaltung mit Datenschutzbeauftragten, Frauen- und Gleichstellungsbeauftragten, Behindertenbeauftragten und Weiteren in einer Reihe.[1051] Der Compliance-Beauftragte ist zuständig für die operative Betreuung und Weiterentwicklung der Compliance-Struktur.[1052] Den

---

1046 So auch LG München I, NZG 2014, 345 (347), dass „eine klare organisatorische Zuordnung der Compliance-Verantwortung unerlässlich" ist; so auch *Arnold*, ZGR 2014, 76 (81); eine allgemeine Pflicht zur Delegation kann jedoch nicht angenommen werden, vgl. *Kort*, in: Großkommentar AktG, § 91 Rn. 127f; *Fleischer*, in: Spindler/Stilz, AktG, § 91 Rn. 64, bei großen Unternehmen ist die Delegation „geradezu zwingend".

1047 *Fleischer*, CCZ 2008, 1 (2); a.A. *Kort*, in: Großkommentar AktG, § 91 Rn. 127f; *ders.*, FS Hopt, 2010, S. 983 (987).

1048 Hat eine interne Umfrage unter den DAX-Unternehmen im Jahr 2009 ergeben, dass etwa 95% aller Unternehmen einen Compliance Officer bestellt haben, entnommen von *Kremer/Klahold*, ZGR 2010, 113 (126).

1049 Zur Auswahl des Compliance-Officers, vgl. *Harbarth*, ZHR 179 (2015), 136 (164ff).

1050 § 12 Abs. 4 WpDVerOV.

1051 So hat die Stadt Schwerin einen „Compliance-Beauftragten für alle städtischen Eigen- und Beteiligungsgesellschaften sowie den Eigenbetrieben zugewiesen. Ein vollständiges Compliance-Management auf der Grundlage der Empfehlungen des Instituts der Wirtschaftsprüfer (IDW) wird zukünftig eingeführt", https://brs-schwerin.de/file/103677 (Stand: 08.11.2018).

1052 *Fleischer*, NZG 2014, 321 (324); zu den Pflichten des Compliance-Beauftragten, vgl. BaFin, Rundschreiben 4/2010 Mindestanforderungen an

Compliance-Beauftragten trifft die persönliche Pflicht, interne Rechtsverletzungen als auch solche mit Außenwirkung zu verhindern oder zu unterbinden.[1053] Er hat die Compliance-Maßnahmen zu dokumentieren und muss dem Vorstand regelmäßig Bericht erstatten.[1054] Er ist Informationsbindeglied zwischen Mitarbeitern und Vorstand und arbeitet eng mit den verwandten Bereichen des Controlling, der Revision und des Risikomanagements zusammen.[1055] Insofern in den zuvor genannten Bereichen in der Regel große Überschneidungen stattfinden, kann der Compliance-Beauftragte Synergieeffekte nutzen, um doppelte Arbeit zu vermeiden. Seine Aufgabe sind allerdings nicht die Grundsatzentscheidung hinsichtlich des „Ob" und des „Wie" der Compliance-Struktur.[1056]

Vertikale und horizontale Delegation schließen sich allerdings nicht gegenseitig aus, sondern stehen zu meist nebeneinander. Eine Delegation von Leitungsaufgaben auf Angestellte ist immer dann möglich, wenn es sich nicht um grundlegende unternehmerische Leitungsfunktionen handelt.[1057] Der Vorstand wird von seinen Pflichten nicht vollständig befreit, sondern ihn treffen weiterhin Residualpflichten.[1058] Es ist vor allem nicht ausreichend, die Organisationsstruktur unberührt zu lassen und einen Mitarbeiter lediglich in „Compliance-Beauftragten" umzubenennen. Die Ausführung der delegierten Aufgabe wird zwar auf den Mitarbeiter übertragen, der Vorstand

---

die Compliance-Funktion und die weiteren Verhaltens-, Organisations- und Transparenzpflichten nach §§ 31 ff. WpHG (MaComp), BT 1.3.1.2.ff; umfassend zu den Rechten und Pflichten auch *Casper*, FS K. Schmidt, 2009, S. 199 (202ff).

1053 BGH, NJW 2009, 3173 (3175); wobei das Urteil überwiegend kritisch aufgenommen wurde und in seiner Reichweite von der überwiegenden Literatur abgelehnt wird, vgl. *Hüffer*, FS G. H. Roth, 2011, S. 299 (305f).

1054 *Fleischer*, in: Spindler/Stilz, AktG, § 91 Rn. 66; *Hölters*, in: Hölters, AktG, § 91 Rn. 98.

1055 *Kiethe*, GmbHR 2007, 393 (397); daher ist es wichtig, dass die Zuständigkeiten zwischen den einzelnen Ressorts und ihrer Leiter klar abgegrenzt werden, vgl. *Hoffmann/Schieffer*, NZG 2017, 401 (406).

1056 *Bürgers*, ZHR 179 (2015), 173 (181).

1057 *Vedder*, in: Grigoleit, AktG, § 77 Rn. 3; *Hoffmann/Schieffer*, NZG 2017, 401 (406); *Dreher*, FS Hopt, 2010, S. 517 (528f).

1058 *Spindler*, in: MüKo AktG, § 91 Rn. 68; *Hölters*, in: Hölters, AktG, § 91 Rn. 98.

bleibt aber weiterhin für die ordnungsgemäße Erfüllung verantwortlich.[1059] Ihm obliegt die sorgfältige Auswahl, Einweisung und Überwachung des Compliance-Beauftragten.[1060] Ferner hat er die effektive Ausrichtung der Compliance-Strukturen zu überwachen und muss den Compliance-Beauftragten mit den notwendigen Befugnissen ausstatten.[1061] Dazu genügt es nicht nur ab und an „nach dem Rechten zu sehen“,[1062] sondern er muss sich regelmäßig von der Funktionstüchtigkeit der Compliance-Strukturen überzeugen. Dabei muss er bei erkennbaren Mängeln an den Compliance-Strukturen eingreifen und konkrete Maßnahmen anordnen.[1063] Die Überwachungsintensität lässt sich nicht verallgemeinern, sondern ist abhängig von der konkreten Unternehmenssituation.[1064] Schwere Verstöße lassen die Delegationsorganisation nicht entfallen, der Delegierende wird jedoch zu einer erhöhten Überwachungsintensität verpflichtet.[1065] Eine vollständige Haftungserleichterung durch vertikale Delegation ist nicht möglich, allerdings wird sie durch die abgeschwächte Überwachungspflicht spürbar gemindert.

#### c) Extern

Vor dem Hintergrund knapper kommunaler Ressourcen ist die Nutzung externer Compliance eine denkbare Alternative. Die Einrichtung von Compliance-Strukturen ist nämlich mit nicht unwesentlichen Kosten verbunden, die häufig als Argument gegen Compliance hervorgebracht werden. Insbesondere bei kleinen Unternehmen, die

---

1059 *Kort*, in: Großkommentar AktG, § 91 Rn. 130; *Baums*, ZGR 2011, 269 (218); *Lösler*, NZG 2005, 104 (107); eine vollständige Delegation dieser Aufgabe wäre grundsätzlich eine Pflichtverletzung, vgl. LG München I, NZG 2014, 345 (348).

1060 Vgl. BGH, NJW 1995, 326 (329f); *Kort*, in: Großkommentar AktG, § 91 Rn. 130; *ders.*, FS G. H. Roth, 2011, S. 407 (408); *Hoffmann/Schieffer*, NZG 2017, 401 (406); *Bürgers*, ZHR 179 (2015), 173 (182); *Kort*, FS Hopt, 2010, S. 983 (989).

1061 So auch *Hauschka*, NJW 2004, 257 (259).

1062 OLG Düsseldorf, BeckRS 2007, 00379.

1063 LG München I, NZG 2014, 345 (348); *Bürgers*, ZHR 179 (2015), 173 (178).

1064 *Spindler*, in: MüKo AktG, § 91 Rn. 68.

1065 So auch *Schulze*, NJW 2014, 3484 (3488); LG München I, NZG 2014, 345 (348).

über keine großen personellen und wirtschaftlichen Ressourcen verfügen, sind die Kosten ein entscheidender Faktor. Daher stellt sich die Frage, ob die Kommunen in jedem ihrer Unternehmen eine Compliance-Struktur entwickeln und vorhalten müssen oder ob eine zentrale Compliance-Struktur für alle kommunalen Unternehmen des „Konzerns Stadt" ausreichend ist. Dabei sind sowohl die Übertragung auf externe Dritte aber auch die Übertragung auf eine zentrale Compliance-Stelle in der Kommune oder einer kommunalen Beteiligungsgesellschaft Darstellungsmöglichkeiten einer solchen externen Struktur.[1066]

Während die unternehmensinterne Delegation wenig Schwierigkeiten bereitet, ist die externe Übertragung jedoch mit organisatorischen Problemen gespickt. Bei der unternehmensinternen Delegation ist die Hierarchie im Unternehmen klar geregelt und der zuständige Compliance-Beauftragte in der Regel dem Vorstand unterstellt. Anders verhält es sich bei einer externen Struktur, die keine originären arbeitsrechtlichen oder gesellschaftsrechtlichen Weisungsrechte begründet.[1067] Auch deshalb wird in Teilen der Literatur die Ansicht vertreten, dass zwar alle Compliance-Funktionen auf externe Dritte ausgelagert werden können, der Compliance-Beauftragte jedoch weiterhin im Unternehmen anzusiedeln ist.[1068] Neben der rechtlichen Organisation hat ein unternehmensinterner Compliance-Beauftragter zudem den Vorteil, dass er das Unternehmen und seine spezifischen Risikofelder bereits kennt. Der externe Compliance-Beauftragte hingegen muss zunächst in das Unternehmen eingebunden werden. Dieser „Blick von außen" muss zwar kein Nachteil sein, ist allerdings mit weiterem Aufwand verbunden. Einzig die Tatsache, dass er außerhalb gewachsener Hierarchien und persönlicher Verknüpfungen zum Unternehmen eine höhere Legitimität seiner Entscheidungen herstellen kann und daher zumindest in der Außenwirkung eine

---

1066 Zum Verhältnis von Delegation und Auslagerung *Dreher*, FS Hopt, 2010, S. 517 (517).

1067 *Dreher*, FS Hopt, 2010, S. 517 (530); *Kort* hingegen hat nicht die Weisungsrechte von Vorstand zu der externen Stelle in den Mittelpunkt der Problematik gerückt, sondern die Berechtigung des externen Beauftragten, an unternehmensinterne Verantwortliche zu berichten, vgl. *Kort*, FS Hüffer, 2010, 407 (409).

1068 *Spindler*, WM 2008, 905 (913).

glaubwürdigere Kontrolle vermittelt,[1069] spricht für die Einrichtung einer unternehmensexternen Struktur.

Dass die Auslagerung von Compliance-Strukturen kein Tabuthema ist, hat auch der Gesetzgeber deutlich gemacht. Der Gesetzesentwurf der Bundesregierung zur Änderung des Versicherungsaufsichtsgesetzes, das bekanntermaßen von einer Compliance-Pflicht ausgeht, spricht ausdrücklich davon, dass Compliance-Funktionen ausgegliedert werden können.[1070] In dem Fall sind die Möglichkeiten der Einflussnahme des auslagernden Unternehmens durch die Vereinbarung von Auskunfts- und Weisungsrechten sicherzustellen.[1071] Auch die BaFin hat in ihrem Rundschreiben bezüglich der Mindestanforderungen von Compliance deutlich gemacht, dass im Falle der teilweisen oder vollständigen Auslagerung von Compliance-Funktionen alle einschlägigen aufsichtsrechtlichen Anforderungen einzuhalten sind und die Geschäftsleitung für die Erfüllung der Compliance-Pflichten weiterhin verantwortlich bleibt.[1072] Zweifelsohne ändert die Delegation der Compliance-Zuständigkeit auf einen externen Beauftragten nur wenig an der Compliance-Verantwortung des Vorstandes. Zunächst muss er sich vergewissern, dass die externe Stelle über ausreichend Expertise verfügt, um die Compliance-Aufgaben auszuführen. Er muss regelmäßig die Funktionstüchtigkeit überprüfen und darf sich nicht allein mit dem Bestehen einer Compliance-Struktur begnügen.[1073] Als Ausfluss seiner undelegierbaren Gesamtverantwortung muss der Vorstand jederzeit in der Lage sein, die Compliance-Aufgaben wieder vollends an seine Zuständigkeit zu binden.[1074] Ferner wird er Weisungs- und Informationsrechte gegenüber den externen Beauftragten festlegen müssen.[1075] Im Gegensatz zur unter-

---

1069 *Kort*, FS G. H. Roth, 2011, S. 407 (415).

1070 BT-Drucks. 16/6518, S. 17.

1071 BT-Drucks. 16/6518, S. 17; so auch *Dreher*, FS Hopt, 2010, S. 517 (531).

1072 BaFin, Rundschreiben 4/2010 Mindestanforderungen an die Compliance-Funktion und die weiteren Verhaltens-, Organisations- und Transparenzpflichten nach §§ 31 ff. WpHG (MaComp), BT 1.3.4.

1073 *Dreher*, FS Hopt, 2010, S. 517 (530).

1074 So auch *Kort*, FS G. H. Roth, 2011, S. 407 (415); *ders.*, in: Großkommentar AktG, § 91 Rn. 131; *ders.*, FS Hopt, 2010, S. 983 (989); nach Ansicht *Drehers* muss der Vorstand Kündigungsrechte haben, *Dreher*, FS Hopt, 2010, S. 517 (530); *Lösler*, NZG 2005, 104 (107).

1075 *Kort*, in: Großkommentar AktG, § 91 Rn. 130f.

nehmensinternen vertikalen Delegation erfordert eine externe Delegation daher eine erweiterte Kontrolle, dessen Kontrolldichte durch den Umfang der Auslagerung bestimmt wird und im Verhältnis zu den ausgelagerten Aufgaben zunimmt.[1076]

Während die komplette Auslagerung der Compliance-Struktur in kommunalfremde Hände aus den zuvor genannten Gründen bisher nicht üblich ist, ist die Bündelung von Compliance in einer zentralen Anlaufstelle ein bereits erprobtes Modell. Die Beteiligungsgesellschaft „HEAG“ der Stadt Darmstadt hat in ihren Compliance-Richtlinien festgelegt, dass die HEAG eine übergeordnete Compliance-Struktur schafft und die Unternehmen des Stadtkonzerns diese Struktur in Anspruch nehmen können.[1077] Die Stadt Schwerin hat es ähnlich gelöst und eine Compliance-Beauftragte in der kommunalen Beteiligungsgesellschaft ernannt, die für die Sicherstellung von Compliance in allen städtischen Unternehmen zuständig ist.[1078] Ein solches Modell ermöglicht es, die Compliance-Expertise an einer Stelle zu bündeln und damit nicht nur eine bessere Beratungs- und Kontrollqualität zu erreichen, sondern auch kostspielige Doppelstrukturen zu vermeiden. Durch den Zugriff auf das „Know-How“ dieser spezialisierten Dritten kann eine effiziente Compliance-Kontrolle auch in kleineren Gesellschaften ermöglicht werden. Davon wird auch die Möglichkeit eingeschlossen, sich bestehenden Strukturen der übergeordneten Behörden anzuschließen. So hat die Stadt Essen die bestehende „Korruptionshotline“ des Landeskriminalamtes Nordrhein-Westfalen als Hinweisgebersystem in ihre Compliance-Strukturen eingegliedert.[1079]

Zusammengefasst lässt sich sagen, dass aufgrund der regelmäßigen unternehmerischen Unerfahrenheit von Kommunen, gerade bei

1076 So auch *Dreher*, FS Hopt, 2010, S. 517 (530).

1077 *Stadt Darmstadt*, Darmstädter Compliance-Richtlinien S. 26.

1078 http://www.gbv-schwerin.de/index.php/compliance.html (Stand: 08.11.2018).

1079 „Mit der Einbindung der "Korruptionshotline" des Landeskriminalamtes NRW als externes Hinweisgebersystem geht die Stadt Essen weiter aktiv gegen Korruption vor. Diese Maßnahme ist eine von mehreren neuen Elementen im Compliance-Management-System der Stadt Essen“, vgl. https://www.essen.de/meldungen/pressemeldung_1023350.de.html (Stand: 08.11.2018).

der Entwicklung von angemessenen Compliance-Strukturen, die Zuziehung von Experten angeraten ist.[1080] Die vollumfängliche Auslagerung der Compliance-Struktur auf externe Dritte außerhalb von Beteiligungsgesellschaften ist jedoch kein zielführendes Mittel. Im Hinblick auf die Vermeidung von Doppelstrukturen ist die Nutzung einer gemeinsamen Compliance-Struktur z.B. durch eine Beteiligungsgesellschaft jedoch ein empfehlenswertes Modell. In diesen Fällen handelt es sich zwar um eine unternehmensexterne, jedoch zeitgleich konzerninterne Compliance-Struktur, die nicht nur inhaltlich zielführender ist, sondern darüber hinaus wahrscheinlich eine höhere Legitimität bei den Konzernunternehmen genießt.

### 3. Aufklärungspflichten bei Regelverstößen

#### a) Aufklärungspflicht

Weitestgehend unbestritten ist es, dass der Vorstand nach Kenntnisnahme von Regelverstößen zur Aufklärung verpflichtet ist.[1081] Diese Aufklärungsschwelle wird bereits bei konkreten Verdachtsmomenten überschritten und erfordert keinen bereits bewiesenen Verstoß.[1082] Bei Vorliegen eines Verdachtes muss der Vorstand die notwendige Informationsgrundlage schaffen, um weitere Maßnahmen

---

1080 Zum Beispiel durch Betreuung einer Rechtsanwaltskanzlei, *Kremer/Klahold*, ZGR 2010, 113 (118).

1081 LG München I, NZG 2014, 345 (347); *Hopt/Roth*, in: Großkommentar AktG, § 93 Rn. 187; *Reichert*, FS Hoffmann-Becking, 2013, S. 943 (948); *Kort*, in: Großkommentar AktG, § 91 Rn. 126; *Seibt/Cziupka*, DB 2014, 1598 (1599f); *Nietsch*, ZGR 2015, 631 (661); *Hüffer*, FS G. H. Roth, 2011, S. 299 (305); *Fleischer*, in: Spindler/Stilz, AktG, § 93 Rn. 107; *ders.*, CCZ 2008, 1 (2); *ders.*, NZG 2014, 321 (324); *Bürgers*, ZHR 179 (2015), 173 (178); *Bicker*, AG 2012, 542 (547); *Winter*, FS Hüffer, 2010, 1103 (1007); *Arnold*, ZGR 2014, 76 (81); *Seibt/Cziupka*, AG 2015, 93 (101); *Reichert/Ott*, NZG 2014, 241 (242); *Fuhrmann*, NZG 2016, 881 (882); *Reichert*, ZIS 2011, 113 (117); *Moosmayer*, Compliance, Rn. 311; wohl auch *Wagner*, CCZ 2009, 8 (13); zurückhaltend *Bachmann*, ZHR 180 (2016), 563 (568).

1082 *Fleischer*, in: Spindler/Stilz, AktG, § 93 Rn. 107; *ders.*, AG 2003, 291 (294); *Winter*, FS Hüffer, 2010, 1103 (1007); *Reichert*, ZIS 2011, 113 (117).

einzuleiten. Hinweise auf Gesetzesverstöße müssen vom Vorstand untersucht werden, ein Ermessensspielraum bzgl. des „Ob" der Aufklärung kommt dem Vorstand nicht zu.[1083] Zum Teil wird kein gesetzlicher normierter, sondern ein zur Vermeidung von Rechtsverstößen „faktischer Zwang zur Aufklärungsarbeit aus gegebenem Anlass" anerkannt.[1084] Nur wenige Stimmen in der Literatur lehnen eine umfassende Aufklärungspflicht hingegen ab.[1085]

Obwohl die Zustimmung zu einer Aufklärungspflicht in der Literatur relativ unbestritten ist, wird deren dogmatische Grundlage bisher nur selten kontrovers diskutiert. Nicht selbstredend können die Feststellungen hinsichtlich der dogmatischen Herleitung einer Compliance-Pflicht auch auf die rechtliche Verortung einer Aufklärungspflicht übertragen werden. Zwischen der Anknüpfung einer Legalitätskontrollpflicht und der Aufklärungspflicht von Rechtsverstößen bestehen nicht nur im Wortlaut weitreichende Unterschiede.

Teile der Literatur leiten die Aufklärungspflicht aus den Sorgfaltspflichten des Vorstandes ab. Die Aufklärungspflicht sei eine besondere Fallgruppe der allgemeinen Überwachungssorgfalt des Vorstandes.[1086] Die „pflichtgemäße Neugier" beginne spätestens mit dem Zeitpunkt, in dem der Vorstand Kenntnis von konkreten Verdachtsmomenten für ein pflichtwidriges Verhalten Unternehmensangehöriger erhält.[1087] Teilweise wird von einer nicht abstrakt definierbaren Verdachtsschwelle gesprochen, die dem Einzelfall zu entnehmen ist.[1088] Daran angelehnt wird eine Aufklärungspflicht aus der Leitungsverantwortung des Vorstandes nach § 76 Abs. 1 AktG abgelei-

---

1083 *Winter*, FS Hüffer, 2010, S. 1103 (1107); *Reichert*, ZIS 2011, 113 (117); *ders.*, FS Hoffmann-Becking, 2013, S. 943 (948).

1084 *Wessing*, in: Hauschka/Moosmayer/Lösler, Corporate Compliance, § 46 Rn. 21.

1085 *Spehl/Momsen/Grützner*, CCZ 2013, 260 (260); *Momsen*, ZIS 2011, 508 (511); *Koch*, in: Hüffer/Koch, AktG, Rn. 16, geht insofern von einer grds. Aufklärungspflicht aus, lässt jedoch eine Ausnahme zu, wenn durch die Aufklärung besondere Schäden drohen; *Bachmann*, ZHR 180 (2016), 563 (568), nimmt eine Aufklärungspflicht nur bei Rechtsverstößen mit straf- oder bußgeldbewehrten Verhalten an.

1086 *Fleischer*, AG 2003, 291 (294).

1087 *Fleischer*, AG 2003, 291 (294), *ders.*, CCZ 2008, 1 (2).

1088 *Fuhrmann*, NZG 2016, 881 (885).

tet.[1089] Die Pflicht zur Aufklärung von Rechtsverstößen wächst aus der Leitungsaufgabe der Unternehmensüberwachung.[1090] Als Adressat der Personalhoheit sei der Vorstand insbesondere dann zur Aufklärung verpflichtet, wenn die Verstöße von führenden Mitarbeitern begangen werden und die Aufklärung der Frage nachgeht, ob der Vorstand seinem sorgsamen Auswahlermessen bei der Personalauswahl nachgekommen ist.[1091] Insofern keine Ressortverteilung besteht, obliegt die Einleitung einer Aufklärung in der Verantwortung des Gesamtvorstandes.[1092] Schließlich wird eine Aufklärungspflicht angenommen, wenn der Verstoß in seinem Umfang erhebliche Bedeutung für das Unternehmen haben könnte.[1093]

Andere Auffassungen knüpfen die Aufklärungspflicht an die Betriebsinhaberpflichten aus § 130 Abs. 1 OWiG. So soll sich die Aufklärungspflicht mittelbar aus § 93 Abs. 1 S. 1. AktG i.V.m. § 130 Abs. 1 OWiG ableiten lassen.[1094] Weitergehende Erklärungen lässt die Ansicht in ihrem Beitrag allerdings offen. Ein ähnlicher Ansatz im Schrifttum leitet die Aufklärungspflicht des Vorstandes aus § 130 Abs. 1 S. 1 OWiG ab und beschränkt sie auf die von § 130 Abs. 1 S. 1 OWiG erfassten „betriebs- und unternehmensbezogenen Delikte“.[1095] Eine Aufklärungspflicht soll immer dann bestehen, wenn die Gefahr eines wiederholten Rechtsverstoßes gleicher Art droht oder dessen Nichtverfolgung andere Mitarbeiter zu Gesetzesuntreue verleiten könnte.[1096]

Dass eine Pflicht zur Aufklärung von Rechtsverstößen besteht ist unbestritten. Die Argumentation einer eingeschränkten Aufklärungspflicht überzeugt allerdings nur teilweise, besteht die Leitungsverantwortung doch nicht nur gegenüber den führenden Mitarbeitern, sondern in erster Linie gegenüber dem Unternehmen. Eine Beschränkung der Aufklärungspflicht auf Verstöße von Führungspersonen oder

---

1089 *Fuhrmann*, NZG 2016, 881 (882); *Wagner*, CCZ 2009, 8 (12).
1090 *Wagner*, CCZ 2009, 8 (12).
1091 *Wagner*, CCZ 2009, 8 (12).
1092 *Fuhrmann*, NZG 2016, 881 (882).
1093 *Wagner*, CCZ 2009, 8 (12).
1094 *Reichert*, ZIS 2011, 113 (117); so auch *Seibt/Cziupka*, AG 2015, 93 (101); *Reichert*, FS Hoffmann-Becking, 2013, S. 943 (948).
1095 *Wagner*, CCZ 2009, 8 (13).
1096 *Wagner*, CCZ 2009, 8 (13).

mit bedeutendem Ausmaß, ist keine Frage der grundsätzlichen Aufklärungspflicht, sondern kann höchstens bei der Bestimmung des Aufklärungsumfangs berücksichtigt werden.

Eine Aufklärungspflicht aus § 130 Abs. 1 OWiG herzuleiten ist insofern nachvollziehbar, als dass die Norm bei einer fehlenden Aufklärung durchaus als Sanktionsvorschrift in Betracht kommt. Allerdings nur für die Fälle, in denen die Aufklärung die von § 130 Abs. 1 OWiG erfassten strafbaren Handlungen hätte verhindern können. Für alle Fälle, in denen die Untersuchung nicht Anknüpfungspunkt des Tatbestandes ist, die Untersuchung also keinen Einfluss auf die erforderlichen Aufsichtsmaßnahmen hat, kann § 130 Abs. 1 OWiG keine allgemein geltende Aufklärungspflicht begründen.

Ferner sprechen auch die Erwägungen zu der dogmatischen Verortung von Compliance gegen eine Herleitung aus § 130 Abs. 1 OWiG. Die Überwachungs- und Aufklärungspflicht von Compliance umfasst auch Verstöße, die unterhalb der Schwelle strafbewehrter Verstöße liegen. Der Tatbestand des § 130 Abs. 1 OWiG erfordert jedoch, dass der vorausgegangene Regelverstoß mit Strafe oder Geldbuße bedroht ist. Im Besonderen wäre der Vorstand andernfalls nicht zur Aufklärung von Verstößen gegen unternehmensinterne Richtlinien verpflichtet. Der umfassende Ansatz einer Compliance-Struktur erschöpft sich jedoch nicht in der gesetzlichen Legalitätspflicht, sondern geht darüber hinaus. [1097] Angesichts dieses Zwecks einer Compliance-Struktur kann es bei der Frage nach einer Aufklärungspflicht nicht auf die Schwere des Verstoßes ankommen, die kann höchstens bei der Bestimmung des Aufklärungsumfangs berücksichtigt werden. Nur konsequent ist es daher, eine Aufklärungspflicht aus der allgemeinen Leitungs- und Sorgfaltspflicht des Vorstandes gem. §§ 76, 93 Abs. 1 S. 1 AktG herzuleiten. Aus der Verpflichtung Rechtsverstöße präventiv zu verhindern bzw. zu unterbinden, ergibt sich die logische Konsequenz, den Rechtsverstoß auch aufzuklären. Die Legalitätspflicht endet nämlich nicht mit dem begangenen Rechtsverstoß, sondern umfasst auch deren zukünftige Vermeidung. Gerade bei Verstößen mit Wiederholungsgefahr dient die Aufklärung dem besonderen Präventionsinteresse. Die Ermittlung des Sachverhaltes und der Täter ist

---

[1097] *Vetter*, FS Westphalen, 2010, S. 719 (721).

Grundlage folgender Sanktionsentscheidungen. Zudem kann die Aufklärung dabei helfen, Schwächen in der Compliance-Struktur zu entdecken.[1098] Zwar wird nicht jede Pflichtverletzung auf eine unzureichende Compliance-Struktur zurückzuführen sein, zur effektiven Verhinderung weiterer Rechtsverstöße muss der Vorstand jedoch aus möglichen Strukturfehlern lernen. Daneben hat die Aufklärung nicht nur repressiven, sondern auch präventiven Charakter. Neben der Sanktion ist auch die Aufklärung dazu geeignet den Mitarbeitern deutlich zu machen, dass Fehlverhalten im Unternehmen nicht geduldet wird. [1099] Wenn Compliance tatsächlich, wie angenommen, als „umfassend" verstanden werden sollte, ergibt sich die Verpflichtung zur Aufklärung von Regelverstößen daher bereits aus der allgemeinen Compliance-Pflicht. Die Aufklärungspflicht ist ein erweiterter Arm der Legalitätskontrolle und unabdingbares Element zur Durchsetzung von Compliance.

Neben der rechtlichen Perspektive kann eine mittelbare Aufklärungspflicht auch vor dem Hintergrund eines faktischen Eigeninteresses des Vorstandes angenommen werden. Grundlage dieser Annahme ist die Entscheidung des BGH im Fall „ARAG/Garmenbeck"[1100] und die später in § 93 Abs. 1 S. 2 AktG gesetzlich verankerte Möglichkeit, sich einer Pflichtverletzung zu exkulpieren, wenn das Vorstandsmitglied vernünftigerweise annehmen durfte, auf Grundlage angemessener Informationen zum Wohle der Gesellschaft zu handeln. Hinsichtlich seiner eigenen Exkulpation trägt der Vorstand die Beweislast, dass er eine Entscheidung auf Grundlage angemessener Informationen getroffen hat.[1101] Wenn gleichzeitig die haftungsbegründende Pflicht besteht, mögliche Schadensersatzansprüche gegenüber Dritten geltend zu machen, muss er im Umkehrschluss zum Schutz vor einer eigenen Pflichtverletzung ausreichende Informationen besitzen, um eine mögliche Nichtdurchsetzung von Ansprüchen begründen zu können. Dazu wird es in der Regel unzureichend sein, wenn auf eine Aufklärung gänzlich verzichtet wurde. In Folge der faktischen Wirkung

---

1098 So auch *Winter*, FS Hüffer, 2010, S. 1103 (1107).

1099 So auch *Moosmayer*, Compliance, Rn. 311.

1100 BGH, NJW 1997, 1926.

1101 BGH, NZG 2011, 549 (550); Begründung RegE BT-Drucks. 15/5092, S. 12; *Spindler*, in: MüKo AktG, § 93 Rn. 181; *Fleischer*, in: Spindler/Stilz, AktG, § 93 Rn. 77.

dieser Haftungsbefreiung kann daher bereits eine mittelbare Aufklärungspflicht bejaht werden.

b) Aufklärungsart

Während der dogmatischen Einordnung der Aufklärungspflicht bisher keine große Aufmerksamkeit geschenkt wurde, sind die einzelnen Aufklärungsmethoden Gegenstand zahlreicher Diskussionen gewesen. [1102] Im Besonderen standen die arbeitsrechtlichen Grenzen der sog. „Internal Investigations" im Blickpunkt der Autoren.[1103] Im weiteren Verlauf sollen daher nur kurz die gesellschaftsrechtlichen Rahmenbedingungen der Aufklärungsarten dargestellt werden. Auf eine Darstellung aller Investigationsmöglichkeiten soll verzichtet werden.

Einigkeit besteht, dass dem Vorstand bei der Wahl der Aufklärungsart ein weiter Ermessensspielraum bleibt.[1104] Stehen ihm zur Aufklärung mehrere Möglichkeiten zur Verfügung, so besitzt er ein Wahlrecht zwischen den Erfolgversprechendsten. Das Ermessen reduziert sich jedoch auf Null, wenn nur eine von vielen Aufklärungsarten die Aussicht auf Erfolg mit sich bringt.[1105] Die notwendige Aufklärungsart bestimmt sich im Einzelfall durch den Grad des Verstoßes und die Stellung der betroffenen Mitarbeiter. Denkbar sind eigene interne Untersuchungen oder der Rückgriff auf externe Dritte.[1106]

---

1102 Zu den internen Ermittlungen im Unternehmen siehe den sehr umfassenden Beitrag von *Wessing*, in: Hauschka/Moosmayer/Lösler, Corporate Compliance, § 46 Rn. 1ff.

1103 *Fuhrmann*, NZG 2016, 881 (882ff); *Böhm*, Non-Compliance und Arbeitsrecht, S. 82ff; *Mengel*, Compliance und Arbeitsrecht, S. 109ff.

1104 *Fleischer*, in: Spindler/Stilz, AktG, § 91 Rn. 57; *ders.*, NZG 2014, 321 (324); *Seibt/Cziupka*, AG 2015, 93 (101); *Reichert*, ZIS 2011, 113 (117); *Bürgers*, ZHR 179 (2015), 173 (178); *Seibt/Cziupka*, DB 2014, 1598 (1600); *Bicker*, AG 2012, 542 (547).

1105 *Reichert/Ott*, NZG 2014, 241 (243); *Fleischer*, in: Spindler/Stilz, AktG, § 91 Rn. 57.

1106 Ausführlich dazu *Wagner*, CCZ 2009, 8ff; vgl. auch *Reichert/Ott*, NZG 2014, 241 (243).

In rechtlicher Hinsicht unterliegen die internen Untersuchungen hohen Hürden. Seit Neuregelung des Bundesdatenschutzgesetzes in 2009 dürfen im Rahmen einer internen Ermittlung personenbezogene Daten von Mitarbeitern nur dann erhoben, verarbeitet oder genutzt werden, wenn „zu dokumentierende tatsächliche Anhaltspunkte den Verdacht begründen, dass der Betroffene im Beschäftigungsverhältnis eine Straftat begangen hat, die Erhebung, Verarbeitung oder Nutzung zur Aufdeckung erforderlich ist und das schutzwürdige Interesse des Beschäftigten an dem Ausschluss der Erhebung, Verarbeitung oder Nutzung nicht überwiegt, insbesondere Art und Ausmaß im Hinblick auf den Anlass nicht unverhältnismäßig sind."[1107] Daneben gibt es zahlreiche Aspekte in arbeitsrechtlicher, strafrechtlicher[1108] und in strafprozessualer Hinsicht zu berücksichtigen.[1109]

c) Aufklärungsumfang

Nach der Annahme einer Aufklärungspflicht stellt sich die logische Frage, in welchem Ausmaß die Aufklärung vorangetrieben werden muss. Im Besonderen ob der Vorstand pflichtwidrig handelt, wenn er Regelverstöße nicht bis zur vollständigen Sachverhaltsaufklärung untersucht. Zur Reichweite und Umfang der Aufklärungsmaßnahmen werden unterschiedliche Standpunkte vertreten.

aa) Meinungsstand

Teilweise wird die umfassende und restlose Aufklärung von Compliance-Vorfällen gefordert.[1110] Eine Aufklärung, die dem Sachverhalt oder der involvierten Personen nicht bis ins kleinste Detail nachgeht, sei unzulässig. Eine „partielle oder unvollständige Sachverhaltsermitt-

1107 § 32 Abs. 1 BDSG; zur datenschutzrechtlichen Bewertung von Informationsbeschaffungen im Rahmen von Internal Investigations siehe Beitrag von *Klengel/Mückenberger*, CCZ 2009, 81 (83ff).

1108 Zur strafrechtlichen Relevanz siehe *Weiß*, CCZ 2014, 136.

1109 Siehe dazu ausführlich *Schrader/Mahler*, NZA-RR 2016, 57; *Gerst*, CCZ 2012, 1 (3).

1110 *Reichert*, FS Hoffmann-Becking, 2013, S. 943 (948); *ders.*, ZIS 2011, 113 (117).

lung“ genüge grundsätzlich nicht den Anforderungen an eine umfassende Aufklärung.[1111] Nur eine vollständige Aufklärung könne im Regelfall dafür sorgen, dass gleichgeartete Rechtsverstöße in Zukunft verhindert werden.[1112]

Andere Stimmen knüpfen den Aufklärungsumfang an die Schwere des Verstoßes[1113] oder an den Verdacht, dass der Verstoß nur durch strukturelle Fehler in der Compliance-Struktur möglich war.[1114] Bei leichten Verstößen unterhalb der Führungsebene müsste die Untersuchung nicht ohne Rücksicht auf die Sinnhaftigkeit bis ins kleinste Detail geführt werden.[1115] Verstöße gegen unternehmensinterne Richtlinien oder gegen formelle Bestimmungen würden keine umfassende Aufklärung erfordern. Bei strafrechtlich relevanten Verstößen oder solchen, die in ihrer Wirkung erhebliche Bedeutung für das Unternehmen haben können, ist die Aufklärung hingegen umfassend anzulegen.

Eine andere Auffassung knüpft die Aufklärungsreichweite an den präventiven Zweck der Aufklärung.[1116] Die Aufklärung muss nur soweit gehen, wie sie zur Vermeidung zukünftiger Verstöße, der Verbesserung der Compliance-Strukturen und zur Sanktionierung der Mitarbeiter notwendig ist.[1117] Wenn die Sachverhaltsaufklärung den Aufklärungszweck „mit hinreichender Sicherheit gewährleistet“, kann nach Abwägung von Aufwand und Nutzen von weiteren Untersuchungen abgesehen werden.[1118]

Andere Autoren gehen von einer Aufklärungsreichweite aus, die nach oben durch das Unternehmensinteresse begrenzt werden

---

1111 *Reichert*, ZIS 2011, 113 (117); *ders.*, FS Hoffmann-Becking, 2013, S. 943 (948).

1112 *Reichert*, ZIS 2011, 113 (117); *ders.*, FS Hoffmann-Becking, 2013, S. 943 (948).

1113 *Bachmann*, ZHR 180 (2016), 563 (568).

1114 *Seibt/Cziupka*, AG 2015, 93 (101).

1115 Vgl. *Seibt/Cziupka*, AG 2015, 93 (101); *Bachmann*, ZHR 180 (2016), 563 (568).

1116 *Reichert/Ott*, NZG 2014, 241 (244).

1117 *Reichert/Ott*, NZG 2014, 241 (244).

1118 *Reichert/Ott*, NZG 2014, 241 (244).

kann.[1119] Eine Aufklärung, die in ihrem Kosten-Nutzen-Verhältnis[1120] und der öffentlichen Wirkung dem Unternehmensinteresse widerstrebt, ist nicht erforderlich.[1121] Ein gänzlicher Verzicht im Hinblick auf das Unternehmensinteresse ist jedoch unzulässig. Die Aufklärung muss den Sachverhalt zumindest so weit aufklären, dass die Auswirkungen fehlender weiterer Untersuchungen überschaubar sind.[1122] Im Hinblick auf die „ARAG/Garmenbeck"-Entscheidung wird ferner gefolgert, dass der Vorstand trotz Bestehen möglicher durchsetzbarer Schadensersatzansprüche von weiteren Aufklärungsmaßnahmen absehen kann. In diesem Fall müssen „gewichtige Interessen und Belange der Gesellschaft" gegen die Geltendmachung von Ansprüchen stehen.[1123]

bb) Stellungnahme

Die Forderung einer vollständigen Aufklärung ist bereits deswegen ungeeignet, weil sie ohne Berücksichtigung eines Kosten-Nutzen-Verhältnisses nur wenig Akzeptanz erfahren würde. Nur konsequent ist es, den Aufklärungsmaßnahmen in ihrer Reichweite Grenzen zu setzen. Die dargestellten Ansichten haben sich dabei entweder an der Festlegung einer Untergrenze oder einer Obergrenze des Aufklärungsmaßstabes orientiert. Statt einer punktuellen Grenze erscheint es jedoch sinnvoll, dem Vorstand innerhalb einer Ober- und Untergrenze einen Ermessensspielraum zuzusprechen.

Im Hinblick auf die Wirksamkeit der Compliance-Struktur müssen vom Vorstand zumindest die Aufklärungsmaßnahmen eingefordert werden, die zur Sanktionierung, zur Verbesserung der Compliance-Struktur und zur Durchsetzung von Schadensersatzansprüchen notwendig sind. Auch § 93 Abs. 1 S. 2 AktG begründet zumindest

1119 *Arnold*, ZGR 2014, 76 (84), *Kort*, in: Großkommentar AktG, § 91 Rn. 126; so auch *Wagner*, CCZ 2009, 8 (12), so wohl auch *Fleischer*, in: Spindler/Stilz, AktG, § 91 Rn. 57.

1120 *Kort*, in: Großkommentar AktG, § 91 Rn. 126; *Reichert/Ott*, NZG 2014, 241 (244); *Seibt/Cziupka*, AG 2015, 93 (101).

1121 *Arnold*, ZGR 2014, 76 (84).

1122 *Arnold*, ZGR 2014, 76 (84).

1123 *Arnold*, ZGR 2014, 76 (84).

faktisch eine Aufklärungsuntergrenze. Danach liegt eine Pflichtverletzung des Vorstandes nicht vor, wenn er bei einer „unternehmerischen Entscheidung vernünftigerweise annehmen durfte, auf der Grundlage angemessener Information zum Wohle der Gesellschaft zu handeln." Unterlässt der Vorstand eigene Aufklärungsmaßnahmen, die womöglich einen Schadensersatzanspruch der Gesellschaft gegenüber dem Pflichtwidrigen begründen, kann er sich später nicht auf die Business Judgment Rule berufen. In Folge dessen muss der Vorstand die Sachverhaltsaufklärung zumindest so weit vorantreiben, wie sie zur Exkulpation eigener eventueller Pflichtwidrigkeit notwendig ist.

Während sich die Aufklärungsuntergrenze bereits mittelbar aus der gesetzlichen Aufklärungspflicht ableitet und punktuell bestimmbar ist, ist die Festlegung einer Aufklärungsobergrenze schwieriger. Ist damit doch keine statische Grenze gemeint, die eine Überschreitung zu einer Pflichtverletzung macht. Sie setzt da an, wo die Zielsetzung der Aufklärung erreicht ist und weitere Untersuchungserfolge nicht mehr absehbar sind. In einer Kosten-Nutzen Abwägung muss die weitere Untersuchung unverhältnismäßig sein.[1124] Daher ist die Obergrenze variabel und hängt vom Rechtsverstoß, dem konkreten Unternehmen und seinem Unternehmensinteresse ab. Angesichts der dogmatischen Verankerung in §§ 76 Abs. 1, 93 Abs. 1 AktG muss sich der Aufklärungsumfang an dem Sorgfaltsmaßstab eines ordentlichen und gewissenhaften Geschäftsleiters messen lassen.[1125] Die unternehmerischen Entscheidungen, dazu gehören die Aufklärungsmaßnahmen von Regelverstößen allemal, müssen sich am Unternehmensinteresse orientieren.[1126] Das Unternehmensinteresse kann den Rahmen für die notwendige Aufklärung setzen und die Reichweite begrenzen.[1127] Das Unternehmensinteresse kann im Umkehrschluss auch Einfluss auf die Ausweitung der Aufklärung haben. Ferner wird es gewisse Fälle geben, bei denen der Ermessensspielraum des Vorstandes auf Null beschränkt wird. Das sind vor allem die Fälle, bei denen eine Sachverhaltsaufklärung einen möglichen Schadensersatzanspruch begrün-

---

1124 *Arnold*, ZGR 2014, 76 (84).

1125 *Arnold*, ZGR 2014, 76 (84).

1126 *Hölters*, in: Hölters, AktG, § 93 Rn. 37; vgl. auch *Arnold*, ZGR 2014, 76 (84); so auch *Schockenhoff*, NZG 2015, 409 (411).

1127 *Fleischer*, in: Spindler/Stilz, AktG, § 91 Rn. 57.

den kann und die Durchsetzung des Schadensersatzanspruches nicht durch übergeordnete Unternehmensinteressen ausgeschlossen wird.[1128] Immer dann muss der Sachverhalt umfassend und restlos aufgeklärt werden.[1129] Eine Ermessensreduzierung kann sich im zugrundeliegenden Fall der kommunalen Unternehmen zudem aus der besonderen Berücksichtigung der Interessensbindung ergeben. Der strenge Legalitätsmaßstab erschöpft sich nicht in der Legalitätskontrolle, sondern er muss zwangsläufig auch bei Folgemaßnahmen mit einbezogen werden. Das bedeutet nicht, dass jeder Sachverhalt restlos und umfassend untersucht werden muss. Im Hinblick auf die besondere Bedeutung der Legalitätspflicht und die öffentliche Erwartung an einer umfassenden Aufklärung kann im konkreten Fall eine vollumfängliche Aufklärung jedoch im Unternehmensinteresse liegen.

### 4. Sanktionierungspflichten bei Regelverstößen

Im Falle eines Rechtsverstoßes steht der Vorstand plötzlich vor der Frage, ob und welche arbeitsrechtlichen Maßnahmen er einleiten muss oder ob ihn in beiden Fällen ein Ermessensspielraum bleibt. Im Folgenden soll diesen Fragen nachgegangen werden.

#### a) Sanktionierungspflicht

Die Frage einer Sanktionspflicht ist in der Literatur umstritten. Eine unmittelbare gesetzliche Vorschrift existiert nicht. Spezialgesetzlich ist eine arbeitsrechtliche Pflicht allein in § 12 Abs. 3 AGG statuiert. Danach hat der Arbeitgeber bei Verstößen gegen das Benachteiligungsverbot des § 7 Abs. 1 AGG die geeigneten, erforderlichen und angemessenen arbeitsrechtlichen Maßnahmen zur Unterbindung der Benachteiligung zu treffen.

Große Teile der Literatur sehen indes den Vorstand grundsätzlich zur Einleitung von Sanktionsmaßnahmen verpflichtet.[1130] Sie leiten

1128 Vgl. BGH, NJW 1997, 1926 (1928).

1129 *Hölters*, in: Hölters, AktG, § 93 Rn. 168; anders *Arnold*, ZGR 2014, 76 (84).

1130 *Fleischer*, in: Spindler/Stilz, AktG, § 91 Rn. 58; *ders.*, NZG 2014, 321 (324); *Schockenhoff*, NZG 2015, 409 (411); *Reichert*, ZIS 2011, 113 (119); *ders.*, FS Hoffmann-Becking, 2013, S. 943 (949); *Mengel*, CCZ 2008, 85 diese Pflicht aus den Aufsichtspflichten des § 130 Abs. 1 OWiG und den Grundsätzen einer effektiven Corporate Compliance ab.[1131] Zur Aufrechterhaltung einer effektiven Compliance-Struktur sei die Sanktionierung ein unabdingbares Merkmal. Ein regelmäßiges Ausbleiben der Sanktionierung könnte als „stillschweigende Duldung" gewertet werden[1132] und der Compliance-Kultur im Unternehmen widersprechen, sie gar aushöhlen.[1133]

Nur wenige Stimmen lehnen eine grundsätzliche Verpflichtung zur Sanktionierung von Regelverstößen ab. [1134] Eine solche Verpflichtung könnte sich höchstens im Falle erheblicher Rechtsverstöße[1135] oder zum Schutz der Unternehmensinteressen ergeben.[1136]

Eine andere Ansicht stimmt einer grundsätzlichen Pflicht zu, lehnt jedoch eine grenzenlose Sanktionierungspflicht ab.[1137] Wenn es keine Pflicht zur Einrichtung einer standardisierten Compliance-Struktur gibt, kann aus dem Gedanken einer effektiven Compliance auch keine grenzenlose Sanktionspflicht abgeleitet werden.[1138]

Die unterschiedlichen Auffassungen in der Literatur stehen indes nicht so weit auseinander wie es auf den ersten Blick scheint. Während die Einen eine grundsätzliche Sanktionsverpflichtung annehmen, die nur im Ausnahmefall durch das Unternehmensinteresse eingeschränkt werden kann, gehen die Anderen von einem Sanktionsermes-

---

(88); *Seibt/Cziupka*, DB 2014, 1598 (1599f); *Hüffer*, FS G. H. Roth, 2011, S. 299 (305); *Rogall*, in: Karlsruher Kommentar OWiG, § 130 Rn. 66; *Bürgers*, ZHR 179 (2015), 173 (178); *Hopt/Roth*, in: Großkommentar AktG, § 93 Rn. 187; *Moosmayer*, Compliance, Rn. 338ff; *Bicker*, AG 2012, 542 (547); *v.Busekist/Hein*, CCZ 2012, 41 (46); *Winter*, FS Hüffer, 2010, S. 1103 (1107).

1131 *Schockenhoff*, NZG 2015, 409 (411); *v.Busekist/Hein*, CCZ 2012, 41 (45); *Reichert*, FS Hoffmann-Becking, 2013, S. 943 (949).

1132 *Pelz*, in: Hauschka/Moosmayer/Lösler, Corporate Compliance, § 5 Rn. 31; so auch *Rogall*, in: Karlsruher Kommentar OWiG, § 130 Rn. 66.

1133 *v.Busekist/Hein*, CCZ 2012, 41 (46); *Reichert*, ZIS 2011, 113 (119); *Bürgers*, ZHR 179 (2015), 173 (178); *Moosmayer*, Compliance, Rn. 338.

1134 *Hölters*, in: Hölters, AktG, § 91 Rn. 109; *Mengel*, CCZ 2008, 85 (88); *Dendorfer*, in: Moll, MAH Arbeitsrecht, § 35 Rn. 278.

1135 *Dendorfer*, in: Moll, MAH Arbeitsrecht, § 35 Rn. 278; *Hölters*, in: Hölters, AktG, § 91 Rn. 109; *Mengel*, CCZ 2008, 85 (88).

1136 *Mengel*, CCZ 2008, 85 (88); *Hölters*, in: Hölters, AktG, § 91 Rn. 109.

1137 *Schockenhoff*, NZG 2015, 409 (411).

1138 *Schockenhoff*, NZG 2015, 409 (411).

sen aus, dass sich nur im Einzelfall durch das Unternehmensinteresse zu einer Sanktionspflicht verdichtet. Unabhängig von der grundsätzlichen Einstellung zu einer Sanktionspflicht liegt eine Ermessensreduzierung auf Null und damit eine konkrete Einzelpflicht zur Sanktionierung jedenfalls in den Fällen vor, in denen dem Unternehmen ein besonderer Vermögensverlust entstanden ist,[1139] ein Mitarbeiter mehrfach pflichtwidrig gehandelt hat[1140] oder wenn die Sanktionierung zur Wiederherstellung von großen Reputationsverlusten notwendig ist. Von dieser Pflicht abzuweichen und möglichen Schadensersatzansprüchen nicht nachzugehen begründet eine eigene Haftungsgefahr des Vorstandes gegenüber der Gesellschaft. Dennoch kann angesichts möglicher übergeordneter Unternehmensinteressen keine grenzenlose Sanktionspflicht angenommen werden. Dafür spricht auch die „ARAG/Garmenbeck"-Entscheidung des BGH. Danach ist der Aufsichtsrat zur Durchsetzung von Schadensersatzansprüchen verpflichtet, mögliche Rechtsverstöße des Vorstandes aufzuklären, rechtlich zu bewerten und durchzusetzen.[1141] Die Durchsetzung von Schadensersatzansprüchen findet jedoch ausnahmsweise ihre Grenze in übergeordneten Gründen des Unternehmenswohls.[1142] Wenn übergeordnete Gründe die Sanktionspflicht des Aufsichtsrates begrenzen können, müssen diese Prinzipien gleichwertig, wenn nicht gleich minder streng, auch auf die Beziehung zwischen Vorstand und Arbeitnehmer erstreckt werden können.[1143] Grundsätzlich wird aber davon auszugehen sein, dass das Unternehmensinteresse nur selten dem Sanktionsinteresse überwiegen wird. Besonders im Hinblick auf kommunale Unternehmen und deren besonderen Legalitätsmaßstab muss das Unternehmenswohl eine geringere Wertigkeit einnehmen. Wenn im Sinne einer Legalitätspflicht die Vermeidung von Rechtsverstößen rechtlich verpflichtend ist, muss es die Ahndung solcher

---

1139 *Hölters*, in: Hölters, AktG, § 91 Rn. 109.

1140 *Schneider*, ZIP 2003, 645 (650).

1141 BGH, NJW 1997, 1926 (1927).

1142 BGH, NJW 1997, 1926 (1928).

1143 So *Schockenhoff*, NZG 2015, 409 (411), nach dem für die Sanktionierung von Compliance-Verstößen von Mitarbeitern nicht dieselben strengen Kriterien herangezogen werden können, wie es der BGH in der „ARAG/Garmenbeck"-Entscheidung fordert; *Bürgers*, ZHR 179 (2015), 173 (178).

Verstöße erst recht sein. Die bereits dargestellten Gedankengänge hinsichtlich einer Aufklärungspflicht lassen sich auch auf die Sanktionspflicht übertragen. Bei einem umfassenden Verständnis von Compliance ist die Sanktionierung von Regelverstößen zur Durchsetzung effektiver Compliance notwendig. Wenngleich es kein standardisiertes Compliance-System gibt, ist die Sanktion neben der Prävention und Aufklärung elementarer Bestandteil des Pflichten-Trias einer Mindestcompliance-Struktur. Insofern kann eine Pflicht zur Einleitung von Sanktionsmaßnahmen aus dem Gesellschaftsrecht, genauer aus der allgemeinen Leitungs- und Sorgfaltspflicht des Vorstandes aus §§ 76 Abs. 1, 93 Abs. 1 AktG abgeleitet werden.

b) Sanktion als generalpräventive Maßnahme

Nach der Sanktionierung eines Mitarbeiters steht der Vorstand vor der Frage, ob er die Sanktion öffentlich oder zumindest unternehmensintern bekanntmachen darf bzw. im Einzelfall sogar muss. Im Sinne der Strafzwecktheorien erzielt die öffentlichkeitswirksame Sanktion eine general- und spezialpräventive Wirkung, die die Wahrscheinlichkeit eines erneuten Verstoßes minimiert.[1144] Daher nehmen Teile der Literatur an, dass Sanktionen zumindest unternehmensintern sichtbar erfolgen müssen.[1145] Die Mitarbeiter dürfen nicht das Gefühl haben, dass Verstöße ohne Folgen bleiben,[1146] sondern die Aufrechterhaltung der Legalität einen hohen Stellenwert einnimmt.[1147] Insbesondere eine ausgelassene Sanktionierung von Leitungskräften kann zur Folge haben, dass die Mitarbeiter an der Ernsthaftigkeit der Compliance-Maßnahmen zweifeln.[1148] Auch die Außenwirkung des Unternehmens wird durch die mangelnde Compliance-Sanktion in Mitleidenschaft gezogen. Kunden, Lieferanten und Investoren müssen wahrnehmen,

---

1144 *Reichert*, ZIS 2011, 113 (119).

1145 *Fleischer*, in: Spindler/Stilz, AktG, § 91 Rn. 58; *Winter*, FS Hüffer, 2010, S. 1103 (1107); so auch *Reichert*, FS Hoffmann-Becking, 2013, S. 943 (949); *ders.*, ZIS 2011, 113 (119).

1146 *Winter*, FS Hüffer, 2010, S. 1103 (1107); *Reichert*, FS Hoffmann-Becking, 2013, S. 943 (949).

1147 *Lutter*, FS Hüffer, 2010, S. 617 (620).

1148 *Moosmayer*, Compliance, Rn. 342.

dass Compliance ernsthaft und nicht nur „als Lippenbekenntnis“ installiert wurde.[1149]

Andere Auffassungen widersprechen der unternehmensinternen Veröffentlichung der Sanktion. Eine solche, zum Zwecke der Abschreckung bekannt gemachte Sanktion verletzt durch ihre Prangerwirkung das Persönlichkeitsrecht des betroffenen Mitarbeiters[1150] und gefährdet zudem den inneren Betriebsfrieden.[1151]

Beide Argumentationslinien sind insoweit nachvollziehbar, dass im Einzelfall die Schutzinteressen des Arbeitnehmers mit den Bekanntmachungsinteressen des Unternehmens abgewogen werden müssen. Eine allgemeingültige Aussage, ob die Sanktionierung unternehmensintern sichtbar erfolgen darf, erscheint daher nicht möglich. Zumindest ist eine generelle Pflicht zur Bekanntmachung jeder Sanktion abzulehnen. Sie liegt im vom Persönlichkeitsrecht begrenzten Ermessensspielraum des Vorstandes und kann höchstens im Einzelfall das Ermessen zu einer Pflicht verdichten. Ein solcher Fall liegt z.B. vor, wenn das Unternehmen aufgrund eines erheblichen Rechtsverstoßes wirtschaftlich betroffen ist und nur die öffentliche Sanktionierung die Wiederherstellung des öffentlichen Ansehens und Vertrauens ermöglichen kann. Ein solcher Fall kann vor allem im aktuellen „VW-Skandal“ angenommen werden. Nicht nur die öffentliche, sondern auch die betriebsinterne Erwartung an eine Aufarbeitung des Manipulationsskandals erfordert vom Vorstand die vollständige Aufklärung. Dazu gehört auch deutlich zu machen, dass das Fehlverhalten im Unternehmen keineswegs geduldet war und wird. Angesichts des bereits entstandenen Schadens, dem Vertrauensverlust in der Öffentlichkeit und zur Wiederherstellung des inneren Betriebsklimas wird der Vorstand verpflichtet sein, Sanktionsmaßnahmen unternehmensintern und öffentlich bekannt zu machen. Je höher die Stellung des Mitarbeiters im Unternehmen und dessen Beteiligung am Manipulationsskandal ist, desto eher wird von einem überwiegenden öffentlichen Bekanntmachungsinteresse des Unternehmens auszuge-

---

1149 *Reichert*, ZIS 2011, 113 (119); *ders.*, FS Hoffmann-Becking, 2013, S. 943 (949).

1150 OLG Frankfurt, NJW-RR 1993, 231 (231); *Pelz*, in: Hauschka/ Moosmayer/Lösler, Corporate Compliance, § 5 Rn. 31.

1151 OLG Frankfurt, NJW-RR 1993, 231 (231).

hen sein. Auch das wiederholte Auftreten von Verstößen durch die gleichen Mitarbeiter oder im gleichen Unternehmensbereich kann das Bekanntmachungsinteresse auf Null reduzieren. Eine „zero tolernance"-Politik, jede Sanktion zum Zwecke generalpräventiver Maßnahmen zu veröffentlichen, geht indes zu weit.[1152]

Im Hinblick auf die effektive und ernsthafte Durchsetzung von Compliance gebietet es sich dennoch, regelmäßig unternehmensintern über die eingeleiteten Sanktionen zu berichten.[1153] Entschärfte, nicht personalisierte Berichte können deutlich machen, dass Compliance kein Lippenbekenntnis ist, sondern Verstöße gegen Regeln im Unternehmen nicht geduldet werden. Das OLG Frankfurt sieht jedoch die Gefahr, dass auch anonymisierte Berichte eine mittelbare Prangerwirkung erzielen können.[1154] Selbst in größeren Betrieben würde schnell erkennbar, um welchen Mitarbeiter es sich handelt.[1155] Obwohl eine solche Prangerwirkung durchaus eintreten könnte, ändert dies nichts an der Empfehlung zur Bekanntmachung von Sanktionsmaßnahmen in regelmäßigen Compliance-Berichten. In dem Fall überwiegt das Interesse des Arbeitgebers an einer effektiven Compliance-Struktur den Persönlichkeitsschutzinteressen des Arbeitnehmers. Bei einer unternehmensinternen, jedoch nicht öffentlichen Bekanntmachung wird von einer deutlich geringeren Belastung des Arbeitnehmers auszugehen sein.

c) Sanktionierungsart

Vergleichbar mit den Ausführungen zu der Aufklärungsart, steht dem Vorstand auch bei der Art der Sanktionierung ein weiter Ermessensspielraum zu.[1156] Dafür spricht unter anderem die gesetzliche Sanktionspflicht in § 12 Abs. 3 AGG, die den Arbeitgeber zwar zu

1152 *Reichert*, ZIS 2011, 113 (119).

1153 Zutreffend *Lutter*, FS Hüffer, 2010, S. 617 (620), dass es sich bei der Kündigung um die fraglos „schärfste und wirkungsvollste Waffe zur Sicherung der Legalität im Unternehmen handelt."

1154 OLG Frankfurt, NJW-RR 1993, 231 (231).

1155 OLG Frankfurt, NJW-RR 1993, 231 (231).

1156 *Fleischer*, in: Spindler/Stilz, AktG, § 91 Rn. 57; *Seibt/Cziupka*, DB 2014, 1598 (1600); *Fleischer*, NZG 2014, 321 (324); *Bürgers*, ZHR 179 (2015), 173 (178).

Sanktionsmaßnahmen verpflichtet, ihm in Art und Höhe der Sanktionierung jedoch einen weiten Ermessensspielraum zuspricht. Die Notwendigkeit eines Ermessensspielraums wird insbesondere dann deutlich, wenn man sich die große Auswahl möglicher Sanktionierungsarten vor Augen führt. Schwere Delikte erlauben es dem Vorstand nach § 158 StPO ein Straf- bzw. ein Ordnungswidrigkeitenverfahren anzustoßen. Er kann ferner Schadensersatzansprüche geltend machen und eine Reihe von arbeitsrechtlichen Sanktionen aussprechen. Dazu gehören die Abmahnung, die Umsetzung bzw. Versetzung, die ordentliche verhaltensbedingte Kündigung sowie die außerordentliche Kündigung aus wichtigem Grund.[1157]

Die Art der Sanktion wird entscheidend von der Schwere des Verstoßes abhängen. Die Kündigung als arbeitsrechtlich härteste Sanktion wird derweil nur von einem besonders hohen Verschulden des Arbeitnehmers begründet werden können. Ab welchem Punkt eine Pflichtverletzung eine Kündigung nach sich ziehen kann, ist umstritten. Nicht jede Pflichtwidrigkeit rechtfertigt eine verhaltensbedingte Kündigung. Selbst eine Straftat rechtfertigt die Kündigung nicht grenzenlos.[1158] Das Vorstandsermessen kann sich insbesondere dann reduzieren, wenn sich trotz wiederholter Abmahnungen in Folge von pflichtwidrigem Verhalten keine Regeltreue beim Mitarbeiter einstellt.[1159] Auch darüber hinaus kann es das Unternehmensinteresse im Einzelfall gebieten, dass das Sanktionsermessen auf Null reduziert wird. So kann der Mitarbeiter, der maßgeblich und öffentlichkeitswirksam in einen großen Korruptionsskandal verwickelt war, nur schwerlich im Unternehmen verbleiben.[1160] Ansonsten könnte der öffentliche Vorwurf, dass das Unternehmen nicht genug für die Korruptionsprävention unternimmt, eine eigene Schadensersatzpflicht des Vorstandes gegenüber der Gesellschaft nach § 93 Abs. 2 AktG begründen.

Darüber hinaus kann das Unternehmensinteresse die Sanktionsschärfe auch mildern. Eine verminderte Sanktionshärte wird immer

---

1157 Zu den arbeitsrechtlichen Sanktionsmöglichkeiten soll an dieser Stelle nicht weiter ausgeführt werden. Siehe ausführlich dazu *Mengel*, Compliance und Arbeitsrecht, Kap.5 Rn. 5ff.

1158 Ausführlich *Haußmann/Merten*, NZA 2015, 258 (260f).

1159 *Pelz*, in: Hauschka/Moosmayer/Lösler, Corporate Compliance, § 5 Rn. 31.

1160 So auch *Moosmayer*, Compliance, Rn. 343.

dann anzunehmen sein, wenn diese im übergeordneten Unternehmensinteresse steht. Dies ist z.B. der Fall, wenn ein Arbeitnehmer quasi als „Kronzeuge" die einzig reelle Chance darstellt, eine Pflichtverletzung erheblichen Ausmaßes aufzudecken.

Die Sanktionen beschränken sich indes nicht nur auf Gesetzesverstöße; auch minder schwere Verstöße, beispielsweise gegen Unternehmens- oder Ethikrichtlinien, können eine Sanktionierung nach sich ziehen. So hatte das LAG Schleswig-Holstein in einer Berufung über die Zulässigkeit einer außerordentlichen Kündigung wegen grober Beleidigung zu entscheiden.[1161] In Folge einer Abmahnung antwortete der Beklagte: „Ist das hier Konzentrationslager oder was". Das LAG Schleswig-Holstein wies die Berufung des Beklagten ab, mit der Begründung, dass dem Beklagten die Ethikrichtlinien des Unternehmens und der daraus resultierende Stellenwert von ethisch und moralisch korrektem Verhalten bewusst war.[1162] Angesichts dieses Urteils wird deutlich, dass Verstöße gegen erlassene und im Unternehmen gelebte Ethikrichtlinien eine Sanktion zur Folge haben können. Es bietet sich daher an, bereits in den Compliance-Richtlinien die Mitarbeiter über mögliche Konsequenzen aufzuklären. Hingegen besteht keine Pflicht die Sanktionen anzudrohen.[1163]

### 5. Informationspflichten

#### a) Innerhalb des Vorstandes

Ist die Aufgabenverteilung innerhalb des Vorstandes klar verteilt, führt jedes Vorstandsmitglied sein ihm zugewiesenes Ressort grundsätzlich eigenständig. Der Gesamtvorstand wird jedoch nicht von seiner Leitungsverpflichtung als Gesamtorgan entlassen.[1164] Die Vorstandsmitglieder bleiben als Gesamtorgan für die Geschäftsfüh-

---

1161 LAG Schleswig-Holstein, BeckRS 2006, 43907.

1162 LAG Schleswig-Holstein, BeckRS 2006, 43907.

1163 BGH, wistra 1982, 34 (34); es bietet sich jedoch an, vgl. *Lutter*, FS Hüffer, 2010, S. 617 (620).

1164 *Weber*, in: Hölters, AktG, § 77 Rn. 29f; *Spindler*, in: MüKo AktG, § 77 Rn. 55; *Seibt*, in: Schmidt/Lutter, AktG, § 77 Rn. 18; *Schiessl*, ZGR 1992, 64 (68).

rung zuständig [1165] und haben eine abgestufte Überwachungspflicht gegenüber den übrigen Vorstandsressorts.[1166] Im Hinblick auf diese Überwachungspflicht muss der Gesamtvorstand für den „reibungslosen und angemessenen Informationsfluss“ innerhalb des Vorstandes sorgen.[1167] Eine Delegation der Informationspflichten auf ein einzelnes Vorstandsmitglied ist unzulässig.[1168] Die zur Willensbildung und Überwachung anderer Ressorts notwendigen Informationen können und müssen anderenfalls von den Vorstandsmitgliedern angefordert werden.[1169] Die Informationspflichten wachsen äquivalent mit der Überwachungsaufgabe und richten sich funktional an die Notwendigkeit.[1170] Jedes Vorstandsmitglied muss die übrigen Vorstandsmitglieder über wesentliche Ereignisse und Vorgänge im eigenen Ressort unterrichten.[1171]

Im Hinblick auf Compliance ergeben sich zwei mögliche Berichtswege. Zum einen müssen die Vorstandsmitglieder über wesentliche Rechtsverstöße im eigenen Ressort unterrichten. Die Compliance-Delegation auf ein Vorstandsmitglied entlastet die übrigen Vorstandsmitglieder nicht von ihrer eigenen Legalitätspflicht. Sollten sie Kenntnis von Rechtsverstößen erhalten, sind sie nicht nur verpflichtet sie abzustellen,[1172] sondern sie müssen es unabhängig von ihrer Ressortzuständigkeit dem Gesamtvorstand mitteilen.[1173] Die Berichte können sich allerdings auf Verstöße mit größerer Auswirkung beschränken, es wird nicht erwartet, über jeden leichten Regelverstoß zu

---

1165 *Spindler*, in: MüKo AktG, § 77 Rn. 55; so auch BGH, NJW 1997, 130 (132); *Dauner-Lieb*, in: Henssler/Strohn, AktG, § 77 Rn. 10.

1166 *Koch*, in: Hüffer/Koch, AktG, § 77 Rn. 15; *v.Werder*, in: Kremer/Bachmann/Lutter/v.Werder, DCGK, Rn. 97; *Fleischer*, in: Spindler/Stilz, AktG, § 77 Rn. 49; *Weber*, in: Hölters, AktG, § 77 Rn. 34.

1167 *Seibt*, in: Schmidt/Lutter, AktG, § 77 Rn. 18.

1168 *Fleischer*, in: Spindler/Stilz, AktG, § 77 Rn. 49; *Wellhöfer*, in: Wellhöfer/Peltzer/Müller, Die Haftung von Vorstand, Aufsichtsrat und Wirtschaftsprüfer, § 4 Rn. 50.

1169 *Hoffmann-Becking*, ZGR 1998, 497 (512); *Weber*, in: Hölters, AktG, § 77 Rn. 33.

1170 *Schiessl*, ZGR 1992, 64 (68).

1171 *Hoffmann-Becking*, ZGR 1998, 497 (512); *Fleischer*, in: Spindler/Stilz, AktG, § 77 Rn. 49; *Weber*, in: Hölters, AktG, § 77 Rn. 33.

1172 *Fleischer*, in: Spindler/Stilz, AktG, § 77 Rn. 48.

1173 *Schockenhoff*, NZG 2015, 409 (415).

berichten. Ohne konkrete Hinweise auf ein pflichtwidriges Handeln reicht es für die Informationspflichten aus, wenn die Mitglieder den Ressortberichten der übrigen Mitglieder folgen und sie kritisch hinterfragen.[1174]

Zum anderen ergibt sich eine besondere Informationspflicht für das zuständige Vorstandsmitglied des Compliance-Ressorts. Wenn wichtige Aufgaben auf einzelne Vorstandsmitglieder übertragen werden, muss auch der Informationsfluss innerhalb des Vorstandes wachsen. [1175] Dieser muss nicht nur über die Legalität innerhalb seines Ressorts, sondern darüber hinaus über die Compliance-Strukturen berichten. Aus der Gesamtverantwortung des Vorstandes für Compliance folgt, dass die Vorstandsmitglieder zu jeder Zeit über die Funktionen und die Wirksamkeit der Compliance-Struktur unterrichtet sein müssen. Es ist nicht ausreichend, sich einmalig über die Compliance-Strukturen zu informieren und danach zukünftige Strukturänderungen dem zuständigen Vorstandsmitglied zu überlassen.[1176] Dieser muss weiterhin regelmäßig über die Maßnahmen und Änderungen an den Strukturen informieren, um einerseits dem Gesamtvorstand die Möglichkeit zu geben, durch Verbesserungen und Anmerkungen seiner Gesamtverantwortung gerecht zu werden und um andererseits selbst durch den Input der übrigen Vorstandsmitglieder die Strukturen verbessern zu können. Dabei muss die Compliance-Berichterstattung grundsätzlich umfassend und wahrheitsgetreu sein.[1177] Der Informationsanspruch der Vorstandsmitglieder wird nur durch das Missbrauchsverbot begrenzt.[1178] Konkrete Verdachtsmomente oder bereits

---

1174 *Koch*, in: Hüffer/Koch, AktG, § 77 Rn. 15, *Weber*, in: Hölters, AktG, § 77 Rn. 33.

1175 So auch *Schiessl*, ZGR 1992, 64 (68).

1176 So auch *Fleischer*, in: Spindler/Stilz, AktG, § 91 Rn. 63; *Hoffmann/ Schieffer*, NZG 2017, 401 (402).

1177 *Schiessl*, ZGR 1992, 64 (68); *Fleischer*, in: Spindler/Stilz, AktG, § 77 Rn. 55; *v.Schenk*, NZG 2002, 64 (65).

1178 *Hoffmann-Becking*, ZGR 1998, 497 (512); so muss vor allem verhindert werden, dass die Informationspflicht dazu dient, dem anderen Vorstandsmitglied in sein Ressort einzugreifen, vgl. *Wellhöfer*, in: Wellhöfer/ Peltzer/Müller, Die Haftung von Vorstand, Aufsichtsrat und Wirtschaftsprüfer, § 4 Rn. 49; vgl. auch OLG Köln, NZG 2001, 135 (136), das eine Überwachungspflicht außerhalb anlassbezogener Kontrollen gegenüber anderen Ressorts verneint; *Weber*, in: Hölters, AktG, § 77 Rn. 35.

stattgefundene Regelverstöße von nicht unerheblichem Ausmaß dürfen vor den anderen Mitgliedern des Vorstandes nicht geheim gehalten werden. Allenfalls problematisch ist es, wenn durch die Information anderer Vorstandsmitglieder die interne Untersuchung erschwert würde. Ein solcher Fall ist vor allem dann anzunehmen, wenn nicht zweifelsfrei erkennbar ist, dass das zuständige Vorstandsmitglied nicht mittelbar oder unmittelbar am Verstoß beteiligt ist. Ferner kann das Informationsinteresse auch dann eingeschränkt werden, wenn der naheliegende Verdacht besteht, dass ein Vorstandsmitglied die Informationen an die betreffenden Personen weitergeben könnte und damit den Untersuchungserfolg gefährdet. Eine abstrakte Gefahr einer Weitergabe von Informationen und die Steigerung des Aufdeckungsrisikos sind allerdings nicht ausreichend.[1179] In jedem Fall ist zwischen dem Informationsinteresse und dem Geheimhaltungsinteresse des Vorstandes abzuwägen.

b) An den Aufsichtsrat

Der Aufsichtsrat nimmt bei kommunalen Unternehmen eine besondere Stellung ein. Er ist nicht nur Aufsichtsorgan, sondern zumeist als Instrument der Ingerenzpflicht auch Bindeglied zwischen Kommune und Gesellschaft. Es ist daher besonders wichtig, dass der Aufsichtsrat mit ausreichenden Informationen versorgt wird.

Grundlage der allgemeinen Informationspflichten des Vorstandes an den Aufsichtsrat ist § 90 AktG. Die Norm legt jedoch keine abschließenden Informationspflichten fest, sondern sie können durch Satzung oder Geschäftsordnung erweitert werden.[1180] Spezielle Compliance-Berichtspflichten außerhalb des § 90 AktG sieht das Aktiengesetz nicht vor. Der Deutsche Corporate Governance Kodex legt in Zif. 3.4 fest, dass der Vorstand den Aufsichtsrat regelmäßig, zeitnah und umfassend über alle für das Unternehmen relevanten Fragen (...) der Compliance informieren muss. Obwohl der Deutsche Corporate Governance Kodex keine Gesetzesqualität besitzt, be-

1179 *Schockenhoff*, NZG 2015, 409 (415).

1180 *Koch*, in: Hüffer/Koch, AktG, § 90 Rn. 2; *Frodermann/Schäfer*, in: Henn/Frodermann/Jannott, Handbuch des Aktienrechts, S. 366 Rn. 165; *Dauner-Lieb*, in: Henssler/Strohn, AktG, § 90 Rn. 2.

schreibt sein Informationsdreiklang aus regelmäßig, zeitnah und umfassend die Probleme in der Compliance-Berichterstattung passend und bietet sich als Untersuchungsgegenstand an.

aa) Regelmäßig

Der Begriff der Regelmäßigkeit soll verdeutlichen, dass es sowohl die Pflicht des Vorstandes, aber auch des Aufsichtsrates ist, nicht nur einmal, sondern in regelmäßigen Abständen ihren Überwachungspflichten nachzukommen. Übertragen auf Compliance bedeutet das, dass sie sich nicht nur in regelmäßigen Abständen mit Verstößen, sondern auch mit der Wirksamkeit und Ausgestaltung der Compliance-Strukturen beschäftigen müssen. Nach §§ 90 Abs. 1 Nr. 1, Abs. 2 Nr. 1 AktG hat der Vorstand den Aufsichtsrat mindestens einmal jährlich über die beabsichtigte Geschäftspolitik und andere grundsätzliche Fragen der Unternehmensplanung zu informieren. Obwohl § 90 AktG die Unternehmensorganisation oder Compliance im speziellen nicht erwähnt, ist die Pflicht zur Berichterstattung über das Risikomanagementsystem oder Compliance allgemein anerkannt.[1181] Ausreichend dürfte es sein, die Darstellung der Compliance-Struktur in die jährlichen Berichte mit aufzunehmen. In der Praxis wird diese Berichterstattung zumeist im Rahmen des Jahresabschlusses an die Berichte der erweiterten Abschlussprüfung gem. § 317 Abs. 4 HGB geknüpft.[1182] Dazu gehört gegebenenfalls die organisatorische Darstellung eines Compliance-Ressorts. Änderungen an der Compliance-Struktur, die nicht nur unerhebliche Auswirkungen haben, wie beispielsweise die Schaffung einer neuen Compliance-Zuständigkeit, müssen dem Aufsichtsrat auch unterjährig mitgeteilt werden. Das Tagesgeschäft kann über die nach § 90 Abs. 1 Nr. 3 AktG i.V.m. § 90 Abs. 2 Nr. 3 AktG vierteljährlich abzuhaltende Berichterstattung über den Gang der Geschäfte und die Lage der Gesellschaft dem Aufsichtsrat mitgeteilt werden.

---

1181 *Kremer/Klahold*, ZGR 2010, 113 (124); *Dauner-Lieb*, in: Henssler/Strohn, AktG, § 90 Rn. 2; *Koch*, in: Hüffer/Koch, AktG, § 90 Rn. 2.

1182 Vgl. *Koch*, in: Hüffer/Koch, AktG, § 90 Rn. 2.

bb) Zeitnah

Hinsichtlich der zeitlichen Perspektive dürfte die Berichterstattung im operativen Tagesgeschäft problemlos verlaufen. Eine zeitnahe Berichterstattung dürfte durch die periodischen, vierteljährigen Vorstandsberichte abgegolten sein. Anders verhält es sich, wenn Rechtsverstöße mit besonderem Ausmaß oder Wirkung auftreten. Dann stellt sich die Frage, ob der Vorstand außerhalb turnusgemäßer Vorstandberichte zur unverzüglichen Berichterstattung verpflichtet ist. Nach § 90 Abs. 1 S. 3 AktG ist dem Vorsitzenden des Aufsichtsrats aus sonstigen wichtigen Anlässen zu berichten. Wann ein solcher wichtiger Anlass vorliegt, steht im Ermessen des Vorstandes und ist im Einzelfall zu entscheiden.[1183] Dem Aufsichtsrat steht es jedoch frei, dieses Ermessen einzuschränken und in einer Informationsordnung festzulegen, bei welchen Anlässen dem Aufsichtsrat zu berichten ist. Wenn keine Informationsordnung verabschiedet wurde, richtet sich die Bestimmung eines wichtigen Anlasses nach der Größe des Unternehmens, dessen Situation und die vermutlichen Auswirkungen des Anlasses.[1184] Dabei handelt es sich im Regelfall um negative Ereignisse, die erhebliche Auswirkungen auf die Gesellschaft haben.[1185] Typische Beispiele sind der Arbeitskampf, erhebliche Betriebsstörungen oder plötzlich eintretende wirtschaftliche Risiken.[1186] In dem Fall ist der Vorstand außerhalb turnusgemäßer Vorstandsberichte zur

1183 *Spindler*, in: MüKo AktG, § 90 Rn. 31; *Fleischer*, in: Spindler/Stilz, AktG, § 90 Rn. 31; *Dauner-Lieb*, in: Henssler/Strohn, AktG, § 90 Rn. 17; *Seibt*, in: Hommelhoff/Hopt/v.Werder, Handbuch Corporate Governance, S. 395; *Müller-Michaels*, in: Hölters, AktG, § 90 Rn. 11.

1184 *Lutter/Krieger/Verse*, Rechte und Pflichten des Aufsichtsrates, S. 104; *Fleischer*, in: Spindler/Stilz, AktG, § 90 Rn. 31; *Spindler*, in: MüKo AktG, § 90 Rn. 31; *Seibt*, in: Hommelhoff/Hopt/v.Werder, Handbuch Corporate Governance, S. 394.

1185 *Drygala*, in: Schmidt/Lutter, AktG, § 90 Rn. 33; *Lutter*, Information und Vertraulichkeit im Aufsichtsrat, S. 23; *Lutter/Krieger/Verse*, Rechte und Pflichten des Aufsichtsrats, Rn. 209.

1186 *Fleischer*, in: Spindler/Stilz, AktG, § 90 Rn. 31; *Dauner-Lieb*, in: Henssler/Strohn, AktG, § 90 Rn. 17; *Lutter*, Information und Vertraulichkeit im Aufsichtsrat, S. 23; vgl. auch *Seibt*, in: Hommelhoff/Hopt/v.Werder, Handbuch Corporate Governance, S. 395.

unverzüglichen Berichterstattung verpflichtet.[1187] Diese Informationspflicht besteht dem Wortlaut nach nicht gegenüber dem Aufsichtsrat als Gesamtorgan, sondern nur gegenüber dem Aufsichtsratsvorsitzenden. Dieser hat jedoch gem. § 90 Abs. 5 S. 3 AktG spätestens in der nächsten Aufsichtsratssitzung zu berichten. Unter Umständen besteht sogar eine sofortige Informationspflicht.[1188]

Vor dem Hintergrund des Sinns und Zwecks dieser Vorschrift kann nicht jeder Rechtsverstoß als „wichtiger Anlass" i.S.d. § 90 Abs. 1 S. 3 AktG einzustufen sein. Von der unverzüglichen Berichtspflicht des Vorstandes sollen nur solche Entwicklungen erfasst werden, die unmittelbar den Betriebsablauf des Unternehmens stören und daher eine sofortige Thematisierung in den Unternehmensgremien bedürfen. Es ist allerdings nicht auszuschließen, dass einzelne oder kumulativ wirkende Vorfälle eine solche Wirkung haben können. Rechtsverstöße, die erheblichen negativen Einfluss auf die wirtschaftliche Lage des Unternehmens haben können, sind daher dem Aufsichtsrat unverzüglich mitzuteilen.[1189] Dabei muss jedoch ein strenger Maßstab angelegt werden, der wohl nur selten erreicht wird. Für alle anderen Vorfälle ist es ausreichend, wenn der Vorstand den Aufsichtsrat regelmäßig nach § 90 Abs. 1 Nr. 3 AktG informiert oder bei Verstößen die für die Rentabilität oder Liquidität der Gesellschaft von erheblicher Bedeutung sein können gem. § 90 Abs. 1 Nr. 4 AktG rechtzeitig in Kenntnis setzt.

---

1187 *Dauner-Lieb*, in: Henssler/Strohn, AktG, § 90 Rn. 17; *Müller-Michaels*, in: Hölters, AktG, § 90 Rn. 11; *Koch*, in: Hüffer/Koch, AktG, § 90 Rn. 8; *Spindler*, in: MüKo AktG, § 90 Rn. 31.

1188 *Drygala*, in: Schmidt/Lutter, AktG, § 90 Rn. 34; *Fleischer*, in: Spindler/Stilz, AktG, § 90 Rn. 32.

1189 .*Kremer/Klahold*, ZGR 2010, 113 (124); *Winter*, FS Hüffer, 2010, S. 1103 (1113); *Seibt/Cziupka*, AG 2015, 93 (102); *Reichert/Ott*, NZG 2014, 241 (246); *Lutter*, Information und Vertraulichkeit im Aufsichtsrat, S. 23; wohl auch *Fleischer*, in: Spindler/Stilz, AktG, § 91 Rn. 57; *Schockenhoff*, NZG 2015, 409 (415); *Seibt*, in: Hommelhoff/Hopt/v.Werder, Handbuch Corporate Governance, S. 395, spricht von „wesentlichen Rechtsstreitigkeiten."

### cc) Umfassend

Die Vorstandsberichte bilden die wichtigste Informationsquelle des Aufsichtsrates. Dementsprechend muss der Vorstand seine Berichterstattung umfassend und vollständig leisten. Im Falle von erheblichen Regelverstößen muss der Bericht nicht nur den zugrunde legenden Sachverhalt enthalten, sondern darüber hinaus auch über die Maßnahmen des Vorstandes zur Aufklärung und Sanktionierung informieren.[1190] Eine wahrheitsgemäße Berichterstattung ist im Allgemeinen selbstverständlich, im Hinblick auf die Auswirkung von Rechtsverstößen essentiell.[1191] Nach § 90 Abs. 4 AktG haben die Berichte den Grundsätzen einer gewissenhaften und getreuen Rechenschaft zu entsprechen. Sie müssen inhaltlich vollständig und nach bestem Wissen und Gewissen des Vorstandes wahrheitsgetreu sein.[1192] Um Fehlinterpretationen zu vermeiden sollten sie übersichtlich und gem. § 90 Abs. 4 AktG in schriftlicher Form verfasst werden.[1193] Grundsätzlich steht dem Vorstand ein Verweigerungsrecht nur zu, wenn er durch die Berichterstattung gegen gesetzliche Vorschriften verstößt oder sich strafbar macht.[1194] Vor allem kann er sich gegenüber dem Aufsichtsrat nicht auf seine Verschwiegenheitspflichten berufen.[1195] Im Hinblick auf Compliance stellt sich die Frage, ob er auch eigenes Verschulden gegenüber dem Aufsichtsrat offen legen muss oder ob er berechtigt ist, aus übergeordneten Gründen des Unternehmenswohls auf eine Compliance-Berichterstattung zu verzichten.

---

1190 *Seibt/Cziupka*, AG 2015, 93 (102).

1191 So auch *Winter*, FS Hüffer, 2010, S. 1103 (1114).

1192 Bereits BGH, NJW 1956, 906 (906); *Grigoleit/Tomasic*, in: Grigoleit, AktG, § 90 Rn. 8; *v.Schenk*, NZG 2002, 64 (65).

1193 *Grigoleit/Tomasic*, in: Grigoleit, AktG, § 90 Rn. 8; *v.Schenk*, NZG 2002, 64 (66); im Besonderen sollten „Datenhügel“ vermieden werden, vgl. *Peltzer*, in: Wellhöfer/Peltzer/Müller, Die Haftung von Vorstand, Aufsichtsrat und Wirtschaftsprüfer, § 15 Rn. 22.

1194 *Spindler*, in: MüKo AktG, § 90 Rn. 54.

1195 *Wilde*, ZGR 1998, 423 (430); *Seibt*, in: Hommelhoff/Hopt/v.Werder, Handbuch Corporate Governance, S. 395.

(1) Geheimhaltung eigener Compliance-Verstöße

Es ist ein strafrechtlicher Grundsatz, dass sich Zeugen oder Angeklagte nicht selbst belasten müssen. Aus diesem Gedanken heraus wird auch auf gesellschaftsrechtlicher Ebene diskutiert, ob der Vorstand verpflichtet ist, eigene Verstöße, die zu Schadensersatzforderungen führen können, dem Aufsichtsrat mitzuteilen oder ob er solche Verstöße in den Berichten verschweigen darf.

Die Rechtsprechung hat sich in mehreren Fällen mit einer solchen Situation auseinandersetzen müssen. Nach Ansicht des OLG Düsseldorf ist der Geschäftsführer einer GmbH in der Regel nicht verpflichtet, zur fristlosen Kündigung berechtigende Tatsachen gegenüber der Gesellschaft zu offenbaren.[1196] Im zugrundeliegenden Fall hatte der Geschäftsführer Schmiergelder angenommen und dies bei den Aufhebungsverhandlungen seines Anstellungsvertrages nicht mitgeteilt.

Der BGH hat die Ansicht des OLG Düsseldorf zumindest mittelbar geteilt: „Ebenso wenig entsteht dadurch, dass der Geschäftsführer gegen ihn gerichtete Schadensersatzansprüche aus § 43 Abs. 2 GmbHG verjähren lässt, erneut ein Schadensersatzanspruch."[1197] Wenn es sich bei der Nichtgeltendmachung eines eigenen Schadensersatzanspruches um keine Pflichtverletzung handelt, kann es sich bei der Offenlegung erst recht um keine handeln. In dem Fall ist der Geschäftsführer gegenüber dem Unternehmen nicht zur Selbstbezichtigung verpflichtet.

Der BGH verwies in seiner Entscheidung auch auf ein Urteil des OLG Köln, welches ebenfalls eine Verjährung von Schadensersatzansprüchen zu entscheiden hatte. Auch das OLG Köln schloss sich der Ansicht an, dass der Geschäftsführer einer GmbH keine Maßnahmen zur Durchsetzung von Ansprüchen gegen sich selber treffen muss.[1198] Grundlage dieser Entscheidung war allerdings die Stellung des Beklagten als Alleingesellschafter und Geschäftsführer einer Einmann-GmbH. Die Sorgfaltspflichten des Geschäftsführers einer Einmann-GmbH würden überspannt, wenn der Beklagte als Gesell-

---

[1196] OLG Düsseldorf, NZG 2000, 651.

[1197] BGH, NZG 2008, 908 (910).

[1198] OLG Köln, NZG 2000, 1137f.

schafter und Geschäftsführer in einer Person Ansprüche gegen sich selbst geltend machen müsste.[1199]

Während die Rechtsprechung zumindest im Hinblick auf die GmbH deutlich gegen eine Informationspflicht für pflichtwidriges Geschäftsleiterhandeln tendiert, stimmen nur wenige Teile der Literatur mit der grundsätzlichen Ausrichtung der Rechtsprechung überein, dass keine Pflicht besteht, über eigene Verfehlungen, die eine strafbare Handlung offenbaren oder Schadensersatzforderung begründen, gegenüber dem Aufsichtsrat zu berichten.[1200]

Große Teile der Literatur stehen einem Geheimhaltungsrecht eigener Verstöße hingegen zu Recht kritisch gegenüber. Der Vorstand muss grundsätzlich vollumfänglich und wahrheitsgetreu informieren.[1201] Zur effektiven Ausübung seiner Überwachungspflicht benötigt der Aufsichtsrat auch solche Informationen, die den Vorstand oder einzelne Vorstandsmitglieder mit einer Pflichtwidrigkeit belasten.[1202] Das kann sich auch nicht dadurch ändern, dass der Vorstand eine strafrechtliche Handlung offenbaren würde. Eine Einschränkung der Informationspflicht kann höchstens bezüglich der strafrechtlichen Bewertung des Verstoßes anerkannt werden, der zugrunde liegende Sachverhalt muss allerdings Bestandteil der Berichterstattung sein.[1203] Ansonsten würde dem Aufsichtsrat die Möglichkeit zur Ausübung seiner elementaren Überwachungskompetenz entzogen.

(2) Geheimhaltung fremder Compliance-Verstöße

In der Literatur existieren einzelne Stimmen, die den Vorstand auch zur Geheimhaltung vorstandsfremder Rechtsverstöße legitimieren. Die Auskunftspflichten des Vorstandes werden dann einge-

---

1199 OLG Köln, NZG 2000, 1137 (1139).

1200 *Mertens*, in: Kölner Kommentar AktG, § 90 Rn. 22.

1201 BGH, NJW 1956, 906 (906); *Hopt/Roth*, in: Großkommentar AktG, § 93 Rn. 292; *Hüffer*, in: Hüffer/Koch, AktG, § 90 Rn. 3; *Grigoleit/Tomasic*, in: Grigoleit, AktG, § 90 Rn. 8; *v.Schenk*, NZG 2002, 64 (65f); *Spindler*, in: MüKo AktG, § 90 Rn. 54.

1202 *Hüffer*, in: *Hüffer/Koch*, AktG, § 90 Rn. 3; *Hopt*, ZGR 2004, 1 (27); *Spindler*, in: MüKo AktG, § 90 Rn. 54.

1203 So auch *Winter*, FS Hüffer, 2010, S. 1103 (1115); *Krieger/Sailer-Coceani*, in: Schmidt/Lutter, AktG, § 90 Rn. 54.

schränkt, wenn „objektiv erhebliche und für die Öffentlichkeit oder das Unternehmen wesentliche Belange die möglichst sichere Geheimhaltung verlangen“ und die Kontrollmöglichkeiten des Aufsichtsrates nicht stärker begrenzt werden als nötig.[1204] Darüber hinaus soll es dem Vorstand möglich sein von einer Berichterstattung abzusehen, wenn „konkrete Anhaltspunkte dafür bestehen, dass ein Aufsichtsratsmitglied die Information unter Verstoß gegen seine Vertraulichkeitspflicht zu Lasten von Gesellschaftsinteressen nutzen wird.“[1205] Ein solcher Fall kann im Besonderen dann bestehen, wenn ein Aufsichtsratsmitglied Eigeninteressen oder schädliche Gesellschafterinteressen vertritt.[1206]

Im Hinblick auf Compliance sind mehrere Risikosituationen zu bedenken. Zum einen könnte die Gefahr entstehen, dass ein konkreter, jedoch noch nicht erwiesener Verdacht eines Rechtsverstoßes frühzeitig in die Öffentlichkeit gelangt und die Reputation des Unternehmens oder die weitere Aufklärung gefährdet. Zum anderen besteht die Möglichkeit, dass ein Mitglied des Aufsichtsrates die Informationen weitergibt, um so entweder schädliche Gesellschafterinteressen zu fördern oder Beteiligte des Verstoßes zu informieren. Im letzten Fall würde die Weitergabe die Aussicht auf einen Aufklärungserfolg deutlich minimieren. Allerdings erscheint es mehr als fragwürdig, dass dem Vorstand trotz dieser Begebenheiten ein Informationsverweigerungsrecht zusteht. Ein gesetzlich geregeltes Auskunftsverweigerungsrecht steht dem Vorstand gegenüber dem Aufsichtsrat nicht zu. Allerdings besteht ein solches Auskunftsverweigerungsrecht im Verhältnis zu den Aktionären. Insbesondere darf der Vorstand die Auskunft nach § 131 Abs. 3 Nr. 1 AktG verweigern, wenn die Auskunft nach vernünftiger kaufmännischer Beurteilung geeignet ist, der Gesellschaft oder einem verbundenen Unternehmen einen nicht unerheblichen Nachteil zuzufügen. Dieses Recht trägt dem Umstand Rechnung, dass Hauptversammlungen quasi öffentlich zugänglich sind und die Aktionäre darüber hinaus keine gesonderten Verschwie-

---

1204 *Krieger/Sailer-Coceani*, in: Schmidt/Lutter, AktG, § 90 Rn. 46.

1205 *Krieger/Sailer-Coceani*, in: Schmidt/Lutter, AktG, § 90 Rn. 45; vgl. auch *Lutter*, Information und Vertraulichkeit im Aufsichtsrat, S. 44f.

1206 *Manger*, NZG 2010, 1255 (1257); *v.Schenk*, NZG 2002, 64 (65f); *Krieger/Sailer-Coceani*, in: Schmidt/Lutter, AktG, § 90 Rn. 45; a.A. *Saage*, DB 1973, 115 (117).

genheitspflichten treffen.[1207] Der Grundsatz dieses Gedanken lässt sich allerdings nicht auf den Aufsichtsrat übertragen.[1208] Zum einen handelt es sich bei dem Aufsichtsrat im Gegensatz zu der Hauptversammlung um einen bestimmbaren, abgrenzbaren Personenkreis, zum anderen ist der Aufsichtsrat gem. § 116 S. 2 AktG zur besonderen Verschwiegenheit über erhaltene vertrauliche Berichte und Beratungen verpflichtet. Im Hinblick auf den Aufsichtsrat ist ein solches Recht daher zutreffender Weise nicht normiert worden. Gleichwohl keine vergleichbare Vorschrift für den Aufsichtsrat existiert, kann daraus nicht per se auf die fehlende Möglichkeit einer Auskunftsverweigerung geschlossen werden. Letzten Endes muss der Vorstand im Einzelfall zwischen seinen Geheimhaltungsinteressen und dem Informationsbedarf des Aufsichtsrates zur Sicherstellung seiner Überwachungsaufgabe abwägen.[1209] Dabei wird das Informationsinteresse des Aufsichtsrates in der Regel deutlich überwiegen. Der Vorstand kann und muss grundsätzlich auf die Verschwiegenheit des Aufsichtsrates vertrauen.[1210] Dementsprechend müssen auch konkrete Verdachtsmomente von Rechtsverstößen dem Aufsichtsrat mitgeteilt werden. Die Vorenthaltung dieser Informationen würde die Kontrolle des Aufsichtsrates über das erforderliche Maß einschränken. Ganz im Gegenteil können schwere Compliance-Verstöße aufgrund ihrer besonderen Wirkung sogar eine unverzügliche Berichtspflicht gem. § 90 Abs. 1 S. 3 AktG erfordern.

Allenfalls scheint es denkbar, das Informationsbedürfnis des Aufsichtsrates bei konkretem Missbrauchsverdacht einzuschränken.[1211] An diese Schwelle werden jedoch deutliche Hürden zu legen sein.[1212] Höchstens in den Fällen, in denen eine mittelbare Beteiligung eines

---

1207 Vgl. *Kubis*, in: MüKo AktG, § 131 Rn. 104.

1208 *Hopt/Roth*, in: Großkommentar AktG, § 111 Rn. 413.

1209 *Krieger/Sailer-Coceani*, in: Schmidt/Lutter, AktG, § 90 Rn. 46; anders *Schockenhoff*, NZG 2015, 409 (416), der zwar einen Abwägungsstreit anerkennt, ihn jedoch auf technische Geheimnisse und Know-How beschränkt und Compliance-Vorfälle aus der Abwägung ausschließt.

1210 *Hopt/Roth*, in: Großkommentar AktG, § 111 Rn. 413.

1211 So auch *Schockenhoff*, NZG 2015, 409 (416); *Manger*, NZG 2010, 1255 (1257); *Wilde*, ZGR 1998, 423 (431); *v.Schenk*, NZG 2002, 64 (65f); anders *Saage*, DB 1973, 115 (117).

1212 *Wilde*, ZGR 1998, 423 (432).

Aufsichtsratsmitglieds vermutet wird oder der Aufklärungserfolg durch die Weitergabe der Informationen überwiegend wahrscheinlich erschwert oder verhindert würde, kann ein präventives Informationsverweigerungsrecht dem Vorstand zustehen. Dieses Recht endet jedoch spätestens mit der Erledigung der Gefährdungslage nach vollständiger Aufklärung. Ferner wird kein umfassendes Auskunftsverweigerungsrecht angenommen werden können. Viel mehr besteht dieses Recht nur gegenüber dem in Verdacht stehenden Aufsichtsratsmitglied.[1213] Der Vorsitzende des Aufsichtsrates ist in dem Fall zu informieren.[1214]

c) Informationen an die Öffentlichkeit

Der Gedankengang, dass Unternehmen verpflichtet sind, die Öffentlichkeit über Unternehmensvorfälle zu informieren, scheint in der Privatwirtschaft zunächst abwegig. Handelt es sich gerade bei Rechtsverstößen doch um sensible Themen, die im Hinblick auf ihre schädigende Wirkung in der Regel unternehmensintern bleiben sollen. Ein etwas anderes Bild ergibt sich, wenn der Gedanke von der Privatwirtschaft auf die kommunale Wirtschaftstätigkeit übertragen wird, unterliegen kommunale Unternehmen doch per se einer besonderen Anforderung von Transparenz und Kontrolle durch die Öffentlichkeit.

aa) Öffentlich-rechtlicher Auskunftsanspruch

Gegen einen öffentlich-rechtlichen Auskunftsanspruch spricht zunächst die grundsätzliche Konzeption des Aktienrechts zur Verschwiegenheit gegenüber Dritten. Mitglieder des Vorstandes haben über vertrauliche Geheimnisse der Gesellschaft Stillschweigen zu

1213 Vgl. *Wilde*, ZGR 1998, 423 (433).

1214 Vgl. *Schockenhoff*, NZG 2015, 409 (416), der wohl kein Auskunftsverweigerungsrecht gegenüber dem Gesamtvorstand annimmt, es in einem solchen Fall jedoch ermöglicht, die entsprechenden Informationen nur an den Aufsichtsratsvorsitzenden weiterzuleiten. Dieser wäre dann in der Pflicht, mit Ausnahme der betroffenen Mitglieder die Informationen weiterzuleiten; ebenso *Wilde*, ZGR 1998, 423 (433); *Lutter*, Information und Vertraulichkeit im Aufsichtsrat, S. 45.

wahren.[1215] Anhaltspunkte für eine gesetzliche Abweichung dieses Grundsatzes und einer einhergehenden Informationspflicht gegenüber der Öffentlichkeit finden sich im Gesellschaftsrecht nicht.

Das öffentliche Recht hingegen unterliegt einer besonderen Anforderung an Transparenz und Kontrolle. Dem Informationsbedarf der öffentlichen Gemeindevertretungen wird durch die §§ 394, 395 AktG Rechnung getragen, ermächtigt aber nicht zur Weitergabe der Informationen an Dritte. Das Kommunalrecht verpflichtet die Gemeinden jährlich einen Bericht über ihre Unternehmen in privater Rechtsform zu erstellen, an denen sie mit mindestens 20 Prozent beteiligt sind.[1216] Der Bericht soll über die Grundzüge des Geschäftsverlaufs und die Ertragslage des Unternehmens Auskunft geben und soll als Informationsgrundlage für die Gemeindevertretung und die Öffentlichkeit über die privatrechtlichen Tätigkeiten der Kommune dienen. In der Regel sind die Beteiligungsberichte knapp und nur mit wenigen Informationen über das laufende Geschäft verfasst. Daher werden Compliance-Vorfälle im Allgemeinen nicht vom Beteiligungsbericht erfasst. Allenfalls kann es bei schwerwiegenden Verstößen, die eine erhebliche Wirkung auf die Ertragslage des Unternehmens haben, notwendig sein, sie auch im Beteiligungsbericht aufzuführen. Aus dem Bericht kann jedoch kein allgemeiner Anspruch der Öffentlichkeit auf Informationen abgeleitet werden.

Ferner hat auf Grundlage der jeweiligen Landespressegesetze die Presse das Recht, Informationen von den Behörden einzufordern.[1217] Dieses Recht ist Ausfluss der allgemeinen Pressefreiheit aus Art. 5 Abs. 1 GG, welches selber keinen unmittelbaren Auskunftsanspruch gegenüber der öffentlichen Hand gewährt.[1218] Zur sachgerechten Ausübung ihrer öffentlichen Aufgabe soll die Presse Informationen über Ereignisse von öffentlichem Interesse erhalten und in ihrem Ziel der demokratischen Meinungs- und Willensbildung die Öffentlichkeit informieren. Aus dem Wortlaut ergibt sich kein unmittelbares Recht der Presse, dieses Privileg auch gegenüber privatrechtlich organisierten Unternehmen durchsetzen zu können.

---

1215 *Fleischer*, in: Spindler/Stilz, AktG, § 93 Rn. 160.

1216 § 123a Abs. 1 HessGO.

1217 § 3 Abs. 1 HPresseG.

1218 Vgl. BVerwG, NJW 1985, 1655 (1656ff).

bb) Kommunale Unternehmen als Behörde im Sinne des Presserechts

Zunächst lässt sich aus dem unmittelbaren Wortlaut des Pressegesetzes nicht auf die Anwendbarkeit auf kommunale Unternehmen schließen, da vom Informationsanspruch der Presse nach § 3 Abs. 1 HPresseG lediglich die „Behörden" erfasst werden. Obwohl der Behördenbegriff von der Rechtsordnung nicht einheitlich angewandt wird, definiert sich die Behörde zumindest im organisatorischen Verständnis als „das Organ eines öffentlichen Rechtsträgers, das berechtigt ist, mit Außenwirkung Aufgaben der öffentlichen Verwaltung wahrzunehmen."[1219]

Dass öffentliche Unternehmen unter den landespresserechtlichen Behördenbegriff fallen, ist inzwischen ganz überwiegend anerkannt.[1220] Nach Ansicht des BGH können auch privatrechtlich organisierte Unternehmen in öffentlicher Trägerschaft dem eigenständigen Behördenbegriff i.S.d. Landespressegesetze unterliegen und hat daher einen Auskunftsanspruch des „Bund der Steuerzahler" gegenüber einem kommunalen Energieversorger auf Grundlage des niedersächsischen Landespressegesetzes anerkannt. [1221] Der Begriff der Behörde sei nicht „organisatorisch-verwaltungstechnisch", sondern „funktionell-teleologisch" zu verstehen.[1222] Von dieser Definition wird neben der Eingriffsverwaltung auch die Leistungsverwaltung inbegriffen. Die Presse muss auch bei Auslagerung öffentlicher Aufgaben weiterhin seiner öffentlichen Informationspflicht nachkommen können.[1223] Die Organisationsform des Unternehmens kann auf diese Aufgabe keinen Einfluss haben. Wenn öffentliche Mittel eingesetzt werden, wird in der Regel auch ein begründeter Informationsanspruch der

1219 OVG Bremen, NVwZ 2011, 1146 (1147).

1220 A.A. VG Regensburg, LKV 2005, 365 (372).

1221 BGH, NJW 2005, 1720f; so auch OLG Hamm, NVwZ 2016, 551ff, zugunsten eines Journalisten gegenüber einer Aktiengesellschaft in öffentlich-rechtlicher Trägerschaft auf Grundlage des § 4 LPrG NW; OVG NRW, ZUM-RD 2009, 228 (229); VGH München, NVwZ-RR 2007, 767 (768); *Köhler*, NJW 2005, 2337 (2338).

1222 OLG Hamm, NVwZ 2016, 551 (551); BGH, NJW 2005, 1720 (1720); OVG NRW, ZUM-RD 2009, 228 (229).

1223 BGH, NJW 2005, 1720 (1721).

Presse bestehen.[1224] Unternehmen in Minderheitsbeteiligung der öffentlichen Hand werden vom presserechtlichen Behördenbegriff nicht erfasst.[1225] Eine alleinige Gesellschafterstellung der öffentlichen Hand ist jedoch nicht notwendig. Es ist ausreichend, dass das Unternehmen von der öffentlichen Hand beherrscht wird.[1226] Teilweise wird darüber hinaus angenommen, dass der presserechtliche Behördenbegriff sich nur auf wirtschaftliche Betätigungen im Rahmen der öffentlichen Daseinsvorsorge erstreckt.[1227]

Die Auslegung des Behördenbegriffs nach Sinn und Zweck des presserechtlichen Auskunftsanspruchs ist rechtlich konsequent und ferner praktisch notwendig. Die Rechtsprechung bestätigt in ihren Urteilen den allgemeinen Grundsatz, dass sich Unternehmen in öffentlicher Trägerschaft durch ihre privatrechtliche Organisation nicht dem öffentlichen Recht entziehen können. Die enge Auslegung des Behördenbegriffs hätte zur Folge, dass die Kommune über ihre Regiebetriebe Auskunft geben müsste, während sie sich diesem Auskunftsanspruch durch formelle Privatisierung entziehen könnten. Daher macht es auch keinen Sinn, den Behördenbegriff allein auf die Daseinsvorsorge von Kommunen zu begrenzen, die auch außerhalb der Daseinsvorsorge nur innerhalb eines öffentlichen Zweckes zulässig ist. Der Informationsanspruch soll den besonderen Anforderungen an Transparenz und Kontrolle der Nutzung öffentlicher Mittel gerecht werden, unabhängig von der Rechtsform.

Ferner ist bereits aus praktischen Erwägungen einer funktionellen Auslegung zuzustimmen. Ungeachtet einer Anspruchsverpflichtung gegenüber dem Unternehmen besteht zweifelsfrei ein Auskunftsanspruch gegenüber der Kommune als Gesellschafter. Die Kommune

1224 BGH, NJW 2005, 1720 (1721).

1225 Zur Auskunftspflicht der Telekom und der Frage, ob die Telekom Behörde i.S.d. Landespresserecht ist, siehe Beschluss des OVG NRW, ZUM-RD 2009, 228 (229).

1226 Im konkreten Fall war das Unternehmen in Rechtsform einer GmbH zu ca. 70% in unmittelbarer oder mittelbarer kommunaler Trägerschaft, während die übrigen ca. 30% auf private Gesellschafter verteilt waren, vgl. BGH, NJW 2005, 1720 (1721); vgl. auch OVG NRW, ZUM-RD 2009, 228 (229); OLG Hamm, NVwZ 2016, 551 (551); dazu ausführlich *Köhler*, NJW 2005, 2337 (2338).

1227 So wohl OVG NRW, ZUM-RD 2009, 228 (229).

müsste im Rahmen ihrer Informationsrechte die angeforderten Informationen bereitstellen bzw. die Geschäftsleitung im gesellschaftsrechtlich möglichen Rahmen zur Herausgabe der Informationen anweisen. Der Auskunftsanspruch würde lediglich verkompliziert und wäre mit weiterem Ressourcenaufwand verbunden.

cc) Gesellschaftsrechtliche Begrenzung des presserechtlichen Auskunftsanspruchs

(1) Aktienrechtliche Verschwiegenheitspflicht als Auskunftsverweigerungsgrund

Während im ursprünglichen Sinne das Gesellschaftsrecht keinerlei Einfluss auf den presserechtlichen Informationsanspruch hat, wird durch die funktionell-teleologische Auslegung des Behördenbegriffs das Gesellschaftsrecht für die Bestimmung landespresserechtlicher Vorgaben relevant. In fast allen Landespressegesetzen ist ein Auskunftsverweigerungsrecht vorgesehen, wenn dem Auskunftsanspruch Vorschriften über die Geheimhaltung entgegenstehen.[1228] Der Vorstand einer Aktiengesellschaft ist nach § 93 Abs. 1 S. 3 AktG zur Verschwiegenheit über vertrauliche Angaben und Geheimnisse der Gesellschaft, namentlich Betriebs- und Geschäftsgeheimnisse, verpflichtet. Die unberechtigte Offenbarung der Betriebs- und Geschäftsgeheimnisse gegenüber Dritten kann nach § 404 Abs. 1 Nr. 1 AktG eine Strafe zur Folge haben. Im Hinblick auf ihre besondere Bedeutung für das Unternehmenswohl darf die Verschwiegenheitspflicht weder gemindert, noch verschärft werden.[1229] Fraglich ist, wie die strafbewehrte gesellschaftsrechtliche Verschwiegenheitspflicht mit den Auskunftsansprüchen des Landespressegesetzes in Einklang zu bringen ist.

Nach Ansicht des OVG Hamburg begründet die Verschwiegenheitspflicht des Vorstandes keinen Geheimhaltungsgrund i.S.d.

[1228] § 5 Abs. 2 Nr. 2 BbgPG; im hessischen Landespressegesetz findet sich jedoch keine solche Vorschrift.

[1229] BGH, NJW 1975, 1412 (1412); *Spindler*, in: MüKo AktG, § 93 Rn. 114.

Landespressegesetzes.[1230] Im konkreten Fall wollte ein Presseverlagsunternehmen Auskunft über die Besucherzahlen der kommunalen Freibäder haben. Die kommunale Betreibergesellschaft in Rechtsform einer GmbH verweigerte die Auskunft mit dem Hinweis auf Geheimhaltungsinteressen. Das OVG argumentiert, dass die strafbewehrte Verschwiegenheitspflicht gem. § 85 Abs. 1 GmbHG kein Geheimhaltungsgrund i.S.d. Landespressegesetzes ist.[1231] Die §§ 85 Abs. 1, 43 Abs. 1 GmbHG verpflichten nur den Vorstand zur Verschwiegenheit über vertrauliche Unternehmensgeheimnisse. Hingegen sollen Geheimhaltungsvorschriften im Sinne des Landespressegesetzes nur solche Vorschriften erfassen, die öffentliche Geheimnisse und keine Unternehmensgeheimnisse schützen.[1232] Ferner soll durch § 3 Abs. 1 HPresseG kein einzelnes Organ, sondern die Behörde als solches zur Auskunft verpflichtet werden. Von der gesellschaftsrechtlichen Verschwiegenheitspflicht werden jedoch nur der Vorstand und der Aufsichtsrat verpflichtet. In funktioneller Auslegung des Behördenbegriffs müsste also nicht ein Organ zur Verschwiegenheit verpflichtet sein, sondern die Gesellschaft als solches. Daher würden die gesellschaftsrechtlichen Verschwiegenheitspflichten als Geheimhaltungsgrund i.S.d. Presserechts ausscheiden.

Das OVG Münster ist dieser Linie gefolgt und definiert Geheimhaltungsvorschriften i.S.d. Presserechts als solche, „die öffentliche Geheimnisse schützen sollen und zumindest auch auskunftsverpflichtete Behörden zum Adressaten haben."[1233] Das OVG verneint eine presserechtliche Geheimhaltungsvorschrift am Beispiel der §§ 61 BBG bei allen Normen, die lediglich einzelne Personen oder Organe und nicht die dahinterstehende Behörde verpflichten.[1234] Auch das OVG Berlin-Brandenburg hat sich der Linie angeschlossen und erkennt die organbezogenen Verschwiegenheitspflichten nicht als Geheimhaltungsgründe i.S.d Presserechts an.[1235] Es sei nicht der Aktiengesellschaft als solches, sondern nur deren Organen die Wei-

[1230] OVG Hamburg, AfP 2010, 617ff.
[1231] OVG Hamburg, AfP 2010, 617 (620).
[1232] OVG Hamburg, AfP 2010, 617 (620).
[1233] OVG Münster, NVwZ-RR 2009, 635 (636).
[1234] OVG Münster, NVwZ-RR 2009, 635 (636).
[1235] OVG Berlin-Brandenburg, NVwZ 2014, 1177 (1179).

tergabe von Informationen versagt.[1236] Daher ist die gesellschaftsrechtliche Verschwiegenheitspflicht nur dispositives Recht, das von den Gesellschaftern oder Aktionären gelockert werden könne.[1237]

Die dargestellten Ansichten machen deutlich, dass die Rechtsprechung in den gesellschaftsrechtlichen Verschwiegenheitspflichten keine Geheimhaltungsgründe i.S.d. Pressegesetze sieht. Auch der BGH wird sich demnächst mit der Frage beschäftigen, inwiefern gesellschaftsrechtliche Geheimhaltungsvorschriften im Landespressegesetz ihre Anwendung finden.[1238]

In der Literatur hingegen wird diese Ansicht nicht geteilt und die Geheimhaltungsvorschriften des Gesellschaftsrechts als Auskunftsverweigerungsgründe zugelassen.[1239] Wenngleich sich die öffentliche Hand nicht der demokratischen Kontrolle entziehen darf, so darf die presserechtliche Kontrolle nicht die gesellschaftsrechtlichen Geheimhaltungsgrundsätze aushöhlen.[1240] Daher ist es ihr auch nicht möglich, über den Umweg der Gesellschafter einen Informationsanspruch geltend zu machen.[1241] Die Auffassung der Rechtsprechung mag daher nicht zu überzeugen. Auf der einen Seite rechtfertigen sie einen Auskunftsanspruch mit der funktionellen Auslegung des Behördenbegriffs, um auf der anderen Seite dem kommunalen Unternehmen in restriktiver Auslegung des Behördenbegriffs seine gesellschaftsrechtlichen Verschwiegenheitspflichten zu versagen. Wenn der Behördenbegriff funktionell ausgelegt werden muss, muss dieser teleologische Ansatz auch für die Bestimmung der übrigen presserechtlichen Voraussetzungen herangezogen werden. Daher erscheint es sehr fragwürdig, den Auskunftsanspruch nur gegenüber der Gesellschaft zuzulassen. Zwar haben die Gerichte zutreffend festgestellt, dass Geheimhaltungsvorschriften im üblichen presserechtlichen Sinne nur solche sind, die nicht den einzelnen Mitarbeiter, sondern die dahinterstehende Behörde als Ganzes verpflichten, sie verkennen dabei jedoch, dass es sich bei öffentlichen Unternehmen nur in der Begrifflichkeit um eine Behörde handelt. Wenn sie einerseits den Behörden-

---

[1236] OVG Berlin-Brandenburg, NVwZ 2014, 1177 (1179).

[1237] OVG Berlin-Brandenburg, NVwZ 2014, 1177 (1179).

[1238] BGH - I ZR 87/16 (anhängig).

[1239] *Köhler*, NJW 2005, 2337 (2339).

[1240] OLG Hamm, NVwZ 2016, 551 (553); *Köhler*, NJW 2005, 2337 (2339).

[1241] *Köhler*, NJW 2005, 2337 (2340).

begriff funktionell auslegen, müssen sie andererseits auch die Geheimhaltungsvorschriften i.S.d. Pressegesetze funktionell ausgelegen. Dabei darf es keinen Unterschied machen, ob eine Behörde oder die gesetzlichen Vertreter von Kapitalgesellschaften zur Geheimhaltung verpflichtet werden. Bedient sich die öffentliche Hand der Möglichkeit privatisierter Rechtsform, muss sich die öffentliche Hand den gesellschaftsrechtlichen Vorgaben unterwerfen. Die öffentliche Hand darf sich weder ins Privatrecht flüchten, noch darf sie sich dem Privatrecht entziehen. Es wäre auch inkonsequent, der öffentlichen Hand den Zugang zum privatisierten Markt zu erlauben, im direkten Umgang mit den Wettbewerbern allerdings massiven Nachteilen zu unterwerfen. Würde die Umgehung des Geheimhaltungsverbots doch bedeuten, dass Mitbewerber mit Hilfe der Presse möglicherweise Zugriff auf relevante Unternehmensdetails bekommen können. Dieses Problem haben auch die ablehnenden Ansichten erkannt und ein gesellschaftsrechtliches Geheimhaltungsrecht auf Grundlage überwiegender privater Interessen gestützt.[1242] Fast alle Landespressegesetze sehen ein Auskunftsverweigerungsrecht vor, insofern durch die Veröffentlichung ein überwiegendes öffentliches oder ein schutzwürdiges privates Interesse verletzt würde.[1243] Der Streit, ob Betriebs- und Geschäftsgeheimnisse über gesellschaftsrechtliche Geheimhaltungsvorschriften oder über die öffentlichen und privaten Interessen geschützt werden, hat demnach in der Praxis nur wenig Bedeutung.

(2) Compliance-Verstoß als Betriebs- und Geschäftsgeheimnis?

Die Darstellung hat gezeigt, dass die gesellschaftsrechtlichen Verschwiegenheitspflichten über vertrauliche Angaben und Geheimnisse der Gesellschaft als Geheimhaltungsgrund dem Auskunftsbegehren auf Grundlage der Pressegesetze entgegenstehen können. Allerdings ist noch nichts darüber gesagt, ob Rechtsverstöße überhaupt von der gesellschaftsrechtlichen Verschwiegenheitspflicht erfasst werden. Vertrauliche Angaben sind nicht bekannte Informationen, deren Bekanntwerden der Gesellschaft einen materiellen oder immateriellen

1242 OVG Berlin-Brandenburg, NVwZ 2014, 1177 (1179).
1243 § 5 Abs. 2 Nr. 3 BbgPG.

Schaden zufügen könnte.[1244] Darunter fallen insbesondere Informationen, die Vorstandsmitglieder im Rahmen der Vorstandssitzung oder von Dritten in vertraulicher Weise erhalten haben.[1245] Bei Geheimnissen wird namentlich von Betriebs- oder Geschäftsgeheimnissen der Gesellschaft gesprochen. Die Differenzierung zwischen Betriebs- und Geschäftsgeheimnissen spielt inzwischen eine untergeordnete Rolle, orientieren sich Rechtsprechung und Literatur doch maßgeblich am Unternehmensgeheimnis, das im Wesentlichen dem Wirtschaftsgeheimnis nach § 17 UWG entspricht.[1246] Danach sind unter Betriebs- und Geschäftsgeheimnisse alle Tatsachen zu verstehen, die nicht offenkundig, sondern nur einem begrenzten Personenkreis zugänglich sind und an deren Nichtverbreitung der Rechtsträger ein berechtigtes Interesse hat.[1247] Beide Begriffe weisen große Schnittmengen auf, die nur im Hinblick auf die subjektive bzw. objektive Komponente des Vertrauensschutzes zu differenzieren sind.[1248]

Die Einordnung von Rechtsverstößen ist daher unproblematisch. Sie sind weder offenkundig, noch einem unbestimmten Personenkreis bekannt. Gerade bei Rechtsverstößen wird im Hinblick auf die möglichen materiellen und immateriellen Schäden zudem davon auszugehen sein, dass im Regelfall ein großes Geheimhaltungsinteresse besteht. Allerdings muss es sich dabei um ein berechtigtes Geheimhaltungsinteresse handeln. Ob von dieser Schutzwürdigkeit auch Rechtsverstöße erfasst werden, ist nicht eindeutig.

---

1244 *Dauner-Lieb*, in: Henssler/Strohn, AktG, § 93 Rn. 12; *Hölters*, in: Hölters, AktG, § 93 Rn. 135; *Koch*, in: Hüffer/Koch, § 93 Rn. 30; *Spindler*, in: MüKo AktG, § 93 Rn. 120.

1245 *Spindler*, in: MüKo AktG, § 93 Rn. 120.

1246 *Müller-Michaels*, in: Hölters, AktG, § 404 Rn. 17f; *Hopt/Roth*, in: Großkommentar, AktG, § 93 Rn. 283.

1247 BGH, NJW 1995, 2301 (2301); *Hopt/Roth*, in: Großkommentar, AktG, § 93 Rn. 283; *Dauner-Lieb*, in: Henssler/Strohn, AktG, § 93 Rn. 12; *Spindler*, in: MüKo AktG, § 93 Rn. 117; *Hölters*, in: Hölters, AktG, § 93 Rn. 135; *Koch*, in: Hüffer/Koch, § 93 Rn. 30.

1248 *Hölters*, in: Hölters, AktG, § 93 Rn. 137.

(3) Compliance-Verstöße als Einschränkung der Verschwiegenheitspflicht

Sinn und Zweck des presserechtlichen Auskunftsanspruches ist die Aufrechterhaltung der Pressefreiheit und Sicherstellung ihrer Aufgabe, über Geschehnisse und Informationen von öffentlichem Interesse umfassend informieren zu können.[1249] Diesem Kontrollrecht darf sich die öffentliche Hand nicht durch die Flucht ins Privatrecht entziehen. Gleichwohl es sich bei den aktienrechtlichen Verschwiegenheitspflichten nicht um dispositives Recht handelt, muss dieser Grundsatz bei der Interessensabwägung Berücksichtigung finden.[1250] Das Geheimhaltungsinteresse ist nicht am Wunsch einzelner Vorstandsmitglieder oder des Gesamtvorstandes zu bestimmen, sondern anhand einer objektiven Betrachtung des Unternehmenswohls.[1251] Im Hinblick auf den strengen Legalitätsmaßstab kommunaler Unternehmen kann daher nicht ohne weiteres angenommen werden, dass das Geheimhaltungsinteresse des Unternehmens per se dem öffentlichen Aufklärungsinteresse überwiegt. Die Aufrechterhaltung von Legalität, die Beachtung demokratischer Kontrollinstanzen und damit auch die Sicherung des presserechtlichen Auskunftsrechtes muss bei der Bestimmung eine Berücksichtigung finden.[1252] So geht auch das OVG

1249 OVG NRW, AfP 2014, 181 (183).

1250 Kommt bei staatlich beherrschten Unternehmen dem aktienrechtlichen Geheimhaltungsschutz gegenüber dem Kontroll- und Informationsinteressen der Gebietskörperschaft nur nachrangige Bedeutung zu, vgl. *Huber/ Fröhlich*, in: Großkommentar AktG, § 394 Rn. 51.

1251 *Lutter/Krieger/Verse*, Rechte und Pflichten des Aufsichtsrats, § 6 Rn. 261; vgl. auch BGH, NJW 1975, 1412 (1412), das im Hinblick auf die entsprechenden Verschwiegenheitsvorschriften für Aufsichtsräte nicht von einem „unbeschränkten Schweigegebot“ ausgeht, sondern die Verschwiegenheitspflicht unter Berücksichtigung des Unternehmensinteresses konkretisiert.

1252 Das VG Regensburg hat in einem ähnlichen Fall hinsichtlich der Grenze der Einschränkung der Verschwiegenheitspflicht festgestellt, dass sich diese „in einem Abwägungsprozess zwischen dem vom Grundsatz der Öffentlichkeit beherrschten Kommunalrecht, der Funktions- und Kontrollfähigkeit des Aufsichtsrates sowie den berechtigten Ansprüchen von Privatpersonen, des Allgemeinwohls und den zwingenden Unternehmensinteressen“ ergibt, vgl. VG Regensburg, LKV 2005, 365 (368).

NRW davon aus, dass „das Interesse der öffentlichen Hand an einer Wahrung ihrer Betriebs- und Geschäftsgeheimnisse im Verhältnis zum gegenläufigen Interesse an einer demokratischen Kontrolle nur begrenzt schützenswert“ ist.[1253] Auch das OVG Hamburg nimmt an, dass Missstände in Wirtschaftlichkeit und Rechtmäßigkeit der Unternehmensführung kommunaler Unternehmen in der Regel einen presserechtlichen Auskunftsanspruch begründen.[1254]

Allenfalls erscheint es dogmatisch schwierig, die Auskunftsansprüche mit den nicht dispositiven gesellschaftsrechtlichen Verschwiegenheitspflichten in Einklang zu bringen. Nach Ansicht des BGH werden allerdings nur solche Geheimnisse von der gesellschaftsrechtlichen Verschwiegenheitspflicht erfasst, deren Interessen auch berechtigterweise schutzbedürftig sind.[1255] Gerade bei Verstößen gegen Recht und Gesetz erscheint es jedoch mehr als fraglich, ob sie im gleichen Maße wie andere Geheimnisse schützenswert sind. Obwohl die Geheimhaltung von Rechtsverstößen auch in kommunalen Unternehmen grundsätzlich im Unternehmensinteresse liegt, muss im Hinblick auf die besondere Bedeutung der Wiederherstellung von Legalität das Unternehmensinteresse aus einer anderen Perspektive betrachtet werden. Dennoch wäre es kaum begründbar, dass Informationsinteresse der Öffentlichkeit generell und ohne Abwägung über die Unternehmensinteressen zu stellen.[1256] Insbesondere wenn nur der bloße Verdacht eines Regelverstoßes besteht oder die Veröffentlichung die Durchsetzung zivilrechtlicher Ansprüche nicht nur unerheblich erschweren würde, muss das Geheimhaltungsinteresse in besonderer Weise berücksichtigt werden. Angesichts der strengen Legalitätsbindung und dem Grundsatz, dass sich das öffentliche Recht nicht ins Privatrecht flüchten darf, kann jedoch nicht jedes Unternehmensgeheimnis auch schutzbedürftig sein. Die Veröffentlichung von Informationen über Rechtsverstöße, die sowohl in Aufklärung als

---

1253 OVG NRW, AfP 2014, 181 (189); so wohl auch OLG Hamm, NVwZ 2016, 551 (553f); vgl. auch *Huber/Fröhlich*, in: Großkommentar AktG, § 394 Rn. 51.

1254 OVG Hamburg, AfP 2010, 617 (619).

1255 BGH, NJW 1995, 2301 (2301); vgl. *Spindler*, in: MüKo AktG, § 93 Rn. 133ff.

1256 *Köhler*, NJW 2005, 2337 (2440), spricht insofern von einem zwingenden oder überragenden öffentlichen Interesse.

auch Sanktion bereits abgeschlossen sind, können zwar eine schädliche Wirkung nach sich ziehen, müssen im Hinblick auf die besonderen Anforderungen an Legalität, Transparenz und Kontrolle vom Unternehmen in Kauf genommen werden.[1257] Daher kann sich nach Abschluss der vollständigen Sachverhaltsermittlung und Durchsetzung zivilrechtlicher Schadensansprüche ein gesetzlicher Auskunftsanspruch der Presse über Compliance-Vorfälle aus den Landespressegesetzen ergeben. Eine solche Konstellation reiht sich in das bestehende Verhältnis von Geheimhaltungs- und Unternehmensinteressen der § 53 HGrG oder §§ 394, 395 AktG ein, die dem demokratischen Kontrollinteresse Vorrang gegenüber den Geheimhaltungsinteressen öffentlicher Unternehmen gewähren.[1258]

## II. Aufsichtsrat

Die bereits erwähnten Skandale rund um Siemens oder VW haben die Legalitätspflicht und insbesondere die Legalitätskontrollpflicht des Vorstandes in die Mitte der Governance Diskussion gerückt.[1259] Vor dem Hintergrund dieser Compliance-Professionalisierung des Vorstandes wird sich auch der Aufsichtsrat immer häufiger fragen lassen, ob er seiner Überwachungspflicht ausreichend nachgekommen ist. Dies mag zunächst überraschen, ist im deutschen dualistischen Aktienrecht der Vorstand und nicht das Aufsichtsorgan für die Unternehmensleitung zuständig. Die Überwachungsaufgabe des Aufsichtsrates wächst jedoch simultan mit den verschärften Leitungsaufgaben des Vorstandes. Daher ist es konsequent, neben der Unternehmensleitung auch parallel den Aufsichtsrat verstärkt in die Corporate Governance Diskussion mit einzubeziehen. Während in den bisherigen Skandalen zumeist nur der Vorstand rechtlich angegriffen und belangt wurde, wird die zukünftige straf- und zivilrechtliche

---

1257 So wohl auch *Köhler*, NJW 2005, 2337 (2340).

1258 Vgl. *Huber/Fröhlich*, in: Großkommentar AktG, Anh. §§ 53, 54 HGrG Rn. 25.

1259 Vgl. *Lutter*, in: Kremer/Bachmann/Lutter/v.Werder, DCGK, Rn. 535, nach dem die praktische Bedeutung von Compliance durch den Siemens-Skandal gar nicht hoch genug einzuschätzen ist.

Aufarbeitung vor dem Aufsichtsrat nicht mehr halt machen.[1260] Erster Anhaltspunkt für diese Entwicklung war, dass im Siemens-Korruptionsskandal neben dem Vorstandsvorsitzenden auch der Aufsichtsratsvorsitzende zurücktreten musste.[1261] Zwar handelt es sich bei der Konzeption des Aufsichtsrates weiterhin um ein Nebenamt,[1262] das darf jedoch nicht darüber hinwegtäuschen, dass es sich um nicht nebensächliche Aufgaben handelt.

Die allgemeine Skizzierung der Aufgabengebiete von Aufsichtsrat und Vorstand erscheinen in der Theorie deutlich, bergen in der juristischen Compliance-Praxis derweil erhebliche Abgrenzungsschwierigkeiten. Ob Compliance lediglich Teil einer erweiterten Überwachungspflicht ist oder eine eigenständige Rolle einnimmt und welche Pflichten und Rechte den Aufsichtsrat im Hinblick auf Compliance treffen, soll im Folgenden herausgearbeitet werden.

### 1. Der Aufsichtsrat als zentrales Compliance-Organ

Der Deutsche Corporate Governance Kodex geht im Hinblick auf Compliance von einer eindeutigen Vorstandskompetenz aus. Der Vorstand hat nach Zif. 4.1.3 DCGK für eine angemessene Compliance zu sorgen. Viele Autoren machen es plakativer: „Compliance ist Chefsache."[1263] Dem Aufsichtsrat werden im Deutschen Corporate

---

1260 So auch *v.Schenk*, in: Semler/v.Schenk, Der Aufsichtsrat, § 116 Rn. 15, der davon ausgeht, dass inzwischen häufiger Schadensersatzansprüche gegenüber Aufsichtsräten geprüft und geltend gemacht werden; wobei zu den Gründen nur spekuliert werden kann. Wahrscheinlich haben einerseits die verstärkte Spezialisierung der Staatsanwaltschaften und andererseits die inzwischen höhere Erwartung an eine „good governance" von Seiten der Öffentlichkeit und der Aktionäre dazu beigetragen.

1261 http://www.faz.net/aktuell/wirtschaft/unternehmen/siemens-aufsichtsrat-pierer-tritt-zurueck-cromme-folgt-1439924.html (Stand: 08.11.2018); wobei in der Analyse berücksichtigt werden muss, dass der damalige Aufsichtsratsvorsitzende Pierer während der „Gründung" der schwarzen Kassen in den Jahren 1992 – 2005 Vorstandsvorsitzender der Siemens AG war und daher auch unter diesem Aspekt unter Druck stand.

1262 *Hopt/Roth*, in: Großkommentar AktG, § 111 Rn. 119.

1263 *Fleischer*, CCZ 2008, 1 (1); *ders.*, NZG 2014, 321 (323); *Vetter*, FS Westphalen, 2010, S. 719 (729f); *Lösler*, NZG 2005, 104 (107); *Kremer/Klahold*, ZGR 2010, 113 (125); *Fuhrmann*, NZG 2016, 881 (881).

Governance Kodex nur im Bereich der Informationsrechte und -pflichten eigene Compliance-Kompetenzen zuteil.[1264] Obwohl Compliance zweifellos in den Verantwortungsbereich des Vorstands fällt und die Vorstandsmitglieder daher zutreffend als „primär zuständige Kontrolleure" für Compliance bezeichnet werden können,[1265] ist es durchaus möglich, auch den Aufsichtsrat als zentrales Compliance-Organ zu bezeichnen.[1266] Gleichwohl ihn keine eigene Compliance-Organisationspflicht trifft und sich die Diskussion um Compliance darüber hinaus in der Literatur nicht selten mit der Frage beschäftigt, ob sich hinter Compliance wirklich mehr als ein Postulat von Regeltreue versteckt, besitzt der Aufsichtsrat eine ihm angeborene Compliance-Pflicht. Der Aufsichtsrat hat die originäre Kontrollpflicht, den Geschäftsführer in seinem rechtmäßigen Handeln zu überwachen.[1267]

Die wesentliche Aufgabenbeschreibung des Aufsichtsrates einer Aktiengesellschaft wird in § 111 AktG geregelt. Eine abschließende Umschreibung des Pflichtenkataloges wird von der Norm allerdings nicht bezweckt,[1268] viel mehr soll die Kernkompetenz des Aufsichtsrates als Überwachungsorgan und damit das wesentliche Element in der Kompetenztrennung von Vorstand, Aufsichtsrat und Hauptversammlung verdeutlicht werden.[1269] Besondere Rechte und Pflichten, wie die Bestellung des Vorstandes (§ 84 Abs. 1 AktG) oder die Pflicht zum

---

1264 Der Vorstand informiert den Aufsichtsrat regelmäßig, zeitnah und umfassend über alle für das Unternehmen relevante Fragen der (...) Compliance, Zif. 3.4.; Der Aufsichtsratsvorsitzende soll zwischen den Sitzungen mit dem Vorstand, insbesondere mit dem Vorsitzenden bzw. Sprecher des Vorstands, regelmäßig Kontakt halten und mit ihm Fragen der (...) Compliance des Unternehmens beraten, Zif. 5.2.; Der Aufsichtsrat soll einen Prüfungsausschuss einrichten, der sich (...) – falls kein anderer Ausschuss damit betraut ist – der Compliance befasst, Zif. 5.3.2.

1265 So *Martens*, FS Fleck, 1988, S. 191 (201).

1266 So auch *Bachmann*, in: VGR (Hrsg.), Gesellschaftsrecht in der Diskussion 2007, S. 92, der den Aufsichtsrat als geborenes Compliance-Organ bezeichnet; *Bürgers*, ZHR 179 (2015), 173 (187).

1267 *Hopt/Roth*, in: Großkommentar AktG, § 111 Rn. 301ff.

1268 *Hopt/Roth*, in: Großkommentar AktG, § 111 Rn. 23; *Mertens/Cahn*, in: Kölner Kommentar AktG, § 111 Rn. 9; *Schütz*, in: Semler/v.Schenk, Der Aufsichtsrat, § 111 Rn. 1; *Drygala*, in: Schmidt/Lutter, AktG, § 111 Rn. 1.

1269 *Koch*, in: Hüffer/Koch, AktG, § 111 Rn. 1; *Tomasic*, in: Grigoleit, AktG, § 111 Rn. 2; *Schütz*, in: Semler/v.Schenk, Der Aufsichtsrat, § 111 Rn. 1; *Hopt/Roth*, in: Großkommentar AktG, § 111 Rn. 23.

Vertreten der Gesellschaft gegenüber dem Vorstand (§ 112 AktG), sind gesondert normiert. Dahingehend regelt § 111 Abs. 1 AktG nur knapp, dass der Aufsichtsrat die Geschäftsführung zu überwachen hat. Der Geschäftsführungsbegriff in § 111 Abs. 1 AktG ist indes nicht mit dem des § 77 AktG identisch,[1270] sondern muss in Bezug auf die Überwachungsreichweite des Aufsichtsrates enger verstanden werden. Von der Geschäftsführung i.S.d. § 77 AktG ist nämlich jede tatsächliche oder rechtsgeschäftliche vom Vorstand getätigte Handlung oder Maßnahme zu verstehen.[1271] Vor dem Hintergrund, dass dazu auch jede Handlung gegenüber Dritten oder Unternehmensangehörigen zählt, wäre ein Aufsichtsrat sowohl in der Theorie als auch in der Praxis zu einer solchen weitreichenden Überwachungstätigkeit nicht in der Lage. Die Überwachungsaufgabe des Aufsichtsrates beschränkt sich daher nur auf das Leitungshandeln des Vorstandes.[1272] Dazu gehört unbestritten die Pflicht zur ordnungsgemäßen Unternehmensorganisation,[1273] die in der Entwicklung von Compliance-Strukturen seine Konkretisierung erfährt.[1274] Der Aufsichtsrat muss kontrollieren,

---

1270 *Reichert/Ott*, NZG 2014, 241 (244); *Koch*, in: Hüffer/Koch, Aktiengesetz, § 111 Rn. 2; *Spindler*, in: Spindler/Stilz, AktG, § 111 Rn. 7; *Schütz*, in: Semler/v.Schenk, Der Aufsichtsrat, § 111 Rn. 166.

1271 *Tomasic*, in: Grigoleit, Aktiengesetz, § 77 Rn. 2.

1272 *Lutter/Krieger/Verse*, Pflichten des Aufsichtsrates, Rn. 65; *Hopt/Roth*, in: Großkommentar AktG, § 111 Rn. 159, vgl. *Spindler*, in: Spindler/Stilz, AktG, § 111 Rn. 6, nach dem der Geschäftsführungsbegriff tendenziell mit dem Leitungsbegriff in § 76 AktG gleichzusetzen ist; *Koch*, in: Hüffer/Koch, AktG, § 111 Rn. 2; *Winter*, FS Hüffer, 2010, S. 1103 (1108).

1273 *Hopt/Roth*, in: Großkommentar AktG, § 111 Rn. 210; *Schütz*, in: Semler/v.Schenk, Der Aufsichtsrat, § 111 Rn. 205; *Henze*, BB 2000, 209 (210); *Winter*, FS Hüffer, 2010, S. 1103 (1108); ähnlich zum Risikomanagement, *Ballwieser*, in: Hommelhoff/Hopt/v.Werder, Handbuch Corporate Governance, S. 457; *Lutter*, Information und Vertraulichkeit im Aufsichtsrat, S. 39.

1274 *Mertens/Cahn*, in: Kölner Kommentar AktG, § 111 Rn. 15; *Kremer/Klahold*, ZGR 2010, 113 (124); *Winter*, FS Hüffer, 2010, S. 1103 (1108); *Schütz*, in: Semler/v.Schenk, Der Aufsichtsrat, § 111 Rn. 205; *Kort*, FS Hopt, 2010, S. 983 (998); *Lutter/Krieger/Verse*, Pflichten des Aufsichtsrates, Rn. 65; *Bürgers*, ZHR 179 (2015), 173 (174); *Habersack*, in: MüKo AktG, § 111 Rn. 20; *Bürgers/Israel*, in: Bürgers/Körber, Aktiengesetz, § 111 Rn. 3; *Vetter*, FS Westphalen, 2010, S. 719 (732); *Koch*, in: Hüffer/Koch, AktG, § 111 Rn. 4; *Bicker*, AG 2012, 542 (544f); *Grunewald*, NZG 2013, 841 (845); zum internen Kontrollsystem, vgl. *Baums*, ZIP 1995, 11 (17).

ob das Unternehmen über eine sachgerechte, effektive und wirksame Organisationsstruktur verfügt.[1275] Dass darunter auch die Compliance-Struktur fällt, wird auch aus dem Umkehrschluss ersichtlich, dass nach Zif. 3.4 DCGK der Vorstand den Aufsichtsrat über alle relevanten Fragen der Compliance informieren muss. Daran wird deutlich, dass der Aufsichtsrat seine konkreten Compliance-Kompetenzen nur akzessorisch aus dem Leitungshandeln des Vorstandes schöpft. Er muss sich vergewissern, dass der Vorstand seinen präventiven als auch repressiven Compliance-Pflichten nachkommt.[1276] Daher wird sich bei pflichtwidrigem Verhalten des Vorstandes unweigerlich die Frage stellen, ob der Aufsichtsrat Kenntnis hatte oder den Vorstand zumindest zur Rechtmäßigkeit hätte drängen müssen. Diese akzessorische Haftungsvermutung führt zu einem gesteigerten Eigeninteresse des Aufsichtsrates, die Funktionalität und Effektivität der Compliance-Strukturen zu überwachen.

Eine Sonderrolle nimmt der Aufsichtsrat in unternehmerischen Krisenzeiten ein.[1277] Während sich die Überwachungstätigkeit im Regelbetrieb auf die grundlegende Kontrolle und Kenntnisnahme der Vorstandsberichte beschränkt,[1278] nimmt die Kontrolldichte und –schärfe im Krisenfall zu. Deutlich wird das nicht zuletzt durch die Corporate Governance Diskussion um Aufsichtsräte, die regelmäßig nach spektakulären Unternehmenskrisen in Folge scheinbar mangelnder Überwachungstätigkeiten in den Mittelpunkt der Diskussion gerückt ist. Zu einer solchen Unternehmenskrise können insbesondere Verstöße gegen geltendes Recht gehören, die gerade in sensiblen kommunalen Bereichen der Daseinsvorsorge neben unmittelbaren wirtschaftlichen Schäden auch zu mittelbar existenziell bedrohenden Reputationsverlusten führen können.

---

1275 *Kort*, FS Hopt, 2010, S. 983 (998).

1276 So auch *Reichert/Ott*, NZG 2014, 241 (245).

1277 Dazu später: Kap. 3, A, II, 5.

1278 In krisenfreien Zeiten von *Säcker* provokativ als „Schönwetteraufsichtsräte" bezeichnet, *Säcker*, AG 2008, 17 (21).

## 2. Gegenstand der Compliance-Überwachung

Aufgrund der dualistischen Organisationsverfassung im deutschen Aktienrecht orientiert sich der Schwerpunkt der Überwachungstätigkeit des Aufsichtsrates immer an der Tätigkeit des Vorstandes.[1279] Eine umfassende Überprüfung „in allen Zweigen der Verwaltung", wie im rechtshistorischen Ursprung des § 111 AktG zunächst gefordert, wird nicht erwartet.[1280] Überwachungsfreie Räume, die grundsätzlich von der Überwachung des Aufsichtsrates ausgeschlossen sind, entstehen durch diese Abgrenzung jedoch nicht.[1281] Im Hinblick auf Compliance kommen mehrere Teilbereiche in Betracht, die der Überwachungsverantwortung des Aufsichtsrats unterliegen.

### a) Kontrolle der Geschäftsführung

#### aa) Compliance des Geschäftsführerhandelns

Wie bereits erwähnt besitzt der Aufsichtsrat eine ihm gesetzlich zugewiesene Compliance-Pflicht. Er überwacht den Vorstand nämlich im Hinblick auf die Rechtmäßigkeit seines Verhaltens. Ein gutgläubiges Vertrauen in die Integrität des Vorstandes allein ist unzureichend und begründet eine pflichtwidrige Kontrolle.[1282] Die Kontrolle ist dabei nicht auf das Gesamtorgan beschränkt, sondern erfasst auch das einzelne Vorstandsmitglied.[1283] Er muss seiner Überwachungsverantwortung dauerhaft und nicht nur unregelmäßig gerecht werden.[1284] Diese Teilpflicht darf allerdings nicht mit der allgemeinen Überwachungspflicht des Aufsichtsrates gleichgesetzt werden. Neben der

---

1279 *Lutter/Krieger/Verse*, Pflichten des Aufsichtsrates, Rn. 62.

1280 *Habersack*, in: MüKo AktG, § 111 Rn. 19; *Bürgers/Israel*, in: Bürgers/Körbers, AktG, § 111 Rn. 3; *Henze*, NJW 1998, 3309 (3309); *Winter*, FS Hüffer, 2010, S. 1103 (1108); *Hopt/Roth*, in: Großkommentar AktG, § 111 Rn. 159.

1281 *Spindler*, in: Spindler/Stilz, AktG, § 111 Rn. 8.

1282 OLG Düsseldorf, ZIP 1984, 825 (829).

1283 *Spindler*, in: Spindler/Stilz, AktG, § 111. Rn. 9; *Hopt/Roth*, in: Großkommentar AktG, § 111 Rn. 248.

1284 *Habersack*, in: MüKo AktG, § 111 Rn. 18.

Rechtmäßigkeit überwacht der Aufsichtsrat noch die Zweckmäßigkeit, die Wirtschaftsmäßigkeit und die Ordnungsmäßigkeit der Geschäftsführung. [1285] Im Hinblick auf die Compliance-Verantwortung des Aufsichtsrates werden sich die folgenden Darstellungen jedoch nur auf das rechtswidrige Handeln des Vorstandes beziehen. Jedes rechtswidrige Handeln des Vorstandes ist ein Compliance-Verstoß, jedes unwirtschaftliche oder nicht zweckmäßige Handeln indiziert einen solchen indes nicht.

Während die Überwachungspflicht des Aufsichtsrats in der Vergangenheit rein rückwärtsgewandt betrachtet wurde, hat sie nach inzwischen unbestrittener Ansicht auch präventiv-zukunftsgerichteten Charakter.[1286] Anderenfalls würde sie zumindest partiell ihren Zweck verfehlen.[1287] Die Aufgabe des Aufsichtsrats ist es nicht nur den Vorstand auf vergangene Rechtsverstöße zu kontrollieren, sondern präventiv darauf hinzuwirken, dass Rechtsverstöße durch den Vorstand überhaupt erst nicht begangen werden.[1288] Dabei wird vor allem die Beratungsmöglichkeit des Aufsichtsrates als präventives Kon-

---

1285 *Mertens/Cahn*, in: Kölner Kommentar AktG, § 111 Rn. 14.; BGH, AG 1991, 312 (313); *v.Schenk*, in: Semler/v.Schenk, § 116 Rn. 271; Henze, BB 2000, 209 (214); Hambloch-Gesinn/Gesinn, in: Hölters, AktG, § 111 Rn. 9; *Lutter/Krieger/Verse*, Pflichten des Aufsichtsrates, Rn. 73; wobei der Ordnungsmäßigkeit keine besondere Bedeutung zukommt, vgl. *Hopt/Roth*, in: Hopt/Roth, AktG, § 111 Rn. 309.

1286 *Schütz*, in: Semler/v.Schenk, Der Aufsichtsrat, § 111 Rn. 169; *Hopt/Roth*, in: Großkommentar AktG, § 111 Rn. 204; *Mertens/Cahn*, in: Kölner Kommentar AktG, § 111 Rn. 14; *Winter*, FS Hüffer, 2010, S. 1103 (1110); *Oetker*, in: Hommelhoff/Hopt/v.Werder, Handbuch Corporate Governance, S. 281; *Bürgers*, ZHR 179 (2015), 173 (186); *Henssler*, in: Henssler/Strohn, AktG, § 111 Rn. 5; LG Stuttgart, AG 2000, 237 (238); *Hambloch-Gesinn/Gesinn*, in: Hölters, AktG, § 111 Rn. 10; BGH, AG 1991, 312 (313); *Drygala*, in: Schmidt/Lutter, AktG, § 111 Rn. 4; *Habersack*, in: MüKo AktG, § 111 Rn. 12.

1287 *Oetker*, in: Hommelhoff/Hopt/v.Werder, Handbuch Corporate Governance, S. 281.

1288 BGH, AG 1991, 312 (313); OLG Düsseldorf, AG 2010, 126 (128); BGH, NZG 2002, 195 (198); so wird die Aufgabe des Integritätsausschusses der DB AG beschrieben, dass er Rechts- und Reputationsrisiken beobachten und den Vorstand regelmäßig dahingehend beraten und kontrollieren soll, wie derartige Risiken vermieden werden können, https://www.db.com/cr/de/konkret-kulturwandel.htm (Stand: 08.11.2018).

trollmittel in den Mittelpunkt gerückt. Nach Ansicht des BGH kann eine präventive Kontrolle „nur durch ständige Diskussion mit dem Vorstand und insofern durch dessen laufende Beratung ausgeübt werden; die Beratung ist deshalb das vorrangige Mittel der in die Zukunft gerichteten Kontrolle des Vorstands.“[1289] Der Aufsichtsrat ist zwar von der Geschäftsführung ausgeschlossen, erhält durch die zukunftsgerichtete Zweckmäßigkeitsüberprüfung jedoch eine beratende Kompetenz.[1290] Begründen Rechtsverstöße des Vorstandes zivil- oder strafrechtliche Ansprüche gegen die Gesellschaft, muss der Aufsichtsrat in letzter Konsequenz als Vertretungsorgan gegenüber dem Vorstand die Schadensersatzansprüche geltend machen.[1291] Wenngleich der Aufsichtsrat seine Kontrollfunktion nur innerhalb der Gesellschaft ausübt, begründet seine Tätigkeit als originäres Compliance-Organ zumindest eine mittelbare Verantwortlichkeit für die Legalität im Innen- und Außenverhältnis des Unternehmens.

bb) Einschränkung der Compliance-Kontrolle

Unzweifelhaft hat der Aufsichtsrat pflichtwidriges Verhalten des Vorstandes bereits im Vorhinein zu verhindern, dessen Eintritt zu kontrollieren und bereits eingetretene Verstöße sofort zu unterbinden. Problematischer wird es, wenn die Legalitätskontrollpflicht des Aufsichtsrates so weit verstanden wird, dass er zur Unterbindung aller Rechtsverstöße des Vorstandes verpflichtet ist und damit jeder nicht unterbundene Rechtsverstoß grundsätzlich eine Sorgfaltswidrigkeit des Aufsichtsrates nahelegt.[1292] In der Praxis wird es jedoch kaum möglich sein, gänzlich alle Rechtsverstöße zu unterbinden. Einige Meinungen schränken die Rechtmäßigkeitsüberwachung des Aufsichtsrates dahingehend ein.

Nach einer Ansicht sollen nur solche Verstöße von der Legitimitätskontrolle erfasst werden, die im Zusammenhang mit der unter-

---

[1289] BGH, NJW 1991, 1830 (1831).

[1290] *Henssler*, in: Henssler/Strohn, AktG, § 111 Rn. 5; *Breuer/Fraune*, in: Heidel, Aktiengesetz, § 111 Rn. 8.

[1291] Vgl. dazu „ARAG/Garmenbeck“-Entscheidung, BGH, NJW 1997, 1926 (1927f); *Hambloch-Gesinn/Gesinn*, in: Hölters, AktG, § 111 Rn. 9.

[1292] Vgl. *v.Schenk*, in: Semler/v.Schenk, Der Aufsichtsrat, § 116 Rn. 138.

nehmerischen Tätigkeit stehen.[1293] Leichte Gesetzesverstöße, beispielsweise gegen das HGB oder formelle Bestimmungen des AktG, die nur regulierend wirken aber den Unternehmensgegenstand selbst nicht betreffen, sollen nicht von der Überwachungstätigkeit des Aufsichtsrates betroffen sein.[1294] Analog zu den Pflichten der Abschlussprüfer sind nur solche Verstöße zu verfolgen, die schwere Auswirkungen auf das Unternehmen haben können.[1295]

Andere Autoren vertreten die Auffassung, dass nur Verstöße unterbunden werden müssen, die gewichtige Nachteile für das Unternehmen bringen.[1296] Leichte Verstöße, die nur die Interessen Dritter oder der Allgemeinheit betreffen, müssen vom Aufsichtsrat nicht unterbunden werden.[1297]

Eine weitere Ansicht im Schrifttum vertritt die Auffassung einer abgestuften Überwachungs- und Unterbindungspflicht.[1298] Danach muss der Aufsichtsrat nur solches rechtswidriges Verhalten der Geschäftsführung unterbinden, dass zumindest zu einer erheblichen Gefährdung materieller und immaterieller Güter des Unternehmens führt.[1299] Dazu zählen insbesondere schwere Regelverstöße. Ferner muss er aus seiner Risikobewertung heraus entscheiden, ob er die Verletzung ausländischer Normen überhaupt unterbindet.[1300]

---

1293 *Semler*, Die Überwachungsaufgabe des Aufsichtsrates (1980), S. 69; *ders.*, Leitung und Überwachung der Aktiengesellschaft (1996), S. 108.

1294 *Semler*, Die Überwachungsaufgabe des Aufsichtsrates (1980), S. 70; a.A. *Hopt/Roth*, in: Großkommentar AktG, § 111 Rn. 303.

1295 *Semler*, Leitung und Überwachung der Aktiengesellschaft (1996), S. 108, *ders.*, Die Überwachungsaufgabe des Aufsichtsrates, S. 70; ebenso *Roth*, in: Kalss/Torgler(Hrsg.), Compliance, S. 80.

1296 *Raiser/Veil*, Recht der Kapitalgesellschaften, § 15 Rn. 101.

1297 *Raiser/Veil*, Recht der Kapitalgesellschaften, § 15 Rn. 101.

1298 *v.Schenk*, in: Semler/v.Schenk, Arbeitshandbuch Aufsichtsratsmitglieder, S. 331 Rn. 192.

1299 Wohl auch *Hopt/Roth*, in: Großkommentar AktG, § 111 Rn. 303; *v.Schenk*, in: Semler/v.Schenk, Arbeitshandbuch Aufsichtsratsmitglieder, S. 331 Rn. 192.

1300 *v.Schenk*, in: Semler/v.Schenk, Arbeitshandbuch Aufsichtsratsmitglieder, S. 331 Rn. 192.

Die Gegenansicht geht davon aus, dass der Aufsichtsrat bei jeder rechtswidrigen Maßnahme des Vorstandes einschreiten muss.[1301] Eine Differenzierung zwischen der Schwere oder dem Stadium des Verstoßes findet nicht statt.[1302] Auch ökonomisch vorteilhafte Verstöße müssen unterbunden werden.[1303]

Für die praktische Handhabung wird es notwendig sein, die Legalitätskontrolle des Aufsichtsrates einzuschränken. Es wird für den Aufsichtsrat kaum möglich sein, den Vorstand auf die Einhaltung aller rechtlichen Vorgaben zu kontrollieren.[1304] Die Rechtmäßigkeitskontrolle muss sich daher ebenso wie die allgemeine Überwachungsaufgabe nur auf das Leitungshandeln des Vorstandes beziehen.[1305] In Folge dessen führt nicht jede Pflichtverletzung des Vorstandes zu einer akzessorischen Pflichtverletzung des Aufsichtsrates.[1306] Ausreichend ist es, dass sich die Rechtmäßigkeitskontrolle auf den Inhalt der vom Vorstand zu erstattenden Berichte erstreckt. Darüber hinausgehende Kontrollen sind nicht notwendig, insofern sich keine Anhaltspunkte für ein pflichtwidriges Verhalten des Vorstandes ergeben. Es darf allerdings nicht der Fehler begangen werden, nicht zwischen der Pflicht zur Überwachung und der Pflicht zur Unterbindung von Regelverstößen zu unterscheiden. Gleichwohl der Aufsichtsrat nicht zur allumfassenden Legalitätskontrolle verpflichtet ist, er insbesondere keine Funktion als Strafverfolgungsbehörde einnimmt,[1307] muss er bei Kenntnisnahme oder Verdacht jegliche Pflichtwidrigkeit unterbinden. Besteht ein solcher Verdacht, ist der Aufsichtsrat verpflichtet weitere Informationen einzuholen um seiner Legalitätskontrollpflicht

1301 *Lutter/Krieger/Verse*, Rechte und Pflichten des Aufsichtsrates, S. 40; *Henze*, BB 2000, 209 (215); *Drygala*, in: Schmidt/Lutter, AktG, § 111 Rn. 16; *Winter*, FS Hüffer, 2010, S. 1103 (1109).

1302 *Drygala*, in: Schmidt/Lutter, AktG, § 111 Rn. 16.

1303 *Drygala*, in: Schmidt/Lutter, AktG, § 111 Rn. 20.

1304 So auch *Hopt/Roth*, in: Großkommentar AktG, § 111 Rn. 303; *Roth*, in: Kalss/Torgler(Hrsg.), Compliance, S. 80.

1305 *Hopt/Roth*, in: Großkommentar AktG, § 111 Rn. 159.

1306 *Winter*, FS Hüffer, 2010, S. 1103 (1112).

1307 *v.Schenk*, in: Semler/v.Schenk. Arbeitshandbuch für Aufsichtsratsmitglieder, § 7 Rn. 191; *Semler*, Leitung und Überwachung der Aktiengesellschaft (1996), S. 109.

nachzukommen.[1308] Dabei darf es keinen Unterschied machen, ob es sich um einen strafbewehrten oder bloß formalen Verstoß handelt. Die Differenzierung birgt dahingehend bereits die praktische Schwierigkeit, dass die Verstöße zwar einerseits in der Entstehung verhindert werden sollen, andererseits aber eine Einschätzung über die Schwere der Auswirkung im Anfangsstadium kaum möglich sein wird. Ferner stellt sich die Frage, mit Hilfe welcher Kriterien ein Verstoß als leicht oder schwer eingeordnet werden kann.[1309] Auch anfänglich minder schwere Verstöße können in der Addition oder Entwicklung zu gravierenden finanziellen Schäden oder Imageverlusten führen. Eine solche Differenzierung wird kaum bestimmbar sein und ist dem Aktiengesetz bisher fremd. Darüber hinaus muss der Aufsichtsrat einen Überwachungsmaßstab anlegen, der für eine effiziente Überwachung im Sinne der Aktionäre und des Unternehmensinteresses notwendig ist.[1310] Angesichts des strengeren Legalitätsmaßstabes für Vorstände öffentlich-rechtlicher Aktiengesellschaften muss dieses besondere Unternehmensinteresse auch vom Aufsichtsrat verfolgt werden. Pflichtverletzungen des Vorstandes müssen daher unabhängig von der Schwere des Verstoßes vom Aufsichtsrat unterbunden werden.

cc) Mittel

Um seiner Überwachungsaufgabe nachzukommen, benötigt der Aufsichtsrat eine regelmäßige Berichterstattung über das Leitungshandeln des Vorstandes. Nach der Grundkonzeption des Aktiengesetzes ist der Aufsichtsrat im Wesentlichen auf die Informationsversorgung durch den Vorstand angewiesen. Wichtigste Informationsgrundlage sind dabei die regelmäßigen Vorstandsberichte gem. § 90 AktG, die sich insbesondere auf die beabsichtigte Geschäftspolitik und die wirtschaftliche Lage des Unternehmens beziehen. Die bereits darge-

[1308] Das gilt auch für Verdachtsfälle aus der Presse, vgl. *Mertens/Cahn*, in: Kölner Kommentar AktG, § 111 Rn. 22.

[1309] So auch selbst *Raiser/Veil*, Recht der Kapitalgesellschaften, § 15 Rn. 101.

[1310] *Hopt/Roth*, in: Großkommentar AktG, § 111 Rn. 52; *Roth*, ZGR 2012, 343 (349); *v.Werder/Wieczorek*, DB 2007, 297 (297); *Wolff*, in: Henn/Frodermann/Jannott, Handbuch des Aktienrechts, S. 409 Rn. 4.

stellten Grundsätze zur Informationspflicht des Vorstandes lassen sich nahtlos auf die Informationsrechte des Aufsichtsrates übertragen. Die Pflicht zur regelmäßigen Berichterstattung trifft zwar den Vorstand, befreit den Aufsichtsrat jedoch nicht von seiner eigenen Informationsbeschaffungspflicht.[1311] Wenn den Aufsichtsrat zur Willensbildung oder zum vollumfänglichen Verständnis eines Sachverhaltes Informationen fehlen, ist er in der Holschuld, die Informationen gem. § 90 Abs. 3 S. 1 AktG anzufordern oder die Vorstandsberichte durch Fragen, Einsichtnahme oder Sachverständigentätigkeit zu ergänzen.[1312] Der DCGK spricht in Zif. 3.4 insofern davon, dass es die gemeinsame Aufgabe von Vorstand und Aufsichtsrat ist, den Aufsichtsrat mit genügend Informationen zu versorgen.[1313] Angesichts der besonderen Bedeutung der Informationsversorgung sollte der Aufsichtsrat eine Informationsordnung verabschieden, in der die Kriterien für eine zeitnahe und umfassende Berichterstattung des Vorstandes an den Aufsichtsrat festgelegt werden.[1314] Die periodischen Berichte des § 90 AktG geben nur einen Mindeststandard organinterner Kommunikation vor.[1315]

Zur effektiveren Überwachung der Geschäftsführung hat der Gesetzgeber mit der Einführung des KonTraG[1316] weitere Informationsmöglichkeiten für den Aufsichtsrat geschaffen. Die bisher in die Zuständigkeit von Hauptversammlung und Vorstand fallende Bestellung des Abschlussprüfers für die Prüfung des Jahresabschlusses wurde durch § 111 Abs. 2 S. 3 AktG auf den Aufsichtsrat übertragen. Anlässlich der bereits erwähnten Unternehmensskandale befürchtete der Gesetzgeber, dass durch die Verflechtung von Vorstand und

---

1311 *Marsch-Barner*, FS Schwark, 2009, S. 219 (220); *Koch*, in: Hüffer/Koch, AktG, § 90 Rn. 1a; *Grigoleit/Tomasic*, in: Grigoleit, AktG, § 90 Rn. 1, so auch DCGK, Zif. 3.4.

1312 *Hambloch-Gesinn/Gesinn*, in: Hölters, AktG, § 111 Rn. 12.

1313 Dazu *Marsch-Barner*, FS Schwark, 2009, S. 219 (220), dass die Vorschrift versucht, den Informationsnachteil des dualistischen gegenüber dem angloamerikanischen Board-System auszugleichen.

1314 *Kropff*, NZG 2003, 346 (347).

1315 Längere Berichtsperioden sind unzulässig, *Lutter*, Information und Vertraulichkeit im Aufsichtsrat, S. 13; *Seibt*, in: Hommelhoff/Hopt/v.Werder, Handbuch Corporate Governance, S. 393.

1316 Gesetz zur Kontrolle und Transparenz im Unternehmensbereich v. 27.04.1998, BGBl. I S. 786.

Wirtschaftsprüfung die notwendige Unabhängigkeit des Wirtschaftsprüfers nicht gewährleistet ist.[1317] An der Übertragung der Zuständigkeit auf den Aufsichtsrat wird deutlich, dass die Wirtschaftsprüfung ein unabdingbares Kontrollinstrument des Aufsichtsrates ist.

Ein weiteres Instrument zur Informationsbeschaffung ist das Einsichts- und Prüfungsrecht des § 111 Abs. 2 AktG. Danach kann der Aufsichtsrat die Bücher und Schriften der Gesellschaft sowie die Vermögensgegenstände, namentlich die Gesellschaftskasse und die Bestände an Wertpapieren und Waren, einsehen und prüfen (§ 111 Abs. 2 S. 1 AktG). Darüber hinaus kann er für bestimmte Aufgaben auch Sachverständige beauftragen (§ 111 Abs. 2 S. 2 AktG). Im Gegensatz zu den allgemeinen Berichtsrechten des § 90 AktG steht dieses Recht jedoch nur dem Gesamtorgan und nicht dem einzelnen Aufsichtsratsmitglied zu.[1318] In Ergänzung zu den allgemeinen Berichtspflichten des Vorstandes und den Berichtsrechten des Aufsichtsrats aus § 90 AktG soll es das Einsichts- und Prüfungsrecht nach § 111 Abs. 2 AktG ermöglichen, bei konkreten Anlässen einer erweiterten Kontrolle nachzugehen.[1319] Diese bezieht sich insbesondere auf die Feststellung, ob der Vorstand in seinen Berichten wahrheitsgetreu informiert hat. Das Einsichts- und Prüfungsrecht wird daher umfassend ausgelegt und erfasst alle körperlichen und elektronischen Unterlagen des Unternehmens.[1320] Dazu gehört auch die Möglichkeit, zu bestimmten Fragen im Beisein und durch Vermittlung des Vorstandes einzelne Mitarbeiter zu befragen.[1321] Auch im Hinblick auf die

---

[1317] *Spindler*, in: Spindler/Stilz, § 111 Rn. 47.

[1318] Das einzelne Aufsichtsratsmitglied muss daher im Aufsichtsrat einen Mehrheitsbeschluss einleiten, vgl. *Lutter/Krieger/Verse*, Rechte und Pflichten des Aufsichtsrats, Rn. 241.

[1319] *Koch*, in: Hüffer/Koch, AktG, § 111 Rn. 19; *Henssler*, in: Henssler/Strohn, AktG, § 111 Rn. 10; *Habersack*, in: Müko AktG, § 111 Rn. 60; *Drygala*, in: Schmidt/Lutter, AktG, § 111 Rn. 33; *Hambloch-Gesinn/Gesinn*, in: Hölters AktG, § 111 Rn. 43; *Mertens/Cahn*, in: Kölner Kommentar AktG, § 111 Rn. 52.

[1320] *Henssler*, in: Henssler/Strohn, AktG, § 111 Rn. 11; *Mertens/Cahn*, in: Kölner Kommentar AktG, § 111 Rn. 53; *Koch*, in: Hüffer/Koch, AktG, § 111 Rn. 19.

[1321] *Hambloch-Gesinn/Gesinn*, in: Hölters AktG, § 111 Rn. 47; *Schütz*, in: Semler/v.Schenk, § 111 Rn. 394; *Mertens/Cahn*, in: Kölner Kommentar

Einsicht in die Unterlagen der Gesellschaft ist der Aufsichtsrat auf die Informationsversorgung des Vorstandes angewiesen. Gleichwohl § 111 Abs. 2 AktG die Frage offen lässt, wird die zentrale Informationsversorgung durch den Vorstand nicht zuletzt dadurch deutlich, dass es dem Aufsichtsrat möglich ist, den Informationsanspruch notfalls mittels Zwangsgeldern gem. § 407 Abs. 1 AktG durchzusetzen.[1322] Gleichwohl das Gesetz keine Anforderungen an das Einsichts- und Prüfungsrecht stellt und es damit auch zur stichprobenartigen Kontrolle eingesetzt werden kann, sollte es darüber hinaus nur sehr restriktiv zur Anwendung kommen,[1323] weil das Einsichtsrecht des Aufsichtsrates doch offensichtlich als ein Misstrauensvotum gegenüber dem Vorstand gewertet werden kann.[1324] Gleichwohl die Schwierigkeiten der Informationsversorgung schon früh im Mittelpunkt standen[1325] und sich die Informationsmöglichkeiten des Aufsichtsrates über die Jahre verbessert haben, handelt es sich angesichts der essentiellen Bedeutung für die Aufsichtsratstätigkeit noch immer um ein zentrales Thema der Corporate Governance.

b) Interne Organ-Compliance

Neben der vertikalen Aufsichtspflicht gegenüber dem Vorstand besitzt der Aufsichtsrat auch eine eigene horizontale Legalitätspflicht,[1326] die in der Literatur auch als „Compliance-Compliance"

---

AktG, § 111 Rn. 53; anders im Ausnahmefall *Koch*, in: Hüffer/Koch, AktG, § 111 Rn. 21.

1322 *Habersack*, in: Müko AktG, § 111 Rn. 65; *Mertens/Cahn*, in: Kölner Kommentar AktG, § 111 Rn. 57.

1323 *Lutter/Krieger/Verse*, Rechte und Pflichten des Aufsichtsrats, Rn. 244; *Hambloch-Gesinn/Gesinn*, in: Hölters, AktG, § 111 Rn. 49; *Drygala*, in: Schmidt/Lutter, AktG, § 111 Rn. 33; *Henssler*, in: Henssler/Strohn, AktG, § 111 Rn. 11.

1324 *Kropff*, NZG 2003, 346 (349); *Lutter/Krieger/Verse*, Rechte und Pflichten des Aufsichtsrats, Rn. 243; *Drygala*, in: Schmidt/Lutter, AktG, § 111 Rn. 33.

1325 *Peltzer*, WM 1981, 348 (349ff).

1326 BGH, NJW 1997, 1926 (1926); *Vetter*, FS Westphalen, 2010, S. 719 (736); *Kort*, FS Hopt, 2010, S. 983 (998); *Koch*, in: Hüffer/Koch, AktG, § 111 Rn. 5; *Bürkle*, BB 2007, 1797 (1800).

bezeichnet wird.[1327] Der Aufsichtsrat muss seine Arbeit so organisieren, dass er einerseits seinen Pflichten nachkommen kann[1328] und andererseits dabei eigene Rechtsverstöße unterbunden werden.[1329] Seine organschaftliche Treuepflicht verbietet ihm insbesondere, den Vorstand zu solchen Handlungen zu veranlassen, die in rechtlicher Hinsicht unzulässig sind und die er gerade zu unterbinden hat.[1330] Die stärkere Fokussierung auch auf die interne Regeltreue erscheint allein deswegen angeraten, weil inzwischen auch der Aufsichtsrat häufiger von Anteilseignern und dem Druck der Öffentlichkeit in Verantwortung genommen wird.

Die zentrale Organisationsmöglichkeit des Aufsichtsrates ist die Bildung von Ausschüssen. Nach Zif. 5.3.1 DCGK soll der Aufsichtsrat abhängig vom konkreten Unternehmen und der Anzahl seiner Mitarbeiter Ausschüsse bilden. Er soll im Besonderen nach Zif. 5.3.2 einen Prüfungsausschuss einrichten, der sich insbesondere mit der Überwachung der Rechnungslegung, des Rechnungslegungsprozesses, des internen Revisionssystems, der Abschlussprüfung, sowie der Compliance befasst. Aus der Organisationspflicht kann sich auch die Pflicht zur Einrichtung von Ausschüssen bzw. einer inneren Delegation ergeben.[1331] Die Bildung von speziellen „Compliance-Ausschüssen“ ist seit jeher in der Praxis üblich.[1332] Der Aufsichtsrat der Deutschen Bank hat 2013 einen Integritätsausschuss gebildet, dessen Aufgabe die „vorbeugende Beobachtung und strategische Analyse von Rechts- und Reputationsrisiken“ ist, die „ein Risiko für die gesamte Bank bedeuten oder zu wesentlichen Ersatzansprüchen

---

1327 *Bachmann*, in: VGR (Hrsg.), Gesellschaftsrecht in der Diskussion 2007, S. 92; *v.Schenk*, in: Semler/v.Schenk, Der Aufsichtsrat, § 116 Rn. 150ff.

1328 *Hopt/Roth*, in: Großkommentar AktG, § 111 Rn. 141f; *Vetter*, FS Westphalen, 2010, S. 719 (736).

1329 So auch *Bürkle*, BB 2007, 1797 (1800); *Habersack*, in: MüKo AktG, § 116 Rn. 34; *v.Schenk*, in: Semler/v.Schenk, Der Aufsichtsrat, § 116 Rn. 150ff; *Kort*, FS Hopt, 2010, S. 983 (998).

1330 BGH, NJW 2002, 1585 (1587); OLG Braunschweig, NZG 2012, 1196 (1196).

1331 *Hopt/Roth*, in: Großkommentar AktG, § 111 Rn. 142.

1332 Vgl. auch ausführlichen Beitrag zum Compliance-Ausschuss von *v.Busekist/Keuten*, CCZ 2016, 119 (121ff); *Kremer/Klahold*, ZGR 2010, 113 (124).

gegen aktuelle oder ehemalige Vorstandsmitglieder führen können."[1333]

Daneben stellt sich die Frage, inwiefern das einzelne Aufsichtsratsmitglied gegen pflichtwidriges Verhalten seiner Kollegen oder rechtswidriger Beschlüsse des Aufsichtsrates vorgehen muss. Einigkeit herrscht dahingehend, dass das Aufsichtsratsmitglied die Pflicht trifft, Mängeln in der Aufsichtsratsarbeit entgegenzutreten und eine pflichtgemäße Aufgabenerfüllung wiederherzustellen.[1334] Dazu sollte das pflichtwidrige Verhalten zunächst im Kollegialorgan diskutiert werden.[1335] Erst danach sollte auf die Fassung eines Beschlusses[1336] oder eines Zustimmungsvorbehaltes[1337] hingewirkt werden. Sofern das rechtswidrige Verhalten nicht unterbunden werden kann, ist der Aufsichtsrat dazu verpflichtet, den Vorstand über den Sachverhalt zu informieren.[1338] Das Aufsichtsratsmitglied kann sich nicht dadurch entlasten, keine Stimmmehrheit im Aufsichtsrat besessen zu haben.[1339] Schließlich ist das Aufsichtsratsmitglied verpflichtet, einen rechtswidrigen Beschluss seines Organs auch mit Hilfe der Klageerhebung anzufechten.[1340] Diese Pflicht gipfelt in der Verantwortung, den Gesamtaufsichtsrat zu einem Antrag an das Gericht zu veranlassen, um das rechtswidrig handelnde Aufsichtsratsmitglied seines Amtes zu entheben.[1341]

---

1333 Vgl. https://www.db.com/cr/de/konkret-kulturwandel.htm (Stand: 08.11. 2018); ein Compliance-Ausschuss besteht auch bei Siemens, vgl. *Moosmayer*, Compliance, Rn. 401; VW hat die Compliance-Zuständigkeit dem Prüfungsausschuss übertragen, vgl. https://www.volkswagenag.com/de/InvestorRelations/corporate-governance/WP.html (Stand: 08.11.2018).

1334 *Mertens/Cahn*, in: Kölner Kommentar AktG, § 116 Rn. 18; BGH, NJW 1997, 1926 (1926); OLG Braunschweig, NZG 2012, 1196 (1197).

1335 OLG Braunschweig, NZG 2012, 1196 (1197); BGH, NJW 1997, 1926 (1926).

1336 *Hopt/Roth*, in: Großkommentar AktG, § 116 Rn. 125; *Mertens/Cahn*, in: Kölner Kommentar AktG, § 116 Rn. 18.

1337 OLG Braunschweig, NZG 2012, 1196 (1198).

1338 *Mertens/Cahn*, in: Kölner Kommentar AktG, § 116 Rn. 19; *Hopt/Roth*, in: Großkommentar AktG, § 116 Rn. 125.

1339 OLG *Braunschweig*, NZG 2012, 1196 (1198).

1340 BGH, NJW 1997, 1926 (1926).

1341 *v.Schenk*, in: Semler/v.Schenk, Der Aufsichtsrat, § 116 Rn. 133; *Habersack*, in: MüKo AktG, § 116 Rn. 34; *Hambloch-Gesinn/Gesinn*, in: Hölters, AktG, § 116 Rn. 19; *Mertens/Cahn*, in: Kölner Kommentar AktG, § 116 Rn. 18.

c) Kontrolle der Compliance-Struktur

Die Zuständigkeit für die Einführung von Compliance-Strukturen wird unzweifelhaft dem Vorstand zugeschrieben. Nicht der Aufsichtsrat, sondern allein der Vorstand ist für die Kontrolle und Legalitätssicherstellung im Unternehmen verantwortlich.[1342] Der Aufsichtsrat hat keine unmittelbare, sondern nur die mittelbare Compliance-Verantwortung, die Compliance-Strukturen und Maßnahmen des Vorstandes zu überprüfen.[1343] Allerdings beschränkt sich die Überwachungspflicht des Aufsichtsrates nicht nur auf die Rechtmäßigkeit, sondern erfasst auch die Zweckmäßigkeit des Vorstandshandelns, so dass der Aufsichtsrat bei der Gestaltung einer Compliance-Struktur beratend mitwirken kann.[1344] Angesichts seiner akzessorischen Überwachungskompetenz obliegt es dem Aufsichtsrat jedoch in erster Linie zu kontrollieren, ob der Vorstand seiner Compliance-Verantwortung nachkommt. Dazu gehört es neben der grundsätzlichen Frage ob eine Compliance-Struktur notwendig ist, auch die bestehenden Compliance-Strukturen auf ihre Wirksamkeit und Effektivität zu überprüfen.[1345] Der Aufsichtsrat ist jedoch nicht angehalten, die Compliance-Struktur im Einzelnen und damit auch die Funktionsfähigkeit jeder einzelnen Compliance-Maßnahme zu überprüfen.[1346] Ferner muss berücksichtigt werden, dass dem Vorstand bei der Ausgestaltung der Compliance-Struktur ein erheblicher Ermessens-

---

1342 *Kremer/Klahold*, ZGR 2010, 113 (124); *Lutter*, FS Hüffer, 2010, S. 617 (617f); *ders.*, Information und Vertraulichkeit im Aufsichtsrat, S. 39; *Kort*, FS Hopt, 2010, S. 983 (998).

1343 *Lutter*, FS Hüffer, 2010, S. 617 (619).

1344 *Kort*, FS Hopt, 2010, S. 983 (998); *Vetter*, FS Westphalen, 2010, S. 719 (732).

1345 *Kropff*, NZG 2003, 346 (347); *Koch*, in: Hüffer/Koch, AktG, § 111 Rn. 5; *Lutter*, FS Hüffer, 2010, S. 617 (619); *Grunewald*, NZG 2013, 841 (845); *Reichert/Ott*, NZG 2014, 241 (244f); *Bicker*, AG 2012, 542 (544); *Vetter*, FS Westphalen, 2010, S. 719 (732); *Winter*, FS Hüffer, 2010, S. 1103 (1119).

1346 *Grigoleit/Tomasic*, in: Grigoleit, Aktiengesetz, § 111 Rn. 11; *Cromme*, Ausführung anlässlich 6. Konferenz Deutscher Corporate Governance Kodex, S. 7, „Eine Befassung mit Einzelheiten des Programms oder mit bestimmten Compliance-Vorfällen ist in der Regel nicht erforderlich"; ebenso *Vetter*, FS Westphalen, 2010, S. 719 (732), dass keine „Detailprüfung der Funktion des Compliance-Systems" erwartet werden kann.

spielraum zugebilligt wird, den der Aufsichtsrat zu respektieren hat. Erschwerend kommt hinzu, dass es trotz vieler Versuche noch kein „Best-Practice"-Beispiel einer Compliance-Struktur gibt an dem sich der Aufsichtsrat orientieren kann. Dem Aufsichtsrat kann es dahin nur obliegen, die generelle Funktionsfähigkeit des Systems im Hinblick auf Prävention und Reaktion zu überprüfen und mögliche Mängel dem Vorstand anzuzeigen.[1347] Angesichts der Tatsache, dass die Überwachung der Geschäftsführung nicht temporär begrenzt, sondern regelmäßig und auf Dauer durchgeführt werden muss,[1348] ist es ebenfalls nicht ausreichend, die Effizienz und Angemessenheit der Compliance-Strukturen nur einmalig zu überprüfen, sondern der Aufsichtsrat muss sich regelmäßig von dessen Funktionalität überzeugen.[1349] Selbst wenn keine Verstöße bekannt werden und die Compliance-Struktur ihren Zweck vollumfänglich erfüllt, besitzt sie einen „Dauercharakter", dessen Funktionalität weiterhin regelmäßig überprüft werden muss.[1350] In der Praxis wird der Aufsichtsrat insbesondere durch seine Berichtsrechte dieser Überwachung nachkommen.[1351] In allen anderen Fällen ist der Aufsichtsrat verpflichtet, die notwendigen Informationen zur Funktionstüchtigkeitsprüfung der Compliance-Struktur vom Vorstand anzufordern.[1352]

#### d) Kontrolle des Compliance-Beauftragten

Ganz zweifellos hat der Aufsichtsrat in erster Linie den Vorstand zu überwachen. Der Wortlaut des § 111 Abs. 1 AktG hinterlässt insofern keinen Spielraum. Ein anderes Bild ergibt sich jedoch, wenn der Vorstand seine Compliance-Zuständigkeit auf einen Mitarbeiter unterhalb der Vorstandsebene überträgt und dieser damit eine Geschäftsführungsaufgabe wahrnimmt. Würde dem engen Wortlaut des § 111 Abs. 1 AktG weiterhin entsprochen, könnten überwachungsfreie

---

1347 *Reichert/Ott*, NZG 2014, 241 (245).

1348 *Habersack*, in: MüKo AktG, § 111 Rn. 18.

1349 *Lutter/Krieger/Verse*, Pflichten des Aufsichtsrates, Rn. 75.

1350 *Nietsch*, ZGR 2015, 631 (660).

1351 Er sollte insbesondere eine Informationsordnung verabschieden, die die zeitnahe und umfassende Information über Compliance-Themen an den Aufsichtsrat sicherstellt, *Kropff*, NZG 2003, 346 (347).

1352 *Bicker*, AG 2012, 542 (545).

Räume entstehen, deren Existenz vermieden werden soll. Daher wird unterschiedlich beurteilt, ob der Aufsichtsrat neben dem Vorstand auch leitende Mitarbeiter, in dem Fall den Compliance-Beauftragten, zu überwachen hat.

Entgegen dem Wortlaut wird in Teilen der Literatur die Ansicht vertreten, dass die Überwachungstätigkeit des Aufsichtsrats auch leitende Angestellte umfasst, insofern deren Tätigkeit für die Geschäfte der Aktiengesellschaft von Bedeutung ist.[1353] Anderenfalls würde das Kontrollrecht des Aufsichtsrates in inakzeptabler Weise beschränkt.[1354] Der Compliance-Beauftragte besitzt keine originäre Legalitätskontrollpflicht, sondern bekommt diese Kompetenz nur vom Vorstand übertragen. Nicht nur auf Grund dieser Kompetenzdelegation, sondern vor allem im Hinblick auf die gestiegene Erwartung der Stake- und Shareholder an ein rechtmäßiges Verhalten des Unternehmens, ist die Arbeit des Compliance-Beauftragten von besonderer Bedeutung. Gerade bei verselbstständigten Organisationsstrukturen muss der Aufsichtsrat daher auch die nachgeordnete Führungsebene kontrollieren, um eine Informationsunterversorgung zu vermeiden.[1355]

Die wohl immer noch überwiegende Ansicht entlastet den Aufsichtsrat hingegen von einer Kontrollpflicht bei Angestellten unterer Ebenen.[1356] Die Delegation von Geschäftsführungsaufgaben ändert nichts an der Tatsache, dass allein der Vorstand und nicht die mit

---

1353 *Grigoleit/Tomasic*, in: Grigoleit, AktG, § 111 Rn. 11; *Fleischer*, in: Spindler/Stilz, AktG, § 111 Rn. 9; vgl. auch *Mertens/Cahn*, in: Kölner Kommentar AktG, § 111 Rn. 26; *Roth*, in: Kalss/Torgler(Hrsg.), Compliance, S. 85f; wohl auch *Koch*, in: Hüffer/Koch, AktG, § 111 Rn. 4; *Hopt/Roth*, in: Großkommentar AktG, § 111 Rn. 252f; *Saage*, DB 1973, 115 (117).

1354 *Hopt/Roth*, in: Großkommentar AktG, § 111 Rn. 252.

1355 *Hopt/Roth*, in: Großkommentar AktG, § 111 Rn. 252.

1356 OLG Köln, AG 1978, 17 (21); *Habersack*, in: MüKo AktG, § 111 Rn. 25; *Winter*, FS Hüffer, 2010, S. 1103 (1109); *Semler*, Leitung und Überwachung der Aktiengesellschaft (1996), S. 68; *v.Schenk*, in: Semler/v.Schenk, Der Aufsichtsrat, § 116 Rn. 271; *ders.*, in: Semler/v.Schenk. Arbeitshandbuch für Aufsichtsratsmitglieder, § 7 Rn. 34; *Lutter*, FS Hüffer, 2010, S. 617 (617); *ders.*, Information und Vertraulichkeit im Aufsichtsrat, S. 39; *Arnold*, ZGR 2014, 76 (86); *Wolff*, in: Henn/Frodermann/Jannott, Handbuch des Aktienrechts, S. 409 Rn. 2; *Hambloch-Gesinn/Gesinn*, in: Hölters, AktG, § 111 Rn. 47; *Schütz*, in: Semler/v.Schenk, Der Aufsichtsrat, § 111 Rn. 193.

Geschäftsführungskompetenzen ausgestattete Leitungsebene zu kontrollieren ist.[1357] Eine Überwachung der vom Vorstand organisierten Ebenen wäre ein unzulässiger Eingriff in die Leitungskompetenz des Vorstandes.[1358] Sie würde zudem die klare Kompetenztrennung und Ordnung der Organe untereinander verwischen.[1359] Der Aufsichtsrat muss sich jedoch versichern, dass der Vorstand seiner eigenen Kontrollpflicht gegenüber dem Delegationsempfänger nachkommt.[1360]

In der Theorie scheint es auf den ersten Blick deutlich, dass die Angestellten durch den Wortlaut des § 111 Abs. 1 AktG von der Kontrolle des Aufsichtsrats zunächst ausgeschlossen sind. Das gilt auch für den Compliance-Beauftragten, der zwar Geschäftsführungskompetenzen wahrnimmt, die letztendliche Compliance-Verantwortung jedoch trotz der Zuständigkeitsdelegation weiterhin beim Vorstand bleibt. Der Aufsichtsrat hat den Vorstand mittels seiner Informationsrechte und Mitwirkungsmöglichkeiten zu kontrollieren, ob er seiner neuen Kontrollverantwortung gegenüber dem Compliance-Beauftragten gerecht wird.[1361] Dazu gehört auch die Frage, ob die Delegation der Compliance-Zuständigkeit vom Vorstand auf eine andere Ebene fachlich und ökonomisch angemessen ist[1362] und ob der Compliance-Beauftragte ausreichend qualifiziert und vom Vorstand mit genügend Kompetenzen ausgestattet ist.[1363]

---

[1357] *Hambloch-Gesinn/Gesinn*, in: Hölters, AktG, § 111 Rn. 22; *Schütz*, in: Semler/v.Schenk, Der Aufsichtsrat, § 111 Rn. 193.

[1358] *v.Schenk*, in: Semler/v.Schenk, § 116 Rn. 271; *Hambloch-Gesinn/Gesinn*, in: Hölters, AktG, § 111 Rn. 22.

[1359] *Lutter/Krieger/Verse*, Pflichten des Aufsichtsrates, Rn. 71; *Hambloch-Gesinn/Gesinn*, in: Hölters, AktG, § 111 Rn. 47.

[1360] *Schütz*, in: Semler/v.Schenk, Der Aufsichtsrat, § 111 Rn. 193.

[1361] Siehe aber *Lutter/Krieger/Verse*, Pflichten des Aufsichtsrates, Rn. 62, die befürchten, der Vorstand könnte durch die zusätzliche Überwachungsebene seine eigenen Kontrollpflichten vernachlässigen.

[1362] *v.Schenk*, in: Semler/v.Schenk, Der Aufsichtsrat, § 116 Rn. 271; *Hambloch-Gesinn/Gesinn*, in: Hölters, AktG, § 111 Rn. 47; *Wolff*, in: Henn/Frodermann/Jannott, Handbuch des Aktienrechts, S. 409 Rn. 2; *Schütz*, in: Semler/v.Schenk, Der Aufsichtsrat, § 111 Rn. 193; *Mertens/Cahn*, in: Kölner Kommentar AktG, § 111 Rn. 26.

[1363] *Lutter/Krieger/Verse*, Pflichten des Aufsichtsrates, Rn. 70; *Spindler*, in: Spindler/Stilz, AktG, § 111 Rn. 9; *Habersack*, in: MüKo AktG, § 111 Rn. 25; *v.Schenk*, in: Semler/v.Schenk. Arbeitshandbuch für Aufsichts ratsmitglieder, § 7 Rn. 34; *Hambloch-Gesinn/Gesinn*, in: Hölters, AktG,

Allerdings besteht durch die „Auslagerung" von Kernaufgaben des Vorstandes auf untere Ebenen immer die Gefahr, dass das Aufgabengebiet der Überwachung des Aufsichtsrates entzogen wird. In der Praxis wird es ferner kaum möglich sein, dass der Aufsichtsrat, will er seiner zuvor beschriebenen, ordnungsgemäßen Überwachungspflicht nachkommen, sich nicht mit dem Compliance-Beauftragten beschäftigt.[1364] Insbesondere bei wiederholt auftretenden Regelverstößen muss der Aufsichtsrat hinterfragen, ob der Compliance-Beauftragte vom Vorstand sorgsam ausgewählt wurde oder der Vorstand seine Kontrollpflicht vernachlässigt hat.[1365] Spätestens hier muss ein besonderes Augenmerk auch auf den Compliance-Beauftragten geworfen werden, so dass durchaus von einem mittelbaren Überwachungsrecht[1366] des Aufsichtsrates gesprochen werden kann. Insofern lässt es sich argumentieren, dass den Aufsichtsrat eine erweiterte Aufsichtspflicht treffen kann,[1367] wenn eine Stelle unabhängig und mit eigenen Kompetenzen ausgestattet, Vorstandsaufgaben wahrnimmt.[1368] Dafür spricht auch der § 111 Abs. 1 AktG, der ausdrücklich von der Überwachung der Geschäftsführung, also allen Leitungsmaßnahmen, und nicht nur vom Vorstand spricht.[1369] Angesichts der besonderen Bedeutung des Compliance-Ressorts dürfte den Aufsichtsrat im Hinblick auf den Compliance-Beauftragten eine solche Verpflichtung treffen.[1370]

---

§ 111 Rn. 22; *Fleischer*, in: Spindler/Stilz, AktG, § 111 Rn. 9; *Mertens/Cahn*, in: Kölner Kommentar AktG, § 111 Rn. 26.

1364 So auch *Mertens/Cahn*, in: Kölner Kommentar AktG, § 111 Rn. 26; *Henze*, BB 2000, 209 (214); vgl. auch *Koch*, in: Hüffer/Koch, AktG, § 111 Rn. 4.

1365 *Habersack*, in: MüKo AktG, § 111 Rn. 25; *Mertens/Cahn*, in: Kölner Kommentar AktG, § 111 Rn. 26.

1366 So auch *Roth*, ZGR 2012, 343 (346).

1367 *Habersack*, in: MüKo AktG, § 111 Rn. 21.

1368 Vgl. *Hopt/Roth*, in: Großkommentar AktG, § 111 Rn. 252f, die am Beispiel der internen Revision oder des Risikomanagements eine organisatorische Verselbstständigung voraussetzen.

1369 *Saage*, DB 1973, 115 (117); zum Geschäftsführungsbegriff *Semler*, Leitung und Überwachung der Aktiengesellschaft (1996), S. 60.

1370 *Hopt/Roth*, in: Großkommentar AktG, § 111 Rn. 252f.

### 3. Einfluss auf die Compliance-Struktur

Dass der Aufsichtsrat als Überwachungsorgan von der Geschäftsführung ausgeschlossen ist, ist explizit in § 111 Abs. 4 AktG geregelt. Daher trifft den Aufsichtsrat weder die originäre Pflicht eine funktionstüchtige Compliance-Struktur zu entwickeln, noch einzelne Compliance-Maßnahmen einzuleiten.[1371] Es stellt sich jedoch die Frage, ob der Aufsichtsrat mittelbar durch den Vorstand eine Compliance-Struktur einrichten oder verändern könnte. Eine solche Konstellation ist vor allem in den Fällen denkbar, in denen es der Vorstand pflichtwidrig unterlässt eine Compliance-Struktur einzurichten oder eine funktionsuntüchtige Struktur zu verändern.

Der Aufsichtsrat besitzt keine Möglichkeit, den Vorstand zur Umsetzung seiner eigenen Vorstellung von einer Compliance-Struktur zu verpflichten. Ein aktienrechtliches Weisungsrecht des Aufsichtsrats ist dem Gesellschaftsrecht fremd und kann ihm auch nicht durch die Satzung eingeräumt werden.[1372] Allerdings hat er im Rahmen seiner Überwachung die Pflicht, das Handeln des Vorstandes nicht nur in rechtlicher, sondern auch in unternehmerischer Hinsicht zu bewerten.[1373] Mit Änderungen des § 90 Abs. 1 S. 1 AktG im Jahr 2002 wurde die unternehmerische Beratungsfunktion zumindest im Sinne eines Umkehrschlusses auch gesetzlich festgehalten.[1374] Danach hat der Vorstand den Aufsichtsrat auch über die Geschäftspolitik, die

---

1371 *Kremer/Klahold*, ZGR 2010, 113 (124); *Bicker*, AG 2012, 542 (545); *Lutter*, FS Hüffer, 2010, S. 617 (617f).

1372 *Mertens/Cahn*, in: Kölner Kommentar AktG, § 111 Rn. 14; *Habersack*, in: MüKo AktG, § 111 Rn. 12; *Bürgers/Israel*, in: Bürgers/Körber, AktG, § 111 Rn. 3; *Winter*, FS Hüffer, 2010, S. 1103 (1108); *Fuhrmann*, NZG 2016, 881 (883); *Henssler*, in: Henssler/Strohn, AktG, § 111 Rn. 9; *Hopt/Roth*, in: Großkommentar AktG, § 111 Rn. 84; *Hambloch-Gesinn/Gesinn*, in: Hölters, AktG, § 111 Rn. 10.

1373 So auch BGH, AG 1991, 312 (313); *Hopt/Roth*, in: Großkommentar AktG, § 111 Rn. 61ff; *Spindler*, in: Spindler/Stilz, AktG, § 111 Rn. 10; *Mertens/Cahn*, in: Kölner Kommentar AktG, § 111 Rn. 14; *Hambloch-Gesinn/Gesinn*, in: Hölters, AktG, § 111 Rn. 26; *Koch*, in: Hüffer/Koch, AktG, § 111 Rn. 13; *Schütz*, in: Semler/Schenk, Der Aufsichtsrat, § 111 Rn. 341f.

1374 Bereits vorher hatte die Beratungsfunktion jedoch schon einen hohen, wenn auch gesetzlich ungeschriebenen Stellenwert, vgl. *Vetter*, in: Fleischer/Koch/Kropf/Lutter (Hrsg.), 50 Jahre AktG, S. 114.

Unternehmensplanung und die strategische und ökonomische Entwicklung des Unternehmens zu unterrichten. Ein Einwirkungsrecht in das operative Geschäft ist zwar nicht vorgesehen,[1375] ein Beratungsrecht ist inzwischen jedoch unstrittig anerkannt. Zwar werden dem Aufsichtsrat in großen Teilen der Literatur generell Initiativrechte für Geschäftsführungshandlungen abgesprochen,[1376] zumindest in der Praxis wird sich ein Initiativrecht in der Beratung jedoch kaum vermeiden lassen. Explizit wurde in Zif. 5.2 DCGK festgehalten, dass der Aufsichtsratsvorsitzende zwischen den Sitzungen mit dem Vorstand regelmäßig Kontakt halten und mit ihm Fragen der Compliance des Unternehmens beraten soll. Dabei ist er allerdings auf das Wohlwollen des Vorstandes angewiesen, dass die Vorstellungen des Aufsichtsrates auch umgesetzt werden. Im Hinblick auf den Einfluss auf die Compliance-Strukturen besitzt der Aufsichtsrat keine unmittelbaren Kompetenzen um dem Vorstand bestimmte Compliance-Maßnahmen vorzuschreiben,[1377] er erhält allerdings die Möglichkeit, die Einführung oder Änderung einer Compliance-Struktur dem Vorstand zu empfehlen. Sollte der Vorstand die Einrichtung einer Compliance-Struktur pflichtwidrig unterlassen, besteht sogar die Pflicht des Aufsichtsrates, auf die Implementierung hinzuwirken.[1378]

Eine weitere Einflussmöglichkeit des Aufsichtsrates besteht ferner durch sein Recht, Maßnahmen der Geschäftsführung nach § 111 Abs. 4 S. 2 AktG an seine Zustimmung zu binden.[1379] Hierbei wird gerne

1375 *Schütz*, in: Semler/Schenk, Der Aufsichtsrat, § 111 Rn. 344; *Habersack*, in: MüKo AktG, § 111 Rn. 12.

1376 *Habersack*, in: MüKo AktG, § 111 Rn. 12; *ders.*, AG 2014, 1 (3); *Henssler*, in: Henssler/Strohn, AktG, § 111 Rn. 18; *Schütz*, in: Semler/Schenk, Der Aufsichtsrat, § 111 Rn. 344; *Bürgers*, ZHR 179 (2015), 173 (188); teilweise wird vom beschränkten unternehmerischen Initiativrecht gesprochen, vgl. *Hopt/Roth*, in: Großkommentar AktG, § 111 Rn. 84.

1377 So auch *Bicker*, AG 2012, 542 (545).

1378 *Winter*, FS Hüffer, 2010, S. 1103 (1119).

1379 Wenn rechtswidriges Verhalten des Vorstandes ohne einen Zustimmungsvorbehalt nicht unterbunden werden kann, verdichtet sich dieses Recht sogar zu einer Pflicht, vgl. „Balsam-AG"-Entscheidung, LG Bielefeld, ZIP 2000, 20 (25); für Aufsichtsratsmitglieder öffentlicher Unternehmen besteht die Pflicht, ihre verfassungsrechtlich gesicherten Einflussmöglichkeiten auch zu nutzen. Im Hinblick auf die Ingerenzpflicht kann es daher im Einzelfall rechtlich notwendig sein, bei wichtigen Entscheidungen für das Untervon einem „Vetorecht“ des Aufsichtsrates gesprochen.[1380] Allerdings können aus diesem Recht keine weiterreichenden Geschäftsführungsbefugnisse abgeleitet werden, so dass der Aufsichtsrat nur bedeutende Maßnahmen wirtschaftlicher oder struktureller Art an seine Zustimmung knüpfen darf.[1381] Darüber hinaus besteht keine Pflicht des Vorstandes, bei strukturell oder wirtschaftlich bedeutenden Maßnahmen die Zustimmung des Aufsichtsrates einzuholen.[1382] Aus dem Zusammenspiel von Beratungskompetenz und Zustimmungsvorbehalt erhält der Aufsichtsrat eine erweiterte Möglichkeit, seine Vorstellungen einzubringen.[1383] In dem Fall kann sich der Aufsichtsrat Kompetenzen sichern, in dem er in etwa die Einführung von Compliance-Richtlinien oder die Einrichtung einer Compliance-Struktur unter einen Zustimmungsvorbehalt stellt.[1384] Um seinen Einfluss auf die Compliance-Struktur auch durchsetzen zu können, sollte der Aufsichtsrat seine Zustimmungsvorbehalte bereits frühzeitig an sich binden. Nachträgliche Änderungen an der Struktur gestalten sich als deutlich schwieriger.[1385] Die Zustimmungsvorbehalte des Aufsichtsrats beschränken sich allerdings allein auf das aktive Handeln des Vorstandes.[1386] Im Umkehrschluss ist es nicht möglich, das Unterlassen des Vorstandes einer bestimmten Maßnahme unter Zustimmungsvorbehalt zu stellen.[1387] Ansonsten könnte der Aufsichtsrat das

---

nehmen von der Nutzung eines Zustimmungsvorbehalts Gebrauch zu machen, vgl. *Spannowsky*, ZGR 1996, 400 (425).

1380 *Oetker*, in: Hommelhoff/Hopt/v.Werder, Handbuch Corporate Governance, S. 284.

1381 Vgl. auch *Hüffer*, NZG 2007, 47 (52); *Mertens/Cahn*, in: Kölner Kommentar AktG, § 111 Rn. 84; *Oetker*, in: Hommelhoff/Hopt/v.Werder, Handbuch Corporate Governance, S. 284f; *Hambloch-Gesinn/Gesinn*, in: Hölters, AktG, § 111 Rn. 72.

1382 Das gilt im Besonderen für die Einrichtung einer Compliance-Struktur, vgl. *Winter*, FS Hüffer, 2010, S. 1103 (1120); *Grigoleit/Tomasic*, in: Grigoleit, Aktiengesetz, § 111 Rn. 41.

1383 *Habersack*, in: MüKo AktG, § 111 Rn. 100; *Mertens/Cahn*, in: Kölner Kommentar AktG, § 111 Rn. 14.

1384 *Lutter*, FS Hüffer, 2010, S. 617 (618).

1385 *Lutter*, FS Hüffer, 2010, S. 617 (618).

1386 *Lutter/Krieger/Verse*, Pflichten des Aufsichtsrates, Rn. 62.

1387 OLG Stuttgart, AG 2013, 599 (603); *Grigoleit/Tomasic*, in: Grigoleit, AktG, § 111 Rn. 43; anders sieht das *Lange*, DStR 2003, 376 (377), der den Sinn der Zustimmungsvorbehalte, Entscheidungen von erheblicher Bedeutung

Unterlassen einer Compliance-Struktur unter Zustimmungsvorbehalt stellen und damit über Umwege zu einem mittelbaren Weisungsrecht kommen.

Weiter offen steht die Frage, welche Maßnahmen der Aufsichtsrat ergreifen kann, wenn der Vorstand pflichtwidrig die Einrichtung einer Compliance-Struktur unterlässt. Wie festgestellt kann der Aufsichtsrat keine Vorstandshandlungen erzwingen, allenfalls mit der Verknüpfung bestimmter Voraussetzungen verhindern. Dem Aufsichtsrat bleibt daher nur die Möglichkeit nach § 111 Abs. 3 AktG die Hauptversammlung einzuberufen[1388] oder die Bestellung des Vorstandes nach § 84 Abs. 3 AktG zu widerrufen. Ein dafür notwendiger Grund wird allerdings nur vorliegen, wenn der Vorstand die Einrichtung einer Compliance-Struktur trotz unmittelbar gesetzlicher Verpflichtung oder Ermessensreduzierung auf Null pflichtwidrig unterlässt. Ein solcher Fall liegt im Besonderen vor, wenn Compliance-Vorfälle aus der Vergangenheit die Einführung einer Compliance-Struktur unerlässlich machen. Bei Streitigkeiten über die Ausgestaltung der Compliance-Struktur besitzt der Vorstand hingegen einen weiten Ermessensspielraum, den der Aufsichtsrat zu respektieren hat. Ihm ist es zwar möglich, den Vorstand über Verbesserungsvorschläge zu unterrichten, allerdings wird dadurch nur ein unternehmerischer Dissens, jedoch kein für die Abberufung notwendiger wichtiger Grund begründet.[1389] Anders verhält es sich nur, wenn die Compliance-Struktur erwiesenermaßen funktionsuntüchtig ist und der Vorstand keinerlei Interesse zeigt, die Strukturen zu verbessern. In dem Fall kann auch der Dissens über einzelne Bestandteile der Compliance-Struktur einen wichtigen Abberufungsgrund darstellen.

Im Hinblick auf die personellen Abberufungskompetenzen ist der Vorstand in der Regel auf eine konstruktive und enge Zusammenar-

---

von Vorstand und Aufsichtsrat treffen zu lassen, durch das alleinige Fixieren auf aktive Vorstandshandlungen konterkariert sieht.

1388 Wobei es bei der Einberufung der Hauptversammlung nur darum gehen kann, dem Vorstand gem. § 84 Abs. 3 das Vertrauen zu entziehen. Die Hauptversammlung selbst hat keine Kompetenz, um den Vorstand in Geschäftsführungsfragen zu überstimmen, vgl. *Henssler*, in: Henssler/Strohn, AktG, § 111 Rn. 16; *Koch*, in: Hüffer/Koch, AktG, § 111 Rn. 31.

1389 *Hambloch-Gesinn/Gesinn*, in: Hölters, AktG, § 111 Rn. 10; *Mertens/Cahn*, in: Kölner Kommentar AktG, § 111 Rn. 14.

beit mit dem Aufsichtsrat angewiesen. In der Praxis sind die Einflussmöglichkeiten des Aufsichtsrates durch seine Beratungsfunktion daher noch einmal deutlich höher zu bewerten, als sie in der Theorie vielleicht gewollt sind.[1390] Insbesondere steht es dem Aufsichtsrat offen, die variable Vergütung des Vorstandes an die Erreichung bestimmter Compliance-Ziele zu koppeln und so über Umwege Einfluss auf die Compliance-Struktur zu nehmen.

### 4. Die Qualifikation des Aufsichtsrates

In den letzten Jahren und insbesondere durch die Änderungen des KonTraG[1391] ist der Aufsichtsrat vermehrt in den Fokus der Corporate Governance Diskussion gerückt.[1392] In Folge großer Unternehmensskandale ist der Aufsichtsrat aus seinem Schattendasein herausgerückt und hat inzwischen eine stärkere Rolle in der öffentlichen Wahrnehmung eingenommen. Dies gilt im Besonderen für Aufsichtsräte öffentlicher Unternehmen, denken wir doch nur an den Berliner Flughafen, den Nürburgring oder die Elbphilharmonie. Bei allen drei Beispielen stand verwunderlicher Weise weniger die Geschäftsführung, sondern vor allem der Aufsichtsrat im Mittelpunkt der öffentlichen Kritik. Nicht zuletzt, weil sie neben einer organschaftlichen auch eine politische Verantwortung für das Unternehmen tragen. Sie sind das Bindeglied zur öffentlichen Hand und unterliegen dem zum Teil kontradiktorischen Spannungsfeld von öffentlicher Daseinsvorsorge und betriebswirtschaftlicher Erwartung. Umso wichtiger ist es, dass der Aufsichtsrat alle notwendigen fachlichen Voraussetzungen erfüllt, um seiner Überwachungsaufgabe nachkommen zu können. Je höher

---

1390 So auch *Hambloch-Gesinn/Gesinn*, in: Hölters, AktG, § 111 Rn. 36; entgegen dem früheren Grundsatz der freien Widerruflichkeit des Vorstandes wurde die Voraussetzung des wichtigen Grundes eingeführt, damit der Vorstand kein „Spielball" der Personalhoheit des Aufsichtsrates wird. Obwohl an den Widerruf aus wichtigem Grund hohe Hürden gelegt sind, hat das immanente Druckmittel der Abberufung selbstverständlich Auswirkung auf das Verhältnis von Vorstand und Aufsichtsrat, vgl. *Fleischer*, in: Spindler/Stilz, AktG, § 84 Rn. 99.

1391 Gesetz zur Kontrolle und Transparenz im Unternehmensbereich v. 27.04.1998, BGBl. I S. 786.

1392 *v.Schenk*, NZG 2002, 64 (64).

die Qualifikation des Aufsichtsrates, desto besser kann er seiner Funktion als Überwachungsorgan nachkommen und Sachverhalte im Hinblick auf Compliance bewerten.[1393]

### a) Die Bestellung des Aufsichtsrates

Für die Wahl des Aufsichtsrates gibt es keine öffentlichen Sondervorschriften. Sie unterliegt grundsätzlich den gleichen gesellschaftsrechtlichen und arbeitsrechtlichen Voraussetzungen wie im Unternehmen privater Trägerschaft.[1394] Das Aktiengesetz unterscheidet in § 101 AktG zwischen drei verschiedenen Varianten: Sie können von der Hauptversammlung oder von den Arbeitnehmern gewählt oder durch Satzung bzw. Aktionärsvereinbarung in den Aufsichtsrat entsendet werden. Gewöhnlich werden die Aufsichtsratsmitglieder auf Vorschlag des Aufsichtsrats von der Hauptversammlung gewählt. Die Hauptversammlung ist dabei nicht an die Vorschläge des Aufsichtsrates gebunden.[1395] Aufsichtsräte kommunaler Unternehmen werden in der Regel durch die Geltendmachung ihrer satzungsrechtlichen Entsendungsrechte nach § 101 Abs. 2 AktG bestellt,[1396] die jedoch nach § 101 Abs. 2 S. 4 AktG höchstens einem Drittel der Zahl der Aufsichtsratsmitglieder eingeräumt werden können. Dieses im Aktiengesetz festgelegte Entsendungsrecht basiert vornehmlich auf der Vorgabe der öffentlichen Hand, auch bei formell privatisierten Unternehmen einen hinreichenden mittelbaren Einfluss zu behalten.[1397] Grundlage ist der in der jeweiligen Gemeindeordnung festge-

---

1393 Daher fordert *Lutter*, in: Hommelhoff/Hopt/v.Werder, Handbuch Corporate Governance, S. 326, dass zumindest ein Mitglied Erfahrungen in der Compliance-Überwachung haben sollte; so auch *v.Werder/Wieczorek*, DB 2007, 297 (298), der zusätzlich zur Qualifikation die Unabhängigkeit der Aufsichtsratsmitglieder hervorhebt.

1394 *Gasteyer*, in: Semler/v.Schenk, Der Aufsichtsrat, Exkurs 3, Rn. 36; *Lutter/Krieger/Verse*, Rechte und Pflichten des Aufsichtsrats, Rn. 1422.

1395 *Habersack*, in: MüKo AktG, § 101 Rn. 7.

1396 Siehe dazu auch Urteil von OVG Bautzen, LKV 2011, 224; *Schön*, ZGR 1996, 429 (446f); *Simon*, in: Hölters, AktG, § 101 Rn. 24; *Spindler*, in: Spindler/Stilz, AktG, § 101 Rn. 49; *Gasteyer*, in: Semler/v.Schenk, Der Aufsichtsrat, Exkurs 3, Rn. 39.

1397 Begründung RegE AktG 1965, BT-Drucks. IV/171, S. 138, dass das satzungsrechtliche Entsendungsrecht „namentlich bei gemischtlegte Passus, dass die Gründung oder Beteiligung an einem wirtschaftlichen Unternehmen nur zulässig ist, wenn die Gemeinde einen angemessenen Einfluss im Aufsichtsrat oder in einem entsprechenden Überwachungsorgan erhält.[1398] Nur durch das Entsendungsrecht kann letztendlich sichergestellt werden, dass die Gemeinde auch einen angemessenen Einfluss im Aufsichtsgremium erhält und die vorgeschlagenen Mitglieder nicht etwa bei einer Wahl unberücksichtigt bleiben können. In der Regel wird daher in der Satzung festgelegt, dass die Kommune eine gewisse Anzahl von Vertretern in den Aufsichtsrat entsendet.[1399] Ansonsten treffen entsandte Aufsichtsratsmitglieder die gleichen Rechte und Pflichten wie gewählte Aufsichtsratsmitglieder.[1400]

Eine weitere Besonderheit kommunaler Unternehmen sind die Aufsichtsratsmitglieder kraft Amtes. Der Bürgermeister oder Landrat ist regelmäßig als geborenes Mitglied kraft Amtes Vorsitzender des Aufsichtsrates.[1401] Diese Art der Bestellung ist im Aktiengesetz nicht explizit geregelt, wird jedoch als Aktionärsvereinbarung in Form einer Entsendung als zulässig anerkannt.[1402] Die Bestellung des geborenen Mitglieds erfolgt durch Regelung in der Satzung.[1403]

Davon unberührt bleibt das interne Auswahlverfahren der Kommunen, das dem gesellschaftsrechtlichen Bestellungsakt vorgelagert

wirtschaftlichen Unternehmen einem praktischen Bedürfnis entspricht"; BGH, NJW 1962, 864 (866); so auch *Raiser/Veil*, Recht der Kapitalgesellschaften, § 15 Rn. 42; *Gasteyer*, in: Semler/v.Schenk, Der Aufsichtsrat, Exkurs 3, Rn. 36.

1398 § 122 Abs. 1 Nr. 3 HessGO.

1399 *Lutter/Krieger/Verse*, Rechte und Pflichten des Aufsichtsrats, Rn. 1423; teilweise haben die Bundesländer das satzungsrechtliche Entsendungsrecht auch als unabdingbare Voraussetzung für die Beteiligung an Unternehmen in privater Rechtsform in die Gemeindeordnung aufgenommen, vgl. nur § 108 Abs. 1 Nr. 6 NKomVG; *Gasteyer*, in: Semler/v.Schenk, Der Aufsichtsrat, Exkurs 3, Rn. 36.

1400 BGH, NJW 1962, 864 (866).

1401 Vgl. nur § 125 Abs. 2 HessGO; *Gasteyer*, in: Semler/v.Schenk, Der Aufsichtsrat, Exkurs 3, Rn. 40; siehe auch VG Münster, NVwZ-RR, 741 (743ff); *Schürnbrand*, in: MüKo AktG, Vor. § 394 Rn. 27.

1402 *Gasteyer*, in: Semler/v.Schenk, Der Aufsichtsrat, Exkurs 3, Rn. 40.

1403 *Gasteyer*, in: Semler/v.Schenk, Der Aufsichtsrat, Exkurs 3, Rn. 40.

ist.[1404] Innerhalb der Kommune richten sich die Bestimmung und die Wahl der Aufsichtsratsmitglieder nach der jeweiligen Gemeindeordnung, wobei mehrheitlich auf die Verhältniswahl zurückgegriffen wird.[1405]

### b) Fachliche Voraussetzung

In Literatur und Praxis herrscht Einigkeit, dass die Anforderungen an die Aufsichtsratstätigkeit gestiegen sind.[1406] Nur Wenige vertreten die Ansicht, dass dem Aufsichtsrat keine weitere Verantwortung übertragen wurde, sondern nur der bereits bestehende Verantwortungskreis näher konkretisiert wurde.[1407] Die theoretische Begründung kann jedoch dahinstehen, ist das Anforderungsprofil an Aufsichtsräte durch die verschiedenen Reformen der letzten Jahre doch ganz unzweifelhaft gestiegen. Wird der Aufsichtsrat bei Fragen der strategischen Ausrichtung, der Abschlussprüfung und der generellen Überwachungsaufgabe stärker in die Verantwortung genommen, muss dies im Grunde auch in der fachlichen Qualifikation deutlich erkennbar werden.[1408]

#### aa) Meinungsstand

Über die fachlichen Anforderungen an ein Aufsichtsratsmitglied herrscht Uneinigkeit. Das Aktiengesetz selbst legt keine präzisen Eigenschaften fest, die ein geeignetes Aufsichtsratsmitglied mit sich bringen muss.[1409] Allein der im Zuge des BilMoG[1410] eingeführte

---

1404 *Altmeppen*, NJW 2003, 2561 (2563); *Lutter/Krieger/Verse*, Rechte und Pflichten des Aufsichtsrats, Rn. 1423.

1405 Vgl. §§ 98 Abs. 2, 42 Abs. 2 SächsGemO; *Altmeppen*, NJW 2003, 2561 (2563).

1406 Statt vieler siehe *Lutter*, ZIP 2003, 417 (417); *v.Schenk*, NZG 2002, 64 (64ff).

1407 *Wirth*, ZGR 2005, 327 (336).

1408 So auch *Lutter*, ZIP 2003, 417 (418); *Lutter*, in: Hommelhoff/Hopt/v.Werder, Handbuch Corporate Governance, S. 324; *Dreher*, FS Hoffmann-Becking, 2013, S. 313 (315).

1409 In § 100 Abs. 1, Abs. 2 AktG werden lediglich persönliche Hinderungsgründe für ein Aufsichtsratsmandat benannt.

§ 100 Abs. 5 AktG gibt die personelle Voraussetzung vor, dass bei allen kapitalmarktorientierten Unternehmen mindestens ein auf dem Gebiet der Rechnungslegung oder Abschlussprüfung sachkundiges Aufsichtsratsmitglied erforderlich ist.[1411] Den Unternehmen steht es jedoch frei, eigene Anforderungs- oder Ausschlusskriterien festzulegen. Sie können gem. § 100 Abs. 4 AktG durch die Satzung weitere persönliche Voraussetzungen oder Hinderungsgründe für die Aufsichtsratsmitglieder festlegen, welche ohne Bindung an die Wahlvorschläge gewählt oder entsandt werden.[1412] Ein Nachweis der fachlichen Eignung ist gesetzlich jedoch nicht vorgesehen.[1413]

Außerhalb des Aktiengesetzes hat der Gesetzgeber im KWG einen Ansatzpunkt zur Bestimmung der fachlichen Voraussetzungen normiert.[1414] Wenngleich die Vorschriften nur an Kreditinstitute gerichtet sind, können sie durchaus zur Konkretisierung der allgemeinen Voraussetzungen herangezogen werden.[1415] Im Besonderen vor dem Hintergrund, dass die öffentliche Hand explizit in den Blickpunkt des KGW genommen wird. Nach § 25d Abs. 1 S. 1 KWG muss der Aufsichtsrat in seiner Gesamtheit die Kenntnisse, Fähigkeiten und Erfahrungen haben, die zur Wahrnehmung der Kontrollfunktion sowie zur Beurteilung und Überwachung der Geschäftsleitung notwendig sind. Die einzelnen Aufsichtsratsmitglieder müssen nach § 25d Abs. 1

1410 Gesetz zur Modernisierung des Bilanzrechts v. 25.05.2009, BGBl. I S. 1102.

1411 Das bis dahin geltende Merkmal der „Unabhängigkeit" wurde mit der Aktiengesetznovellierung zum 17.06.2016 gestrichen. Zu einer kritischen Anmerkung siehe *Nodoushani*, AG 2016, 381 (383).

1412 Nach *Wirth* macht die Praxis von dieser Möglichkeit nur selten Gebrauch, *Wirth*, ZGR 2005, 327 (332); in der kommunalen Praxis werden häufiger fachliche Voraussetzungsmerkmale in die Satzung aufgenommen. Allerdings werden diese Anforderungen zu meist nur an fach- oder sachkundige Einwohner gestellt. Darüber hinaus sind diese Vorgaben in der Regel als nicht zwingende „Soll"-Vorschriften deklariert.

1413 *Koch*, in: Hüffer/Koch, AktG, § 100 Rn. 2.

1414 Eine vergleichbare Vorschrift findet sich für Versicherungsunternehmen in § 24 VAG. Zur ordnungsgemäßen Wahrnehmung der Aufsichtsratstätigkeit wird vorausgesetzt, dass berufliche Qualifikationen, Kenntnisse und Erfahrungen eine solide und umsichtige Leitung des Unternehmens gewährleisten, § 24 Abs. 1 S. 2. VAG.

1415 Im Detail zur Ausstrahlungswirkung des Aufsichtsrechts auf die Sachkundevoraussetzungen des Aufsichtsrates, Dreher, ZGR 2010, 496 (508ff); zumindest punktuell, vgl. *Fleischer*, NZG 2014, 321 (325).

zuverlässig sein, über die erforderliche Sachkunde verfügen und ausreichend Zeit zur Wahrnehmung ihres Mandats haben. Sollte das Aufsichtsratsmitglied gegen eines der genannten Merkmale verstoßen, kann die Bundesanstalt vom betreffenden Unternehmen die Abberufung des Aufsichtsratsmitglieds verlangen.[1416] Das KWG lässt allerdings offen, was unter der erforderlichen Sachkunde zu verstehen ist.[1417] Das vom Kreditwesengesetz beeinflusste Sparkassengesetz NRW definiert diese Sachkunde als „den Nachweis einer fachlichen Eignung zum Verständnis der wirtschaftlichen und rechtlichen Abläufe im Tagesgeschehen einer Sparkasse."[1418] Wenngleich diese speziellen Sachkundevoraussetzungen des KWG oder des unabhängigen Experten i.S.d. § 100 Abs. 5 AktG nicht ansatzlos auf das allgemeine Anforderungsprofil von Aufsichtsräten übertragen werden können,[1419] bieten sie zumindest einen ersten Anhaltspunkt für die fachliche Mindestqualifikation.

Die Rechtsprechung zu dem Thema ist insbesondere durch die „Hertie-Entscheidung" des BGH geprägt.[1420] Dieser setzt zur persönlichen und eigenverantwortlichen Ausführung des Aufsichtsratsmandats voraus, dass „ein Aufsichtsratsmitglied diejenigen Mindestkenntnisse und -fähigkeiten besitzen oder sich aneignen muss, die es braucht, um alle normalerweise anfallenden Geschäftsvorgänge auch ohne fremde Hilfe verstehen und sachgerecht beurteilen zu können."[1421] Welche konkreten Fähigkeiten und Kenntnisse dafür erforderlich sind, lässt der BGH allerdings offen. Umfangreiche Spezialkenntnisse in allen Bereichen des Unternehmens werden vom einzelnen Aufsichtsratsmitglied jedoch nicht erwartet. Eine umfassende Kenntnis wird nur

---

1416 Vgl. § 36 Abs. 3 KWG.

1417 Siehe jedoch Merkblatt der BaFin, Merkblatt zu den Mitgliedern von Verwaltungs- und Aufsichtsorganen gemäß KWG und KAGB, S.20, dass eine Vortätigkeit in einer anderen Branche, in der öffentlichen Verwaltung oder aufgrund von politischen Mandaten die erforderliche Sachkunde begründen kann. Bei Kaufleuten i.S.d. §§ 1ff. HGB wird eine „allgemeine wirtschaftliche Expertise" angenommen, abrufbar unter: https://www.bafin.de/SharedDocs/Downloads/DE/Merkblatt/dl_mb_170131_AR_KWG_KAGB.pdf?__blob=publicationFile&v=4 (Stand: 08.11.2018).

1418 § 12 Abs. 1 S. 3 SpkG NRW.

1419 *Simons*, in: Hölters, AktG, § 100 Rn. 13.

1420 BGH, NJW 1983, 991.

1421 BGH, NJW 1983, 991 (991).

vom Kollektivorgan gefordert, dass bei unzureichender Sachkunde in einzelnen Fragen seine aktienrechtliche Befugnis wahrnehmen muss, Sachverständige zur Beratung hinzuzuziehen oder einen Prüfungsauftrag zu erteilen.[1422] Angelehnt an die Entscheidung des BGH fordert der DCGK keine individuelle, sondern nur eine kollektive Organkompetenz. Der Aufsichtsrat ist so zusammenzusetzen, dass „seine Mitglieder insgesamt über die zur ordnungsgemäßen Wahrnehmung der Aufgaben erforderlichen Kenntnisse, Fähigkeiten und fachlichen Erfahrungen verfügen."[1423]

Die Lehre hat sich überwiegend der Formulierung des BGH angeschlossen,[1424] obwohl sie nicht immer den Versuch unternommen hat, die vom BGH geforderten „Mindestkenntnisse und -fähigkeiten" zu konkretisieren.[1425] In der Hinsicht sticht vor allem der Beitrag von *v. Werder/Wieczorek* heraus, der die vom DCGK und BGH postulierten Qualifikationsanforderungen untersucht und in 31 Thesen konkretisiert hat.[1426] Zur ordnungsgemäßen Ausübung des Mandats gehört die grundlegende Fähigkeit, aus den externen und internen Einflüssen das Unternehmensinteresse zu bestimmen.[1427] Das Aufsichtsratsmitglied muss in der Lage sein zu erkennen, ob eine zu überwachende Maßnahme der Geschäftsleitung im oder außerhalb des Unternehmenswohls liegt.[1428] Die dazu notwendige Fachkompetenz „ergibt sich aus der Gesamtheit der individuellen Qualifikationen der einzelnen Aufsichtsratsmitglieder."[1429] Nicht jedes Mitglied muss ein umfassendes Wissen in allen Bereichen mitbringen. Ein solches kann weder

---

1422 BGH, NJW 1983, 991 (992).

1423 DCGK, Zif. 5.4.1.

1424 Statt vieler *Hommelhoff*, ZGR 1983, 551 (571ff).

1425 Siehe jedoch *v. Werder*, in: Hommelhoff/Hopt/v.Werder, Handbuch Corporate Governance, S. 336, der zwischen governancespezifischen und allgemeinen Kompetenzen unterscheidet, wobei er Letztere in Sachkompetenz, Lösungsorientierung, sowie Strategie und Veränderungskompetenzen unterteilt.

1426 *v. Werder/Wieczorek*, DB 2007, 297.

1427 So auch *v. Werder*, in: Hommelhoff/Hopt/v.Werder, Handbuch Corporate Governance, S. 333; v. *Werder/Wieczorek*, DB 2007, 297 (297).

1428 *v. Werder/Wieczorek*, DB 2007, 297 (298).

1429 *v. Werder/Wieczorek*, DB 2007, 297 (298).

erwartet, noch gefordert werden.[1430] Sie sollten vielmehr auf einem speziellen Gebiet über ein exzellentes Fachwissen verfügen, das im Zusammenspiel mit den Fähigkeiten der anderen Aufsichtsratsmitglieder zu einer umfassenden Qualifikation des Gesamtaufsichtsrates führt. Häufig wird daneben noch eine unternehmerische Erfahrung als Mindestqualifikation gefordert.[1431] Nur aufgrund seiner früheren erworbenen Kenntnisse soll das Aufsichtsratsmitglied die Möglichkeit haben, die Chancen und Risiken einzelner Geschäftsvorgänge abwägen zu können, um auf Augenhöhe unternehmerische Strategien und Entscheidungen mitzudiskutieren.[1432]

Für die Anforderungen an ein Aufsichtsratsmandat in einem kommunalen Unternehmen existieren gegenwärtig keine Sondervorschriften. Im Hinblick auf die Fachkunde gilt auch hier der Grundsatz der Gleichbehandlung.[1433] Einzelne Gemeindeordnungen sehen jedoch vor, dass nur solche Personen in den Aufsichtsrat entsendet werden dürfen, die über die für diese Aufgabe erforderliche betriebswirtschaftliche Erfahrung und Sachkunde verfügen.[1434] Mit dieser Vorgabe ist der sächsische Gesetzgeber dem Professionalisierungsdruck gefolgt und hat die bisherige „Soll"-Vorschrift inzwischen zu einer zwingenden Vorgabe abgeändert. Zusätzlich wurden die Voraussetzungen der betriebswirtschaftlichen Erfahrung und Sachkunde als weiteres Merkmale ergänzt. Der Public Corporate Governance Kodex

---

1430 So auch BGH, NJW 1983, 991 (991); *Hopt/Roth*, in: Großkommentar AktG, § 111 Rn. 119; *v.Werder*, in: Hommelhoff/Hopt/v.Werder, Handbuch Corporate Governance, S. 333; *Habersack*, in: MüKo AktG, § 116 Rn. 24; *Semler*, FS Peltzer, 2001, S. 489 (497).

1431 *v.Schenk*, in: Semler/v.Schenk, Arbeitshandbuch für Aufsichtsratsmitglieder, § 1 Rn. 28; *Mutter*, in: Semler/v.Schenk, Der Aufsichtsrat, § 100 Rn. 91; *Wagner*, in: Semler/v.Schenk, Arbeitshandbuch für Aufsichtsratsmitglieder, § 2 Rn. 83.

1432 *Mutter*, in: Semler/v.Schenk, Der Aufsichtsrat, § 100 Rn. 88; insbesondere sei unternehmerisches Denken und das „Gefühl für latente Risiken und immanente Chancen" nicht rein theoretisch erlernbar, vgl. *Wagner*, in: Semler/v.Schenk, Arbeitshandbuch für Aufsichtsratsmitglieder, § 2 Rn. 83.

1433 BGH, NJW 1982, 1525 (1527); *Habersack*, in: MüKo AktG, § 116 Rn. 12; *Gasteyer*, in: Semler/v.Schenk, Der Aufsichtsrat, Exkurs 3, Rn. 21ff; *Lutter/Krieger/Verse*, Rechte und Pflichten des Aufsichtsrats, Rn. 1424.

1434 § 98 Abs. 1 SächsGemO; so auch Teile der Literatur, vgl. *Mutter*, in: Semler/v.Schenk, Der Aufsichtsrat, § 100 Rn. 91.

empfiehlt ferner, dass „dem Überwachungsorgan nur Mitglieder angehören, die über die zur ordnungsgemäßen Wahrnehmung der Aufgaben erforderlichen Kenntnisse, Fähigkeiten und fachlichen Erfahrungen verfügen und hinreichend unabhängig sowie angesichts ihrer beruflichen Beanspruchung in der Lage sind, die Aufgaben eines Mitgliedes des Überwachungsorgans wahrzunehmen."[1435]

bb) Stellungnahme

In der bisherigen Diskussion wurde nicht deutlich genug erkennbar, dass zwischen den kollektiven und den individuellen Kompetenzen des Aufsichtsrates differenziert werden muss. Oft entsteht dabei der Eindruck, ein „Best-Practice"-Beispiel für die Gesamtqualifikation des Aufsichtsrates entwickeln zu wollen, für den sich allerdings kein allgemeines Anforderungsprofil entwickeln lässt. Die erforderliche Qualifikation des Aufsichtsrates ergibt sich immer durch ihre branchenbezogenen Anforderungen und Rahmenbedingungen des Unternehmens.[1436] Dazu gehören insbesondere die Unternehmensgröße, die Anzahl der Mitarbeiter, die branchentypischen Risikofelder,[1437] aber auch der zu untersuchende Überwachungsgegenstand.[1438] Der Aufsichtsrat im Bereich der Gesundheitsversorgung muss folgerichtig eine andere fachliche Expertise aufweisen, als der eines Energieversorgers. Ein Gesamtprofil kann bereits deswegen nicht entwickelt werden, weil es sich bei Anforderungen an den Aufsichtsrat um keine statische, sondern dynamische Voraussetzungen handelt, die sich den geänderten Anforderungen des Unternehmens anpassen müssen. Allerdings lässt sich eine Individualkompetenz herausbilden, die jedes

---

1435 PCGK, Ziff. 5.2.1.; allerdings „soll" nur darauf „geachtet werden", dass die Aufsichtsratsmitglieder die notwendigen Fähigkeiten mitbringen.

1436 *Koch*, in: Hüffer/Koch, AktG, § 116 Rn. 4; *v. Werder/Wieczorek*, DB 2007, 297 (298); *Mertens/Cahn*, in: Kölner Kommentar AktG, § 116 Rn. 7; *Habersack*, in: MüKo AktG, § 111 Rn. 24; *Spindler*, in: Spindler/Stilz, AktG, § 116 Rn. 17; *Habersack*, in: MüKo AktG, § 116 Rn. 24.

1437 *Habersack*, in: MüKo AktG, § 116 Rn. 24.

1438 So *Lutter*, in: Hommelhoff/Hopt/v.Werder, Handbuch Corporate Governance, S. 324, dass zur Überwachung eines Risikovorsorge-Systems oder eines Compliance-Überwachungssystems besondere Erfahrungen notwendig sind.

Aufsichtsratsmitglied als unterste Stufe einer Mindestqualifikation mitbringen muss.[1439] Es muss zumindest solche Grundkenntnisse besitzen, die zur Bewältigung der ihm durch Gesetz übertragenen und nicht delegierbaren Aufgaben notwendig sind.[1440] Das betrifft vor allem die Aufgaben, zu denen das einzelne Aufsichtsratsmitglied und nicht das Gesamtorgan verpflichtet ist. Daher ist es existenziell wichtig, dass das Aufsichtsratsmitglied überhaupt die Kenntnis über seine gesetzlichen Rechte und Pflichten besitzt.[1441] Dazu gehören auch die besonderen Rechte und Pflichten, die sich aus der öffentlichen Trägerschaft ergeben.[1442] Um seiner Überwachungsaufgabe nachkommen zu können, ist es ferner unerlässlich, die Vorstandsberichte verstehen und kritisch analysieren zu können.[1443] Gleichwohl es wie eine Selbstverständlichkeit klingt, ist es angesichts der primären Informationsversorgung durch den Vorstand von essentieller Bedeutung, dass die Aufsichtsratsmitglieder überhaupt die „richtigen" Fragen stellen können.[1444] Dazu gehört es auch in der Lage zu sein, den Jahres- und Konzernabschluss zu lesen und die daraus resultie-

---

1439 So auch *Hasselbach*, NZG 2012, 41 (45); *Dreher*, ZGR 2010, 496 (509); *Hopt/Roth*, in: Großkommentar AktG, § 111 Rn. 119ff; *v.Schenk*, in: Semler/v.Schenk, Arbeitshandbuch für Aufsichtsratsmitglieder, § 1 Rn. 28, differenziert zwischen Mindest- und Sonderqualifikationen.

1440 Vgl. vor allem die Aufzählung bei *Mutter*, in: Semler/v.Schenk, Der Aufsichtsrat, § 100 Rn. 86ff; *Hommelhoff*, ZGR 1983, 551 (572); *Semler*, FS Peltzer, 2001, S. 489 (497); *v.Schenk*, in: Semler/v.Schenk, Arbeitshandbuch für Aufsichtsratsmitglieder, § 1 Rn. 29, spricht von „funktionsbezogenen Bedingungen"; *Spindler*, in: Spindler/Stilz, AktG, § 100 Rn. 61; *Hopt/Roth*, in: Großkommentar AktG, § 111 Rn. 120.

1441 *Hopt/Roth*, in: Großkommentar AktG, § 111 Rn. 120; *Mertens/Cahn*, in: Kölner Kommentar AktG, § 116 Rn. 7; *Spindler*, in: Spindler/Stilz, AktG, § 100 Rn. 62; *Mutter*, in: Semler/v.Schenk, Der Aufsichtsrat, § 100 Rn. 90; *Habersack*, in: MüKo AktG, § 111 Rn. 25.

1442 *Schmidt/Bulla*, FS Hommelhoff, 2012, S. 1001 (1016).

1443 *Mutter*, in: Semler/v.Schenk, Der Aufsichtsrat, § 100 Rn. 88; *Hopt/Roth*, in: Großkommentar AktG, § 111 Rn. 121; *Spindler*, in: Spindler/Stilz, AktG, § 100 Rn. 62; *v.Schenk*, in: Semler/v.Schenk, Arbeitshandbuch für Aufsichtsratsmitglieder, § 1 Rn. 30; *Mertens/Cahn*, in: Kölner Kommentar AktG, § 116 Rn. 7; *Habersack*, in: MüKo AktG, § 111 Rn. 25; *Semler*, FS Peltzer, 2001, S. 489 (497).

1444 *Peltzer*, WM 1981, 348 (350).

renden betriebswirtschaftlichen Schlüsse ziehen zu können.[1445] Wenngleich der Aufsichtsrat externe Unterstützung in Anspruch nimmt,[1446] darf er sich nicht allein auf die Aussage der Externen verlassen.[1447] Er muss die Kenntnisse besitzen, um beispielsweise die Ausführungen der Abschlussprüfer zu verstehen und kritisch hinterfragen zu können. Er muss ferner die Unabhängigkeit besitzen, um in der Interessenabwägung nicht einseitig Partei zu ergreifen, sondern im Wohle des Unternehmensinteresses zu entscheiden. Losgelöst von persönlichen Eigenschaften muss das Mitglied auch die notwendige Zeit aufbringen können, um an den Sitzungen teilzunehmen und das Informationsmaterial zu bearbeiten.

Aus dem Zusammenspiel der einzelnen Fähigkeiten ergibt sich eine kollektive Organkompetenz des Aufsichtsrates.[1448] Seine Mitglieder müssen „insgesamt über die zur ordnungsgemäßen Wahrnehmung der Aufgaben erforderlichen Kenntnisse, Fähigkeiten und fachlichen Erfahrungen verfügen."[1449] Daher wäre es auch zu weitreichend, praktische betriebswirtschaftliche Erfahrung vorauszusetzen. Obwohl die Vorteile unternehmerischer Vorkenntnisse nicht bestritten werden können, ist es ausreichend, wenn eine solche Erfahrung im Kollektivorgan vorhanden ist.[1450] Dazu sollte jedes Mitglied professionel-

---

1445 Wobei es nicht erforderlich ist, dass jedes Mitglied den Jahresabschluss einer umfassenden und detaillierten Bilanzanalyse unterziehen kann, vgl. BGH, NJW 1983, 991 (992); *Habersack*, in: MüKo AktG, § 111 Rn. 25; *Mutter*, in: Semler/v.Schenk, Der Aufsichtsrat, § 100 Rn. 88; *v.Schenk*, in: Semler/v.Schenk, Arbeitshandbuch für Aufsichtsratsmitglieder, § 1 Rn. 31.

1446 Bei fehlender Sachkunde muss sich der Aufsichtsrat sogar eines externen fachlichen Beraters bedienen, BGH, AG 2011, 876 (877).

1447 Er muss die Beratung einer „Plausibilitätskontrolle" unterziehen, BGH, AG 2011, 876 (877).

1448 *Dreher*, FS Hoffmann-Becking, 2013, S. 313 (315); *Hommelhoff*, ZGR 1983, 551 (572f); *Habersack*, in: MüKo AktG, § 116 Rn. 24; *v.Schenk*, in: Semler/v.Schenk, Arbeitshandbuch für Aufsichtsratsmitglieder, § 1 Rn. 35.

1449 DCGK, Zif. 5.4.1.; so auch *Hopt/Roth*, in: Großkommentar AktG, § 111 Rn. 120; *Habersack*, in: MüKo AktG, § 116 Rn. 24.

1450 So zutreffend *Hopt/Roth*, in: Großkommentar AktG, § 111 Rn. 121; *Mertens/Cahn*, in: Kölner Kommentar AktG, § 116 Rn. 7; *Habersack*, in: MüKo AktG, § 111 Rn. 25; a.A. *Mutter*, in: Semler/v.Schenk, Der Aufsichtsrat, § 100 Rn. 91.

le Kenntnisse und Erfahrungen in einem spezifischen Kompetenzfeld mitbringen.[1451]

Die kollektive Organkompetenz ist zwischenzeitlich in den Mittelpunkt gesellschaftsrechtlicher Verbesserungsvorschläge gerückt. Nach der neuen Fassung des DCGK liegt es in der Verantwortung des Aufsichtsrates, sich ein Kompetenzprofil für seine eigene, fachlich geeignete Besetzung zu erarbeiten.[1452] Für die Vorschläge zur Wahl neuer Aufsichtsratsmitglieder an die Hauptversammlung soll der Aufsichtsrat darauf achten, dass die Vorschläge dem Kompetenzprofil entsprechen.[1453] Daher soll der Hauptversammlung auch von jedem Aufsichtsratskandidaten ein Lebenslauf beigefügt werden, der über relevante Kenntnisse, Fähigkeiten und Erfahrungen des Kandidaten Auskunft gibt.

Im Hinblick auf Compliance ist es eine unabdingbare Fähigkeit, Geschäftsvorgänge auf ihre Rechtmäßigkeit bewerten zu können.[1454] Allerdings kann nur vorausgesetzt werden, dass das Aufsichtsratsmitglied in der Lage ist, den Sachverhalt in seinen Grundzügen rechtlich zu bewerten. Nicht von jedem Mitglied kann verlangt werden, dass es einen Sachverhalt bis ins kleinste Detail rechtlich einschätzen kann.[1455] Ausreichend ist es, wenn zumindest ein Mitglied des Aufsichtsrates die rechtliche Expertise besitzt oder es das Zusammenspiel der einzelnen Mitglieder ermöglicht, dass der Verdacht eines Rechtsverstoßes erkennbar wird und der Aufsichtsrat mit Hilfe externer Beratung einer Bewertung nachgehen kann.[1456] Wenn das Vertretungsorgan selbst nicht über die dazu erforderliche Sachkunde verfügt, ist es erforderlich, dass es sich „unter umfassender Darstellung der

---

1451 *v.Werder*, in: Hommelhoff/Hopt/v.Werder, Handbuch Corporate Governance, S. 336.

1452 DCGK, Zif. 5.4.1.; so auch *Hopt/Roth*, in: Großkommentar AktG, § 111 Rn. 120.

1453 Diese Pflicht traf den Aufsichtsrat jedoch auch bereits vor der Reform des DCGK, vgl. *Hommelhoff*, ZGR 1983, 551 (568f); *Spindler*, in: Spindler/Stilz, AktG, § 116 Rn. 15; *Hopt/Roth*, in: Großkommentar AktG, § 111 Rn. 124.

1454 *Hopt/Roth*, in: Großkommentar AktG, § 111 Rn. 120.

1455 Teilweise wird jedoch gefordert, dass dafür auch die Kenntnis entsprechender strafbewehrter Vorschriften notwendig ist, vgl. *Hopt/Roth*, in: Großkommentar AktG, § 111 Rn. 120.

1456 *Schütz*, in: Semler/v.Schenk, Der Aufsichtsrat, § 111 Rn. 127.

Verhältnisse der Gesellschaft und Offenlegung der erforderlichen Unterlagen von einem unabhängigen, für die zu klärende Frage fachlich qualifizierten Berufsträger beraten lässt und die erteilte Rechtsauskunft einer sorgfältigen Plausibilitätskontrolle unterzieht."[1457] Eine schlichte Anfrage bei einer fachkundigen Person genügt der Aufklärungspflicht hingegen nicht.[1458] Der Rechtsberater sollte zudem sorgfältig ausgewählt werden, um einer möglichen Haftung zu entgehen.[1459] In Bezug auf die Bewertung von Compliance-Vorfällen scheint ein juristischer Experte im Aufsichtsrat daher ratsam,[1460] jedoch nicht verpflichtend.

c) Spannungsfeld der Ingerenzpflicht

Vielleicht wird nicht auf den ersten Blick deutlich, dass die Bestellung öffentlicher Aufsichtsratsmitglieder im Spannungsfeld zwischen fachlicher Voraussetzung und kommunalem Einfluss liegt. Auf der einen Seite ist eine kommunale Beteiligung nur zulässig, wenn die Gemeinde einen angemessenen Einfluss im Aufsichtsrat oder in einem entsprechenden Überwachungsorgan erhält.[1461] Die Kommune soll weiterhin in der Lage sein, den öffentlichen Zweck durchzusetzen und ihre kommunalen Interessen zu wahren. Dazu werden in der Regel kommunale Mandatsträger in den Aufsichtsrat entsendet.[1462] Auf der anderen Seite muss die Kommune bei der Auswahl der Mitglieder eine geeignete fachliche Besetzung des Aufsichtsrates gewährleisten. Angesichts der überschaubaren Größe der Gemeindevertretungen[1463] muss es die Kommune schaffen, aus einem kleinen Pool von kommu-

1457 BGH, AG 2011, 876 (877).

1458 BGH, AG 2007, 548 (550); BGH, AG 2011, 876 (877).

1459 Zur sorgfältigen Auswahl des Rechtsberaters siehe *Fleischer*, NZG 2010, 121 (122ff); auch *Selter*, AG 2012, 11 (14ff).

1460 Ähnlich *Lutter*, in: Hommelhoff/Hopt/v.Werder, Handbuch Corporate Governance, S. 326, der zumindest ein Mitglied mit Compliance-Kenntnissen fordert.

1461 § 122 Abs. 1 Nr. 3 HessGO.

1462 *Gundlach/Frenzel/Schmidt*, LKV 2001, 246 (246).

1463 Die Größe der Gemeindevertretung bestimmt sich nach der Einwohnerzahl. Die Gemeindevertretung besteht nach § 38 Abs. 1 HessGO aus mindestens 15 und höchstens 105 Gemeindevertretern.

nalen Vertretern, den Spagat zwischen fachlicher Expertise und kommunalen Einfluss zu meistern. Dieser Spagat stellt die Kommunen in der Praxis vor erhebliche Probleme.[1464] In der Regel werden die Aufsichtsratsmitglieder nämlich nicht allein nach ihren persönlichen Fähigkeiten oder im Sinne des Unternehmens ausgewählt, sondern auch nach kommunalen Gesichtspunkten.[1465] Einige Bundesländer weisen sogar daraufhin, dass die Sitzverteilung des Aufsichtsrates prozentual spiegelbildlich zu der Besetzung des Gemeinderates erfolgen muss.[1466] Dies hat regelmäßig zur Folge, dass die Qualifikation des Aufsichtsrates leidet.[1467] In einer aktuellen Studie der Universität Potsdam gaben 34% der befragten Geschäftsführer an, dass nach ihrer Ansicht die fachliche Expertise in den kommunalen Aufsichtsräten nur unzureichend vorhanden ist.[1468] Wenngleich nicht pauschal auf die parteipolitische Besetzung des Aufsichtsrates geschlossen werden kann, ist dies in der Praxis eine durchaus regelmäßig vorzufindende Konstellation.[1469] Dies birgt nicht nur die Gefahr, dass das Unternehmensinteresse dem kommunalen oder anderen Interessen untergeord-

---

1464 Zutreffend *Gundlach/Frenzel/Schmidt*, LKV 2001, 246 (246), dass die entsandten bzw. gewählten Mitglieder häufig mit Anforderungen konfrontiert werden, auf die sie nicht vorbereitet und sachlich nicht ausgebildet sind; *Schmidt/Bulla*, FS Hommelhoff, 2012, S. 1001 (1002); *Dreher*, FS Hoffmann-Becking, 2013, S. 313 (315).

1465 So auch *Gasteyer*, in: Semler/v.Schenk, Der Aufsichtsrat, Exkurs 3, Rn. 39, dass darunter sowohl die Qualifikation als auch die Unabhängigkeit des Aufsichtsrates leidet; *Bäcker*, FS Schwark, 2009, S. 101 (101); *Lutter/Krieger/Verse*, Rechte und Pflichten des Aufsichtsrats, Rn. 1423.

1466 So z.B. § 104 Abs. 2 GemO BW; das Gesellschaftsrecht steht einer Regelung zur paritätischen Besetzung eines kommunalen Aufsichtsrates nicht entgegen. Aus der Folge muss die Aufsichtsratsbesetzung bei veränderten Mehrheiten angepasst werden, vgl. dazu VG Regensburg, Urt. v. 11.01.2007 – RN 3 K 05.00162, BeckRS 2006, 27724; siehe auch *Lutter/Krieger/Verse*, Rechte und Pflichten des Aufsichtsrats, Rn. 1423.

1467 *Schneider*, AG 2005, 493 (494); *Gasteyer*, in: Semler/v.Schenk, Der Aufsichtsrat, Exkurs 3, Rn. 39; *Bäcker*, FS Schwark, 2009, S. 101 (101).

1468 *Proeller/Krause*, Führungskräftebefragung bei öffentlichen Unternehmen: „Kommunale Beteiligungssteuerung", S. 19.

1469 Sind nach einer aktuellen Umfrage der Universität Potsdam die Aufsichtsräte kommunaler Unternehmen mit 57,9% aus Politikern besetzt, vgl. *Proeller/Krause*, Führungskräftebefragung bei öffentlichen Unternehmen: „Kommunale Beteiligungssteuerung", S. 16f.

net wird,[1470] sondern auch, dass politische Aspekte mit in die Entscheidungsfindung einfließen.[1471] Angemerkt sei, dass für parteipolitische Interessen kein Raum in der Abwägung bleibt.[1472] Dennoch ist es allzu häufig der Fall, dass eine unternehmerische Entscheidung politischen oder kommunalen Interessen widerspricht und dadurch zumindest ein Loyalitätskonflikt entsteht.[1473] Zwar steht es außer Zweifel, dass in erster Linie die Interessen des Unternehmens und nicht die der Kommune vertreten werden müssen.[1474] Ob ein Aufsichtsratsmitglied jedoch bei andauerndem, dem Partei- oder Kommunalinteresse widersprechenden Abstimmungsverhalten erneut die zur Wahl notwendige Rückendeckung erhält, vermag zumindest bezweifelt werden.

Selbst wenn es möglich wäre den parteipolitischen Einfluss außen vor zu lassen, beherbergt der Einfluss der Kommune bereits ein grundsätzliches Konfliktpotential. Die Vermeidung von Interessenskonflikten oder die Unabhängigkeit der Aufsichtsratsmitglieder ist in kommunalen Unternehmen ein strukturelles Problem.[1475] Ist der kommunale Vertreter in seiner gewählten Funktion doch bereits per se nicht „unabhängig“. Er soll den öffentlichen Zweck durchsetzen und die kommunalen Interessen wahren. Im Gegensatz zur Privatwirtschaft muss das Aufsichtsratsmitglied die unterschiedlichen, teils divergierenden Interessen in Einklang bringen. Der Erhalt von Arbeitsplätzen oder die Sicherung lokaler Wirtschaftsbereiche sind nur einige Beispiele, die den Zwiespalt zwischen öffentlichem Zweck, dem kommunalen Interesse und der privatwirtschaftlichen Gewinn-

[1470] Das Unternehmensinteresse ist gegenüber dem öffentlichen Interesse vorrangig zu beachten, vgl. *Huber/Fröhlich*, in: Großkommentar AktG, Vor §§ 394, 395 Rn. 14ff; BGH, NJW 1962, 864 (866); *Lutter/Krieger/Verse*, Rechte und Pflichten des Aufsichtsrats, Rn. 1427; *Bäcker*, FS Schwark, 2009, S. 101 (101).

[1471] So spricht der Berliner Kultursenator Klaus Lederer, der in den Aufsichtsrat des BER-Flughafen aufgerückt ist, in einem Interview mit der TAZ unzutreffender Weise von einer „politischen Kontrolle“ des Aufsichtsrates, http://www.taz.de/!5377997/ (Stand: 08.11.2018); *Gundlach/Frenzel/Schmidt*, LKV 2001, 246 (246); *Merk*, Der Aufsichtsrat 2012, 8 (9).

[1472] *Lutter/Krieger/Verse*, Rechte und Pflichten des Aufsichtsrats, Rn. 1427.

[1473] *Gundlach/Frenzel/Schmidt*, LKV 2001, 246 (246).

[1474] *Schürnbrand*, in: MüKo AktG, Vor. § 394 Rn. 28.

[1475] *Schneider*, AG 2005, 493 (494f); *Merk*, Der Aufsichtsrat 2012, 8 (9).

maxime wiederspiegeln.[1476] Nur selten wird es den Mitgliedern des Aufsichtsrates gelingen, diese Interessen zu bündeln, abzuwägen und zur Zufriedenheit aller Beteiligten zu entscheiden. Noch seltener wird dies dem Aufsichtsratsvorsitzenden gelingen, der regelmäßig vom hauptamtlichen Vertreter der Gemeinde oder des Landkreises besetzt wird[1477] und damit einem besonderen Interessenskonflikt unterliegt. An seiner Funktion als Aufsichtsratsvorsitzender, der dem Unternehmen und seinen Interessen verpflichtet ist, und seiner Funktion als hauptamtlicher Vertreter der Kommune, der die Erfüllung des öffentlichen Auftrages gewährleisten muss, wird der innere Konflikt am deutlichsten sichtbar. Die Schließung einer defizitären Geburtsstation im Krankenhaus wird deswegen vermieden und quersubventioniert, weil der politische und öffentliche Wille den Erhalt dieser regionalen Wirtschaftsstruktur aus nicht zuletzt auch emotionalen Gründen für richtig hält. Dabei wird ursprünglich von ihm als Vorsitzender eine Vermittlerrolle erwartet, um die kommunalen Interessen und die Unternehmensinteressen in Einklang zu bringen. Seine Stellung kraft Amtes führt ferner dazu, dass der hauptamtliche Vertreter in der Regel zeitgleich in mehreren Aufsichtsräten sitzt. Um alle Geschäftsvorgänge ordnungsgemäß beurteilen zu können, müsste er theoretisch Experte auf dem Feld der Energiewirtschaft, des Krankenhauswesens oder der Abfallwirtschaft sein. Nur selten wird sich dieses umfassende Wissen in einer Person vereinen lassen. Gerne wird daher von kommunaler Seite argumentiert, dass die hauptamtlichen Vertreter durch ihre Mitarbeiter auf die jeweilige Sitzung oder das spezielle Thema fachlich vorbereitet werden. Dies widerspricht jedoch dem Grundsatz, dass das Aufsichtsratsmitglied jederzeit in der Lage sein muss, anfallende Geschäftsvorgänge eigenständig und ohne fremde Hilfe beurteilen und entscheiden zu können.[1478] Eine sachliche Vorbereitung durch Mitarbeiter genügt diesen Anforderungen nicht.[1479] Eine externe

---

1476 Vgl. *Schneider*, AG 2005, 493 (494).

1477 Vgl. BGH, NStZ 2006, 628 (628).

1478 BGH, NJW 1983, 991 (991); *Hopt/Roth*, in: Großkommentar AktG, § 111 Rn. 122; *Mertens/Cahn*, in: Kölner Kommentar AktG, § 111 Rn. 121ff; *Spindler*, in: Spindler/Stilz, AktG, § 116 Rn. 15; *Hommelhoff*, ZGR 1983, 551 (574).

1479 So die Interpretation des § 111 Abs. 6; so auch *Spindler*, in: Spindler/Stilz, AktG, § 116 Rn. 15.

Vorbereitung könnte zudem nicht nur der Vertraulichkeit des Gremiums schaden,[1480] sondern auch den Eindruck gewähren, dass Entscheidungen bereits außerhalb des Aufsichtsrates mit einem starken Einfluss Dritter getroffen werden.[1481] Daher ist es unstrittig, dass eine Hinzuziehung von Beratern nicht generell, sondern nur zu einzelnen Geschäftsvorgängen zulässig ist. Aus den Anforderungen an seine Vermittlerrolle, seiner vielschichtigen Ämter und seiner besonderen aktienrechtlichen Rechte und Pflichten wird von dem Aufsichtsratsvorsitzenden nur folgerichtig ein erhöhtes Maß an fachlicher Qualifikation erfordert.[1482] Allerdings obliegt auch den anderen Aufsichtsratsmitgliedern ein besonderer Qualifikationsmaßstab. Ergänzend zu den allgemeinen Regelungen müssen sie nicht nur die jeweiligen Gemeindeordnungen der Bundesländer und bundesgesetzlichen Haushaltsvorschriften beachten, sondern darüber hinaus noch den Interessenskonflikt von Gesellschaftsrecht und öffentlichem Recht in Einklang bringen.[1483] Im Hinblick auf diese divergierenden Interesseneinflüsse, dem teilweisen Konflikt zwischen Gesellschafts- und Kommunalrecht und der besonderen Erwartung an ein legitimes Handeln des Unternehmens muss von den Aufsichtsratsmitgliedern kommunaler Unternehmen ein gleichwertiger, wenn nicht sogar höherer Qualifikationsmaßstab erwartet werden.[1484]

d) Lösungsansatz

Dem dargestellten Spannungsfeld könnte mit einer gesetzlichen Regelung entsprechend des § 25d KWG entgegengetreten werden. Angesichts des massiven Eingriffs in die Wahlfreiheit der Hauptversammlung und die Beschneidung kommunaler Interessensvertretung ist der bisherige Verzicht auf strengere Qualifikationsanforderungen

1480 *Merk*, Der Aufsichtsrat 2012, 8 (9).

1481 BGH, NJW 1983, 991 (991); *Merk*, Der Aufsichtsrat 2012, 8 (9).

1482 *Roth*, ZGR 2012, 343 (363); *v.Werder/Wieczorek*, DB 2007, 297 (298); *Simons*, in: Hölters, AktG, § 100 Rn. 13; *Habersack*, in: MüKo AktG, § 111 Rn. 27; zurückhaltend *Mertens/Cahn*, in: Kölner Kommentar AktG, § 116 Rn. 9.

1483 *Schneider*, AG 2005, 493 (494f); *Lutter/Krieger/Verse*, Rechte und Pflichten des Aufsichtsrats, Rn. 1422.

1484 So auch *Schneider*, AG 2005, 493 (494f).

jedoch nachzuvollziehen. Dem juristischen Laien ist es hingegen schwer vermittelbar, warum Steuerberater oder andere Berufe einen Qualifikationsnachweis erfordern, während Aufsichtsratsmitglieder mit einer großen Verantwortung für das Unternehmen und seine Mitarbeiter nach geltendem Recht keinerlei fachliche Voraussetzungen erfüllen müssen. Während dem Argument von juristischer Seite zu Recht entgegengehalten wird, dass der Aufsichtsrat trotz gestiegener Anforderungen und Haftungsrisiken in seiner Konzeption ein Nebenamt bleibt, wird eine gesetzliche Verschärfung des Anforderungsprofils für Aufsichtsräte in der Literatur dennoch weiterhin rege diskutiert und gefordert.[1485] Die seit Jahren geführte Debatte um die Professionalisierung des Aufsichtsrates soll und kann an dieser Stelle jedoch nicht gelöst werden.[1486] Vielmehr geht es darum, trotz unterschiedlicher Interessenseinflüsse eine tragfähige Lösung zu finden. Wenngleich die Konzeption als Nebenamt nicht aufgegeben werden soll, ist der Professionalisierungsdruck nicht zu leugnen.[1487] Gleichzeitig muss berücksichtigt werden, dass es sich bei der Professionalisierungsdebatte zumeist um Aufsichtsräte von Großkonzernen handelt, die selbstverständlich einer anderen Betrachtung als mittelständische kommunale Unternehmen bedürfen. Allerdings liegt die ordentliche Ausübung des Aufsichtsratsmandats in Anbetracht der verschärften Regulierung und des erhöhten Haftungsrisikos nicht nur im Unternehmens-, sondern auch im Eigeninteresse der Aufsichtsratsmitglieder.

Um dem Risiko entgegenzutreten, erscheinen mehrere Lösungsansätze möglich. Ein Lösungsansatz wäre es, die Professionalisierung kommunaler Aufsichtsräte voranzutreiben und eine der § 25d KWG vergleichbare Vorschrift für kommunale Unternehmen zu schaffen. Dies hätte zur Folge, dass die Aufsichtsratsmitglieder allein nach fachlichen Gesichtspunkten ausgewählt werden müssen.[1488] Eine Einflussnahme der Kommune könnte dann nur innerhalb der Haupt-

---

1485 Statt vieler *Säcker*, AG 2008, 17 (22); *Bihr/Blättchen*, BB 2007, 1285.

1486 Zu der Diskussion umfangreich *Jung*, WM 2013, 2110.

1487 Vgl nur *v.Schenk*, NZG 2002, 64 (64f).

1488 Ein solches Modell wurde für den BER-Flughafen diskutiert, jedoch aus politischen Gründen abgelehnt. Vgl. dazu Ausführungen von Aufsichtsratsmitglied Klaus Lederer in http://www.taz.de/!5377997/ (Stand: 08.11.2018).

versammlung erfolgen. Zumindest im Hinblick auf seine Überwachungsaufgabe wird ein solches Aufsichtsorgan seiner Aufgabe sicherlich besser nachkommen können, als es das mit rechtlich und betriebswirtschaftlich unerfahrenen Laien der Fall wäre. Obwohl es grundsätzlich nicht ausgeschlossen ist, dass eine solche Besetzung auch aus dem Pool der politischen Vertretungen möglich ist, würde der Aufsichtsrat im Regelfall mit externen Personen besetzt. Wenngleich der Vorteil dieser Expertenlösung nicht abgestritten werden kann, hätte sie den Verlust des kommunalen Einflusses zur Folge. Die Einflussmöglichkeiten der Hauptversammlung sind so gering, dass die kommunale Interessenwahrung nicht gesichert wäre. Dass die Kommune Kontrolle über ihre privatrechtlich organisierten Unternehmen ausüben kann ist jedoch nicht nur wünschenswert, sondern vor allem zwingend rechtlich notwendig. Um trotzdem dem qualitativen Anspruch gerecht zu werden, werden neben den Vertretern der Gemeinde regelmäßig sogenannte sachkundige Einwohner in den Aufsichtsrat gewählt, deren persönliche Voraussetzungen nach § 100 Abs. 4 AktG im Gesellschaftsvertrag vorgeschrieben werden. Dabei handelt es sich insbesondere um steuer- und rechtsberatende Berufe, Wirtschaftsprüfer oder Fachberufe der konkreten Unternehmensbranche. Angemerkt sei, dass ein solcher Experte verpflichtet wäre, sein berufliches Fachwissen auch einzubringen.[1489] Der BGH hat dazu ausgeführt, dass „das Aufsichtsratsmitglied, das über beruflich erworbene Spezialkenntnisse verfügt, unterliegt, soweit sein Spezialgebiet betroffen ist, einem erhöhten Sorgfaltsmaßstab."[1490] Eine grobe Fehleinschätzung eines Sachverhaltes kann daher eine Pflichtverletzung darstellen und ein Haftungsrisiko begründen.

In Anbetracht der kommunalen Ingerenzpflicht ist die kommunalfremde Besetzung des Aufsichtsrates keine tragfähige Lösung. Sinnvoller ist es, die kommunalen Aufsichtsräte auf den schmalen Grat des Haftungsrisikos bestmöglich vorzubereiten und zu unterstützen. Den Aufsichtsrat teilweise mit sachkundigen Einwohnern zu

---

1489 BGH, AG 2006, 667 (670), nach dem die Organfunktion des Aufsichtsrates die Beachtung individueller Kenntnisse einschließt; *Habersack*, in: MüKo AktG, § 111 Rn. 25; *Dreher*, FS Hoffmann-Becking, 2013, S. 313 (317).

1490 BGH, AG 2011, 876 (878); so auch *Koch*, in: Hüffer/Koch, AktG, § 116 Rn. 4; siehe aber auch Bedenken von *Wirth*, ZGR 2005, 327 (336); zurückhaltend auch *Spindler*, in: Spindler/Stilz, AktG, § 116 Rn. 18.

besetzen und deren fachliche Qualifikation vorzuschreiben, wahrt die Qualität des Aufsichtsrates und sichert den kommunalen Einfluss. Gerade im Hinblick auf Compliance stellt sich jedoch das Problem, dass zwar die rechtliche Bewertung eines Sachverhaltes nicht von jedem Aufsichtsratsmitglied erwartet werden kann, die Aufsichtsratsmitglieder jedoch zumindest das Grundgerüst ihrer Compliance-Pflichten verstehen müssen. Vor allem müssen sie in der Lage sein, dem Vorstand in der Beratung auf Augenhöhe zu begegnen und ihm bei unzureichender Compliance alternative Handlungswege aufzeigen zu können. Das gilt im Besonderen für den Fall, wenn über das Tagesgeschäft hinaus Compliance-Verstöße mit erheblicher Wirkung für das Unternehmen eintreten. Diesem Risiko kann mithilfe von Fortbildungen und Handlungsanleitungen entgegnet werden.[1491]

### 5. Die dreistufige Compliance-Verantwortung des Aufsichtsrates bei Regelverstößen

#### a) Vorbemerkung

Insofern die Gesetzestreue im Unternehmen eine Selbstverständlichkeit sein sollte, sieht die Rechtswirklichkeit anders aus. Es kann der Geschäftsführung nicht gelingen, gänzlich alle Compliance-Verstöße frühzeitig zu unterbinden. Verstöße und deren Aufarbeitung gehören also zum Tagesgeschäft unternehmerischen Handelns. Dies betrifft auch den Aufsichtsrat, der nicht nur eine beratende Präventivfunktion, sondern vor allem eine vergangenheitsbezogene Überwachungsfunktion innehat.[1492] Es stellt sich daher die Frage, welche Rolle der Aufsichtsrat bei der Aufarbeitung von Regelverstößen einnimmt.

---

[1491] Wenngleich die o.g. Fähigkeiten bereits bei Amtsantritt vorliegen sollen, endet die Pflicht zur ordnungsgemäßen Überwachung erst mit Amtsniederlegung. Dementsprechend sind sowohl die anfängliche Einarbeitung, als auch die regelmäßige Fortbildung nicht nur zulässig, sondern erforderlich; so auch *Mutter*, in: Semler/v.Schenk, Der Aufsichtsrat, § 100 Rn. 91; *Spindler*, in: Spindler/Stilz, AktG, § 100 Rn. 61; *Mertens/Cahn*, in: Kölner Kommentar AktG, § 116 Rn. 7.

[1492] BGH, AG 1991, 312 (313).

Ein 3-stufiges Compliance-Modell ermöglicht es, an den verschiedenen Stadien der Compliance-Vorfälle die Rechte und Pflichten des Aufsichtsrates anschaulich darzustellen. Es basiert auf der Prämisse, dass Regelverstöße in ihren unterschiedlichen Schweregraden einer differenzierten Betrachtung durch den Aufsichtsrat bedürfen. Dies ist nichts anderes als der konkretisierte Grundsatz, dass sich der Sorgfaltsmaßstab des Aufsichtsrates immer an der Lage der Gesellschaft und deren notwendiger Überwachungsdichte orientieren muss.[1493] Die folgende Untersuchung soll der Frage nachgehen, welchen Einfluss Regelverstöße auf die Kontrolldichte des Aufsichtsrates haben und ob sie ihm zusätzliche Kompetenzen eröffnen. Kernpunkt der Gegenargumentation ist dabei die aktienrechtliche Kompetenztrennung, dass der Aufsichtsrat gem. § 111 Abs. 4 AktG von der Geschäftsführung ausgeschlossen ist. Er hat weder die finanziellen Mittel, noch die fachlichen Voraussetzungen eine eigene Geschäftsführungsstrategie neben dem Vorstand zu implementieren. Er soll weder eine parallele Geschäftsführungsinstanz, noch „Notfall-Geschäftsführung" sein, wenn der Vorstand seiner Aufgabe nicht nachkommt.[1494] Der Gesetzgeber hat von dieser elementaren Kompetenztrennung jedoch Ausnahmen gemacht und überlässt dem Aufsichtsrat unter strengen Voraussetzungen einzelne Geschäftsführungskompetenzen.[1495]

Eine differenzierte Betrachtung der Aufsichtsratstätigkeit ist derweil nicht neu. Von *Semler* begründet und von vielen Autoren weiterentwickelt ist die Idee einer abgestuften bzw. gesteigerten Überwachungspflicht im Krisenfall, ein in weiten Teilen der Literatur und

---

1493 BGH, NZG 2007, 516 (519); OLG Stuttgart, NJW-Spezial 2012, 751 (752); OLG Düsseldorf, AG 2013, 171 (173); *Hopt/Roth*, in: Großkommentar AktG, § 111 Rn. 310; *Koch*, in: Hüffer/Koch, AktG, § 111 Rn. 15; *Semler*, Leitung und Überwachung der Aktiengesellschaft (1996), S. 131; OLG Hamburg, NZG 2001, 513 (516); *Lutter/Krieger/Verse*, Rechte und Pflichten des Aufsichtsrats, Rn. 92; *Semler*, AG 1983, 141 (141), „Erhöhte Gefahr erfordert erhöhte Aufmerksamkeit".

1494 *Hasselbach*, NZG 2012, 41 (41); siehe auch *Semler*, Leitung und Überwachung der Aktiengesellschaft (1996), S. 133; *Hopt/Roth*, in: Großkommentar AktG, § 111 Rn. 319, sprechen insofern von einer „Nebenregierung".

1495 Vgl. *Grigoleit/Tomasic*, in: Grigoleit, AktG, § 111 Rn. 39.

Rechtsprechung anerkanntes Modell,[1496] wenngleich sich die dreigliedrige Abstufung[1497] von *Semler* nicht durchsetzen konnte.[1498] Das liegt vor allem an der problematischen Abgrenzung und der ungünstigen Terminologie seiner Stufentrennung, die den Eindruck erweckt, dass der Aufsichtsrat im Krisenfall als unterstützendes Geschäftsführungsorgan neben den Vorstand rückt.[1499] Allein aus der inhaltlichen Betrachtung ergeben sich aus *Semlers* Konzept derweil keine großen Neuerungen. Dass der Aufsichtsrat bei pflichtwidrigem Verhalten des Vorstandes seine Interventionsrechte nutzen und notfalls sogar von seinen personellen Abberufungskompetenzen Gebrauch machen muss,[1500] ist keine neue Erfindung, sondern notwendiger Bestandteil

---

1496 *Semler*, AG 1983, 141 (141ff); *ders.*, Leitung und Überwachung der Aktiengesellschaft (1996), S. 131; *Cromme*, Ausführung anlässlich 6. Konferenz Deutscher Corporate Governance Kodex, S. 7; *Mertens/Cahn*, in: Kölner Kommentar AktG, § 111 Rn. 25; OLG Düsseldorf, AG 2013, 171 (173); OLG Brandenburg, DB 2009, 784 (787); *Winter*, FS Hüffer, 2010, S. 1103 (1110); *Kremer/Klahold*, ZGR 2010, 113 (124); *Henze*, BB 2000, 209 (214); *Hasselbach*, NZG 2012, 41 (42ff); *Reichert/Ott*, NZG 2014, 241 (243); Buchta, DStR 2003, 1665 (1665); OLG Hamburg, NZG 2001, 513 (516); *Koch*, in: Hüffer/Koch, AktG, § 111 Rn. 15; OLG Stuttgart, NJW-Spezial 2012, 751 (752); *Hopt/Roth*, in: Großkommentar AktG, § 111 Rn. 316; *Rogall*, in: Karlsruher Kommentar OWiG, § 130 Rn. 68; *Habersack*, in: MüKo AktG, § 111 Rn. 45; vgl. auch frühen Beitrag von *Claussen/Semler*, AG 1984, 20 (21), dass es sich bei der abgestuften Überwachungspflicht um eine Einzelstimme in der Literatur handeln soll.

1497 Er trennt die Überwachungsfunktion des Aufsichtsrates in „begleitende Überwachung", „unterstützende Überwachung" und „gestaltende Überwachung", vgl. *Semler*, Leitung und Überwachung der Aktiengesellschaft (1996), S. 131; so wohl auch: *Lutter/Krieger/Verse*, Rechte und Pflichten des Aufsichtsrats, Rn. 93; *Hambloch-Gesinn/Gesinn*, in: Hölters, AktG, § 111 Rn. 41; *v.Schenk*, in: Semler/v.Schenk, Der Aufsichtsrat, § 116 Rn. 128; *Henze*, BB 2000, 209 (214);

1498 Bereits frühzeitig kritisiert bei *Claussen/Semler*, AG 1984, 20 (20ff); *Habersack*, in: MüKo AktG, § 111 Rn. 46, der stattdessen zwischen Normal- und Sonderlage differenziert; *Mertens/Cahn*, in: Kölner Kommentar AktG, § 111 Rn. 25; *Hopt/Roth*, in: Großkommentar AktG, § 111 Rn. 316f.

1499 *Claussen/Semler*, AG 1984, 20 (21); so auch *Hopt/Roth*, in: Großkommentar AktG, § 111 Rn. 316.

1500 *Semler*, Leitung und Überwachung der Aktiengesellschaft (1996), S. 131.

der aktienrechtlichen Überwachungspflicht.[1501] Das vorliegende Konzept ist zwar nicht an *Semler* angelehnt, jedoch ohne Zweifel mit dem Gedankengang einer abgestuften Verantwortung verwandt. Im Gegensatz zu *Semlers* Konzept sollen jedoch nur die bestehenden Handlungsalternativen und –pflichten des Aufsichtsrates innerhalb seiner Compliance-Verantwortung eingeordnet werden. Das Modell hat es derweil nicht zum Zweck ein abschließendes und trennscharf abgestuftes System zu entwickeln.[1502] Durchaus ist zu berücksichtigen, dass es keine exakte Trennung zwischen den einzelnen Stufen geben kann und fließende Übergänge unvermeidbar sind. Der Kritik an einer willkürlichen Auswahl der Abstufungen[1503] soll jedoch durch eine dezidierte Bestimmung der Stufen entgegengetreten werden. Dies erscheint im Hinblick auf die konkrete Erfassung von Regelverstößen leichter möglich, als es das bei der Bestimmung einer generellen Überwachungsabstufung der Fall ist.

#### b) Kontrolle im Tagesgeschäft (Stufe 1)

##### aa) Bestimmung

Wie bereits erwähnt gehört die Aufarbeitung von Compliance-Vorfällen zum Alltagsgeschäft des Vorstandes. Die Compliance-Verantwortung im Tagesgeschäft beschränkt sich auf leichte, alltägliche Regelverstöße. Das sind solche, die ausschließlich durch Mitarbeiter des Unternehmens begangen werden und die keine oder nur geringe Auswirkung auf die wirtschaftliche Lage des Unternehmens haben. Dazu zählen vor allem interne Regelverstöße, z.B. gegen Richtlinien oder formelle Abläufe, die keine unmittelbare Außenwir-

---

[1501] *Habersack*, in: MüKo AktG, § 111 Rn. 46; *Lutter/Krieger/Verse*, Rechte und Pflichten des Aufsichtsrats, Rn. 97.

[1502] Siehe zur Kritik an einem abgestuften Modell *Hopt/Roth*, in: Großkommentar AktG, § 111 Rn. 316; siehe auch *Claussen/Semler*, AG 1984, 20 (21), dass es sich bei der Trennung um eine „holzschnittartige Zäsur von Unternehmenszuständen" handelt.

[1503] Vgl. *Hopt/Roth*, in: Großkommentar AktG, § 111 Rn. 316.

kung haben. Strafbewehrte Verstöße, die das Unternehmen in seiner Außenwirkung unberührt lassen, fallen ebenso in diese Kategorie.

bb) Compliance-Verantwortung

Als unterste Stufe der Compliance-Verantwortung des Aufsichtsrates steht die Kontrolle im Tagesgeschäft. Sie ist keine Kernaufgabe des Aufsichtsrates, sondern entsteht akzessorisch aus der Pflicht, alle Leitungs- und Organisationsmaßnahmen des Vorstandes zu überwachen, wozu zweifelsfrei auch die Compliance-Struktur gehört.[1504] Ob sich die Aufsichtspflicht jedoch nicht nur auf die grundsätzliche Struktur, sondern auch auf einzelne Rechtsverstöße erstreckt, ist nicht eindeutig.

Wie in allen Bereichen des laufenden Tagesgeschäfts wird sich der Aufsichtsrat jedenfalls nicht mit allen Compliance-Vorfällen beschäftigen müssen.[1505] Auch der Vorsitzende der Regierungskommission DCGK *Cromme* hat bei seinen Ausführungen anlässlich der Compliance-Implementierung deutlich gemacht, dass sich der Aufsichtsrat in der Regel nicht mit jedem einzelnen Verstoß beschäftigen muss.[1506] Vor allem ist er nicht dazu verpflichtet, „jeden Stein im Unternehmen umzudrehen."[1507] Für die Kontrolle der Mitarbeiter ist nämlich nicht der Aufsichtsrat sondern der Vorstand zuständig.[1508] Aus dem Umkehrschluss kann den Aufsichtsrat auch nicht die Pflicht treffen, jedem

---

1504 *Habersack*, AG 2014, 1 (2).

1505 *Lutter*, Information und Vertraulichkeit im Aufsichtsrat, S. 39; *Schütz*, in: Semler/v.Schenk, Der Aufsichtsrat, § 111 Rn. 127; OLG Stuttgart, NJW-Spezial 2012, 751 (752); *Fleischer*, in: Spindler/Stilz, AktG, § 91 Rn. 67; *Lutter/Krieger/Verse*, Pflichten des Aufsichtsrates, Rn. 68; *Kremer/Klahold*, ZGR 2010, 113 (124); *Reichert/Ott*, NZG 2014, 241 (245); *Hopt/Roth*, in: Großkommentar AktG, § 111 Rn. 323; *Semler*, AG 1983, 141 (141).

1506 *Cromme*, Ausführung anlässlich 6. Konferenz Deutscher Corporate Governance Kodex, S. 7.

1507 *Cromme*, Ausführung anlässlich 6. Konferenz Deutscher Corporate Governance Kodex, S. 7.

1508 *Fleischer*, in: Spindler/Stilz, AktG, § 91 Rn. 67; vgl. auch Ausführungen unter: Kap. 3, A, II, 2, d).

Regelverstoß bzw. Verdacht der Mitarbeiter nachzugehen.[1509] Die Aufarbeitung von leichten Regelverstößen unterliegt daher allein der Compliance-Verantwortung des Vorstandes. Der Aufsichtsrat hat nur zu überwachen, ob der Vorstand seiner eigenen Aufgabe gerecht wird und die Regelverstöße angemessen aufklärt und gegebenenfalls sanktioniert.[1510] Auch ist es dem Aufsichtsrat nicht gestattet, beratend in die Aufklärung einzugreifen. Die Beratungsfunktion beschränkt sich allein auf übergeordnete Fragen der Unternehmensführung,[1511] wozu zwar die grundsätzliche Ausgestaltung der Compliance-Struktur gehört, jedoch nicht jede eingeleitete Compliance-Maßnahme.

Daraus kann nicht geschlossen werden, dass sich der Aufsichtsrat gar nicht mit leichten Regelverstößen beschäftigen muss. Regelmäßige und systematisch auftretende Verstöße können nämlich ein Indiz dafür sein, dass die Compliance-Struktur unwirksam oder der Compliance-Zuständige für die Aufgabe ungeeignet ist.[1512] In beiden Fällen ist der Aufsichtsrat verpflichtet, den Vorstand auf mögliche Defizite in der Compliance-Struktur hinzuweisen und zur Verbesserung aufzufordern.[1513] Anderenfalls würde der Aufsichtsrat seiner Überwachungsaufgabe nicht gerecht und würde sich einem eigenen Haftungsrisiko unterwerfen.[1514] Daher ist es notwendig, dass sich der Aufsichtsrat regelmäßig auch über leichte Regelverstöße informieren lässt.[1515] Dazu bieten sich besondere Compliance-Berichte an, die halb- oder vierteljährig einen Überblick über die wichtigsten Kenn-

---

1509 So auch *Lutter*, FS Hüffer, 2010, S. 617 (617); *Fleischer*, in: Spindler/Stilz, AktG, § 91 Rn. 67.

1510 *Bürgers*, ZHR 179 (2015), 173 (188); *Habersack*, AG 2014, 1 (5); *Reichert/Ott*, NZG 2014, 241 (245); *Winter*, FS Hüffer, 2010, S. 1103 (1120); *Lutter*, Information und Vertraulichkeit im Aufsichtsrat, S. 39; *Fleischer*, in: Spindler/Stilz, AktG, § 91 Rn. 67.

1511 BGH, NJW 1991, 1830 (1831).

1512 *Winter*, FS Hüffer, 2010, S. 1103 (1121).

1513 *Habersack*, AG 2014, 1 (5).

1514 LG Bielefeld, ZIP 2000, 20 (23f); *Mertens/Cahn*, in: Kölner Kommentar AktG, § 111 Rn. 22.

1515 So auch *Reichert/Ott*, NZG 2014, 241 (245); *Winter*, FS Hüffer, 2010, S. 1103 (1120f).

zahlen, wie die Anzahl der Verstöße, Aufklärungsquoten oder Sanktionierungsentscheidungen geben.[1516]

cc) Informationsgewinnung

Die operative Compliance-Kontrolle erfordert keinen erweiterten Informationsbedarf des Aufsichtsrates. Es ist ausreichend, wenn der Aufsichtsrat den Quartalsberichten folgt und die Ausführungen des Vorstandes anlassbezogen hinterfragt.[1517] Dennoch ist es wie bereits erwähnt sinnvoll, darüber hinaus regelmäßige Compliance-Berichte anzufordern, aus dessen Kennzahlen auf die Wirksamkeit der Compliance-Struktur geschlossen werden kann. Ansonsten kann für die Informationsgewinnung auf die Ausführungen zur allgemeinen Vorstandskontrolle hingewiesen werden.[1518]

c) Anlassbezogene Kontrolle (Stufe 2)

aa) Bestimmung

Auf der zweiten Stufe der Compliance-Verantwortung des Aufsichtsrates steht die „anlassbezogene Kontrolle". Sie baut auf der Kontrolle im Tagesgeschäft auf und konzentriert sich auf die Verstöße, die oberhalb der Schwelle leichter Verstöße liegen, jedoch nicht durch die schweren Compliance-Verstöße der Stufe 3 erfasst werden.

Die Bestimmung ist derweil sehr restriktiv auszulegen. In der Regel wird der überwiegende Teil der Compliance-Vorfälle keine gesonderte Kontrollverantwortung des Aufsichtsrates erfordern und daher nur einer operativen Kontrolle unterliegen. Folglich werden von

---

1516 Zur Ausgestaltung dieser Berichte siehe BaFin, Rundschreiben 4/2010 Mindestanforderungen an die Compliance-Funktion und die weiteren Verhaltens-, Organisations- und Transparenzpflichten nach §§ 31 ff. WpHG (MaComp), BT 1.2.2.6.

1517 *Schütz*, in: Semler/v.Schenk, Der Aufsichtsrat, § 111 Rn. 127; *Hopt/Roth*, in: Großkommentar AktG, § 111 Rn. 323; *Semler*, Leitung und Überwachung der Aktiengesellschaft (1996), S. 131.

1518 Siehe Ausführungen unter: Kap. 3, A, II, 2, a), cc).

der anlassbezogenen Kontrolle nur solche Verstöße erfasst, die eine Außenwirkung erzielen, damit sehr wahrscheinlich wirtschaftliche Verluste oder Reputationsschäden nach sich ziehen und die zumindest den Verdacht eines sorgfaltswidrigen Verhaltens des Vorstandes nahelegen. Im Gegensatz zu Verstößen im Tagesgeschäft wird von der anlassbezogenen Kontrolle nicht das pflichtwidrige Verhalten der Mitarbeiter, sondern das der Vorstandsmitglieder in den Mittelpunkt gestellt.

bb) Compliance-Verantwortung

Aufbauend auf der Kontrolle im Tagesgeschäft obliegt dem Aufsichtsrat in der anlassbezogenen Kontrolle eine erweiterte Kontrollverantwortung. Er muss allerdings nach wie vor die organschaftliche Kompetenztrennung zwischen Aufsichtsrat und Vorstand beachten.[1519] Für die Aufarbeitung des Verstoßes bleibt daher weiterhin der Vorstand zuständig. Dies ändert sich grundsätzlich auch dann nicht, wenn konkrete Verdachtsmomente dafür bestehen, dass der Vorstand an dem Verstoß beteiligt war oder ihn zumindest geduldet hat.[1520]

Bei der anlassbezogenen Kontrolle geht es jedoch um die zentrale Frage, ob sich der Vorstand durch die Nichtunterbindung möglicherweise pflichtwidrig verhalten hat. Darüber hinaus muss sich der Aufsichtsrat in jedem Fall mit der Funktionstüchtigkeit der Compliance-Struktur beschäftigen. Wenn er dies trotz der Anzeichen für ein pflichtwidriges Verhalten unterlässt, handelt er selbst sorgfaltswidrig.[1521] Durchaus angemessen erscheint es daher, dass der Aufsichtsrat bei möglichen Vorstandsfehlverhalten zu einer intensiveren Überwachungsaufgabe verpflichtet ist und sich daher mit möglichen Defiziten in der Compliance-Arbeit des Vorstandes auseinandersetzen muss.[1522]

---

1519 *Hopt/Roth*, in: Großkommentar AktG, § 111 Rn. 318; *Habersack*, in: MüKo AktG, § 111 Rn. 46.

1520 So auch *Habersack*, in: Müko AktG, § 111 Rn. 66a; *Reichert/Ott*, NZG 2014, 241 (249).

1521 LG Bielefeld, ZIP 2000, 20 (23f); OLG Hamburg, NZG 2001, 513 (516).

1522 OLG Stuttgart, NJW-Spezial 2012, 751 (752); LG Bielefeld, ZIP 2000, 20 (24); OLG Hamburg, NZG 2001, 513 (516); OLG Düsseldorf, ZIP 1984, 825 (829); *Winter*, FS Hüffer, 2010, S. 1103 (1122); *Hopt/Roth*, in:

In dem Fall ist dem Aufsichtsrat regelmäßig und in kürzeren Abständen über die Compliance-Aufarbeitung durch den Vorstand zu berichten.[1523] Darüber hinaus muss der Aufsichtsrat alle Mittel nutzen, um die für die Überwachung notwendigen Informationen zu erhalten und die Verantwortlichkeit des Vorstandes hinterfragen zu können. Von einer solchen intensivierten Pflicht geht wohl auch die Compliance-Funktion im DCGK aus, nach der sich der Aufsichtsrat zwar in der Regel nicht mit einzelnen Regelverstößen beschäftigen muss, die Formulierung im Umkehrschluss jedoch die Pflicht im Einzelfall nicht ausschließt.[1524] Im Hinblick auf eine anlassbezogene Kontrolle handelt es sich bei den erweiterten Einsichts- und Prüfungsmöglichkeiten um kein Recht, sondern eine Pflicht des Vorstandes.[1525]

Wie es der Name bereits andeutet, ist die Kontrolle nur anlassbezogen vorzunehmen. Es ist nicht notwendig, alle leichten Regelverstöße stichprobenartig auf ihren Wahrheitsgehalt und eine womögliche Beteiligung des Vorstandes zu untersuchen.[1526] Insoweit kann und muss der Aufsichtsrat grundsätzlich auf die Integrität des Vorstandes vertrauen dürfen.[1527] Der Anfangsverdacht einer anlassbezogenen Kontrolle kann sich daher nur aus den Vorstandsberichten oder aus

---

Großkommentar AktG, § 111 Rn. 321; *Reichert/Ott*, NZG 2014, 241 (245); *Lutter/Krieger/Verse*, Rechte und Pflichten des Aufsichtsrats, Rn. 95f; *Kremer/Klahold*, ZGR 2010, 113 (124); *Cromme*, Ausführung anlässlich 6. Konferenz Deutscher Corporate Governance Kodex, S. 7f; *Henssler*, in: Henssler/Strohn, AktG, § 111 Rn. 8; *Habersack*, in: MüKo AktG, § 111 Rn. 45; *Westermann*, ZIP 2000, 20 (26).

1523 *Lutter/Krieger/Verse*, Rechte und Pflichten des Aufsichtsrats, Rn. 96; *Krieger/Sailer-Coceani*, in: Schmidt/Lutter, AktG, § 90 Rn. 39; *Semler*, AG 1983, 141 (142); *Scheffler*, BB 2014, 2859 (2860); *Schütz*, in: Semler/v.Schenk, Der Aufsichtsrat, § 111 Rn. 128; *Cromme*, Ausführung anlässlich 6. Konferenz Deutscher Corporate Governance Kodex, S. 7f.

1524 Vgl. *Cromme*, Ausführung anlässlich 6. Konferenz Deutscher Corporate Governance Kodex, S. 7.

1525 *Habersack*, in: Müko AktG, § 111 Rn. 66a; *Mertens/Cahn*, in: Kölner Kommentar AktG, § 111 Rn. 52; *Henssler*, in: Henssler/Strohn, AktG, § 111 Rn. 10; *Drygala*, in: Schmidt/Lutter, AktG, § 111 Rn. 33; *Fuhrmann*, AG 2015, 328 (329).

1526 Insofern muss der Aufsichtsrat auf die Arbeit des Vorstandes vertrauen, vgl. *Winter*, FS Hüffer, 2010, S. 1103 (1121).

1527 *Arnold*, ZGR 2014, 76 (90).

Informationen der Arbeitnehmervertreter bzw. der Presse ergeben.[1528] Er wird zudem immer dann anzunehmen sein, wenn trotz wiederholt auftretender Rechtsverletzung keine Abhilfemaßnahmen eingeleitet worden sind.[1529]

Dabei ist erneut darauf hinzuweisen, dass der Aufsichtsrat allein die Beteiligung des Vorstandes und nicht der Mitarbeiter zu untersuchen hat. Die anlassbezogene Kontrolle des Aufsichtsrates bewegt sich also nur im Rahmen seiner allgemeinen Überwachungspflicht, den Vorstand in seiner Rechtmäßigkeit zu kontrollieren.[1530] Außerhalb der unmittelbaren Vorstandsbeteiligung obliegt es ihm im Verhältnis zu den Mitarbeitern nur sicherzustellen, dass der Vorstand die Verstöße ordnungsgemäß aufklärt, etwaige Schadensersatzansprüche einfordert, gegebenenfalls Mitarbeiter sanktioniert und mögliche Mängel in der Compliance-Struktur ausbessert.[1531] Darüber hinaus muss sich der Aufsichtsrat nicht mit der inhaltlichen Aufarbeitung des Verstoßes auseinandersetzen, er darf angesichts der nur geringen Auswirkungen vor allem keine eigenen Aufklärungsmaßnahmen einleiten.[1532]

cc) Vorstandsunabhängiger Informationsdurchgriff

Die anlassbezogene Kontrolle soll es ermöglichen, Defizite in der Compliance-Arbeit sichtbar zu machen und damit Fehlverhalten des Vorstandes aufzudecken. Zur Informationsgewinnung ist der Aufsichtsrat jedoch primär auf die Berichte des Vorstandes angewiesen.[1533] Eine gesetzliche Regelung eines vorstandsunabhängigen Informationsrechts existiert außerhalb des Kontakts zum Abschlussprüfer nicht.[1534] Nur spezialgesetzlich ist geregelt, dass sich der

---

1528 *Hopt/Roth*, in: Großkommentar AktG, § 111 Rn. 180.

1529 Vgl. LG München I, NZG 2014, 345 (346).

1530 *Habersack*, in: MüKo AktG, § 111 Rn. 46; OLG Brandenburg, DB 2009, 784 (787).

1531 *Habersack*, AG 2014, 1 (5).

1532 *Semler*, Die Überwachungsaufgabe des Aufsichtsrates (1980), S. 70; *Habersack*, in: MüKo AktG, § 111 Rn. 46; *Schütz*, in: Semler/v.Schenk, Der Aufsichtsrat, § 111 Rn. 128.

1533 *v.Schenk*, NZG 2002, 64 (64).

1534 Vgl. § 171 Abs. 1 AktG; zwar kann er sein Einsichts- und Prüfungsrecht nach § 111 Abs. 2 AktG geltend machen, die Informationsversorgung erfolgt

Vorsitzende des Risikoausschusses oder, falls ein Risikoausschuss nicht eingerichtet wurde, der Vorsitzende des Aufsichtsrates, unmittelbar beim Leiter der Internen Revision und beim Leiter des Risikocontrollings Auskünfte einholen kann.[1535] Der Vorstand muss dabei nicht um Zustimmung für die Kontaktaufnahme gebeten werden, er ist dennoch zumindest im Nachhinein zu unterrichten.[1536] Zwar steht es dem Aufsichtsrat auch außerhalb spezialgesetzlicher Regelungen jederzeit frei, in Abstimmung mit dem Vorstand Mitarbeiter der Leitungsebene zu befragen;[1537] allerdings ist er dabei auf das Wohlwollen des Vorstandes angewiesen.[1538] Zudem kann zumindest angezweifelt werden, dass Mitarbeiter im Beisein des Vorstandes ein pflichtwidriges Verhalten derselben offenbaren werden. In der Regel ist es dem Aufsichtsrat daher nur möglich, aus den Berichten des Vorstandes auf ein pflichtwidriges Verhalten zu schließen. Obwohl der Vorstand den Aufsichtsrat vollumfänglich und wahrheitsgetreu zu informieren hat[1539] und daher nicht bei jedem Verstoß voreilig über die Aufhebung der Kompetenztrennung von Aufsichtsrat und Vorstand diskutiert werden sollte, ist es doch ein unbefriedigendes Ergebnis, dass allein der Vorstand für die Aufklärung seiner womöglich eigenen Pflichtverletzungen zuständig ist. [1540] Ist der Aufsichtsrat

---

hierbei jedoch auch durch den Vorstand, vgl. *Hopt/Roth*, in: Großkommentar AktG, § 111 Rn. 392f; wenngleich das Prüfungsrecht auch die Befragung von Mitarbeitern umfasst, ist diese Möglichkeit nur durch Vermittlung des Vorstandes zulässig, vgl. *Mertens/Cahn*, in: Kölner Kommentar AktG, § 111 Rn. 55; *Bürgers*, ZHR 179 (2015), 173 (196); *Schütz*, in: Semler/v.Schenk, Der Aufsichtsrat, § 111 Rn. 394; *Hambloch-Gesinn/Gesinn*, in: Hölters, AktG, § 111 Rn. 47; *Kropff*, NZG 2003, 346 (348) spricht insofern vom „Informationsmonopol" des Vorstandes; so auch *Fleischer*, in: Spindler/Stilz, AktG § 90 Rn. 43.

1535 Vgl. § 25d Abs. 8 S. 7 KWG.

1536 § 25d Abs. 8 S. 8 KWG.

1537 *Bicker*, AG 2012, 542 (545); *Bürgers*, ZHR 179 (2015), 173 (196); *Lutter*, Information und Vertraulichkeit im Aufsichtsrat, S. 115f; *Marsch-Barner*, FS Schwark, 2009, S. 219 (221f).

1538 Wobei sich der Vorstand in der Regel kooperativ verhält, vgl. *Marsch-Barner*, FS Schwark, 2009, S. 219 (221f).

1539 Siehe Ausführungen unter: Kap. 3, A, I, 5, b), cc).

1540 So auch *Brandi*, ZIP 2000, 173 (174); *Drygala*, in: Schmidt/Lutter, AktG, § 111 Rn. 43; *v.Schenk*, NZG 2002, 64 (64f); *Bachmann*, in: VGR (Hrsg.), doch einerseits zur Durchsetzung möglicher Schadensersatzansprüche gegen den Vorstand verpflichtet,[1541] muss sich andererseits jedoch zu dessen Geltendmachung auf die Informationsversorgung und Tatsachenermittlung des Vorstandes verlassen.[1542] Zumindest herrscht Einigkeit, dass der Informationsbedarf des Aufsichtsrates bei Verdachtsfällen für Regelverstöße steigt und er diesen etwa durch Sonderberichte oder Sondersitzungen befriedigen muss.[1543] Dass besondere Vorfälle oder eine veränderte Unternehmenssituation ein erweitertes Informationsrecht des Aufsichtsrates begründen können ist unterdessen nicht neu. Der Vorstand muss den Aufsichtsrat gem. § 90 Abs. 1 Nr. 4 AktG frühzeitig und rechtzeitig über Geschäfte informieren, die für die Rentabilität oder Liquidität der Gesellschaft von erheblicher Bedeutung sein können.

Angesichts dieses Umstandes ist es umstritten, ob dem Aufsichtsrat im Einzelfall ein vorstandsunabhängiges Informationsrecht eingeräumt werden kann. Ein solcher „Durchgriff“ des Aufsichtsrates auf die Mitarbeiter wird seit jeher lebendig diskutiert.[1544]

Die wohl immer noch vorherrschende Ansicht lehnt den unmittelbaren Zugriff auf Informationen der Angestellten ab.[1545] Bewusst habe

---

Gesellschaftsrecht in der Diskussion 2007, S. 93; vgl. auch *Hopt/Roth*, in: Großkommentar AktG, § 111 Rn. 505.

1541 BGH, NJW 1997, 1926 (1928).

1542 Der Aufsichtsrat kann „nur so viel wissen, wie er durch den Vorstand erfährt“, *v.Schenk*, NZG 2002, 64 (64).

1543 *Hopt/Roth*, in: Großkommentar AktG, § 111 Rn. 180; *Lutter/Krieger/Verse*, Rechte und Pflichten des Aufsichtsrats, Rn. 96; *Kremer/Klahold*, ZGR 2010, 113 (124); *Krieger/Sailer-Coceani*, in: Schmidt/Lutter, AktG, § 90 Rn. 39; *Schütz*, in: Semler/v.Schenk, Der Aufsichtsrat, § 111 Rn. 128; *Cromme*, Ausführung anlässlich 6. Konferenz Deutscher Corporate Governance Kodex, S. 7f; *Hambloch-Gesinn/Gesinn*, in: Hölters, AktG, § 111 Rn. 41; *Habersack*, in: MüKo AktG, § 111 Rn. 45; so auch *Reichert/Ott*, NZG 2014, 241 (246), die zwar auch einen erhöhten Informationsbedarf außerhalb der Vorstandsberichte sehen, allerdings keine Lösungsvorschläge unterbreiten; OLG Hamburg, NZG 2001, 513 (516).

1544 Siehe bereits *Saage*, DB 1973, 115 (117).

1545 *Brandi*, ZIP 2000, 173 (175); *Schütz*, in: Semler/v.Schenk, Der Aufsichtsrat, § 111 Rn. 394; *Arnold*, ZGR 2014, 76 (91); *Mertens/Cahn*, in: Kölner Kommentar AktG, § 111 Rn. 55; *Lutter/Krieger/Verse*, Rechte und Pflichten des Aufsichtsrats, Rn. 247ff; *Manger*, NZG 2010, 1255 (1256); *v.Schenk*, NZG 2002, 64 (66); *Bicker*, AG 2012, 542 (545); *Spindler*, WM 2008, 905 der Gesetzgeber darauf verzichtet, über die Berichtspflichten des Vorstandes hinaus, weitergehende Informationsrechte des Aufsichtsrates zu implementieren. Die aus dem dualistischen Organsystem bestehende Kompetenztrennung, dass der Aufsichtsrat grundsätzlich allein Überwachungspflichtig und Informationsberechtigt gegenüber dem Vorstand ist, würde durch einen unmittelbaren Durchgriff auf Mitarbeiterebene aufgeweicht.[1546] Ferner würde das Vertrauensverhältnis von Vorstand und Aufsichtsrat regelmäßig schwer[1547] und irreparabel[1548] erschüttert, wenn der Aufsichtsrat hinter dem Rücken des Vorstandes versucht, Informationen zu gewinnen. Dadurch würde der Vorstand an Autorität verlieren[1549] und der Aufsichtsrat zu nah an die operative Geschäftsführung heranrücken. Allein zulässig ist es, mittelbar durch und im Beisein des Vorstandes Informationen von Angestellten zu erhalten.[1550]

---

(913); *Seibt*, in: Hommelhoff/Hopt/v.Werder, Handbuch Corporate Governance, S. 399f; *Lutter*, AG 2006, 517 (521); *Hambloch-Gesinn/Gesinn*, in: Hölters, AktG, § 111 Rn. 22; *Oetker*, in: Hommelhoff/Hopt/v.Werder, Handbuch Corporate Governance, S. 292; *Bürgers*, ZHR 179 (2015), 173 (195); *Fleischer*, in: Spindler/Stilz, AktG, § 90 Rn. 43; *Baums*, ZIP 1995, 11 (17), der sich eine solche Möglichkeit jedoch rechtspolitisch wünscht; *Koch*, in: Hüffer/Koch, AktG, § 90 Rn. 11; *Bachmann*, in: VGR (Hrsg.), Gesellschaftsrecht in der Diskussion 2007, S. 93.

1546 *Arnold*, ZGR 2014, 76 (91); *Schütz*, in: Semler/v.Schenk, Der Aufsichtsrat, § 111. Rn. 394; *Seibt*, in: Hommelhoff/Hopt/v.Werder, Handbuch Corporate Governance, S. 399f; *Hambloch-Gesinn/Gesinn*, in: Hölters, AktG, § 111 Rn. 47; *Hasselbach*, NZG 2012, 41 (45); *Bicker*, AG 2012, 542 (545); *Fleischer*, in: Spindler/Stilz, AktG § 90 Rn. 43; *Bürgers*, ZHR 179 (2015), 173 (195).

1547 *Marsch-Barner*, FS Schwark, 2009, S. 219 (225f); *Fleischer*, in: Spindler/Stilz, AktG, § 90 Rn. 43; *Lutter*, AG 2006, 517 (521); *Kropff*, NZG 2003, 346 (348); *Roth*, ZGR 2012, 343 (373); *Arnold*, ZGR 2014, 76 (91); *Winter*, FS Hüffer, 2010, S. 1103 (1110f); *Seibt*, in: Hommelhoff/Hopt/v.Werder, Handbuch Corporate Governance, S. 399f; *Bicker*, AG 2012, 542 (545).

1548 *Roth*, ZGR 2012, 343 (373); *Brandi*, ZIP 2000, 173 (175).

1549 *Krieger/Sailer-Coceani*, in: Schmidt/Lutter, AktG, § 90 Rn. 39; *Manger*, NZG 2010, 1255 (1256); *Arnold*, ZGR 2014, 76 (91).

1550 *Schütz*, in: Semler/v.Schenk, Der Aufsichtsrat, § 111 Rn. 394; *Hambloch-Gesinn/Gesinn*, in: Hölters, AktG, § 111 Rn. 47.

Zutreffend ist einem generellen und verdachtsunabhängigen Informationszugriff auf alle Mitarbeiter vor dem Hintergrund zuvor genannter Argumente abzulehnen. Unangemessen wäre es, nur aus dem konzeptionell unbefriedigenden Ergebnis bei der Aufklärung einer Vorstandsverantwortlichkeit vorbehaltlos auf ein vorstandsunabhängiges Aufklärungsrecht des Aufsichtsrates zu schließen und damit in das Kompetenzgefüge von Vorstand und Aufsichtsrat einzugreifen. Allerdings darf nicht außer Acht gelassen werden, dass sich das Informationsrecht des Aufsichtsrates immer am notwendigen Informationsbedarf zur ordnungsgemäßen Ausübung ihrer Überwachungsaufgabe orientieren muss.[1551] Daher kann sich im Einzelfall ein anderes Bild ergeben, wenn die erweiterte Informationsgewinnung nicht verdachtsunabhängigen Interessen dient, sondern zur effektiven Überwachungsaufgabe notwendig ist.[1552] Die Annahme eines solchen Informationsdurchgriffs scheint daher zumindest immer dann geboten, wenn die Aufarbeitung des Verdachts ohne den Informationsdurchgriff erheblich erschwert oder unmöglich würde.[1553] Das sind vor allem die Fälle, in denen der Aufsichtsrat an der Aufklärungsarbeit des Vorstandes zumindest Zweifel hegt bzw. der Vorstand die vom Aufsichtsrat eingeforderten Informationen nicht vollständig und wahrheitsgetreu beantwortet hat.[1554] Der Vorstand sollte jedoch

---

1551 *Wilde*, ZGR 1998, 423 (424); *Saage*, DB 1973, 115 (117).

1552 So auch *Mertens/Cahn*, in: Kölner Kommentar AktG, § 111 Rn. 53; *Baums*, ZIP 1995, 11 (17), spricht von „sachlich geboten"; *Seibt*, in: Hommelhoff/Hopt/v.Werder, Handbuch Corporate Governance, S. 399f; *Drygala*, in: Schmidt/Lutter, AktG, § 109 Rn. 11.

1553 So auch *Fleischer*, in: Spindler/Stilz, AktG, § 90 Rn. 43; *Schütz*, in: Semler/v.Schenk, Der Aufsichtsrat, § 111 Rn. 394; *Hasselbach*, NZG 2012, 41 (45); *Mertens/Cahn*, in: Kölner Kommentar AktG, § 111 Rn. 55; *Grigoleit/Tomasic*, in: Grigoleit, AktG, § 111 Rn. 27; *v.Schenk*, in: Semler/v.Schenk, Arbeitshandbuch für Aufsichtsratsmitglieder, § 7 Rn. 230; *Koch*, in: Hüffer/Koch, AktG, § 90 Rn. 11; *Seibt*, in: Hommelhoff/Hopt/v.Werder, Handbuch Corporate Governance, S. 399f; *Manger*, NZG 2010, 1255 (1256); so wohl auch *Spindler*, WM 2008, 905 (913).

1554 *Kropff*, NZG 2003, 346 (348); OLG *Stuttgart*, AG 2012, 762 (763f); *Krieger/Sailer-Coceani*, in: Schmidt/Lutter, AktG, § 90 Rn. 39; *Bicker*, AG 2012, 542 (545); *Lutter*, Information und Vertraulichkeit im Aufsichtsrat, S. 117; *v.Schenk*, NZG 2002, 64 (66); *Arnold*, ZGR 2014, 76 (92); *Lutter/Krieger/Verse*, Rechte und Pflichten des Aufsichtsrats, Rn. 248;

zunächst auf die ordnungsgemäße Berichterstattung gedrängt werden.[1555] Im Hinblick auf die vertrauensvolle Zusammenarbeit von Vorstand und Aufsichtsrat sollte die direkte Informationsbeschaffung durch Angestellte die Ausnahme bleiben.[1556] Es würde daher zu weit gehen, einen vorstandsunabhängigen Informationsdurchgriff auch ohne einen konkreten Verdacht zur stichprobenartigen Kontrolle zuzulassen.[1557] Angesichts der nur geringen Komplexität zuvor genannter Verstöße wird es ebenso nicht notwendig sein, auf die Informationen aller Mitarbeiter zugreifen zu können.[1558] Im Hinblick auf die nur geringen Auswirkungen der Regelverstöße in der anlassbezogenen Kontrolle einerseits und dem andererseits kaum zu negierenden Eingriff in die Konzeption der zentralisierten Vorstandsversorgung, ist es angemessen, wenn der Aufsichtsrat zur Aufklärung von Regelverstößen neben dem Vorstand nur auf Informationen der Leitungsebenen zugreifen kann. [1559] Darunter fallen im Besonderen die leitenden Angestellten des Risk Managements, der internen Revision

---

*Hopt/Roth*, in: Großkommentar AktG, § 111 Rn. 241; *Kort*, FS Hopt, 2010, S. 983 (1001); *Spindler*, WM 2008, 905 (913).

1555 *Marsch-Barner*, FS Schwark, 2009, S. 219 (222).

1556 *Grigoleit/Tomasic*, in: Grigoleit, AktG, § 90 Rn. 4; *Roth*, ZGR 2012, 343 (373); *v.Schenk*, in: Semler/v.Schenk, Arbeitshandbuch für Aufsichtsratsmitglieder, § 7 Rn. 230; a.A. *Drygala*, in: Schmidt/Lutter, AktG, § 109 Rn. 12.

1557 So nämlich *Habersack*, AG 2014, 1 (6f); so auch *Henssler*, in: Henssler/Strohn, AktG, § 111 Rn. 11; anders *Spindler*, WM 2008, 905 (913); *Hambloch-Gesinn/Gesinn*, in: Hölters, AktG, § 111 Rn. 47; *Seibt*, in: Hommelhoff/Hopt/v.Werder, Handbuch Corporate Governance, S. 399f; ähnlich *Arnold*, ZGR 2014, 76 (92); anders ist wohl das Informationsrecht des § 25d Abs. 8 S. 7 KWG zu interpretieren, dessen Auskunftsrechte unabhängig von Verdachtsmomenten bestehen; siehe auch *Brandi*, ZIP 2000, 173 (175), der ein solches Auskunftsrecht nicht bei Vermutungen oder bloßem Anfangsverdacht, sondern nur bei schweren Verdachtsmomenten zulässt.

1558 *Kropff*, NZG 2003, 346 (349), rechtfertigt eine solche Ausnahme nur bei „extrem gelagerten Sonderfällen."

1559 *Habersack*, AG 2014, 1 (6f); so auch *Hopt/Roth*, Großkommentar AktG, § 111 Rn. 519f; *Roth*, ZGR 2012, 343 (373); *Drygala*, in: Schmidt/Lutter, AktG, § 109 Rn. 11; *Scheffler*, BB 2014, 2859 (2860); *Hambloch-Gesinn/Gesinn*, in: Hölters, AktG, § 111 Rn. 22; anders: *Bachmann*, in: VGR (Hrsg.), Gesellschaftsrecht in der Diskussion 2007, S. 93; *Lutter/Krieger/Verse*, Rechte und Pflichten des Aufsichtsrats, Rn. 248.

oder der Compliance-Abteilung. Dafür spricht auch das CRD-IV-Umsetzungsgesetz, dass es gem. § 25d Abs. 8 S. 7 KWG dem Aufsichtsrat erlaubt, unmittelbar bei der internen Revision und beim Leiter des Risk Managements Informationen einzuholen.[1560] Ein solches Recht ist analog auch im Hinblick auf den Compliance-Beauftragten anzunehmen.[1561] Auch § 33 Abs. 1 S. 2 Nr. 5 WpD-VerOV fordert, dass der zu ernennende Compliance-Beauftragte für die Berichte an das Aufsichtsorgan verantwortlich ist.[1562] Gestützt wird diese Annahme auch durch das bisherige Recht des Aufsichtsrates, bereits frühzeitig durch in der Geschäftsordnung festgelegte Berichtswege einen Direktkontakt zu den Leitern der Innenrevision oder der Compliance-Abteilung zu erhalten.[1563]

#### d) Erweiterte Kontrolle bei schweren Verstößen (Stufe 3)

Gerade im Hinblick auf die aktuellen Vorfälle im „VW-Skandal“ ist es eine praktisch relevante und leider bisher zu wenig diskutierte Frage, welche Rolle der Aufsichtsrat bei schweren Regelverstößen einnimmt.[1564] Bei solchen ist von einer Beteiligung oder zumindest frühzeitigen Kenntnis des Verstoßes durch den Vorstand auszugehen. Selbst wenn beide Fälle unzutreffend sind und der Vorstand keinerlei Kenntnis vom pflichtwidrigen Verhalten im Unternehmen hatte, wird angesichts des enormen wirtschaftlichen Schadens die ordnungsgemäße Unternehmensleitung zu Recht in Frage gestellt werden. Welche

---

1560 CRD IV-Umsetzungsgesetz 2013, BGBl. I S. 3396.

1561 Ein solches Recht zur Kontaktaufnahme mit dem Compliance-Officer wird rechtspolitisch gefordert, vgl. *Probst/Theisen*, DB 2010, 1573 (1577).

1562 Wobei dieses Recht dahingehend konkretisiert wird, dass „der Vorsitzende des Aufsichtsorgans unter Einbeziehung der Geschäftsleitung direkt beim Compliance-Beauftragten Auskünfte einholen kann“, vgl. BaFin, Rundschreiben 4/2010 Mindestanforderungen an die Compliance-Funktion und die weiteren Verhaltens-, Organisations- und Transparenzpflichten nach §§ 31 ff. WpHG (MaComp), BT 1.1.2.

1563 *Fleischer*, in: Spindler/Stilz, AktG, § 90 Rn. 44; *Hambloch-Gesinn/Gesinn*, in: Hölters, AktG, § 111 Rn. 47.

1564 Allein die sehr ausführlichen Beiträge von *Reichert/Ott*, NZG 2014, 241 (245ff) und *Arnold*, ZGR 2014, 76 (85ff) beschäftigen sich intensiv und detailliert mit den Compliance-Pflichten des Aufsichtsrates bei schwerwiegenden Rechtsverstößen.

Rechte und Pflichten den Aufsichtsrat zur Aufarbeitung schwerer Regelverstöße treffen, ist umstritten.

aa) Bestimmung

Die Bestimmung eines schweren Compliance-Verstoßes birgt hinsichtlich ihrer Abgrenzung viele Schwierigkeiten. Zum einen ist eine solche Trennung dem Aktienrecht bisher fremd, zum anderen kann nicht bei jedem Verstoß auf ein pflichtwidriges Verhalten des Vorstandes und damit einer besonderen Compliance-Verantwortung des Aufsichtsrates geschlossen werden. Die erweiterte Compliance-Kontrolle soll ein Ausnahmefall bleiben, wodurch folgerichtig bei dessen Definition auf eine restriktive Anwendung geachtet werden soll und der Bestimmung hohe Hürden gesetzt werden müssen. Entscheidend wird es sein, dass nicht nur der Schweregrad des Verstoßes,[1565] sondern auch die Verdachtsmomente gegen den Vorstand in der Bestimmung ihre Berücksichtigung finden. Von der Definition des schweren Compliance-Verstoßes werden daher nur Rechtverletzungen erfasst, die ein erhebliches wirtschaftliches Schadensrisiko beinhalten und von dessen Bestehen der Vorstand zumindest Kenntnis hätte haben müssen. Dabei handelt es sich bei dem Begriff der Erheblichkeit um einen unbestimmten Rechtsbegriff, der einer engeren Betrachtung bedarf. Für die Bestimmung der Erheblichkeit könnte der § 90 Abs. 1 Nr. 4 AktG herangezogen werden.[1566] Danach hat der Vorstand den Aufsichtsrat rechtzeitig über Geschäfte zu informieren, die für die Rentabilität oder Liquidität der Gesellschaft von erheblicher Bedeutung sein können. Das Ausmaß der Erheblichkeit wird nicht genauer definiert und hängt von einzelnen Faktoren wie der Größe, dem Gegenstand und der Situation des Unternehmens ab.[1567] Weiter könnte an den § 91 Abs. 2 AktG angeknüpft werden, der den Vorstand zur Überwachung bestandsgefähr-

---

1565 *Hopt/Roth*, in: Großkommentar AktG, § 111 Rn. 240; *Arnold*, ZGR 2014, 76 (103).

1566 So auch *Semler*, Leitung und Überwachung der Aktiengesellschaft (1996), S. 135f; *Lutter/Krieger/Verse*, Rechte und Pflichten des Aufsichtsrats, Rn. 94; *Henssler*, in: Henssler/Strohn, AktG, § 111 Rn. 8.

1567 *Spindler*, in: MüKo AktG, § 90 Rn. 29.

dender Entwicklungen verpflichtet.[1568] Eine solche Bestandsgefährdung liegt vor, wenn sich Entwicklungen derart auf die Vermögens-, Finanz- und Ertragslage der Gesellschaft auswirken können, dass das Insolvenzrisiko der Gesellschaft nicht unerheblich gesteigert wird.[1569] Unabhängig von der dogmatischen Verknüpfung erscheint es jedenfalls notwendig, dass der Regelverstoß mit einem im Verhältnis zum Unternehmen erheblichen Schadensrisiko verbunden ist. [1570] Treffend wurde vom OLG Stuttgart dazu ausgeführt, dass davon jedenfalls Geschäfte betroffen sind, „die wegen ihren Umfangs, der mit ihnen verbundenen Risiken oder ihrer strategischen Funktion für die Gesellschaft besonders bedeutsam sind.“[1571] Ob es sich um einen schweren Compliance-Verstoß handelt muss daher immer anhand der Umstände des Einzelfalls beurteilt werden. Im Hinblick auf die präventive Überwachungsfunktion des Aufsichtsrates ist es jedoch ausreichend, wenn das Eintreten des Schadensrisikos zumindest wahrscheinlich ist. Einen bereits eingetretenen Schaden vorauszusetzen ist nicht notwendig und würde der präventiven Überwachungsfunktion des Aufsichtsrates widersprechen.[1572]

Darüber hinaus müssen Anhaltspunkte vorliegen, dass der Vorstand seiner eigenen Compliance-Verantwortung nicht gerecht wurde. Dazu ist es ausreichend, wenn nur der Verdacht besteht, dass der Vorstand am pflichtwidrigen Verhalten beteiligt war oder Kenntnis hatte.[1573] Ein hinreichender Tatverdacht i.S.d. StPO oder gar der Beweis eines pflichtwidrigen Verhaltens kann nicht gefordert wer-

---

1568 Auch *Semler* knüpft an das Bestehen existenzbedrohender Risiken an, vgl. *Semler*, Leitung und Überwachung der Aktiengesellschaft (1996), S. 132; so auch LG Bielefeld, ZIP 2000, 20 (24); auch *Mertens/Cahn*, in: Kölner Kommentar AktG, § 111 Rn. 25; *Hambloch-Gesinn/Gesinn*, in: Hölters, AktG, § 111 Rn. 41.

1569 *Fleischer*, in: Spindler/Stilz, AktG, § 91 Rn. 32.

1570 *Hambloch-Gesinn/Gesinn*, in: Hölters, AktG, § 111 Rn. 47, spricht insofern von „gravierenden“ Pflichtverletzungen; OLG Stuttgart, AG 2012, 298 (300), geht von einem besonders bedeutsamen Verhältnis aus.

1571 OLG Stuttgart, AG 2012, 298 (300).

1572 OLG Stuttgart, AG 2012, 298 (300).

1573 *Moosmayer*, Compliance, Rn. 337; *Hambloch-Gesinn/Gesinn*, in: Hölters, AktG, § 111 Rn. 41; vgl. LG Bielefeld, ZIP 2000, 20 (23f); so auch *Semler*, Leitung und Überwachung der Aktiengesellschaft (1996), S. 138; *Brandi*, ZIP 2000, 173 (175).

den.[1574] Dies würde ebenso dem präventiven Überwachungsauftrag des Aufsichtsrates widersprechen. Gerade bei systematischen Rechtsverletzungen im Unternehmen kann angenommen werden, dass der Vorstand frühzeitig Kenntnis von dem pflichtwidrigen Verhalten hätte haben können.[1575] Im Regelfall ist ein Fehlverhalten des Vorstandes bei schweren Verstößen zumindest naheliegend.[1576]

bb) Compliance-Verantwortung

Schwere Regelverstöße bedürfen nicht nur einer verstärkten Aufmerksamkeit durch den Vorstand, sondern auch durch den Aufsichtsrat. Dabei kann es zu der bereits dargestellten befremdlichen Konstellation kommen, dass der Vorstand für die Aufklärung seines eigenen Verschuldens zuständig ist. Diese Konstellation ist besonders unbefriedigend bei schweren Verstößen, die in der Regel nicht nur ein erhebliches Schadenspotential, sondern auch einen besonderen Unrechtsgehalt in sich tragen. [1577] Zur Bewertung solcher Sachverhalte wird es notwendig sein, über das allgemeine Informationsniveau hinaus sich mit den zugrundeliegenden Vorfällen und Organisationsstrukturen zu informieren.[1578] Angelehnt an diese Situation ist es daher verständlich, dass die Möglichkeit erweiterter Kontrollrechte für den Aufsichtsrat diskutiert werden.[1579] Terminologisch wird dabei von einer „gestaltenden Überwachung“[1580] oder einem „situationsbedingten Initiativrecht“[1581] gesprochen, wobei die inhaltliche Ausgestaltung offen gelassen wird. Ausdrücklich sei darauf hingewiesen, dass es sich dabei allein um Kontroll- und nicht um Geschäftsführungskompeten-

1574 *Brandi*, ZIP 2000, 173 (175).

1575 *Moosmayer*, Compliance, Rn. 337.

1576 *Mertens/Cahn*, in: Kölner Kommentar AktG, § 111 Rn. 22.

1577 Wird der Vorstand doch regelmäßig zwar wahrheitsgetreu informieren, jedoch belastende Tatsachen verschweigen, vgl. *Brandi*, ZIP 2000, 173 (174).

1578 *Habersack*, AG 2014, 1 (6).

1579 So auch *Henssler*, in: Henssler/Strohn, AktG, § 111 Rn. 8; OLG Brandenburg, DB 2009, 784 (787).

1580 *Semler*, Leitung und Überwachung der Aktiengesellschaft (1996), S. 132.

1581 *Cromme*, Ausführung anlässlich 6. Konferenz Deutscher Corporate Governance Kodex, S. 8.

zen handeln kann. Der Aufsichtsrat kann weder Geschäftsführungskompetenzen wahrnehmen, noch können sie vom Vorstand auf ihn übertragen werden (§ 111 Abs. 4 S. 1 AktG). Die Aufarbeitung von Regelverstößen kann sich auch bei schweren, gar existenzbedrohenden Verstößen nur im Rahmen ihrer aktienrechtlichen Überwachungsaufgabe bewegen, von der zwar die Vorstands- jedoch nicht die Mitarbeiterverantwortlichkeit erfasst werden. [1582] Dennoch ist es unausweichlich, dass sich der Aufsichtsrat bei der Beurteilung der Vorstandsverantwortlichkeit nicht allein mit dem Handeln des Vorstandes, sondern auch mit dem zugrundeliegenden Sachverhalt beschäftigen muss.[1583] Inwiefern er dazu berechtigt und verpflichtet ist, soll im Folgenden untersucht werden.

(1) Begleitende Aufklärung

Stellt sich heraus, dass der Vorstand womöglich an einem Fehlverhalten beteiligt war, muss der Aufsichtsrat diesem Verdacht unverzüglich nachgehen. Dabei macht es grundsätzlich keinen Unterschied, ob es sich um einen schweren oder leichten Verstoß handelt. Allerdings geht nicht nur die Literatur, sondern auch das Gesetz von einer abgestuften Überwachungsintensität des Aufsichtsrates aus. Die Idee einer gesteigerten Pflichtenbindung im Ausnahmefall ist bereits konzeptioneller Bestandteil des Aufsichtsrates. So besitzt der Aufsichtsrat bei wichtigen Anlässen ein erweitertes Informationsrecht (§ 90 Abs. 1 S. 2 AktG), zusätzlich kann er sein Informationsverlangen jederzeit erweitern (§ 90 Abs. 3 AktG) oder von seinen Einsichts- und Prüfrechten Gebrauch machen, um auch externen Sachverstand zur Beratung hinzuzuziehen (§ 111 Abs. 2 AktG). Diese Abstufung gipfelt als Ultima Ratio in der Möglichkeit, bei schwerem Fehlverhalten personelle Konsequenzen ziehen zu können und Vorstandsmitglieder abzubestellen (§ 84 Abs. 3 S. 2 AktG).

Andererseits wäre es unbefriedigend, den vagen Verdacht und den erwiesenen Verstoß in der Konsequenz auf eine Stufe stellen zu

---

1582 *Saage*, DB 1973, 115 (117); anders *Reichert/Ott*, NZG 2014, 241 (249f), die zumindest terminologisch von einer Aufklärungskompetenz außerhalb der Vorstandsverantwortlichkeit sprechen.

1583 OLG Brandenburg, DB 2009, 784 (787).

wollen[1584] und bereits an dieser Stelle zu fordern, dass der Aufsichtsrat parallel zum Vorstand eigene Aufklärungsmaßnahmen vorantreiben muss.[1585] Gerade die Aufklärung großer Regelverstöße erfordert hohe personelle und materielle Ressourcen, so dass dem Gedanken einer parallel stattfindenden Untersuchung eine besondere Zurückhaltung geboten ist. Daher ist auch bei der Annahme einer intensiveren Überwachungspflicht im Hinblick auf die Verdachtsmomente gegen den Vorstand erneut zu differenzieren. Gibt es nur vage Anzeichen dafür, dass der Vorstand den Verstoß gefördert oder geduldet hat, kann dies nicht bereits dazu führen, dass in die Gewaltenteilung von Aufsichtsrat und Vorstand eingegriffen wird.[1586] Das Gleiche gilt für die Fälle, in denen das Fehlverhalten dem Vorstand nicht bewusst war, er es bei ordnungsgemäßer Leitungsausübung jedoch hätte erkennen können. In beiden Fällen ist zwar eine Pflichtverletzung naheliegend, jedenfalls kann durch den bloßen Verdacht das Vertrauensverhältnis von Vorstand und Aufsichtsrat nicht derart zerstört sein, dass der Aufsichtsrat den Ausführungen des Vorstandes grundsätzlich nicht mehr vertrauen könnte. Denn trotz einer möglichen Selbstbelastung bleibt der Vorstand für die Aufklärung des Compliance-Verstoßes zuständig.[1587] Dieser Grundsatz bleibt auch unberührt, wenn es sich nicht nur um einen vagen Verdacht, sondern um einen erwiesenen Verstoß handelt, sich die Beschuldigung jedoch nur gegen ein einzelnes Vorstandsmitglied und nicht den Gesamtvorstand richtet.[1588] Wenngleich auch hier wegen der besonderen Nähe der Vorstandsmitglieder untereinander leicht auf eine Befangenheit des Vorstandes geschlossen werden kann, ist es dem Aufsichtsrat nur gestattet, den

---

1584 *Winter*, FS Hüffer, 2010, S. 1103 (1121); anders wohl *Moosmayer*, Compliance, Rn. 337, der bereits bei einem Verdacht auf systematische Rechtverletzung, unterlassener Aufsicht oder aktiver Mitwirkung bzw. Duldung von einer vorstandsunabhängigen Aufklärungspflicht des Aufsichtsrates ausgeht.

1585 So wohl *Fuhrmann*, AG 2015, 328 (329), dass bei hinreichenden Verdachtsmomenten der Aufsichtsrat die Untersuchung zur Chefsache machen muss, um eine lückenlose Aufklärung zu gewährleisten.

1586 So auch *Reichert/Ott*, NZG 2014, 241 (249).

1587 *Arnold*, ZGR 2014, 76 (100f); *Seibt/Cziupka*, AG 2015, 93 (103).

1588 *Reichert/Ott*, NZG 2014, 241 (249); *Seibt/Cziupka*, AG 2015, 93 (103); *Arnold*, ZGR 2014, 76 (100).

Maßnahmen des Vorstandes begleitend zu folgen.[1589] Ansonsten muss er auf die Integrität der anderen Vorstandsmitglieder vertrauen und kann allenfalls darauf drängen, dass das betroffene Vorstandsmitglied bei den Aufklärungsmaßnahmen nicht involviert wird.[1590]

Entscheidendes Kriterium bei der Abgrenzung innerhalb der erweiterten Compliance-Verantwortung ist das Vertrauensverhältnis von Vorstand und Aufsichtsrat.[1591] Solange es nicht grundsätzlich zerstört wurde, muss die organschaftliche Konzeption bestehen bleiben. Dennoch darf die Aufklärungsarbeit des Vorstandes selbstverständlich nicht anstandslos hingenommen werden.[1592] Denn obwohl der Vorstand den Aufsichtsrat auch über eigenes Fehlverhalten unterrichten muss, wird dies in der Realität bei schweren Verstößen mit womöglich personellen und haftungsrechtlichen Konsequenzen eine seltene Ausnahme bleiben.[1593] Wahrscheinlicher ist es, dass die Einleitung selbstbelastender Untersuchungen von vornherein vermieden wird oder selbstbelastende Informationen dem Aufsichtsrat verschwiegen werden. Der bisher geltende Grundsatz, dass der Aufsichtsrat auf die vollständige und wahrheitsgetreue Berichterstattung durch den Vorstand grundsätzlich vertrauen darf,[1594] wird in dem Fall zwar nicht außer Kraft gesetzt, doch im erheblichen Maße eingeschränkt.[1595] Jedenfalls kann sich der Aufsichtsrat nicht allein auf die Entgegennahme der Vorstandsinformationen verlassen, sondern ihn trifft die

---

1589 Anders wohl OLG Stuttgart, AG 2012, 298 (301), die davon sprechen, dass den Aufsichtsrat bei einer intensivierten Überwachungsdichte die Pflicht trifft, den Sachverhalt „selbständig", „vollständig" und „richtig" zu erfassen; wohl ebenso *Arnold*, ZGR 2014, 76 (103), dass bei Verdacht auf pflichtwidrigem Verhalten bei der Mehrheit der Vorstandsmitglieder bereits eine eigenständige Aufklärungspflicht besteht.

1590 Dies hat eine Intensivierung der Überwachungssorgfalt der übrigen Vorstandsmitglieder zur Folge, vgl. *Seibt/Cziupka*, AG 2015, 93 (103); *Reichert/Ott*, NZG 2014, 241 (249).

1591 *Hopt/Roth*, in: Großkommentar AktG, § 111 Rn. 241; *Winter*, FS Hüffer, 2010, S. 1103 (1122).

1592 So zutreffend OLG Stuttgart, AG 2012, 298 (301); siehe auch OLG Düsseldorf, ZIP 1984, 825 (829).

1593 So auch *Brandi*, ZIP 2000, 173 (175); *Reichert/Ott*, NZG 2014, 241 (248).

1594 *Semler*, Leitung und Überwachung der Aktiengesellschaft (1996) S. 139; *Mertens/Cahn*, in: Kölner Kommentar, § 111 Rn. 20.

1595 *Mertens/Cahn*, in: Kölner Kommentar, § 111 Rn. 21; *Semler*, Leitung und Überwachung der Aktiengesellschaft (1996), S. 90.

Pflicht zur selbstständigen Risikoabschätzung.[1596] Bei erheblichen Risiken für das Unternehmen trifft den Aufsichtsrat die generelle Pflicht, das Ausmaß der Risiken unabhängig vom Vorstand selbstständig abzuschätzen[1597] Der Aufsichtsrat muss den Aufklärungshandlungen des Vorstandes nicht nur folgen, sondern er muss sie kritisch hinterfragen. Er muss die Aufarbeitung durch den Vorstand nicht nur beiläufig, sondern intensiv begleiten. Dazu muss er sich mit allen Entscheidungen in der Aufarbeitungsphase auseinandersetzen, um mit dem Vorstand auf Augenhöhe diskutieren und beraten zu können. Wichtigstes Mittel sind dabei die Beratungsmöglichkeiten des Aufsichtsrates, der aus einer objektiven Perspektive die Aufklärungsarbeit des Vorstandes sinnvoll unterstützen kann.[1598] Nur eine umfassende Auseinandersetzung mit der Aufklärungsarbeit ermöglicht es dem Aufsichtsrat festzustellen, ob das Vertrauensverhältnis von Vorstand und Aufsichtsrat weiterhin besteht, indem der Vorstand trotz womöglicher Selbstbeteiligung seine Aufgabe ordnungsgemäß erfüllt. Ein dafürsprechendes Merkmal wird sein, wenn der Vorstand zur Ermittlung nicht den „langjährigen Haus- und Hofberater des Vorstandes“,[1599] sondern einen neutralen Berater in Anspruch nimmt.

Die zur Aufklärung erforderliche Überwachungsintensität wird auch aus praktischen Gründen kaum im Gesamtorgan möglich sein. Es bietet sich daher an, die begleitende Aufklärung an den Prüfungsausschuss oder einen anderen Ausschuss zu delegieren.[1600] Die gesteigerte Intensivität darf jedoch nicht darüber hinwegtäuschen, dass dem Aufsichtsrat weiterhin nur wenige Einflussmöglichkeiten auf den Vorstand zur Verfügung stehen. Er hat insbesondere kein Weisungsrecht und kann den Vorstand daher nicht zur Einleitung bestimmter

1596 OLG Stuttgart, AG 2012, 298 (300); *Reichert/Ott*, NZG 2014, 241 (246); OLG Brandenburg, DB 2009, 784 (787); so wohl auch *Semler*, Leitung und Überwachung der Aktiengesellschaft (1996) S. 139; BGH, NZG 2013, 339 (339f); *Westermann*, ZIP 2000, 20 (26).

1597 BGH, NZG 2013, 339 (339f); *Reichert/Ott*, NZG 2014, 241 (246); OLG Brandenburg, DB 2009, 784 (787).

1598 Vgl. *Hasselbach*, NZG 2012, 41 (46).

1599 *Fuhrmann*, AG 2015, 328 (329).

1600 Vgl. *Koch*, in: Hüffer/Koch, AktG, § 111 Rn. 22; *Reichert/Ott*, NZG 2014, 241 (247); siehe auch *Hasselbach*, NZG 2012, 41 (45f); *Kremer/Klahold*, ZGR 2010, 113 (124); *Lutter*, FS Hüffer, 2010, S. 617 (621).

Aufklärungsmaßnahmen zwingen.[1601] Allerdings wird das dem Vorstand bisher zustehende Auswahlermessen regelmäßig auf Null reduziert werden, so dass ihm kaum Handlungsalternativen offen stehen. Verweigert der Vorstand die Umsetzungsvorschläge des Aufsichtsrates verhält er sich daher in der Regel sorgfaltswidrig.

(2) Eigenständige Aufklärung

Ein anderes Bild kann sich jedoch ergeben, wenn der Aufsichtsrat erhebliche Zweifel an der wahrheitsgetreuen und umfassenden Aufklärungsarbeit des Vorstandes hegt. Wenngleich dem Vorstand seine Aufklärungskompetenzen nicht entzogen werden können, bedeutet dies nicht automatisch, dass dem Aufsichtsrat keine entsprechenden Rechte gewährt werden können. Obwohl die parallele Untersuchung umfangreiche personelle und finanzielle Ressourcen in Anspruch nimmt und daher grundsätzlich zu vermeiden ist, kann es angemessen sein, dass auch der Aufsichtsrat eigene Aufklärungsmaßnahmen einleitet.[1602]

Dem Gedanken einer eigenständigen Aufklärung wird entgegengehalten, dass es sich dabei um eine zwingende Leitungsaufgabe des Vorstandes handelt. Er allein besitzt die Mittel und die Kompetenzen Verstöße unternehmensweit zu entdecken und abzustellen. Der Aufsichtsrat in seiner Konzeption als Nebenamt hat weder die Kompetenzen, noch die Mittel um komplizierte und langwierige Regelverstöße aufzuklären.[1603] Das Aktienrecht macht daher in § 111 Abs. 4 AktG unmissverständlich deutlich, dass der Aufsichtsrat von der Geschäftsführung ausgeschlossen ist. Aus diesem Grund wird die Ausweitung der Kompetenzen des Aufsichtsrats in der Literatur sehr restriktiv behandelt. Ein überwiegender Teil lehnt eine Erweiterung der Aufklärungsrechte des Aufsichtsrates grundsätzlich ab. Dennoch geht eine zunehmende Ansicht inzwischen davon aus, dass der Aufsichtsrat bei der oben beschriebenen Konstellation eine eigenstän-

---

1601 Vgl. *Hopt/Roth*, in: Großkommentar AktG, § 111 Rn. 63.

1602 So auch *Habersack*, in: Müko AktG, § 111 Rn. 66a; *Moosmayer*, Compliance, Rn. 337; *Westermann*, ZIP 2000, 20 (26); *Fuhrmann*, AG 2015, 328 (329).

1603 *Winter*, FS Hüffer, 2010, S. 1103 (1120f).

dige Aufklärungsfunktion innehat.[1604] Ein solches unabhängiges Aufklärungsrecht ist dem deutschen Gesellschaftsrecht zwar fremd, im Besonderen etwa in den USA und in Zusammenarbeit mit den Ermittlungsbehörden jedoch Standard.[1605]

(aa) Dogmatische Anknüpfung

Dogmatischer Anknüpfungspunkt einer solchen eigenständigen Aufklärungsverantwortung könnte das Einsichts- und Prüfungsrechts nach § 111 Abs. 2 AktG sein. Über die allgemeinen Berichtsrechte hinaus erlaubt es dem Aufsichtsrat einer erweiterten Kontrolle nachzugehen[1606] und bei Verdacht auf Unregelmäßigkeiten die Informationsgrundlagen der Geschäftsführung selbstständig zu bewerten.[1607] So kann der Aufsichtsrat die Bücher und Schriften der Gesellschaft sowie die Vermögensgegenstände, namentlich die Gesellschaftskasse und die Bestände an Wertpapieren und Waren, einsehen und prüfen (§ 111 Abs. 2 S. 1). Darüber hinaus kann er für bestimmte Aufgaben auch Sachverständige beauftragen (§ 111 Abs. 2 S. 2).[1608] Es wurde bereits dargestellt, dass das Einsichts- und Prüfungsrecht einerseits als Misstrauen gegenüber dem Vorstand gewertet werden kann[1609] und andererseits womöglich auch zu einer negativen Darstellung in der Öffentlichkeit führt,[1610] so dass dessen Anwendung restriktiv zu behandeln ist. Auch wurde dargestellt, dass es sich bei den Möglichkeiten des § 111 Abs. 2 AktG um eine sehr umfangreiche Kontrollmöglichkeit handelt, die nicht nur sämtliche elektronische und körper-

---

1604 *Moosmayer*, Compliance, Rn. 337; OLG Stuttgart, AG 2012, 298 (300).

1605 *Moosmayer*, Compliance, Rn. 337.

1606 *Habersack*, in: Müko AktG, § 111 Rn. 60; *Mertens/Cahn*, in: Kölner Kommentar AktG, § 111 Rn. 52.

1607 *Habersack*, in: Müko AktG, § 111 Rn. 60; *Reichert/Ott*, NZG 2014, 241 (248).

1608 Kritisch dazu *Dreher*, FS Ulmer, 2003, S. 87 (95f), der eine Herleitung eines unmittelbaren Mitarbeiterzugriffs aus § 102 Abs. 2 S. 2 AktG angesichts der fehlenden Sachverständigenqualität eines Mitarbeiters ablehnt; ebenso *Saage*, DB 1973, 115 (118); *Arnold*, ZGR 2014, 76 (93).

1609 *Mertens/Cahn*, in: Kölner Kommentar AktG, § 111 Rn. 52; *Habersack*, in: Müko AktG, § 111 Rn. 66a; *Kropff*, NZG 2003, 346 (348).

1610 *Hambloch-Gesinn/Gesinn*, in: Hölters, AktG, § 111 Rn. 49.

liche Unterlagen erfasst, sondern auch eine Vermittlung von Informationen der Mitarbeiter durch den Vorstand ermöglicht. An dieser Stelle wird jedoch deutlich, dass die Konzeption des § 111 Abs. 2 AktG dem Gedanken eines eigenständigen Aufklärungsrechts trotz seiner Nachforschungsfunktion zunächst entgegensteht. Während ein eigenständiges Aufklärungsrecht eine weitreichende und gegenüber dem Vorstand selbstständige Informationsgewinnung erfordert, existiert ein vorstandsunabhängiges Informationsrecht auf Grundlage des § 111 Abs. 2 AktG nach überwiegender Ansicht nicht. Sinn und Zweck einer zentralisierten[1611] Informationsversorgung durch den Vorstand ist der Umstand, dass das Amt des Aufsichtsrates trotz aller Professionalisierungsdebatten als „Nebenamt" konzipiert ist.[1612] Sowohl aus zeitlichen, aber auch aus fachlichen Gründen ist es dem Aufsichtsrat daher weder möglich alle Unterlagen zu erfassen, gar sie hinsichtlich ihrer Überwachungsaufgabe zu ordnen und zu bewerten.[1613] Der Vorstand soll die Informationen daher bündeln, aufarbeiten und dem Aufsichtsrat zur Verfügung stellen.[1614] Ein Eingriff in diese Konzeption stellt nicht nur die zentralisierte Informationsversorgung grundsätzlich in Frage, sondern ist ebenso ein Zeichen für Misstrauen gegenüber dem Vorstand. Die restriktive Behandlung dieses Eingriffs ist allerdings dann außer Acht zu lassen, wenn es sich um den Verdacht schwerwiegender Regelverstöße handelt. Zum einen ist in dem Fall das Vertrauensverhältnis von Vorstand und Aufsichtsrat bereits grundsätzlich beschädigt. Zum anderen werden schwerwie-

1611 Damit ist nicht gemeint, dass der Vorstand nur auf die Informationen des Vorstandes zurückgreifen muss, sondern das sämtliche Informationsanfragen grundsätzlich an den Vorstand zu richten sind und nur von diesem beantwortet werden, vgl. *v.Schenk*, NZG 2002, 64 (65f); *Kropff*, NZG 2003, 346 (348), spricht insofern vom „Informationsmonopol" des Vorstandes; so auch *Fleischer*, in: Spindler/Stilz, AktG § 90 Rn. 43; *Marsch-Barner*, FS Schwark, 2009, S. 219 (226), spricht von „Kanalisierung aller Informationswünsche über den Vorstand".

1612 *Spindler*, in: Spindler/Stilz, AktG, § 101 Rn. 111; *Hopt/Roth*, in: Großkommentar AktG, § 111 Rn. 119.

1613 *Peltzer*, in: Wellhöfer/Peltzer/Müller, Die Haftung von Vorstand, Aufsichtsrat und Wirtschaftsprüfer, § 15 Rn. 22; *Mertens/Cahn*, in: Kölner Kommentar AktG, § 111 Rn. 52.

1614 Mit Vorschlägen für ein effektives Aufsichtsratsinformationssystem, *v.Schenk*, NZG 2002, 64 (67f).

gende Regelverstöße spätestens mit Beginn behördlicher Ermittlungen nur schwer geheim zu halten sein. Die Nichtgeltendmachung von Einsichts- und Prüfungsrechten kann jedoch auch dazu führen, dass das Misstrauen der Öffentlichkeit, Investoren und sonstigen Stakeholdern weiter verstärkt wird. Daher erscheint eine eigenständige Aufklärungskompetenz des Aufsichtsrates bereits im Sinne des Unternehmensinteresses geboten. Zwar ist es dem Aufsichtsrat nicht zulässig, auf dem erweiterten Einsichts- und Prüfungsrecht eine generelle Revisionsinstanz aufzubauen,[1615] allerdings handelt es sich bei der eigenständigen Aufklärungskompetenz wie dargestellt um eine besondere Ausnahme. Auch kann aus der zentralisierten Informationsversorgung nicht der Schluss gezogen werden, dass eine vorstandsunabhängige Information bereits grundsätzlich unmöglich ist. Ein solcher Kontakt ist nämlich bereits im Rahmen der Abschlussprüfung mit dem Abschlussprüfer zulässig (§ 171 AktG). Aufgrund der Tatsache, dass § 111 Abs. 2 AktG die Informationsversorgung offen lässt, kann durchaus argumentiert werden, dass es zur zentralisierten Informationsversorgung durch den Vorstand Ausnahmen geben kann. Die Aufklärung schwerwiegender Regelverstöße wird einen solchen Eingriff rechtfertigen.[1616] Ein Eingriff in die Informationsversorgung und die Möglichkeit von Vertrauens- und Ansehensverlusten würden in dem Fall der notwendigen Überwachungsaufgabe zweifelsfrei nachstehen. Es würde ferner dem Sinn und Zweck des § 111 Abs. 2 AktG entsprechen, ein eigenständiges Aufklärungsrecht des Aufsichtsrates dort zu verorten.[1617] Bereits jetzt dient das erweiterte Prüfungsrecht des § 111 Abs. 2 AktG doch „einer eigenen Tatsachenrecherche",[1618] der Vornahme „eigener Prüfungsmaßnahmen"[1619] oder der „eigenen Inaugenscheinnahme".[1620]

---

1615 *Koch*, in: Hüffer/Koch, AktG, § 111 Rn. 19; *Hambloch-Gesinn/Gesinn*, in: Hölters, AktG, § 111 Rn. 43; *Mertens/Cahn*, in: Kölner Kommentar AktG, § 111 Rn. 52; *Henssler*, in: Henssler/Strohn, AktG, § 111 Rn. 11.

1616 So auch *Koch*, in: Hüffer/Koch, AktG, § 111 Rn. 21; *Habersack*, in: Müko AktG, § 111 Rn. 61.

1617 So wohl auch *Habersack*, in: Müko AktG, § 111 Rn. 66; LG Bielefeld, ZIP 2000, 20 (24); auch *Reichert/Ott*, NZG 2014, 241 (248); *Winter*, FS Hüffer, 2010, S. 1103 (1122); *Spindler*, WM 2008, 905 (914); *Bicker*, AG 2012, 542 (545).

1618 *Habersack*, in: Müko AktG, § 111 Rn. 60.

(bb) Eigenständige Aufklärung

Die Idee einer eigenständigen und vorstandsunabhängigen Aufklärungskompetenz beruht auf den bereits ausführlich dargelegten Grundsätzen, dass der Aufsichtsrat den Vorstand überwacht und sich der Überwachungsmaßstab am Einzelfall und der konkreten Situation ausrichten muss. Im Idealfall ist es dazu ausreichend, dass der Aufsichtsrat seine Überwachungstätigkeit intensiviert und den Ausführungen des Vorstandes folgt. Entscheidendes Kriterium bei der Untersuchung einer eigenständigen Aufklärungspflicht ist das Vertrauensverhältnis zwischen Vorstand und Aufsichtsrat. Wie dargestellt, hat nicht jeder schwere Compliance-Verstoß einen solchen Vertrauensverlust zur Folge, dass die Aufweichung der zentralisierten Informationsversorgung notwendig erscheint.[1621] Anders kann es sich jedoch verhalten, wenn der Aufsichtsrat erhebliche Zweifel an der wahrheitsgetreuen und umfassenden Aufklärungsarbeit des Vorstandes hegt.[1622] Insbesondere wenn das Vertrauensverhältnis zum Vorstand schwer und irreparabel beschädigt wurde, sind die bisher dargestellten Möglichkeiten zur Kontrolle unzureichend. Das gilt im Besonderen, wenn der Vorstand seiner Berichtspflicht nicht nachgekommen ist,[1623] er erwiesenermaßen unvollständig berichtet hat,[1624] er den Hinweisen und Vorschlägen des Aufsichtsrats hinsichtlich des Aufklärungsumfangs oder einzelner Aufklärungsmaßnahmen nicht

---

1619 *Hambloch-Gesinn/Gesinn*, in: Hölters, AktG, § 111 Rn. 43.

1620 *Spindler*, in: Spindler/Stilz, AktG, § 111 Rn. 37.

1621 Vgl. Ausführungen unter: Kap. 3, A, II, 5, c), bb).

1622 In dem Fall tritt die Pflicht zur loyalen Zusammenarbeit mit dem Vorstand zurück, vgl. *Semler*, Leitung und Überwachung der Aktiengesellschaft (1996), S. 100; *Arnold*, ZGR 2014, 76 (103).

1623 *Semler*, Leitung und Überwachung der Aktiengesellschaft (1996) S. 139; *Kropff*, NZG 2003, 346 (348); LG Bielefeld, ZIP 2000, 20 (25); *v.Schenk*, NZG 2002, 64 (66); *Spindler*, WM 2008, 905 (914); *Lutter/Krieger/Verse*, Rechte und Pflichten des Aufsichtsrats, Rn. 243; *Winter*, FS Hüffer, 2010, S. 1103 (1122).

1624 *v.Schenk*, NZG 2002, 64 (66); *Kropff*, NZG 2003, 346 (348); OLG Stuttgart, AG 2012, 762 (763f); *Winter*, FS Hüffer, 2010, S. 1103 (1122); *Lutter/Krieger/Verse*, Rechte und Pflichten des Aufsichtsrats, Rn. 243; *Westermann*, ZIP 2000, 20 (26); *Hopt/Roth*, in: Großkommentar AktG, § 111 Rn. 240.

gefolgt ist[1625] oder der Aufsichtsrat grundsätzlich an der umfassenden und wahrheitsgetreuen Aufklärung des Vorstandes zweifelt.[1626] Zu den letztgenannten Fällen zählen im Besonderen existenzbedrohende Verstöße, die in ihrem Ausmaß und ihrer Bedeutung die gleiche Betrachtung benötigen.[1627] In all diesen Fällen könnte sich das Aufklärungsrecht des Vorstandes zu einer Aufklärungspflicht verdichten.[1628] Auch der DCGK geht insofern davon aus, dass gravierende Verdachtsmomente eine bereits intensivierte Überwachungstätigkeit sogar zu einem situationsbedingten Initiativrecht des Aufsichtsrates steigern können.[1629] Dass der Aufsichtsrat zur Ermittlung der Vorstandsverantwortlichkeit verpflichtet ist, ist derweil unbestritten. Das gilt im besonderen Maße für schwere Verstöße, die eine besondere Außenwirkung erzeugen und das Unternehmenswohl nachhaltig schaden. So stellte auch der BGH in seiner „ARAG-Garmenbeck“ Entscheidung fest, dass die Geltendmachung von Schadensersatzansprüchen „zunächst die Feststellung des zum Schadensersatz verpflichtenden Tatbestandes in tatsächlicher wie rechtlicher Hinsicht“ erfordert.[1630] Dem Aufsichtsrat steht dabei keine Entscheidungsprärogative zur Verfügung, sondern er ist zur Ermittlung der Vorstandsverantwortlichkeit verpflichtet.[1631] Allerdings war es bisher die überwiegende Auffassung, dass sich die Bestimmung dieser Verantwortlichkeit auf die Informationsversorgung durch den Vorstand beschränkt.[1632] Das dabei insbesondere bei schweren Regelverstößen nur ein unbefriedigendes Ergebnis erzeugt werden kann, ist an dieser Stelle bereits ausführlich behandelt worden. Angesichts dieser Tatsache wird immer

---

1625 Anders *Moosmayer*, Compliance, Rn. 337, der ein vorstandsunabhängiges Aufklärungsrecht bereits durch die Rechtsverletzung indiziert. Auf eine unzureichende Informationsversorgung kommt es für ihn nicht an.

1626 *Westermann*, ZIP 2000, 20 (26); *v.Schenk*, NZG 2002, 64 (66); OLG Stuttgart, AG 2012, 762 (763f).

1627 Zutreffend OLG Stuttgart, AG 2012, 762 (764).

1628 So auch *Reichert/Ott*, NZG 2014, 241 (250); *Spindler*, WM 2008, 905 (914); a.A. *Bürgers*, ZHR 179 (2015), 173 (200); bei bereits niedriger Schwelle, *Fuhrmann*, AG 2015, 328 (329).

1629 *Cromme*, Ausführung anlässlich 6. Konferenz Deutscher Corporate Governance Kodex, S. 7f.

1630 BGH, NJW 1997, 1926 (1927).

1631 BGH, NJW 1997, 1926 (1928); so auch *Brandi*, ZIP 2000, 173 (175).

1632 LG Bielefeld, ZIP 2000, 20 (24).

stärker die Ansicht vertreten, dass sich der Aufsichtsrat in einem solchen Fall nicht allein auf die mittelbare Informationsversorgung durch den Vorstand verlassen darf, sondern er eine eigenständige Aufarbeitung des Compliance-Verstoßes einleiten muss.[1633] Zumindest in die Richtung geht auch die „ARAG-Garmenbeck"-Entscheidung des BGH, wonach lediglich die Subsumtion der Vorstandsinformationen unter einen rechtlichen Tatbestand nicht ausreichend ist, sondern ebenso der zugrundeliegende Sachverhalt festgestellt werden muss.[1634] Wenngleich sich die Sachverhaltsermittlung zumindest im Idealfall allein an der Vorstandsverantwortlichkeit orientiert, wird eine solche Trennung in der Praxis nicht möglich sein.[1635] Nur das umfassende Verständnis des Verstoßes kann Schwächen in der Compliance-Struktur aufdecken und mögliche Kausalketten zum Vorstand herstellen. Daher obliegt es dem Aufsichtsrat den Compliance-Verstoß in seiner vollen Dimension zu umfassen und sich in Folge dessen auch mit dem etwaigen Verschulden von Mitarbeitern zu befassen. Dabei hat der Aufsichtsrat das pflichtwidrige Verhalten untergeordneter Ebenen zwar zu bewerten, die Einleitung von Folgemaßnahmen und Konsequenzen jedoch dem Vorstand zu überlassen.

Angesichts der Tatsache, dass der Aufsichtsrat weder die finanziellen, noch die personellen Ressourcen besitzt, um einen schwerwiegenden Verstoß umfassend zu erfassen und zu bewerten, sollte die Aufklärung in der Regel durch die Einschaltung einer externen Untersuchung erfolgen.[1636] Vom Aufsichtsrat kann sowohl in rechtlicher, als auch in ökonomischer Hinsicht nicht die Fachkenntnis verlangt werden, wie sie zur Analyse eines komplexen Sachverhalts notwendig ist.[1637] Eine Beauftragung einer externen Wirtschaftsprüfung oder Rechtsanwaltskanzlei wird auch durch die dogmatische

1633 *Westermann*, ZIP 2000, 20 (26); OLG Stuttgart, AG 2012, 298 (301); *Cromme/Claassen*, in: Hommelhoff/Hopt/v.Werder, Handbuch Corporate Governance, S. 615; *Moosmayer*, Compliance, Rn. 337; *Reichert/Ott*, NZG 2014, 241 (248); *Fuhrmann*, AG 2015, 328 (329); BGH, NJW 1997, 1926 (1927); wohl auch *Spindler*, WM 2008, 905 (914).

1634 BGH, NJW 1997, 1926 (1927).

1635 Zurückhaltender *Reichert/Ott*, NZG 2014, 241 (248), die lediglich von einem Überschneidungsbereich sprechen.

1636 *Moosmayer*, Compliance, Rn. 337.

1637 So auch OLG *Köln*, AG 1978, 17 (21).

Grundlage des § 111 Abs. 2 AktG gedeckt.[1638] Bereits heute werden von Aufsichtsräten großer Unternehmen bei komplexen Sachverhalten oder Problemstellungen externe Berater hinzugezogen, die zumeist im Zusammenspiel mit dem Vorstand die offenen Fragen prüfen.[1639] Eine externe Beauftragung kann auch möglichen Vorurteilen entgegenwirken, dass durch die enge Verzahnung des Vorstandes mit dem Aufsichtsrat nur eine wohlwollende Untersuchung initiiert wurde. Das gilt im Besonderen für die Fälle, in denen ein ehemaliges Vorstandsmitglied, das zum Zeitpunkt der Pflichtverletzung noch im Amt war, inzwischen in den Aufsichtsrat gewechselt ist.[1640] Der fade Beigeschmack einer Korrumpierung der Aufklärungsmaßnahmen um eigenes Verschulden zu verdecken, kann durch die Beauftragung externer Fachleute vermieden und damit das Vertrauen der Share- und Stakeholder gestärkt werden.

Nach der Beauftragung einer externen Aufklärung ist der Aufsichtsrat nicht von seiner erweiterten Compliance-Verantwortung entlassen. Er muss die Maßnahmen überwachen, koordinieren und gegebenenfalls in eine Richtung lenken. Im Gegensatz zur Vorstandsaufklärung besitzt der Aufsichtsrat nun eine Weisungsbefugnis gegenüber den externen Beratern, die es ihm erlaubt, die Aufklärungsmaßnahmen auf die Vorstandsverantwortlichkeit zu konzentrieren. Allerdings darf sich der Aufsichtsrat ähnlich wie bei Informationsversorgung durch die Wirtschaftsprüfer nicht grenzenlos auf die Aussagen der Beauftragten verlassen.[1641] Sie müssen die Untersuchung hinterfragen und die rechtliche Bewertung zumindest in Grundzügen verstehen.

---

1638 Vgl. *Koch*, in: Hüffer/Koch, AktG, § 111 Rn. 23; *Spindler*, WM 2008, 905 (914).

1639 Vgl. *Hasselbach*, NZG 2012, 41 (45).

1640 So z.B. Heinrich von Pierer, der während des Systems „schwarzer Kassen" bei der Siemens-AG im Vorstand saß und später in den Aufsichtsrat wechselte und damit für seine eigene Verschuldensaufklärung der Vergangenheit zuständig war.

1641 Insofern gilt der Grundsatz der notwendigen Plausibilitätskontrolle, vgl. BGH, AG 2011, 876 (877).

(cc) Parallelfunktion des Vorstandes

Angesichts der Tatsache, dass bei einem eigenständigen Aufklärungsrecht nicht nur das Vertrauensverhältnis von Vorstand und Aufsichtsrat nachhaltigen Schaden nimmt, sondern auch das Unternehmen durch die parallele Untersuchung von Vorstand und Aufsichtsrat vor einer personellen und finanziellen Herausforderung gestellt wird, stellt sich die Frage, ob es Möglichkeiten der Zusammenarbeit gibt. Es ist allerdings nicht möglich, dem Vorstand Geschäftsführungsmaßnahmen zu entziehen und diese auf den Aufsichtsrat zu übertragen, um eine parallele Untersuchung zu vermeiden.[1642] Bei der Annahme eines eigenständigen Aufklärungsrechts würden die Kontrollrechte des Aufsichtsrates zwar erweitert, jedoch dem Vorstand keine entzogen.[1643] Er dürfte sich vor allem nicht bedingungslos auf die Untersuchungen des Aufsichtsrates verlassen.[1644] Ebenfalls wäre der Aufsichtsrat von seiner Pflicht nicht befreit, wenn nur der Vorstand eine Aufklärung initiieren würde.[1645] Nicht nur in der Theorie, sondern auch in der Praxis ist es essentiell, dass der Vorstand weiterhin zur Unternehmensleitung verpflichtet und berechtigt ist. Er hat als einziger die Kompetenzen, sowohl im Innen- als auch Außenverhältnis Folgemaßnahmen einzuleiten. Dazu gehört vor allem die Vertretung des Unternehmens nach außen, sowohl in der Kommunikation mit der Presse, aber auch mit verunsicherten Investoren und anderen Stakeholdern. Es ist die Pflicht des Vorstandes, gerade im Hinblick auf die Kunden mit einer sensiblen Kommunikation Reputationsverlusten entgegenzuwirken. Vertrauensverluste bei Anlegern und Kunden können nämlich einen deutlich größeren Schaden verursachen, als die kumulierten Kosten von Aufklärung, Sanktionen und

---

1642 *Arnold*, ZGR 2014, 76 (100).

1643 *Habersack*, AG 2014, 1 (6); *Reichert/Ott*, NZG 2014, 241 (250); anders wohl *Fuhrmann*, NZG 2016, 881 (883), der bei einem Verdacht gegen einzelne Vorstandsmitglieder davon ausgeht, dass ausschließlich der Aufsichtsrat zur Einleitung von Aufklärungsmaßnahmen berechtigt ist.

1644 *Arnold*, ZGR 2014, 76 (101).

1645 *Habersack*, AG 2014, 1 (6).

Prozesskosten.[1646] Aber auch um Folgepflichtverletzungen zu vermeiden ist es unausweichlich, dass der Vorstand durch eine eigene Aufklärung jederzeit den aktuellen Stand der Lage kennt. Wird durch die Ermittlung beispielsweise bekannt, dass rechtswidrige Zahlungen als abzugsfähige Betriebsausgaben deklariert worden sind, muss der Vorstand unverzüglich den Fehler in der Steuererklärung den Steuerbehörden anzeigen und nachträglich verbessern lassen (§ 153 AO).[1647] Ferner ist es auch aus arbeitsrechtlicher Sicht unabdingbar, dass sich der Vorstand nicht allein auf Berichte des Aufsichtsrates verlassen muss, sondern er sich zeitnah und unverzüglich auf alle Ermittlungsdetails stützen kann.[1648] Im Ergebnis lässt sich festhalten, dass bei schweren Compliance-Verstößen grundsätzlich beide Organe eine parallele Untersuchung vorantreiben müssen.[1649] Dabei würde jedoch nicht nur ein erheblicher finanzieller, sondern auch personeller Aufwand entstehen. Erschwerend kommt hinzu, dass die Mitarbeiter in kürzester Zeit aus unterschiedlichen Perspektiven befragt und so vor mögliche Loyalitätskonflikte gestellt würden. Angesichts dieser immensen Belastung für das Unternehmen ist es sinnvoll, wenn Vorstand und Aufsichtsrat bei der Aufarbeitung des Rechtsverstoßes zusammenarbeiten.[1650] Hinsichtlich der dargestellten Situation ist es allerdings notwendig, dass der Aufsichtsrat ein Letztentscheidungsrecht besitzt, um eine vollumfängliche und neutrale Aufklärung zu gewährleisten.[1651] Wenn ein solches Steuerungsrecht des Aufsichtsrates nicht gewährleistet ist, muss der Aufsichtsrat die entstehenden Konsequenzen in Kauf nehmen und eine eigenständige Untersuchung einleiten. Sollte die effektive und wirkungsvolle Aufklärung jedoch

---

1646 So auch *Bicker*, AG 2012, 542 (542) m.V.a. Studie von PricewaterhouseCoopers, Confronting Corruption – the business case for an effective anti-corruption programme (2008).

1647 *Bicker*, AG 2012, 542 (543); *Arnold*, ZGR 2014, 76 (101).

1648 Kann der Vorstand nach § 626 Abs. 2 BGB die außerordentliche Kündigung nur innerhalb von zwei Wochen aussprechen, nachdem er von den für die Kündigung maßgebenden Tatsachen Kenntnis erlangt, vgl. *Arnold*, ZGR 2014, 76 (101).

1649 *Habersack*, in: MüKo AktG, § 111 Rn. 66a; *Bachmann*, ZHR 180 (2016), 563 (575); *Bürgers*, ZHR 179 (2015), 173 (201); *Arnold*, ZGR 2014, 76 (103).

1650 *Habersack*, AG 2014, 1 (6).

1651 *Habersack*, AG 2014, 1 (6).

auch in Zusammenarbeit möglich sein, ist im Unternehmensinteresse eine gemeinsame, ressourcenschonende Untersuchung zunächst voranzutreiben.[1652]

cc) Informationsgewinnung

Bereits in der anlassbezogenen Kontrolle wurde deutlich, dass sich das Informationsrecht des Aufsichtsrates primär auf den Vorstand zentralisiert und darüber hinaus nur im Einzelfall auch die leitenden Mitarbeiter erfasst.[1653] Angesichts der Tatsache, dass es sich im Rahmen der anlassbezogenen Kontrolle um keine schwerwiegenden Regelverstöße handelt, die zudem aufgrund ihrer geringeren Komplexität zur Aufklärung in der Regel keinen umfangreichen Informationsdurchgriff auf alle Mitarbeiter benötigen, kann das Überwachungsinteresse des Aufsichtsrates einen darüber hinausgehenden Eingriff auch nicht im Einzelfall rechtfertigen. [1654]

Obwohl das Verbot eines vorstandsunabhängigen Informationszugriffs auf alle Mitarbeiter zumindest umstritten ist und neuerdings häufiger in Frage gestellt wird,[1655] wird sie von der überwiegenden Mehrheit der Literatur doch noch immer abgelehnt.[1656] Zentraler

---

1652 Ausführlich zu der Zusammenarbeit von Vorstand und Aufsichtsrat, *Arnold*, ZGR 2014, 76 (103f).

1653 Vgl. Ausführungen unter: Kap. 3, A, II, 5, c), cc).

1654 *Habersack*, in: MüKo AktG, § 111 Rn. 46; *Schütz*, in: Semler/v.Schenk, Der Aufsichtsrat, § 111 Rn. 128; *Semler*, Die Überwachungsaufgabe des Aufsichtsrates (1980), S. 70.

1655 Zumindest rechtspolitisch wünschenswert, vgl. *Bachmann*, in: VGR (Hrsg.), Gesellschaftsrecht in der Diskussion 2007, S. 93; insbesondere zeichnet sich ein Trend zum vorstandsunabhängigen Informationsrecht seit des CRD IV-Umsetzungsgesetzes ab, vgl. *Arnold*, ZGR 2014, 76 (93f); *Drygala* in: Schmidt/Lutter, AktG, § 109 Rn. 12, spricht insofern von einer sich durchsetzenden „Selbstinformationspflicht" des Aufsichtsrates.

1656 *Bachmann*, in: VGR (Hrsg.), Gesellschaftsrecht in der Diskussion 2007, S. 93; *Lutter*, AG 2006, 517 (521); *Koch*, in: Hüffer/Koch, AktG, § 90 Rn. 11; *Arnold*, ZGR 2014, 76 (91); *Seibt*, in: Hommelhoff/Hopt/v.Werder, Handbuch Corporate Governance, S. 399f; *Brandi*, ZIP 2000, 173 (175); *Hambloch-Gesinn/Gesinn*, in: Hölters, AktG, § 111 Rn. 22; *Schütz*, in: Semler/v.Schenk, Der Aufsichtsrat, § 111 Rn. 394; *Spindler*, WM 2008, 905 (913); *Oetker*, in: Hommelhoff/Hopt/v.Werder, Handbuch Corporate

Kernpunkt gegen die Zulässigkeit eines vorstandsunabhängigen Informationsdurchgriffs auf alle Mitarbeiter ist die Tatsache, dass der Aufsichtsrat nur zur Überwachung der Vorstandsmitglieder und nicht der übrigen Mitarbeiter berechtigt ist (§ 111 Abs. 1 AktG). Daraus wird abgeleitet, dass folgerichtig auch kein vorstandsunabhängiger Informationsdurchgriff auf die Mitarbeiter zulässig sei.[1657]

Eine immer stärker werdende Ansicht rechtfertigt jedoch einen Informationszugriff auf Mitarbeiter in Folge des immer komplexer werdenden Überwachungsauftrags an den Aufsichtsrat.[1658] Dient die Informationsgewinnung der effektiven Ausübung der Überwachungsaufgabe des Aufsichtsrates, so nimmt der Aufsichtsrat weder verbotene Geschäftsführungsbefugnisse war, noch destabilisiert sie das Unternehmen in seinem dualistischen Organisationsmodell.[1659] In dem Fall wäre der Aufsichtsrat generell und ohne Bestehen eines Verdachts berechtigt, die Mitarbeiter vorstandsunabhängig zu befragen.[1660] Dem ist allerdings entgegen zu halten, dass ein verdachts- und vorstandsunabhängiges Informationsrecht des Aufsichtsrates die gesamte zentralisierte Informationsversorgung des Aufsichtsrates in Frage stellen würde. Darüber hinaus hätte die Annahme einer solchen Informationsmöglichkeit auch Folgen für die Konzeption des Aufsichtsrates. Regelmäßig und damit weitaus häufiger als bisher müsste er sich nicht nur mit den Berichten des Vorstandes, sondern auch mit

---

Governance, S. 292; *Mertens/Cahn*, in: Kölner Kommentar AktG, § 111 Rn. 55; *Bicker*, AG 2012, 542 (545); *v.Schenk*, NZG 2002, 64 (66); *Fleischer*, in: Spindler/Stilz, AktG, § 90 Rn. 43; *Manger*, NZG 2010, 1255 (1256).

1657 *Schütz*, in: Semler/v.Schenk, Der Aufsichtsrat, § 111 Rn. 394.

1658 *Habersack*, AG 2014, 1 (6f); *ders.*, in: MüKo AktG, § 111 Rn. 68; *Roth*, ZGR 2012, 343 (346); *Hopt/Roth*, in: Großkommentar AktG, § 111 Rn. 511; wohl auch *Kropff*, NZG 2003, 346 (349); *Drygala*, in: Schmidt/Lutter, AktG, § 109 Rn. 11f; zumindest hinsichtlich des Leiters der Innenrevision soll jederzeit der Informationszugriff möglich sein, *Nonnenmacher/Pohle/v.Werder*, DB 2007, 2412 (2415); siehe auch ausführlichen Beitrag zu den Bestrebungen von Direktkontakten bei *Dreher*, FS Ulmer, 2003, S. 87 (90) m.w.N.

1659 *Habersack*, AG 2014, 1 (6f); *Drygala*, in: Schmidt/Lutter, AktG, § 109 Rn. 11f.

1660 So nämlich *Habersack*, in: MüKo AktG, § 111 Rn. 68; *Drygala*, in: Schmidt/Lutter, AktG, § 109 Rn. 11f.

denen der Mitarbeiter auseinandersetzen. Zweifellos kann eine solche Pflichtenausweitung des Aufsichtsrates nicht gewollt sein.[1661] Ein allgemeines, verdachtsunabhängiges Recht, unmittelbar auf Informationen der Mitarbeiter zuzugreifen, besteht daher nicht.

Daraus kann jedoch nicht geschlossen werden, dass ein solcher Informationszugriff im begründeten Einzelfall nicht zulässig ist.[1662] Das Gesetz verbietet nämlich grundsätzlich keinen unmittelbaren Informationszugriff auf Mitarbeiter.[1663] Gleichwohl häufig behauptet, wird durch die Befragung von Mitarbeitern keine Geschäftsführungskompetenz wahrgenommen.[1664] Die Informationsversorgung durch die Mitarbeiter dient allein der Feststellung einer Vorstands- und keiner Mitarbeiterverantwortlichkeit[1665] und liegt somit im Überwachungsauftrag des Aufsichtsrates. Dementsprechend ist die Situation bei schweren Verstößen anders zu bewerten,[1666] bei denen sich der Informationsbedarf des Aufsichtsrates nicht allein durch die Vorstandsberichte stillen lassen kann.[1667] In den Fällen muss das Informationsinteresse des Aufsichtsrates mit den organschaftlichen Kompetenztrennungsinteressen abgewogen werden.[1668] Dabei kann es nicht darauf ankommen, ob ein Vertrauensdefizit besteht, also ob der

---

1661 Zutreffend *Lutter*, AG 2006, 517 (521), dass ein solches Recht die „Büchse der Pandora" öffnet; ebenso *Arnold*, ZGR 2014, 76 (92), der von Zirkelschluss spricht.

1662 So auch *Schütz*, in: Semler/v.Schenk, Der Aufsichtsrat, § 111 Rn. 394; *Kropff*, NZG 2003, 346 (350).

1663 *Lutter/Krieger/Verse*, Rechte und Pflichten des Aufsichtsrats, Rn. 246; zutreffend *Saage*, DB 1973, 115 (117), „Es gibt jedenfalls keinen Rechtssatz des Inhalts, dass sich der Aufsichtsrat in Ausübung seiner Überwachungstätigkeit nur an den Vorstand wenden dürfe"; *Lutter*, AG 2006, 517 (520); *ders.*, Information und Vertraulichkeit im Aufsichtsrat, S. 115f.

1664 *Habersack*, in: MüKo AktG, § 111 Rn. 68.

1665 So auch *Habersack*, AG 2014, 1 (7).

1666 So auch *Schütz*, in: Semler/v.Schenk, Der Aufsichtsrat, § 111 Rn. 394; *Vetter*, FS Westphalen, 2010, S. 719 (733); *Manger*, NZG 2010, 1255 (1256); *Seibt*, in: Hommelhoff/Hopt/v.Werder, Handbuch Corporate Governance, S. 399f; *Marsch-Barner*, FS Schwark, 2009, S. 219 (222).

1667 OLG Stuttgart, AG 2012, 298 (300); *Hopt/Roth*, in: Großkommentar AktG, § 111 Rn. 180; wohl anders *Semler*, Leitung und Überwachung der Aktiengesellschaft (1996) S. 138f.

1668 So zutreffend auch *Drygala*, in: Schmidt/Lutter, AktG, § 111 Rn. 33; *Kropff*, NZG 2003, 346 (348ff).

Aufsichtsrat Zweifel an der Aufklärungsarbeit des Vorstandes hegt bzw. der Vorstand seinen Informationspflichten nicht nachgekommen ist.[1669] Denn in beiden Fällen basiert die zurückhaltende Annahme eines Informationsdurchgriffs auf dem Gedanken, dass das Vertrauensverhältnis von Vorstand und Aufsichtsrat zu bewahren ist. Bei schweren Verstößen ist dieses Vertrauen jedoch bereits grundsätzlich in Frage gestellt.[1670] Daher kann der Schutzgedanke einem vorstandsunabhängigen Informationsdurchgriff nicht im Wege stehen.[1671] In der Abwägung ist es entscheidend, dass das Überwachungsinteresse und damit einhergehend das Informationsinteresse überwiegt.[1672] Bei schweren Regelverstößen nimmt die Aufklärungsfunktion des Aufsichtsrates eine Doppelrolle ein. Sie dient nicht nur im Innenverhältnis ihrer eigenen Verpflichtung, unrechtmäßiges Verhalten zu unterbinden und mögliche Schadensersatzansprüche durchzusetzen, sondern auch im Außenverhältnis zur Wiederherstellung von Vertrauen bei Anlegern, Kunden, Lieferanten, Mitarbeitern und der Öffentlichkeit. Nur einer umfassenden und transparenten Aufklärung[1673] wird es gelingen, Reputationsverlusten entgegenzuwirken. Dazu gehört auch die Aufklärung möglicher Vorstandsverantwortlichkeiten, die in der Regel bei schweren Regelverstößen auch personelle Folgen nach sich zieht. Zur Feststellung ist es von besonderer Bedeutung, dass der Aufsichtsrat als Kontrollorgan seine Kontrollmöglichkeiten vorbehaltlos ausschöpft. In diesem Fall endet die Informationsgewinnung nicht bei den leitenden Angestellten, sondern erfasst das Unternehmen und seine Mitarbeiter im Gesamten. Schwere Regelverstöße rechtfertigen

---

1669 a.A. *Kropff*, NZG 2003, 346 (350); ebenso *Arnold*, ZGR 2014, 76 (92).

1670 Vgl. Ausführungen unter: Kap. 3, A, II, 5, d), bb), (1): „Der bisher geltende Grundsatz, dass der Aufsichtsrat auf die vollständige und wahrheitsgetreue Berichterstattung durch den Vorstand grundsätzlich vertrauen darf, wird in dem Fall zwar nicht außer Kraft gesetzt, doch im erheblichen Maße eingeschränkt."

1671 Zutreffend *Drygala*, in: Schmidt/Lutter, AktG, § 111 Rn. 33; ebenso *Semler*, Leitung und Überwachung der Aktiengesellschaft (1996), S. 100, dass die Pflicht zur loyalen Zusammenarbeit in dem Fall zurücktritt.

1672 Weitergehend *Drygala*, in: Schmidt/Lutter, AktG, § 109 Rn. 12, dass die „nicht unberechtigten rechtssystematischen Bedenken gegenüber der Verbesserung der Informationsversorgung zurücktreten" müssen.

1673 Wie z.B. von VW im Rahmen der Emissionsaffäre proklamiert, vgl. Volkswagen Konzerngeschäftsbericht 2015, S. 49.

es daher, dass der Aufsichtsrat unmittelbar und ohne Kenntnis des Vorstandes Mitarbeiter befragen kann.[1674]

### 6. Informationspflichten

Die Aufsichtsratsmitglieder sind nach § 116 S. 1 i.V.m. §§ 93 Abs. 1 S. 3, 116 S. 2 AktG zur Verschwiegenheit über vertrauliche Angaben und Geheimnisse der Gesellschaft, die ihnen durch ihre Tätigkeit im Aufsichtsrat bekanntgeworden sind, sowie über erhaltene vertrauliche Berichte und vertrauliche Beratungen verpflichtet. Diese Pflicht kollidiert allerdings mit der unabdingbaren Gewährleistung von demokratischer Kontrolle durch kommunale Informations- und Transparenzgebote.[1675] Bestehen nämlich einerseits öffentliche Berichtspflichten gegenüber der Gebietskörperschaft, gilt andererseits die Verschwiegenheitspflicht jedoch im Grundsatz auch gegenüber den Aktionären.[1676] Im Gegensatz zu vielen anderen Problemen, die sich aus dem Verhältnis des Gesellschaftsrechts mit dem öffentlichen Recht ergeben, hat der Gesetzgeber diesem Interessenkonflikt der Aufsichtsratsmitglieder jedoch vorgebeugt und von der aktienrechtlichen Verschwiegenheitspflicht eine Ausnahme gemacht.[1677] Nach § 394 S. 1 AktG unterliegen Aufsichtsratsmitglieder, die auf Veranlassung einer Gebietskörperschaft in den Aufsichtsrat gewählt oder entsandt worden sind, hinsichtlich der Berichte, die sie der Gebietskörperschaft zu erstatten haben, keiner Verschwiegenheitspflicht.[1678] Für vertrauliche Angaben und Geheimnisse der Gesellschaft gilt dies nicht, wenn ihre Kenntnis für die Zwecke der Berichte nicht von Bedeutung ist (§ 394 S. 2 AktG). Um dennoch zu verhindern, dass

1674 So wohl auch *Lutter/Krieger/Verse*, Rechte und Pflichten des Aufsichtsrats, Rn. 248; *Seibt*, in: Hommelhoff/Hopt/v.Werder, Handbuch Corporate Governance, S. 400.

1675 *Huber/Fröhlich*, in: Großkommentar AktG, Vor §§ 394, 395 Rn. 29.

1676 Vgl. *Schmidt-Aßmann/Ulmer*, BB 1988 Beilage 13, 1 (4).

1677 *Huber/Fröhlich*, in: Großkommentar AktG, § 394 Rn. 3; *Schürnbrand*, in: MüKo AktG, § 394 Rn. 1.

1678 Zutreffend *Huber/Fröhlich*, in: Großkommentar AktG, § 394 Rn. 25, dass es sich bei § 394 S. 1 AktG um eine „Kollisionsnorm" handelt, die „eine generelle Werteentscheidung zugunsten eines Informationsprivilegs der öffentlichen Hand enthält."

Unternehmensinterna an die Öffentlichkeit oder Mitbewerber gelangen, wird die Verschwiegenheitspflicht durch § 395 AktG auch auf die Berichtsempfänger ausgeweitet. Weitergehende Ansätze, nicht börsennotierten Unternehmen mit öffentlicher Beteiligung eine satzungsrechtliche Möglichkeit einzuräumen, Aufsichtsratssitzungen öffentlich abzuhalten und damit die Verschwiegenheitspflichten gänzlich außer Kraft zu setzen,[1679] haben angesichts massiver Proteste aus der Literatur zu Recht keinen Niederschlag im Gesetz gefunden.[1680] Nimmt doch die Vertraulichkeit in kommunalen Unternehmen einen ebenso hohen Stellenwert für den Erfolg eines Unternehmens ein, wie in der Privatwirtschaft.[1681]

Eine Mehrheitsbeteiligung der Gebietskörperschaft an der Gesellschaft wird nicht vorausgesetzt.[1682] Ausreichend ist es, wenn das Aufsichtsratsmitglied „auf Veranlassung" der Gebietskörperschaft in den Aufsichtsrat gewählt oder entsendet wurde.[1683] Davon kann problemlos ausgegangen werden, wenn das Aufsichtsratsmitglied von der Gebietskörperschaft entsendet oder mit deren Stimmenmehrheit gewählt wurde.[1684] Bei Minderheitsbeteiligung ist nur von einer „Veranlassung" auszugehen, wenn das Aufsichtsratsmitglied auf Vorschlag der Gebietskörperschaft und in Absprache mit anderen Aktionären gewählt wurde.[1685] Dabei muss die Gebietskörperschaft ihr Interesse an der Bestellung nach außen hin zum Ausdruck bringen und

---

1679 RefE AktG v. 02.11.2010, S. 22.

1680 *Bayer*, AG 2012, 141 (153); Handelsrechtsausschuss DAV, NZG 2011, 217 (221); *Bormann*, NZG 2011, 926 (927).

1681 Handelsrechtsausschuss DAV, NZG 2011, 217 (221).

1682 *Lutter/Krieger/Verse*, Rechte und Pflichten des Aufsichtsrats, Rn. 1431.

1683 Zwar nicht explizit neben „gewählt" und „entsendet" erwähnt, wird die Vorschrift auch bei gerichtlich bestellten Aufsichtsratsmitgliedern (§ 104 AktG) zur Anwendung kommen, wenn die Bestellung von der Gebietskörperschaft beantragt wurde oder das Gericht der Empfehlung der Gebietskörperschaft gefolgt ist, vgl. *Schürnbrand*, in: MüKo AktG, § 394 Rn. 10.

1684 *Marsch-Barner*, in: Arbeitshandbuch für Aufsichtsratsmitglieder, § 13 Rn. 53.

1685 *Müller-Michaels*, in: Hölters, AktG, § 394 Rn. 20; *Marsch-Barner*, in: Arbeitshandbuch für Aufsichtsratsmitglieder, § 13 Rn. 53; eine bloße Anregung zur Wahl eines bestimmten Aufsichtsratsmitglieds ist für die Veranlassung unzureichend, vgl. *Schmidt-Aßmann/Ulmer*, BB 1988 Beilage 13, 1 (7).

dieses Interesse muss letztlich für die Bestellung ursächlich gewesen sein.[1686] Es muss erkennbar werden, dass das Aufsichtsratsmitglied als „Repräsentant" der Gebietskörperschaft fungiert.[1687]

Im Hinblick auf Compliance stellt sich die Frage, ob der Aufsichtsrat die Gebietskörperschaft über Regelverstöße im Unternehmen unterrichten muss. Grundvoraussetzung ist, dass überhaupt eine Berichtspflicht des Aufsichtsrates oder eines seiner Mitglieder gegenüber der Gebietskörperschaft besteht. Entgegen der bisweilen herrschenden Ansicht der Literatur[1688] kann sich eine solche Berichtspflicht nicht nur aus dem Gesetz, sondern auch aus der Satzung oder dem Aufsichtsrat in Textform mitgeteiltem Rechtsgeschäft ergeben.[1689] Trotz der Kritik des Schrifttums, dass außergesetzliche Dispositionsmöglichkeiten die Gefahr begründen, dass die aktienrechtliche Verschwiegenheitspflicht von der Gebietskörperschaft ausgehöhlt werden könnte,[1690] ist der Gesetzgeber der Mindermeinung gefolgt und hat dies mit der Aktienrechtsnovelle 2016 auch in Gesetzesrecht umgesetzt.[1691] Eine allgemeine öffentlich-rechtliche Berichtspflicht des Aufsichtsrats gegenüber der Gebietskörperschaft existiert nicht.[1692] Nur einige Gemeindeordnungen sehen vor, dass vorbehaltlich entgegenstehender Rechtsvorschriften, die Vertreter der Gemeinde in Gesellschaften den Gemeindevorstand möglichst frühzeitig über alle wichtigen Angelegenheiten zu unterrichten und ihm auf Verlan-

---

1686 *Schürnbrand*, in: MüKo AktG, § 394 Rn. 10.

1687 *Schmidt-Aßmann/Ulmer*, BB 1988 Beilage 13, 1 (7); *Huber/Fröhlich*, in: Großkommentar AktG, § 394 Rn. 23.

1688 *Schmidt*, ZGR 1996, 345 (352); *Hüffer*, FS Hopt, 2010, S. 901 (914); *Gundlach/Frenzel/Schmidt*, LKV 2001, 246 (251); *Schall*, in: Spindler/Stilz, AktG, § 394 Rn. 10; *Marsch-Barner*, in: Arbeitshandbuch für Aufsichtsratsmitglieder, § 13 Rn. 55; *Thode*, AG 1997, 547 (549); *Schmidt-Aßmann/Ulmer*, BB 1988 Beilage 13, 1 (8); andere Ansicht: *Koch*, in: Hüffer/Koch, AktG, § 394 Rn. 37; *Müller-Michaels*, in: Hölters, AktG, § 394 Rn. 23; *Huber/Fröhlich*, in: Großkommentar AktG, § 394 Rn. 34ff.

1689 Ausführlich zur Darstellung der verschiedenen Ansichten, vgl. *Land/Hallermayer*, AG 2011, 114 (114ff).

1690 *Schall*, in: Spindler/Stilz, AktG, § 394 Rn. 10; *Gasteyer*, in: Semler/ v.Schenk, Der Aufsichtsrat, § 394 Rn. 23.

1691 RegBegr. BT-Drucks. 18/4349, S. 33.

1692 Ausführlich *Schmidt-Aßmann/Ulmer*, BB 1988 Beilage 13, 1 (9ff); *Lutter/Krieger/Verse*, Rechte und Pflichten des Aufsichtsrats, Rn. 1432.

gen Auskunft zu erteilen haben.[1693] Die Berichtspflicht wird dabei auf den Gemeindevorstand beschränkt. Daneben kommen noch haushaltsrechtliche Vorschriften wie die §§ 53, 54 HGrG als Berichtsgrundlage in Betracht.[1694] Hingegen begründet § 394 AktG keine eigene Berichtspflicht, sondern regelt nur die Zulässigkeit einer solchen Berichterstattung in das Verhältnis der aktienrechtlichen Verschwiegenheitspflichten ein.[1695]

Die bisher geführte Diskussion, ob gesetzliche Berichtspflichten bestehen und wie weit deren jeweiliger Auskunftsanspruch reicht,[1696] hat durch die Aktienrechtsnovelle 2016 an Bedeutung verloren. Danach handelt es sich bei den Berichtspflichten um ein disponibles Recht, dass von der Gebietskörperschaft durch Satzung oder Rechtsgeschäft jederzeit verändert werden kann. Dass bedeutet jedoch nicht, dass die aktienrechtliche Verschwiegenheitspflicht grenzenlos disponibel ist. So wird als Berichtsempfänger von § 394 AktG kein unbegrenzter, sondern nur ein enger, im Hinblick auf das Erfordernis demokratischer Kontrolle sachlich gebotener Personenkreis in Frage kommen.[1697] Hinsichtlich der Gewährleistung der Vertraulichkeit bilden § 394 AktG und § 395 AktG eine wechselseitige Schutzbeziehung,[1698] dass zwar die Berichtspflicht, jedoch nicht die Berichtsempfänger grenzenlos disponibel sind. In der Regel wird die Berichterstattung daher auf die unmittelbaren Vertreter der Gebietskörperschaft beschränkt, folglich dem Bürgermeister, dem Magistrat oder dem Leiter einer Beteiligungsgesellschaft.[1699] Hinsichtlich der Gewährleis-

1693 Vgl. § 125 Abs. 1 S. 5. HessGO.

1694 a.A. *Bäcker*, FS Schwark, 2009, S. 101 (117).

1695 BT-Drucks. 18/4349, S. 33; *Land/Hallermayer*, AG 2011, 114 (114); *Schürnbrand*, in: MüKo AktG, § 394 Rn. 1; *Schall*, in: Spindler/Stilz, AktG, § 394 Rn. 10; *Bäcker*, FS Schwark, 2009, S. 101 (117); *Hüffer*, FS Hopt, 2010, S. 901 (915).

1696 *Schmidt-Aßmann/Ulmer*, BB 1988 Beilage 13, 1 (9ff).

1697 Zutreffend *Schürnbrand*, in: MüKo AktG, § 395 Rn. 10, dass durch die Zahl der Berichtsempfänger die Geheimhaltung weiterhin kontrollierbar sein muss.

1698 *Müller-Michaels*, in: Hölters, AktG, § 394 Rn. 3; *Land/Hallermayer*, AG 2011, 114 (118); *Bäcker*, FS Schwark, 2009, S. 101 (117).

1699 *Lutter/Krieger/Verse*, Rechte und Pflichten des Aufsichtsrats, Rn. 1430, spricht zu unbestimmt davon, dass die Aufsichtsratsmitglieder nur ihrem „Vorgesetzten“ berichten dürfen.

tung der Vertraulichkeit hält die überwiegende Ansicht im Schrifttum eine Berichterstattung gegenüber einem größeren Personenkreis wie der gesamten Gemeindevertretung für unzulässig.[1700] Dabei verkennen sie, dass auch Sitzungen oder einzelne Tagesordnungspunkte der Gemeindevertretung in nicht öffentlicher Sitzung abgehalten werden können.[1701] Gleichwohl es sich bei der Berichterstattung gegenüber der gesamten Gemeindevertretung um eine Ausnahme handeln sollte,[1702] wäre im Fall einer nicht öffentlichen Sitzung die Vertraulichkeit gewahrt.[1703] Selbst wenn sich die Verschwiegenheitspflicht des § 395 AktG nicht auf die Gemeindevertretung erstrecken würde,[1704] wären die Mitglieder der Gemeindevertretung auf Grund kommunalrechtlicher Vorschriften zur Verschwiegenheit verpflichtet.[1705] Hinsichtlich der Ausweitung der Berichtsempfänger kann es nicht nur auf den engen Wortlaut des § 395 AktG, sondern auch

[1700] *Land/Hallermayer*, AG 2011, 114 (120); *Koch*, in: Hüffer/Koch, AktG, § 394 Rn. 43; *Hüffer*, FS Hopt, 2010, S. 901 (916); *Gundlach/Frenzel/Schmidt*, LKV 2001, 246 (251); *Lutter/Krieger/Verse*, Rechte und Pflichten des Aufsichtsrats, Rn. 1432, dass eine Berichterstattung an die Gemeindevertretung hinsichtlich des § 395 AktG unzulässig ist; *Bäcker*, FS Schwark, 2009, S. 101 (117); ebenso *Schmidt-Aßmann/Ulmer*, BB 1988 Beilage 13, 1 (9); *Marsch-Barner*, in: Arbeitshandbuch für Aufsichtsratsmitglieder, § 13 Rn. 57; a.A. *Zieglmeier*, ZGR 2007, 144 (160).

[1701] So auch *Müller-Michaels*, in: Hölters, AktG, § 395 Rn. 3; *Huber/Fröhlich*, in: Großkommentar AktG, § 394 Rn. 43; zurückhaltender *Land/Hallermayer*, AG 2011, 114 (120).

[1702] So auch *Land/Hallermayer*, AG 2011, 114 (120).

[1703] Zutreffend *Schall*, in: Spindler/Stilz, AktG, § 394 Rn. 14, dass „der Hinweis auf die höhere Wahrscheinlichkeit einer Verletzung der Verschwiegenheitspflicht" nicht ausreicht, um eine „ausdrückliche gesetzliche Berichtspflicht des öffentlichen Rechts (…) leer laufen zu lassen"; *Müller-Michaels*, in: Hölters, AktG, § 395 Rn. 3; *Huber/Fröhlich*, in: Großkommentar AktG, § 394 Rn. 43; a.A *Land/Hallermayer*, AG 2011, 114 (120), dass auf Grund der besonderen Nähe zwischen Mitgliedern des Gemeinderates, Bürgern und Unternehmen die Gewährleistung der Geheimhaltung bei einer Berichtspflicht gegenüber dem Gemeinderat bzw. der Gemeindevertretung nicht gegeben ist und sie daher als Berichtsadressaten ausscheiden; ebenso *Schmidt-Aßmann/Ulmer*, BB 1988 Beilage 13, 1 (22).

[1704] Vgl. *Müller-Michaels*, in: Hölters, AktG, § 395 Rn. 5.

[1705] Vgl. § 24 HessGO; *Zieglmeier*, ZGR 2007, 144 (162).

dessen Sinn und Zweck ankommen.[1706] Wenn die Berichtsadressaten auf Grund anderer Vorschriften zur Verschwiegenheit verpflichtet sind, ist der Sinn und Zweck des § 395, dass die Geheimhaltung vertraulicher Informationen trotz Berichtspflicht gewährleistet ist, ausreichend berücksichtigt.[1707] Andere Formen und Adressaten der Berichterstattung, bei denen keine Vertraulichkeit gewährleistet werden kann, sind unzulässig.

Ebenso kann die aktienrechtliche Verschwiegenheitspflicht nur insoweit eingeschränkt werden, wie sie nach § 394 S. 2 AktG zum Zwecke der Berichterstattung von Bedeutung ist. Das Aufsichtsratsmitglied muss daher im Einzelfall entscheiden, inwieweit der „Zweck der Berichterstattung eine Durchbrechung der Verschwiegenheitspflicht rechtfertigt."[1708] Dabei muss das Informationsinteresse der Gebietskörperschaft mit den Geheimhaltungsinteressen der Gesellschaft abgewogen werden.[1709] Hinsichtlich stattgefundener Regelverstöße wird der Zweck der Berichterstattung regelmäßig eine umfangreiche Berichterstattung erfordern.[1710] Die haushaltsrechtlichen Vorschriften dienen gerade dem Zweck, dass die Gebietskörperschaft eine allgemeine Kontrolle über die wirtschaftliche Betätigung ihrer Gesellschaften erhält.[1711] Dazu gehört im speziellen die Kenntnis über das Unternehmen bedrohende wirtschaftliche Risiken[1712] und die Einhaltung von Recht und Gesetz.[1713] Dabei kann sich das Aufsichts-

---

1706 Es muss nur dem „gesellschaftsrechtlichen Geheimhaltungsbedürfnis hinreichend Rechnung getragen" werden, *Huber/Fröhlich*, in: Großkommentar AktG, § 394 Rn. 43.

1707 *Land/Hallermayer*, AG 2011, 114 (120).

1708 *Marsch-Barner*, in: Arbeitshandbuch für Aufsichtsratsmitglieder, § 13 Rn. 56; ebenso *Koch*, in: Hüffer/Koch, AktG, § 394 Rn. 41; a.A. *Schall*, in: Spindler/Stilz, AktG, § 394 Rn. 13, der einen Ermessensspielraum des Aufsichtsratsmitgliedes ablehnt.

1709 *Huber/Fröhlich*, in: Großkommentar AktG, § 394 Rn. 51.

1710 So auch *Müller-Michaels*, in: Hölters, AktG, § 394 Rn. 31.

1711 *Koch*, in: Hüffer/Koch, AktG, § 394 Rn. 44; *Müller-Michaels*, in: Hölters, AktG, § 394 Rn. 31; *Schürnbrand*, in: MüKo AktG, § 394 Rn. 24.

1712 *Schürnbrand*, in: MüKo AktG, § 394 Rn. 24; *Schall*, in: Spindler/Stilz, AktG, § 394 Rn. 12.

1713 *Schall*, in: Spindler/Stilz, AktG, § 394 Rn. 12; *Müller-Michaels*, in: Hölters, AktG, § 394 Rn. 31; anders *Schürnbrand*, in: MüKo AktG, § 394 Rn. 24, dass steuer- oder kartellrechtliche Verstöße nur dann vom Zweck der ratsmitglied auch nicht auf die Verschwiegenheitspflichten berufen, obwohl durch die Weitergabe der Informationen die Gefahr vergrößert wird, dass der Rechtsverstoß an die Öffentlichkeit gelangt.[1714] Auf Grundlage des § 125 Abs. 1 S. 5 HessGO haben die Vertreter des Gemeindevorstandes den Gemeindevorstand über alle wesentlichen Rechtsverstöße, die ihnen in ihrer Funktion als Aufsichtsratsmitglied bekannt geworden sind, zu unterrichten. Den Gemeinden steht es frei, diese Pflicht durch Satzung oder schriftlichem Rechtsgeschäft auszuweiten, um beispielsweise auch Zugriff auf die vorgeschlagenen, vierteljährlichen Compliance-Berichte zu erhalten.[1715]

---

Berichterstattung erfasst werden, wenn sie für die Beteiligungsverwaltung erheblich sind.

1714 Eine Weitergabe der Informationen vom Berichtsempfänger an Ermittlungsbehörden oder andere Dritte ist durch die Ausweitung der Verschwiegenheitspflicht des § 395 AktG unzulässig, vgl. *Schürnbrand*, in: MüKo AktG, § 395 Rn. 9.

1715 Zur Zulässigkeit der Weitergabe schriftlicher Informationen siehe *Koch*, in: Hüffer/Koch, AktG, § 394 Rn. 45; *Schürnbrand*, in: MüKo AktG, § 394 Rn. 26ff.

# B. GmbH

Obwohl ein großer Teil der kommunalen Wirtschaftstätigkeit in der Rechtsform einer GmbH ausgeführt wird, hat es sich angeboten, die Rechte und Pflichten der Organe zunächst an der Aktiengesellschaft darzustellen. Zum einen weil die Compliance-Diskussion in Deutschland ihren Ursprung im aktienrechtlichen Schrifttum hatte und zum anderen, weil es inhaltlich zielführender ist, von der komplexen Struktur der Aktiengesellschaft auf die im Vergleich homogenere Struktur der GmbH zu schließen. Die Untersuchung der Compliance-Pflichten in der Aktiengesellschaft bildet daher die Grundlage der Organpflichten in der GmbH. Auf eine Darstellung der Pflichten soll verzichtet werden, insofern sie mit denen in der Aktiengesellschaft identisch sind. Um Wiederholungen zu vermeiden, beschränkt sich die folgende Untersuchung daher auf die Ausarbeitung der Unterschiede und Besonderheiten.

## I. Geschäftsführer

Hinsichtlich der einzelnen Compliance-Pflichten des Geschäftsführers kann im Grundsatz auf die Ausführungen zum Vorstand verwiesen werden.[1716] Das gilt im Besonderen für den Pflichtendreiklang von Prävention, Aufklärung und Sanktion, der auch in der GmbH unabdingbar ist[1717] und dessen Überwachungsmaßstab im Krisenfall intensiviert werden muss.[1718] Ebenso kann die Zuständigkeit delegiert werden,[1719] wobei die Gesamtverantwortung weiterhin

[1716] *Fleischer*, in: MüKo GmbHG, § 43 Rn. 145.

[1717] *Haas/Ziemons*, in: Michalski, GmbHG, § 43 Rn. 44; *Fuhrmann*, NZG 2016, 881 (884); *Fleischer*, in: MüKo GmbHG, § 43 Rn. 137ff; *Kort*, GmbHR 2013, 566 (567); *Schneider*, in: Scholz, GmbHG, § 43 Rn. 96aff; zur internen Untersuchung in der GmbH, vgl. *Theusinger/Jung*, in: Römermann, MAH GmbH-Recht, § 24 Rn. 69ff.

[1718] *Fleischer*, in: MüKo GmbHG, § 43 Rn. 140.

[1719] BayObLG, NJW 2002, 766 (766ff); *Schneider*, in: Scholz, GmbHG, § 43 Rn. 96b; *Kort*, GmbHR 2013, 566 (566f).

bei der Geschäftsführung bleibt.[1720] In der Ausgestaltung der Compliance-Struktur besitzt der Geschäftsführer auch in der GmbH grundsätzlich einen weiten Ermessensspielraum,[1721] auf den die deutsche Business Judgment Rule trotz fehlender Kodifizierung im GmbHG Anwendung findet.[1722] Dies beruht vor allem auf der Tatsache, dass die Sorgfaltspflichten des Geschäftsführers aus § 43 Abs. 1 GmbHG mit denen des Vorstandes aus § 93 Abs. 1 AktG nahezu inhaltsgleich sind.[1723] Den GmbH-Geschäftsführer trifft eine nicht minder strenge Legalitätspflicht.[1724] Folgerichtig lässt sich der Sorgfaltsmaßstab auch

---

1720 *Kort*, GmbHR 2013, 566 (566); trotz disponiblen Rechts ist eine Delegation der dem Geschäftsführer explizit zugewiesenen Aufgaben unzulässig, vgl. *Dreher*, FS Hopt, 2010, S. 517 (522).

1721 *Oetker*, in: Henssler/Strohn, GmbHG, § 43 Rn. 25; *Schneider*, in: Scholz, GmbHG, § 43 Rn. 96b; *Haas/Ziemons*, in: Michalski, GmbHG, § 43 Rn. 75d; *Kort*, GmbHR 2013, 566 (568f); siehe jedoch Hinweis von *Zöllner/Noack*, in: Baumbach/Hueck, GmbHG, § 43 Rn. 22, dass der Geschäftsführer auf Grund der starken Bindung und Stellung der Gesellschafter häufiger angehalten ist, bei Ermessensentscheidungen den Konsens der Gesellschafter einzuholen; weitergehend BGH, NJW 1984, 1461 (1462), dass der Geschäftsführer keine Entscheidungen gegen den mutmaßlichen Willen der Gesellschafter treffen darf.

1722 *Fleischer*, in: MüKo GmbHG, § 43 Rn. 71; *Zöllner/Noack*, in: Baumbach/Hueck, GmbHG, § 43 Rn. 22; *Fleischer*, NZG 2011, 521 (527); *Kort*, GmbHR 2013, 566 (572f); *Haas/Ziemons*, in: Michalski, GmbHG, § 43 Rn. 66b.

1723 Vgl. RegBegr. UMAG, BT-Drucks. 15/5092, S. 12: „Der Grundgedanke eines Geschäftsleiterermessens im Bereich unternehmerischer Entscheidungen ist nicht auf den Haftungstatbestand des § 93 AktG und nicht auf die Aktiengesellschaft beschränkt, sondern findet sich auch ohne positivrechtliche Regelung in allen Formen unternehmerischer Betätigung“; *Altmeppen*, in: Roth/Altmeppen, GmbHG, § 43 Rn. 3; OLG Celle, NZG 2000, 1178 (1179); OLG Koblenz, ZIP 2001, 871 (871); *Zöllner/Noack*, in: Baumbach/Hueck, GmbHG, § 43 Rn. 7; *Theusinger/Jung*, in: Römermann, MAH GmbH-Recht, § 24 Rn. 71; *Haas/Ziemons*, in: Michalski, GmbHG, § 43 Rn. 189; *Buck-Heeb*, in: Gehrlein/Ekkenga/Simon, GmbHG, § 43 Rn. 14; *Fleischer*, in: MüKo GmbHG, § 43 Rn. 5; *Oetker*, in: Henssler/Strohn, GmbHG, § 43 Rn. 15.

1724 BGH, NJW 2010, 3458 (3460); *Theusinger/Jung*, in: Römermann, MAH GmbH-Recht, § 24 Rn. 8; Wicke, GmbHG, § 43 Rn. 5; *Schneider*, in: Scholz, GmbHG, § 43 Rn. 96a; *Fleischer*, in: MüKo GmbHG, § 43 Rn. 22ff; *Altmeppen*, in: Roth/Altmeppen, GmbHG, § 43 Rn. 6; *Oetker*, in:

durch die strengere Legalitätsbindung öffentlicher Unternehmen konkretisieren.

Das größte Unterscheidungsmerkmal in der Leitung ist die Tatsache, dass der Geschäftsführer einer GmbH im Gegensatz zum eigenverantwortlich handelnden Vorstand umfassend weisungsabhängig[1725] ist. Danach ist der Geschäftsführer verpflichtet, die Beschränkungen einzuhalten, welche für den Umfang ihrer Befugnis die Gesellschaft zu vertreten, durch die Beschlüsse der Gesellschafter festgesetzt sind (§ 37 Abs. 1 GmbHG). Dies hat zur Folge, dass dem Geschäftsführer zwar grundsätzlich ein weiter Ermessensspielraum bleibt, der jedoch durch die Beschlüsse der Gesellschafter eingeschränkt werden kann. In Teilbereichen wird sogar ohne Beschluss der Gesellschafter von einer aktiven Vorlagepflicht des Geschäftsführers ausgegangen werden müssen, wenn die Entscheidung dem mutmaßlichen Willen der Gesellschafter widerspricht.[1726] Hinsichtlich der Etablierung und Ausgestaltung einer Compliance-Struktur kann daher eine Vorlagepflicht bestehen, insofern sich die Entscheidung nicht mit dem Ansinnen der Gesellschafter deckt. Aber auch Einzelmaßnahmen, wie die strafrechtliche oder zivilrechtliche Verfolgung eines Mitarbeiters nach Rechtsverstößen können vorlagepflichtig sein, wenn die Gesellschafter mutmaßlich oder ausdrücklich von einer Verfolgung absehen wollen.[1727] Die Weisungsabhängigkeit hat jedoch auch zur Folge, dass sich der Geschäftsführer möglichen Haftungsgefahren „entledigen“ kann, in dem er risikobehaftete Entscheidungen der Gesellschafterversammlung vorlegt.[1728] Aus der Sicht des Geschäftsführers ist es zweifelsfrei ratsam, auch bei mutmaßlich gleichem oder ähnlichem Willen der Gesellschafter risikobehaftete Compliance-Entscheidungen

---

Henssler/Strohn, GmbHG, § 43 Rn. 23f; *Zöllner/Noack*, in: Baumbach/Hueck, GmbHG, § 43 Rn. 22.

1725 *Oetker*, in: Hommelhoff/Hopt/v.Werder, Handbuch Corporate Governance, S. 279.

1726 BGH, NJW 1984, 1461 (1462); OLG Koblenz, NZG 2000, 264 (267); *Fleischer*, NZG 2011, 521 (525).

1727 Jedoch auch nur, wenn der Geschäftsführer ein Ermessensspielraum besitzt. Wenn sich das Ermessen zu einer Sanktionspflicht verdichtet, muss sich der Geschäftsführer über gegenteilige Gesellschafterweisungen hinwegsetzen, vgl. *Fuhrmann*, NZG 2016, 881 (884).

1728 BGH, NJW 2000, 1571 (1571) m.w.N.; BGH, NJW 1993, 1922 (1922).

der Gesellschafterversammlung vorzulegen, um sich einer eigenen Haftungsgefahr zu exkulpieren.

Darüber hinaus besteht im Gegensatz zur Aktiengesellschaft die Möglichkeit, dass die Gesellschafter die Compliance-Zuständigkeit durch Beschluss oder Satzung an sich ziehen.[1729] In der Regel wird die Gesellschafterversammlung jedoch keine umfassende Zuständigkeit an sich binden und ausüben, sondern nur einzelne Vorgaben zur Ausgestaltung, Implementierung oder Durchsetzung der Compliance-Strukturen machen. Der Geschäftsführer ist in dem Fall von den übernommenen Pflichten der Gesellschafter entbunden, allerdings weiterhin für die Umsetzung im Sinne der Gesellschafter zuständig.[1730] Wenn die Gesellschafterversammlung beispielsweise die organisatorische und inhaltliche Ausgestaltung der Compliance-Struktur vorgibt, ist der Geschäftsführer zur Umsetzung der Vorgaben verpflichtet.

## II. Aufsichtsorgan

Im Gegensatz zur Aktiengesellschaft ist in der GmbH die Bildung eines Aufsichtsrates grundsätzlich nicht gesetzlich vorgeschrieben. Angesichts der starken Stellung der Gesellschafterversammlung und der in der Regel überschaubaren Gesellschafterstruktur hielt es der Gesetzgeber für ausreichend, dass die Gesellschafterversammlung die Geschäftsführung überwacht und daneben kein weiteres Überwachungsorgan notwendig ist.[1731] Den Gesellschaftern steht es jedoch frei, einen sogenannten fakultativen Aufsichtsrat zu installieren. Eine Ausnahme von der Freiwilligkeit, nämlich die Pflicht zur Bildung eines sogenannten obligatorischen Aufsichtsrates, kann sich jedoch durch das Drittelbeteiligungs- und das Mitbestimmungsgesetz ergeben.[1732] Sobald die Zahl der Arbeitnehmer 500 überschreitet, ist die Gesellschaft gem. § 1 Abs. 1 Nr. 3 DrittelbG zur Bildung eines

[1729] *Kort*, GmbHR 2013, 566 (567).
[1730] *Kort*, GmbHR 2013, 566 (567).
[1731] BT-Drucks. 6/3088, S. 145.
[1732] *Henssler*, in: Henssler/Strohn, GmbHG, § 52 Rn. 1, spricht insofern von einer „Strukturangleichung an die AG".

Aufsichtsrates verpflichtet. In dem Fall muss der Aufsichtsrat nach § 4 Abs. 1 DrittelbG zu einem Drittel aus Arbeitnehmervertretern bestehen. Wenn die Zahl der Arbeitnehmer über 2000 ansteigt, ist der Aufsichtsrat gem. §§ 1 Abs. 1 Nr. 2, 7 Abs. 1 MitbestG paritätisch mit Vertretern der Anteilseigner und Arbeitnehmer zu besetzen. Ansonsten kann bei der Bestellung der Aufsichtsratsmitglieder durch den Verweis in § 52 Abs. 1 GmbHG auf die Ausführungen zur Aktiengesellschaft verwiesen werden. Gleichwohl § 52 Abs. 1 GmbH nicht auf § 101 Abs. 2 AktG verweist, ist ein satzungsrechtliches Entsendungsrecht der Gesellschafter auch in der GmbH anerkannt[1733] und gehört zur Praxis kommunaler GmbHs.[1734] Im Gegensatz zur Aktiengesellschaft gilt die Beschränkung des Entsendungsrechts auf maximal ein Drittel der Mitglieder im fakultativen Aufsichtsrat nicht.[1735]

Obwohl in der kommunalen Wirtschaftstätigkeit die Gründung eines Aufsichtsrates im Regelfall keine Pflicht für die GmbH darstellt,[1736] wird nur selten auf die Implementierung eines Aufsichtsrates verzichtet.[1737] Grundlage dieser Praxis ist die kommunalrechtliche Vorschrift, dass die Kommune einen angemessenen Einfluss, insbesondere im Aufsichtsrat oder in einem entsprechenden Überwachungsorgan erhalten muss.

---

1733 Vgl. *Spindler*, in: MüKo GmbHG, § 52 Rn. 139; *Altmeppen*, in: Roth/Altmeppen, GmbHG, § 52 Rn. 10; *Giedinghagen*, in: Michalski, GmbHG, § 52 Rn. 91f; *Zöllner/Noack*, in: Baumbach/Hueck, GmbHG, § 52 Rn. 42; *Lutter/Hommelhoff*, in: Lutter/Hommelhoff, GmbHG, § 52 Rn. 6; *Lutter/Krieger/Verse*, Rechte und Pflichten des Aufsichtsrats, Rn. 1199; *Henssler*, in: Henssler/Strohn, GmbHG, § 52 Rn. 6.

1734 *Spindler*, in: MüKo GmbHG, § 52 Rn. 139.

1735 *Altmeppen*, in: Roth/Altmeppen, GmbHG, § 52 Rn. 10.

1736 *Altmeppen*, FS Uwe H. Schneider, 2011, S. 1 (1); zum einen haben wohl die Mehrzahl der kommunalen Unternehmen weniger als 500 Mitarbeiter. Zum anderen sind zumindest die gemeinnützigen Krankenhäuser vom Ausnahmetatbestand § 1 Abs. 2 Nr. 2a) DrittelbG betroffen, auf die, durch ihre unmittelbar und überwiegend karitative Betätigung, das DrittelbG keine Anwendung findet.

1737 *Hommelhoff*, FS Hommelhoff, 2012, S. 447 (455); *Altmeppen*, FS Uwe H. Schneider, 2011, S. 1 (1).

### 1. Überwachungspflichten

Die starke Stellung der Gesellschafterversammlung hat nicht nur Auswirkung auf die Kompetenzen der Geschäftsführung, sondern auch auf die des Aufsichtsrates. Einhergehend mit dem umfassenden Informations- und Einsichtsrecht aus § 51a GmbHG besitzt nämlich die Gesellschafterversammlung die originäre Überwachungskompetenz in der GmbH. Anders verhält es sich nur, wenn ein fakultativer oder obligatorischer Aufsichtsrat gebildet wurde. Für den obligatorischen Aufsichtsrat gelten durch die Verweisungen im DrittelbG (§ 1 Abs. 1 Nr. 3 DrittelbG) und im MitbestG (§§ 25 Abs. 1 Nr. 2, 31 Abs. 1 MitbestG) größtenteils die Bestimmungen des AktG, die als Mindestvorschriften zwingend sind und von denen auch nicht durch Satzungsänderung nach unten abgewichen werden kann.[1738] Indes ist es möglich, die Kompetenzen des Aufsichtsrates über die gesetzlichen Bestimmungen des AktG hinaus zu erweitern.

Hingegen ist es nach der Gründung eines fakultativen Aufsichtsrates die Aufgabe der Gesellschafter, die Kompetenzen zwischen Aufsichtsrat und Gesellschafterversammlung klar im Gesellschafsvertrag festzulegen und zu trennen.[1739] Zwar gelten gem. dem Verweis des § 52 Abs. 1 GmbHG nach der Bestellung eines fakultativen Aufsichtsrates grundsätzlich die Vorschriften des AktG, die Gesellschafter können jedoch im Gesellschaftsvertrag von den Vorschriften abweichen. Die Satzungsautonomie der Gesellschafter wird allerdings insoweit eingeschränkt, dass nur solche Kompetenzen entzogen werden können, die den Aufsichtsrat in seinem Wesen unberührt lassen.[1740] Dementsprechend ist es auch durch Satzungsänderung nicht möglich, dem Aufsichtsrat seine Überwachungskompetenzen zu entziehen[1741] und ihn zu einem alleinigen Beratungsorgan umzufunk-

---

1738 *Lutter/Hommelhoff*, in: Lutter/Hommelhoff, GmbHG, § 52 Rn. 37.

1739 *Bäcker*, FS Schwark, 2009, S. 101 (101); zur Überwachungsaufgabe des fakultativen Aufsichtsrates, BGH, NZG 2010, 1186.

1740 *Harder/Ruter*, GmbHR 1995, 813 (816); *Lutter/Krieger/Verse*, Rechte und Pflichten des Aufsichtsrats, Rn. 1206.

1741 *Zöllner/Noack*, in: Baumbach/Hueck, GmbHG, § 52 Rn. 28; *Henssler*, in: Henssler/Strohn, GmbHG, § 52 Rn. 3; *Lutter/Hommelhoff*, in: Lutter/Hommelhoff, GmbHG, § 52 Rn. 13; *Lutter/Krieger/Verse*, Rechte und Pflichten des Aufsichtsrats, Rn. 1206.

tionieren.[1742] Ansonsten würde im Außenverhältnis mit der Bezeichnung Aufsichtsrat ein irrtümlicher Rechtsschein erweckt, der nicht der Realität entspricht.[1743] Daher obliegt es nach der Einrichtung dem Aufsichtsrat, die Geschäftsführung hinsichtlich der Ordnungsmäßigkeit, Zweckmäßigkeit, Wirtschaftsmäßigkeit und Rechtmäßigkeit zu kontrollieren und beraten.[1744] Dabei hat der Aufsichtsrat grundsätzlich die gleichen Maßstäbe an die Überwachungstätigkeit zu richten, wie in der Aktiengesellschaft.[1745] Die Überwachungskompetenz des Aufsichtsrates verdrängt jedoch nicht die unabdingbare Stellung der Gesellschafterversammlung als oberstes Überwachungsorgan der Gesellschaft,[1746] die weiterhin von ihren umfassenden Einsichts- und Weisungsrechten Gebrauch machen können.[1747] Angesichts der Weisungsabhängigkeit des Geschäftsführers hat sich die Überwachungstätigkeit des Aufsichtsrates zudem nur auf die eigenverantwortliche Geschäftsführung durch den Geschäftsleiter zu erstrecken, nicht jedoch auf Maßnahmen, die von der Gesellschafterversammlung angewiesen wurden.[1748] Anders verhält es sich jedoch, wenn die Weisung der Gesellschafter den Geschäftsführer zu einer rechtswidrigen Handlung veranlasst. In den Fällen rechtfertigt die Erhaltung von Legalität, dass sich der Aufsichtsrat auch mit den Maßnahmen der

---

1742 *Henssler*, in: Henssler/Strohn, GmbHG, § 52 Rn. 3; *Lutter/Krieger/Verse*, Rechte und Pflichten des Aufsichtsrats, Rn. 1205; *Giedinghagen*, in: Michalski, GmbHG, § 52 Rn. 226.

1743 *Zöllner/Noack*, in: Baumbach/Hueck, GmbHG, § 52 Rn. 27; *Giedinghagen*, in: Michalski, GmbHG, § 52 Rn. 226; *Lutter/Krieger/Verse*, Rechte und Pflichten des Aufsichtsrats, Rn. 1205.

1744 *Giedinghagen*, in: Michalski, GmbHG, § 52 Rn. 9; *Spindler*, in: MüKo GmbHG, § 52 Rn. 280; *Zöllner/Noack*, in: Baumbach/Hueck, GmbHG, § 52 Rn. 100; Wicke, GmbHG, § 43 Rn. 6.

1745 *Lutter/Krieger/Verse*, Rechte und Pflichten des Aufsichtsrats, Rn. 1118.

1746 *Deilmann*, BB 2004, 2253 (2255); *Spindler*, in: MüKo GmbHG, § 52 Rn. 265; *Zöllner/Noack*, in: Baumbach/Hueck, GmbHG, § 52 Rn. 100; *Schmidt*, in: Scholz, GmbHG, § 46 Rn. 111; *Giedinghagen*, in: Michalski, GmbHG, § 52 Rn. 9; *Roth*, in: Roth/Altmeppen, GmbHG, § 46 Rn. 47.

1747 *Schmidt*, in: Scholz, GmbHG, § 46 Rn. 111.

1748 *Spindler*, in: MüKo GmbHG, § 52 Rn. 268; *Lutter/Krieger/Verse*, Rechte und Pflichten des Aufsichtsrats, Rn. 1121; *Deilmann*, BB 2004, 2253 (2255); *Henssler*, in: Henssler/Strohn, GmbHG, § 52 Rn. 12; *Giedinghagen*, in: Michalski, GmbHG, § 52 Rn. 222.

Gesellschafterversammlung auseinandersetzt und sie gegebenenfalls anficht.[1749]

Vorzugswürdig erscheint es, auch die dreistufige Compliance-Verantwortung in der Aktiengesellschaft auf den Aufsichtsrat einer GmbH zu übertragen. Zum einen trifft auch den Aufsichtsrat die Pflicht zur Überwachung der Compliance-Struktur (§§ 52 Abs. 1 i.V.m. 107 Abs. 3 S. 2 AktG),[1750] gleichwohl er den Ermessensspielraum des Geschäftsführers akzeptieren muss.[1751] Zum anderen gilt durch § 43 Abs. 1 und den Verweis von § 52 Abs. 1 GmbHG auf §§ 116, 93 Abs. 1 AktG auch für den Aufsichtsrat der strenge Legalitätsmaßstab öffentlicher Unternehmen. Treten schwere Regelverstöße ein, die unmittelbare oder mittelbare nachteilige Auswirkungen auf die Unternehmenslage haben, muss auch der Aufsichtsrat einer GmbH seine Überwachungsintensität erhöhen.[1752] Dazu gehört es, Hinweisen auf Rechtsverstöße nachzugehen und eine mögliche Vorstandsverantwortlichkeit zu hinterfragen.[1753] Eine eigenständige, geschäftsführungsunabhängige Untersuchung ist bei schweren Regelverstößen auch in der GmbH möglich.[1754] Grundsätzlich kommt dem fakultativen Aufsichtsrat zu Gute, dass es sich bei dem Übertragungsverbot von Geschäftsführungskompetenzen gem. § 52 Abs. 1 GmbHG i.V.m. § 111 Abs. 4 S. 1 AktG um dispositives Recht handelt, das von den Gesellschaftern abgeändert werden kann.[1755] Insbesondere kann dem Aufsichtsrat durch die Satzung gestattet werden, auch außerhalb schwerer Regelverstöße in Direktkontakt mit Dritten oder Mitarbei-

---

1749 *Hommelhoff*, ZGR 1978, 119 (151).

1750 *Henssler*, in: Henssler/Strohn, GmbHG, § 52 Rn. 12; *Lutter/Hommelhoff*, in: Lutter/Hommelhoff, GmbHG, § 52 Rn. 18; *Spindler*, in: MüKo GmbHG, § 52 Rn. 280.

1751 *Spindler*, in: MüKo GmbHG, § 52 Rn. 287.

1752 OLG Brandenburg, CCZ 2009, 117 (118); *Giedinghagen*, in: Michalski, GmbHG, § 52 Rn. 224; *Lutter/Hommelhoff*, in: Lutter/Hommelhoff, GmbHG, § 52 Rn. 19; *Spindler*, in: MüKo GmbHG, § 52 Rn. 289.

1753 *Lutter/Hommelhoff*, in: Lutter/Hommelhoff, GmbHG, § 52 Rn. 16; *Henssler*, in: Henssler/Strohn, GmbHG, § 52 Rn. 12; *Spindler*, in: MüKo GmbHG, § 52 Rn. 283; vgl. auch OLG Brandenburg, CCZ 2009, 117 (118).

1754 *Spindler*, in: MüKo GmbHG, § 52 Rn. 287.

1755 *Zöllner/Noack*, in: Baumbach/Hueck, GmbHG, § 52 Rn. 123; *Lutter/Hommelhoff*, in: Lutter/Hommelhoff, GmbHG, § 52 Rn. 13.

tern zu treten.[1756] Gleichwohl es sich um dispositives Recht handelt, ist es jedoch auch durch die Satzung nicht möglich, die Compliance-Zuständigkeit an den Aufsichtsrat zu delegieren. Die Verweise auf die Vorschriften des AktG sind nur insoweit einschränkbar, wie sie das Kompetenzgefüge der GmbH unantastbar lassen.[1757] Stärker als in der Aktiengesellschaft wird der Aufsichtsrat darauf bedacht sein, eng mit der Gesellschafterversammlung zusammenzuarbeiten. Bei schweren Verstößen mit erheblicher Auswirkung auf das Unternehmen, ist der Aufsichtsrat zudem zur Einberufung der Gesellschafterversammlung analog § 111 Abs. 3 AktG verpflichtet.[1758]

Anders als in der Aktiengesellschaft besitzt der Aufsichtsrat in der GmbH jedoch nicht das Druckmittel der Personalhoheit. Er kann den Geschäftsführer nicht abberufen, da für die Bestellung und Abberufung von Geschäftsführern grundsätzlich die Gesellschafter zuständig sind (§ 46 Nr. 5 AktG).[1759] Ihm steht es jedoch frei, bei Mängeln an der Geschäftsführung die Gesellschafterversammlung einzuberufen (§ 52 Abs. 1 GmbHG i.V.m. § 111 Abs. 3 AktG). Bei besonders schweren Rechtsverstößen des Geschäftsführers besteht sogar die Pflicht, die Gesellschafterversammlung einzuberufen[1760] und sie über die möglichen Auswirkungen des Rechtsverstoßes zu informieren.[1761] Derweil ist es nicht ungewöhnlich, dass die Personalhoheit über den Geschäftsführer von der Gesellschafterversammlung auf den Aufsichtsrat übertragen wird.

### 2. Informationsrechte

Die Feststellungen zu den Informationsrechten und -pflichten des Aufsichtsrates können nicht ohne weiteres von der Aktiengesellschaft auf die GmbH übertragen werden. Eine zentrale Informationsvorschrift wie der § 90 AktG ist dem GmbHG nämlich fremd. Allerdings

---

1756 *Spindler*, in: MüKo GmbHG, § 52 Rn. 333.

1757 *Harder/Ruter*, GmbHR 1995, 813 (816).

1758 *Giedinghagen*, in: Michalski, GmbHG, § 52 Rn. 219.

1759 Allerdings wird die Personalhoheit in der Regel dem Aufsichtsrat übertragen.

1760 Vgl. § 49 Abs. 2 GmbHG.

1761 *Lutter/Hommelhoff*, in: Lutter/Hommelhoff, GmbHG, § 52 Rn. 19.

wird durch § 52 Abs. 1 GmbHG auf § 90 Abs. 3, 4, 5 S. 1 und 2 AktG verwiesen, insofern nach dem Gesellschaftsvertrag ein Aufsichtsrat zu bestellen ist. Nichts anderes gilt für den obligatorischen Aufsichtsrat, dessen Verweise in § 1 Abs. 3 DrittelbG und § 25 Abs. 1 Nr. 2 MitbestG ebenfalls nur auf § 90 Abs. 3, 4 und 5 AktG Bezug nehmen. An dem fehlenden Verweis auf § 90 Abs. 1 und 2 AktG wird deutlich, dass sich die Informationsversorgung in der GmbH grundlegend von der in der AG unterscheidet.[1762] Müssen die Geschäftsführer zwar jederzeit den Anforderungsberichten des Aufsichtsrates gem. § 90 Abs. 3 AktG nachkommen, treffen ihn jedoch zunächst keine eigenständigen Informationspflichten durch die periodisch abzuhaltenden Berichte vergleichbar mit § 90 Abs. 1, 2 AktG. Dies hat zur Folge, dass sich der Aufsichtsrat grundsätzlich selbst aktiv um die ausreichende Informationsversorgung durch den Geschäftsführer zu bemühen hat.[1763] Ihm steht es jedoch frei, durch eine zu erlassende Informationsordnung[1764] oder regelmäßige Berichtsanforderungen eine vergleichbare Informationsversorgung wie durch die periodisch abzuhaltenden Berichte des § 90 Abs. 1, 2 AktG zu erhalten.[1765] Auch ist es möglich, durch Verweis auf § 90 Abs. 1, 2 AktG in der Satzung die Informationspflichten des Geschäftsführers zu konkretisieren.[1766] Hingegen ist eine Abschwächung der Mindestinformationsversorgung unzulässig.[1767]

---

1762 *Lutter/Krieger/Verse*, Rechte und Pflichten des Aufsichtsrats, Rn. 1219, sprechen von einem „unzureichendem Informationssystem".

1763 *Harder/Ruter*, GmbHR 1995, 813 (816); *Giedinghagen*, in: Michalski, GmbHG, § 52 Rn. 253; *Spindler*, in: MüKo GmbHG, § 52 Rn. 322; *Lutter/Hommelhoff*, in: Lutter/Hommelhoff, GmbHG, § 52 Rn. 22; *Henssler*, in: Henssler/Strohn, GmbHG, § 52 Rn. 13; *Zöllner/Noack*, in: Baumbach/Hueck, GmbHG, § 52 Rn. 134.

1764 *Spindler*, in: MüKo GmbHG, § 52 Rn. 325; *Zöllner/Noack*, in: Baumbach/Hueck, GmbHG, § 52 Rn. 134.

1765 *Lutter/Hommelhoff*, in: Lutter/Hommelhoff, GmbHG, § 52 Rn. 22; *Spindler*, in: MüKo GmbHG, § 52 Rn. 322; *Harder/Ruter*, GmbHR 1995, 813 (816); a.A. wohl *Giedinghagen*, in: Michalski, GmbHG, § 52 Rn. 254, dass eine Informationsversorgung durch die Hintertür unzulässig ist.

1766 Eine Abschwächung ist hingegen unzulässig, vgl. *Zöllner/Noack*, in: Baumbach/Hueck, GmbHG, § 52 Rn. 135; *Henssler*, in: Henssler/Strohn, GmbHG, § 52 Rn. 13.

1767 *Giedinghagen*, in: Michalski, GmbHG, § 52 Rn. 9.

Aus dem fehlenden Verweis auf § 90 Abs. 1, 2 AktG kann indes nicht geschlossen werden, dass den Geschäftsführer gar keine proaktive Informationspflicht trifft. Besonders bei schweren Regelverstößen wäre es im Hinblick auf die effektive Erfüllung ihrer Überwachungsaufgabe fatal, wenn der Aufsichtsrat keine unverzügliche Informationsversorgung erhalten würde. Es liegt daher in der Sorgfaltspflicht der Geschäftsführung, dass der Aufsichtsrat bei wesentlichen Entwicklungen auch ungefragt informiert wird.[1768] Daneben steht auch dem Aufsichtsrat das Einsichts- und Prüfungsrecht aus § 111 Abs. 2 AktG zur Verfügung.

### 3. Verschwiegenheitspflichten

Der Gesetzgeber hat in der Aktiengesellschaft mit den §§ 394, 395 AktG ein Informationsprivileg zugunsten der Gebietskörperschaften geschaffen. Umstritten ist, ob die Vorschriften auch auf die GmbH anwendbar sind. Dagegen spricht zunächst, dass das Gesetz weder im GmbHG, noch in den Spezialvorschriften zur Bildung eines obligatorischen Aufsichtsrates (§§ 1 Abs. 1 Nr. 4, 4 Abs. 1 DrittelbG, §§ 1 Abs. 1 Nr. 2, 7 Abs. 1 MitbestG) auf die §§ 394, 395 AktG verweist. Indes kann nicht davon ausgegangen werden, dass es sich bei der fehlenden Kodifizierung im GmbHG um eine planwidrige Regelungslücke des Gesetzgebers handelt. Entsprechender Vorschlag der Bundesregierung, eine den §§ 394, 395 AktG vergleichbare Vorschrift ins GmbHG zu implementieren, hat im Rechtsausschuss des Deutschen Bundestages keine Mehrheit gefunden.[1769] Angesichts der Tatsache, dass die fehlende Vorschrift im GmbHG bisher zu keinen praktischen Schwierigkeiten geführt hat, sah der Rechtsausschuss keinen Grund, die Vertreter der öffentlichen Hand im Aufsichtsrat

---

1768 *Spindler*, in: MüKo GmbHG, § 52 Rn. 323; ebenso *Giedinghagen*, in: Michalski, GmbHG, § 52 Rn. 254; der jedoch mit einem drohenden Insolvenzrisiko einen zu hohen Maßstab an die Informationspflicht des Geschäftsführers legt; gleichwohl sich in § 52 GmbHG kein Verweis auf § 90 Abs. 1, 2 AktG findet, kann die dortige Informationsversorgung zur Konkretisierung der Sorgfaltspflicht des Geschäftsführers zumindest herangezogen werden.

1769 BT-Drucks. 8/3908, S. 77.

gegenüber anderen Aufsichtsratsmitgliedern zu privilegieren.[1770] Eine Mindermeinung schließt daraus, dass der Aufsichtsrat der GmbH sich nicht auf das Informationsprivileg der §§ 394, 395 AktG berufen kann.[1771] Teile des Schrifttums gehen derweil davon aus, dass die §§ 394, 395 AktG als verallgemeinerungsfähige Rechtsgedanken zu begreifen sind und daher auch auf die GmbH zur Anwendung kommen sollen.[1772] Die Verschwiegenheitspflicht des Aufsichtsrates in einer GmbH könne nicht weiter reichen, als in der Aktiengesellschaft.[1773] Die überwiegende Auffassung im Schrifttum differenziert hingegen zwischen fakultativen und obligatorischen Aufsichtsrat und beschränkt die Anwendung der §§ 394, 395 AktG auf die Letztgenannten.[1774] Bei einem fakultativen Aufsichtsrat ermächtigt § 52 Abs. 1 GmbHG die Gesellschafter dazu, ausdrücklich von den Verschwiegenheitspflichten abzuweichen. Dies könne sowohl zur einer Abschwächung, aber auch zur einer Verschärfung[1775] der Verschwiegenheitspflichten führen, welche mit dem Informationsprivileg der §§ 394, 395 AktG kollidieren würden.[1776] Um diesem Umstand gerecht zu werden geht eine vermittelnde Ansicht zwar von einem Anwendungsbereich für fakultativen und obligatorischen Aufsichtsrat aus, wobei es sich für den fakultativen Aufsichtsrat jedoch um kein

---

1770 BT-Drucks. 8/3908, S. 77.

1771 *Kann/Keiluweit*, DB 2009, 2251 (2254); wohl auch *Altmeppen*, NJW 2003, 2561 (2566).

1772 *Huber/Fröhlich*, in: Großkommentar AktG, § 394 Rn. 13; wohl auch *Marsch-Barner*, in: Arbeitshandbuch für Aufsichtsratsmitglieder, § 13 Rn. 51; *Neubauer/Dyllick*, Anmerkung zu VG Potsdam, LKV 2009, 429 (431); wohl auch *Lutter/Hommelhoff*, in: Lutter/Hommelhoff, GmbHG, § 52 Rn. 26a.

1773 *Gasteyer*, in: Semler/v.Schenk, Der Aufsichtsrat, § 394 Rn. 11; *Huber/Fröhlich*, in: Großkommentar AktG, § 394 Rn. 13; *Spindler*, in: MüKo GmbHG, § 52 Rn. 665.

1774 *Müller-Michaels*, in: Hölters, AktG, § 394 Rn. 12; *Spindler*, in: MüKo GmbHG, § 52 Rn. 665; *Schürnbrand*, in: MüKo AktG, § 394 Rn. 8; *Gasteyer*, in: Semler/v.Schenk, Der Aufsichtsrat, § 394 Rn. 12; a.A. *Lutter/Hommelhoff*, in: Lutter/Hommelhoff, GmbHG, § 52 Rn. 26a.

1775 Insbesondere zu einem umfassenden und ausnahmslosen Schweigegebot, vgl. *Müller-Michaels*, in: Hölters, AktG, § 394 Rn. 15; *Spindler*, in: MüKo GmbHG, § 52 Rn. 665.

1776 *Gasteyer*, in: Semler/v.Schenk, Der Aufsichtsrat, § 394 Rn. 12; *Müller-Michaels*, in: Hölters, AktG, § 394 Rn. 15.

zwingendes, sondern disponibles Recht handeln soll, dass durch Gesellschaftsvertrag verändert werden kann.[1777]

Angesichts der „Strukturangleichung"[1778] des obligatorischen Aufsichtsrats der GmbH an die Aktiengesellschaft macht es wenig Sinn, den verpflichteten Aufsichtsrat der GmbH von der Verschwiegenheitsprivilegierung des §§ 394, 395 AktG zu befreien. Das gilt grundsätzlich auch für den fakultativen Aufsichtsrat, bei dem die Verschwiegenheitsbefreiung des §§ 394, 395 AktG durch Satzung verändert werden könnte. Darauf aufbauend wird in der Literatur die Ansicht vertreten, dass die Kommunen im Sinne von Transparenz, Demokratie und Rechtsstaatlichkeit von diesem Recht Gebrauch machen sollten.[1779] Dabei muss jedoch berücksichtigt werden, dass nur eine Abschwächung und keine Verschärfung der Verschwiegenheitspflichten zulässig ist.[1780] Eine Verschärfung hätte zur Folge, dass die Gebietskörperschaften möglicherweise nur noch unzureichend über die wirtschaftliche Betätigung ihrer Unternehmen informiert werden könnten. Eine solche Konstellation verstößt bei Unternehmen der öffentlichen Hand gegen das Demokratieprinzip und ist daher unzulässig.[1781] Allerdings ist auch eine Abschwächung der Verschwiegenheitspflichten nicht grenzenlos möglich. Das VG Regensburg hat dazu treffend festgestellt, dass sich die Grenze der Einschränkung der Verschwiegenheitspflicht „in einem Abwägungsprozess zwischen dem vom Grundsatz der Öffentlichkeit beherrschten Kommunalrecht, der Funktions- und Kontrollfähigkeit des Aufsichtsrates sowie den berechtigten Ansprüchen von Privatpersonen, des

1777 *Schall*, in: Spindler/Stilz, AktG, § 394 Rn. 4; VG Regensburg, LKV 2005, 365 (369); so wohl auch *Schürnbrand*, in: MüKo AktG, § 394 Rn. 8.

1778 *Henssler*, in: Henssler/Strohn, GmbHG, § 52 Rn. 1.

1779 *Zieglmeier*, ZGR 2007, 144 (164).

1780 *Huber/Fröhlich*, in: Großkommentar AktG, § 394 Rn. 13.

1781 *Huber/Fröhlich*, in: Großkommentar AktG, § 394 Rn. 13; zutreffend zur Sicherstellung des Demokratieprinzips VGH Kassel, NVwZ-RR 2012, 566 (569), „Die Verwaltung sei zur Sicherung ihrer Kontroll- und Einwirkungsmöglichkeiten verpflichtet, um so die demokratische Legitimationskette zu gewährleisten, die kontrollfreie Räume in der staatlichen oder kommunalen Verwaltung nicht zulasse"; ähnlich VG Regensburg, LKV 2005, 365 (369).

Allgemeinwohls und den zwingenden Unternehmensinteressen" ergibt.[1782]

Im Übrigen birgt die Diskussion ohnehin nur überschaubaren praktischen Mehrwert.[1783] Die §§ 394, 395 AktG wurden geschaffen, damit die Aufsichtsratsmitglieder ihren Berichtspflichten gegenüber der Gebietskörperschaft nachkommen können, deren Verschwiegenheitspflichten jedoch auch gegenüber den Aktionären gilt und damit mit den Berichtspflichten kollidiert. Anders ist die Situation jedoch in der GmbH, in der die Gesellschafter aus § 51a GmbH ein generelles umfangreiches Informationsrecht besitzen. Danach haben die Geschäftsführer jedem Gesellschafter auf Verlangen unverzüglich Auskunft über die Angelegenheiten der Gesellschaft zu geben und die Einsicht der Bücher und Schriften zu gestatten. Ein Konflikt ergibt sich demnach nur, wenn die Informationen an Rechnungsprüfungsbehörden o.ä. weitergegeben werden.[1784]

## III. Gesellschafterversammlung

In den bisherigen Ausführungen wurde deutlich, dass es sich bei der Gesellschafterversammlung um das einflussreichste Organ der GmbH handelt.[1785] Nichtsdestotrotz fristet die Gesellschafterversammlung zumindest in der öffentlichen Debatte um Unternehmensskandale, gerade bei Unternehmen in öffentlicher Trägerschaft, ein Schattendasein. Obwohl es sich bei der Gesellschafterversammlung um das einzige Organ handelt, dass umfassend gegenüber dem Geschäftsführer weisungsbefugt ist und zumindest bei fakultativen Aufsichtsräten jederzeit Kompetenzen des Aufsichtsrates an sich ziehen kann, wird

---

1782 VG Regensburg, LKV 2005, 365 (368); a.A. *Altmeppen*, FS Uwe H. Schneider, 2011, S. 1 (12), dass es in der Hand der Kommune liegt, inwieweit sie die Verschwiegenheitspflichten lockern möchte.

1783 So auch *Huber/Fröhlich*, in: Großkommentar AktG, § 394 Rn. 14.

1784 *Huber/Fröhlich*, in: Großkommentar AktG, § 394 Rn. 14.

1785 Zutreffend als „Herren der Gesellschaft" bezeichnet, vgl. *Hommelhoff*, ZGR 1978, 119 (128); auch „Herr über die Satzung", vgl. *Erle/Becker*, NZG 1999, 58 (59).

die wirtschaftliche und politische Verantwortung reflexartig beim Aufsichtsrat verortet.[1786]

Hinsichtlich womöglicher Compliance-Pflichten ist es schwer, eine allgemeingültige Aussage für die Gesellschafterversammlung zu treffen. Ihnen steht es nämlich frei, sowohl durch Weisungen oder Zuständigkeitsdelegation in die Geschäftsführung einzugreifen, aber auch gleichzeitig die Überwachung auszuüben. Dabei muss berücksichtigt werden, dass es außerhalb des ebenfalls disponiblen[1787] Pflichtenkanons des § 46 GmbHG keine normierten Pflichten hinsichtlich der Leitung oder Überwachung der Gesellschaft durch die Gesellschafter gibt. Sowohl beim Weisungsrecht (§ 37 Abs. 1 GmbHG) als auch beim Eingriffs- und Informationsrecht (§ 51a Abs. 1 GmbHG) handelt es sich dem Wortlaut nach lediglich um Rechte, jedoch keine Pflichten der Gesellschafter. Eine generalklauselartige Sorgfaltsvorschrift wie für den GmbH-Geschäftsführer (§ 43 Abs. 1 GmbHG) oder den Vorstand der Aktiengesellschaft (§ 93 Abs. 1 S. 1. AktG) existiert für die Gesellschafter nicht.[1788] Allerdings trifft die Gesellschafter eine Treuepflicht, sich gegenüber der Gesellschaft loyal zu verhalten, d.h. Schaden von ihr abzuwenden und ihre Zwecke zu fördern.[1789] Dabei muss zwischen den Treuepflichten gegenüber der Gesellschaft und den Treuepflichten gegenüber möglichen Mitgesellschaftern differenziert werden. Während bei Mitgesell-

---

1786 Siehe nur das Beispiel des Flughafens Berlin-Brandenburg, bei dem sich die Diskussion um die rechtliche und politische Verantwortung auf den Aufsichtsrat fokussiert; siehe dazu Kritik des Landesrechnungshofs Brandenburg zur Situation am Flughafen Berlin-Brandenburg. „Nach den Feststellungen des Landesrechnungshofs war die Rolle der Gesellschafterversammlung der Flughafen Berlin-Brandenburg GmbH, die eigentlich oberstes Willensbildungsorgan der Gesellschaft ist, insgesamt auf die eines formal notwendigen Aufsichtsratsannexes reduziert“, vgl. Presserechtliche Anfrage an den Landesrechnungshof in Bezug auf die Prüfung der Betätigung des Landes Brandenburg als Gesellschafter der Flughafen Berlin Brandenburg GmbH v. 6.11.2015, S. 3.

1787 *Zöllner/Noack*, in: Baumbach/Hueck, GmbHG, § 46 Rn. 5f.

1788 A.A. wohl *Schmidt*, in: Scholz, GmbHG, § 46 Rn. 13, der zwar terminologisch von Sorgfaltspflichten der Gesellschafter spricht, inhaltlich jedoch mit der für die Gesellschafter anerkannten Treuepflicht übereinstimmt.

1789 Vgl. *Peifer*, GmbHR 2008, 1074 (1075f).

schaftern sowohl eine Treuepflicht gegenüber der Gesellschaft, als auch gegenüber den übrigen Mitgesellschaftern anerkannt ist, wird im Fall des Alleingesellschafters das Bestehen einer Treuepflicht abgelehnt.[1790] Wenn es nur einen Gesellschafter gibt, kann es kein von den Interessen der Gesellschafter unabhängiges Gesellschaftsinteresse geben.[1791] Hingegen ist es anerkannt, dass aus der Treuepflicht auch Handlungspflichten, wie die Pflicht zur Stimmabgabe,[1792] abgeleitet werden können. Ob daneben noch weitere Pflichten abgeleitet werden können hängt entscheidend davon ab, ob der oder die Mehrheitsgesellschafter bei der Ausübung ihrer Kompetenzen im Sinne des Unternehmensinteresses handeln. Gegenteiliges Verhalten könnte Unterlassungs- und Schadensersatzansprüche der Mitgesellschafter begründen. Allerdings wird an die Verletzung einer Treuepflicht eine hohe Hürde gestellt. Wird eine Pflicht zur Stimmrechtsabgabe nur angenommen, wenn die „zu beschließende Maßnahme zur Erhaltung wesentlicher Werte, die die Gesellschafter geschaffen haben, oder zur Vermeidung erheblicher Verluste, die die Gesellschaft bzw. die Gesellschafter erleiden könnten, objektiv unabweisbar erforderlich ist und den Gesellschaftern unter Berücksichtigung ihrer eigenen schutzwürdigen Belange zumutbar ist, also wenn der Gesellschaftszweck und das Interesse der Gesellschaft gerade diese Maßnahme zwingend gebieten und der Gesellschafter seine Zustimmung ohne vertretbaren Grund verweigert.“[1793] Demzufolge muss es sich um eine Maßnahme handeln, die angesichts ihrer massiven negativen Folgen für das Unternehmen dem Unternehmensinteresse in besonderer Weise widerspricht. Hinsichtlich der Compliance-Thematik ist eine solche Konstellation nur denkbar, wenn in Folge eines Rechtsverstoßes ein wesentlicher, insolvenzgefährdender Schaden entstanden ist, die Gesellschafter jedoch von der Verfolgung absehen. Im Gegensatz zur Aktiengesellschaft ist nämlich nicht der Aufsichtsrat, sondern die

---

[1790] *Fastrich*, in: Baumbach/Hueck, GmbHG, § 13 Rn. 20; *Peifer*, GmbHR 2008, 1074 (1076).

[1791] *Peifer*, GmbHR 2008, 1074 (1076).

[1792] BGH, NJW 1984, 489 (491); BGH, NJW 1987, 189 (190); BGH, NZG 2005, 129 (129); BGH, NJW 2016, 2739 (2739f); *Fastrich*, in: Baumbach/Hueck, GmbHG, § 13 Rn. 27; zurückhaltend *Merkt*, in: MüKo GmbHG, § 13 Rn. 114.

[1793] BGH, NJW 2016, 2739 (2739).

Gesellschafterversammlung zur Geltendmachung von Schadensersatzansprüchen zuständig (§ 46 Nr. 8 GmbHG).[1794] Der strenge Maßstab des „ARAG/Garmenbeck"-Urteils kann daher nicht ohne weiteres auf die GmbH übertragen werden.[1795] Dafür spricht auch die Tatsache, dass die Gesellschafterversammlung anders als der Aufsichtsrat in der Aktiengesellschaft von einer Geltendmachung der Schadensersatzansprüche absehen kann.[1796] Eine Treuepflichtverletzung und damit die Pflicht zur Geltendmachung von Schadensersatzansprüchen kann daher nur dann angenommen werden, wenn die Nichtgeltendmachung die Gesellschaft in bestandsgefährdender Weise gefährdet.[1797]

Eine weitergehende Pflicht, an der Etablierung, Ausgestaltung oder Überwachung der Compliance-Struktur mitzuwirken, kann aus der Treuepflicht indes nicht abgeleitet werden.[1798] Insbesondere handelt es sich bei der Gesellschafterversammlung um keinen „Quasi-Aufsichtsrat".[1799] Weder ergeben sich Anhaltspunkte für eine solche Konstellation im Gesetz, noch erscheint sie im Hinblick auf mögliche Haftungsfolgen praktikabel. Eine Haftung der Gesellschafter scheidet nämlich schon deswegen aus, weil die weitreichenden Rechte der Gesellschafterversammlung „primär im wohlverstandenem eigenen Interesse und nicht zum Schutz der Gesellschaft, ihrer Mitgesellschafter oder gar der Gläubiger" eingeräumt wurden.[1800] Eine Haftung der Gesellschafter wegen unterlassener oder mangelhafter Überwachung

---

1794 Ausführlich zur Geltendmachung von Ersatzansprüchen, *Kleindiek*, FS Westphalen, 2010, S. 387 (393ff).

1795 Die Grundsätze des Urteils lassen sich jedoch übertragen, wenn der fakultative oder obligatorische Aufsichtsrat von der Gesellschafterversammlung mit den entsprechenden Kompetenzen betraut wurde, vgl. *Kleindiek*, FS Westphalen, 2010, S. 387 (393).

1796 BGH, GmbHR 2002, 1197 (1198); BGH, GmbHR 2003, 712 (713); BGH, NJW 2000, 1571 (1571); *Kleindiek*, FS Westphalen, 2010, S. 387 (393).

1797 Vgl. BGH, NJW 1993, 1922 (1922).

1798 *Römermann*, in: Michalski, GmbHG, § 46 Rn. 345f; BFH, GmbHR 2007, 1051 (1053); *Bayer*, in: Lutter/Hommelhoff, GmbHG, § 46 Rn. 30; *Liebscher*, in: MüKo GmbHG, § 46 Rn. 193f; *Roth*, in: Roth/Altmeppen, GmbHG, § 46 Rn. 46; wohl ähnlich *Schmidt*, in: Scholz, GmbHG, § 46 Rn. 112, dass nicht „ohne Weiteres" Aufsichtspflichten bestehen.

1799 *Schmidt*, in: Scholz, GmbHG, § 46 Rn. 112.

1800 *Liebscher*, in: MüKo GmbHG, § 46 Rn. 194.

kommt daher nicht einmal in „Extremfällen“ in Betracht.[1801] Weil eine unzureichende Kontrolle nicht als Mitverschulden der Gesellschafter gewertet werden kann und daher kein Milderungsgrund nach § 254 BGB darstellt, wären auch der Einfluss und die Auswirkung auf die Geschäftsführerhaftung unklar.[1802]

1801 *Liebscher*, in: MüKo GmbHG, § 46 Rn. 194; BFH, GmbHR 2007, 1051 (1053).

1802 *Roth*, in: Roth/Altmeppen, GmbHG, § 46 Rn. 46.

# Zusammenfassung der Ergebnisse in Thesen

Der Arbeit wird das Verständnis zugrunde gelegt, dass unter Compliance alle Maßnahmen verstanden werden, die das rechtmäßige Verhalten der Unternehmen, Organmitglieder und der Mitarbeiter im Blick auf alle gesetzlichen Verbote und Gebote, freiwilliger Selbstverpflichtungen und politischer Entscheidungen gewährleisten sollen.[1803] Der Pflichtendreiklang aus Prävention, Aufklärung und Sanktion bildet das Mindest- und Grundgerüst der Compliance-Pflichten.[1804]

Compliance wird sich noch weiter von seinem juristischen Verständnis entfernen und mehr als Konzept bzw. unternehmerische Strategie verstanden werden.[1805] Dabei wird Compliance neben der Legalität verstärkt auch die Legitimität des Handelns in den Blickpunkt nehmen.[1806]

Gleichwohl sich aus betriebswirtschaftlichen Standards wie dem IDW PS 980 oder der ISO 19600 keine verbindliche Wirkung ableiten lässt, die in jedem Fall zu einer „Enthaftung" der Geschäftsleitung führt, wird der Geschäftsführung, wenn sie bei der Einrichtung einer Compliance-Struktur auf die o.g. Standards zurückgreift, nur schwerlich eine Sorgfaltspflichtverletzung nachzuweisen sein.[1807]

Für kommunale Unternehmen bestehen besondere Compliance-Risiken im Kartellrecht, im Vergaberecht und angesichts der möglichen Amtsträgerstellung von Mitarbeitern und Organen insbesondere bei Korruptionsdelikten.[1808]

Es besteht keine allgemeingeltende Pflicht zur Schaffung von Compliance-Strukturen. Eine solche Pflicht kann sich jedoch bei entsprechendem Gefährdungspotential aus der allgemeinen Leitungs-

---

1803 Kap. 1, A, I.

1804 Kap. 1, A, VI, 6.

1805 Kap. 1, A, II.

1806 Kap. 1, A, III.

1807 Kap. 1, A, VI, 2.

1808 Kap. 1, B, VI.

und Sorgfaltspflicht des Vorstandes (§§ 76, 93 Abs. 1 S. 1 AktG) ergeben.[1809]

Öffentliche Unternehmen unterliegen einem strengeren Legalitätsmaßstab. Die Beachtung von Recht und Gesetz ist Bestandteil und Kernstück öffentlichen Handelns. Die Aufrechterhaltung von Legalität liegt im Unternehmensinteresse.[1810]Der strenge Legalitätsmaßstab verdichtet den Sorgfaltsmaßstab kommunaler Geschäftsleiter zu einer Compliance-Pflicht. Eine Ausnahme ergibt sich nur bei überschaubaren Unternehmensstrukturen mit niedrigem Risikopotential.[1811] Eine konzernweite Compliance-Pflicht besteht, wird allerdings durch die gesellschaftsrechtlichen Möglichkeiten beschränkt.[1812]

Den Vorstand bzw. den Geschäftsführer trifft die Verantwortung zur Einführung und Ausgestaltung von Compliance-Strukturen, wobei er sich in beiden Fällen auf die Business Judgment Rule berufen kann.[1813] Der Vorstand bzw. der Geschäftsführer ist zur Aufklärung und zur Sanktion festgestellter Regelverstöße verpflichtet. Sowohl bei Art und Umfang von Aufklärung und Sanktion besitzt der Geschäftsleiter jedoch einen weiten Ermessensspielraum, der sich nur im Einzelfall zu einer bestimmten Maßnahme verdichtet.[1814]

Die jeweiligen Pressegesetze der Länder können einen Informationsanspruch gegenüber den kommunalen Unternehmen begründen. Im Hinblick auf die Veröffentlichung von Rechtsverstößen muss das Geheimhaltungsinteresse des Unternehmens mit dem Informationsinteresse der Öffentlichkeit abgewogen werden. Zumindest nach Abschluss der vollständigen Sachverhaltsermittlung und Durchsetzung zivilrechtlicher Schadensansprüche wird im Regelfall ein gesetzlicher Auskunftsanspruch der Presse bestehen.[1815]

Der Aufsichtsrat hat keine unmittelbare, sondern nur die mittelbare Compliance-Verantwortung, die Compliance-Strukturen und Maßnahmen des Vorstandes hinsichtlich Effektivität und Funktionstüch-

1809 Kap. 2, E.
1810 Kap. 2, C, I, 2, d).
1811 Kap. 2, C, I, 2, d).
1812 Kap. 2, C, III.
1813 Kap. 3, A, I, 1.
1814 Kap. 3, A, I, 3-4.
1815 Kap. 3, A, I, 5, c).

tigkeit zu überprüfen.[1816] Mitarbeiter unter der Vorstandsebene unterliegen grundsätzlich nicht dem Überwachungsauftrag des Aufsichtsrates. Ein solches Recht kann sich jedoch ergeben, wenn der Compliance-Beauftragte vom Vorstand womöglich nicht sorgsam ausgewählt wurde oder der Vorstand seine Kontrollpflicht vernachlässigt hat.[1817]

Der Aufsichtsrat besitzt kein Weisungsrecht und kann daher keinen unmittelbaren Einfluss auf die Compliance-Struktur nehmen. Durch Zustimmungsvorbehalte und seine Beratungsfunktion besitzt er jedoch mittelbare Möglichkeiten. Angesichts seiner Personalhoheit ist der Vorstand zudem grundsätzlich auf eine enge und konstruktive Zusammenarbeit mit dem Aufsichtsrat angewiesen.[1818]

Die Bestellung der Aufsichtsratsmitglieder liegt im Spannungsfeld zwischen fachlicher Voraussetzung und kommunaler Ingerenz. Obwohl die Aufsichtsratstätigkeit in kommunalen Unternehmen angesichts der teils divergierenden gesellschaftsrechtlichen und öffentlichen Interessen im Grunde ein erhöhtes Qualifikationsniveau erfordert, leidet die fachliche Qualifikation in der Praxis unter politischen Proporzregeln.[1819]

Um diesem de lege ferenda unlösbaren Spannungsfeld zu begegnen, sind die Aufsichtsratsmitglieder bestmöglich zu unterstützen. Ein 3-stufiges Compliance-Modell ermöglicht es, an den verschiedenen Stadien der Compliance-Vorfälle die Rechte und Pflichten des Aufsichtsrates anschaulich darzustellen.[1820]

Im laufenden Tagesgeschäft muss sich der Aufsichtsrat nicht mit Compliance-Vorfällen beschäftigen. Allerdings sollte sich der Aufsichtsrat in halb- oder vierteljährigen Abständen einen Überblick über die wichtigsten Kennzahlen, wie die Anzahl der Verstöße, Aufklärungsquoten oder Sanktionsentscheidungen geben lassen, um mögliche Mängel an der Compliance-Struktur auszumachen.[1821]

---

1816 Kap. 3, A, II, 1.
1817 Kap. 3, A, II, 2, d).
1818 Kap. 3, A, II, 2, c).
1819 Kap. 3, A, II, 4, c).
1820 Kap. 3, A, II, 4, d).
1821 Kap. 3, A, II, 5, b), bb).

Bei Verstößen mit möglicher Vorstandsbeteiligung hat der Aufsichtsrat die Vorstandsverantwortlichkeit zu hinterfragen.[1822] Sollte sich der Verdacht erhärten und der Aufsichtsrat an der Aufklärungsarbeit bzw. Informationsversorgung Zweifel hegen, kann er sich direkt an die leitenden Angestellten des Risikomanagements, der internen Revision oder der Compliance-Abteilung wenden.[1823]

Bei schweren Rechtsverstößen, die wegen ihres Umfangs und dem Schadensrisiko erhebliche Bedeutung für das Unternehmen haben, trifft den Aufsichtsrat eine besondere Verantwortung. Angesichts der besonderen Risiken ist es dem Aufsichtsrat gestattet, zur Aufklärung der Vorstandsverantwortlichkeit nicht nur mit den leitenden, sondern mit allen Mitarbeitern in Kontakt zu treten.[1824]

Solange das Vertrauensverhältnis von Vorstand und Aufsichtsrat noch besteht, er an der ordnungsgemäßen Aufklärungsarbeit des Vorstands trotz womöglicher Selbstbeteiligung keine Zweifel hegt, muss der Aufsichtsrat den Aufklärungsmaßnahmen des Vorstandes begleitend folgen. Er muss die Maßnahmen kritisch und intensiv hinterfragen und den Vorstand ggfs. zu bestimmten Aufklärungsmaßnahmen drängen.[1825]

Wenn das Vertrauensverhältnis zum Vorstand durch unvollständige oder unwahre Berichterstattung schwer und irreparabel erschüttert ist, muss der Aufsichtsrat unabhängig vom Vorstand eigene Untersuchungsmaßnahmen zur Aufklärung der Vorstandsverantwortlichkeit einleiten.[1826]

Der eigenständigen Aufklärungspflicht des Aufsichtsrats wird genüge getan, wenn Aufsichtsrat und Vorstand bei der Aufklärung zusammenarbeiten, der Aufsichtsrat jedoch das Letztentscheidungsrecht behält. Eine Übertragung der Aufklärungskompetenz vom Vorstand auf den Aufsichtsrat zur Vermeidung paralleler Untersuchungen ist unzulässig.[1827]

---

[1822] Kap. 3, A, II, 5, c), bb).

[1823] Kap. 3, A, II, 5, c), cc).

[1824] Kap. 3, A, II, 5, d), cc).

[1825] Kap. 3, A, II, 5, d), bb), (1).

[1826] Kap. 3, A, II, 5, d), bb), (2).

[1827] Kap. 3, A, II, 5, d), bb), (2), (cc).

Angesichts des Informationsprivilegs der §§ 394, 395 AktG kann sich für die Aufsichtsratsmitglieder die Pflicht ergeben, gegenüber der Gebietskörperschaft über Rechtsverstöße zu berichten.[1828]

Die Compliance-Pflichten des Vorstandes sind überwiegend auf den GmbH-Geschäftsführer übertragbar. Allerdings ist der Geschäftsführer umfassend weisungsabhängig, so dass er sich durch die Vorlage risikobehafteter Entscheidungen bei der Gesellschafterversammlung seiner Haftung entledigen kann.[1829]

Die Ausführungen zum Aufsichtsrat der Aktiengesellschaft können auf den obligatorischen Aufsichtsrat der GmbH übertragen werden. Dies gilt grundsätzlich auch für den fakultativen Aufsichtsrat, insofern die Rechte und Pflichten durch die Satzung nicht eingeschränkt oder erweitert werden.[1830]

Angesichts der Tatsache, dass das GmbHG nicht auf § 90 Abs. 1 u. 2 AktG verweist, muss der Aufsichtsrat grundsätzlich selbst aktiv werden, um die ausreichende Informationsversorgung durch den Geschäftsführer herzustellen.[1831]

---

[1828] Kap. 3, A, II, 6.
[1829] Kap. 3, B, I.
[1830] Kap. 3, B, II.
[1831] Kap. 3, B, I, 2.

# Literaturverzeichnis


*Ackermann, Thomas/ Köndgen, Johannes* (Hrsg.), Privat- und Wirtschaftsrecht in Europa, Festschrift für Wulf-Henning Roth zum70. Geburtstag, München 2015 (zit. als *Bearbeiter*, FS W.-H. Roth).

*Adenauer, Konrad/Merk, Sebastian*, (Un-)bedingte Handlungsfreiheit öffentlicher Unternehmen?, in: Neue Zeitschrift für Gesellschaftsrecht (NZG) 2013, 1251–1255.

*Altmeppen, Holger*, Die Auswirkungen des KonTraG auf die GmbH, Zeitschrift für Unternehmens- und Gesellschaftsrecht (ZGR) 1999, 291–313.

*Altmeppen, Holger*, Die Einflussrechte der Gemeindeorgane in einer kommunalen GmbH, in: Neue Juristische Wochenschrift (NJW) 2003, 2561–2567.

*Altmeppen, Holger*, in: *Altmeppen/Roth*, Gesetz betreffend die Gesellschaften mit beschränkter Haftung, (GmbHG); Kommentar, 7., neu bearb. Aufl., München 2012 (zit. als *Altmeppen*, in: Roth/Altmeppen, GmbHG).

*Altmeppen, Holger*, Zur Rechtsstellung der Aufsichtsratsmitglieder einer kommunalen GmbH, in: *Burgard/Hadding/Mülbert*, Festschrift für Uwe H. Schneider zum 70. Geburtstag, Köln 2011, S. 1–14 (zit. als *Altmeppen*, FS Uwe H. Schneider).

*Altmeppen, Holger/Roth, Günter H.*, Gesetz betreffend die Gesellschaften mit beschränkter Haftung, (GmbHG); Kommentar, 7. Aufl., München 2012 (zit. als *Bearbeiter*, in: Roth/Altmeppen, GmbHG).

*Altmeppen, Holger/Fitz, Hanns/ Honsell, Heinrich*, Festschrift für Günter H. Roth zum 70. Geburtstag, München 2011 (zit. als *Bearbeiter*, FS G. H. Roth).

*Anderson, Cyrus V.*, Effective Antitrust Compliance Programs and Procedures, in: The Business Lawyer 1963, 739–754.

*Arnauld, Andreas* von, Grundrechtsfragen im Bereich von Postwesen und Telekommunikation, in: Die öffentliche Verwaltung (DÖV) 1998, 437–452.

*Arnold, Michael*, Verantwortung und Zusammenwirken des Vorstandes und Aufsichtsrates bei Compliance-Untersuchungen, in: Zeitschrift für Unternehmens- und Gesellschaftsrecht (ZGR) 2014, 76–106.

*Auer, Martin*, in: *Stober/Ohrtmann*, Compliance, Handbuch für die öffentliche Verwaltung, Stuttgart 2015 (zit. als *Auer*, in: Stober/Ohrtmann, Compliance).

*Bachmann, Gregor*, Reformbedarf bei der Business Judgement Rule?, in: Zeitschrift für das gesamte Handels- und Wirtschaftsrecht (ZHR) 2013, 1–12.

*Bachmann, Gregor*, Interne Ermittlungen – ohne Grenzen?, in: Zeitschrift für das gesamte Handels- und Wirtschaftsrecht (ZHR) 2016, 563–577.

*Bachmann, Gregor*, Compliance - Rechtsgrundlagen und offene Fragen, in: *Bachmann*, Gesellschaftsrecht in der Diskussion 2007, Jahrestagung der Gesellschaftsrechtlichen Vereinigung (VGR), Schriftenreihe der Gesellschaftsrechtlichen Vereinigung Bd. 13, Köln 2008, S. 66–102 (zit. als *Bachmann*, in: VGR (Hrsg.), Gesellschaftsrecht in der Diskussion 2007).

*Bäcker, Roland M.*, in: Unternehmensrecht zu Beginn des 21. Jahrhunderts, Festschrift für Eberhard Schwark zum 70. Geburtstag, München 2009, S. 101–120 (zit. als *Bäcker*, FS Schwark).

*Ballwieser, Wolfgang,* Controlling und Risikomanagement, in: *Hommelhoff/Hopt/Werder*, Handbuch Corporate Governance, Leitung und Überwachung börsennotierter Unternehmen in der Rechts- und Wirtschaftspraxis, 2. Aufl. 2009, S. 447–462 (zit. als *Ballwieser*, in: Hommelhoff/Hopt/v.Werder, Handbuch Corporate Governance).

*Barst, David/Halmer, Daniel,* in: *Fuhrmann/Linnerz/Pohlmann*, Deutscher Corporate Governance Kodex, Kommentar, Frankfurt am Main 2016 (zit. als *Barst/Halmer*, in: Fuhrmann/Linnerz/Pohlmann, Deutscher Corporate Governance Kodex).

*Basel Committee on Banking Supervison,* Compliance and the compliance function in banks, Basel 2005 (zit. als Basel Committee on Banking Supervison).

*Bauer, Hartmut/Czybulka, Detlef/ Kahl, Wolfgang/Vosskuhle, Andreas,* Wirtschaft im offenen Verfassungsstaat, Festschrift für Reiner Schmidt zum 70. Geburtstag, München 2006 (zit. als *Bearbeiter*, in: FS R. Schmidt).

*Baumbach, Adolf/Hueck, Alfred,* Gesetz betreffend die Gesellschaften mit beschränkter Haftung, 21. Aufl., München 2017 (zit. als *Bearbeiter*, in: Baumbach/Hueck, GmbHG).

*Baums, Theodor,* Der Aufsichtsrat - Aufgaben und Reformfragen, in: Zeitschrift für Wirtschaftsrecht (ZIP) 1995, 11–18.

*Baums, Theodor,* Risiko und Risikosteuerung im Aktienrecht, in: Zeitschrift für Unternehmens- und Gesellschaftsrecht (ZGR) 2011, 218–274.

*Baur, Alexander/Holle, Maximilian,* Hinweisgebersysteme aus gesellschaftsrechtlicher Perspektive, in: Die Aktiengesellschaft (AG) 2007, 379–384.

*Bayer, Walter,* Aktienrechtsnovelle 2012 – Kritische Anmerkungen zum Regierungsentwurf, in: Die Aktiengesellschaft (AG) 2012, 141–153.

*Bayer, Walter,* in: *Fleischer/Goette*, Münchener Kommentar zum GmbHG §§ 35-52, 2. Auflage, München 2016 (zit. als *Bayer*, in: Müko AktG).

*Bayer, Walter,* Legalitätspflicht der Unternehmensleitung, nützliche Gesetzesverstöße und Regress bei verhängten Sanktionen – dargestellt am Beispiel von Kartellverstößen, in: Bitter/Lutter/Priester et al. (Hrsg.), Festschrift für Karsten Schmidt zum 70. Geburtstag, Köln 2009, S. 85–103 (zit. als *Bayer*, FS K. Schmidt).

*Bayer, Walter/Hommelhoff, Peter/ Kleindiek, Detlef et al.,* GmbH-Gesetz Kommentar, 19. Aufl., Köln, Saarbrücken 2016 (zit. als *Bearbeiter*, in: Lutter/Hommelhoff, GmbHG).

*Beisheim, Carsten E./Hecker, Andreas,* Compliance-Verantwortung im Licht der „Siemens/Neubürger"-Entscheidung – auch bei Unternehmen der öffentlichen Hand, in: Zeitschrift Kommunaljurist (KommJur) 2015, 49–53.

*Berg, Cai,* Korruption in Unternehmen und Risikomanagement nach § 91 Abs. 2 AktG, in: Die Aktiengesellschaft (AG) 2007, 271–278.

*Berg, Stefan/Stöcker, Mathias,* Anwendungs- und Haftungsfragen zum Deutschen Corporate Governance Kodex, in: Zeitschrift für Wirtschafts- und Bankrecht (WM) 2002, 1569–1582.

*Berghäuser, Klaus/Gelbe, Martina,* Drittschutz der verschärften Subsidiaritätsklauseln in den Gemeindeordnungen der deutschen Flächenstaaten – eine vergleichende Betrachtung, in: Zeitschrift Kommunaljurist (KommJur) 2012, 47–51.

*Bergmoser, Ulrich/Theusinger, Ingo/ Gushorst, Klaus-Peter,* Corporate Compliance - Grundlagen und Umsetzung, in: Der Betriebs-Berater Special 5 (BB-Special) 2008, 1–11.

*Berstein, Alexander/Klein, Carsten,* Auslagerung der Compliance-Funktion bei kleineren und mittleren Unternehmen am Beispiel eines Finanzdienstleistungsunternehmens, in: Corporate Compliance Zeitschrift (CCZ) 2014, 284–286.

*Bettermann, August,* Gewerbefreiheit der öffentlichen Hand, in: *Mitgliedern der Juristischen Fakultät Berlin*, Berliner Festschrift für Ernst E. Hirsch zum 65. Geburtstag, Berlin 1968, S. 1–24 (zit. als *Bettermann*, FS Ernst E. Hirsch).

*Beulke, Werner/Moosmayer, Klaus,* Der Reformvorschlag des Bundesverbandes der Unternehmensjuristen zu den §§ 30, 130 OWiG – Plädoyer für ein modernes Unternehmenssanktionenrecht, in: Corporate Compliance Zeitschrift (CCZ) 2014, 146–151.

*Bicker, Eike,* Compliance – organisatorische Umsetzung im Konzern, in: Die Aktiengesellschaft (AG) 2012, 542–552.

*Bicker, Eike,* Legalitätspflicht des Vorstands - ohne Wenn und Aber?, in: Die Aktiengesellschaft (AG) 2014, 8–14.

*Bicker, Eike,* in: *Bürkle/Hauschka*, Der Compliance Officer, Ein Handbuch in eigener Sache, München 2015 (zit. als *Bicker*, in: Bürkle/Hauschka, Der Compliance Officer).

*Bihr, Dietrich/Blättchen, Wolfgang,* Aufsichtsräte in der Kritik: Ziele und Grenzen einer ordnungsgemäßen Aufsichtsratstätigkeit - Ein Plädoyer für den 'Profi-Aufsichtsrat', in: Der Betriebs-Berater (BB) 2007, 1285–1291.

*Bitter, Georg/Lutter, Marcus/ Priester, Hans-Joachim/ et al.,* Festschrift für Karsten Schmidt zum 70. Geburtstag, Köln 2009 (zit. als *Bearbeiter*, FS K. Schmidt).

*Blanke, Thomas/Fedder, Sebastian,* Privatisierung, Ein Rechtshandbuch für die Verwaltungspraxis, Personal- wie Betriebsräte und deren Berater, 2. Aufl., Baden-Baden 2010 (zit. als *Bearbeiter*, in: Blanke/Fedder, Privatisierung).

*Blasche, Sebastian,* Die Mindestanforderungen an ein Risikofrüherkennungs- und Überwachungssystem nach § 91 Abs. 2 AktG, in: Corporate Compliance Zeitschrift (CCZ) 2009, 62–66.

*Bock, Dennis,* Strafrechtliche Aspekte der Compliance-Diskussion - § 130 OWiG als zentrale Norm der Criminal Compliance, in: Zeitschrift für Internationale Strafrechtsdogmatik (ZIS) 2009, 68–81.

*Böcking, Hans-Joachim/Gros, Marius,* Unternehmensinterne und unternehmensexterne Überwachung der Finanzberichterstattung - Zur Einbindung des Aufsichtsrats, in: *Erle, Bernd/Goette, Wulf/Kleindiek, Detlef, et al.* (Hrsg.), Festschrift für Peter Hommelhoff, Zum 70. Geburtstag, Berlin, Köln 2012, S. 99–114 (zit. als *Böcking/Gros*, FS Hommelhoff).

*Böhm, Wolf-Tassilo,* Non-Compliance und Arbeitsrecht, Interne Ermittlungen, Sanktionen und Regressansprüche nach Rechts- und Regelverstößen von Arbeitnehmern, Zugl.: Erlangen-Nürnberg, Univ., Diss., Studien zum deutschen und europäischen Arbeitsrecht 34, Baden-Baden 2011 (zit. als *Böhm,* Non-Compliance und Arbeitsrecht).

*Bohnert, Joachim/Krenberger, Benjamin/ Krumm, Carsten,* OWiG, Kommentar zum Ordnungswidrigkeitenrecht, 3. Aufl., München 2010 (zit. als Bohnert/Krenberger/Krumm, OWiG).

*Borggräfe, Joachim,* Die Qualifizierung von Gebietskörperschaften als "Unternehmen" im Sinne der konzernrechtlichen Bestimmungen des Aktiengesetzes, in: Der Betrieb (DB) 1978, 1433–1439.

*Bork, Reinhard/Schäfer, Carsten,* GmbHG, Kommentar zum GmbH-Gesetz, 3. Aufl., Köln 2015 (zit. als *Bearbeiter*, in: Bork/Schäfer, GmbHG).

*Bormann, Michael,* Mehr "Transparenz" bei Unternehmen mit Beteiligung von Gebietskörperschaften?, in: Neue Zeitschrift für Gesellschaftsrecht (NZG) 2011, 926–929.

*Böttcher, Lars,* Compliance: Der IDW PS 980 – Keine Lösung für alle (Haftungs-) Fälle!, in: Neue Zeitschrift für Gesellschaftsrecht (NZG) 2011, 1054–1057.

*Brandi, Axel,* Ermittlungspflicht des Aufsichtsrates über die wirtschaftliche Situation des Unternehmens „am Vorstand vorbei"?, in: Zeitschrift für Wirtschaftsrecht (ZIP) 2000, 173–176.

*Brauneck, Jens,* Geht gar nicht? Bußgeldmildernde Compliance bei Entscheidungen der EU-Kommission, in: Corporate Compliance Zeitschrift (CCZ) 2016, 107–118.

*Breuer, Rüdiger,* Wasserpreise und Kartellrecht, in: Neue Zeitschrift für Verwaltungsrecht (NVwZ) 2009, 1249–1254.

*Breuer, Stefan/Fraune, Christian,* in: *Heidel*, Aktienrecht und Kapitalmarktrecht, 4. Aufl., Baden-Baden 2014 (zit. als *Breuer/Fraune*, in: Heidel, AktG).

*Brieger, Peter,* Risikomanagement bei Messe- und Kongressgesellschaften, in: Der Betrieb (DB) 2001, 2566–2568.

*Brohm, Winfried,* Wirtschaftstätigkeit der öffentlichen Hand und Wettbewerb, in: Neue Juristische Wochenschrift (NJW) 1994, 281–289.

*Buchta, Jens,* Die Haftung des Vorstands einer Aktiengesellschaft - aktuelle Entwicklungen in Gesetzgebung und Rechtsprechung (Teil I), in: Deutsches Steuerrecht (DStR) 2003, 694–699.

*Buchta, Jens/van Kann, Jürgen,* Die Haftung des Aufsichtsrats einer Aktiengesellschaft - aktuelle Entwicklungen in Gesetzgebung und Rechtsprechung, in: Deutsches Steuerrecht (DStR) 2003, 1665–1670.

*Buck-Heeb, Petra,* Die Haftung von Mitgliedern des Leitungsorgans bei unklarer Rechtslage, in: Der Betriebs-Berater (BB) 2013, 2247–2257.

*Buck-Heeb, Petra,* in: *Gehrlein/Ekkenga/Simon*, GmbHG, Gesetz betreffend die Gesellschaften mit beschränkter Haftung; Kommentar, 2. Aufl., Köln 2015 (zit. als *Buck-Heeb*, in: Gehrlein/Ekkenga/Simon, GmbHG).

*Budäus, Dietrich/Hilgers, Dennis,* Public Corporate Governance, in: *Hommelhoff/Hopt/Werder*, Handbuch Corporate Governance, Leitung und Überwachung börsennotierter Unternehmen in der Rechts- und Wirtschaftspraxis, 2. Aufl. 2009, S. 883–904 (zit. als *Budäus/Hilgers*, in: Hommelhoff/Hopt/v.Werder, Handbuch Corporate Governance).

*Bundeskartellamt,* Jahresbericht Bundeskartellamt, Berlin 2014.

*Bundeskartellamt,* Jahresbericht Bundeskartellamt, Berlin 2015.

*Burgard, Ulrich/Hadding, Walder/Mülbert, Peter O. et al.,* Festschrift für Uwe H. Schneider zum 70. Geburtstag, Köln 2011 (zit. als *Bearbeiter*, FS Uwe H. Schneider).

*Bürgers, Tobias,* Compliance in Aktiengesellschaften, in: Zeitschrift für das gesamte Handels- und Wirtschaftsrecht (ZHR) 2015, 173–206.

*Bürgers, Tobias,* Aktiengesetz, 3. Aufl., Heidelberg 2014 (zit. als *Bearbeiter*, in: Bürgers/Körber, AktG).

*Bürgers, Tobias/Israel, Alexander,* in: *Bürgers*, Aktiengesetz, 3., neu bearb. Aufl., Heidelberg 2014 (zit. als *Bürgers/Israel*, in: Bürgers/Körber, AktG).

*Burgi, Martin,* Compliance im Staat – Staat und Compliance, in: Corporate Compliance Zeitschrift (CCZ) 2010, 41–46.

*Bürkle, Jürgen,* Aufsichtsrechtliches Legal Judgment: Sachlicher Anwendungsbereich und prozedurale Voraussetzungen, in: Versicherungsrecht (VersR) 2013, 792–802.

*Bürkle, Jürgen,* Corporate Compliance - Pflicht oder Kür für den Vorstand der AG?, in: Der Betriebs-Berater (BB) 2005, 565–570.

*Bürkle, Jürgen,* Corporate Compliance als Standard guter Unternehmensführung des Deutschen Corporate Governance Kodex, in: Der Betriebs-Berater (BB) 2007, 1797–1801.

*Bürkle, Jürgen,* in: *Bürkle/Hauschka*, Der Compliance Officer, Ein Handbuch in eigener Sache, München 2015 (zit. als *Bürkle*, in: Bürkle/Hauschka, Der Compliance Officer).

*Bürkle, Jürgen/ Hauschka, Christoph E.* (Hrsg.), Der Compliance Officer, Ein Handbuch in eigener Sache, München 2015 (zit. als *Bearbeiter*, in: Bürkle/Hauschka, Der Compliance Officer).

*Busekist, Konstantin von/Hein, Oliver,* Der IDW PS 980 und die allgemeinen rechtlichen Mindestanforderungen an ein wirksames Compliance Management System (1) – Grundlagen, Kultur und Ziele, in: Corporate Compliance Zeitschrift (CCZ) 2012, 41–48.

*Busekist, Konstantin von/ Keuten, Nils Christian,* Zur Einrichtung eines Compliance-Ausschusses im Aufsichtsrat, in: Corporate Compliance Zeitschrift (CCZ) 2016, 119–125.

*Bussmann, Kai-D/Salvenmoser, Steffen,* Der Wert von Compliance und Unternehmenskultur – Ergebnisse der aktuellen Studie von PricewaterhouseCoopers zur Wirtschaftskriminalität, in: Corporate Compliance Zeitschrift (CCZ) 2008, 192–196.

*Bussmann, Kai-D./Salvenmoser, Steffen/ Jeker, Marc,* Compliance ist im Markt, aber noch nicht im Recht – Ergebnisse einer Unternehmensbefragung, in: Corporate Compliance Zeitschrift (CCZ) 2016, 235–240.

*Campos-Nave, José A./Bonenberger, Saskia,* Korruptionsaffären, Corporate Compliance und Sofortmaßnahmen für den Krisenfall, in: Der Betriebs-Berater (BB) 2008, 734–741.

*Casper, Matthias,* Der Compliancebeauftragte – unternehmensinternes Aktienamt, Unternehmensbeauftragter oder einfacher Angestellter, in: Bitter/Lutter/Priester et al. (Hrsg.), Festschrift für Karsten Schmidt zum 70. Geburtstag, Köln 2009, S. 199–216 (zit. als *Casper*, FS K. Schmidt).

*Cauers, Lutz/Haas, Klaus/Jakob, Alexander/ Kremer, Friedhelm/Schartmann, Bernd/ Welp, Oliver,* Ist der gegenwärtig viel diskutierte Begriff „Compliance" nur alter Wein in neuen Schläuchen?, in: Der Betrieb (DB) 2008, 2717-2719.

*Claussen, Carsten Peter,* Corporate Governance – eine Standortbeschreibung, in: Hommelhoff/Rawert/Schmidt, Festschrift für Hans-Joachim Priester zum 70. Geburtstag, Köln 2007, S. 41–54 (zit. als *Claussen*, FS Priester)

*Claussen, Carsten Peter/Bröcker, Norbert,* Der Corporate Governance-Kodex aus der Perspektive der kleinen und mittleren Börsen-AG, in: Der Betrieb (DB) 2002, 1199–1206.

*Claussen, Carsten Peter/Semler, Johannes,* Abgestufte Überwachungspflicht des Aufsichtsrats?, in: Die Aktiengesellschaft (AG) 1984, 20–22.

*Claussen, Carsten Peter/Korth, Michael-H.,* *Anforderungen an ein Risikomanagementsystem aus der Sicht des Aufsichtsrates, in:* Schneider/Hommelhoff/Schmidt, Festschrift für Marcus Lutter zum 70. Geburtstag, Köln 2000, S. 327–342 (zit. als *Claussen/Korth*, FS Lutter).

*Cromme, Gerhard/Claasen, Jürgen,* Unternehmenskommunikation als Element der Corporate Governance, in: *Hommelhoff/Hopt/Werder*, Handbuch Corporate Governance, Leitung und Überwachung börsennotierter Unternehmen in der Rechts- und Wirtschaftspraxis, 2. Aufl. 2009 (zit. als *Cromme/Claasen*, in: Hommelhoff/Hopt/v.Werder, Handbuch Corporate Governance).

*Cronauge, Ulrich,* Welchen rechtlichen Rahmen braucht die kommunale Wirtschaft von morgen?, in: Der Gemeindehaushalt 1998, 131–137.

*Cronauge, Ulrich/Westermann, Georg,* Kommunale Unternehmen, Eigenbetriebe - Kapitalgesellschaften - Zweckverbände, 4. Aufl., Finanzwesen der Gemeinden 3, Berlin 2003 (zit. als *Cronauge/Westermann,* Kommunale Unternehmen).

*Dahs, Hans/Müssig, Bernd,* Strafbarkeit kommunaler Mandatsträger als Amtsträger? - Eine Zwischenbilanz, in: Neue Zeitschrift für Strafrecht (NStZ) 2006, 191–195.

*Danwitz, Thomas von,* Vom Verwaltungsprivatrecht zum Verwaltungsgesellschaftsrecht - Zu Begründung und Reichweite öffentlich-rechtlicher Ingerenzen in der mittelbaren Kommunalverwaltung, in: Archiv des öffentlichen Rechts (AöR) 1995, 595–630.

*Dauner-Lieb, Barbara,* in: *Henssler/Strohn*, Gesellschaftsrecht, BGB, HGB, PartGG, GmbHG, AktG, GenG, UmwG, InsO, AnfG, IntGesR, 2. Aufl. Bd. 62, München 2014 (zit. als *Dauner-Lieb*, in: Henssler/Strohn, AktG).

*Deilmann, Barbara,* Abgrenzung der Überwachungsbefugnisse von Gesellschafterversammlung und Aufsichtsrat einer GmbH unter besonderer Berücksichtigung des mitbestimmten Aufsichtsrats, in: Der Betriebs-Berater (BB) 2004, 2253–2257.

*Deiters, Mark,* Zur Frage der Strafbarkeit von Gemeinderäten wegen Vorteilsannahme und Bestechlichkeit, in: Neue Zeitschrift für Strafrecht (NStZ) 2003, 453–457.

*Dendorfer-Ditges, Renate,* in: *Moll/Altenburg*, Münchener Anwaltshandbuch Arbeitsrecht, 3. überarb. u. erw. Aufl., München 2012 (zit. als *Dendorfer-Ditges*, in: Moll, MAH Arbeitsrecht).

*Dreher, Meinrad,* Ausstrahlungen des Aufsichtsrechts auf das Aktienrecht, in: Zeitschrift für Unternehmens- und Gesellschaftsrecht (ZGR) 2010, 496–542.

*Dreher, Meinrad,* Die Vorstandsverantwortung im Geflecht von Risikomanagement, Compliance und interner Revision, in: *Kindler*, Festschrift für Uwe Hüffer zum 70. Geburtstag, München 2010, S. 161–178 (zit. als *Dreher*, FS Hüffer).

*Dreher, Meinrad,* Nicht delegierbare Geschäftsleiterpflichten, in: *Hopt/Grundmann*, Festschrift für Klaus J. Hopt zum 70. Geburtstag am 24. August 2010, Unternehmen, Markt und Verantwortung, Berlin, New York 2010, S. 517–540 (zit. als *Dreher*, FS Hopt).

*Dreher, Meinrad,* Die Gesamtqualifikation des Aufsichtsrats - Die Rechtslage in der Normal-AG und bei beaufsichtigten Versicherungsunternehmen sowie Kreditinstituten, in: *Krieger*, Festschrift für Michael Hoffmann-Becking zum 70. Geburtstag, München 2013, S. 313–330 (zit. als *Dreher*, FS Hoffmann-Becking).

*Dreher, Meinrad,* Direktkontakte des Aufsichtsrats in der Aktiengesellschaft zu dem Vorstand nachgeordneten Mitarbeitern, in: *Habersack*, Festschrift für Peter Ulmer zum 70. Geburtstag am 2. Januar 2003, Berlin 2013, S. 87–104 (zit. als *Dreher*, FS Ulmer).

*Dreher, Meinrad,* in: *Immenga/Mestmäcker*, Wettbewerbsrecht, Kommentar zum Europäischen Kartellrecht, 5. Aufl. / Immenga; Mestmäcker; Bd. 2, München 2014 (zit. als *Dreher*, in: Immenga/Mestmäcker, Wettbewerbsrecht).

*Dreher, Meinrad/Hoffmann, Jens,* Die Wirksamkeitsprüfung durch den Prüfungsausschuss nach § 107 Abs. 3 Satz 2 AktG, in: Zeitschrift für Unternehmens- und Gesellschaftsrecht (ZGR) 2016, 445–504.

*Dreier, Horst/Bauer, Hartmut* (Hrsg.), Grundgesetz, Kommentar, 3. Aufl., Tübingen 2015 (zit. Als *Bearbeiter*, in: Dreier, GG).

*Drinhausen, Florian,* in: *Hölters*, Aktiengesetz, Kommentar, 2. Aufl., München 2014 (zit. als *Drinhausen*, in: Hölters, AktG).

*Drygala, Tim,* in: *Schmidt/Lutter*, Aktiengesetz, Kommentar, 3., neu bearb.Aufl., Köln 2015 (zit. als *Drygala*, in: Schmidt/Lutter, AktG).

*Drygala, Tim/Drygala, Anja,* Wer braucht ein Frühwarnsystem?, in: Zeitschrift für Wirtschaftsrecht (ZIP) 2000, 297–305.

*Dünchheim, Thomas/Schöne, Franz-Josef,* Privat vor Staat? - Die Novellierung des kommunalen Wirtschaftsrechts in NRW, in: Deutsches Verwaltungsblatt (DVBl) 2009, 146–155.

*Dürr, Simon,* Die Haftung von Aufsichtsratsmitgliedern einer Aktiengesellschaft, Taunusstein 2005 (zit. als *Dürr*, Die Haftung von Aufsichtsratsmitgliedern einer Aktiengesellschaft).

*Eckert, Jan,* in: *Wachter*, AktG, Kommentar zum Aktiengesetz, Köln 2011 (zit. als *Eckert*, in: Wachter, AktG).

*Edeling, Thomas/Stölting, Erhard/Wagner, Dieter,* Öffentliche Unternehmen zwischen Privatwirtschaft und öffentlicher Verwaltung, Eine empirische Studie im Feld kommunaler Versorgungsunternehmen, Interdisziplinäre Organisations- und Verwaltungsforschung 8, Wiesbaden, 2004 (zit. als *Edeling/Stölting/Wagner,* Öffentliche Unternehmen zwischen Privatwirtschaft und öffentlicher Verwaltung).

*Eggemann, Gerd,* Risikomanagement nach KonTraG aus dem Blickwinkel des Wirtschaftsprüfers, in: Der Betriebs-Berater (BB) 2000, 503–509.

*Ehlers, Dirk,* Das neue Kommunalwirtschaftsrecht in Nordrhein-Westfalen, in: Nordrhein-Westfälische Verwaltungsblätter (NWVBl.) 2000, 1–7.

*Ehlers, Dirk,* Die wirtschaftliche Betätigung der öffentlichen Hand in der Bundesrepublik Deutschland, in: JuristenZeitung (JZ) 1990, 1089–1100.

*Ehlers, Dirk,* Verwaltung in Privatrechtsform, Zugl.: Erlangen-Nürnberg, Hab. Schrift, 1981, (Schriften zum öffentlichen Recht 464), Berlin 1984 (zit. als *Ehlers,* Verwaltung in Privatrechtsform).

*Ehlers, Dirk,* in: *Wurzel/Schraml/Becker*, Rechtspraxis der kommunalen Unternehmen, [Handbuch], 2. Aufl., München 2010 (zit. als *Ehlers*, in: Wurzel/Schraml/Becker, Rechtspraxis der kommunalen Unternehmen).

*Ehrler, Jürgen,* Compliance in Universalbanken, Strategien für das Management von Interessenkonflikten, Schriftenreihe für Kreditwirtschaft und Finanzierung 24, Wiesbaden 1997 (zit. als *Ehrler,* Compliance in Universalbanken).

*Eibelshäuser, Manfred/Nowak, Karsten,* in: *Heuer/Engels/Eibelshäuser*, Kommentar zum Haushaltsrecht des Bundes und der Länder sowie der Vorschriften zur Finanzkontrolle, Köln 2016 (zit. als Eibelshäuser/Nowak, in: Heuer/Engels/Eibelshäuser, Kommentar zum Haushaltsrecht).

*Eisele, Dieter/Faust, Alexander,* in: *Schimansky/Bunte/Lwowski*, Bankrechts-Handbuch, 4. Aufl., München 2011 (zit. als *Eisele/Faust*, in: Schimansky/Bunte/Lwowski, Bankrechts-Handbuch).

*Eisenberg, Melvin Aron,* An Overview of the Principles of Corporate Governance, in: The Business Lawyer 1993, 1271–1296.

*Emmerich, Volker,* in: *Emmerich/Habersack*, Aktien- und GmbH-Konzernrecht, Kommentar, 8. Auflage 2016 (zit. als *Emmerich*, in: Emmerich/Habersack, Aktien- und GmbH-Konzernrecht).

*Emmerich, Volker/Habersack, Mathias,* Aktien- und GmbH-Konzernrecht, Kommentar, 8. Aufl. 2016 (zit. als *Bearbeiter*, in: Emmerich/Habersack, Aktien- und GmbH-Konzernrecht).

*Engelhardt, Christian,* in: *Schneider/Dreßler*, Hessische Gemeindeordnung, Kommentar, Köln 2015 (zit. als *Engelhardt*, in: Schneider/Dreßler, HGO).

*Engels, Andreas,* in: *Stober/Ohrtmann*, Compliance, Handbuch für die öffentliche Verwaltung, Stuttgart 2015 (zit. als *Engels*, in: Stober/Ohrtmann, Compliance).

*Ensch, Jürgen,* Compliance im öffentlich-rechtlichen Rundfunk, in: Zeitschrift für Urheber- und Medienrecht (ZUM) 2012, 16–21.

*Erbguth, Wilfried/Stollmann, Frank,* Erfüllung öffentlicher Aufgaben durch private Rechtssubjekte - Zu den Kriterien bei der Wahl der Rechtsform, in: Die öffentliche Verwaltung (DÖV) 1993, 798–809.

*Erle, Bernd/Becker, Ralph,* Der Gemeinderat als Gesellschafterversammlung der GmbH, in: Neue Zeitschrift für Gesellschaftsrecht (NZG) 1999, 58–62.

*Erle, Bernd/Goette, Wulf/ Kleindiek, Detlef, et al.* (Hrsg.), Festschrift für Peter Hommelhoff, Zum 70. Geburtstag, Berlin, Köln 2012 (zit. als *Bearbeiter*, FS Hommelhoff).

*Eser, Albin/Hecker, Bernd,* in: *Schönke/Schröder*, Strafgesetzbuch, Kommentar, 29., neu bearb. Aufl., München 2014 (zit. als *Eser/Hecker*, in: Schönke/Schröder, StGB).

*Eufinger, Alexander,* Berücksichtigung von Compliance-Programmen bei der Bußgeldbemessung – Vorbild USA?, in: Corporate Compliance Zeitschrift (CCZ) 2016, 209–213.

*Eufinger, Alexander,* Personelle Selbstreinigung nach Compliance-Verstößen - Kündigungen, Schadensliquidation und Amnestieregelungen im Spannungsfeld -, in: Der Betrieb (DB) 2016, 471–476.

*Eufinger, Alexander,* Zu den historischen Ursprüngen der Compliance, in: Corporate Compliance Zeitschrift (CCZ) 2012, 21–22.

*Ewer, Wolfgang,* Kommunale Unternehmen in Konkurrenz zur Privatwirtschaft - rechtliche Rahmenbedingungen und bestehende Rechtsschutzmöglichkeiten, in: *Hoffmann-Becking*, Festschrift für Hans-Jürgen Hellwig, Zum 70. Geburtstag, Köln 2010, S. 475–486 (zit. als *Ewer*, FS Hellwig).

*Faber, Angela,* Aktuelle Entwicklungen des Drittschutzes gegen die kommunale wirtschaftliche Betätigung, in: Deutsches Verwaltungsblatt (DVBl) 2003, 761–768.

*Falkenhausen, Joachim* von, Die Haftung außerhalb des Business Judgment Rule, in: Neue Zeitschrift für Gesellschaftsrecht (NZG) 2012, 644–651.

*Fastrich, Lorenz,* in: *Baumbach/Hueck*, Gesetz betreffend die Gesellschaften mit beschränkter Haftung, 21. Auflage Band 20, München 2017 (zit. als *Fastrich*, in: Baumbach/Hueck, GmbHG).

*Feinendegen, Markus,* Vorteilsannahme ohne Folgen - Freibrief für kommunale Mandatsträger durch den BGH?, in: Neue Juristische Wochenschrift (NJW) 2006, 2011–2013.

*Fett, Torsten/Gebauer, Stefan,* Compliance-Strukturen im faktischen Bankkonzern, in: Unternehmensrecht zu Beginn des 21. Jahrhunderts, Festschrift für Eberhard Schwark zum 70. Geburtstag, München 2009, S. 375–388 (zit. als *Fett/Gebauer,* FS Schwark).

*Fett, Torsten/Theusinger, Ingo,* Compliance im Konzern – Rechtliche Grundlagen und praktische Umsetzung, in: Der Betriebs-Berater Special 4 (BB-Special) 2010, 6–14.

*Fissenewert, Peter,* Compliance für den Mittelstand, in: Neue Zeitschrift für Gesellschaftsrecht (NZG) 2015, 1009–1013.

*Fissenewert, Peter* (Hrsg.), Compliance für den Mittelstand, München 2013 (zit. als *Fissenewert*, Compliance für den Mittelstand).

*Fleischer, Holger,* Aktienrechtliche Compliance-Pflichten im Praxistest: Das Siemens/Neubürger-Urt. des LG München I, in: Neue Zeitschrift für Gesellschaftsrecht (NZG) 2014, 312–360.

*Fleischer, Holger,* Aktienrechtliche Legalitätspflicht und „nützliche“ Pflichtverletzungen von Vorstandsmitgliedern, in: Zeitschrift für Wirtschaftsrecht (ZIP) 2005, 141–151.

*Fleischer, Holger,* Corporate Compliance im aktienrechtlichen Unternehmensverbund, in: Corporate Compliance Zeitschrift (CCZ) 2008, 1–6.

*Fleischer, Holger,* Das unternehmerische Ermessen des GmbH-Geschäftsführers und seine GmbH-spezifischen Grenzen, in: Neue Zeitschrift für Gesellschaftsrecht (NZG) 2011, 521–527.

*Fleischer, Holger,* Kartellrechtsverstöße und Vorstandsrecht, in: Der Betriebs-Berater (BB) 2008, 1070–1076.

*Fleischer, Holger,* Vorstandshaftung und Vertrauen auf anwaltlichen Rat, in: Neue Zeitschrift für Gesellschaftsrecht (NZG) 2010, 121–125.

*Fleischer, Holger,* Vorstandsverantwortlichkeit und Fehlverhalten von Unternehmensangehörigen – Von der Einzelüberwachung zur Errichtung einer Compliance-Organisation, in: Die Aktiengesellschaft (AG) 2003, 291–300.

*Fleischer, Holger,* Zur Leitungsaufgabe des Vorstandes im Aktienrecht, in: Zeitschrift für Wirtschaftsrecht (ZIP) 2003, 1–11.

*Fleischer, Holger,* Zur Verantwortlichkeit einzelner Vorstandsmitglieder bei Kollegialentscheidungen im Aktienrecht, in: Der Betriebs-Berater (BB) 1994, 2645–2651.

*Fleischer, Holger* (Hrsg.), Handbuch des Vorstandsrechts, München 2006 (zit. als *Bearbeiter*, in: Fleischer, Handbuch des Vorstandsrechts).

*Fleischer, Holger,* Shareholders vs. Stakeholders: Aktienrechtliche Fragen, in: *Hommelhoff/Hopt/Werder*, Handbuch Corporate Governance, Leitung und Überwachung börsennotierter Unternehmen in der Rechts- und Wirtschaftspraxis, 2. Aufl. 2009, S. 185–218 (zit. als *Fleischer*, in: Hommelhoff/Hopt/v.Werder, Handbuch Corporate Governance).

*Fleischer, Holger,* in: *Spindler*, Kommentar zum Aktiengesetz, 3. Aufl., München 2015 (zit. als *Fleischer*, in: Spindler/Stilz, AktG).

*Fleischer, Holger,* in: *Fleischer/Goette*, Münchener Kommentar zum GmbHG §§ 35-52, 2. Auflage, München 2016 (zit. als *Fleischer*, in: MüKo GmbHG).

*Fleischer, Holger/Goette, Wulf* (Hrsg.), Münchener Kommentar zum GmbHG §§ 35-52, 2. Aufl., München 2016 (zit. als *Bearbeiter*, in: MüKo GmbHG).

*Fleischer, Holger/Koch, Jens/, Kropff, Bruno, et al.* (Hrsg.), 50 Jahre Aktiengesetz, Zeitschrift für Unternehmens- und Gesellschaftsrecht Sonderheft Bd. 19, Berlin, Boston 2016 (zit. als *Bearbeiter*, in: Fleischer/Koch/Kropf/Lutter (Hrsg.), 50 Jahre AktG).

*Flöther, Lucas F.*, Die Kommune als Konzern im zukünftigen Konzerninsolvenzrecht, in: Neue Zeitschrift für Verwaltungsrecht (NVwZ) 2014, 1497–1499.

*Frodermann, Jürgen/Schäfer, Philipp*, in: *Henn/Frodermann/Jannott*, Handbuch des Aktienrechts, 8., völlig neu bearb. und erw. Aufl., Heidelberg 2009 (zit. als *Frodermann/Schäfer*, in: Henn/Frodermann/Jannott, Handbuch des Aktienrechts).

*Fröhlich, Daniel/Huber, Peter M.*, in: *Hirte/Mülbert/Roth*, Aktiengesetz, Großkommentar, 5., neu bearb. Auflage, Berlin 2015 (zit. als *Fröhlich/Huber*, in: Großkommentar AktG).

*Fuhrmann, Lambertus*, Internal Investigations: Was dürfen und müssen Organe beim Verdacht von Compliance Verstößen tun?, in: Neue Zeitschrift für Gesellschaftsrecht (NZG) 2016, 881–889.

*Fuhrmann, Lambertus*, Rechte und Pflichten des Aufsichtsrats beim Verdacht von Compliance-Verstößen, in: Die Aktiengesellschaft (AG) 2015, 328–330.

*Fuhrmann, Lambertus*, in: *Fuhrmann/Linnerz/Pohlmann*, Deutscher Corporate Governance Kodex, Kommentar, Frankfurter Kommentar, Frankfurt am Main 2016 (zit. als *Fuhrmann*, in: Fuhrmann/Linnerz/Pohlmann, Deutscher Corporate Governance Kodex).

*Fuhrmann, Lambertus/Linnerz, Markus/ Pohlmann, Andreas* (Hrsg.), Deutscher Corporate Governance Kodex, Kommentar, Frankfurt am Main 2016 (zit. als *Bearbeiter*, in: Fuhrmann/Linnerz/Pohlmann, Deutscher Corporate Governance Kodex).

*Füser, Karsten/Gleißner, Werner/ Meier, Günter*, Risikomanagement (KonTraG) - Erfahrungen aus der Praxis, in: Der Betrieb (DB) 1999, 753–758.

*Gasteyer, Thomas*, in: *Schenck*, Der Aufsichtsrat, §§ 95-116, 161, 170-172, 394 und 395 AktG; Kommentar, München 2015 (zit. als *Gasteyer*, in: Semler/v.Schenk, Der Aufsichtsrat).

*Geerlings, Jörg*, Kommunale Energieversorgungsunternehmen nach der Novellierung der nordrhein-westfälischen Gemeindeordnung, in: Nordrhein-Westfälische Verwaltungsblätter (NWVBl.) 2008, 90–97.

*Gehrlein, Markus/Ekkenga, Jens/ Simon, Stefan*, GmbHG, Gesetz betreffend die Gesellschaften mit beschränkter Haftung; Kommentar, 2. Aufl., Köln 2015 (zit. als *Bearbeiter*, in: Gehrlein/Ekkenga/Simon, GmbHG).

*Gelhausen, Hans Friedrich/ Wermelt, Andreas*, Haftungsrechtliche Bedeutung des IDW EPS 980: Grundsätze ordnungsmäßiger Prüfung von Compliance-Management-Systemen, in: Corporate Compliance Zeitschrift (CCZ) 2010, 208–213.

*Genzow, F. Christian* (Hrsg.), Zwischen Vertragsfreiheit und Verbraucherschutz, Festschrift für Friedrich Graf von Westphalen zum 70. Geburtstag, Köln 2010 (zit. als *Bearbeiter*, FS Westphalen).

*Gerst, Hans-Joachim*, Unternehmensinteresse und Beschuldigtenrechte bei Internal Investigations – Problemskizze und praktische Lösungswege, in: Corporate Compliance Zeitschrift (CCZ) 2012, 1–5.

*Giedinghagen, Jan*, in: *Michalski*, GmbHG-Kommentar, §§ 35-85 GmbHG, 2010 (zit. als *Giedinghagen*, in: Michalski, GmbHG).

| | |
|---|---|
| *Gimnich, Martin,* | in: *Stober/Ohrtmann*, Compliance, Handbuch für die öffentliche Verwaltung, Stuttgart 2015 (zit. als *Gimnich*, in: Stober/Ohrtmann, Compliance). |
| *Goerdeler, Reinhard* (Hrsg.), | Festschrift für Hans-Joachim Fleck zum 70. Geburtstag am 30. Januar 1988, Zeitschrift für Unternehmens- und Gesellschaftsrecht: Sonderheft Bd. 7, Berlin [u.a.] 1988 (zit. als *Bearbeiter*, FS Fleck). |
| *Goette, Wulf,* | Organisationspflichten in Kapitalgesellschaften zwischen Rechtspflicht und Opportunität, in: Zeitschrift für das gesamte Handels- und Wirtschaftsrecht (ZHR) 2011, 388–400. |
| *Goette, Wulf/Habersack, Mathias* (Hrsg.), | Münchener Kommentar zum Aktiengesetz, 4. Aufl., München 2014 (zit. als *Bearbeiter*, in: MüKo AktG). |
| *Görling, Helmut/Inderst, Cornelia/ Bannenberg, Britta* (Hrsg.), | Compliance, Aufbau - Management - Risikobereiche, C. F. Müller Wirtschaftsrecht, Heidelberg u.a. 2010 (zit. als *Bearbeiter*, in: Görling/Inderst/Bannenberg, Compliance). |
| *Görtz, Birte,* | Der neue Compliance-Prüfungsstandard (EPS 980) Inhalte und Aussagen, in: Corporate Compliance Zeitschrift (CCZ) 2010, 127–132. |
| *Gößwein, Georg/Hohmann, Olaf,* | Modelle der Compliance-Organisation in Unternehmen, in: Der Betriebs-Berater (BB) 2011, 963–967. |
| *Grigoleit, Hans Christoph/Ehmann, Erik,* | Aktiengesetz, Kommentar, München 2013 (zit. als *Bearbeiter*, in: Grigoleit, AktG). |
| *Grigoleit, Hans Christoph/Tomasic, Lovro,* | in: *Grigoleit/Ehmann*, Aktiengesetz, Kommentar, München 2013 (zit. als *Grigoleit/Tomasic*, in: Grigoleit, AktG). |
| *Gröpl, Christoph,* | Bundeshaushaltsordnung, Landeshaushaltsordnung (BHO, LHO), Staatliches Haushaltsrecht; Kommentar, München 2011 (zit. als *Bearbeiter*, in: Gröpl, BHO/LHO). |
| *Grundmann, Stefan/Kircher, Christian/ Raiser, Thomas et al.,* | Unternehmensrecht zu Beginn des 21. Jahrhunderts, Festschrift für Eberhard Schwark zum 70 . Geburtstag, München 2009 (zit. als *Bearbeiter*, in: FS Schwark). |
| *Grundmeier, Charlotte Elisabeth,* | Rechtspflicht zur Compliance im Konzern, Zugl.: Bonn, Univ., Diss., 2011, Abhandlungen zum deutschen und europäischen Handels- und Wirtschaftsrecht 195, Köln 2011 (zit. als *Grundmeier*, Rechtspflicht zur Compliance im Konzern). |
| *Grunewald, Barbara,* | Interne Aufklärungspflichten von Vorstand und Aufsichtsrat, in: Neue Zeitschrift für Gesellschaftsrecht (NZG) 2013, 841–846. |
| *Grützner, Thomas,* | Unternehmensstrafrecht vs. Ordnungswidrigkeitenrecht, in: Corporate Compliance Zeitschrift (CCZ) 2015, 56–62. |
| *Gundlach, Ulf/Frenzel, Volkhard/ Schmidt, Nikolaus,* | Das kommunale Aufsichtsratsmitglied im Spannungsfeld zwischen öffentlichem Recht und Gesellschaftsrecht, in: Landes- und Kommunalverwaltung (LKV) 2001, 246–251. |
| *Gurlit, Elke,* | Grundrechtsbindung von Unternehmen, in: Neue Zeitschrift für Gesellschaftsrecht (NZG) 2012, 249–254. |
| *Haas, Ulrich/Ziemons, Hildegard,* | in: *Michalski*, GmbHG-Kommentar, §§ 35-85 GmbHG, 2010 (zit. als *Haas/Ziemons*, in: Michalski, GmbHG). |
| *Habersack, Mathias,* | Grund und Grenzen der Compliance-Verantwortung des Aufsichtsrats der AG, in: Die Aktiengesellschaft (AG) 2014, 1–8. |
| *Habersack, Mathias,* | in: *Lorenz*, Karlsruher Forum 2009: Managerhaftung, mit Vorträgen von Mathias Habersack und Ansgar Staudinger und Dokumentation der Diskussion, Schriftenreihe der Zeitschrift Versicherungsrecht (VersR) Bd. 43, Karlsruhe 2010 (zit. als *Habersack*, Karlsruher Forum 2009). |

*Habersack, Mathias,* Die Legalitätspflicht des Vorstands der AG, in: *Burgard/Hadding/Mülbert*, Festschrift für Uwe H. Schneider zum 70. Geburtstag, Köln 2011, S. 429–442 (zit. als *Habersack,* FS Uwe H. Schneider).

*Habersack, Mathias* (Hrsg.), Festschrift für Peter Ulmer zum 70. Geburtstag am 2. Januar 2003, Berlin 2013 (zit. als *Bearbeiter*, FS Ulmer).

*Habersack, Mathias,* in: *Goette/Habersack*, Münchener Kommentar zum Aktiengesetz, 4. Aufl., München 2014 (zit. als *Habersack*, in: MüKo AktG).

*Hahn, Klaus/Weber, Stefan C./ Friedrich, Jörg,* Ausgestaltung des Risikomanagementsystems in mittelständischen Unternehmen, in: Der Betriebs-Berater (BB) 2000, 2620–2628.

*Hambloch-Gesinn, Sylvie/ Gesinn, Franz-Josef,* in: *Hölters*, Aktiengesetz, Kommentar, 2. Aufl., München 2014 (zit. als *Hambloch-Gesinn/Gesinn*, in: Hölters, AktG).

*Hanau, Peter/Habersack, Mathias,* Mitbestimmungsrecht, Kommentierung des MitbestG, der DrittelbG und der §§ 34 bis 38 SEBG, 3. Aufl., München 2013 (zit. als *Bearbeiter*, in: Ulmer/Habersack/Henssler, Mitbestimmungsrecht).

*Harbarth, Stephan,* Anforderungen an die Compliance-Organisationen in börsennotierten Unternehmen, in: Zeitschrift für das gesamte Handels- und Wirtschaftsrecht (ZHR) 2015, 136–172.

*Harbarth, Stefan/Brechtel, Micha,* Rechtliche Anforderungen an eine pflichtgemäße Compliance-Organisation im Wandel der Zeit, in: Zeitschrift für Wirtschaftsrecht (ZIP) 2016, 241–250.

*Harder, Nils/Ruter, Rudolf X.,* Die Mitglieder des Aufsichtsrats einer GmbH mit öffentlich-rechtlichem Anteilseigner – ihre Rechte und Pflichten, in: GmbHRundschau (GmbHR) 1995, 813–816.

*Hasselbach, Kai,* Überwachungs- und Beratungspflichten des Aufsichtsrates in der Krise, in: Neue Zeitschrift für Gesellschaftsrecht (NZG) 2012, 41–48.

*Hauschka, Christoph E.,* Compliance am Beispiel der Korruptionsbekämpfung, in: Zeitschrift für Wirtschaftsrecht (ZIP) 2004, 877–883.

*Hauschka, Christoph E.,* Compliance, Compliance-Manager, Compliance-Programme: Eine geeignete Reaktion auf gestiegene Haftungsrisiken für Unternehmen und Management?, in: Neue Juristische Wochenschrift (NJW) 2004, 257–261.

*Hauschka, Christoph E.,* Zum Berufsbild des Compliance Officers, in: Corporate Compliance Zeitschrift (CCZ) 2014, 165–169.

*Hauschka, Christoph E.,* Compliance - Praktische Erfahrungen und Thesen, in: *Bachmann*, Gesellschaftsrecht in der Diskussion 2007, Jahrestagung der Gesellschaftsrechtlichen Vereinigung (VGR), Schriftenreihe der Gesellschaftsrechtlichen Vereinigung Bd. 13, Köln 2008, S. 51–65 (zit. als *Hauschka,* in: VGR (Hrsg.), Gesellschaftsrecht in der Diskussion 2007).

*Hauschka, Christoph E./Moosmayer, Klaus/ Lösler, Thomas* (Hrsg.), Corporate Compliance, Handbuch der Haftungsvermeidung im Unternehmen, 3. Aufl., München 2016 (zit. als *Bearbeiter*, in: Hauschka/Moosmayer/Lösler, Corporate Compliance).

*Haußmann, Katrin/Merten, Frank,* „Kündigungspflicht“ und ihre arbeitsrechtliche Umsetzung, in: Neue Zeitschrift für Arbeitsrecht (NZA) 2015, 258–262.

*Heger, Martin,* in: *Lackner/Kühl*, Strafgesetzbuch, Kommentar, 28., neu bearb. Aufl., München 2014 (zit. als *Heger*, in: Lackner/Kühl, StGB).

*Heidel, Thomas,* Aktienrecht und Kapitalmarktrecht, 4. Aufl., Baden-Baden 2014 (zit. als *Bearbeiter*, in: Heidel, AktG).

*Hein, Oliver,* Verbandsstrafgesetzbuch (VerbStrG-E) – Bietet der Entwurf Anreize zur Vermeidung von Wirtschaftskriminalität in Unternehmen?, in: Corporate Compliance Zeitschrift (CCZ) 2014, 63–74.

*Fleischer, Holger* (Hrsg.), Münchener Kommentar zum GmbHG §§ 1-37 StGB, 2. Aufl., München 2011 (zit. als *Bearbeiter*, in: MüKo GmbHG).

*Heißner, Stefan/Benecke, Felix,* Compliance-Praxis im Wandel: von der reinen Kontrolle zum Integrity Management, in: Der Betriebs-Berater (BB) 2013, 2923–2927.

*Held, Friedrich Wilhelm,* Ist das kommunale Wirtschaftsrecht noch zeitgemäß?, in: Zeitschrift für Wirtschaftsverwaltungsrecht (WiVerw) 1998, 264–294.

*Hellermann, Johannes,* in: Hoppe/Uechtritz/Heck, Handbuch kommunale Unternehmen, 3., vollständig überarbeitete Aufl., Köln, Berlin 2012 (zit. als *Hellermann*, in: Hoppe/Uechtritz/Heck, Handbuch kommunale Unternehmen).

*Hemeling, Peter,* Organisationspflichten des Vorstands zwischen Rechtspflicht und Opportunität, in: Zeitschrift für das gesamte Handels- und Wirtschaftsrecht (ZHR) 2007, 554–580.

*Henn, Günter/Frodermann, Jürgen/Jannott, Dirk* (Hrsg.), Handbuch des Aktienrechts, 8. Aufl., C.F. Müller Wirtschaftsrecht, Heidelberg 2009 (zit. als *Bearbeiter*, in: Henn/Frodermann/Jannott, Handbuch des Aktienrechts).

*Hennecke, Hans-Günter,* Optimale Aufgabenerfüllung im Kreisgebiet?, in: Deutsches Verwaltungsblatt (DVBl) 1998, 685–697.

*Hennecke, Hans-Günter,* in: *Wurzel/Schraml/Becker*, Rechtspraxis der kommunalen Unternehmen, [Handbuch], 2. Aufl., München 2010 (zit. als *Hennecke*, in: Wurzel/Schraml/Becker, Rechtspraxis der kommunalen Unternehmen).

*Henssler, Martin,* in: *Henssler/Strohn*, Gesellschaftsrecht, BGB, HGB, PartGG, GmbHG, AktG, GenG, UmwG, InsO, AnfG, IntGesR, 2. Aufl. Bd. 62, München 2014 (zit. als *Henssler*, in: Henssler/Strohn, AktG).

*Henssler, Martin/Arnold, Arnd,* Gesellschaftsrecht, BGB, HGB, PartGG, GmbHG, AktG, GenG, UmwG, InsO, AnfG, IntGesR, 2. Aufl., München 2014 (zit. als *Bearbeiter*, in: Henssler/Strohn, AktG/GmbHG).

*Henze, Hartwig,* Leitungsverantwortung des Vorstands - Überwachungspflicht des Aufsichtsrats, in: Der Betriebs-Berater (BB) 2000, 209–216.

*Henze, Hartwig,* Prüfungs- und Kontrollaufgaben des Aufsichtsrates in der Aktiengesellschaft - Die Entscheidungspraxis des Bundesgerichtshofes, in: Neue Juristische Wochenschrift (NJW) 1998, 3309–3312.

*Herdegen, Matthias,* *in: Maunz/Dürig,* Grundgesetz, Kommentar, 79. EL., 2016 München (zit. als *Herdegen*, in: Maunz/Düring, GG).

*Heuer, Ernst/Engels, Dieter/Eibelshäuser, Manfred,* Kommentar zum Haushaltsrecht des Bundes und der Länder sowie der Vorschriften zur Finanzkontrolle, Köln 2016 (zit. als *Bearbeiter*, in: Heuer/Engels/Eibelshäuser, Kommentar zum Haushaltsrecht).

*Heuking, Christian/Coelln, Sibylle,* „Public Compliance" – Maßnahmen zur Regelkonformität im öffentlichen Sektor, in: Die öffentliche Verwaltung (DÖV) 2012, 827–836.

*Hill, Hermann,* In welchen Grenzen ist kommunalwirtschaftliche Betätigung Daseinsvorsorge?, in: Der Betriebs-Berater (BB) 1997, 425–431.

*Hirschmann, Jörn*, in: *Hölters*, Aktiengesetz, Kommentar, 2. Aufl., München 2014 (zit. als *Hirschmann*, in: Hölters, AktG).

*Hirte, Heribert/Mülbert, Peter O./ Roth, Markus*, Aktiengesetz, Großkommentar, 5. Aufl., Berlin 2015 (zit. als *Bearbeiter*, in: Großkommentar AktG).

*Hoffmann, Andreas C./Schieffer, Anita*, Pflichten des Vorstands bei der Ausgestaltung einer ordnungsgemäßen Compliance-Organisation, in: Neue Zeitschrift für Gesellschaftsrecht (NZG) 2017, 401–407.

*Hoffmann, Jochen*, in: *Spindler*, Kommentar zum Aktiengesetz, 3. Aufl., München 2015 (zit. als *Hoffmann*, in: Spindler/Stilz, AktG).

*Hoffmann-Becking, Michael*, Zur rechtlichen Organisation der Zusammenarbeit im Vorstand der AG, in: Zeitschrift für Unternehmens- und Gesellschaftsrecht (ZGR) 1998, 497–519.

*Hoffmann-Becking, Michael* (Hrsg.), Festschrift für Hans-Jürgen Hellwig, Zum 70. Geburtstag, Köln 2010 (zit. als *Bearbeiter*, FS Hellwig).

*Hoffmann-Becking, Michael* (Hrsg.), Münchener Handbuch des Gesellschaftsrechts, 4. Aufl. 2015 (zit. als *Bearbeiter*, in: Münchener Handbuch des Gesellschaftsrechts).

*Holle, Philipp Maximilian*, Rechtsbindung und Business Judgment Rule, in: Die Aktiengesellschaft (AG) 2011, 778–786.

*Holle, Philipp Maximilian*, Legalitätskontrolle im Kapitalgesellschafts- und Konzernrecht, Zugl.: Konstanz, Univ., Diss., 2014, Schriften zum Unternehmens- und Kapitalmarktrecht 16, Tübingen 2014 (zit. als *Holle*, Legalitätskontrolle).

*Hölters, Wolfgang*, Aktiengesetz, Kommentar, 2. Aufl., München 2014 (zit. als *Bearbeiter*, in: Hölters, AktG).

*Hölters, Wolfgang*, in: *Hölters*, Aktiengesetz, Kommentar, 2. Aufl., München 2014 (zit. als *Hölters*, in: Hölters, AktG).

*Hommelhoff, Kirsten*, Der Public Corporate Governance Kodex des Bundes - Herausforderungen guter Unternehmensführung und -Überwachung bei privatrechtlichen Unternehmen der öffentlichen Hand, in: *Erle/Goette/Kleindiek et al.* (Hrsg.), Festschrift für Peter Hommelhoff, Zum 70. Geburtstag, Berlin, Köln 2012, S. 447–466 (zit. als *Hommelhoff*, FS Hommelhoff).

*Hommelhoff, Peter*, Die Autarkie des Aufsichtsrats, in: Zeitschrift für Unternehmens- und Gesellschaftsrecht (ZGR) 1983, 551–580.

*Hommelhoff, Peter*, Unternehmensführung in der mitbestimmten GmbH, in: Zeitschrift für Unternehmens- und Gesellschaftsrecht (ZGR) 1978, 119–155.

*Hommelhoff, Peter/Hopt, Klaus J./ Werder, Axel* v. (Hrsg.), Handbuch Corporate Governance, Leitung und Überwachung börsennotierter Unternehmen in der Rechts- und Wirtschaftspraxis, 2. Aufl. 2009 (zit. als *Bearbeiter*, in: Hommelhoff/Hopt/v.Werder, Handbuch Corporate Governance).

*Hommelhoff, Peter/Rawert, Peter/ Schmidt, Karsten* (Hrsg.), Festschrift für Hans-Joachim Priester zum 70. Geburtstag, Köln 2007, (zit. als *Bearbeiter*, FS Priester).

*Hommelhoff, Peter/Schwab, Martin*, Regelungsquellen und Regelungsebenen der Corporate Governance: Gesetz, Satzung, Codices, unternehmensinterne Grundsätze, in: *Hommelhoff/Hopt/Werder*, Handbuch Corporate Governance, Leitung und Überwachung börsennotierter Unternehmen in der Rechts- und Wirtschaftspraxis, 2. Aufl. 2009, S. 71–122 (zit. als *Hommelhoff/Schwab*, in: Hommelhoff/Hopt/v.Werder, Handbuch Corporate Governance).

*Hoppe, Werner/Uechtritz, Michael/ Reck, Hans-Joachim, et al.* (Hrsg.), Handbuch kommunale Unternehmen, 3. Aufl., Köln, Berlin 2012 (zit. als *Bearbeiter*, in: Hoppe/Uechtritz/Heck, Handbuch kommunale Unternehmen).

*Hopson, Mark D./Graham-Koehler, Kristin,* Effektive ethische Compliance-Programme im Sinne der United States Federal Sentencing Guidelines, in: Corporate Compliance Zeitschrift (CCZ) 2008, 208–213.

*Hopt, Klaus J.,* ECLR - Interessenwahrung und Interessenkonflikte im Aktien-, Bank- und Berufsrecht, in: Zeitschrift für Unternehmens- und Gesellschaftsrecht (ZGR) 2004, 1–52.

*Hopt, Klaus J.,* Die Reform der Organhaftung nach § 93 AktG – Bemerkungen zu den Beschlüssen des 70. Deutschen Juristentages 2014, in: *Ackermann/Köndgen*, Festschrift für Wulf-Henning Roth zum 70. Geburtstag, München 2015, S. 225–240 (zit. als *Hopt*, FS W.-H. Roth).

*Hopt, Klaus J./Grundmann, Stefan* (Hrsg.), Festschrift für Klaus J. Hopt zum 70. Geburtstag am 24. August 2010, Unternehmen, Markt und Verantwortung, Berlin, New York 2010 (zit. als *Bearbeiter*, FS Hopt).

*Hopt, Klaus J./Roth, Markus,* in: *Hirte/Mülbert/Roth*, Aktiengesetz, Großkommentar, 5., neu bearb. Auflage, Berlin 2015 (zit. als *Hopt/Roth*, in: Großkommentar AktG).

*Horney, Jörg/ Kuhlmann, Matthias,* Der Entwurf des IDW für einen Standard zur Prüfung von Compliance-Management-Systemen aus Sicht der Unternehmenspraxis, in: Corporate Compliance Zeitschrift (CCZ) 2010, 192–194.

*Hösch, Ulrich,* Öffentlicher Zweck und wirtschaftliche Betätigung von Kommunen, in: Die öffentliche Verwaltung (DÖV) 2000, 393–405.

*Hoven, Elisa,* Der nordrhein-westfälische Entwurf eines Verbandsstrafgesetzbuchs – Eine kritische Betrachtung von Begründungsmodell und Voraussetzungen der Straftatbestände, in: Zeitschrift für Internationale Strafrechtsdogmatik (ZIS) 2014, 19–30.

*Hübschle, Wolfgang,* Wettbewerbsrechtliche Abwehransprüche gegen unternehmerische Betätigung der öffentlichen Hand, in: Gewerbearchiv (GewArch) 2000, 186–190.

*Hüffer, Uwe,* Die leitungsbezogene Verantwortung des Aufsichtsrats, in: Neue Zeitschrift für Gesellschaftsrecht (NZG) 2007, 47–54.

*Hüffer, Uwe,* Die Aktiengesellschaft als Rechtsform gemischtwirtschaftlicher Unternehmen, in: *Hopt/Grundmann*, Festschrift für Klaus J. Hopt zum 70. Geburtstag am 24. August 2010, Unternehmen, Markt und Verantwortung, Berlin, New York 2010, S. 901–918 (zit. als *Hüffer*, FS Hopt).

*Hüffer, Uwe,* Compliance im Innen- und Außenrecht der Unternehmen, in: *Altmeppen/Fitz/Honsell*, Festschrift für Günther H. Roth zum 70. Geburtstag, München 2011, S. 299–308 (zit. als *Hüffer*, FS G. H. Roth).

*Hüffer, Uwe,* Aktiengesetz, 12. Aufl., München 2016 (zit. als *Bearbeiter*, in: Hüffer/Koch, AktG).

*Hüffer, Uwe,* in: *Hüffer*, Aktiengesetz, 12. Auflage Bd. 53, München 2016 (zit. als *Hüffer*, in: Hüffer/Koch, AktG).

*Hülsberg, Frank/Engels, Oliver,* Wirtschaftskriminalität und Compliance – „Who is the typical fraudster"? Zwei aktuelle KPMG-Studien, in: Zeitschrift für Wirtschaftsstrafrecht und Haftung im Unternehmen (ZWH) 2011, 14–18.

*Ihrig, Hans-Christoph/Schäfer, Carsten,* Rechte und Pflichten des Vorstands, Köln 2014 (zit. als *Ihrig/Schäfer*, Rechte und Pflichten des Vorstands).

*Illing, Diana/Umnuß, Karsten,* Die arbeitsrechtliche Stellung des Compliance Managers – insbesondere Weisungsunterworfenheit und Reportingpflichten, in: Corporate Compliance Zeitschrift (CCZ) 2009, 1–7.

*Immenga, Ulrich,* Compliance als Rechtspflicht nach Aktienrecht und Sarbanes-Oxley Act, in: Unternehmensrecht zu Beginn des 21. Jahrhunderts, Festschrift für Eberhard Schwark zum 70. Geburtstag, München 2009, S. 199–207 (zit. als *Immenga*, FS Schwark).

*Immenga, Ulrich/ Mestmäcker, Ernst-Joachim,* Wettbewerbsrecht, Kommentar zum Europäischen Kartellrecht, 5. Aufl., München 2014 (zit. als *Bearbeiter*, in: Immenga/Mestmäcker, Wettbewerbsrecht).

*Institut für den öffentlichen Sektor e.V.,* Gewinnausschüttungen von Stadtwerken 2013 (zit. als Institut für den öffentlichen Sektor, Gewinnausschüttungen von Stadtwerken).

*Jaeger, Lothar,* Patientenrechtegesetz, Kommentar zu §§ 630a bis 630h BGB, Karlsruhe 2013 (zit. als *Jaeger,* Patientenrechtegesetz).

*Jahn, Ines/Krekeler, Stephanie/ Kreuser, Sigrun,* Die Corporate Governance-Diskussion und ihre Konsequenzen für Krankenhäuser (I), in: Das Krankenhaus 2008, 486–489.

*Janssen, Gerhard,* Compliance - Die Einhaltung von Verhaltensregeln im Gesundheitsdienst, in: Rechtsdepesche für das Gesundheitswesen (RDG) 2010, 116–121.

*Jarass, Hans D.,* Kommunale Wirtschaftsunternehmen und Verfassungsrecht, in: Die öffentliche Verwaltung (DÖV) 2002, 489–500.

*Jarass, Hans D.,* in: *Jarass/Pieroth*, Grundgesetz für die Bundesrepublik Deutschland, Kommentar, 13. Aufl., München 2014 (zit. als *Jarass*, in: Jarass/Pieroth, GG).

*Jarass, Hans Dieter/Pieroth, Bodo,* Grundgesetz für die Bundesrepublik Deutschland, Kommentar, 13. Aufl., München 2014 (zit. als *Bearbeiter*, in: Jarass/Pieroth, GG).

*Jochum, Georg,* Die Grundrechtsbindung der Deutschen Bahn, in: Neue Zeitschrift für Verwaltungsrecht (NVwZ) 2005, 779–781.

*Joecks, Wolfgang* (Hrsg.), Münchener Kommentar zum StGB §§ 263-358, 2. Aufl., München 2014 (zit. als *Bearbeiter*, in: MüKo StGB).

*Jung, Oliver,* in: *Römermann*, Münchener Anwalts-Handbuch GmbH-Recht, 2., überarb. und erw. Aufl., München 2009 (zit. als *Jung*, in: Römermann, MAH GmbH-Recht).

*Jung, Stefanie,* Tendenzen der Corporate Governance: Diskussion um die fachliche Qualifikation von Aufsichtsratsmitgliedern, in: Zeitschrift für Wirtschafts- und Bankrecht (WM) 2013, 2110–2121.

*Jungkamp, Thomas,* Rechtsschutz privater Konkurrenz gegen die wirtschaftliche Betätigung der Gemeinden - Eine Untersuchung des Drittschutzes der Schrankentrias in den verschiedenen Bundesländern, in: Neue Zeitschrift für Verwaltungsrecht (NVwZ) 2010, 546–548.

*Junker, Abbo,* Konzernweite 'Ethikregeln' und nationale Betriebsverfassungen, in: Der Betriebs-Berater (BB) 2005, 602–605.

*Kaal, Wulf A./Schmidt, Matthias/ Schwarze, Andreas,* Recht im ökonomischen Kontext, Festschrift zu Ehren von Christian Kirchner, Tübingen 2014, (zit. als *Bearbeiter*, FS Kirchner).

*Kallmeyer, Harald,* Pflichten des Vorstands der Aktiengesellschaft zur Unternehmensplanung, in: Zeitschrift für Unternehmens- und Gesellschaftsrecht (ZGR) 1993, 104–113.

*Kalss, Susanne/Torggler, Ulrich* (Hrsg.), Compliance, Beiträge zum 4. Wiener Unternehmensrechtstag (2015), 2016 (zit. als Bearbeiter, in: Kalss/Torggler, Compliance).

*Katz, Alfred/Seidel, Jan/Sonder, Nicolas,* Kommunale Wirtschaft, Leitfaden für die Praxis, 2. Aufl., Recht und Verwaltung, Stuttgart 2017 (zit. als *Katz*, Kommunale Wirtschaft).

*Kern, Bernd-Rüdiger,* in: Laufs/Kern, Handbuch des Arztrechts, 4. neu bearb. Aufl., München 2010 (zit. als *Kern*, in: Laufs/Kern, Handbuch des Arztrechts).

*Keßler, Jürgen,* Die kommunale GmbH, in: GmbHRundschau (GmbHR) 2000, 71–78.

*Kiethe, Kurt,* Vermeidung der Haftung von geschäftsführenden Organen durch Corporate Compliance, in: GmbHRundschau (GmbHR) 2007, 393–400.

*Kindhäuser, Urs/Neumann, Ulfrid/Paeffgen, Hans-Ullrich,* Strafgesetzbuch, Lehr- und Praxiskommentar, 4. Aufl., Baden-Baden 2013 (zit. als *Bearbeiter*, in: Kindhäuser/Neumann/Paeffgen, StGB).

*Kindler, Peter* (Hrsg.), Festschrift für Uwe Hüffer zum 70. Geburtstag, München 2010 (zit. als *Bearbeiter*, FS Hüffer).

*Kindler, Peter,* Pflichtverletzung und Schaden bei der Vorstandshaftung wegen unzureichender Compliance, in: *Altmeppen/Fitz/Honsell*, Festschrift für Günther H. Roth zum 70. Geburtstag, München 2011, S. 367-378 (zit. als *Hüffer*, FS G. H. Roth).

*Kirchgäßner, Alois/Knemeyer, Franz-Ludwig/Schulz, Norbert* (Hrsg.), Das Kommunalunternehmen, Neue Rechtsform zwischen Eigenbetrieb und GmbH, Kommunalforschung für die Praxis Bd. 35, Stuttgart u.a. 1997 (zit. als *Bearbeiter*, in: Kirchgäßner/Knemeyer/Schulz, Das Kommunalunternehmen).

*Klausing, Friedrich,* Gesetz über Aktiengesellschaften und Kommanditgesellschaften auf Aktien nebst Einführungsgesetz und „Amtlicher Begründung“, Berlin 1937.

*Kleindiek, Detlef,* Die Verfolgung von Schadensersatzansprüchen gegen die Geschäftsführer in der GmbH mit Aufsichtsrat, in: *Genzow*, Zwischen Vertragsfreiheit und Verbraucherschutz, Festschrift für Friedrich Graf von Westphalen zum 70. Geburtstag, Köln 2010, S. 387–400 (zit. als *Kleindiek*, FS Westphalen).

*Klengel, Detlef/Mückenberger, Ole,* Internal Investigations – typische Rechts- und Praxisprobleme unternehmensinterner Ermittlungen, in: Corporate Compliance Zeitschrift (CCZ) 2009, 81–87.

*Klindt, Thomas,* Nicht-börsliches Compliance-Management als zukünftige Aufgabe der Inhouse-Juristen, in: Neue Juristische Wochenschrift (NJW) 2006, 3399–3400.

*Klöhn, Lars,* in: *Bork/Schäfer*, GmbHG, Kommentar zum GmbH-Gesetz, 3. Aufl., Köln 2015 (zit. als *Klöhn*, in: Bork/Schäfer, GmbHG).

*Knemeyer, Franz-Ludwig,* in: *Kirchgäßner/Knemeyer/Schulz*, Das Kommunalunternehmen, Neue Rechtsform zwischen Eigenbetrieb und GmbH, Kommunalforschung für die Praxis Bd. 35, Stuttgart u.a. 1997 (zit. als *Knemeyer*, in: Kirchgäßner/Knemeyer/Schulz, Das Kommunalunternehmen).

*Koch, Jens,* Compliance-Pflichten im Unternehmensverbund?, in: Zeitschrift für Wirtschafts- und Bankrecht (WM) 2009, 1013–1020.

*Koch, Jens,* Der kartellrechtliche Sanktionsdurchgriff im Unternehmensverbund, in: Zeitschrift für das gesamte Handels- und Wirtschaftsrecht (ZHR) 2007, 554–580.

*Koch, Jens,* in: *Hüffer*, Aktiengesetz, 12. Auflage Bd. 53, München 2016 (zit. als *Koch*, in: Hüffer, AktG).

*Kocher, Dirk,* Zur Reichweite der Business Judgment Rule, in: Corporate Compliance Zeitschrift (CCZ) 2009, 215–221.

*Kock, Martin,* Einführung einer Ethikrichtlinie im Unternehmen, in: Monatsschrift für Deutsches Recht (MDR) 2006, 673–676.

*Köhler, Helmut,* Auskunftsanspruch der Presse gegenüber Unternehmen der öffentlichen Hand, in: Neue Juristische Wochenschrift (NJW) 2005, 2337–2341.

*Koller, Ingo/Kindler, Peter/ Roth, Wulf-Henning et al.,* Handelsgesetzbuch, Kommentar, 8. Aufl., München 2015 (zit. Als *Bearbeiter*, in: Koller/Kindler/Roth/Morck, HGB).

*Kort, Michael,* Compliance-Pflichten und Haftung von GmbH-Geschäftsführern, in: GmbHRundschau (GmbHR) 2013, 566–574.

*Kort, Michael,* Verhaltensstandardisierung durch Corporate Compliance Aufsatz, in: Neue Zeitschrift für Gesellschaftsrecht (NZG) 2008, 81–86.

*Kort, Michael,* Compliance-Pflichten von Vorstandsmitgliedern und Aufsichtsratsmitgliedern, in: *Hopt/Grundmann*, Festschrift für Klaus J. Hopt zum 70. Geburtstag am 24. August 2010, Unternehmen, Markt und Verantwortung, Berlin, New York 2010, S. 983–1004 (zit. als *Kort*, FS Hopt).

*Kort, Michael,* Rechtsfragen der Compliance-Organisation von Unternehmen außerhalb spezialgesetzlich geregelter Branchen im deutschen Recht, in: *Altmeppen/Fitz/Honsell,* Festschrift für Günther H. Roth zum 70. Geburtstag, München 2011, S. 407–422 (zit. als *Kort*, FS G. H. Roth).

*Kort, Michael,* in: *Hirte/Mülbert/Roth*, Aktiengesetz, Großkommentar, 5., neu bearb. Auflage, Berlin 2015 (zit. als *Kort*, in: Großkommentar AktG).

*Kort, Michael,* Corporate Governance-Grundsätze als haftungsrechtlich relevante Verhaltensstandards?, in: Bitter/Lutter/Priester et al. (Hrsg.), Festschrift für Karsten Schmidt zum 70. Geburtstag, Köln 2009, S. 945–964 (zit. als *Kort*, FS K. Schmidt).

*Korte, Matthias,* in: *Joecks*, Münchener Kommentar zum StGB §§ 263-358, 2.Aufl., München 2014 (zit. als *Korte*, in: MüKo StGB).

*Köttgen, Arnold,* Verwaltungsrecht der öffentlichen Anstalt, in: Veröffentlichung der Vereinigung der Deutschen Staatsrechtslehrer 1929, 105–143.

*KPMG,* Analyse des aktuellen Stands der Ausgestaltung von Compliance Management-Systemen in deutschen Unternehmen, Executive Summary 2013 (zit. als KPM, Analyse des aktuellen Stands der Ausgestaltung von Compliance Management-Systemen in deutschen Unternehmen).

*Krebs, Peter/Eufinger, Alexander/ Jung, Stefanie,* Bußgeldminderung durch Compliance-Programme im deutschen Kartellbußgeldverfahren?, in: Corporate Compliance Zeitschrift (CCZ) 2011, 213–217.

*Kremer, Thomas,* Kooperation des Unternehmens mit der Staatsanwaltschaft im Compliance Bereich, in: *Burgard/Hadding/Mülbert*, Festschrift für Uwe H. Schneider zum 70. Geburtstag, Köln 2011, S. 701–706 (zit. als *Kremer,* FS Uwe H. Schneider).

*Kremer, Thomas/Lutter, Marcus/ Bachmann, Gregor/v.Werder, Axel,* Kommentar zum Deutschen Corporate Governance Kodex, Kodex-Kommentar, 6., vollst. neu bearb. Aufl., München 2016 (zit. als *Bearbeiter*, in: Kremer/Bachmann/Lutter/v.Werder, DCGK).

*Kremer, Thomas/Klahold, Christoph,* Compliance-Programme in Industriekonzernen, in: Zeitschrift für Unternehmens- und Gesellschaftsrecht (ZGR) 2010, 113–143.

*Krieger, Gerd* (Hrsg.), Festschrift für Michael Hoffmann-Becking zum 70. Geburtstag, München 2013 (zit. als *Bearbeiter*, FS Hoffmann-Becking).

*Krieger, Gerd/Sailer-Coceani, Viola,* in: *Schmidt/Lutter*, Aktiengesetz, Kommentar, 3., neu bearb. Aufl., Köln 2015 (zit. als *Krieger/Sailer-Coceani*, in: Schmidt/Lutter, AktG).

*Krieger, Steffen/Günther, Jens,* Die arbeitsrechtliche Stellung des Compliance Officers, in: Neue Zeitschrift für Arbeitsrecht (NZA) 2010, 367–373.

*Kroker, Patrick,* Menschenrechte in der Compliance, in: Corporate Compliance Zeitschrift (CCZ) 2015, 120–126.

*Kromschröder, Bernhard/Lück, Wolfgang,* Grundsätze risikoorientierter Unternehmensüberwachung, in: Der Betrieb (DB) 1998, 573–1585.

*Kropff, Bruno,* Zur Information des Aufsichtsrats über die das interne Überwachungssystem, in: Neue Zeitschrift für Gesellschaftsrecht (NZG) 2003, 346–350.

*Krüger, Matthias,* Beteiligung durch Unterlassen an fremden Straftaten - Überlegungen aus Anlass des Urteils zum Compliance Officer, in: Zeitschrift für Internationale Strafrechtsdogmatik (ZIS) 2011, 1–8.

*Kubis, Dietmar,* in: *Goette/Habersack*, Münchener Kommentar zum Aktiengesetz, 4. Aufl., München 2014 (zit. als *Kubis*, in: MüKo AktG).

*Kuhl, Karin/Nickel, Johann-Peter,* Risikomanagement im Unternehmen - Stellt das KonTraG neue Anforderungen an die Unternehmen?, in: Der Betrieb (DB) 1999, 133–135.

*Kümpel, Siegfried/Bauer, Frieder,* Bank- und Kapitalmarktrecht, 4. Aufl., Köln 2011 (zit. als *Kümpel/Bauer,* Bank- und Kapitalmarktrecht).

*Küting, Karlheinz/Busch, Julia,* Zum Wirrwarr der Überwachungsbegriffe, in: Der Betrieb (DB) 2009, 1361–1368.

*Lackhoff, Klaus/Schulz, Martin,* Das Unternehmen als Gefahrenquelle? Compliance-Risiken für Unternehmensleiter und Mitarbeiter, in: Corporate Compliance Zeitschrift (CCZ) 2010, 81–87.

*Lackner, Karl/Kühl, Kristian,* Strafgesetzbuch, Kommentar, 28. Aufl., München 2014 (zit. als *Bearbeiter*, in: Lackner/Kühl, StGB).

*Land, Volker/Hallermayer, Jessica,* Weitergabe von vertraulichen Informationen durch auf Veranlassung von Gebietskörperschaften gewählte Mitglieder des Aufsichtsrats gem. §§ 394, 395 AktG, in: Die Aktiengesellschaft (AG) 2011, 114–121.

*Lange, Klaus,* Öffentlicher Zweck, öffentliches Interesse und Daseinsvorsorge, in: Neue Zeitschrift für Verwaltungsrecht (NVwZ) 2014, 616–621.

*Lange, Klaus,* Kommunalrecht, Tübingen 2013 (zit. als *Lange,* Kommunalrecht).

*Lange, Oliver,* Zustimmungsvorbehaltspflicht und Kataloghaftung des Aufsichtsrats nach neuem Recht, in: Deutsches Steuerrecht (DStR) 2003, 376–381.

*Laubert, Thomas,* in: *Hölters*, Aktiengesetz, Kommentar, 2. Aufl., München 2014 (zit. als *Laubert*, in: Hölters, AktG).

*Laufs, Adolf/Kern, Marcus,* Handbuch des Arztrechts, 4. neu bearb. Aufl., München 2010 (zit. als *Bearbeiter*, in: Laufs/Kern, Handbuch des Arztrechts).

*Leipold, Klaus,* Kommt das Unternehmensstrafrecht?, in: Neue Juristische Wochenschrift Spezial (NJW-Spezial) 2013, 696.

*Leuering, Dieter/Simon, Stefan,* Aktienrechtliche Auskunftserteilung außerhalb der Hauptversammlung, in: Neue Juristische Wochenschrift Spezial (NJW-Spezial) 2006, 507–508.

*Lewinski, Kai von/Burbat, Daniela,* Haushaltsgrundsätzegesetz, Baden-Baden 2013 (zit. als *v.Lewinski/Burbat*, Haushaltsgrundsätzegesetz).

*Leyens, Patrick,* in: *Hirte/Mülbert/Roth*, Aktiengesetz, Großkommentar, 5., neu bearb. Auflage, Berlin 2015 (zit. als *Leyens*, in: Großkommentar AktG).

*Leyk, Wolfgang,* in: Hauschka/Moosmayer/Lösler, Corporate Compliance, Handbuch der Haftungsvermeidung im Unternehmen, 3., überarb. und erw. Aufl., München 2016 (zit. als *Leyk,* in: Hauschka/Moosmayer/Lösler, Corporate Compliance).

*Liebscher, Thomas,* in: *Fleischer/Goette*, Münchener Kommentar zum GmbHG §§ 35-52, 2. Auflage, München 2016 (zit. als *Liebscher*, in: MüKo GmbHG).

*Liese, Jens,* Ist der Vorstand einer Aktiengesellschaft verpflichtet, eine Compliance-Organisation zu implementieren?, in: Der Betriebs-Berater Special 5 (BB-Special) 2008, 17–22.

*Lingemann, Stefan/Wasmann, Dirk,* Mehr Kontrolle und Transparenz im Aktienrecht: Das KonTraG tritt in Kraft, in: Der Betriebs-Berater (BB) 1998, 853–862.

*Loitz, Rüdiger,* Die Prüfung der Geschäftsführung auf dem Prüfstand, in: Der Betriebs-Berater (BB) 1997, 1835–1841.

*Lorenz, Egon* (Hrsg.), Karlsruher Forum 2009: Managerhaftung, mit Vorträgen von Mathias Habersack und Ansgar Staudinger und Dokumentation der Diskussion, Schriftenreihe der Zeitschrift Versicherungsrecht (VersR) Bd. 43, Karlsruhe 2010 (zit. als *Bearbeiter*, in: Karlsruher Forum 2009).

*Lorenz, Manuel,* in: *Romeike/Binder*, Rechtliche Grundlagen des Risikomanagements, Haftungs- und Strafvermeidung für Corporate Compliance, Berlin 2008 (zit. als *Lorenz*, in: Romeike, Rechtliche Grundlagen des Risikomanagements).

*Lösler, Thomas,* Das moderne Verständnis von Compliance im Finanzmarktrecht, in: Neue Zeitschrift für Gesellschaftsrecht (NZG) 2005, 104–108.

*Lösler, Thomas,* Spannungen zwischen der Effizienz der internen Compliance und möglichen Reporting-Pflichten des Compliance Officers, in: Zeitschrift für Wirtschafts- und Bankrecht (WM) 2007, 676–682.

*Lösler, Thomas,* Compliance im Wertpapierdienstleistungskonzern, Zugl.: Würzburg, Univ., Diss., 2002, Schriftenreihe der Bankrechtlichen Vereinigung 21, Berlin 2003 (zit. als *Lösler,* Compliance im Wertpapierdienstleistungskonzern).

*Lück, Wolfgang,* Der Umgang mit unternehmerischen Risiken durch ein Überwachungssystem – Anforderungen durch das KonTraG und Umsetzung in der betrieblichen Praxis, in: Der Betrieb (DB) 1998, 1925–1930.

*Lück, Wolfgang,* Elemente eines Risiko-Managementsystems, in: Der Betrieb (DB) 1998, 8–14.

*Lücke, Oliver/Simon, Stefan,* in: *Saenger/Inhester*, GmbHG, Handkommentar, 3. Auflage 2016 (zit. als *Lücke/Simon*, in: Saenger/Inhester, GmbHG).

*Lutter, Marcus,* Auswahlpflichten und Auswahlverschulden bei der Wahl von Aufsichtsratsmitgliedern, in: Zeitschrift für Wirtschaftsrecht (ZIP) 2003, 417–419.

*Lutter, Marcus,* Der Aufsichtsrat im Konzern, in: Die Aktiengesellschaft (AG) 2006, 517–521.

*Lutter, Marcus,* Die Erklärung zum Corporate Governance Kodex gemäß § 161 AktG, in: Zeitschrift für das gesamte Handels- und Wirtschaftsrecht (ZHR) 2002, 523–543.

*Lutter, Marcus,* Information und Vertraulichkeit im Aufsichtsrat, 3. Auflage, Köln, Berlin, München 2006 (zit. als *Lutter*, Information und Vertraulichkeit im Aufsichtsrat).

*Lutter, Marcus,* Deutscher Corporate Governance Kodex, in: *Hommelhoff/Hopt/Werder*, Handbuch Corporate Governance, Leitung und Überwachung börsennotierter Unternehmen in der Rechts- und Wirtschaftspraxis, 2. Aufl. 2009, S. 123–136 (zit. als *Lutter*, in: Hommelhoff/Hopt/v.Werder, Handbuch Corporate Governance).

*Lutter, Marcus,* Aufsichtsrat und Sicherung der Legalität im Unternehmen, in: *Kindler*, Festschrift für Uwe Hüffer zum 70. Geburtstag, München 2010, S. 617–626 (zit. als *Lutter*, FS Hüffer).

*Lutter, Marcus,* in: *Kremer/Bachmann/Lutter/v.Werder*, Kommentar zum Deutschen Corporate Governance Kodex, Kodex-Kommentar, 6., vollst. neu bearb. Aufl., München 2016 (zit. als *Lutter*, in: Kremer/Bachmann/Lutter/v.Werder, DCGK).

*Lutter, Marcus/Hommelhoff, Peter,* in: *Bayer/Hommelhoff/Kleindiek/Lutter*, GmbH-Gesetz Kommentar, 19. neu bearbeitete und erweiterte Auflage, Köln, Saarbrücken 2016 (zit. als *Lutter/Hommelhoff*, in: Lutter/Hommelhoff, GmbHG).

*Lutter, Marcus/Scholz, Manfred/Sigle, Walter,* Festschrift für Martin Peltzer zum 70. Geburtstag, Köln, 2001 (zit. als *Bearbeiter*, FS Peltzer).

*Lutter, Marcus/Krieger, Gerd/Verse, Dirk A.,* Rechte und Pflichten des Aufsichtsrats, 6. Aufl., Köln 2014 (zit. als *Lutter/Krieger/Verse*, Rechte und Pflichten des Aufsichtsrats).

*Lux, Christina,* Das neue kommunale Wirtschaftsrecht in Nordrhein-Westfalen, in: Nordrhein-Westfälische Verwaltungsblätter (NWVBl.) 2000, 7–14.

*Manger, Robert,* Das Informationsrecht des Aufsichtsrats gegenüber dem Vorstand - Umfang und Grenzen, in: Neue Zeitschrift für Gesellschaftsrecht (NZG) 2010, 1255–1258.

*Mann, Rüdiger,* Die drittschützende Wirkung der kommunalrechtlichen Subsidiaritätsregelungen unter Berücksichtigung aktueller Fallbeispiele aus der Rechtsprechung, in: Deutsches Verwaltungsblatt (DVBl) 2009, 817–823.

*Marsch-Barner, Reinhard,* Zur Information des Aufsichtsrates durch Mitarbeiter des Unternehmens, in: Unternehmensrecht zu Beginn des 21. Jahrhunderts, Festschrift für Eberhard Schwark zum 70. Geburtstag, München 2009, S. 219–230 (zit. als *Marsch-Barner*, FS Schwark).

*Marsch-Barner, Reinhard,* Gedanken zum Public Corporate Governance Kodex, in: *Burgard/Hadding/Mülbert*, Festschrift für Uwe H. Schneider zum 70. Geburtstag, Köln 2011, S. 771–786 (zit. als *Marsch-Barner*, FS Uwe H. Schneider).

*Marsch-Barner, Reinhard,* in: Semler/v.Schenk, Arbeitshandbuch Aufsichtsratsmitglieder, 4. Aufl., München, München 2013 (zit. als *Marsch-Barner*, in: Semler/v.Schenk, Arbeitshandbuch Aufsichtsratsmitglieder).

*Martens, Klaus-Peter,* Der Grundsatz gemeinsamer Vorstandsverantwortung, in: *Goerdeler*, Festschrift für Hans-Joachim Fleck zum 70. Geburtstag am 30. Januar 1988, Zeitschrift für Unternehmens- und Gesellschaftsrecht: Sonderheft Bd. 7, Berlin [u.a.] 1988, S. 191–208 (zit. als *Martens*, FS Fleck).

*Martin-Luther-Universität Halle-Wittenberg/ PwC AG,* Kriminalität im öffentlichen Sektor 2010 - Auf der Spur von Korruption & Co 2010.

*Maunz, Theodor/Dürig, Günter,* Grundgesetz, Kommentar, 79. EL., 2016 München (zit. als *Bearbeiter*, in: Maunz/Düring, GG).

*Mehde, Veith,* *in: Maunz/Dürig,* Grundgesetz, Kommentar, 79. EL., 2016 München (zit. als *Mehde*, in: Maunz/Düring, GG).

*Mengel, Anja,* Arbeitsrechtliche Besonderheiten der Implementierung von Compliance-Programmen in internationalen Konzernen, in: Corporate Compliance Zeitschrift (CCZ) 2008, 85–91.

*Mengel, Anja,* Compliance und Arbeitsrecht, Implementierung, Durchsetzung, Organisation, München 2009 (zit. als *Mengel*, Compliance und Arbeitsrecht).

*Merk, Kordula,* Der Aufsichtsrat in Krankenhäusern öffentlich-rechtlicher Trägerschaft, in: Der Aufsichtsrat 2012, 8–9.

*Merkt, Hanno,* Compliance und Risikofrüherkennung in kleinen und mittleren Unternehmen, in: Zeitschrift für Wirtschaftsrecht (ZIP) 2014, 1705–1713.

*Merkt, Hanno,* Überprüfung des Compliance-Management-Systems zwischen Wirtschaftsprüfern und Juristen (Teil 1), in: Der Betrieb (DB) 2014, 2271–2276.

*Merkt, Hanno,* in: *Fleischer/Goette*, Münchener Kommentar zum GmbHG §§ 35-52, 2. Auflage, München 2016 (zit. als *Merkt*, in: MüKo GmbHG).

*Merkt, Hanno,* Abschlussprüfung bei öffentlichen Unternehmen, in: Hommelhoff/Rawert/Schmidt, Festschrift für Hans-Joachim Priester zum 70. Geburtstag, Köln 2007, S. 467–483 (zit. als *Merkt*, FS Priester).

*Mertens, Hans-Joachim/Cahn, Andreas,* in: *Zöllner/Cahn/Mertens*, Kölner Kommentare zum Aktiengesetz, 3. neu bearb. und erw. Aufl., Köln 2004 (zit. als *Mertens/Cahn*, in: Kölner Kommentar AktG).

*Meßerschmidt, Klaus,* in: *Stober/Ohrtmann*, Compliance, Handbuch für die öffentliche Verwaltung, Stuttgart 2015 (zit. als *Meßerschmidt*, in: Stober/Ohrtmann, Compliance).

*Meyer, Susanne,* Compliance-Verantwortlichkeit von Vorstandsmitgliedern – Legalitätsprinzip und Risikomanagement, in: Der Betrieb (DB) 2014, 1063–1068.

*Michalski, Lutz* (Hrsg.), GmbHG-Kommentar, §§ 35-85 GmbHG, 2010 (zit. als *Bearbeiter*, in: Michalski, GmbHG).

*Mitgliedern der Juristischen Fakultät Berlin* (Hrsg.), Berliner Festschrift für Ernst E. Hirsch zum 65. Geburtstag, Berlin 1968 (zit. als *Bearbeiter*, FS Ernst E. Hirsch).

*Mittelsdorf, Kathleen,* Zur Reichweite individueller strafrechtlicher Verantwortung im Unternehmen für Fehlverhalten von unterstellten Mitarbeitern, in: Zeitschrift für Internationale Strafrechtsdogmatik (ZIS) 2011, 123–128.

*Moll, Wilhelm/Altenburg, Stephan* (Hrsg.), Münchener Anwaltshandbuch Arbeitsrecht, 3. Aufl., München 2012 (zit. als *Bearbeiter*, in: Moll, MAH Arbeitsrecht).

*Momsen, Carsten,* Internal Investigations zwischen arbeitsrechtlicher Mitwirkungspflicht und strafprozessualer Selbstbelastungsfreiheit, in: Zeitschrift für Internationale Strafrechtsdogmatik (ZIS) 2011, 508–516.

*Moosmayer, Klaus,* Modethema oder Pflichtprogramm guter Unternehmensführung? – Zehn Thesen zu Compliance, in: Neue Juristische Wochenschrift (NJW) 2012, 3013–3016.

*Moosmayer, Klaus,* Compliance, Praxisleitfaden für Unternehmen, 3. Aufl., Beck-Online: Bücher, München 2015 (zit. als *Moosmayer*, Compliance).

*Moraing, Markus,* Kommunales Wirtschaftsrecht vor dem Hintergrund der Liberalisierung der Märkte, in: Zeitschrift für Wirtschaftsverwaltungsrecht (WiVerw) 1998, 233–263.

*Moraing, Markus,* Kommunales Wirtschaftsrecht vor dem Hintergrund der Liberalisierung der Märkte. Handlungsbedarf und Handlungsmöglichkeiten aus Sicht der Kommunalwirtschaft, in: Zeitschrift für Wirtschaftsverwaltungsrecht (WiVerw) 1998, 233–263.

*Mühl-Jäckel, Margarete,* Der „Public Corporate Governance Kodex" des Bundes – ein Modell für kommunale Unternehmen?, in: Landes- und Kommunalverwaltung (LKV) 2010, 209–212.

*Mülbert, Peter O.,* Soziale Verantwortung von Unternehmen im Gesellschaftsrecht, in: Die Aktiengesellschaft (AG) 2009, 766-774.

*Müller-Michaels, Olaf,* in: *Hölters*, Aktiengesetz, Kommentar, 2. Aufl., München 2014 (zit. als *Müller-Michaels*, in: Hölters, AktG).

*Mutius, Albert v./Nesselmüller, Günter,* Juristische Personen des öffentlichen Rechts als herrschende Unternehmen im Sinne des Konzernrechts?, in: Neue Juristische Wochenschrift (NJW) 1976, 1878–1880.

*Mutter, Stefan,* in: *Schenck*, Der Aufsichtsrat, §§ 95-116, 161, 170-172, 394 und 395 AktG; Kommentar, München 2015 (zit. als *Mutter*, in: Semler/v.Schenk, Der Aufsichtsrat).

*Nagelschmitz, Robert/Ohl, Bastian,* Compliance in Unternehmen der öffentlichen Hand, in: *Wecker/Ohl*, Compliance in der Unternehmerpraxis, Grundlagen, Organisation und Umsetzung, 3. Aufl. 2013, Wiesbaden, 2013 (zit. als *Nagelschmitz/Ohl*, in: Wecker/Ohl, Compliance in der Unternehmerpraxis).

*Naue, Moritz/Ohlen, Christian/ Klahn, Thomas et al.,* Strategien gegen das Haftungsrisiko der Leitungs- und Aufsichtsorgane von Krankenhäusern, Bedeutung von Corporate Compliance im Krankenhaus, in: Das Krankenhaus 2012, 234–240.

*Neubauer, Reinhard/Dyllick, Joachim,* Anm. zu: VG Potsdam, 21. 7. 2009 - VG 12 L 306/09: Auskunftsanspruch der Presse gegenüber einer kommunalen GmbH, in: Landes- und Kommunalverwaltung (LKV) 2009, 429–430.

*Neufeld, Tobias/Hitzelberger-Kijima, Yukiko,* Compliance im öffentlichen Dienst- Teil 1: Notwendigkeit und Aufbau eines Compliance-Management-Systems, in: Zeitschrift für das öffentliche Arbeits- und Tarifrecht (öAT) 2005, 23–25.

*Neumann, André,* Verzicht auf die erweiterte Prüfung und Berichterstattung nach § 53 I HGrG bei wirtschaftlichen Beteiligungen sächsischer Gemeinden, in: Landes- und Kommunalverwaltung (LKV) 2002, 493–498.

*Neutz, Wolfgang,* in: *Wurzel/Schraml/Becker/*, Rechtspraxis der kommunalen Unternehmen, [Handbuch], 2. Aufl., München 2010 (zit. als *Neutz*, in: Wurzel/Schraml/Becker, Rechtspraxis der kommunalen Unternehmen).

*Neye, H. W.,* Die "Verschwendung" öffentlicher Mittel als strafbare Untreue, in: Neue Zeitschrift für Strafrecht (NStZ) 1981, 369–371.

*Nierhaus, Michael,* in: *Sachs*, Grundgesetz, Kommentar, 7. Aufl., München 2014 (zit. als *Nierhaus*, in: Sachs, GG).

*Nietsch, Michael,* Geschäftsleiterermessen und Unternehmensorganisation bei der AG, in: Zeitschrift für Unternehmens- und Gesellschaftsrecht (ZGR) 2015, 631–666.

*Nietsch, Michael,* Überwachungspflichten bei Kollegialorganen, in: Zeitschrift für Wirtschaftsrecht (ZIP) 2013, 1449–1456.

*Nietsch, Michael,* Compliance-Risikomanagement als Aufgabe der Unternehmensleitung, in: Zeitschrift für das gesamte Handels- und Wirtschaftsrecht (ZHR) 2016, 733–776.

*Nodoushani, Manuel,* Das neue Anforderungsprofil für Aufsichtsräte von Unternehmen von öffentlichem Interesse, in: Die Aktiengesellschaft (AG) 2016, 381–388.

*Nöhrbaß, Heinz,* in: *Piduch*, Bundeshaushaltsrecht, Kommentar zu den Artikeln 91a, 91b, 104a, 109 bis 115 des Grundgesetzes und zur Bundeshaushaltsordnung mit rechtsvergleichenden Hinweisen auf das Haushaltsrecht der Länder und ihrer Gemeinden, Stuttgart [u.a.], (zit. als *Nöhrbaß*, in: Piduch, Bundeshaushaltsrecht).

*Nonnenmacher, Rolf/Pohle, Klaus/ v.Werder, Axel,* Aktuelle Anforderungen an Prüfungsausschüsse, in: Der Betrieb (DB) 2007, 2412–2417.

*Oebbecke, Janbernd,* in: Hoppe/Uechtritz/Heck, Handbuch kommunale Unternehmen, 3., vollständig überarbeitete Aufl., Köln, Berlin 2012 (zit. als *Oebbecke*, in: Hoppe/Uechtritz/Heck, Handbuch kommunale Unternehmen).

*OECD,* Principles of Corporate Governance 2015 (zit. als OECD, Principles of Corporate Governance).

*Oehmichen, Alexander/Mandelkow, Anja,* in: *Bürkle/Hauschka*, Der Compliance Officer, Ein Handbuch in eigener Sache, München 2015 (zit. als *Oehmichen/Mandelkow*, in: Bürkle/Hauschka, Der Compliance Officer).

*Oetker, Hartmut,* Aufsichtsrat/Board: Aufgaben, Besetzung, Organisation, Entscheidungsfindung und Willensbildung - Rechtlicher Rahmen, in: *Hommelhoff/Hopt/Werder*, Handbuch Corporate Governance, Leitung und Überwachung börsennotierter Unternehmen in der Rechts- und Wirtschaftspraxis, 2. Aufl. 2009, S. 261–284 (zit. als *Oetker*, in: Hommelhoff/Hopt/v.Werder, Handbuch Corporate Governance).

*Oetker, Hartmut,* in: *Henssler/Strohn*, Gesellschaftsrecht, BGB, HGB, PartGG, GmbHG, AktG, GenG, UmwG, InsO, AnfG, IntGesR, 2. Aufl. Bd. 62, München 2014 (zit. als *Oetker*, in: Henssler/Strohn, GmbHG).

*Oexle, Anno/Lammers, Thomas,* in: Hauschka/Moosmayer/Lösler, Corporate Compliance, Handbuch der Haftungsvermeidung im Unternehmen, 3., überarb. und erw. Aufl., München 2016 (zit. als *Oexle/Lammers*, in: Hauschka/Moosmayer/Lösler, Corporate Compliance).

*Offerhaus, Jan,* in: *Schüppen/Schaub*, Münchener Anwaltshandbuch Aktienrecht, 2. überarb. und aktual. Aufl., München 2010 (zit. als *Offerhaus*, in: Schüppen/Schaub, MAH Aktienrecht).

*Oltmanns, Michael,* in: *Heidel*, Aktienrecht und Kapitalmarktrecht, 4. Aufl., Baden-Baden 2014 (zit. als *Oltmanns*, in: Heidel, AktG).

*Orth, Bernhard,* Haftung des herrschenden Gesellschafters im einfachen faktischen GmbH-Konzern, in: Deutsches Steuerrecht (DStR) 1994, 250–257.

*Ost, Konrad* Much ado about nothing? Zur Forderung stärkerer Berücksichtigung von Compliance-Programmen im deutschen Kartellbußgeldverfahren, in: *Ackermann/Köndgen*, Festschrift für Wulf-Henning Roth zum 70. Geburtstag, München 2015, S. 413–430 (zit. als *Ost*, FS W.-H. Roth).

*Otting, Olaf/Ohler, Frank Peter/Olgemöller, Udo H.,* Principles of Corporate Governance, Handbuch kommunale Unternehmen, in: *Hoppe/Uechtritz/Heck*, Handbuch kommunale Unternehmen, 3., vollständig überarbeitete Aufl., Köln, Berlin 2012 (zit. als *Otting/Ohler/Olgemöller*, in: Hoppe/Uechtritz/Heck, Handbuch kommunale Unternehmen).

*Otto, Sven-Joachim/Fonk Christian F.,* Haftungsleitlinien für Kommunalunternehmen oder: Corporate Compliance in der öffentlichen Wirtschaft, in: Der Gemeindehaushalt 2011, 225–235.

*Paefgen, Walter G.,* „Compliance“ als gesellschaftsrechtliche Organpflicht?, in: Zeitschrift für Wirtschafts- und Bankrecht (WM) 2016, 433–444.

*Paefgen, Walter G.,* Dogmatische Grundlagen, Anwendungsbereich und Formulierung einer Business Judgment Rule im künftigen, in: Die Aktiengesellschaft (AG) 2004, 245–261.

*Paefgen, Walter G.,* Organhaftung: Bestandsaufnahme und Zukunftsperspektiven, in: Die Aktiengesellschaft (AG) 2014, 554–584.

*Pahlke, Anne-Kathrin,* Risikomanagement nach KonTraG - Überwachungspflichten und Haftungsrisiken für den Aufsichtsrat, in: Neue Juristische Wochenschrift (NJW) 2002, 1680–1687.

*Paine, Lynn Sharp,* Managing for Organizational Integrity, in: Harvard Business Review 1994, 106–117.

*Palandt, Otto (Begr.),* Bürgerliches Gesetzbuch, 75. Aufl. 2016 (zit. als *Bearbeiter*, in: Palandt, BGB).

*Pape, Jonas,* Corporate Compliance, Rechtspflichten zur Verhaltenssteuerung von Unternehmensangehörigen in Deutschland und den USA, Zugl.: Berlin, Humboldt Univ., Diss., 2010, Berliner Juristische Universitätsschriften Zivilrecht 64, Berlin 2011 (zit. als *Pape*, Corporate Compliance).

*Papier, Hans-Jürgen,* Daseinsvorsorge im Spannungsfeld zwischen nationalem Recht und Gemeinschaftsrecht, in: Deutsches Verwaltungsblatt (DVBl) 2003, 686–697.

*Passarge, Malte,* Compliance bei Unternehmen der öffentlichen Hand, in: Neue Zeitschrift für Verwaltungsrecht (NVwZ) 2015, 252–256.

*Passarge, Malte,* Risiken und Chancen mangelhafter Compliance in der Unternehmensinsolvenz, in: Neue Zeitschrift für Insolvenz- und Sanierungsrecht (NZI) 2009, 86–91.

*Passarge, Malte/Graf, Christian,* Das Hamburger Compliance-Zertifikat, in: Corporate Compliance Zeitschrift (CCZ) 2014, 119–125.

*Pauli, Marcus/Albrecht, Christoph,* Die Erfüllung gesetzlicher Risikomanagement-Anforderungen mit Hilfe von Risikomanagement-Informationssystemen, in: Corporate Compliance Zeitschrift (CCZ) 2014, 17–22.

*Peifer, Markus,* Die Pflichtenstellung des Alleingesellschafters gegenüber der GmbH, in: GmbHRundschau (GmbHR) 2008, 1074–1078.

*Peltzer, Martin,* Corporate Governance Codices als zusätzliche Pflichtenbestimmung für den Aufsichtsrat, in: Neue Zeitschrift für Gesellschaftsrecht (NZG) 2002, 10–15.

*Peltzer, Martin,* Deutsche Corporate Governance, 2. Aufl., München 2004 (zit. als *Peltzer,* Deutsche Corporate Governance).

*Peltzer, Martin,* Die Haftung des Aufsichtsrats bei Verletzung der Überwachungspflicht, in: Zeitschrift für Wirtschafts- und Bankrecht (WM) 201981, 346–352.

*Peltzer, Martin,* in: *Wellhöfer/Peltzer/Müller*, Die Haftung von Vorstand, Aufsichtsrat, Wirtschaftsprüfer, Mit GmbH-Geschäftsführer, München 2008 (zit. als *Peltzer*, in: Wellhöfer/Peltzer/Müller, Die Haftung von Vorstand, Aufsichtsrat und Wirtschaftsprüfer).

*Pelz, Christian,* in: Hauschka/Moosmayer/Lösler, Corporate Compliance, Handbuch der Haftungsvermeidung im Unternehmen, 3., überarb. und erw. Aufl., München 2016 (zit. als *Pelz*, in: Hauschka/Moosmayer/Lösler, Corporate Compliance).

*Peukert, Matthias/Altenburg, Johannes,* Bestimmung tauglicher Anknüpfungsnormen für Unternehmensgeldbußen, in: Der Betriebs-Berater (BB) 2015, 2822–2827.

*Piduch, Erwin A. (Begr.),* Bundeshaushaltsrecht, Kommentar zu den Artikeln 91a, 91b, 104a, 109 bis 115 des Grundgesetzes und zur Bundeshaushaltsordnung mit rechtsvergleichenden Hinweisen auf das Haushaltsrecht der Länder und ihrer Gemeinden, Stuttgart [u.a.] (zit. als *Bearbeiter*, in: Piduch, Bundeshaushaltsrecht).

*Pielorz, Michael,* In der Unternehmensinsolvenz lebendig wie nie - Organhaftung für Missmanagement, in: *van Betteray*, Festschrift für Friedrich Wilhelm Metzeler zum 70. Geburtstag, Köln 2003, S. 167–190 (zit. als *Pielorz*, FS Metzeler).

*Pielow, Johann-Christian,* Grundstrukturen öffentlicher Versorgung, Vorgaben des Europäischen Gemeinschaftsrechts sowie des französischen und des deutschen Rechts unter besonderer Berücksichtigung der Elektrizitätswirtschaft, Zugl.: Bochum, Univ., Habil.-Schr., 1998, Tübingen 2001 (zit. als *Pielow,* Grundstrukturen öffentlicher Versorgung).

*Pietzke, Rudolf,* Die Verantwortung für Risikomanagement und Compliance im mehrköpfigen Vorstand, in: Corporate Compliance Zeitschrift (CCZ) 2010, 45–52.

*Pogoda, Johannes,* Wirtschaftliche Betätigung der Gemeinden und Subsidiaritätsklausel, in: Landes- und Kommunalverwaltung (LKV) 2012, 159–163.

*Pollanz, Manfred,* Offene Fragen der Prüfung von Risikomanagementsystemen nach KonTraG, in: Der Betrieb (DB) 2001, 1317–1325.

*Poppe, Sina,* in: *Görling/Inderst/Bannenberg*, Compliance, Aufbau - Management - Risikobereiche, C. F. Müller Wirtschaftsrecht, Heidelberg u.a. 2010 (zit. als *Poppe*, in: Görling/Inderst/Bannenberg, Compliance).

*Preußner, Joachim,* Corporate Governance in öffentlichen Unternehmen, in: Neue Zeitschrift für Gesellschaftsrecht (NZG) 2005, 575–577.

*Preußner, Joachim,* Risikomanagement im Schnittpunkt von Bankaufsichtsrecht und Gesellschaftsrecht - Zur Schrittmacherrolle des Aufsichtsrechts am Beispiel der Organisation des Risikomanagements in Kreditinstituten, in: Neue Zeitschrift für Gesellschaftsrecht (NZG) 2004, 57–60.

*Preußner, Joachim/Becker, Florian,* Ausgestaltung von Risikomanagementsystemen durch die Geschäftsleitung - Zur Konkretisierung einer haftungsrelevanten Organisationspflicht, in: Neue Zeitschrift für Gesellschaftsrecht (NZG) 2002, 846–850.

*Probst, Arno/Theisen, Manuel R.,* Herausforderungen und Grenzen "mitunternehmerischer" Entscheidungen im Aufsichtsrat, in: Der Betrieb (DB) 2010, 1573–1578.

*Proeller, Isabella/Krause, Tobias,* Führungskräftebefragung bei öffentlichen Unternehmen: „Kommunale Beteiligungssteuerung", Potsdam 2016 (zit. als *Proeller/Krause,* Führungskräftebefragung bei öffentlichen Unternehmen).

*Pünder, Hermann,* in: *Pünder/Schellenberg*, Vergaberecht, GWB, VgV, SektVO, VOL/A, VOB/A, VOF, Haushaltsrecht, Öffentliches Preisrecht; Handkommentar, 2. Aufl., Baden-Baden 2015 (zit. als *Pünder*, in: Pünder/Schellenberg, Vergaberecht).

*Pünder, Hermann/Schellenberg, Martin,* Vergaberecht, GWB, VgV, SektVO, VOL/A, VOB/A, VOF, Haushaltsrecht, Öffentliches Preisrecht; Handkommentar, 2. Aufl., Baden-Baden 2015 (zit. als *Bearbeiter*, in: Pünder/Schellenberg, Vergaberecht).

*Püttner, Günter* (Hrsg.), Handbuch der kommunalen Wissenschaft und Praxis, 2. Aufl., Berlin 1984 (zit. als *Bearbeiter*, in: Püttner (Hrsg.), HKWP Band 5).

*Püttner, Günter,* Die öffentlichen Unternehmen: ein Handbuch zu Verfassungs- und Rechtsfragen der öffentlichen Wirtschaft, Stuttgart [u.a.] 1985 (zit. als *Püttner,* Die öffentlichen Unternehmen).

*Pütz, Lasse/Giertz, Jan-Paul/ Thannisch, Rainald,* Compliance aus gewerkschaftlicher Sicht, in: Corporate Compliance Zeitschrift (CCZ) 2015, 194–197.

*Radtke, Henning,* Geschäftsführer: Strafbarkeit wegen Untreue infolge Haftungsübernahme für eine andere kommunale GmbH, in: GmbHRundschau (GmbHR) 2011, 813–821.

*Radtke, Henning,* in: *Fleischer*, Münchener Kommentar zum GmbHG §§ 1-37 StGB, 2.Aufl., München 2011 (zit. als *Radtke*, in: MüKo StGB).

*Raiser, Thomas,* Konzernverflechtungen unter Einschluss öffentlicher Unternehmen, in: Zeitschrift für Unternehmens- und Gesellschaftsrecht (ZGR) 1996, 458–480.

*Raiser, Thomas/Veil, Rüdiger,* Recht der Kapitalgesellschaften, Ein Handbuch für Praxis und Wissenschaft; Aktiengesellschaft, Societas Europaea, Kommanditgesellschaft auf Aktien, Gesellschaft mit beschränkter Haftung, Kapitalgesellschaft et Co., Insolvenzrecht, Konzernrecht, Umwandlungsrecht, Übernahmerecht, Kapitalmarktrecht, 6. Aufl., München 2015 (zit. als *Raiser/Veil*, Recht der Kapitalgesellschaften).

*Reck, Hans-Joachim,* Kommunale Unternehmen brauchen fairen Zugang zu Markt und Wettbewerb, in: Deutsches Verwaltungsblatt (DVBl) 2009, 1546–1554.

*Reese, Birgt/Ronge Christian,* Aufgaben und Struktur der Compliance-Funktion im Versicherungsunternehmen unter besonderer Berücksichtigung von Solvency II, in: Versicherungsrecht (VersR) 2011, 1217–1234.

*Reichert, Jochem,* Reaktionspflichten und Reaktionsmöglichkeiten der Organe auf (möglicherweise) strafrechtsrelevantes Verhalten innerhalb des Unternehmens, in: Zeitschrift für Internationale Strafrechtsdogmatik (ZIS) 2011, 113–122.

*Reichert, Jochem,* Corporate Compliance und der Grundsatz der Verhältnismäßigkeit, in: *Krieger*, Festschrift für Michael Hoffmann-Becking zum 70. Geburtstag, München 2013, S. 943–964 (zit. als *Reichert*, FS Hoffmann-Becking).

*Reichert, Jochem/Ott, Nicolas,* Die Zuständigkeit von Vorstand und Aufsichtsrat zur Aufklärung von Non-Compliance in der AG, in: Neue Zeitschrift für Gesellschaftsrecht (NZG) 2014, 241–251.

*Rieble, Volker,* Zivilrechtliche Haftung der Compliance-Agenten, in: Corporate Compliance Zeitschrift (CCZ) 2010, 1–3.

*Rieder, Markus S./Falge, Stefan,* in: *Görling/Inderst/Bannenberg*, Compliance, Aufbau - Management - Risikobereiche, C. F. Müller Wirtschaftsrecht, Heidelberg u.a. 2010 (zit. als *Rieder/Falge*, in: Görling/Inderst/Bannenberg, Compliance).

*Rieder, Markus S./Jerg, Marcus,* Anforderungen an die Überprüfung von Compliance-Programmen - Zugleich kritische Anmerkungen zum Entwurf eines IDW Prüfungsstandards: Grundsätze ordnungsmäßiger Prüfung von Compliance-Management-Systemen (IDW EPS 980), in: Corporate Compliance Zeitschrift (CCZ) 2010, 201–207.

*Rissing-van Saan, Ruth,* Der sog. „Transplantationsskandal" – eine strafrechtliche Zwischenbilanz, in: Neue Zeitschrift für Strafrecht (NStZ) 2014, 233–243.

*Rodewald, Jörg/Unger, Ulrike,* Corporate Compliance - Organisatorische Vorkehrungen zur Vermeidung von Haftungsfällen der Gesellschaft, in: Der Betriebs-Berater (BB) 2006, 113–117.

*Rogall, Klaus,* in: *Senge*, Karlsruher Kommentar zum Gesetz über Ordnungswidrigkeiten, 4., neu bearb. Aufl., München 2014 (zit. als *Rogall*, in: Karlsruher Kommentar OWiG).

*Roling, Sebastian,* Die Entwertung der niedersächsischen Subsidiaritätsklausel, in: Neue Zeitschrift für Verwaltungsrecht (NVwZ) 2009, 226–229.

*Roling, Sebastian,* Trotz echter Subsidiaritätsklausel kein Drittschutz für private Wettbewerber in Niedersachsen?, in: Niedersächsische Verwaltungsblätter (NdsVBl.) 2009, 10–15.

*Romeike, Frank/ Binder, Jens-Hinrich* (Hrsg.), Rechtliche Grundlagen des Risikomanagements, Haftungs- und Strafvermeidung für Corporate Compliance, Berlin 2008 (zit. als *Bearbeiter*, in: Romeike, Rechtliche Grundlagen des Risikomanagements).

*Römermann, Volker,* in: *Michalski*, GmbHG-Kommentar, §§ 35-85 GmbHG, 2010 (zit. als *Römermann*, in: Michalski, GmbHG).

*Römermann, Volker* (Hrsg.), Münchener Anwalts-Handbuch GmbH-Recht, 2. Aufl., München 2009 (zit. als *Bearbeiter*, in: Römermann, MAH GmbH-Recht).

*Rosbach, Thorsten,* Ethik in einem Wirtschaftsunternehmen – nützlich oder überflüssige Förmelei?, in: Corporate Compliance Zeitschrift (CCZ) 2008, 101–103.

*Rößler, Gernot J.,* Ausdehnung von Garantenpflichten durch den BGH?, in: Zeitschrift für Wirtschafts- und Bankrecht (WM) 2011, 918–923.

*Roth, Günter H.,* in: *Altmeppen/Roth*, Gesetz betreffend die Gesellschaften mit beschränkter Haftung, (GmbHG); Kommentar, 7., neu bearb. Aufl., München 2012 (zit. als *Roth*, in: Roth/Altmeppen, GmbHG).

*Roth, Markus,* Information und Organisation des Aufsichtsrats, in: Zeitschrift für Unternehmens- und Gesellschaftsrecht (ZGR) 2012, 343–381.

*Roth, Markus*, Compliance-Pflichten des Aufsichtsrats, in: *Kalss/Torggler*, Compliance, Beiträge zum 4 Wiener Unternehmensrechtstag (2015) 2016, S. 77–95 (zit. als *Roth*, in: Kalss/Torggler, Compliance).

*Roth, Wulf-Henning*, in: *Koller/Kindler/Roth/Morck*, Handelsgesetzbuch, Kommentar, 8. Aufl., München 2015 (zit. als *Roth*, in: Koller/Kindler/Roth/Morck, HGB).

*Rotsch, Thomas*, Criminal Compliance, Handbuch, Baden-Baden 2015 (zit. als *Rotsch*, Criminal Compliance).

*Rübenstahl, Markus*, Zur "regelmäßigen" Garantenstellung des Compliance Officers, in: Neue Zeitschrift für Gesellschaftsrecht (NZG) 2009, 1341–1344.

*Saage, Gustav*, Die Haftung des Aufsichtsrats für wirtschaftliche Fehlentscheidungen des Vorstands nach dem Aktiengesetz, in: Der Betrieb (DB) 1973, 115–121.

*Sachs, Michael/Battis, Ulrich*, Grundgesetz, Kommentar, 7. Aufl., München 2014 (zit. als *Bearbeiter*, in: Sachs, GG).

*Säcker, Franz Jürgen*, Die Zukunft der Unternehmensmitbestimmung in Deutschland, in: Die Aktiengesellschaft (AG) 2008, 17–25.

*Säcker, Franz Jürgen*, Gesellschaftsrechtliche Grenzen spekulativer Finanztermingeschäfte - Überlegungen aus Anlass der Garantieerklärung der Bundesregierung für die Hypo Real Estate-Group, in: Neue Juristische Wochenschrift (NJW) 2008, 3313–3317.

*Säcker, Franz Jürgen*, Gesetzliche und satzungsmäßige Grenzen für Spenden und Sponsoringmaßnahmen in der Kapitalgesellschaft, in: Der Betriebs-Berater (BB) 2009, 282–286.

*Saenger, Ingo/Inhester, Michael* (Hrsg.), GmbHG, Handkommentar, 3. Aufl. 2016 (zit. als *Bearbeiter*, in: Saenger/Inhester, GmbHG).

*Saliger, Frank*, in: *Kindhäuser/Neumann/Paeffgen*, Strafgesetzbuch, Lehr- und Praxiskommentar, 4. Aufl., Baden-Baden 2013 (zit. als *Saliger*, in: Kindhäuser/Neumann/Paeffgen, StGB).

*Schaefer, Hans/Baumann, Diethelm*, Compliance-Organisation und Sanktionen bei Verstößen, in: Neue Juristische Wochenschrift (NJW) 2011, 3601–3605.

*Schäfer, Holger*, Die MaComp und die Aufgaben von Compliance, in: Zeitschrift für Bank- und Kapitalmarktrecht (BKR) 2011, 45–56.

*Schall, Alexander*, in: *Spindler*, Kommentar zum Aktiengesetz, 3. Aufl., München 2015 (zit. als *Schall*, in: Spindler/Stilz, AktG).

*Scheele, Ulrich*, in: *Blanke/Fedder*, Privatisierung, Ein Rechtshandbuch für die Verwaltungspraxis, Personal- wie Betriebsräte und deren Berater, 2. Aufl., Baden-Baden 2010 (zit. als *Scheele*, in: Blanke/Fedder, Privatisierung).

*Schefold, Christian*, Compliance-Ziele im Sinne IDW PS 980, in: Zeitschrift für Risk, Fraud & Compliance (ZRFC) 2012, 253–256.

*Scheffler, Eberhard*, Rolle des Aufsichtsrats bei der Vermeidung und Überwindung von Unternehmenskrisen, in: Der Betriebs-Berater (BB) 2014, 2859–2863.

*Scherer, Josef/Fruth, Riag Klaus*, Der Einfluss von Standards, Technikklauseln und des „Anerkannten Standes von Wissenschaft und Praxis“ auf Organhaftung und Corporate Governance – am Beispiel der ISO 19600 (2015) Compliance-Managementsystem, in: Corporate Compliance Zeitschrift (CCZ) 2015, 9–17.

*Schüppen, Matthias/Schaub, Bernhard,* Münchener Anwaltshandbuch Aktienrecht, 2. Aufl., München 2010 (zit. als *Bearbeiter*, in: Schüppen/Schaub, MAH Aktienrecht).

*Schiessl, Maximilian,* Gesellschafts- und mitbestimmungsrechtliche Probleme der Spartenorganisation (Divisionalisierung), in: Zeitschrift für Unternehmens- und Gesellschaftsrecht (ZGR) 1992, 64–86.

*Schimansky, Herbert/Bunte, Hermann-Josef/ Lwowski, Hans-Jürgen et al.,* Bankrechts-Handbuch, 4. Aufl., München 2011 (zit. Als *Bearbeiter*, in: Schimansky/Bunte/Lwowski, Bankrechts-Handbuch).

*Schink, Alexander,* Wirtschaftliche Betätigung kommunaler Unternehmen, in: Neue Zeitschrift für Verwaltungsrecht (NVwZ) 2002, 129–139.

*Schmidt, Fritz W./Kneip, Hans-Otto,* Hessische Gemeindeordnung, (HGO); mit Hessischer Landkreisordnung (HKO); Kommentar, 2. Aufl., München 2008 (zit. als Schmidt/Kneip, HGO).

*Schmidt, Karsten,* in: *Scholz*, Kommentar zum GmbH-Gesetz, mit Anhang Konzernrecht, [10. Aufl.-], Köln 2006 (zit. als *Schmidt*, in: Scholz, GmbHG).

*Schmidt, Karsten/Lutter, Marcus,* Aktiengesetz, Kommentar, 3. Aufl., Köln 2015 (zit. als *Bearbeiter*, in: Schmidt/Lutter, AktG).

*Schmidt, Reiner,* Der Übergang öffentlicher Aufgabenerfüllung in private Rechtsformen, in: Zeitschrift für Unternehmens- und Gesellschaftsrecht (ZGR) 1996, 345–363.

*Schmidt, Reiner/Bulla, Simon,* Zur Haftung von Mitgliedern der Aufsichtsorgane von Anstalten des öffentlichen Rechts am Beispiel der Bayerischen Landesbank und der Bayerischen Staatsforsten, in: *Erle/Goette/Kleindiek/et al.*, Festschrift für Peter Hommelhoff, Zum 70. Geburtstag, Berlin, Köln 2012, S. 1001–1022 (zit. als *Schmidt/Bulla*, FS Hommelhoff).

*Schmidt, Stefan/Wermelt, Andreas/ Eibelshäuser, Beate,* ISO 19600 aus der Sicht der Wirtschaftsprüfung, in: Corporate Compliance Zeitschrift (CCZ) 2015, 18–20.

*Schmidt-Aßmann, Eberhard/Ulmer, Peter,* Die Berichterstattung von Aufsichtsratsmitgliedern einer Gebietskörperschaft nach § 394 AktG, in: Der Betriebs-Berater (BB) Beilage 13 1988, 1–24.

*Schmidt-Husson, Franck G.,* in: Hauschka/Moosmayer/Lösler, Corporate Compliance, Handbuch der Haftungsvermeidung im Unternehmen, 3., überarb. und erw. Aufl., München 2016 (zit. als *Schmidt-Husson*, in: Hauschka/Moosmayer/Lösler, Corporate Compliance).

*Schmidt-Jortzig, Edzard,* in: *Püttner*, Handbuch der kommunalen Wissenschaft und Praxis, 2., völlig neu bearb. Aufl., Berlin 1984 (zit. als *Schmidt-Jortzig*, in: Püttner (Hrsg.), HKWP Band 5).

*Schmola, Gerald/Rapp, Boris* (Hrsg.), Compliance, Governance und Risikomanagement im Krankenhaus, Rechtliche Anforderungen - Praktische Umsetzung - Nachhaltige Organisation, Wiesbaden 2016 (zit. als *Bearbeiter*, in: Schmola/Rapp, Compliance, Governance und Risikomanagement im Krankenhaus).

*Schneider, Gerhard/Dreßler, Ulrich,* Hessische Gemeindeordnung. Kommentar, Köln 2015 (zit. als *Bearbeiter*, in: Schneider/Dreßler, HGO).

*Schneider, Hendrik/Gottschaldt, Peter,* Offene Grundsatzfragen der strafrechtlichen Verantwortlichkeit von Compliance-Beauftragten in Unternehmen, in: Zeitschrift für Internationale Strafrechtsdogmatik (ZIS) 2011, 573–577.

*Schneider, Uwe H.,* Compliance als Aufgabe der Unternehmensleitung, in: Zeitschrift für Wirtschaftsrecht (ZIP) 2003, 645–650.

*Schneider, Uwe H.*, Compliance im Konzern, in: Neue Zeitschrift für Gesellschaftsrecht (NZG) 2009, 1321–1326.

*Schneider, Uwe H.*, Die Überlagerung des Konzernrechts durch öffentlich-rechtliche Strukturnormen und Organisationspflichten, in: Zeitschrift für Unternehmens- und Gesellschaftsrecht (ZGR) 1996, 225–246.

*Schneider, Uwe H.*, Gute Corporate Governance für Staatsunternehmen, in: Die Aktiengesellschaft (AG) 2005, 493–498.

*Schneider, Uwe H.*, Kapitalmarktorientierte Corporate Governance-Grundsätze, in: Der Betrieb (DB) 2000, 2413–2417.

*Schneider, Uwe H.*, in: *Scholz*, Kommentar zum GmbH-Gesetz, mit Anhang Konzernrecht, [10. Aufl.-], Köln 2006 (zit. als *Schneider*, in: Scholz, GmbHG).

*Schneider, Uwe H./Hommelhoff, Peter/Schmidt, Karsten et al.*, Deutsches und europäisches Gesellschafts-, Konzern- und Kapitalmarktrecht, Festschrift für Marcus Lutter zum 70. Geburtstag, Köln 2000 (zit. als *Bearbeiter*, FS Lutter).

*Schoch, Friedrich*, Der Beitrag des kommunalen Wirtschaftsrechts zur Privatisierung öffentlicher Aufgaben, in: Die öffentliche Verwaltung (DÖV) 1993, 377–383.

*Schoch, Friedrich*, Privatisierung von Verwaltungsaufgaben, in: Deutsches Verwaltungsblatt (DVBl) 1994, 962–977.

*Schockenhoff, Martin*, Geheimhaltung von Compliance-Verstößen, in: Neue Zeitschrift für Gesellschaftsrecht (NZG) 2015, 409–419.

*Scholz, Franz*, Kommentar zum GmbH-Gesetz, mit Anhang Konzernrecht, 10. Aufl., Köln 2006 (zit. als *Bearbeiter*, in: Scholz, GmbHG).

*Schön, Wolfgang*, Der Einfluss öffentlich-rechtlicher Zielsetzungen auf das Statut privatrechtlicher Eigengesellschaften der öffentlichen Hand - Gesellschaftsrechtliche Analyse, in: Zeitschrift für Unternehmens- und Gesellschaftsrecht (ZGR) 1996, 429–457.

*Schönke, Adolf/Schröder, Horst/Lenckner, Theodor et al.*, Strafgesetzbuch, Kommentar, 29. Aufl., München 2014 (zit. Als *Bearbeiter*, in: Schönke/Schröder, StGB).

*Schorn, Ruth*, in: Hauschka/Moosmayer/Lösler, Corporate Compliance, Handbuch der Haftungsvermeidung im Unternehmen, 3., überarb. und erw. Aufl., München 2016 (zit. als *Schorn*, in: Hauschka/Moosmayer/Lösler, Corporate Compliance).

*Schött, Hans-Joachim*, "Compliance" und der unternehmensexterne Beratungsmarkt, in: JuristenZeitung (JZ) 2013, 771–779.

*Schrader, Peter/Mahler, Maike*, Interne Ermittlungen des Arbeitgebers und Auskunftsgrenzen des Arbeitnehmers, in: Neue Zeitschrift für Arbeitsrecht Rechtsprechungsreport (NZA-RR) 2016, 57–65.

*Schreyögg, Georg*, Ökonomische Fragen der sozialen Verantwortung von Unternehmen, in: Die Aktiengesellschaft (AG) 2009, 758–766.

*Schröder, Sebastian*, Die Entwicklung von Compliance-Management-Systemen hinsichtlich Kartellrechtscompliance, in: Corporate Compliance Zeitschrift (CCZ) 2010, 63–69.

*Schulz, Martin/Galster, Wirnt*, in: *Bürkle/Hauschka*, Der Compliance Officer, Ein Handbuch in eigener Sache, München 2015 (zit. als *Schulz/Galster*, in: Bürkle/Hauschka, Der Compliance Officer).

*Schulze, Hans-Georg*, Vermeidung von Haftung und Straftaten auf Führungsebene durch Delegation, in: Neue Juristische Wochenschrift (NJW) 2014, 3484–3488.

*Schünemann, Bernd,* Die aktuelle Forderung eines Verbandsstrafrechts – Ein kriminalpolitischer Zombie, in: Zeitschrift für Internationale Strafrechtsdogmatik (ZIS) 2014, 1–18.

*Schüppen, Matthias,* To comply or not to comply - that's the question! "Existenzfragen" des Transparenz- und Publizitätsgesetzes im magischen Dreieck kapitalmarktorientierter Unternehmensführung, in: Zeitschrift für Wirtschaftsrecht (ZIP) 2002, 1269–1279.

*Schürnbrand, Jan,* Public Corporate Governance Kodex für öffentliche Unternehmen, in: Zeitschrift für Wirtschaftsrecht (ZIP) 2010, 1105–1110.

*Schürnbrand, Jan,* in: *Goette/Habersack*, Münchener Kommentar zum Aktiengesetz, 4. Aufl., München 2014 (zit. als *Schürnbrand*, in: MüKo AktG).

*Schuster, Julia/Rapp, Boris,* Innerbetriebliche Compliance-Organisation, in: *Schmola/Rapp*, Compliance, Governance und Risikomanagement im Krankenhaus, Rechtliche Anforderungen - Praktische Umsetzung - Nachhaltige Organisation, Wiesbaden 2016 (zit. als *Schuster/Rapp*, in: Schmola/Rapp, Compliance, Governance und Risikomanagement im Krankenhaus).

*Schütz, Carsten,* in: *Schenck*, Der Aufsichtsrat, §§ 95-116, 161, 170-172, 394 und 395 AktG; Kommentar, München 2015 (zit. als *Schütz*, in: Semler/v.Schenk, Der Aufsichtsrat).

*Schwintowski, Hans-Peter,* Zur Legitimation öffentlicher Unternehmen auf Wettbewerbsmärkten. Zugleich eine funktionale Neubestimmung der „Angelegenheiten der örtlichen Gemeinschaft", in: *Kaal/Schmidt/Schwarze*, Festschrift zu Ehren von Christian Kirchner, Tübingen 2014, S. 559–578 (zit. als *Schwintowski*, FS Kirchner).

*Seibel, Mark,* Abgrenzung der „allgemein anerkannten Regeln der Technik" vom „Stand der Technik", in: Neue Juristische Wochenschrift (NJW) 2013, 3000–3003.

*Seibert, Ulrich,* *Ethik in der Wirtschaft und die Rolle in der Politik,* in: Bitter/Lutter/Priester et al. (Hrsg.), Festschrift für Karsten Schmidt zum 70. Geburtstag, Köln 2009, S. 1455–1462 (zit. als *Seibert*, FS K. Schmidt).

*Seibt, Christoph H.,* Deutscher Corporate Governance Kodex und Entsprechens-Erklärung (§ 161 AktG-E, in: Die Aktiengesellschaft (AG) 2002, 249–259.

*Seibt, Christoph H.,* Informationsfluss zwischen Vorstand und Aufsichtsrat (dualistisches Leitungssystem) bzw. innerhalb des Verwaltungsrats (monistisches Leitungssystem), in: *Hommelhoff/Hopt/Werder*, Handbuch Corporate Governance, Leitung und Überwachung börsennotierter Unternehmen in der Rechts- und Wirtschaftspraxis, 2. Aufl. 2009, S. 391–422 (zit. als *Seibt*, in: Hommelhoff/Hopt/v.Werder, Handbuch Corporate Governance).

*Seibt, Christoph H.,* in: *Schmidt/Lutter*, Aktiengesetz, Kommentar, 3., neu bearb. Aufl., Köln 2015 (zit. als *Seibt*, in: Schmidt/Lutter, AktG).

*Seibt, Christoph H./Cziupka, Johannes,* 20 Thesen zur Compliance-Verantwortung im System der Organhaftung aus Anlass des Siemens/Neubürger-Urteils, in: Der Betrieb (DB) 2014, 1598–1602.

*Seibt, Christoph H./Cziupka, Johannes,* Rechtspflichten und Best Practices für Vorstands- und Aufsichtsratshandeln bei der Kapitalmarkt-Compliance, in: Die Aktiengesellschaft (AG) 2015, 93–109.

*Selter, Wolfgang,* Haftungsrisiken von Vorstandsmitgliedern bei fehlendem und von Aufsichtsratsmitgliedern bei vorhandenem Fachwissen, in: Die Aktiengesellschaft (AG) 2012, 11–20.

*Semler, Johannes,* Die Überwachungsaufgabe des Aufsichtsrats, Abhandlungen zum deutschen und europäischen Handels- und Wirtschaftsrecht 31, Köln u.a. 1980 (zit. als *Semler*, Die Überwachungsaufgabe des Aufsichtsrates).

*Semler, Johannes,* Leitung und Überwachung der Aktiengesellschaft, Die Leitungsaufgabe des Vorstands und die Überwachungsaufgabe des Aufsichtsrats, Zugl.: Bochum, Univ., Diss., 1980, 2. Aufl., Abhandlungen zum deutschen und europäischen Handels- und Wirtschaftsrecht 31, Köln u.a. 1996 (zit. als *Semler,* Leitung und Überwachung der Aktiengesellschaft).

*Semler, Johannes,* Aufgaben und Funktionen des aktienrechtlichen Aufsichtsrates in der Unternehmenskrise, in: Die Aktiengesellschaft (AG) 1983, 141-148.

*Semler, Johannes,* Gedanken zur Bedeutung des Unternehmenszwecks, in: *Hopt/Grundmann*, Festschrift für Klaus J. Hopt zum 70. Geburtstag am 24. August 2010, Unternehmen, Markt und Verantwortung, Berlin, New York 2010, S. 1391–1407 (zit. als *Semler*, FS Hopt).

*Semler, Johannes,* Grundsätze ordnungsgemäßer Überwachung?, in: *Lutter/Scholz/Sigle,* Festschrift für Martin Peltzer zum 70. Geburtstag, Köln 2001, S. 489–518 (zit. als *Semler*, FS Peltzer).

*Semler, Johannes/ Schenck, Kersten von* (Hrsg.), Arbeitshandbuch für Aufsichtsratsmitglieder, 4. Aufl., München, München 2013 (zit. als *Bearbeiter*, in: Semler/v.Schenk, Arbeitshandbuch Aufsichtsratsmitglieder).

*Senge, Lothar* (Hrsg.), Karlsruher Kommentar zum Gesetz über Ordnungswidrigkeiten, 4. Aufl., München 2014 (zit. als *Bearbeiter*, in: Karlsruher Kommentar OWiG).

*Serr, Stephan,* Notar-Compliance, in: Corporate Compliance Zeitschrift (CCZ) 2014, 269–274.

*Sieg, Oliver/Zeidler, Simon-Alexander,* in: Hauschka/Moosmayer/Lösler, Corporate Compliance, Handbuch der Haftungsvermeidung im Unternehmen, 3., überarb. und erw. Aufl., München 2016 (zit. als *Sieg/Zeidler,* in: Hauschka/Moosmayer/Lösler, Corporate Compliance).

*Simons, Cornelius,* in: *Hölters*, Aktiengesetz, Kommentar, 2. Aufl., München 2014 (zit. als *Simons*, in: Hölters, AktG).

*Sina, Peter,* Grenzen des Konzern-Weisungsrechts nach §308 AktG, in: Die Aktiengesellschaft (AG) 1991, 1–10.

*Sonder, Nicolas,* Compliance in der öffentlichen Verwaltung, in: Verwaltungsrundschau (VR) 2014, 229–232.

*Spannowsky, Willy,* Der Einfluss öffentlich-rechtlicher Zielsetzungen auf das Statut privatrechtlicher Eigengesellschaften in öffentlicher Hand, in: Zeitschrift für Unternehmens- und Gesellschaftsrecht (ZGR) 1996, 400–428.

*Spehl, Stephan/Momsen, Carsten/ Grützner, Thomas,* Unternehmensinterne Ermittlungen – Ein internationaler Überblick - Teil I: Einleitung unternehmensinterner Ermittlungen, in: Corporate Compliance Zeitschrift (CCZ) 2013, 260–265.

*Spindler, Gerald,* Compliance in der multinationalen Bankengruppe, in: Zeitschrift für Wirtschafts- und Bankrecht (WM) 2008, 905–918.

*Spindler, Gerald,* Organhaftung in der AG – Reformbedarf aus wissenschaftlicher Perspektive, in: Die Aktiengesellschaft (AG) 2013, 889–904.

*Spindler, Gerald,* in: *Fleischer*, Handbuch des Vorstandsrechts, München 2006 (zit. als *Spindler*, in: Fleischer, Handbuch des Vorstandsrechts).

*Spindler, Gerald,* in: *Goette/Habersack*, Münchener Kommentar zum Aktiengesetz, 4. Aufl., München 2014 (zit. als *Spindler*, in: MüKo AktG).

*Spindler, Gerald,* in: *Spindler*, Kommentar zum Aktiengesetz, 3. Aufl., München 2015 (zit. als *Spindler*, in: Spindler/Stilz, AktG).

*Spindler, Gerald,* Kommentar zum Aktiengesetz, 3. Aufl., München 2015 (zit. als *Bearbeiter*, in: Spindler/Stilz, AktG).

*Statistisches Bundesamt,* Jahresabschlussstatistik öffentlicher Fonds, Einrichtungen und Unternehmen, Wiesbaden 2014.

*Stern, Klaus,* Gemeindeordnung und kommunale Wirtschaftsbetätigung, in: Bayrisches Verwaltungsblatt (BayVBl.) 1962, 129–133.

*Stern, Klaus/Püttner, Günter,* Die Gemeindewirtschaft - Recht und Realität: zum staats- und kommunalverfassungsrechtlichen Standort der kommunalen Wirtschaft, Stuttgart [u.a.] 1965 (zit. als *Stern/Püttner,* Die Gemeindewirtschaft).

*Steuber, Elgin,* Compliance - moving target, in: *Erle/Goette/Kleindiek/et al.*, Festschrift für Peter Hommelhoff, Zum 70. Geburtstag, Berlin, Köln 2012, S. 1165–1180 (zit. als *Steuber*, FS Hommelhoff).

*Stober, Rolf,* Die privatrechtlich organisierte öffentliche Verwaltung, in: Neue Juristische Wochenschrift (NJW) 1984, 449–457.

*Stober, Rolf,* in: *Stober/Ohrtmann*, Compliance, Handbuch für die öffentliche Verwaltung, Stuttgart 2015 (zit. als *Stober*, in: Stober/Ohrtmann, Compliance).

*Stober, Rolf/Ohrtmann, Nicola* (Hrsg.), Compliance, Handbuch für die öffentliche Verwaltung, Stuttgart 2015 (zit. als *Bearbeiter*, in: Stober/Ohrtmann, Compliance).

*Sünner, Eckart,* Von der Sorge für gesetzeskonformes Verhalten – Zugleich eine Besprechung des ISO-Entwurfs 19600, in: Corporate Compliance Zeitschrift (CCZ) 2015, 2–5.

*Szesny, André-M./Brockhaus, Matthias,* Die Pflichtenstellung kommunaler Mandatsträger in Aufsichtsräten öffentlicher Versorgungsunternehmen, in: Neue Zeitschrift für Strafrecht (NStZ) 2007, 624–626.

*Theisen, Manuel René,* Grundsätze ordnungsgemäßer Kontrolle und Beratung der Geschäftsführung durch den Aufsichtsrat, in: Die Aktiengesellschaft (AG) 1995, 193–203.

*Theusinger, Ingo/Liese, Jens,* Besteht eine Rechtspflicht zur Dokumentation von Risikoüberwachungssystemen i.S. des § 91 II 1 AktG?, in: Neue Zeitschrift für Gesellschaftsrecht (NZG) 2008, 289–290.

*Thielemann, Ulrich,* Compliance und Integrity - zwei Seiten ethisch integrierter Unternehmenssteuerung, in: Zeitschrift für Wirtschafts- und Unternehmensethik (zfwu) 2005, 31–45.

*Thode, Bernd,* Parlamentskontrolle und Geheimnisschutz bei öffentlichen Unternehmen, in: Die Aktiengesellschaft (AG) 1997, 547–554.

*Thurn, Peter,* Das Patientenrechtegesetz - Sicht der Rechtsprechung, in: Medizinrecht (MedR) 2013, 153–157.

*Tomasic, Lovro,* in: *Grigoleit/Ehmann*, Aktiengesetz, Kommentar, München 2013 (zit. als *Tomasic*, in: Grigoleit, AktG).

*Tomerius, Stephan,* Kommunale Abfallwirtschaft und Vergaberecht, in: Neue Zeitschrift für Verwaltungsrecht (NVwZ) 2000, 727–734.

*Ulmer, Peter,* Die Aktionärsklage als Instrument zur Kontrolle des Vorstands- und Aufsichtsratshandelns, in: Zeitschrift für das gesamte Handels- und Wirtschaftsrecht (ZHR) 1999, 290–342.

*Ulmer, Peter,* Governance Kodex - ein neues Regulierungsinstrument für börsennotierte Aktiengesellschaften, in: Zeitschrift für das gesamte Handels- und Wirtschaftsrecht (ZHR) 2002, 150–181.

*Ulmer, Peter/Habersack, Mathias,* in: *Hanau/Habersack*, Mitbestimmungsrecht, Kommentierung des MitbestG, der DrittelbG und der §§ 34 bis 38 SEBG, 3. Aufl. Bd. 24, München 2013 (zit. als *Ulmer/Habersack*, in: Ulmer/Habersack/Henssler, Mitbestimmungsrecht).

*Unmuth, Nikolai,* Die Entwicklung der Corporate Compliance in Recht und Praxis, in: Die Aktiengesellschaft (AG) 2017, 249–258.

*v.Schenk, Kersten,* Die laufende Information des Aufsichtsrats einer Aktiengesellschaft durch den Vorstand, in: Neue Zeitschrift für Gesellschaftsrecht (NZG) 2002, 64–67.

*v.Schenk, Kersten,* in: Semler/v.Schenk, Arbeitshandbuch Aufsichtsratsmitglieder, 4. Aufl., München 2013 (zit. als *v.Schenk*, in: Semler/v.Schenk, Arbeitshandbuch Aufsichtsratsmitglieder).

*v.Schenk, Kersten,* in: *Schenck*, Der Aufsichtsrat, §§ 95-116, 161, 170-172, 394 und 395 AktG; Kommentar, München 2015 (zit. als *v.Schenk*, in: Semler/v.Schenk, Der Aufsichtsrat).

*v.Schenk, Kersten,* Der Aufsichtsrat, §§ 95-116, 161, 170-172, 394 und 395 AktG; Kommentar, München 2015 (zit. als *Bearbeiter*, in: Semler/v.Schenk, Der Aufsichtsrat).

*v.Werder, Axel,* Qualifikation und Auswahl von Aufsichtsratsmitgliedern aus betriebswirtschaftlicher Sicht, in: *Hommelhoff/Hopt/Werder*, Handbuch Corporate Governance, Leitung und Überwachung börsennotierter Unternehmen in der Rechts- und Wirtschaftspraxis, 2. Aufl. 2009, S. 331–348 (zit. als *v.Werder*, in: Hommelhoff/Hopt/v.Werder, Handbuch Corporate Governance).

*v.Werder, Axel,* in: *Kremer/Bachmann/Lutter/v.Werde*r, Kommentar zum Deutschen Corporate Governance Kodex, Kodex-Kommentar, 6., vollst. neu bearb. Aufl., München 2016 (zit. als *v.Werder*, in: Kremer/Bachmann/Lutter/v.Werder, DCGK).

*v.Werder, Axel/Wieczorek, Bernd,* Anforderungen an Aufsichtsratsmitglieder und ihre Normierung, in: Der Betrieb (DB) 2007, 297–303.

*v.Werder, Axel/Maly, Werner/Pohle, Klaus et al.,* Grundsätze ordnungsmäßiger Unternehmensleitung (GoU) im Urteil der Praxis, in: Der Betrieb (DB) 1998, 1193–1198.

*van Betteray, Wolfgang* (Hrsg.), Festschrift für Friedrich Wilhelm Metzeler zum 70. Geburtstag, Köln 2003 (zit. als *Bearbeiter*, FS Metzeler).

*van Kann, Jürgen/Keiluweit, Anjela,* Verschwiegenheitspflichten kommunaler Aufsichtsratsmitglieder in privatrechtlich organisierten Gesellschaften, in: Der Betrieb (DB) 2009, 2251–2256.

*Vedder, Karl-Christian,* in: *Grigoleit/Ehmann*, Aktiengesetz, Kommentar, München 2013 (zit. als *Vedder*, in: Grigoleit, AktG).

*Verband kommunaler Unternehmen e.V.,* Compliance in kommunalen Unternehmen, Berlin 2012.

*Verse, Dirk A.,* Compliance im Konzern, in: Zeitschrift für das gesamte Handels- und Wirtschaftsrecht (ZHR) 2011, 401–424.

*Verse, Dirk A.,* Organhaftung bei unklarer Rechtslage – Raum für eine Legal Judgment Rule?, in: Zeitschrift für Unternehmens- und Gesellschaftsrecht (ZGR) 1997, 174–195.

*Verse, Dirk A.,* in: *Henssler/Strohn*, Gesellschaftsrecht, BGB, HGB, PartGG, GmbHG, AktG, GenG, UmwG, InsO, AnfG, IntGesR, 2. Aufl. Bd. 62, München 2014 (zit. als *Verse*, in: Henssler/Strohn, GmbHG).

*Vetter, Eberhard,* Zur Compliance-Verantwortung des Vorstands und zu den Compliance-Aufgaben des Aufsichtsrats, in: *Genzow*, Zwischen Vertragsfreiheit und Verbraucherschutz, Festschrift für Friedrich Graf von Westphalen zum 70. Geburtstag, Köln 2010, S. 719–740 (zit. als *Vetter*, FS Westphalen).

*Vetter, Eberhard,* Der Aufsichtsrat - Spagat zwischen gesetzlichen Vorgaben und wachsenden Herausforderungen, in: *Fleischer/Koch/Kropff/Lutter*, 50 Jahre Aktiengesetz, Zeitschrift für Unternehmens- und Gesellschaftsrecht Sonderheft Bd. 19, Berlin, Boston 2016, S. 103–154 (zit. als *Vetter*, in: Fleischer/Koch/Kropf/Lutter (Hrsg.), 50 Jahre AktG).

*Vogelgesang, Klaus/Lübking, Uwe/ Jahn, Helga,* Kommunale Selbstverwaltung, Rechtsgrundlagen - Organisation – Aufgaben, 2. Aufl., Berlin 1997 (zit. als *Vogelgesang/Lübking/Jahn,* Kommunale Selbstverwaltung).

*Vosskuhle, Andreas,* in: Wirtschaft im offenen Verfassungsstaat, Festschrift für Reiner Schmidt zum 70. Geburtstag, München 2006 (zit. als *Vosskuhle*, in: FS R. Schmidt).

*Wachter, Thomas* (Hrsg.), AktG, Kommentar zum Aktiengesetz, Köln 2011 (zit. als *Bearbeiter*, in: Wachter, AktG).

*Wagner, Elisabeth,* in: Semler/v.Schenk, Arbeitshandbuch Aufsichtsratsmitglieder, 4. Aufl., München 2013 (zit. als *Wagner*, in: Semler/v.Schenk, Arbeitshandbuch Aufsichtsratsmitglieder).

*Wagner, Jens,* „Internal Investigations" und ihre Verankerung im Recht der AG, in: Corporate Compliance Zeitschrift (CCZ) 2009, 1–17.

*Weber, Beatrix,* Rechtliche Herausforderungen durch Compliance, in: *Schmola/Rapp*, Compliance, Governance und Risikomanagement im Krankenhaus, Rechtliche Anforderungen - Praktische Umsetzung - Nachhaltige Organisation, Wiesbaden 2016, S. 3–24 (zit. als *Weber*, in: Schmola/Rapp, Compliance, Governance und Risikomanagement im Krankenhaus).

*Weber, Markus,* in: *Hölters*, Aktiengesetz, Kommentar, 2. Aufl., München 2014 (zit. als *Weber*, in: Hölters, AktG).

*Weber-Rey, Daniela/Buckel, Jochen,* Best Practice Empfehlungen des Deutschen Corporate Governance Kodex und die Business Judgement Rule, in: Die Aktiengesellschaft (AG) 2011, 845–852.

*Wecker, Gregor/Galla, Stefan,* Pflichten der Geschäftsleitung & Aufbau einer Compliance-Organisation, in: *Wecker/Ohl*, Compliance in der Unternehmerpraxis, Grundlagen, Organisation und Umsetzung, 3. Aufl. 2013, Wiesbaden, 2013, S. 19–41 (zit. als *Wecker/Galla*, in: Wecker/Ohl, Compliance in der Unternehmerpraxis).

*Wecker, Gregor/Ohl, Bastian* (Hrsg.), Compliance in der Unternehmerpraxis, Grundlagen, Organisation und Umsetzung, 3. Aufl., Wiesbaden, 2013 (zit. als *Bearbeiter*, in: Wecker/Ohl, Compliance in der Unternehmerpraxis).

*Weidemann, Clemens,* Deregulierung und kommunales Wirtschaftsrecht, in: Deutsches Verwaltungsblatt (DVBl) 2000, 1571–1580.

*Weiß, Matthias,* Compliance der Compliance – Strafbarkeitsrisiken bei Internal Investigations, in: Corporate Compliance Zeitschrift (CCZ) 2014, 136–139.

*Wellhöfer, Werner,* in: *Wellhöfer/Peltzer/Müller*, Die Haftung von Vorstand, Aufsichtsrat, Wirtschaftsprüfer, Mit GmbH-Geschäftsführer, München 2008 (zit. als *Wellhöfer*, in: Wellhöfer/Peltzer/Müller, Die Haftung von Vorstand, Aufsichtsrat und Wirtschaftsprüfer).

*Wellhöfer, Werner/Peltzer, Martin/ Müller, Welf* (Hrsg.), Die Haftung von Vorstand, Aufsichtsrat, Wirtschaftsprüfer, Mit GmbH- Geschäftsführer, München 2008 (zit. als *Bearbeiter*, in: Wellhöfer/Peltzer/Müller, Die Haftung von Vorstand, Aufsichtsrat, Wirtschaftsprüfer).

*Wernsmann, Rainer*, in: *Gröpl*, Bundeshaushaltsordnung, Landeshaushaltsordnung (BHO, LHO), Staatliches Haushaltsrecht; Kommentar, München 2011 (zit. als *Wernsmann*, in: Gröpl, BHO/LHO).

*Wessing, Jürgen*, in: Hauschka/Moosmayer/Lösler, Corporate Compliance, Handbuch der Haftungsvermeidung im Unternehmen, 3., überarb. und erw. Aufl., München 2016 (zit. als *Wessing*, in: Hauschka/Moosmayer/Lösler, Corporate Compliance).

*Westermann, Harm Peter*, LG Bielefeld, 16.11.1999 - 15 O 91/98: Pflicht des Aufsichtsrats zum Einschreiten bei Verdacht existenzgefährdender Geschäftspraktiken des Vorstands („Balsam AG"), in: Zeitschrift für Wirtschaftsrecht (ZIP) 2000, 20–26.

*Wicke, Hartmut*, Gesetz betreffend die Gesellschaften mit beschränkter Haftung (GmbHG), Kommentar, 3. Aufl., München 2016 (zit. als *Bearbeiter*, in: Wicke, GmbHG).

*Wieland, Josef*, Unternehmensethik und Compliance Management – Zwei Seiten einer Medaille, in: Corporate Compliance Zeitschrift (CCZ) 2008, 15–17.

*Wiesner, Georg*, in: *Hoffmann-Becking*, Münchener Handbuch des Gesellschaftsrechts, 4., neu bearb. Aufl. 2015 (zit. als *Wiesner*, in: Münchener Handbuch des Gesellschaftsrechts).

*Wilbert, Stefan*, Compliance-Risikoanalyse im kommunalen Mischkonzern, in: Corporate Compliance Zeitschrift (CCZ) 2015, 213–217.

*Wilde, Christian*, Informationsrechte und Informationspflichten im Gefüge der Gesellschaftsorgane, in: Zeitschrift für Unternehmens- und Gesellschaftsrecht (ZGR) 1998, 423–465.

*Will, Martin*, Die besonderen Prüfungs- und Unterrichtungsrechte der Gemeinden gegenüber ihren Kapitalgesellschaften aus §§ 53,54 HGrG, in: Die öffentliche Verwaltung (DÖV) 2002, 319–326.

*Willems, Heiko*, Der NRW-Entwurf für ein Verbandsstrafgesetzbuch – die Perspektive der Wirtschaft, in: Zeitschrift für Internationale Strafrechtsdogmatik (ZIS) 2015, 40–45.

*Winter, Martin*, Die Verantwortlichkeit des Aufsichtsrats für „Corporate Compliance", in: *Kindler*, Festschrift für Uwe Hüffer zum 70. Geburtstag, München 2010, S. 1103–1128 (zit. als *Winter*, FS Hüffer).

*Wirth, Gerhard*, Anforderungsprofil und Inkompatibilitäten für Aufsichtsratsmitglieder, in: Zeitschrift für Unternehmens- und Gesellschaftsrecht (ZGR) 2005, 327–347.

*Withus, Karl Heinz*, Die Angemessenheit eines CMS – eine rein juristische Bewertung oder anerkannter Stand von betriebswirtschaftlichen Grundsätzen?, in: Corporate Compliance Zeitschrift (CCZ) 2015, 139–142.

*Withus, Karl Heinz/Kunz, Jürgen*, Auswirkungen des neuen ISO 19600:2014 zu Compliance-Management-Systemen auf die Prüfung nach IDW PS 980, in: Der Betriebs-Berater (BB) 2015, 685–689.

*Wolf, Klaus*, Corporate Compliance - ein neues Schlagwort? Ansatzpunkte zur Umsetzung der Compliance in der Finanzberichterstattung, in: Deutsches Steuerrecht (DStR) 2006, 1995–2000.

*Wolf, Klaus*, Potenziale derzeitiger Risikomanagementsysteme, in: Deutsches Steuerrecht (DStR) 2002, 1729–1732.

*Wolff, Patrick,* in: *Henn/Frodermann/Jannott*, Handbuch des Aktienrechts, 8., völlig neu bearb. und erw. Aufl., C.F. Müller Wirtschaftsrecht, Heidelberg 2009 (zit. als *Wolff*, in: Henn/Frodermann/Jannott, Handbuch des Aktienrechts).

*Würdinger, Hans,* Öffentliche Hand und Unternehmen, in: Der Betrieb (DB) 1976, 613–616.

*Wurzel, Gabriele/Schraml, Alexander/Becker, Henrik, et al.* (Hrsg.), Rechtspraxis der kommunalen Unternehmen, [Handbuch], 2. Aufl., München 2010 (zit. als *Bearbeiter*, in: Wurzel/Schraml/Becker, Rechtspraxis der kommunalen Unternehmen).

*Wymeersch, Eddy,* Gesellschaftsrecht im Wandel: Ursachen und Entwicklungslinien, in: Zeitschrift für Unternehmens- und Gesellschaftsrecht (ZGR) 2001, 294–324.

*Zieglmeier, Christian,* Die Systematik der Haftung von Aufsichtsratsmitgliedern gegenüber der Gesellschaft, in: Zeitschrift für Unternehmens- und Gesellschaftsrecht (ZGR) 2007, 144-166.

*Ziemann, Martin,* Compliance im Krankenhaus, in: KU Gesundheitsmanagement 2012, 40–42.

*Zimmermann, Martin,* Kartellrechtliche Bußgelder gegen Aktiengesellschaft und Vorstand: Rückgriffsmöglichkeiten, Schadensumfang und Verjährung, in: Zeitschrift für Wirtschafts- und Bankrecht (WM) 2008, 433–442.

*Zoellner, Wolfgang/Noack, Ulrich,* in: *Baumbach/Hueck*, Gesetz betreffend die Gesellschaften mit beschränkter Haftung, 21. Auflage Band 20, München 2017 (zit. als *Zoellner/Noack*, in: Baumbach/Hueck, GmbHG).

*Zöllner, Wolfgang,* Zum Unternehmensbegriff der §§ 15ff AktG, in: Zeitschrift für Unternehmens- und Gesellschaftsrecht (ZGR) 1976, 1–32.

*Zöllner, Wolfgang/Cahn, Andreas/Mertens, Hans-Joachim,* Kölner Kommentare zum Aktiengesetz, 3. Aufl., Köln 2004 (zit. als *Bearbeiter*, in: Kölner Kommentar AktG).

FSC
www.fsc.org
MIX
Papier | Fördert gute Waldnutzung
FSC® C083411

Kolibri 360 GmbH
Ferdinand-Jühlke-Straße 7
99095 Erfurt, Deutschland
produktsicherheit@kolibri360.de